# HISTÓRIA DA REFORMA

Título original: *The European Reformations*
Copyright © 2010 Carter Lindberg
Edição original por Wiley-Blackwell. Todos os direitos reservados.

Copyright da tradução © Vida Melhor Editora, LTDA., 2017.

As citações bíblicas são da Nova Versão Intrenacional (NVI), da Biblica, Inc., a menos que seja especificada outra versão da Bíblia Sagrada.

Todos os direitos desta publicação são reservados por Vida Melhor Editora, LTDA.

| | |
|---:|:---|
| Publisher | *Omar de Souza* |
| Gerente editorial | *Samuel Coto* |
| Editor | *André Lodos Tangerino* |
| Assistente editorial | *Marina Castro* |
| Copidesque | *Gustav F. Schmid* |
| Revisão | *Paulo Pancote e Jean Xavier* |
| Capa | *Maquinaria* |
| Diagramação | *Aldair Dutra de Assis* |

Os pontos de vista desta obra são de responsabilidade de seus autores, não refletindo necessariamente a posição da Thomas Nelson Brasil, da HarperCollins Christian Publishing ou de sua equipe editorial.

---

CIP-BRASIL. CATALOGAÇÃO NA PUBLICAÇÃO
SINDICATO NACIONAL DOS EDITORES DE LIVROS, RJ

L721h

Lindberg, Carter
    História da reforma / Carter Lindberg; tradução Elissamai Bauleo. - 1. ed. - Rio de Janeiro: Thomas Nelson Brasil, 2017.
    450 p.

    Tradução de: The European Reformations
    ISBN 978-85-7860-949-8

    1. Reforma protestante. I. Bauleo, Elissamai. II. Título.

17-42207                                            CDD: 270.6
                                                               CDU: 274

---

Thomas Nelson Brasil é uma marca licenciada à Vida Melhor Editora LTDA.
Todos os direitos reservados à Vida Melhor Editora LTDA.
Rua da Quitanda, 86, sala 601A – Centro
Rio de Janeiro, RJ – CEP 20091-005
Tel.: (21) 3175-1030
www.thomasnelson.com.br

CARTER LINDBERG

# HISTÓRIA DA REFORMA

*Tradução:* Elissamai Bauleo

Rio de Janeiro, 2024

Para Rod, Tina e Gary

# Sumário

*Lista de figuras* .................................................. 11
*Prefácio à Segunda Edição Original* .............................. 13
*Prefácio à Primeira Edição Original* ............................. 17
*Abreviaturas* ..................................................... 21

1. História, historiografia e interpretações das reformas ........ 23
   História e historiografia ..................................... 23
   Interpretações das reformas ................................... 30
   Sugestões de leitura .......................................... 46

2. Fim da Idade Média: início e apoio das reformas ............... 49
   Crise agrária, fome e pestilência ............................. 50
   Pequenas e grandes cidades: concentração de ideias e mudanças . 59
   A prensa móvel ................................................ 60
   Sobre minas e armas ........................................... 62
   Tensões sociais ............................................... 64
   Crise de valores .............................................. 67
      *O Cisma do Ocidente* ...................................... 67
      *Conciliarismo* ............................................ 71
   Anticlericalismo e o papado renascentista ..................... 78
   Sugestões de leitura .......................................... 80
   Recursos eletrônicos .......................................... 81

3. O amanhecer de uma nova era ................................... 83
   Martinho Lutero (1483–1546) ................................... 83
   Respostas teológicas e pastorais à insegurança ................ 90
   Implicações teológicas ........................................ 98
   Indulgências: a compra do Paraíso ............................ 100
   O rato chiador ............................................... 103
   Política e piedade ........................................... 106
   Da Dieta de Worms à terra dos pássaros ....................... 109
      *A Dieta de Worms* ........................................ 115
   Sugestões de leitura ......................................... 117
   Recursos eletrônicos ......................................... 118

4. Não espere por ninguém: implementação das reformas em Wittenberg . 119
   Na terra dos pássaros ........................................ 119
   Melanchthon: mestre da Alemanha .............................. 120
   Karlstadt e o início do puritanismo .......................... 121

 Bispos, casamento clerical e estratégias para reforma . . . . . . . . . . . . . . . . . . . . . . . . . 124
 Evangelho e ordem social . . . . . . . . . . . . . . . . . . . . . . . . . . . . . . . . . . . . 133
 Sugestões de leitura. . . . . . . . . . . . . . . . . . . . . . . . . . . . . . . . . . . . . . . . . . 141

5. Frutos da figueira: bem-estar social e educação. . . . . . . . . . . . . . . . . . . 143
 Assistência social no fim da Idade Média. . . . . . . . . . . . . . . . . . . . . . . . . . . 144
 Além da caridade . . . . . . . . . . . . . . . . . . . . . . . . . . . . . . . . . . . . . . . . . . . . 146
 A institucionalização do serviço social . . . . . . . . . . . . . . . . . . . . . . . . . . . . 150
 Bugenhagen e a expansão do serviço social evangélico. . . . . . . . . . . . . . . . 154
 Educação como forma de serviço a Deus e ao próximo . . . . . . . . . . . . . . . 159
 Catecismo e vocação cristã . . . . . . . . . . . . . . . . . . . . . . . . . . . . . . . . . . . . . 160
 Início da Reforma: um fracasso? . . . . . . . . . . . . . . . . . . . . . . . . . . . . . . . . . 163
 Sugestões de leitura. . . . . . . . . . . . . . . . . . . . . . . . . . . . . . . . . . . . . . . . . . 165

6. A Reforma do homem comum. . . . . . . . . . . . . . . . . . . . . . . . . . . . . . . . . . 167
 "Irmão Andy" . . . . . . . . . . . . . . . . . . . . . . . . . . . . . . . . . . . . . . . . . . . . . . . 167
 Thomas Müntzer . . . . . . . . . . . . . . . . . . . . . . . . . . . . . . . . . . . . . . . . . . . . 174
  *Origem e teologia de Müntzer* . . . . . . . . . . . . . . . . . . . . . . . . . . . . . . . . 176
  *O desenvolvimento histórico de Müntzer* . . . . . . . . . . . . . . . . . . . . . . . 180
  *Na terra de Huss*. . . . . . . . . . . . . . . . . . . . . . . . . . . . . . . . . . . . . . . . . 182
 A revolução do homem comum: 1524–1526 . . . . . . . . . . . . . . . . . . . . . . . 189
  *O papel do anticlericalismo* . . . . . . . . . . . . . . . . . . . . . . . . . . . . . . . . . 192
  *Lutero e a Guerra dos camponeses* . . . . . . . . . . . . . . . . . . . . . . . . . . . 194
 Sugestões de leitura. . . . . . . . . . . . . . . . . . . . . . . . . . . . . . . . . . . . . . . . . . 199

7. A conexão suíça: Zuínglio e a Reforma em Zurique . . . . . . . . . . . . . . . . 201
 O caso das salsichas. . . . . . . . . . . . . . . . . . . . . . . . . . . . . . . . . . . . . . . . . . 201
 As origens de Zuínglio . . . . . . . . . . . . . . . . . . . . . . . . . . . . . . . . . . . . . . . . 201
 Magistratura e igreja em Zurique . . . . . . . . . . . . . . . . . . . . . . . . . . . . . . . 205
 O programa de reformas de Zuínglio . . . . . . . . . . . . . . . . . . . . . . . . . . . . 206
 Excurso: a teologia sacramental na Idade Média . . . . . . . . . . . . . . . . . . . . 213
 O Colóquio de Marburgo (1529) . . . . . . . . . . . . . . . . . . . . . . . . . . . . . . . . 223
 Sugestões de leitura. . . . . . . . . . . . . . . . . . . . . . . . . . . . . . . . . . . . . . . . . . 229

8. Ovelhas contra pastores: reformas radicais . . . . . . . . . . . . . . . . . . . . . . . 231
 Os anabatistas. . . . . . . . . . . . . . . . . . . . . . . . . . . . . . . . . . . . . . . . . . . . . . 233
 Excurso: entendimento reformado do batismo . . . . . . . . . . . . . . . . . . . . . 236
 Primórdios em Zurique. . . . . . . . . . . . . . . . . . . . . . . . . . . . . . . . . . . . . . . 242
 Multiplicidade anabatista . . . . . . . . . . . . . . . . . . . . . . . . . . . . . . . . . . . . . 249
 O fiasco de Münster . . . . . . . . . . . . . . . . . . . . . . . . . . . . . . . . . . . . . . . . . 252
 A piedade subversiva dos espiritualistas . . . . . . . . . . . . . . . . . . . . . . . . . . 257
 Sugestões de leitura. . . . . . . . . . . . . . . . . . . . . . . . . . . . . . . . . . . . . . . . . . 259

9. Reforma e política em Augsburgo: 1530 a 1555. . . . . . . . . . . . . . . . . . . . 261
 A trilha de Worms . . . . . . . . . . . . . . . . . . . . . . . . . . . . . . . . . . . . . . . . . . 261
 A Dieta de Worms . . . . . . . . . . . . . . . . . . . . . . . . . . . . . . . . . . . . . . . . . . 264
 A Dieta de Speyer: 1526 . . . . . . . . . . . . . . . . . . . . . . . . . . . . . . . . . . . . . . 265

    A Dieta de Speyer: 1529 . . . . . . . . . . . . . . . . . . . . . . . . . . . . . . . . .266
    A Dieta de Augsburgo (1530) e a confissão de Augsburgo. . . . . . . . . . . . . . . . .267
    Direito de resistência contra o imperador . . . . . . . . . . . . . . . . . . . . . . . .272
    Ecumenismo Reformado, guerra e a paz de Augsburgo . . . . . . . . . . . . . . . . .274
    Sugestões de leitura. . . . . . . . . . . . . . . . . . . . . . . . . . . . . . . . . . . . . .279

10. "A mais perfeita escola de Cristo": Reforma em Genebra . . . . . . . . . . . 281
    João Calvino (1509–1564) . . . . . . . . . . . . . . . . . . . . . . . . . . . . . . . . .281
    Viagem a Genebra . . . . . . . . . . . . . . . . . . . . . . . . . . . . . . . . . . . . . .285
    Reforma em Genebra . . . . . . . . . . . . . . . . . . . . . . . . . . . . . . . . . . . .288
    Estadia em Estrasburgo. . . . . . . . . . . . . . . . . . . . . . . . . . . . . . . . . . . .290
    Genebra sob a liderança de Calvino (1541–1564). . . . . . . . . . . . . . . . . . . . . .295
    A consolidação da autoridade de Calvino . . . . . . . . . . . . . . . . . . . . . . . . .298
    O caso Servet . . . . . . . . . . . . . . . . . . . . . . . . . . . . . . . . . . . . . . . .302
    Missão protestante e evangelismo:
        a "conspiração internacional" . . . . . . . . . . . . . . . . . . . . . . . . . . . . .306
    Sugestões de leitura. . . . . . . . . . . . . . . . . . . . . . . . . . . . . . . . . . . . . .308

11. Refúgio à sombra das asas de Deus: a reforma na França . . . . . . . . . . . 311
    O escudo do humanismo . . . . . . . . . . . . . . . . . . . . . . . . . . . . . . . . . .311
    Progresso evangélico e perseguição . . . . . . . . . . . . . . . . . . . . . . . . . . . .315
    A influência de Calvino na França. . . . . . . . . . . . . . . . . . . . . . . . . . . . . .318
    O Colóquio de Poissy: 1561 . . . . . . . . . . . . . . . . . . . . . . . . . . . . . . . . .324
    Guerras religiosas: 1562–1598 . . . . . . . . . . . . . . . . . . . . . . . . . . . . . . .326
    Massacre da noite de São Bartolomeu. . . . . . . . . . . . . . . . . . . . . . . . . . . .327
    "Paris é digna de uma missa". . . . . . . . . . . . . . . . . . . . . . . . . . . . . . . . .331
    Sugestões de leitura. . . . . . . . . . . . . . . . . . . . . . . . . . . . . . . . . . . . . .333

12. O sangue dos mártires: a Reforma nos Países Baixos. . . . . . . . . . . . . . 335
    "La secte Lutheriane" . . . . . . . . . . . . . . . . . . . . . . . . . . . . . . . . . . . .338
    Movimentos dissidentes . . . . . . . . . . . . . . . . . . . . . . . . . . . . . . . . . . .339
    A ascensão do calvinismo e a reação espanhola . . . . . . . . . . . . . . . . . . . . . .340
    Uma sociedade piedosa? . . . . . . . . . . . . . . . . . . . . . . . . . . . . . . . . . . .345
    Sugestões de leitura. . . . . . . . . . . . . . . . . . . . . . . . . . . . . . . . . . . . . .346

13. A Reforma na Inglaterra e Escócia . . . . . . . . . . . . . . . . . . . . . . . . . 347
    Anticlericalismo e inícios luteranos . . . . . . . . . . . . . . . . . . . . . . . . . . . . .348
    O assunto importante do rei . . . . . . . . . . . . . . . . . . . . . . . . . . . . . . . . .356
    Paixão, política e piedade . . . . . . . . . . . . . . . . . . . . . . . . . . . . . . . . . .359
    Eduardo VI e o progresso protestante . . . . . . . . . . . . . . . . . . . . . . . . . . .362
    Maria Tudor e o regresso protestante . . . . . . . . . . . . . . . . . . . . . . . . . . . .364
    Elizabeth I e a via media . . . . . . . . . . . . . . . . . . . . . . . . . . . . . . . . . . .366
    Maria Stuart e a reforma na Escócia . . . . . . . . . . . . . . . . . . . . . . . . . . . . .372
    Sugestões de leitura. . . . . . . . . . . . . . . . . . . . . . . . . . . . . . . . . . . . . .377

14. Renovação católica e Contrarreforma. . . . . . . . . . . . . . . . . . . . . . . 379
    Movimentos de renovação do fim da Idade Média . . . . . . . . . . . . . . . . . . . . .379

    O Index e a Inquisição .................................................387
    Loyola e a Companhia de Jesus........................................392
    O Concílio de Trento: 1545–1563 ....................................398
    Sugestões de leitura......................................................405
    Recursos eletrônicos ....................................................406
15. Legados da Reforma................................................... 407
    Confessionalização ......................................................407
    Política .......................................................................412
    Cultura.......................................................................415
    Reformas e o papel da mulher........................................416
    Tolerância e o "outro" .................................................423
    Educação, economia e ciência........................................429
    Literatura e artes.........................................................431
    De volta para o futuro: as Reformas e a modernidade .......439
    Sugestões de leitura......................................................441
    Recursos eletrônicos ....................................................442
    Cronologia..................................................................443

Genealogias ................................................................. 451
    Casa de Valois e Bourbon até 1610................................452
    Família de Carlos V .....................................................453
    Coroa inglesa: 1485-1603..............................................454
    Sultões Otomanos: 1451-1648.......................................455
    Papas: 1492-1605.........................................................456

Mapas .......................................................................... 457
    Europa por volta de 1500..............................................458
    Alemanha no período das Reformas ..............................459
    Império de Carlos V ....................................................460
    Império Otomano ........................................................461
    Império Ultramarino Português e Espanhol ...................462
    Divisões religiosas na Europa por volta de 1600 ..............463

Glossário ..................................................................... 465

Apêndice: Auxílio ao Estudo das Reformas................... 467
    Orientação ao campo ...................................................467
    Dicionários e Enciclopédias ..........................................467
    Recursos Online...........................................................468
    Levantamento do tema .................................................468
    Bibliografias e guias de pesquisa ...................................469
    Tabelas cronológicas, gráficos e mapas..........................469
    Periódicos importantes .................................................469
    Estudos reunidos das Reformas......................................470

Bibliografia.................................................................. 471

Índice .......................................................................... 515

# Lista de figuras

1.1  "A glorificação do dr. Martinho Lutero", por Johann E. Hummell (1806)
1.2  Frases do "Sermão dos príncipes" de Müntzer e da Constituição da República Democrática da Alemanha, Castelo de Allstedt
2.1  "Peregrinação à 'Bela Maria' de Regensburg", por Michael Ostendorfer, 1520
2.2  "A morte e a donzela", da série de Heidelberg "Dança da morte"
2.3  "Peixe grande come peixe pequeno", por Pieter Bruegel, o Velho
2.4  "Passional christi et antichristi", por Lucas Cranach, o Velho
3.1  Cristo como juiz, paróquia de Wittenberg
3.2  "Uma pergunta ao cunhador", de Jörg Breu (c. 1530)
3.3  "A carroça", por Lucas Cranach, o Velho (1519)
4.1  (a) "Lamento dos pobres ídolos perseguidos e imagens de templo" (c. 1530); (b) Queda de Lenin
5.1  "Todo tipo de truques de mendigos", por Hieronymus Bosch
5.2  Baú comunitário de Wittenberg
6.1  "Ständebaum" (c. 1520)
7.1  "O moinho divino" (1521)
8.1  "O mundo de ponta-cabeça." (1522)
11.1  "Noite de São Bartolomeu", de François Dubois d'Amiens
14.1  "Inácio de Loyola", por Claude Mellan (c. 1640)
15.1  "Liberae Religionis Typus" (c. 1590)
15.2  (a) "Judensau"; (b) Memorial do Holocausto
15.3  "A lei e o evangelho", de Lucas Cranach, o Velho (c. 1530)
15.4  "A luz do evangelho reacendida pelos reformadores" (c. 1630)

# Prefácio à Segunda Edição Original

É tanto um privilégio quanto um grande desafio revisar este livro. Por um lado, sinto-me privilegiado em agradecer a todos aqueles que contribuíram para manter o texto publicado por mais tempo do que esperava — todos vocês, alunos, que, por escolha ou necessidade, adquiriram o livro. Por outro lado, a revisão foi um grande desafio para mim. Com Robin Leaver (2007, p. ix), aprecio agora ainda mais o comentário de Lutero: "Aquele que não conhece a prática da escrita pensa que ela não requer esforço. Três dedos escrevem, mas todo o corpo trabalha" (WA TR No. 6.438). Quando escrevi o prefácio à primeira edição, citei as palavras de A. G. Dickens sobre como a escrita de textos sintéticos "deve desafiar outros a escrever textos melhores". Não fazia ideia na época de quantos "textos melhores" apareceriam! Apenas em língua inglesa, temos agora uma série de perspectivas de eruditos como Scott Hendrix (2004a), Hans J. Hillerbrand (2007), R. Po-chia Hsia (2004), Diarmaid MacCulloch (2003), Peter Matheson (2007), Andrew Pettegree (2000: 2002a), Alec Ryrie (2006a) e Merry Wiesner-Hanks (2006). É evidente que os estudos da Reforma estão bem vivos! Não tenho, obviamente, espaço suficiente, muito menos tempo e competência, para acompanhar um diálogo extenso com todos esses competentes estudiosos — muito menos para dar conta da explosão de estudos eruditos que surgiram durante o século XVI.

Por conseguinte, "revisão" talvez seja uma palavra forte demais para o que se segue; afinal, não estou "re-visando" a narrativa do meu texto. Permaneço convicto do "truísmo" expresso sucintamente por Heiko Oberman (1994b, p. 8):

> Sem os Reformadores, não haveria Reforma. Fatores sociais e políticos guiaram, aceleraram (e também impediram) a divulgação e os efeitos públicos da pregação protestante. Entretanto, em uma pesquisa da época como um todo, não podemos superestimá-los, vendo-os como a causa da Reforma, nem como sua precondição fundamental.

Assim, enquanto o texto reescrito começa com o prefácio original, minha narrativa também permanece basicamente a mesma. O que fiz foi providenciar mais um suplemento para expandir a narrativa, incluindo nela mais material sobre as Ilhas Britânicas, reformas católico-romanas e o papel da mulher.

A expansão a seguir é bem modesta, já que o campo de estudos da Reforma explodiu uma década e meia depois da primeira edição deste livro. Merry Wiesner-Hanks (2008, p. 397) repara que somente nos campos de estudo sobre a mulher e a Reforma: "É praticamente impossível acompanhar hoje todas as pesquisas — quanto mais lê-las!" Se ao adicionarmos os recursos disponíveis na internet, corremos o risco de conseguir material de estudos para além de uma vida inteira, o que dizer, então, de um curso semestral?

O crescimento exponencial da pesquisa sobre as Reformas é motivo de empolgação; contudo, a concentração cada vez maior em microestudos ameaça, ao mesmo tempo, substituir a floresta por estudos detalhados de cada árvore contida nela:

> Como podemos ensinar um assunto em condição tão fragmentada? Se quisermos que os estudos da Reforma usufruam de vitalidade contínua, devemos reservar-lhes mais do que o escrutínio cada vez maior das entranhas religiosas e transações financeiras dos paroquianos obesos de uma igreja em "Much-Binding-in-the-Marsh"[1] (Collinson, 1997, p. 354).

No entanto, como observei, há diversos textos destinados a guiar-nos nesta nova floresta em expansão e resumos sobre como anda o campo de pesquisas da Reforma, tais como o volume esplêndido editado por David M. Whitford, *Reformation and early modern Europe: A guide to research* (2008) [A Reforma e os primórdios da Europa moderna: um guia à pesquisa], que oferece recursos eletrônicos além da bibliografia. Um material adicional que acompanha e complementa a narrativa do meu texto está disponível nos volumes editados *The European Reformations Sourcebook* [Compêndio das reformas europeias] (fontes primárias, 2000a) e *The Reformation Theologians* [Os teólogos da Reforma] (capítulos sobre teólogos humanistas, luteranos, reformados, católicos e "radicais", 2002).

Uma vez mais, o título deste texto fala de "Reformas". Até onde sei, meu uso do plural em "Reformas" era único quando meu texto apareceu pela primeira vez. Alguns textos dão continuidade ao seu uso (Ryrie, 2006a; Matheson, 2007, p. 7 [subtítulo: "Reformas, não Reforma"]), enquanto outros criticam tal aplicação. Hillerbrand (2003, p. 547) julga-o "definitivamente errado"; em seu último volume (2007, p. 407), porém, declara: "Nem histórica nem teologicamente houve um único movimento de Reforma. Houve, pelo contrário, muitos movimentos, levando alguns acadêmicos atuais a falar e usar, de forma correta, o plural 'Reformas'." Hendrix (2000, p. 558; 2004a, p. xv, xviii, 1) também considera o título de meu livro pouco esclarecedor, já que obscurece o movimento coerente da Reforma com a finalidade de "cristianizar a Europa". Embora a discussão não soe nada além de

---

[1] Programa veiculado pela BBC Radio de 1944 a 1954 que ironizava a burocracia e as restrições decorrentes do esforço de guerra britânico (N.E.).

um problema semântico, o assunto tem ocupado diversos historiadores nos últimos anos. No meio da década de 1990, por exemplo, Berndt Hamm, Bernd Moeller e Dorothea Wendebourg, historiadores proeminentes da Igreja, debateram a questão. Wendebourg (Hamm et al., 1995, p. 31-2; Lindberg, 2002a, p. 4-9) remete-nos a uma gravura do início do século XVII intitulada "A luz do Evangelho reacendida pelos Reformadores" (cf. figura 15.4). A historiadora comenta que, ao mesmo tempo que é uma imagem bela de unidade e harmonia, a realidade era de conflito, especialmente em vista dos chamados Reformadores "de esquerda" que não estavam incluídos na gravura. Sua observação é ecoada mais recentemente por Brian Cummings, cuja síntese a respeito do campo de pesquisas da área (2002, p. 13) merece citação extensa:

> Não podemos ignorar que alguns acadêmicos têm, nos últimos anos, tentado fazer com que a "Reforma" deixe de existir. Alguns historiadores tentaram evitar o determinismo histórico ao enfatizar as continuidades em um tempo sequencial mais longo. Outros tentaram desviá-lo ao distinguir uma pluralidade de reformas, católica e protestantes, em um processo mais amplo de cultura religiosa. Como em outras áreas acadêmicas de estudo, um uso astuto da forma plural foi usado para resolver a questão. Contudo, seja qual for a revisão da historiografia tida como necessária, deve-se respeitar a dissenção religiosa do século XVI.

Enquanto o debate continua, ainda vejo a era da Reforma como um período que abrange movimentos pluralistas de reforma.

Como sempre, sou grato ao apoio que recebi dos editores da Blackwell, principalmente Rebecca Harkin, que me encorajou a fazer esta revisão. A título pessoal, tenho o prazer imenso de acrescentar que aqueles aos quais a dedicatória original do livro foi feita nos deram cinco netos: Emma, Caleb, Nathan, Teddy e Claudia. Seus pais são gratos pelo fato de a gestação de cada um deles ter sido muito mais breve do que o tempo que gastei nesta revisão.

# Prefácio à Primeira Edição Original

> *A vida humana sem o conhecimento da história não é nada além de uma infantilidade perpétua — ou melhor, um estado permanente de trevas e obscuridade.*
>
> Philip Melanchthon

Espero que este livro contribua com a descoberta perene de quem somos e de como nos tornamos assim; o "nós" implícito aqui deve ser entendido de uma maneira global. Obviamente, tamanho objetivo denota ilusão de grandeza — e mesmo de exagero — com relação à influência que as Reformas do século XVI exerceram. Entretanto, nenhum historiador, seja qual for sua convicção, enxerga-se como um antiquário, estudando o passado "por mero amor do passado", como se entendê-lo não contribuísse para compreendermos a nós mesmos.

Podemos ilustrar isso ao citar dois historiadores importantes da Reforma. Steven Ozment (1992, p. 217) conclui um de seus livros sobre o assunto da seguinte maneira:

> Às pessoas de todas as nacionalidades, os primeiros protestantes legaram, além de si mesmos, uma herança de liberdade e igualdade espiritual cujas consequências ainda se manifestam no mundo de hoje.

William Bouwsma (1988, p. 1) começa seu estudo com uma lista das influências de Calvino:

> O calvinismo tem sido amplamente reconhecido — ou atacado — por contribuir para boa parte do que caracteriza o mundo moderno: capitalismo e ciência moderna; disciplina e racionalização de sociedades complexas do Ocidente; espírito revolucionário e democrático; secularização e ativismo social; individualismo, utilitarismo e empirismo.

Se ambos tiverem alguma parcela de razão, cabe a nós refletir profundamente a esse respeito.

A influência da Reforma estendeu-se além das culturas euro-americanas, espalhando-se mundo afora. Pesquisadores buscam a influência do calvinismo em condições sociais da república sul-africana e do luteranismo em desenvolvimentos modernos na Alemanha e no curso do judaísmo; o antes eurocêntrico *International Congress for Luther Research* [Congresso Internacional de Pesquisas Luteranas] inclui, agora, participantes do chamado "terceiro mundo", preocupados não apenas com a aplicabilidade eclesiástica da teologia de Lutero, mas com sua relevância para a liberdade e os direitos humanos.

A natureza global da pesquisa sobre o assunto evidencia-se na tradução de escritos dos Reformadores em várias línguas asiáticas e na existência de projetos de pesquisa em todo o mundo, inclusive na República Popular da China, sem mencionar seu impacto em diálogos ecumênicos entre cristãos e discípulos de outras religiões mundiais. As Reformas ainda são vistas como importantes demais para a vida contemporânea para serem relegadas aos estudiosos de obras ancestrais e àqueles aos quais Carlyle chamou de historiadores "secos-como-pó".

Por que mais um livro sobre as Reformas? Existe, claro, o fator pessoal: suspeito que quase todo professor queira contar a história ao seu próprio modo, e comigo não é diferente. Além disso, tenho sido estimulado nesse empreendimento pela pergunta ocasional de alguns alunos: "Por que você não escreve seu próprio texto?"

Alunos claramente brilhantes e perspicazes, cientes do valor utilitário de tal pergunta, não devem, contudo, ser considerados os culpados por este projeto. Antes, a justificativa para sacrificar mais árvores a fim de satisfazer o mercado editorial é incorporar, em um único texto, aspectos do vicejante campo de estudos da Reforma a uma perspectiva histórico-teológica. Assim, muita atenção será devotada àquilo que os reformadores e os receptores de sua mensagem creram estar em jogo — literal e figuradamente — para sua salvação. Com toda sorte de dobras e nós, o fio que tece a história consiste na luta dos reformadores para entender e aplicar, à sociedade, a liberdade do evangelho e sua autoridade.

Como tal orientação contribuirá com o texto? Sugeri há pouco o impacto global das Reformas em algumas das identidades atuais. A fascinação dos pesquisadores pela influência das Reformas aumentou tanto, que estudos historiográficos importantes são devotados a ela. O primeiro capítulo, que trata de história e historiografia, ilustrará o fato de que não apenas historiadores da Igreja e teólogos são tendenciosos. Todo historiador também é um intérprete; desse modo, toda e qualquer sugestão de que podemos deixar de lado convicções teológicas (ou políticas, ou marxistas etc.) a fim de ser cientificamente "objetivos" e "imparciais" é suspeita.

Particularmente, vejo a era da Reforma como um tempo de movimentos reformistas diversos, abordagem importante para a interpretação e definição que serão exploradas no decorrer do texto. Por enquanto, o uso do plural nos remete a alguns termos comumente usados — como a própria palavra "Reforma" — que trazem em seu bojo juízos de valor implícitos e explícitos.

Procuro também incorporar ao texto a pesquisa que tanto se proliferou recentemente sob a rubrica geral de "história social", vertente que se devota especialmente a marginalizados (pobres, mulheres), minorias, à cultura popular (em termos de contexto e recepção), ao desenvolvimento de traços modernos (individualismo, racionalidade, secularidade) e ao estabelecimento moderno de identidades específicas, o que é denominado confessionalização. Todo trabalho de síntese carrega consigo as sementes (e, às vezes, as ervas daninhas!) de confusões e diversas omissões. Espero que a cronologia, os mapas, as tabelas genealógicas, a bibliografia e as sugestões de leitura melhorem, até certo ponto, a desarticulação desta narrativa sintética e sua falta de discussão sobre as Reformas no leste europeu e na Escandinávia.

Autores compartilham da mesma temeridade que afugenta os anjos. Sendo esse o caso, consolo-me com a máxima de Lutero de que devemos "pecar com ousadia" e com as palavras do grande erudito inglês A. G. Dickens (1974, p. 210): "Em suma, a síntese deve envolver a escrita de livros que estimulam a produção de livros ainda melhores, os quais, por sua vez, serão substituídos, atacados e defendidos por outros, que se apoiam em seus ombros.".

Tenho o prazer de dedicar meu esforço a Rod, Gary e Tina, nossos novos filhos. Depois de se casarem com os meus filhos, ainda ouvem pacientemente discursos sobre as Reformas à mesa do jantar e oferecem comentários forçados. Gostaria de agradecer também aos diversos alunos do meu curso sobre as "Reformas", cujas perguntas e debates vívidos redimiram, ao logo dos anos, uma iniciativa que começou com preleções "secas-como-pó". J. Paul Sampley, meu colega e "espinho-na--carne", prestou-me um serviço similar dentro e fora de classe. Por fim, agradeço a Alison Mudditt, gerente editorial da Blackwell Publishers, que iniciou e pastoreou este projeto do início ao fim; a Gillian Bromley, copidesque, cujo olhar atento descobriu muitos erros; e a Sarah McKean, pesquisadora de imagens da Blackwell, que reuniu as ilustrações.

# Abreviaturas

ARG   *Archive for Reformation History/Archiv für Reformationsgeschichte* [Arquivo da história da Reforma]

BC   *The book of concord: the confessions of the evangelical lutheran church* [O livro da concórdia: confissões da Igreja Evangélica Luterana], ed. por Robert Kolb e Timothy J. Wengert. Minneapolis: Fortress Press, 2000

CH   *Church History* [História da Igreja]

CHR   *Catholic Historical Review*

CO   *Ioannis Calvini Opera quae supersunt omnia*, ed. C. Baum, E. Cunitz e E. Reiss. Brunswick/Berlim: Schwetschke, 1863–1900 (*Corpus Reformatorum*, vols 29–87)

CR   *Corpus Reformatorum*. Berlim/Leipzig, 1811–1911

CTM   *The collected works of Thomas Müntzer* [Obras completas de Thomas Müntzer], tr. e ed. Peter Matheson. Edimburgo: T. & T. Clark, 1988

CTJ   *Calvin Theological Journal*

CTQ   *Concordia Theological Quarterly*

HJ   *Historical Journal*

LQ   *Lutheran Quarterly*

LW   *Luther's works* [As obras de Lutero], ed. Jaroslav Pelikan e Helmut T. Lehmann, 55 vols. St Louis: Concordia/Filadélfia: Fortress, 1955–86. [Referências textuais a volume e página. Assim, 31: 318 = vol. 31, p. 318]

NWDCH   *The New Westminster dictionary of church history* [Novo Dicionário Westminster de história da Igreja], vol. 1, ed. Roberto Benedetto. Louisville: Westminster John Knox, 2008.

MQR   *Mennonite Quarterly Review*

PL   *Patrologia cursus completus. Series Latina*, ed. J-P. Migne, 221 vols. Paris: Migne, 1844–1900

PP   *Passado e Presente*

SCJ   *Sixteenth Century Journal*

StA   *Martin Luther: Studienausgabe* [Martinho Lutero: edição de estudos], ed. Hans-Ulrich Delius, 6 vols. Berlim: Evangelische Verlagsanstalt, 1979–99

TRE   *Theologische Realenzyklopädie* [Enciclopédia Real], ed. G. Krause e G. Muller. Berlim/Nova Iorque: de Gruyter, 1976–

WA   *D. Martin Luthers Werke: Kritische Gesamtausgabe* [Obras do Dr. Martinho Lutero: Edição crítica completa], ed. J. K. F. Knaake, G. Kawerau, *et al.*, 58 vols. Weimar: Böhlau, 1883–

WA Br   *D. Martin Luthers Werke: Briefwechsel* [Obras do Dr. Martinho Lutero: correspondências], 15 vols. Weimar: Böhlau, 1830.

WA TR   *D. Martin Luthers Werke: Tischreden* [Obras do Dr. Martinho Lutero: discursos de mesa], 6 vols. Weimar: Böhlau, 1912–21

Z     *Huldreich Zwinglis sämtliche Werke* [Obras completas de Ulrico Zuínglio], ed. F. Egli *et al.* Berlim/Leipzig, 1905– (*Corpus Reformatorum*, vols 88–101); repr. Zurique: Theologischer Verlag, 1982–
ZKG   *Zeitschrift für Kirchengeschichte*
ZRG   *Zeitschrift der Savigny-Stiftung für Rechtsgeschichte, Kanonische Abteilung*
ZThK  *Zeitschrift für Theologie und Kirche*

*Capítulo 1*
# História, historiografia e interpretações das Reformas

> *Somos como anões apoiados nos ombros de gigantes: graças a eles, enxergamos mais longe. Ocupando-nos com tratados escritos pelos antigos, selecionamos seu melhor pensamento, enterrado pelo tempo e pela negligência humana, e o ressuscitamos, por assim dizer, da morte para uma nova vida.*
>
> Pedro de Blois (d.1212)

## HISTÓRIA E HISTORIOGRAFIA

Pedro de Blois escreveu esse aforismo famoso quase exatamente três séculos antes de as "Noventa e cinco teses" sacudirem a Europa. Certo estudo importante (Dickens e Tonkin, 1985, p. 323) concluiu que a historiografia da Reforma é uma "janela para o Ocidente, um ponto de acesso importante ao desenvolvimento da mente ocidental dos últimos cinco séculos [...] De modo incontestável, a Reforma mostrou-se um gigante dentre os movimentos internacionais dos tempos modernos". Apoiados nos ombros da Reforma, conseguimos olhar com mais profundidade para ambas as direções: podemos sondar tanto o mundo medieval quanto o contemporâneo.

A história nos oferece um horizonte com o qual vemos não apenas o passado, mas também o presente e o futuro. O filósofo Hans-Georg Gadamer (1975, p. 269, 272) afirmou que indivíduos sem horizontes sobrevalorizam o presente, enquanto aqueles que os têm são capazes de perceber o significado relativo do que está perto e longe, daquilo que é grande e pequeno. "Ter um horizonte quer dizer aprender a olhar além do que está ao nosso alcance — não com o fim de ignorar acontecimentos, mas para vê-los melhor, isto é, dentro de um todo maior e em sua proporção verdadeira." Em outras palavras, "como na navegação, fatos distantes são mais eficientes na história do que fatos próximos no sentido de nos dar um posicionamento mais preciso" (Murray, 1974, p. 285). Mesmo marinheiros inexperientes sabem que é tolice navegar se fixando na própria proa em vez de fazê-lo olhando para as estrelas ou para terra firme.

A distância histórica, ao oferecer um foco para além daquilo que tomamos por certo, pode ser um componente surpreendente da compreensão contemporânea. A analogia de se viver em uma cidade estrangeira ilustra esse fato. Caso more em uma cidade estrangeira por um ano, não aprenderá muito sobre ela; em contrapartida, depois de retornar ao seu país, ficará surpreso com melhor compreensão acerca de algumas das características mais profundas e particulares de sua terra natal. Antigamente, você não as "enxergava" por estar perto demais — familiarizado demais — com elas. Da mesma forma, uma visita ao passado proporciona distância e perspectiva a partir das quais podemos compreender o presente (Braudel, 1972; Nygren, 1948). Por isso, L. P. Hartley inicia sua narrativa em *O mensageiro* com a seguinte frase memorável: "O passado é um país estrangeiro: lá, as coisas são feitas de maneira diferente.".

A memória também é algo que ilustra a perspectiva: "Memória é o fio que tece a identidade pessoal, a história da identidade pública" (Hofstadter, 1968, p. 3; Leff, 1971, p. 115). Memória e identidade histórica são inseparáveis. Já lhe pediram para apresentar alguém de cujo nome, de repente, esquecera-se? Na pior das hipóteses, essa experiência humana comum não passaria de um constrangimento temporário. Imagine, contudo, como seria a vida caso você não tivesse memória nenhuma.

Todos já ouvimos falar de quão árdua é a vida para os amnésicos, bem como sobre os efeitos trágicos do mal de Alzheimer sobre a vítima e sua família. Perda de memória não é apenas ausência de "fatos:" é perda de identidade pessoal, familiar e relacional — ou seja, de tudo que compõe o sentido da vida. É muito difícil, se não impossível, atuar na sociedade se não sabemos quem somos e como chegamos até aqui. Memória é o fio que tece nossa identidade pessoal, liberando-nos do que Melanchthon, companheiro de Lutero, chamou de "infância perpétua". Sem passado, não temos nem presente, nem futuro.

O que dizer de nossa identidade coletiva nacional e religiosa? Somos amnésicos, crianças no que diz respeito à identificação de quem somos em relação à nossa comunidade? E se tivéssemos que nos identificar como americanos ou cristãos? Suponhamos que alguém nos perguntasse por que somos protestantes ou católicos romanos: além de mencionar nossos pais ou uma mudança para um bairro novo, seríamos capazes de explicar por que pertencemos à Igreja Luterana da Graça ao lado do posto de gasolina e não à Igreja de Sta. Maria, localizada próximo à mercearia?

Certa vez, pedi a um amigo francês que me explicasse a relação franco-alemã: ele começou citando a divisão do império de Carlos Magno no século IX! A maioria de nós não volta assim tão longe no passado para explicar respostas a questões contemporâneas, porém, sua explicação ilustra o fato de que memória é o fio que tece a identidade pessoal, enquanto história é a linha que tece a identidade coletiva. Esses fios tenazes de identidade coletiva também têm um lado obscuro quando deixam de ser examinados criticamente, algo lamentavelmente notório na erupção de conflitos histórico-étnicos, tais como os ocorridos nas antigas Iugoslávia e União Soviética, bem como no Oriente Médio. Se não conhecemos nossa história pessoal e coletiva, somos como crianças, facilmente manipulados por aqueles que usam o passado para interesse pessoal.

Memória e história são cruciais para nossa identidade, porém dificilmente conceituadas em relação a sua origem e objetivo. Consolo-me, nesse sentido, com o comentário do grande teólogo africano Agostinho (354-430), que, ao falar sobre o tempo, escreveu: "Então o que é o tempo? Se ninguém me perguntar, eu sei; se quiser explicá-lo a alguém, não sei" (*Confissões*, Livro XI). Agostinho, teólogo ocidental influente, lutava para relacionar sua cultura greco-romana à convicção cristã de que identidade coletiva está enraizada na história, não na filosofia e na ética. Essa convicção já havia sido declarada abertamente no resumo histórico de credos cristãos, os quais professam fé na pessoa histórica de um Jesus que nasceu, sofreu e morreu. Cristãos também dão ênfase à história de forma única quando confessam que Jesus ressuscitou dentre os mortos e que retornará para consumá-la. Assim, a partir de uma perspectiva privilegiada, a identidade cristã coletiva é formada tanto pelo passado histórico quanto pelo futuro histórico. Sem sensibilidade a essa reivindicação teológica, será difícil percebermos plenamente o poder de visões apocalípticas da história nas reformas ou em obras como *Acts and Monuments* [Atos e monumentos], de John Foxe. Esse senso de identidade histórica no passado, presente e futuro da Igreja, expresso no artigo terceiro dos credos pela frase "comunhão dos santos", era algo tão palpável à igreja medieval que o historiador católico romano inglês John Bossy (1985) fez dele o tema de seu estudo sobre a Reforma. Conforme veremos, a identidade histórica da comunhão dos santos foi palco de uma questão controversa durante a era da Reforma.

Sociólogos do conhecimento chegaram a uma conclusão parecida sobre a identidade histórica enraizada na comunidade: identidade histórica nos é transmitida por meio de conversas com mães e pais, que nos precederam. Nesse sentido, historiadores da Igreja levam a sério o quarto mandamento do Decálogo: "Honra teu pai e tua mãe." Mesmo a partir de uma experiência familiar limitada, sabemos, obviamente, que, quando deixamos de conversar com nosso pai, mãe ou filho, começamos a nos esquecer de quem somos. Isso não quer dizer que conversas entre gerações sejam sempre agradáveis, mas sim importantes se quisermos aprender como chegamos até aqui. Sem esses diálogos, estamos condenados ao "presentismo", termo rebuscado que se usa para descrever o solipsismo de sucessivas "gerações do eu". Assim, a frase alemã do pós-guerra *Welt ohne Vater* [mundo sem pai] resume a perda de raízes e a crise de autoridade sofrida pela geração cujos pais caíram na guerra. Lorde Acton manifestou-se a respeito disso com elegância:

A história deve ser nossa libertadora não apenas da influência indevida de outros tempos, mas também do nosso eu, da tirania do ambiente e da pressão do ar que respiramos. Ela requer que todas as forças históricas produzam um registro e o submetam a julgamento, promovendo capacidade de resistência a ambientes contemporâneos por meio da familiaridade com outras épocas e órbitas de pensamento (Pelikan, 1971, p. 150).

Até pouco tempo atrás, compiladores e narradores das "conversas de família" do cristianismo eram quase todos *fontes internas*; assim, tanto a disciplina quanto o tema principal de sua narrativa se enquadravam na rubrica de "história da igreja". Por razões diversas, pessoas de fora da igreja cristã também estão, hoje, interessadas na apresentação da história do cristianismo. Parafraseando uma máxima antiga, há o senso de que a narrativa histórica da contribuição cristã à identidade contemporânea é importante demais para ser deixada apenas nas mãos de cristãos. Um exemplo notório desse desenvolvimento recente é o campo de estudos sobre a Reforma.

O conhecimento de perspectivas distintas de historiadores da Igreja e de historiadores do cristianismo será útil em termos de leitura, tanto de textos contemporâneos quanto de fontes históricas. Trataremos, posteriormente, de outras concepções, porém, fazemos bem em lembrar, por enquanto, que interpretações do passado não estão isentas de juízo de valor. De fato, o "princípio da incerteza" de Heisenberg se aplica a estudos históricos da mesma forma que o faz no campo da física subatômica: o objeto observado é influenciado pelo observador. "É paradoxal, na verdade, o fato de a natureza parecer mais nitidamente suscetível à compreensão e ao controle humano do que a história, a qual o próprio homem produz e com a qual está pessoal e intimamente envolvido" (Spitz, 1962, p. vii). Nas palavras do recém-falecido historiador inglês G. R. Elton (1967, p. 13), "Na verdade, historiadores, como outras pessoas, tendem a julgar o mundo a partir de sua própria experiência e prática; é perturbador ver quão limitados, em termos de solidariedade, mesmo homens eminentes podem ser".

Percebemos com facilidade alguns dos pressupostos que governam a compilação e interpretação de acontecimentos de um autor; outros, porém, nos são mais sutis. Isso é exemplificado pela obra de Eusébio de Cesareia (c. 260–c. 340), "pai da história da Igreja". Na introdução de sua *História eclesiástica*, Eusébio inicia com uma declaração de "verdade na publicidade", um tipo de honestidade raramente visto em obras históricas modernas: "A partir de informações disseminadas por aqueles que me precederam, selecionei o que parecia ser de maior relevância à tarefa com a qual me comprometi, colhendo, como flores em pastos literários, contribuições relevantes de escritores antigos e incorporando-as à narrativa que tenho em mente."

Historiadores são seletivos na escolha de dados. Até recentemente, essa seleção era determinada por comprometimentos religiosos e teológicos — o que não é surpreendente, visto que historiadores da Igreja tradicionalmente trabalham com uma perspectiva dupla: a história da Igreja e a medida crítica de sua fidelidade a partir de uma perspectiva contemporânea do passado. Esse último ponto crítico significa que o foco da obra de um historiador da Igreja é uma comunidade já existente, mas que ainda não está completa. Em termos teológicos, há uma dimensão escatológica em relação à obra histórica da Igreja, já que a comunidade estudada acredita viver entre o "agora" da atividade histórica e o "ainda não", entre a promessa e o cumprimento pleno do movimento iniciado por Jesus. O problema que essa abordagem apresenta para o método histórico moderno é: como escrever uma história sobre aquilo que se reivindica ocorrer na história, mas também ser o fim dela? É claro que tais reivindicações meta-históricas a uma perspectiva privilegiada sobre o curso e propósito da história não se limitam a teólogos: percebemos declarações como essas em expressões modernas díspares, como a convicção idealista de Hegel sobre a realização do espírito absoluto, a convicção materialista de Marx sobre a sociedade sem classes e a crença americana no triunfo da democracia, dentre outras.

A hegemonia dos estudos teológicos e histórico-eclesiásticos das reformas do século XVI foi apenas recentemente questionada de maneira crítica, e as implicações desse questionamento estão começando a chegar aos livros. Concebemos a radicalidade dessa mudança na reavaliação da longa predominância do modelo de registro histórico estabelecido por Eusébio, que normatizou a "verdadeira" igreja a partir da comunidade dos primeiros séculos da era cristã. A "norma dos primeiros séculos" levou à racionalização de mudanças e desenvolvimentos históricos como expressões da essência imutável do cristianismo primitivo, idealizando a era apostólica, o tempo das origens. Esse critério foi sustentado por todos os grupos da era da Reforma e pode ser percebido facilmente nos vários apelos dos reformadores à Escritura e à fé apostólica, usadas como apoio às respectivas reivindicações de serem *a* continuação da igreja primitiva. Assim, no debate de Leipzig (1519) sobre a autoridade do Papa, Lutero declarou que atribuições papais à superioridade eram relativamente recentes: "Contra elas, encontra-se uma história de mil e cem anos, o texto da Escritura divina e o decreto do Concílio de Niceia [325], o mais sagrado de todos os concílios" (*LW*, 31, p. 318).

Embora as reformas do século XVI tenham dividido a Igreja, todos os grupos continuaram a manter o modelo histórico estabelecido por Eusébio, reivindicando serem *a* recuperação fiel ou continuação da igreja primitiva e acusando outras igrejas de inovação (isto é, de heresia). Reformadores encorajavam as pessoas a julgar todas as doutrinas pela Escritura; todas as igrejas, por sua vez, voltavam-se à história com o fim de legitimar e reforçar reivindicações individuais a respeito de serem a comunidade fiel. Os que estavam convencidos de que a igreja medieval consistia em uma corrupção total da igreja primitiva desenvolveram conceitos martirológicos para apoiar sua visão de que, a despeito de corrupção, havia ainda testemunhas fiéis ao movimento iniciado por Jesus na história.

A base para a crítica dos reformadores de que o passado recente estava corrompido fora estabelecida pela geração anterior de humanistas. O termo "Idade Média" (*media aetas, medium tempus, medium aevum*) se encontra, pela primeira vez, em referências difusas de humanistas do século XV, os quais consideravam esse segmento de tempo como uma época intermediária entre o que percebiam ser o período clássico ideal e glorificado (*à la* Eusébio) e seu próprio tempo, ao qual se referiam como "moderno". Humanistas aspiravam e lutavam pelo renascimento (Renascença) clássico e antigo da linguagem, educação, ciência, arte e igreja, assim como consideravam a Idade Média uma época bárbara; por isso, a arte medieval, por exemplo, era chamada de "gótica". Essa caracterização humanista foi impulsionada não apenas por critérios estéticos e filológicos, mas também teológicos e religiosos. Homens e mulheres renascentistas projetaram na história antiga sua própria reação do que consideravam ser autoritarismo e ortodoxia supersticiosa e antiquada da Igreja de seu tempo. A influência dessa perspectiva humanista continua a ser evidente no uso que fazemos de rótulos pejorativos, como "idade das trevas" e "escolástica".

Enquanto se diz, às vezes, que a cultura contemporânea é fascinada pela inovação e o "novo", o lema da cultura renascentista era *ad fontes*, ou seja, de volta às fontes. Reformadores, a maioria dos quais fortemente influenciada pelo humanismo, ecoavam esse moto com relação à Escritura e à igreja primitiva. Melanchthon caracterizou a Reforma como a era "em que Deus estava chamando a Igreja de volta às origens" (*in qua Deus Ecclesiam iterum ad fontes revocavit*: Ferguson, 1948, p. 52). O senso de que o "antigo é melhor" caracterizou histórias da Igreja decorrentes das reformas. Sob a liderança do luterano Matthias Flacius Illyricus (1520–75), um grupo de pesquisadores desenvolveu uma história da Igreja, de sua origem até 1400, intitulada *Historia Ecclesiae Christi*. Como essa obra dividiu a história da Igreja em séculos e foi iniciada na cidade de Magdeburgo, ficou também conhecida como "Centúrias de Magdeburgo". O modelo de Eusébio permanece vigente nas "Centúrias", pois Flacius argumenta que a Reforma era a restauração da pureza original da igreja primitiva. Por se tratar de um apologeta luterano, não é de se surpreender que, para ele, a chave para a fidelidade da Igreja era vista como a doutrina da justificação apenas pela graça. A pureza original da Igreja durara até por volta do ano 300 e, com algumas reservas, até mesmo o ano 600, quando então houve um abandono da fé devido à expansão do papado. Em termos de periodização, "Centúrias de Magdeburgo" apresentam os três períodos atualmente familiares a nós: igreja primitiva (ou tempo das origens) até o quarto século, período medieval de decadência até o século XV e, por fim, o novo período de recuperação do evangelho. A realidade histórica dessa divisão tripartida em antigo, medieval e moderno foi pouco questionada, passando ao delineamento da história universal por volta do final do século XVII, conforme exemplificado pelo título da obra de Christoph Cellarius, *Historia Tripartita* (1685).

Para não ser superada, a Igreja Católica Romana respondeu às "Centúrias de Magdeburgo" com os esforços hercúleos de César Barônio (1538–1607), que, depois de anos trabalhando nos arquivos do Vaticano, começou a publicar seu estudo sobre a história da Igreja. Barônio registrou os fatos ano a ano, razão pela qual seu trabalho foi intitulado *Annales Ecclesiastici*. Quando de sua morte, a obra tinha alcançado o ano de 1198. Não menos partidário que Flacius e igualmente sujeito ao modelo de Eusébio, Barônio concentrou sua pesquisa não na doutrina da justificação, mas sim na instituição do papado. Essas duas obras ilustram a diferença de entendimento da Reforma pelos movimentos reformistas luterano e católico romano: enquanto luteranos se concentraram na reforma do dogma, católicos o fizeram na renovação da Igreja como instituição.

Movimentos dissidentes da era da Reforma estavam mais interessados em renovação pessoal do que em dogma ou instituição. Em termos de escrito histórico eclesiástico, essa tendência veio à tona na suposta história "imparcial" por Gottfried Arnold (1666–1714): *Unparteiische Kirchen- und Ketzerhistorie* (o título se traduz na íntegra como "História imparcial da Igreja e dos hereges do início do Novo Testamento ao ano de Cristo 1688"). Para Arnold, a essência da fé cristã não era dogmática, eclesiástica, jurídica ou cúltica, mas sim a piedade pessoal de indivíduos. A partir desse ponto de vista, aqueles aos quais a Igreja (protestante e católica) perseguira como hereges eram, agora, vistos como verdadeiros cristãos, pessoas que haviam seguido fielmente a Jesus ao se opor à "Babel" da igreja institucional e ao mundo. A chave para a leitura crítica da história da Igreja era vista como o "renascimento" de indivíduos. Enquanto o conceito de Arnold de leitura histórica "não partidária" e "imparcial" não deve ser igualado a tentativas mais modernas de "objetividade", seu julgamento pode ser, às vezes, visto como um precursor desse esforço. Além disso, a preocupação com indivíduos e sua experiência de conversão antecipa interesses posteriores em estudos biográficos e psicológicos de personagens históricos, como a obra de Erik H. Erikson, *Young Man Luther* [Jovem Lutero] (1958).

Mesmo com essas contribuições, Arnold e os movimentos dissidentes de reforma antes dele permaneceram em dívida com o modelo de história eclesiástica estabelecido por Eusébio. Para eles, o período de consumação da Igreja ocorrera nos três primeiros séculos, vistos como cheios do espírito de liberdade, fé vívida e viver santo. Corrupção e decadência na igreja primitiva tiveram início no reinado do primeiro imperador cristão, Constantino, o Grande (f. 337), com a legitimação da Igreja no Império Romano e sua consequente participação no poder e na riqueza romana. Nessa perspectiva, a Idade Média também era vista como um período longo de declínio.

O modelo de história da Igreja iniciado por Eusébio propiciou o entendimento diversificado dos reformadores a respeito de seu próprio contexto, mas, ao mesmo tempo, ilustrou que reflexões históricas são ofuscadas por juízos de valor. Hoje, é fácil para nós, apoiados sobre os ombros daqueles que nos precederam, criticá-los por não estarem cientes daquilo que agora nos parece óbvio. Cada época, porém, é marcada por ideias consideradas evidentes, contribuindo para que fatos sejam ignorados ou deixem de ser julgados criticamente. O mesmo se aplica a nós. Assim, um estudo recente sobre os medievalistas do século XX foi intitulado *Inventing the Middle Ages* [Inventando a Idade Média], no qual o autor escreve sobre como nossa própria ansiedade, nossa expectativa, nosso amor e nosso desapontamento interagem com a leitura e a escrita que fazemos da história:

> As ideias da Idade Média, articuladas pelos mestres medievalistas, variam substancialmente uma da outra. O libreto e a partitura com os quais trabalham — dados de fatos históricos — são os mesmos. A verdade, portanto, não está, em última análise, nos detalhes textuais, mas sim nas interpretações (Cantor, 1991, p. 45).

## INTERPRETAÇÕES DAS REFORMAS

Citando mais uma vez Cantor (1991, p. 367): "Temos a tendência de descobrir o passado ao qual nos propomos encontrar. Não porque o passado seja uma ficção intencionalmente imaginada, mas justamente por consistir em uma realidade complicada e multifacetada". Sem uma perspectiva, um horizonte, a seleção, organização e interpretação dos dados históricos seriam uma confusão. Multiplicidade de interpretações podem contribuir tanto para o nosso entendimento quanto para a nossa incompreensão, e, dada a existência de horizontes variados entre historiadores, é bom, tanto para o historiador quanto para seu público, quando o horizonte é indicado. O meu é que religião e teologia são centrais para o entendimento das reformas; apresso-me, contudo, a acrescentar que ambos devem ser vistos em seu contexto cultural.

Uma primeira iniciativa em termos de controle da realidade complicada e multifacetada da Reforma é definir os termos usados para descrevê-la e a era que ela abrange — o que, até recentemente, era feito de forma rápida e simples. *The Reformation Era 1500–1600* [A era da Reforma: 1500–1650], de Harold J. Grimm, livro sobre a história do período "Renascimento — Reforma" (amplamente usado, há uma geração, em cursos de graduação nos Estados Unidos), logo descartava parâmetros temporais e o problema da definição:

Nestas páginas, a palavra *Reforma* é usada no sentido convencional, isto é, envolvendo o surgimento de um cristianismo evangélico chamado protestantismo, que não conseguia se acomodar à teologia e às instituições eclesiásticas antigas (Grimm, 1973, p. 2; cf. Cameron, 1991, p. 2).

Em pesquisas mais recentes, esse "sentido convencional" da Reforma foi substituído pelo reconhecimento de que havia uma pluralidade de reformas que interagiam umas com as outras: movimentos luteranos, católicos, reformados e dissidentes. Esses movimentos reformistas múltiplos não podem ser plenamente entendidos se explicados *apenas* em termos de reforma religiosa, não levando em conta contextos e influências históricas, políticas, sociais e econômicas. Se perdermos de vista a rede complexa de relacionamentos históricos das reformas, corremos o risco de simplificar demais nossa concepção e avaliação da própria teologia da Reforma: "Afinal, essa teologia teve tamanho impacto na história precisamente por estar interligada na história de forma intrínseca" (Moeller, 1982, p. 7).

A palavra "Reforma" tem uma história longa e envolvida que, por um lado, remonta ao período clássico (cf. Strauss, 1995, p. 1–28) e, por outro, a currículos contemporâneos de graduação, que quase sempre a associam com "Renascimento", como em cursos "Renascimento—Reforma". O uso medieval de *reformatio* pode ser geralmente entendido a partir da rubrica estabelecida por Eusébio de que, quanto mais velho, melhor. Tecnicamente, o termo era usado em relação ao restabelecimento de universidades a sua condição original (e.g., *reformatio in pristinum statum*). O movimento conciliar do século XIV fez uso da frase "reforma da igreja na cabeça e nos membros" (*reformatio ecclesiae in capite et in membris*), querendo significar, com isso, um apelo ético à autorreforma por parte de indivíduos. Assim, renovação ética aparentava ser mais importante do que a reforma da igreja como instituição. Esse tema continuou no amplamente circulado *The Reformation of the Emperor Sigismund* [A reforma do imperador Sigismundo] (c. 1438), que apela à restauração da ordem apropriada das coisas por meio da renovação ética e do restabelecimento da ordem estabelecida por Deus. Semelhantemente, o livro *Prophecy of Johann Lichtenberger* [Profecia de Johann Lichtenberger] (1488) tratava de uma nova reforma, um novo reino e uma mudança entre o clero e o povo. A observância da lei de Cristo e da lei natural fariam com que a Igreja e a sociedade retornassem à condição original, estabelecida por Deus. No século XVI, o termo "Reforma" passou a conotar sentidos diversos relacionados à melhoria e renovação, tanto em seu uso eclesiástico quanto comum.

É importante notar que o próprio Lutero raramente usou o termo "Reforma" além de seu esforço bem-sucedido de criar um currículo novo em sua própria universidade. A tradução portuguesa do esboço que traçou para a reforma, *À nobreza cristã da nação alemã* (1520), sugere o uso do termo por Lutero, porém o título em alemão denota "melhoria" (*Besserung*). Quando Lutero de fato empregou o termo "reforma", deu a ele um novo sentido: atrelou doutrina, não renovação ética, à palavra. Segundo explicara em um sermão anterior, o âmago da Reforma genuína era a proclamação do evangelho somente pela graça, o que demandava uma reforma da teologia e da pregação, uma obra que viria, em última análise, puramente de Deus. Nesse sentido, Lutero se diferenciava dos supostos "precursores" da Reforma: "Para Lutero, o homem não podia ser reformado — isto é, restaurado a uma condição anterior —, mas apenas perdoado (Bouwsma, 1980, p. 239).

Foi somente no fim do século XVII, na obra de Veit Ludwig von Seckendorff intitulada *Commentarius historicus et apologeticus de Lutheranismo sive de reformatione religionis ductu D. Martini Lutheri in magna Germaniae parte aliisque regionibus* (1964), que o conceito de Reforma foi aplicado à história da Igreja. Seckendorff entendia que "Reforma" era a palavra-chave para esclarecer os acontecimentos na Alemanha na primeira metade do século XVI. Sua obra não é uma história da Reforma em um sentido abrangente, pois é limitada à religião e termina com a morte de Lutero; por meio dela, no entanto, "Reforma" (como termo que designa uma era ou época) entrou no vocabulário e conceito de estudos históricos.

A caracterização inicial da Reforma como era ou época está relacionada à carreira de Lutero. Dicionários e enciclopédias do século XVIII descrevem a Reforma como um período definido pelo trabalho divinamente motivado de Lutero de limpar a Igreja de abusos e erros doutrinários. Para todos os efeitos, foio o que a Reforma passou a ser. Isso ilustra a tendência paradoxal do protestantismo de transformar em santos aqueles que rejeitaram a veneração de santos (Bouwsma, 1988, p. 2). Por isso, a Reforma, em termos de época, foi delineada a partir da data entre as "Noventa e cinco teses" (1517) e a Paz de Augsburgo (1555), ocasiões que marcam, respectivamente, seu início e fim:

> Todo período de 1517 a 1555 foi canonizado como uma fase autossuficiente da história, fato que fazia com que as pessoas tivessem a tendência de negligenciar a Reforma Boêmia do século XV e menosprezar não apenas grupos radicais, mas também as igrejas Reformadas da Suíça, França e Inglaterra" (Dickens e Tonkin, 1985, p. 9).

Tal periodização também negligencia movimentos reformistas dentro do Catolicismo, bem como acontecimentos não eclesiásticos.

Uma percepção cultural abrangente dessa era foi expressa pela primeira vez em *Deutscher Geschichte im Zeitalter der Reformation* [História alemã na época da Reforma] (1839-), de Leopold von Ranke, que apresenta acontecimentos eclesiásticos, históricos e políticos como inseparáveis e inter-relacionados. "Época da Reforma"

(*Zeitalter der Reformation*) é expressa, de modo paradigmático, no título da segunda metade de seu estudo, "Die Anfänge Luthers und Karls V [Os inícios de Lutero e de Carlos V]", que justapõe Lutero e o imperador Carlos V.

Ranke também popularizou o termo "Contrarreforma", usando-o inicialmente no plural (*Gegenreformationen*, "Contrarreformas"). Historiadores católicos ficaram descontentes, porque isso implicava — e geralmente reafirmava — a prioridade histórica e teológica da Reforma protestante, à qual o catolicismo reagiu: "A expressão parecia interpretar a recuperação da Igreja Católica meramente como uma reação contra a divisão, envolvendo também o uso de força em assuntos religiosos" (Iserloh *et al.*, 1986, p. 431). Da mesma forma, o pesquisador católico John Bossy (1985, p. 91) descarta totalmente o termo "Reforma", uma vez que, "sugere, com demasiada facilidade, a noção de que uma forma ruim de cristianismo estava sendo substituída por uma boa". De fato, historiadores católicos antigos geralmente usavam o termo "cisma religioso" (*Glaubensspaltung*) em vez de "Reforma" para designar esse período. Em suma, termos nem sempre são livres de juízo de valor e de problemas; todavia, seria impossível, sem termos e periodizações, apresentar uma narrativa coerente de mudanças complexas.

Terminologias mais recentes, sensíveis tanto a relacionamentos ecumênicos contemporâneos como a precisão histórica, concentram-se em "Reforma católica" para denotar que movimentos católicos de renovação precederam e sucederam a Lutero, não sendo, assim, meramente reacionários. Entretanto — compromissos confessionais à parte — é um erro histórico ignorar a realidade de uma "Contrarreforma católica que, originando-se de um reformismo preexistente e teologicamente conservador, fortaleceu-se ainda durante a vida de Lutero e estabeleceu limites à expansão protestante" (Dickens e Tonkin, 1985, p. 2; Jedin, 1973 46–81). Desse modo, "Contrarreforma" situa e caracteriza boa parte da reação da Igreja Católica ao protestantismo: "Contudo, o termo 'Reforma' aplicado ao Catolicismo [...] implica inadvertidamente uma reforma substancial de doutrina, algo que, na verdade, foi combatido programaticamente pelo Concílio de Trento" (Williams, 1992, p. 3, 5). John O'Malley (1991, p. 177–93), pesquisador da Reforma jesuíta, argumenta, no entanto, que o catolicismo representava muito mais nesse período que o Concílio de Trento. Embora os termos "Reforma católica" e "Contrarreforma" tenham coincidido nesse período, eles podem desviar nossa atenção da realidade mais abrangente do catolicismo do século XVI, o qual se preocupava com o cuidado de almas mais do que com a reforma de abusos e instituições. Em uma revisão relevante dessa historiografia, O'Malley (2000) argumenta, convincentemente, que a expressão "catolicismo moderno" designa, melhor que termos mais antigos, tanto mudança quanto continuidade. Além disso, é uma expressão que abrange as variedades do catolicismo desse período e, assim, ajuda-nos a abandonar o preconceito de longa data com respeito ao catolicismo medieval e do início da modernidade não passar de uma instituição monolítica, autoritária e papal:

> "Catolicismo moderno", um termo mais amplo, abre espaço para novos papéis exercidos por mulheres católicas, leigas e religiosas. Por não ser tão suscetível a reducionismo como outros [isto é, termos], admite, com mais facilidade, o fato de que influências importantes em mentalidades e instituições religiosas estavam em operação na cultura do início do período moderno, o qual não começou com religião e igreja como tal, mas que, mesmo assim, ajudou a remodelá-las" (O'Malley, 2000, p. 142).

Certo *Festschrift* [livro comemorativo] recente em honra a O'Malley aprofunda essa perspectiva (Comerford e Pabel, 2001); não obstante, os debates continuam, conforme declara Hillerbrand (2007, p. 461 n. 5): "A razão por tal preferência ["o catolicismo moderno"] parece óbvia: desconectar a história do catolicismo do século XVI, da Reforma protestante." De minha parte, usarei o rótulo abreviado "catolicismo romano" (embora a expressão seja anacrônica para esse período), uma vez que frases como "adeptos da fé antiga", "adeptos da nova fé", "catolicismo do século XVI" e "catolicismo moderno" sejam antiquadas. Além disso, os reformadores também acreditavam representar fielmente a Igreja Católica. Tecnicamente, a modificação de "católico" por "romano" passa a ser apropriada apenas depois do Concílio de Trento (1545–63).

O termo "Reforma" é frequentemente modificado por "magistral" e "radical". "Reforma Magistral" denota movimentos evangélicos de reforma apoiados e possibilitados por magistrados, sejam eles reis, príncipes, sejam concílios de cidades. Assim, Lutero, por exemplo, ganhou o apoio do príncipe do Eleitorado da Saxônia, Zuínglio, o do conselho municipal de Zurique, e Calvino, o dos conselhos de Genebra. "Magistral" também se refere à autoridade de um professor (*magister*); eis o porquê de a autoridade docente na Igreja Católica Romana, concentrada no Papa, nos bispos e no concílio, receber o nome de *Magisterium*. Entre protestantes, a autoridade docente de Lutero e Calvino era tão grande que movimentos reformistas usaram seus nomes, a saber, luteranismo e calvinismo:

> Assim, a Reforma Magistral clássica era "magistral" não apenas no sentido primário, permitindo um papel maior por parte do Estado na implementação da Reforma (mesmo avaliando questões doutrinárias, litúrgicas e eclesiásticas), mas também no sentido subsidiário de conceder autoridade extraordinária ao professor como indivíduo (Williams, 1992, p. 1.281).

Esses movimentos reformistas, dissidentes dos chamados reformadores magistrais e que enfatizavam autonomia de autoridades políticas, foram rotulados de "esquerda" da Reforma ou, mais recentemente, de "Reforma radical". Embora esse último termo tenha sido usado em estudos da Reforma desde o importante trabalho *The Radical Reformation* [A reforma radical], de George H. Williams, "tem-se prevalecido uma incerteza considerável sobre sua definição precisa" (Hillerbrand, 1986, p. 26). Pelo menos está claro que Lutero estava posicionado à "esquerda" do *establishment* católico, havendo um consenso de que sua posição manteve-se "radical" até o início da década de 1520. Desse modo, "Reforma radical" é um termo problemático associado a juízos de valor teológico que "não podem ser adjudicados a partir de critérios de erudição" (Hillerbrand, 1993, p. 416–17). Termos alternativos para os chamados "radicais" são não conformistas e dissidentes.

De fato, pode-se argumentar que "radical", em seu sentido fundamental de voltar às raízes (*radix*), aplica-se igualmente à convicção de Lutero de que apenas a Escritura é a norma da fé cristã. Esse é um argumento sério, quando se percebe que era o clero medieval o responsável pelo mito social predominante e, desse modo, legitimador da estrutura social e organização política, além de também ser o controlador de uma grande quantidade de propriedades e riquezas: "Por isso, um desafio ao clero tinha de ser radical, exigindo uma mudança revolucionária na sociedade europeia [...] a Reforma Protestante constituía tal desafio" (Kingdon, 1974, p. 57). "Juntamente com o Renascimento italiano, a Reforma alemã tem sido tradicionalmente vista como a primeira das grandes revoluções que criaram o mundo moderno" (Ozment, 1992, p. xiv). Contudo, como os demais termos mencionados anteriormente, há também muitas nuances e diferenças claras sobre como o conceito de "revolução" é entendido, incluindo a visão marxista da Reforma como o início de uma "revolução burguesa". Na medida em que a Reforma "pode ser chamada [...] de revolução anticlerical", podemos nos referir a ela como "Reforma do povo" ou "Reforma das pessoas comuns" (Kingdon, 1974, p. 60; Abray, 1985; Blickle, 1992).

Nessa breve análise sobre definições e periodizações da Reforma, passamos da norma teológica que julgava os movimentos do século XVI em relação a Lutero (direita — catolicismo; esquerda — radicais) à história social. Esse último e recente desenvolvimento historiográfico não conflita, necessariamente, com abordagens anteriores de historiadores intelectuais, interessados em biografias e em teologia:

> Em vez disso, reivindica que mudanças religiosas do século XVI foram fundamentalmente importantes para forjar a história da Europa e do restante do mundo até o período moderno, definindo, como território de exploração, a área em que ideias e rituais religiosos afetavam as estruturas da vida cotidiana" (Hsia, 1988, p. 8).

O período da Reforma foi estendido de volta à Idade Média por causa da conscientização cada vez maior do papel exercido pelos movimentos reformadores católicos, estendendo-se até o século XVIII no que diz respeito ao seu efeito confessional, econômico e social. Alguns estudiosos referem-se heuristicamente a esses séculos como "o longo século XVI" ou o período da "idade moderna", distinguindo-o da idade contemporânea, associada à independência dos Estados Unidos e às revoluções francesa e industrial. Títulos recentes reiteram essa fluidez na caracterização da Reforma (e.g., Ozment, 1971, 1980; Bossy, 1985; MacCulloch, 2003; Wiesner-Hanks, 2006). Os editores de *Handbook of European History* [Manual da história europeia] (Brady, Oberman e Tracy, 1994–5, 2: XIX; cf. também 1: XIII–XXIV) apresentam outra razão: "A própria escolha do perímetro cronológico de 1400 a 1600 estabelece uma barreira enorme na canonização confessional de uma fase isolada, privilegiando o fim da Idade Média, o Renascimento ou a Reforma". Em suma, definições que vários estudiosos conferem à palavra "Reforma" e a sua periodização são tentativas de esclarecer e de resolver pressuposições e julgamentos de valor que acabam criando um caleidoscópio de visões desse período, colorindo, assim, perspectivas de acordo com tendências pessoais. Cabe a nós, agora, examinar a história dessas tendências.

São inúmeros e abrangentes os estudos sobre as diferentes interpretações das reformas do século XVI; assim, por uma questão de simplicidade, essas interpretações podem ser agrupadas sob duas grandes categorias fundamentais: história intelectual e história social. No grupo que favorece a história intelectual estão, em especial, teólogos e historiadores da Igreja; contribuindo com a história social, podemos encontrar historiadores sociais e seculares.

Até recentemente, a posição interpretativa predominante era demarcada em termos de história cultural ou intelectual, algo que os alemães chamam de *Geistesgeschichte*; nessa orientação, o foco está nas ideias da Reforma. Em alguns casos, a busca dessas ideias era concebida estritamente em termos de teologias da Reforma; em outros, interpretações se expandiam, incluindo biografia, psico-história, ideologia política e, especialmente depois do segundo Concílio do Vaticano, teologia ecumênica.

A figura predominante nas interpretações históricas e teológicas da Reforma continua sendo Martinho Lutero, a respeito de quem, conforme se diz, muito mais foi escrito do que sobre qualquer outro personagem na história da Igreja. Até hoje, Lutero é venerado na Alemanha. Uma pesquisa feita por uma emissora pública alemã a respeito dos cidadãos germânicos mais famosos ranqueou Lutero atrás do chanceler alemão pós-guerra Konrad Adenauer, porém à frente de Karl Marx; em 2003, Lutero apareceu na capa do influente semanário alemão *Der Spiegel*. Em um relatório sobre os principais acontecimentos da história recente, sua Reforma foi caracterizada, juntamente com descobrimento das Américas, como um dos dois maiores acontecimentos da história moderna. Atualmente, ele também tem sido tema de diversos filmes e programas de televisão (Fuchs, 2006, p. 171; Boettcher, 2004; Hendrix, 2004b; Jones, 2004).

Obviamente, o apelo comercial de Lutero não se perdeu na antiga Alemanha Oriental comunista. O posto de turismo de Wittenberg vende meias impressas com as famosas palavras de Lutero na Dieta de Worms "Esta é minha posição", além de a cidade em si promover um espetáculo público anual celebrando o casamento de Lutero, período em que vendas da "Cerveja Original de Lutero" disparam na região (no rótulo, há uma figura de Lutero dizendo: "uma caneca de cerveja desafia o diabo"). Em tom mais sério, Cummings (2002, p. 58), estudioso literário inglês, declara:

> Enquanto a história já está farta de declarações arrebatadoras sobre a influência de um único indivíduo, tudo ainda indica que, no Ocidente, a religião moderna se iniciou com Lutero. Esse homem é o sintoma mais espetacular tanto dos processos de divisão quanto de interiorização religiosa, os quais se identificam com todos os movimentos, sejam católicos, sejam protestantes. Como tal, ele ainda é citado, com frequência, como um dos autores da identidade moderna.

Uma vez que Lutero há muito tem tido posição proeminente, levantamentos sobre as interpretações da Reforma são simplificados ao permanecerem nos limites da "história da interpretação de Lutero" — a historiografia de outros reformadores e movimentos será mencionada em outros capítulos.

Aparentemente, retratos e interpretações de alguém sobre quem dispomos de tantas informações devem ser isentos de ambiguidades e complicações; esse, porém, não é o caso. Conforme observado por Heinrich Boehmer em 1914, "A quantidade de 'Luteros' que existe equivale ao tanto de livros escritos sobre Lutero". Ao mesmo tempo que Lutero tem sido chamado de "filho do diabo" ou precursor de Hitler e do antissemitismo, tem também sido retratado como o "Quinto evangelista". Tais extremos de degradação e glorificação foram especialmente comuns durante as gerações que imediatamente sucederam a Reforma; contudo, não deixam de ecoar também nos dias de hoje. Assim, por exemplo, o famoso professor Alan Dershowitz (1991, p. 107), da faculdade de Direito de Harvard, continua a considerar Lutero o iniciador do antissemitismo moderno: "É um absurdo o fato de que nome vergonhoso de Lutero ainda seja honrado em vez de amaldiçoado para sempre pelas igrejas protestantes mais representativas". O extremo oposto é resumido pelo comentário de Hillerbrand (1993, p. 418), que afirma que estudos sobre a Reforma têm sido dominados durante "boa parte do nosso século por 'germanófilos' dispostos a ver a Alemanha como o umbigo do universo e por teólogos, em especial os luteranos, aos quais a teologia de Lutero representava o epítome da perfeição cristã".

Interpretações favoráveis pelos contemporâneos de Lutero viam-no por meio de paralelos bíblicos, como Elias, Jeremias, João Batista, o anjo de Apocalipse 14 e Moisés. Melanchthon, colega de Lutero, anunciou sua morte com as seguintes palavras:

> Ah! Morreu o carro de guerra de Israel e seu cavaleiro, aquele que guiou a igreja na última era deste mundo: pois a doutrina da Remissão de pecados e a promessa do Filho de Deus não foram apreendidos pela sagacidade humana, mas sim revelados por Deus por intermédio desse homem (Vandiver *et al.*, 2002, p. 389).

Reformadores radicais, no entanto, criticavam Lutero por sua vinculação autoritária do Espírito de Deus à Bíblia e pela suposta vida fácil que levava, reclamando de que o Reformador vivia em um belo quarto, bebia e se divertia com colegas, usava um anel de ouro e era pago pelos sermões que pregava. O exemplo extremo de difamação católico romana contra Lutero é a obra de seu contemporâneo Johann Cochlaeus (1479–1552), que o caracterizou como um monstro de sete cabeças cujos "venenos malignos" rasgaram o *corpus Christianum* (Vandiver *et al.*, 2002, p. 240), além de reivindicar que Lutero era um homem totalmente sem moral: arrogante, presunçoso, exibido, enganoso e mentiroso. Cochlaeus publicou, em 1549, o título *Commentaries on the Acts and Writings of Martin Luther* [Comentários sobre atos e escritos de Martinho Lutero] em Mainz, apelando ao receio por parte de seus contemporâneos católicos de que a teologia de Lutero, uma vez disseminada, traria caos não apenas à Igreja, mas à sociedade em geral — da mesma forma como, no século anterior, Huss havia criado problemas para a sociedade Boêmia. Tamanho caos social, afirmava, já podia, na época, ser evidenciado pela ousadia "descarada" das mulheres: "Mulheres luteranas, tendo posto toda vergonha de lado, agem com tamanha audácia que usurpam para si o direito e ofício do ensino público nas igrejas [...] o próprio Lutero [...] ensina que também as mulheres são verdadeiras ministras cristãs..." (Vandiver *et al.*, 2002, p. 106–7). Cochlaeus reputava Lutero como promotor ativo do declínio moral da época; assim, não hesitou em retransmitir algumas das lendas em voga sobre o casamento "incestuoso" de Lutero com uma freira (um monge, isto é, um "irmão", casando-se com uma freira, ou seja, uma "irmã"), seu pacto com o diabo e seu nascimento, fruto da relação entre a mãe do reformador e o diabo (Dickens e Tonkin, 1985, p. 21–5). A visão de que Lutero não passava de um "deformador" e um rebelde psicopático serviu como meio de explicar sua psicologia religiosa e continuou a influenciar a erudição católico romana até o século XX, recebendo nova vitalidade nas obras de Denifle e Grisar (Stauffer, 1967; Wiedermann, 1983).

Os que idolatravam Lutero compartilhavam da tendência de Cochlaeus de esclarecer a Reforma a partir de explicações sobrenaturais. Ironicamente, Lutero, crítico de relíquias, tornou-se, depois de sua morte, fonte de relíquias e milagres (Scribner, 1987, p. 312–13, 323–53). Para defensores de Lutero, Deus falava por meio dele; para opositores, o diabo. Para ambos, porém, a Reforma foi uma ação provocada por forças espirituais ou sobrenaturais. Parece que apenas Johannes Sleidanus (1506–66) permaneceu além de extremos de partidarismo confessional. Sua obra, *Commentaries on Religion and the State in the Reign of Emperor Charles V* [Comentários sobre religião e Estado no reinado do imperador Carlos V] (1555), deu mais ênfase ao material-fonte em vez de à inspiração pessoal, tornando-o precursor da abordagem histórica moderna inaugurada por Leopold von Ranke, focalizada em política e instituições (Dickens, 1982, p. 537–63).

Entre Sleidanus e Ranke, entretanto, historiadores da Igreja e teólogos interpretaram a Reforma à luz de sua respectiva tendência teológica. Luteranos ortodoxos foram impelidos a criar um sistema verdadeiramente escolástico de dogma designado a ser impenetrável por inimigos da verdadeira fé, abrangendo de católicos a calvinistas. Esse complexo arquitetônico foi governado pela preocupação monomaníaca por doutrina correta; daí a suposição de que essa também era a preocupação básica de Lutero. O que Lutero ensinava era considerado praticamente no mesmo nível que a Palavra de Deus, enquanto ele mesmo era tido como o compêndio da verdade salvadora e da crença certa. Essas convicções eram expressas em frases como "Gottes Wort und Luthers Lehr, wird vergehen nimmermehr" (a Palavra de Deus e os ensinos de Lutero jamais perecerão) e "Gross war er in Leben, grosser im Reden, der Grosste aber im Lehren" (Ele foi grande na vida, maior na palavra e maior ainda no ensino). Lutero se tornou um "profeta, mestre e herói" (Kolb, 1999).

Pietistas do século XVII em diante viam a ênfase ortodoxa na doutrina correta e sua exposição sistemática na sala de aula e no púlpito como uma viagem mental racionalista que secava o coração dos fiéis. Para os pietistas, a grande contribuição de Lutero foi a recuperação da fé como forma de confiança na misericórdia de Deus. O pietismo se via como a continuação da Reforma ou a segunda Reforma — isto é, a reforma da vida seguida da reforma inicial da doutrina (Lindberg, 1983, p. 131–78; Lindberg, 2005, p. 1–20). Havia, entretanto, na ênfase pietista a respeito da regeneração espiritual pessoal ou ao novo nascimento na tendência de associar o pecado (contra o qual o pietismo instava batalha constante) à natureza ou ao "mundo". Nesse sentido, pietistas se incomodavam com a interpretação bíblica "terrena" de Lutero, sem mencionar seu "mundanismo". Pietistas racionalizavam a alegria do reformador como um dom de Deus e justificavam o fato de ele tolerar danças por causa de sua lista interminável de méritos, porém não podiam perdoar seu comentário famoso de que, se Deus não tinha senso de humor, então preferia não ir para o céu.

O Iluminismo, de muitas maneiras sucessor do pietismo, tinha Lutero principalmente como o grande libertador alemão do autoritarismo e herói da liberdade, não apenas no campo da religião, mas em todas as áreas da vida. Segundo declarou Louis Blanc, sociólogo francês do século XIX: "Quem ensinar o povo a questionar o Papa irá levá-lo também, irresistivelmente, a questionar o rei". Que a contribuição de Lutero à liberdade humana é percebida não apenas como nacional, mas como universal, é algo que pode ser visto na oração de 1793 (ano da ascendência jacobina em Paris) do filósofo prussiano Fichte:

> Ó Jesus e Lutero, santos padroeiros da liberdade que, em vosso tempo de humilhação, segurastes e, com poder titânico, esmagastes as correntes da humanidade [...], olhai desde o alto sobre vossa descendência, regozijando-vos dos grãos que germinam e que, agora, se espalham pelo vento (Brady, 1987, p. 234).

Uma das imagens predominantes do Iluminismo é a de Lutero desafiando o Papa e o imperador na Dieta de Worms, em 1521. Essa mudança de ênfase da teologia para a pessoa de Lutero se encaixou perfeitamente com a teoria histórica do "grande homem", segundo a qual desenvolvimentos históricos ocorrem em termos de indivíduos indispensáveis, e também com o interesse pietista na experiência de conversão. Em nossos dias, a teoria assumiu a forma de psico-história, um esforço mais sofisticado em termos científicos, mas parecido em termos formais, com a explicação de Lutero e da Reforma a partir de sua psique. A psico-história também foi usada, em nível menor, com outros reformadores, tais como Calvino (Bouwsma, 1988; Selinger, 1984, p. 72–91), Karlstadt (Bubenheimer, 1981b) e Loyola (Meissner, 1992).

O melhor exemplo de psico-história é *Young Man Luther* [Jovem Lutero], de Erik H. Erikson (1958). Para Erikson, a chave para a compreensão do desenvolvimento de alguém está em perceber como indivíduos resolvem crises fundamentais de identidade — no caso de Lutero, crises com seu pai. Uma vez que pais têm importância crucial (onde estaríamos sem eles?) e que todos temos um pai, Erikson passa a relacionar as lutas de Lutero com os problemas de sua sociedade: tanto um quanto o outro participavam da mesma "crise ideológica". Essa crise dizia respeito à "teoria e prática, poder e responsabilidade da autoridade moral investida nos pais: na terra e no céu; em casa, em espaços públicos e na política; em castelos, em capitais e em Roma" (Erikson, 1958, p. 77). Lutero (e, consequentemente, a Reforma) é entendido como resultado da projeção pessoal de dúvidas básicas sobre justiça e amor paternais transferidos a Deus. Em contrapartida, o conceito luterano de Deus é inferido a partir de sua crise psicológica na infância. A dificuldade que essa dedução apresenta aos historiadores é que sua evidência histórica é tanto escassa quanto contraditória (Johnson, 1977; Edwards, 1983, p. 6–9; Scharfenberg, 1986, p. 113–28).

**Figura 1.1** "A Glorificação do Dr. Martinho Lutero", por Johann E. Hummell (1806). Lutero, andando sobre as nuvens, é seguido pela figura alegórica da Liberdade Religiosa, carregando uma cruz enaltecida pelo chamado "Barrete Frígio", símbolo da Revolução Francesa. Ela é acompanhada de personagens femininos carregando a Bíblia e o catecismo de Lutero. O monge agostiniano está recebendo a palma da vitória pela alegoria da Misericórdia, atrás de quem estão mulheres vestidas de deusas gregas simbolizando fé, esperança e amor. Cenas laterais representam acontecimentos importantes na carreira de Lutero. *Fonte*: Lutherhalle, Wittenberg.

Um esforço bem mais extravagante de explicar a Reforma é o estudo realizado por Norman O. Brown (1959, p. 203), que retrata Lutero como personalidade histórica cuja experiência no toalete "inaugurou a teologia protestante". Posta de forma mais crua, a experiência de conversão de Lutero (que ocorreu, a partir de referências dúbias, em um banheiro medieval) pode ser comparada a uma dose gigantesca de laxativo teológico, purificando Lutero de sua constipação religiosa. Essa interpretação neofreudiana recebeu forma dramática na peça *Luther* [Lutero], de John Osborne, inaugurada no teatro Nottingham Royal em 1961 e, posteriormente, encenada na Broadway. Nela, enquanto Lutero se prepara para sua primeira missa, responde à exortação à fé de um companheiro ministro ao dizer: "Gostaria que minhas entranhas se abrissem; estou obstruído como uma cripta antiga". Posteriormente, quando descreve sua experiência de conversão no lavabo, Lutero relata: "Sentei-me, tomado de dor, até que palavras emergiram e se abriram: 'O justo viverá pela fé'. Minha dor se foi, senti-me aliviado e pude me levantar, pude ver a vida que tinha perdido" (Osborne, 1963, p. 32, 76).

Erikson e Brown, interpretando a Reforma, reduziram-na às patologias que perceberam, respectivamente, em Martinho Lutero, seu iniciador. Scott Hendrix (1994), estudioso da Reforma e terapeuta familiar, sugere uma abordagem psico-histórica mais construtiva — e potencialmente mais frutífera — em estudos da Reforma pelo uso da teoria contextual familiar. Hendrix parte da teoria contextual familiar para analisar o comportamento humano de personagens históricos em termos de sistemas políticos, históricos, econômicos e familiares, evitando, assim, a tendência de explicações reducionistas e patológicas, presentes em outros métodos psico-históricos. Em seu estudo de caso sobre o principado de Luneburgo, na Alemanha setentrional, Hendrix argumenta que seu regente, o duque Ernesto, adotou a Reforma por motivos complexos, entrelaçando integridade religiosa e política com afirmação leal de valores pessoais e compromissos familiares. Em suma, o apoio que deu à Reforma em seu território não pode ser, por um lado, somente reduzido a oportunismo político, nem, por outro, à piedade pessoal.

Por volta do mesmo período em que alguns estudiosos e analistas católicos tentavam entender Lutero como um rebelde com (ou sem) uma causa, iniciaram-se estudos empenhados em evitar tanto hagiografia quanto demonologia. Como expresso no título de um livro, Lutero não era "nem herege, nem santo" (Geisser, *et al.*, 1982), mas sim uma pessoa genuinamente religiosa. Joseph Lortz liderou o caminho entre estudiosos católico romanos com um estudo de dois volumes sobre a Reforma na Alemanha. Para Lortz (1968), Lutero foi um gênio religioso que iniciou a Reforma com base em um mal-entendido. Esse mal-entendido trágico ocorreu porque ele fora treinado no nominalismo do fim do período medieval (*via moderna*) e não no tomismo, bem como por causa de seu contato com a corrupção generalizada na igreja institucional da fé católica como um todo. Em um dos últimos artigos, Lortz escreveu:

> O "não" de Lutero à igreja papal foi tal, em conteúdo e intensidade, que mal podemos imaginá-lo mais radical. Esse "não", porém, precisa de um reexame sóbrio, pois partiu de alguém que percebia elementos ímpios e indignos do cristianismo enraizados na Igreja, realidade que merecia a condenação mais severa. Foi precisamente isso que Lutero fez; parecia não haver outra alternativa para seu zelo pastoral e religioso (Lortz, 1970, p. 33).

Embora Lortz tenha iniciado uma revisão fundamental na erudição da Reforma católico romana que se concentrava no contexto e desenvolvimento históricos, ele mesmo continuou a manter uma posição teológico-católica de natureza meta-histórica, a qual, no fim, substituiria uma análise histórica por uma norma teológica. No entanto, o legado de Lortz incluía o desenvolvimento de estudos excelentes sobre a Reforma católico-romana, dentre eles um compromisso com o diálogo ecumênico e a conscientização das raízes medievais profundas das reformas.

Em décadas recentes, estudos "de ponta" da Reforma têm ocorrido no plano da história social. Como no caso da história intelectual, a história social abrange diversas perspectivas, porém, ao contrário dela, concentra-se primeiramente em histórias locais, grupos sociais, história urbana e econômica, relacionamentos de poder, antropologia cultural e cultura popular. A orientação histórica e teológica nos estudos da Reforma enxerga a sociedade europeia em termos de lutas com questões religiosas que levaram a mudanças sociais e políticas; já a perspectiva histórico-social inverte essa orientação, enfatizando a centralidade de objetivos políticos e sociais comunais que estimularam um comportamento coletivo. A teologia exerce apenas um papel, dentre outros, na construção social da realidade. O historiador social Thomas A. Brady Jr. (1982, p. 176; 1979, p. 40–3), autoridade no campo de estudos da Reforma, afirma que "talvez o tempo para uma nova abordagem tenha chegado [...] a Reforma como uma adaptação do cristianismo à evolução social da Europa".

Historiadores de ideias e da Igreja advertem que a ênfase na história social pode dar a impressão de que motivação religiosa era um assunto meramente privado, desvinculado, por assim dizer, das "questões reais". A explicação da Reforma em termos de sua aparente utilidade política a serviço de príncipes e interesses comunais ignora o fato de que compromissos religiosos poderiam ser claramente contrários a interesses egoístas de natureza social e política. Práticas de herança exercidas por príncipes protestantes foram, por exemplo, estabelecidas a partir do ensino familiar luterano de que os pais tinham a responsabilidade de amar e cuidar de todos os filhos da mesma maneira. Na divisão da riqueza entre todos os filhos, príncipes protestantes fragmentavam seu poder e suas terras; em contrapartida, príncipes católicos concentravam o poder por meio da primogenitura, conferida ao filho mais velho (Ozment, 1992, p. 28–9; Fichtner, 1989, p. 22–3; Hendrix, 1994). Se não entendermos a convicção profunda que as pessoas da época tinham de que salvação dependia de compromisso religioso, ficaremos estupefatos diante do início da história moderna (Gregory, 1999, p. 344–50). É mais fácil para a cultura ocidental — pelo menos para a cultura norte-americana — entender o significado de dar a vida pela "democracia" do que por Deus.

Embora abordagens teológicas e sociológicas ao entendimento das reformas não sejam mutuamente excludentes, praticantes de uma orientação tendem a polemizar os outros. Isso é ilustrado brevemente no livro de Lewis W. Spitz *The Protestant Reformation 1517–1559* [A reforma protestante], no qual escreve que

> historiadores sociais que desprezam tudo, exceto dados estatísticos e o humor das massas, correm um sério risco de produzir histórias de hominização, e não humanização (lembrando um comentário feito por Disraeli de que existem três tipos de mentira: mentira, mais mentiras e estatística) (1985, p. 2).

O revisor da edição original deste livro, um historiador proeminente favorável à abordagem histórico-social, escreveu:

> Spitz trata todos os tópicos econômicos e sociais como uma criança que engasga enquanto come espinafre. Essa atitude demonstra o quanto permanece afastado do amplo leque de historiadores intelectuais e sociais [...] que insistem — ainda que discordem sobre outros assuntos — na complementaridade [*sic*] entre acontecimento e estrutura, ideia e força social, teologia e religião popular (Brady, 1985, p. 411).

Silvana Menchi (1994, p. 183) faz ainda uma crítica mais dura sobre historiadores sociais:

> Em sua asserção mais explícita, historiadores sociais da Reforma rejeitam o *homo religiosus*, tratando-o como uma ficção [...] Colocando a questão de modo um tanto simples, podemos afirmar que, nos últimos trinta anos, uma historiografia secularizada, dirigida a uma plateia de agnósticos, seguiu a tendência de deixar de lado a interpretação teológico-religiosa da Reforma. Para esses historiadores, a religião provê a ideologia necessária para que forças sociais amadureçam e se tornem independentes da religião em si.

"O estudo da Reforma", observa Steven Ozment (1989, p. 4), "ainda aguarda por um Moisés, alguém capaz de conduzi-lo pelo 'mar Vermelho' da polêmica contemporânea entre historiadores sociais e intelectuais rumo a uma historiografia, atenta e tolerante, de todas as forças que modelam a experiência histórica.

Tal partidarismo ideológico — ilustrado enfaticamente pelo título de um volume da série "Problems in European Civilization" [Problemas na civilização europeia]: *The Reformation: Material or Spiritual?* [Reforma: material ou espiritual?] (Spitz, 1962) — tem raízes no estímulo ocasionado pela historiografia marxista, a qual ressalta que a teologia foi apenas uma capa religiosa ao material fundamental e às causas econômicas da Reforma. *As guerras camponesas na Alemanha*, de Friedrich Engels, proporcionou o modelo marxista básico da Reforma como um fenômeno de caráter primeiramente social, no qual atitudes e expressões religiosas se alinharam na luta de um feudalismo em declínio contra o novo capitalismo. Uma vez que, nessa concepção, Lutero é visto como uma voz importante contra os

**Figura 1.2** Uma placa do lado de fora do Castelo de Allstedt, onde Müntzer pregou seu famoso "Sermão aos príncipes", justapõe linhas da constituição da República Democrática da Alemanha e do sermão de Müntzer, sugerindo a conexão direta entre ambos. Enquanto a constituição declara que "todo poder político na República Democrática da Alemanha é exercido pelos trabalhadores", lê-se no trecho da mensagem de Müntzer que "o poder será dado ao povo". *Fonte*: Carter Lindberg.

propósitos da revolução na Guerra dos Camponeses (1524–6), historiadores marxistas afirmam que o reformador radical Thomas Müntzer foi o verdadeiro herói do período. Os marxistas tinham o objetivo de provar que havia uma tradição revolucionária na Alemanha a despeito das derrotas de 1525 e 1848 e que ela podia ser relacionada à Revolução Francesa de 1789 e à Revolução Russa, ocorrida em outubro de 1917. No período 1973–4, o governo da antiga República Democrática Alemã (Alemanha Oriental) resolveu erigir um memorial aos camponeses derrotados em Frankenhausen dedicado à obra revolucionária de Müntzer. A construção, iniciada em 1974, representa uma obra incrível do artista de Leipzig Werner Tübke (confira: www.panorama-museum.de), concluída e inaugurada em 1989 — ano em que ocorreu a queda do governo da Alemanha Oriental. A tese mais recente (Blickle, 1992) a respeito de uma reforma comunal substitui a análise de classes marxista, porém dá prosseguimento, ao mesmo tempo, a seu interesse em uma reforma populista-comunal.

O estudo das reformas a seguir não identifica o período com qualquer reformador em particular, mas leva a sério o caráter religioso de certos indivíduos, priorizando também alguns acontecimentos e algumas decisões. Há um certo nível de reciprocidade e mutualidade entre religião e cultura; assim, podemos afirmar com segurança que a descoberta de Lutero da justificação pela fé ocorreu, por exemplo, sob condições individuais, contextualizadas em sua história, cultura e língua — sem, ao mesmo tempo, estar confinada a essas condições. Nas palavras de Bouwsma (1988, p. 4), estamos "tão preocupados em escrutinar o homem para entender o tempo quanto em escrutinar o tempo para entender o homem". Sem continuidade e mutualidade com sua era, reformadores teriam dado respostas a perguntas que não ainda não tinham sequer sido formuladas; da mesma forma, a menos que tivessem reformulado questões que rompessem com essa continuidade, não teriam dado respostas diferentes daqueles que os precederam.

Essas perguntas e respostas dos reformadores, bem como a maneira pela qual foram recebidas, serão buscadas no decorrer do "longo século XVI", começando por seu contexto no fim da Idade Média e concluindo com o processo de confessionalismo protestante e católico romano. O enredo estabelecerá o movimento evangélico iniciado por Lutero, desde os desafios contextualizados no fim da Idade Média até a antiga aspiração Agostiniana de um *corpus Christianum*; em seguida, discutirá como esse movimento evangélico se diferenciou, em virtude de diversas crises internas, em várias correntes, algumas das quais ganharam contornos específicos por meio de formulações confessionais.

## SUGESTÕES DE LEITURA

Thomas A. Brady Jr., com comentário de Heinz Schilling, *The Protestant Reformation In German History* [A Reforma protestante na história alemã]. Washington, DC: German Historical Institute, 1998.

Norman Cantor, *Inventing the Middle Ages: The Lives, Works, and Ideas of the Great Medievalists of the Twentieth Century* [Inventando a Idade Média: vida, obra e ideias de grandes medievalistas do século XX]. Nova York: Morrow, 1991.

A. G. Dickens e John Tonkin, *The Reformation in Historical Thought* [A Reforma no pensamento histórico]. Cambridge, MA: Harvard University Press, 1985.

Wallace K. Ferguson, *The Renaissance in Historical Thought: Five Centuries of Interpretation* [O Renascimento no pensamento histórico: cinco séculos de interpretação]. Cambridge, MA: Houghton Mifflin, 1948.

Hans J. Hillerbrand, "Was There a Reformation in the Sixteenth Century?" [Houve uma reforma no século XVI?] CH 72/3 (2003), 525–52.

Roger Johnson, ed., *Psychohistory and Religion: The Case of "Young Man Luther"* [Psico-história e religião: o caso do "jovem Lutero"]. Filadélfia: Fortress, 1977.

Carter Lindberg, ed., "Introduction", *The Reformation Theologians* ["Introdução", os teólogos da Reforma]. Oxford: Blackwell, 2002, 1–15.

Bruce Mansfield, *Phoenix of His Age: Interpretations of Erasmus, c. 1550–1750* [Fênix de seu tempo: interpretações de Erasmo, c. 1550–1750]. Toronto: University of Toronto Press, 1979.

Bruce Mansfield, *Man on His Own: Interpretations of Erasmus, c. 1750–1920* [O homem independente: interpretações de Erasmo, c. 1550–1750]. Buffalo: University of Toronto Press, 1992.

John O'Malley, SJ, *Trent and All That. Renaming Catholicism in the Early Modern Era* [Tendência e tudo mais: renomeando o catolicismo no início da era moderna]. Cambridge, MA. Harvard University Press, 2000.

R. W. Scribner, *The German Reformation* [A Reforma alemã]. Atlantic Highlands: Humanities Press International, 1986.

Robert Wilken, *The Myth of Christian Beginnings: History's Impact on Belief* [O mito das origens cristãs: o impacto da história na crença]. Nova York: Doubleday Anchor, 1972.

David M. Whitford, ed., *Reformation and Early Modern Europe: A Guide to Research* [Reforma e Europa moderna inicial: um guia à pesquisa], Kirksville: Truman State University Press, 2008.

*Capítulo 2*
# FIM DA IDADE MÉDIA: INÍCIO E APOIO DAS REFORMAS

*Era de lágrimas, de inveja, de tormento [...] Era de declínio, próxima do fim.*
Eustache Deschamps (1346–1406)

Podemos desculpar Deschamps por se sentir um pouco melancólico, uma vez que viveu, durante a Guerra dos Cem Anos entre Inglaterra e França, o "cativeiro do Papa" em Avignon e o grande cisma da igreja, sem mencionar os surtos da peste. Deschamps pode ter sido o maior pessimista de uma era deprimida (Huizinga, 1956, p. 33; Delumeau, 1984, p. 129, 131), mas a depressão não era exclusividade sua. Por volta do fim do século XV, Jean Meschinot ecoou esse mesmo sentimento:

Ó vida miserável e demasiado triste! [...] Sofremos guerra, morte e fome; frio e calor, noite e dia, sugam nossa força; pulgas, sarnas e vermes fazem guerra contra nós. Por isso, tem misericórdia, Senhor, de nós, pessoas ímpias, cuja vida é muito curta (Huizinga, 1956, p. 34).

Tal "melancolia", retratada, dentre outras, nas artes de Dürer e Lucas Cranach, persistiu durante o século XVI e além. A vida, segundo o filósofo inglês Thomas Hobbes (1588–1679), era "detestável, brutal e curta".

Sentimentos de ansiedade e maus pressentimentos, notórios nesse período, entremeavam-se com expectativas generalizadas de julgamento divino:

Ó Mundo, nunca te esqueças de como, em tempos passados,
Quando homens insensatos negaram verdade e direito,
Quando foram incrédulos e, em vez de bem, praticaram o mal,
Deus nunca tardou, por muito tempo, seu julgamento.

(Strauss, 1963, p. 18).

O pecado, a morte e o diabo eram motivo de grande preocupação no estágio da vida e da mentalidade do fim da época medieval. Inúmeros estudos e livros falam desse período como uma era de crise (cf., p. ex., Cunningham e Grell, 2000). Neste capítulo, "crise" será a chave heurística para o contexto das reformas. É claro que tal generalização abrangente sobre a véspera das reformas corre o risco de distorção e perda de nuances e detalhes. Historiadores são sempre capazes de encontrar fontes contemporâneas para retratar o mundo como "normal" após catástrofes; afinal, tanto antigamente quanto nos dias de hoje pode-se lucrar ou perder em uma crise. No entanto, tentarei apresentar as reformas, com pinceladas largas, como parte e, ao mesmo tempo, resultado da crise do final da Idade Média (Oberman, 1973, p. 31). Na frase lapidar de Steven Ozment (1975, p. 118), "fatos ocorridos no final da Idade Média proporcionaram tanto os fundamentos como vias de acesso" para as reformas do século XVI.

Pode soar presunçoso falar do fim da era medieval como uma era de crise, já que "crise" não é a prerrogativa de uma única era. Conforme expresso por Ranke: "Cada era é imediata para Deus". Nesse sentido, a Idade Média não tem um maior monopólio de crise do que nós. "Contudo, foram poucas as vezes em que um senso de crise alcançou e abrangeu todas as classes sociais, permeando [...] áreas tão extensas da Europa Ocidental." O que estava sendo julgado e levado em conta em um nível até então desconhecido era a "base sagrada da existência". Isso representava mais do que o questionamento geracional perene da tradição recebida: era uma "crise de símbolos de segurança" (Oberman, 1973, p. 20, 17). Certos valores e certezas tradicionais estavam sendo atacados, enquanto outros ainda não haviam sido encontrados.

A crise dos símbolos de segurança não surgiu de uma causa imediata ou de um único contexto, porém, cresceu a partir de um acúmulo de acontecimentos e desdobramentos, alguns positivos e outros, negativos. Essa conjuntura de desenvolvimentos erodiu a confiança e a segurança na visão medieval de uma comunidade cristã, o *corpus Christianum*, e seu fiador, a Igreja. Em um mundo no qual a compartimentalização da religião e da vida era inconcebível, catástrofes naturais, como fomes e pestes, mudanças sociais rápidas relacionadas ao desenvolvimento econômico e urbano, e, ainda, incertezas religiosas causadas pelo cisma e pela corrupção da Igreja eram percebidos como integrantes de um universo cujo centro, a Igreja, não mais era estável (Graus, 1969, 1971, 1993; Lutz, 1986).

## CRISE AGRÁRIA, FOME E PESTILÊNCIA

Muitos dos acontecimentos e desenvolvimentos que contribuíram para o senso de crise estavam acontecendo simultaneamente. Tendo isso em mente, começaremos, por uma questão de conveniência, com uma visão panorâmica da conjuntura das crises relacionadas com agricultura e fome e com a grande peste de meados do século XIV. Precedendo essa conjuntura e, de certo modo, também como consequência dela, houve um crescimento extraordinário na urbanização, atraindo desesperados às cidades. O surgimento de cidades e de uma nova mobilidade social foram também tanto causa quanto consequência da mudança de uma economia natural para uma economia monetária, assim como de produção comercial e desenvolvimento tecnológico. Boa parte daqueles que povoavam as cidades procurando por uma nova vida não a encontravam; excluídos das guildas, a maioria dos recém-chegados, quando não reduzidos a mendigos, tornavam-se dependentes de trabalhos que proviam pouco mais do que uma existência precária. Novas atitudes de individualismo, estimuladas pelo Renascimento, também contribuíam para a erosão do senso de comunidade cristã que fora desenvolvido no decorrer dos mil anos de *corpus Christianum*.

O aumento na produção de alimentos durante os séculos XII e XIII supriu um crescimento populacional constante; entretanto, o crescimento populacional ultrapassou a base agrária que o havia tornado possível. Por volta do ano de 1320, quase todo o norte da Europa estava sofrendo de fome, precipitada e disseminada por uma série de safras perdidas em decorrência de um clima excepcionalmente ruim. Crônicas da época listam sucessivas enchentes, invernos rigorosos e secas severas. No sul da França, chuvas inundaram a região de Provença em 1307-8 e em 1315. Clérigos e leigos fizeram, descalços, procissões para rogar pela misericórdia de Deus pelos pecados da humanidade, porém, "Deus foi tardio em ouvir as orações". Rios pareciam transbordar com terrível regularidade, varrendo pontes, colheitas e pessoas; invernos severos congelavam rios, vinhas e animais. Em 1355, nevou durante cerca de 20 dias em Avignon; em 1439, lobos rondavam Carpentras. No verão, o calor queimava grãos de cereal e secava poços (Chiffoleau, 1980, p. 101–2). No sudeste da Alemanha, terremotos e grandes enxames de gafanhotos acompanharam a fome dos anos de 1315–17. O imperador Carlos IV escreveu sobre ter acordado certa manhã por um cavaleiro com as palavras: "Senhor, levante-se! Chegou o juízo final; o mundo inteiro está cheio de gafanhotos!" Carlos pôs-se a caminho para medir a extensão dos enxames, mas, após ter cavalgado durante todo o dia (cerca de 25 quilômetros), ainda não tinha chegado ao fim do enxame, que devorava toda vegetação em seu caminho (Boockmann, 1987, p. 228). Desastres naturais eram agravados pelo aumento considerável da inflação e pela dependência urbana de zonas rurais vizinhas em virtude da falta de transportes de longa distância (Cunningham e Grell, 2000, p. 200–46).

Fraca e malnutrida, a população foi atingida por surtos de febre tifoide e, em seguida, pela terrível Peste negra em suas manifestações de peste bubônica, pneumônica e septicêmica (Cunningham e Grell, 2000, p. 274–95). A propagação da peste pela Europa foi facilitada pelas melhorias nas frotas mercantes italianas, que permitiam aos navios transportar, com rapidez, uma carga mortal e clandestina de ratos, portadores de pulgas transmissoras da peste. Originada no leste da Ásia, a peste chegou à Sicília em outubro de 1347 pelos navios de Gênova, viajou rapidamente pela Itália, infestou o sul da Alemanha na primavera de 1348 e, por volta de junho do mesmo ano, a Inglaterra. Cidades imundas e densamente povoadas eram habitação ideal para ratos portadores das pulgas; telhados de palha e ruas sujas ofereciam "plataformas de lançamento" ideais na trajetória entre pulgas e pessoas. Uma vez infectados, indivíduos transmitiam a forma pneumônica da doença por intermédio de tosses e espirros, inalados por outros. Estima-se, com base em estudos modernos da peste na Manchúria, ocorrida no século XX, que essas infecções eram, em todos os casos, letais (Boekl, 2000, p. 7–32; Gottfried, 1983; McNeill, 1976; Ziegler, 1969).

Não é possível estimar com precisão a taxa de mortalidade decorrente da peste, mas supõe-se que aproximadamente 30% da população tenha sucumbido a ela. Houve, claro, variações locais; algumas áreas não foram atingidas pela peste, enquanto outras se viram completamente devastadas. A natureza assustadora dessa doença aumentava ainda mais seu horror: furúnculos grandes e extremamente dolorosos (o termo "bubônico" vem de *buba*, palavra latina para "virilha", onde gânglios linfáticos eram frequentemente os primeiros a inchar, já que muitas das mordidas das pulgas aconteciam nas pernas), acompanhados por manchas negras por causa do sangramento embaixo da pele, anunciando o prelúdio para o estágio final de tosses violentas de sangue. Uma descrição contemporânea é menos clínica: "Toda substância que transpirasse do corpo de pessoas contagiadas pela peste deixava um odor insuportável: suor, excremento, saliva e respiração tão fétidos que chegavam a ser insuportáveis; a urina era túrbida e espessa, escura ou vermelha" (McKay *et al.*, 1988, p. 430). Conforme relata Boccaccio na introdução de seu *Decameron* (1353), familiares e amigos abandonavam o adoentado, deixando-o morrer sozinho e em agonia.

Durante o período da Reforma, a peste havia diminuído, mas ainda constituía um perigo real. O Reformador suíço Ulrico Zuínglio (1484-1531) quase sucumbiu a ela; em 1527, a peste atingiu a região em que Lutero vivia. Em Wittenberg, escapavam aqueles que podiam; outros morriam ou eram tratados na casa de Lutero, que acabou virando um tipo de hospital improvisado. Foi nessa ocasião que ele escreveu "Devemos fugir diante de uma peste mortal?" Mesmo o amor não era capaz de tampar os olhos de alguém diante da onipresença da morte em meio à vida, pois, no fim do século XV, apareceu a sífilis no continente como outra grande doença epidêmica, criando, como no caso da peste, terror e sentimento de incapacidade na mente de contemporâneos. A sífilis foi outro evento aterrorizante de igual proporção, infectando não apenas camponeses e soldados, mas também reis, papas e todas as camadas da sociedade. "Quando a doença irrompeu pela primeira vez, era medonha e extraordinariamente dolorosa; os que sofriam dela reclamavam de dor durante o dia e até mais durante a noite" (Cunningham e Grell, 2000, p. 251).

A morte, nunca distante da mente das pessoas, era aguçada existencialmente pela convicção de que tais doenças sinalizavam o julgamento de Deus sobre uma humanidade pecadora.

É difícil para nós, hoje, perceber o profundo impacto pessoal e social que a peste deixou naqueles que sobreviveram. Foi um desastre inexplicável e rápido; ninguém sabia de onde viera nem para onde ia. A peste podia atingir uma pessoa saudável em questão de dias ou, em sua versão septicêmica (em que as bactérias adentravam a corrente sanguínea), em questão de horas. Medo generalizado de uma morte tanto iminente quanto horrível rompeu costumes e normas; pais abandonaram filhos, e filhos, pais. Até cantigas infantis refletiam horror, como sugerido pela rima *Ring Around the Rosey* [Anel em volta da rosa]. A "rosa" era o "anel" avermelhado que precedia as manchas na pele; *pocket full of posies* [um bolso cheio de buquês] se refere ao uso de flores para mascarar o odor e, supostamente, prevenir infecção; *ashes, ashes* [cinzas, cinzas] é abreviação de *ashes to ashes, dust to dust* [de cinza a cinza, de pó a pó]; e *we all fall down* [todos caímos] é o resultado inevitável. Diversas vezes houve pânico, comportamento bizarro e projeção de culpa e medo em outros.

A peste era percebida, na concepção popular, como uma punição de Deus pelos pecados da humanidade. Movimentos de flagelação se engajavam em penitências sangrentas em prol de pecados pessoais e coletivos, tidos como causadores da peste. Fritsche Closener, cronista de Estrasburgo, registrou que, em 1349, duzentos flageladores chegaram a Estrasburgo, liderando sua procissão com flâmulas e velas caras; aonde quer que fossem, sinos da cidade anunciavam sua chegada. O ritual que praticavam incluía ajoelhar e cantar nas igrejas, lançando-se, em seguida, três vezes ao chão em forma de cruz. Membros do movimento se flagelavam três vezes ao dia. Ao soar de determinado sino, reuniam-se em um campo, tiravam a roupa (exceto uma cobertura da cintura para baixo), ajoelhavam-se em forma de círculo e confessavam pecados, entoando, em seguida, cânticos espirituais e praticando autoflagelação (Boockmann, 1987, p. 230-1; Cohn, 1961, p. 124-48). Ironicamente, hordas de seguidores atraídos pela procissão ajudavam a espalhar a peste.

O povo também intercedia aos santos, principalmente Roque e Sebastião, em busca de proteção contra a peste: São Roque porque ele próprio havia ajudado vítimas da peste e sucumbido e São Sebastião por causa da iconografia associada ao seu martírio com flechas. Uma vez que a crença era de que Deus havia atirado flechas pestilentas contra uma humanidade pecadora, a morte de Sebastião por flechas o tornava auxiliador dos aflitos. Buscava-se também a ajuda de Maria. Um painel do altar superior da igreja franciscana de Göttingen exibe uma imagem clássica do manto protetor de Maria bloqueando as flechas da peste. A imagem de Maria protegendo a humanidade com sua capa se tornou muito difundida.

**Figura 2.1** "Peregrinação à 'Bela Maria' de Ratisbona", por Michael Ostendorfer, 1520. Esta xilogravura ilustra os excessos da adoração religiosa de imagens às vésperas da Reforma. Um ao lado do outro, peregrinos estão em êxtase diante da estátua "Bela Maria", atrás, ao mesmo tempo que fluem para dentro da capela para ver a imagem milagreira da "Bela Nossa Senhora" (repare na grande vela votiva levada pelo peregrino à direita). Esse local de peregrinação se originou em conexão direta à perseguição dos judeus em 1519, em Ratisbona. A capela de madeira provisória, destinada aos peregrinos, foi erigida no mesmo lugar onde a sinagoga estivera; ruínas do recém-destruído quarteirão judaico são retratadas ao fundo. Durante a demolição da sinagoga em fevereiro de 1519, o construtor, Jakob Kern, ficou severamente machucado, tendo sua saúde sido restaurada milagrosamente, no dia seguinte, por causa de uma petição feita a Maria. Pela administração astuta de Balthasar Hubmaier (pregador da catedral e posteriormente líder anabatista cuja pregação fomentou o pogrom judaico), esse milagre divulgou o lugar da peregrinação, rendendo lucro à cidade. Um mês após sua inauguração, 50 mil peregrinos já haviam passado pelo santuário para adorar. Creasman (2002, p. 964) reparou na longa associação entre lugares de peregrinação em prol de Maria e violência antijudaica. Em seu *À nobreza cristã*, Lutero recomendou que esses e outros santuários fossem erigidos (*LW* 44, p. 185). *Fonte*: © Elke Walford, Hamburger Kunsthalle.

A peste era vista por alguns como um complô judaico. O medo estimulou o preconceito; como consequência, milhares de judeus foram assassinados na Europa. A despeito do fato de judeus também terem contraído a peste, alguns reivindicavam que eles é que haviam envenenado os poços. O dominicano Heinrich von Herford relatou brevemente a situação: "Neste ano [1349], judeus, incluindo mulheres e crianças, foram cruel e desumanamente destruídos na Alemanha e em muitos outros lugares". Pessoas sensatas e clérigos responsáveis como Heinrich rejeitaram a acusação de que os judeus haviam causado a peste, sugerindo que uma causa mais razoável para esses pogroms era a ganância pela riqueza judaica. Um relato contemporâneo declara: "Foi o dinheiro que, de fato, matou os judeus. Caso fossem pobres ou os senhores feudais não estivessem em dívida com eles, não teriam sido queimados" (Marcus, 1973, p. 47).

A peste testou severamente a fé das pessoas, influenciando, subsequentemente, literatura e arte (Boeckl, 2000). Foi nesse tempo que a palavra francesa *macabre* apareceu pela primeira vez, resumindo uma visão triste e medonha da morte. Isso foi ilustrado de maneira gráfica pelo tema da dança da morte (em francês, *danse macabre*; em alemão, *Totentanz*) e por inscrições em sepulcros, como a do Cardeal Jean de Lagrange, em Avignon (f. 1402), na escultura de seu corpo em processo de putrefação:

> Nós [os mortos] somos um espetáculo para o mundo, para que grandes e pequenos vejam claramente, por nosso exemplo, a condição a que serão inexoravelmente reduzidos, independentemente de posição social, sexo ou idade. Então, por que, maldito, estás cheio de orgulho? Tu és pó, e ao pó voltarás: corpo fétido, comida para vermes.

Milhares de epitáfios em túmulos menores ecoavam o tema *memento mori*: "Tal como eu, também o serás".

Essas imagens refletiam a ruptura da vida pessoal e social. Regras antigas de luto que antes canalizavam e reduziam o trauma da morte raramente resistiam diante das mortes maciças desse período. Deserção de famílias e amigos ameaçavam a fé de que a morte servia apenas de passagem para uma nova vida. Ritos e costumes religiosos tradicionais da morte — procissão e refeição após o funeral, que representavam a separação dos mortos da sociedade dos vivos enquanto, simbolicamente, restabeleciam a continuidade familiar e social — entraram em colapso diante da peste. Quando alguém era afortunado o bastante para possuir um leito de morte, não tinha parentes ou amigos reunidos ao redor; mesmo depois da morte, não descansava entre os ancestrais, no cemitério da igreja. Mortos não mais ganhavam continuidade com seus antepassados: apenas com as trevas. Sobreviventes viam a si mesmos cada vez mais como órfãos, angustiados pela realidade de terem que depender apenas de si (cf. Gordon e Marshall, 2000; Marshall, 2007).

**Figura 2.2** "A morte e a donzela", da série "Dança da morte", de Heidelberg. A morte é retratada como uma dançarina a quem todos deverão acompanhar (a série de xilogravuras retrata pessoas de todo tipo acabando presas na dança final). A donzela, reivindicada aqui pela morte, confessa sua preocupação com os prazeres do mundo de modo a negligenciar os mandamentos de Deus. Rãs e sapos simbolizam pecados; vermes e cobras, dor de consciência. Essas imagens eram muito difundidas na Europa, tanto em murais de igrejas e cemitérios quanto em materiais impressos. Huizinga (1956, p. 138) escreveu: "Nenhuma outra época enfatizou tanto o pensamento da morte quanto a decrépita Idade Média". Confira também Cunningham e Grell (2000, p. 314–18). *Fonte*: Archiv für Kunst und Geschichte.

A descoberta perturbadora da "morte do eu" nesse contexto foi quase simultânea ao desenvolvimento de novas práticas funerárias e da escrita de testamentos. Na hierarquia das contribuições da Igreja ao "preço da passagem" deste mundo para o outro, a preocupação de dotar a si com o maior número possível de missas após a morte substituía, então, a ênfase antiga da caridade; em face da dissolução dos limites qualitativos da vida, pessoas recorriam a números e medidas com o objetivo de criar ordem. A nova mentalidade de "escrituração contábil" substituiu quantidade por qualidade em um esforço de impor um padrão e reduzir a ansiedade em face da desordem (Bouwsma, 1980, p. 234-8). Essa "matemática da salvação" (Chiffoleau, 1980) exaltava a multiplicação de intercessões litúrgicas com o fim de facilitar a passagem dos falecidos para o céu. "O catolicismo do fim da Idade Média era, em grande medida, um culto dos vivos em favor dos mortos" (Galpern, 1974, p. 149). Essa mudança de obras tradicionais de misericórdia para a missa aos mortos indicava não apenas a habilidade da Igreja de se adaptar a uma nova situação, mas também a influência crescente de uma mentalidade de mercado, com sua orientação ao cálculo de contas, nesse caso "o livro contábil do além", como o título da obra de Chiffoleau (1980) sugere. A missa passou a ser uma preparação essencial para a jornada entre a morte e o céu, estabelecendo ritualmente ligações poderosas entre este mundo e o próximo — algo que seria explorado pelas doutrinas do purgatório e das indulgências.

A evolução da doutrina do purgatório complementou o desenvolvimento da missa pelos mortos. Ao se multiplicar, a missa popularizou o purgatório como lugar reservado aos que foram arrancados da vida sem o benefício do tempo para endireitar seu caminho e se preparar para a morte. No purgatório, essas almas "orfanadas" encontravam refúgio com uma nova "família". O purgatório também atenuava o medo da condenação ao oferecer uma oportunidade de purificar ofensas ocorridas durante a vida e ao possibilitar que o falecido se beneficiasse de orações e intercessões feitas em missas e de indulgências oferecidas pelos vivos.

Contudo, mesmo assim, o purgatório não era como um piquenique! Thomas More (1478–1535) descreve os terrores do purgatório com detalhes horrendos em sua *Súplica das almas*:

> Se vos compadeceis de qualquer sofredor, nunca conhecestes dor tal comparada à nossa, cujas chamas ultrapassam, em calor, quaisquer outras chamas que já arderam sobre a terra […] Se já ficaste doente e pensaste que a noite era longa demais, almejando, assim, o dia — enquanto cada hora parecia equivaler a cinco —, pensai, pois, que noite longa nós, almas tolas, temos que suportar, almas que jazem sem dormir e descansar, queimando e abrasando no fogo escuro durante uma noite longuíssima […] de muitos anos (Dickens, 1991, p. 29).

Como se desastres naturais não fossem o suficiente, a comunidade humana conseguiu criar sua própria peste de guerras; uma expressão prolongada dessa criação é a Guerra dos Cem Anos (1337–1453) entre as monarquias francesa e inglesa. A guerra foi tanto uma luta feudal quanto dinástica na medida em que o rei francês, Felipe VI (r. 1328–50), procurou absorver o ducado inglês de Aquitânia. A guerra, consistindo principalmente de ataques e cercos, arrastou-se por muito tempo, sendo travada quase inteiramente na França e lembrada, popularmente, no contexto de Joana D'Arc.

Revoltas camponesas também eram motivo de destruição e obstrução da vida econômica e social. Boa parte da população mundial no século XVI era formada de camponeses que trabalhavam na terra, do raiar ao pôr do sol, à mercê de empreendedores urbanos. Sua vida de trabalho encontrava alívio ocasional em festividades de feriados importantes e intervalos ritualísticos, ocasionados por casamentos e funerais. Em algumas áreas, o camponês era praticamente um escravo; em outras, um pequeno proprietário de terra. Da mesma forma, alimentação e abrigo camponeses eram ora adequados, ora não. Embora diversas variáveis dificultem qualquer generalização, a vida camponesa era, de fato, dura e, não raramente, endurecedora. A classe dominante costumava retratar camponeses como estúpidos, grosseiros, repugnantes, traiçoeiros e inclinados à violência. (Para os nobres, claro, tais descrições vangloriosas racionalizavam e legitimavam a opressão camponesa.)

Nem todos escritores e juristas apoiavam tal preconceito contra camponeses: alguns criticavam a nobreza leiga e eclesiástica com o adágio de que verdadeira nobreza se originava da virtude, não do sangue. No entanto, bem antes da Reforma, a situação econômica e social adversa do camponês era legitimada pela culpa à vítima. Importa saber que a história de Noé (Gênesis 9:20-27) foi descaracterizada na Europa medieval da mesma forma que nos Estados Unidos durante o período da escravidão, isto é, usada para explicar que povos subjugados estavam debaixo da maldição de Deus.

Quando pressionados, camponeses, normalmente conservadores, podiam reagir de maneira violenta. Embora tendessem a se voltar um contra o outro como forma de extravasar sua condição, uma pintura do período mostra quatro camponeses abatendo, com machados, um cavaleiro armado. Bem mais sérios do que atos individuais de violência eram irrupções coletivas de revolta contra a opressão da nobreza. Na França, impostos para a Guerra dos Cem Anos caíram como um fardo pesado sobre camponeses, que explodiram em raiva e destruição em 1358. Os nobres se vingaram por meio de uma supressão cruel, matando tanto culpados quanto inocentes dentre os camponeses. Na Inglaterra, a Revolta Camponesa de 1381 combinou ressentimentos contra regentes da nobreza e clérigos; seu sentimento revolucionário de igualdade social foi imortalizado na máxima famosa atribuída ao pregador popular John Ball (d. 1381): "Nos tempos em que Adão arava e Eva tecia, qual dos dois era o nobre?" Como na França, a revolta também foi ferozmente suprimida na Inglaterra. Rebeliões similares ocorreram na Itália, em algumas cidades do norte da Alemanha e em regiões da Espanha. No império, houve insurreições camponesas em 1493, 1502, 1513 e 1517, antes da grande Guerra dos Camponeses de 1524-6. Nobres acreditavam que essas rebeliões não passavam de conspirações orquestradas, mas o fato é que elas começavam como revoltas espontâneas, geradas por praticamente o mesmo tipo de ódio e frustração daquelas que estimularam os motins raciais que varreram as cidades dos Estados Unidos na década de 1960. Esse ódio camponês, há muito reprimido contra os senhores feudais (incluindo senhores eclesiásticos, que detinham largas porções de terra), ajuda a explicar a recepção entusiástica aos primeiros escritos de Lutero, atacando a autoridade da Igreja e exaltando a liberdade cristã.

Perda populacional por consequência da peste e da guerra colocavam em risco a segurança econômica de proprietários sobreviventes dentre nobres e clérigos. Diminuição na população camponesa significava, por um lado, um custo maior de trabalhadores e, por outro, menos retornos, já que mesmo no caso de colheitas razoáveis havia menos pessoas para alimentar. Nas cidades, salários e preços aumentavam por causa de trabalho urbano escasso; senhores feudais procuravam conter a saída de camponeses da terra pelo estabelecimento ou intensificação da servidão. Em contrapartida, oportunidades e liberdades sociais camponesas eram radicalmente encurtadas. Com o fim de lidar com uma inflação que corroía a renda fixa, senhores nobres e clérigos começaram a trocar a antiga "lei divina" (isto é, a lei comum da tradição popular) pela lei romana, baseada no princípio da propriedade privada, que explorava a posse. Esses desenvolvimentos também acabariam por influenciar a recepção da Reforma pelos camponeses, que percebiam o significado social e político das críticas teológicas sobre a lei romana.

## PEQUENAS E GRANDES CIDADES: CONCENTRAÇÃO DE IDEIAS E MUDANÇAS

A cidade do fim da Idade Média era o lócus da mudança, *"foyer* da modernidade" (Chiffoleau, 1980, p. 430; Greyerz, 1985, p. 6–63), no sentido duplo de "lar" e "foco". Com respeito à Reforma, isso se resume na frase amplamente citada do pesquisador inglês A. G. Dickens (1974, p. 182): "a Reforma alemã foi um acontecimento ao mesmo tempo urbano literário, tecnológico e retórico".

Estima-se que, no máximo, cerca de um quinto da população medieval europeia vivia em pequenas e grandes cidades, embora algumas áreas na Alemanha e Holanda contassem com porcentagens maiores de população urbana. Cerca de 20% da população da Saxônia (região de Lutero) vivia em cidades pequenas. Pouco antes da Reforma, grandes e pequenas cidades experimentaram rápido crescimento, algumas até chegando a dobrar em tamanho. Colônia, a maior cidade alemã, tinha uma população de cerca de 40 mil pessoas e, por volta do ano de 1500, Nuremberg atingiria aproximadamente 30 mil habitantes. Outras grandes cidades, como Estrasburgo, Metz, Augsburgo, Viena, Praga, Lübeck, Magdeburgo e Danzig tinham entre 20 e 30 mil habitantes. A maioria das outras cidades alemãs, por volta de 4 mil cidades, tinha menos que 3 mil pessoas. Em outros lugares da Europa, os números eram similares, exceto no caso de cidades muito grandes como Paris, Milão e Florença.

O crescimento populacional nas áreas urbanas era estimulado pela nova economia, baseada na moeda, e por novas ideias, o que tornava centros urbanos tanto lugares de mudança criativa e oportunidade quanto de conflito social. A economia feudal estava sendo transformada por uma forma inicial de capitalismo que, por sua vez, minava a ideia tradicional de sociedade como corporação sacra, o *corpus Christianum* em miniatura, na qual cada um era eticamente responsável por todos os demais.

Não há dúvida, hoje, quanto ao forte apelo da Reforma nas grandes e pequenas cidades do fim da Idade Média; entretanto, o motivo pelo qual foi atraente nesses lugares é ainda uma questão controversa. Em um estudo provocativo, publicado pela primeira vez em 1972, Bernd Moeller (1982) argumenta que o apelo da Reforma em diversas cidades do continente jazia em seu apoio aos valores coletivos do fim da Idade Média, que estavam sob ataque de todas as direções. Por outro lado, Steven Ozment (1975, p. 9) afirma que o apelo da Reforma não residia em seu desejo de reforçar o ideal de uma comunidade sacra, mas precisamente na direção oposta: sua descentralização (isto é, liberação "de crenças religiosas, práticas e instituições onerosas"). Para Ozment, reformadores eram "libertadores" teológicos cuja pregação de justificação somente pela fé não refletia mudança social, porém a estimulava. Thomas Brady (1978, p. 9, 12) critica ambos, Ozment e Moeller: Ozment por "psicologizar" a atração que a Reforma exerceu a partir da experiência de conversão de Lutero e Moeller por uma "concepção romântica da sociedade urbana, o ideal da corporação sacra". Na perspectiva de Brady, luta de classes é a chave para entendermos o curso da Reforma nas cidades, em que coalizões regentes correspondiam a interesses adquiridos. Moeller, por sua vez, critica Brady por ignorar a dimensão religiosa, advertindo contra "sociologização". Ozment, por fim, questiona se essa ênfase em divisão de classes, conflitos econômicos e demográficos "cooperam melhor para elucidar a motivação humana do que o tão desprezado tratamento teológico da Reforma e da assim chamada história intelectual 'ilusória'" (Moeller, 1979; Brady, 1979; Ozment, 1979). Não há razão para presumir que o cidadão urbano medieval fosse menos assolado por preocupações ideológicas e sociais conflitantes do que nós, mas há motivos para crer que preocupações religiosas exerciam um papel importante. Para o medievalista, religião era uma prática pública, corporativa, não privada ou individualista. Eis o porquê de a religião ser a chave tanto para a preservação do passado quanto para a libertação dele.

## A PRENSA MÓVEL

Como concentração de novas ideias, cidades se preocupavam com a comunicação e, por isso, também com a expansão da educação a leigos. Pouco antes da Reforma, o número de universidades europeias havia aumentado de 20 para 70 em virtude do esforço de monarcas, príncipes e comerciantes ricos. A Universidade de Wittenberg, por exemplo, foi fundada pelo príncipe Frederico, o Sábio, em 1502. Uma estimativa conservadora sobre o índice de alfabetização sugere que 5% da população geral e 30 % da população urbana sabiam ler por volta do início do século XVI. Entretanto, é importante perceber que a comunicação de ideias não se limitava à alfabetização: quem sabia ler transmitia ideias para quem não sabia. Assim, a publicação de milhares de panfletos e sermões da Reforma era planejada de modo a alcançar letrados e iletrados. "Fé", conforme enfatizava Lutero, "vem por se ouvir a mensagem" (Romanos 10:17).

Antes da revolução dos meios de comunicação suscitada pela invenção da imprensa, a maior despesa na produção de livros era o material em que eram escritos. Papiros e pergaminhos, cuja produção se originava respectivamente de pântanos do Nilo e peles de ovelha, eram caros; contudo, um papel feito de polpa de linho, desenvolvido na China e introduzido na Europa por Marco Polo, barateou o custo da impressão, tornando-a financeiramente viável. O próximo passo seria o desenvolvimento de uma boa tinta, feita pela mistura de carbono com uma solução oleosa. Porém, a invenção-chave, como se sabe, ocorreria em meados do século XV na região próxima ao Reno com a prensa de tipo móvel, caracteres duráveis e removíveis que podiam ser reorganizados diversas vezes. A indústria gráfica, centralizada primeiramente nos arredores da Renânia, na Alemanha (Gutenberg em Mainz), espalhou-se, em seguida, em direção sul até Basileia e ao norte, alcançando os Países Baixos. Os primeiros especialistas em impressão foram os alemães.

Agora, novas ideias se espalhavam, rápida e confiavelmente, por meio da nova tecnologia de impressão, algo que Lutero considerava um dom de Deus. Enquanto as ideias religiosas de Wycliffe se espalharam vagarosamente pelas cópias manuscritas, as de Lutero cobriram a Europa em questão de meses.

> Por volta do fim do século XV, máquinas de impressão existiam em cerca de duzentas cidades, grandes e pequenas. Desde então, a estimativa é que cerca de 6 milhões de livros tenham sido impressos e que metade dos 30 mil primeiros títulos tratava de assuntos religiosos. Mais livros foram impressos de 1460 a 1500 — ou seja, em um espaço de quarenta anos — do que os escribas e monges haviam produzido durante toda Idade Média (Ozment, 1980, p. 199; Chrisman, 1982; Eisenstein, 1979; Edwards, 1994).

A Reforma desencadeou um grande aumento na produção de livros, expandindo com rapidez o mercado editorial. Preparados, profissionais do mercado ansiavam por arrancar cada nova obra das mãos de Lutero. Wittenberg, nas palavras de Pettegree (2005, p. 134, 140), tornou-se uma "explosão econômica". "Para editores, essa era uma experiência sem precedentes na breve história da indústria gráfica, já que as obras de Lutero ofereciam garantia de sucesso e retorno excepcionalmente rápido no capital investido." Em pouco tempo, apenas na cidade de Wittenberg havia sete gráficas devotadas aos escritos de Lutero e seus colegas. Por ocasião de sua morte em 1546, cerca de 3,4 mil edições da Bíblia, completas ou parciais, haviam sido produzidas em alto-alemão e, em baixo-alemão, cerca de 430 edições. Calculando com base em duas mil cópias por edição, pelo menos 750 mil cópias foram produzidas em alto-alemão e, ao todo, cerca de um milhão de exemplares. Esse número é ainda mais impressionante quando consideramos que o preço dos livros estava aumentando nesse período. Embora a atribuição comum da criação do alemão moderno à tradução da Bíblia de Lutero seja um exagero, é verdade que sua tradução, amplamente usada, contribuiu com a normalização da língua. Sua habilidade linguística é evidente no fato de a "Bíblia de Lutero" ainda ser popular na Alemanha.

A desenvoltura linguística de Lutero é igualmente evidente nos hinos que compôs, muitos dos quais ainda são cantados hoje. Amplamente usados em igrejas e casas, "havia mais de dois milhões de hinários, folhetos litúrgicos e outros materiais relacionados em circulação na Alemanha do século XVI", sucesso tal que despertava "a preocupação ou inveja de todos os oponentes de Lutero" (Brown, 2005, p. 5, 8). A propagação de sua mensagem evangélica por meio da música era abrangente e eficaz por criar e expressar um senso comunitário: "Usando o vernáculo, as canções incluíam todas as pessoas, mesmo aquelas que tinham pouca formação. Elas não dependiam de um objeto físico para transmissão e, uma vez aprendidas, não poderiam ser perdidas ou confiscadas. Por fim, como uma forma oral de comunicação, canções não exigiam qualquer investimento monetário de sua audiência" (Oettinger, 2001, p. 208).

Milhares de outros escritos da Reforma, na forma de tratados breves ou panfletos (*Flugblätter* e *Flugschriften*: literalmente "folhas voadoras" e "escritos voadores") inundavam o império. Essa "propaganda Reformadora" não estava limitada à palavra impressa, mas também tinha caráter visual, incorporando figuras, imagens e caricaturas. Em contraste com a Idade Média — e mesmo com as primeiras obras impressas, cujo propósito era primeiramente o de preservação e transmissão do conhecimento — a Reforma deu ao livro impresso uma nova função: transmissão de opinião. "Um punhado de cópias de um panfleto do século XVI, contendo apenas uma dúzia de páginas, demonstrava ter grande potencial provocativo, ajudando a estimular opositores de um governo à resistência heroica e, assim, aguçar medos terríveis de subversão" (Kingdon, 1988, p. 9). O maior publicitário no uso dessa nova ferramenta era Martinho Lutero. De acordo com Edwards (1994, p. xii),

> Lutero dominou uma campanha propagandista e um movimento em massa em nível tal que, até onde sabemos, nenhum outro conseguiu desde então. Nem mesmo homens como Lenin, Mao Tse-tung, Thomas Jefferson, John Adams e Patrick Henry obtiveram tamanho sucesso.

## SOBRE MINAS E ARMAS

Junto com a invenção da imprensa, tecnologias de mineração e armamento contribuíram significativamente com o contexto da Reforma. De 1460 a 1530, houve, na Alemanha, um rápido desenvolvimento na área de mineração concentrado na Saxônia, região em que Lutero morava. Especialmente importante para o contexto da Reforma foi a mineração de prata, inigualável em quantidade até a primeira metade do século XIX. Isso foi facilitado pela solução de problemas técnicos relacionados à remoção de água das minas e à separação da prata de outros metais nos minérios. O primeiro problema foi resolvido pelo desenvolvimento de sistemas de ventilação e bombas de sucção, permitindo o aprofundamento de poços; o segundo, por melhorias em processos de fusão, que utilizavam fornalhas fortemente aquecidas para separar minerais com base em diferentes pontos de fusão. A prática requeria catalisadores químicos, foles e o uso de carvão mineral em lugar de carvão vegetal para o aquecimento de fornalhas, as quais foram aprimoradas por engenheiros da época pelo uso de chaminés, aumentando sua corrente de ar. Todos esses processos culminaram em um sistema primitivo de fabricação.

Foram múltiplos os efeitos sociais dessa explosão de mineração. Boa parte da prata foi usada na produção de moedas, algo que, por sua vez, facilitou uma revolução monetária. A economia monetária substituiu gradativamente a economia de troca, gerando uma expansão bancária na Alemanha. Assim, a grande casa bancária dos Fugger de Augsburgo assumiu o lugar dos banqueiros papais, os Médici. Os Fuggers se envolveram em todas as áreas da cultura, inclusive na política, tornando-se aliados próximos da Casa de Habsburgo. Conforme veremos, seu dinheiro não estava implicado apenas no negócio de indulgências, mas também na eleição imperial de Carlos V. A expansão de mineração beneficiou diretamente Frederico, o Sábio, Eleitor da Saxônia e futuro protetor de Lutero. A riqueza de Frederico não apenas o tornava uma força reconhecida no Império, como também lhe permitia concretizar um sonho: a fundação da Universidade de Wittenberg, onde um jovem monge brilhante, Martinho Lutero, iria juntar-se rapidamente ao corpo docente. Lutero, por sua vez, seria capaz de obter a educação necessária para essa posição, porque seu pai, um engenheiro de mineração, ganhava dinheiro suficiente para enviá-lo à escola.

Outra consequência dessa explosão de mineração foi a inflação. Reis e príncipes que controlavam as minas aumentaram sua riqueza. Sua prosperidade, bem como a prosperidade dos banqueiros, ainda pode ser vista nos grandes monumentos e edifícios públicos desse tempo. Nobres, porém, que dependiam de rendimentos feudais (isto é, rendas fixas) sofreram com o aumento dos preços, algo que também afetou trabalhadores e artesãos. Descontentamento econômico e social culminaram em revoltas: a Revolta dos Cavaleiros em 1523 e a Guerra dos Camponeses em 1524–6.

Desenvolvimentos em metalurgia, juntamente com outros avanços tecnológicos, também encontraram aplicação militar. Após a descoberta de que a pólvora podia ser usada para impulsionar balas, o próximo avanço foi o desenvolvimento de um canhão confiável. Os primeiros canhões fundidos ou moldados com bronze tendiam a se desfazer depois do tiro, algo que, obviamente, exigia certa dose de coragem e aventura para todos envolvidos. Balas de pedra entalhadas, cujas extremidades podiam ficar presas ao cano do canhão, eram igualmente problemáticas ao canhoneiro, que, dada sua condição de trabalho primitiva, era exortado a temer, honrar e amar a Deus mais do que qualquer outro soldado.

A primeira guerra em que o canhão teve um papel importante foi a Guerra dos Cem Anos. O rei da França contratou os irmãos Bureau, que estabeleceram um departamento (eis o início da "burocracia") para o uso ofensivo do canhão. Posteriormente, canhões foram usados de modo eficiente pelos hussitas, que fixaram canhões em vagões como uma tática defensiva móvel, tornando, assim, possível sua sobrevivência até a era da Reforma. Por volta do período das guerras franco-italianas (1494-1559), os franceses tinham uma artilharia treinada, com centenas de canhões de bronze conduzidos por cavalos. Algumas das melhores mentes da época, incluindo homens como Da Vinci, trabalharam para aprimorar a artilharia. Na batalha de Ravena (1512), a artilharia francesa destruiu a cavalaria espanhola. O desenvolvimento de uma pólvora estável e de canhões confiáveis contribuiu para a desestabilização da sociedade no fim da Idade Média. Morte e destruição indiscriminadas eram, então, possíveis, muito além do que os medievalistas jamais haviam sonhado. Quando essa tecnologia foi acompanhada de fanatismo nacional e religioso, sonhos se tornaram uma realidade devastadora. "Os séculos XVI e XVII demonstraram ser incomumente beligerantes em comparação [com o período medieval]. O século XVI presenciou menos de dez anos de paz total, enquanto houve menos que dois anos de paz na primeira parte do século XVII" (Cunningham e Grell, 2000, p. 95). Mas também ficou claro que era possível obter lucro financeiro pelas armas; por isso, o jovem complexo militar-industrial do fim da era medieval cresceu, gerando seu fruto mortal. Um dos efeitos colaterais da guerra causados na sociedade foi tornar uma classe inteira — a classe dos cavaleiros — obsoleta. Agora, qualquer um com uma arma podia derrotar um cavaleiro, mais uma razão para sua revolta.

## TENSÕES SOCIAIS

A ascensão de uma economia monetária criou novos problemas sociais e religiosos, assim como novas tensões. No período da Reforma, cidades eram castigadas por desunião, facção e desconfiança mútua em decorrência de seu crescimento e de mudanças econômicas, elevando tensões sociais a outros níveis. A expansão comercial criou novas riquezas e mais pobreza. Tornava-se cada vez mais aparente que a economia do lucro e da centralização política entrava em conflito com a ideia tradicional da comunidade urbana como uma corporação sagrada. Cidades medievais, em contraste com o sistema de vassalagem feudal (que vinculava inferiores a superiores), organizavam os membros horizontalmente por meio de um juramento igualitário. Cada pessoa, independentemente de *status* social, era eticamente responsável por todos demais membros do corpo político. Por volta de 1500, a simbiose entre uma alfabetização cada vez maior e mais abrangente, impressão e impulsos intelectuais do Renascimento estimularam o desenvolvimento sem precedentes da individualidade e da formação da consciência individual. Isso, juntamente com a habilidade de indivíduos e de pequenos grupos de obter riqueza e poder político por iniciativa própria, deu origem a novos valores e a facções políticas, desafiando os valores antigos. A moralidade tradicional foi incapaz de acompanhar o desenvolvimento urbano e monetário. "A tradição recebida era, na verdade, propensa a atuar contra os elementos principais da nova economia: cidade, dinheiro e profissão urbana." A moralidade tradicional não podia fazer nada além de repetir, com maior intensidade, a máxima da igreja primitiva sacralizada em lei canônica: "Um mercador raramente é capaz de agradar a Deus" (Little, 1978, p. 35, 38).

Um efeito complementar da condenação da igreja em relação à usura (empréstimo a juros, força vital da economia baseada no lucro) foi o desenvolvimento do purgatório. Nessa doutrina, céu e inferno são sistemas fechados, enquanto o purgatório inclui uma saída, ainda que dolorosa, para o céu. A Igreja não podia mudar sua longa história de condenação contra a usura, porém podia aprender a lucrar daquilo que condenava. Ao desenvolver o purgatório — uma terceira opção entre céu e inferno — e facilitar a abreviação de torturas nesse lugar intermediário pela aquisição de indulgências, a Igreja dava esperanças ao primeiro capitalista, condenado pela lei canônica, ao mesmo tempo que sugava seu lucro. Tanto a Igreja quanto o capitalista podiam "fazer o bolo e também comê-lo" (Le Goff, 1981, p. 409–10; Le Goff, 1988, p. 76–84, 92–3; Prien, 1992, p. 175–7).

A nova economia do lucro afetou praticamente toda instituição, grupo, área e ideia da sociedade medieval, bem como o tamanho das comunidades e nas relações humanas que partilhavam delas. O tamanho cada vez maior das cidades levou a mudanças na qualidade de vida urbana. Dinheiro afetava o tipo de trabalho que as pessoas faziam e como eram recompensadas por ele, preocupando frequentemente, no início, indivíduos e instituições. A antiga moralidade cristã parecia não ser mais relevante às novas realidades urbanas, acompanhadas de problemas sociais e religiosos profundos, como impessoalidade, falta de dinheiro e incerteza moral:

> Limites psicológicos pelos quais a velha cultura procurara entender a natureza do homem e prever seu comportamento passavam a ser inúteis quando indivíduos não mais se sentiam pressionados pela comunidade tradicional [...] O homem da época parecia jogado, desorientado, de volta a um vazio de onde a cultura tinha a missão de resgatá-lo. [Essa] [...] é a explicação imediata para a ansiedade extraordinária desse período. Ela representava uma resposta inevitável à crescente inabilidade de uma cultura herdada de revestir a experiência de significado (Bouwsma, 1980, p. 230).

A nova moralidade empreendedora, contabilista e cumulativa — uma ética capitalista, não uma ética protestante — infectou relações interpessoais e religiosas. Esse individualismo, cuja progressão ocorreu de forma lenta, estimulou um senso inebriante de liberação e uma insegurança mórbida de terror diante da perda desse "eu" recém-descoberto em face da morte. O medo do purgatório não era nada, então, quando comparado com o medo do inferno, onde condenados eram retratados como que ingerindo sua própria carne, e onde a dor de uma faísca de fogo era pior que a de uma mulher por mil anos em trabalho de parto.

Externamente, cidades se viam cada vez mais envolvidas em batalhas contra senhores, reis e príncipes, leigos e bispos, que queriam subjugá-las a uma maior política territorial ou nacional, bem como se beneficiar de sua economia e de suas posses. Havia uma crescente conscientização nacional; a literatura vernacular, auxiliada pela máquina de impressão, substituía gradativamente o latim; a aspiração agostiniana de um *corpus Christianum* ficava cada vez mais obsoleta. O processo de construção nacional tinha ido mais longe na Espanha e na França; e, embora o Sacro Império Romano-Germânico continuasse ainda a se desenvolver menos do que o restante da Europa por séculos, o desejo dos alemães pela construção da nação ficou evidente a partir da popularidade do tratado de Lutero, intitulado *À nobreza cristã da nação alemã* (1520).

Entretanto, é difícil construir uma nação quando seus principais centros estão infectados com perda de direção moral, desconfiança, despersonalização e fragmentação social, causados por interesses competitivos egoístas. Muito antes de Maquiavel, o épico animal de Reynard, a raposa, expressava astúcia e impulso brutal e egoísta para a obtenção de vantagem e sucesso. Conforme Reynard dizia a seu sobrinho, Grimbert, o Texugo: "Pequenos bandidos são enforcados; grandes bandidos governam nossas terras e cidades. Percebi isso já há muito tempo, sobrinho, e é por isso que busco meu próprio lucro nesta vida. Às vezes, penso que, já que é assim que todo mundo age, talvez essa seja a forma como deve ser." Reynard é o mestre da mentira e da lisonja. O épico termina com a seguinte moral:

> Aquele que não aprendeu a artimanha de Reynard não foi feito para este mundo, e seu conselho não é ouvido. Porém, com a ajuda de Reynard, que já se tornou mestre, sucesso e poder estão ao alcance de todos. Por essa razão, nosso mundo é cheio de Reynards: encontramo-los na corte do Papa e não menos na do imperador. Simão [isto é, compra e venda de títulos eclesiásticos] está no trono: o que importa é dinheiro, nada mais. Aquele que tem dinheiro recebe benefícios; o que não tem, não recebe. Aquele que melhor conhece a astúcia de Reynard está a caminho do topo (Strauss, 1971, p. 91, 95–6).

Posteriormente, Lutero ecoaria esse cinismo generalizado nos adágios: "bandidos grandes enforcam os pequenos" e "peixe grande come os pequenos".

**Figura 2.3** "Peixe grande come peixe pequeno", por Pieter Bruegel, o Velho (c. 1525–69), uma gravura de cobre no estilo de Bosch. Repare nas características antropomórficas do peixe na figura à direita, que denota a ganância dos habitantes da cidade, emboscando um ao outro por benefício próprio. *Fonte*: Coleção particular.

## CRISE DE VALORES

Isso nos leva ao ponto principal deste capítulo: a maior crise do fim do período medieval era uma crise de valores. Muitos fatores contribuíram para isso, alguns dos quais já foram enumerados, mas o essencial da crise foi a queda dos símbolos de segurança. A crise do fim da idade medieval não era primeiramente econômica, política ou feudal; era uma crise de símbolos de segurança que chegou ao ápice quando atingiu a fiadora desses símbolos: a Igreja. "A Idade Média estava principalmente preocupada com a garantia de segurança que a Igreja oferecia aos cristãos" (Graus, 1971, p. 98). É por isso que o impacto pleno de todos esses fatores encontrou expressão na crise eclesiástica, marcada pelo Cisma do Ocidente e pelo anticlericalismo.

### O Cisma do Ocidente

A origem do Cisma do Ocidente está enraizada no início das relações entre o bispo de Roma e o Império ocidental. Por meio do uso habilidoso da lei romana e da "documentação" criativa (como a "Doação de Constantino" e sua afirmação na "Doação de Pepino"), bem como pela coroação de Carlos Magno (800), o papado legitimou sua asserção ao direito divino de coroar o imperador ocidental. A teoria era de que, se o Papa tinha o direito de coroar um imperador, também teria o direito de lhe tirar a coroa. Essa ideologia papal de controle político afundou com o surgimento de reis nacionais, cuja autoridade política, diferente da do imperador, não repousava na coroação papal. No início do século XIV, o Papa Bonifácio VIII descobriu, para seu espanto, que, uma vez que não "formara" o rei da França, não tinha o poder de controlá-lo. A humilhação de Bonifácio e seus sucessores imediatos nas mãos dos franceses culminou no chamado "cativeiro babilônico da Igreja" em Avignon (1309–78). Embora o papado tenha comprado Avignon, ainda situada no Império Romano-Germânico, toda a Europa agora o enxergava como um satélite francês.

Foi nesse contexto amplo que os primeiros estudos críticos da Igreja e sua base teológica e legal começaram a aparecer. O dominicano francês João de Paris (c. 1250–1306) já havia argumentado em seu tratado *On Papal and Royal Power* [Sobre o poder papal e real] que o governo secular estava enraizado na comunidade natural humana e que, uma vez que a autoridade real não se derivava do papado, papas não tinham autoridade para depor reis. *The Defender of the Peace* [O defensor da paz] (1324), de Marsílio de Pádua, foi uma expressão ainda mais radical de tal "secularismo". Marsílio, que havia sido reitor da Universidade de Paris, argumentava que o papado destruía a paz mundial. A solução era limitar a autoridade executiva do papado por leis que governavam todas as instituições humanas, isto é, leis que derivassem da comunidade. Marsílio não apenas enfatizou o princípio do consentimento popular como a base para o governo legítimo, mas também negou que o papado fora estabelecido por Deus.

Esses ataques sobre o papado, que iam de encontro ao coração de sua legitimidade como instituição, utilizavam argumentos de Aristóteles e da lei romana. O franciscano Guilherme de Ockham (c. 1285–1347) concluiu que o Papa João XXII era um herege por causa de sua rejeição da teologia franciscana de pobreza. Além de reviver argumentos canônicos antigos sobre a possibilidade de se depor um Papa herege, Ockham postulou que nenhuma instituição eclesiástica, nem mesmo um concílio geral, podia reivindicar definir, com plena certeza, a fé da Igreja. Defender que a Igreja como um todo não podia errar apenas significava, de acordo com Ockham, que a verdadeira fé sobreviveria em determinados indivíduos mesmo quando papas e concílios negassem a verdade. O poeta italiano Dante Alighieri (1265–1321), que fora exilado de Florença em 1301 por apoiar os oponentes de Bonifácio VIII, atacou o papado não apenas em sua *Divina Comédia*, mas também em sua *De Monarchia*. Nesse tratado, Dante argumentou que papas deveriam abandonar toda autoridade e possessão temporal, e que a paz temporal requeria uma monarquia universal sob a autoridade do imperador. Condenações papais e excomunhões não podiam mais controlar regentes ou silenciar críticos. Por mais fortes que essas críticas ao Papa parecessem ser, é importante notar que críticos medievais não queriam abolir o papado, mas reformá-lo, conformando a Igreja ao modelo da igreja primitiva.

Entretanto, o papado em Avignon continuou a alienar cristãos em toda Europa por causa de um surto de construções, deixando palácios e monumentos esplêndidos na cidade, mas a custos de taxação que os fiéis deviam pagar. O poeta Francisco Petrarca (1304–74), que vivera em Avignon e nas proximidades da cidade, descreveu a luxúria e mundanismo da corte papal como o "esgoto do mundo". Mentalidade e materialismo burocrático ofuscavam a visão espiritual do papado. Em vez de responder às críticas filosóficas, teológicas e literárias contra ele, os papas desenvolveram um maquinário administrativo cada vez mais eficiente para coletar impostos, mudar de lugar milhares de páginas de documentos relacionados a benefícios, indulgências e políticas, e administrar sua teia de patrocínios. O trabalho pastoral foi substituído pela criação de pastos cada vez mais verdejantes. Críticos começaram a murmurar que Jesus dera a ordem para que Pedro cuidasse dos cordeiros (João 21:15-17), não os tosquiasse.

A diminuição do prestígio e da autoridade papal era notória para muitos, aumentando o clamor pelo retorno do papado à Roma. Gregório XI (1370–8) atendeu a esse clamor em 1377. Ironicamente, o fim do cativeiro babilônico da Igreja levou, quase imediatamente, ao Cisma do Ocidente. Gregório XI morreu em 27 de março de 1378. Mal seu corpo esfriara quando os romanos começaram a protestar nas ruas, demandando que o papado permanecesse em Roma e que um romano, ou pelo menos um italiano, fosse eleito Papa. Cardeais escolheram Bartolomeo Prignano, administrador eficiente e trabalhador árduo da cúria de Avignon. Bartolomeo não era romano, italiano ou mesmo francês, mas sim napolitano (Nápoles estava interligada com a França por meio da Casa Capetiana de Anjou). Embora administrador respeitado, Bartolomeo era basicamente um funcionário público, sem experiência em legislação. Ele assumiu o título de Urbano VI (1378–89). A despeito do comportamento violento durante o processo de eleição, não há indicação de que os cardeais foram intimidados pelas multidões; de fato, a própria escolha de Prignano indicaria a resistência dos cardeais contra ameaças. É importante notar isso, pois, logo após a entronização de Urbano, os cardeais decidiram que haviam cometido um erro sério e usaram a suposta pressão popular para reivindicar que a eleição fora inválida. Concluindo que Urbano não estava preparado para ser Papa, cardeais anularam o processo eleitoral tendo como base o fato de ter ocorrido sob condições de coerção e medo. Um por um, cardeais saíram disfarçadamente de Roma e se reuniram em Anagni, onde declararam que Urbano havia sido eleito de forma ilegítima e que o papado deveria ser considerado vago. Em setembro, elegeram o cardeal Roberto de Genebra, que assumiu o título de Clemente VII (1378–94). Urbano não aceitou o pedido dos cardeais de abdicar; em vez disso, excomungou Clemente que, por sua vez, retribuiu o favor. O triste espetáculo de um Papa excomungando o outro continuaria por quase 40 anos (1378–1417).

Já havia existido antipapas na história da Igreja, porém essa era a primeira vez que o mesmo colegiado legítimo de cardeais havia eleito, de modo também legítimo, dois papas no espaço de poucos meses. Urbano VI e papas que o sucederam permaneceram em Roma; Clemente VII e seu sucessor residiram em Avignon. Nos dias atuais, é difícil apreciar plenamente a profundidade da insegurança religiosa e a intensidade da crítica institucional que esse cisma causou. Se, conforme decretado pela bula de Bonifácio VIII *Unam sanctum* (1302), a própria salvação dependida da obediência ao Papa, era crucial saber quem era o verdadeiro vigário de Cristo. Como, porém, isso poderia ser decidido? Agora, não apenas havia dois papas, cada qual reivindicando ser o único vigário de Cristo, mas também dois colégios de cardeais, uma divisão que chegou a níveis menores na escala eclesiástica, a ponto de algumas paróquias terem dois padres. A própria Europa estava dividida em sua aliança: França, Escócia, Aragão, Castela e Navarra seguiam Clemente VII; Itália, Alemanha, Hungria, Inglaterra, Polônia e a Escandinávia seguiam Urbano VI. A opinião pública estava desesperadamente dividida; mesmo eruditos e santos entravam em atrito sobre quem era o verdadeiro Papa. Santa Catarina de Siena trabalhou incansavelmente para assegurar o reconhecimento universal de Urbano, chamando os cardeais que elegeram Clemente de "tolos, mentirosos e demônios em forma humana". Por outro lado, o notório pregador dominicano espanhol Vicente Ferrer demonstrava zelo parecido pelos papas de Avignon, rotulando adeptos de Urbano de "enganadores do diabo e hereges".

No decurso dessa luta prolongada, o prestígio do papado e a credibilidade da Igreja decaíram ainda mais. O surgimento de movimentos de renovação na Inglaterra sob a liderança de Wycliffe e na Boêmia sob a liderança de Huss complicaram ainda mais os esforços para restaurar a credibilidade da Igreja. John Wycliffe (c. 1330–84) foi um filósofo e teólogo inglês cuja preocupação com a reforma da Igreja o levou à condenação pelo sínodo da Igreja Anglicana e, finalmente, pelo Concílio de Constança, em 1415. Wycliffe esteve, por um tempo, a serviço da Coroa inglesa, e sua reivindicação de que o Estado podia, de modo legítimo, privar o clero corrupto de privilégios era, certamente, do interesse da Coroa; contudo, Wycliffe foi condenado pelo Papa Gregório XI em 1377. Wycliffe argumentou ainda que reivindicações papais ao poder temporário não tinham fundamento bíblico, apelando ao governo inglês para que reformasse toda igreja da Inglaterra. O nível de influência de Wycliffe no movimento lolardista, que defendia um cristianismo fundamentado na Bíblia (supostamente preparando o solo para as sementes da Reforma na Inglaterra), ainda é motivo de controvérsia (Aston, 1984; Hudson, 1988).

As ideias de Wycliffe eram difundidas entre o baixo clero inglês, espalhando-se para a Boêmia após o casamento, em 1382, de Ricardo II da Inglaterra com Ana, irmão do rei Venceslau IV da Boêmia. O reformador boêmio John Huss (c. 1372–1415) traduziu alguns dos escritos de Wycliffe para o tcheco. Huss, reitor da Universidade de Praga, foi um pregador destemido contra a imoralidade do papado e do alto clero em geral, bem como defensor da distribuição de pão e vinho aos leigos durante a Ceia do Senhor. A despeito de um salvo-conduto do imperador Sigismundo, Huss foi condenado e executado pelo Concílio de Constança, em 1415. Seu seguidor, Jerônimo de Praga, sofreu o mesmo destino.

O relato hussita do julgamento de Huss ofereceu paralelos com a crucificação de Cristo.

> No sábado, sete de junho [de 1415], às onze horas da manhã, houve um eclipse total do sol, a ponto de nenhuma missa poder ser celebrada sem velas. Esse sinal demonstrou que Cristo, o Sol da Justiça, havia sido eclipsado no coração dentre o prelado, que ofegavam, incansavelmente, pela morte do mestre John Huss. Segundo o Concílio, Huss devia ser morto o mais depressa possível.

A continuação do relato descreve que Huss, falsamente acusado, foi levado de Constança, amarrado a uma estaca e queimado até a morte, enquanto serenamente cantava, até o fim, "Cristo, Filho do Deus vivo, tem misericórdia de mim" (Bujnoch, 1988, p. 45). Um século depois, Lutero seria comparado a Huss, e Müntzer apelaria aos hussitas em seu "Manifesto de Praga". Tanto Wycliffe quanto Huss foram sinais de uma conscientização nacional e crítica crescente da Igreja. Depois de sua execução, Huss foi declarado mártir e herói nacional pela Universidade de Praga. A profecia de Huss de que seus inimigos podiam queimar um ganso na estaca (Huss quer dizer "ganso" em tcheco), mas que surgiria um cisne que não poderiam matar, foi popularmente aplicada, um século depois, a Lutero (Pelikan, 1964, p. 106–46; Joestel, 1996).

## Conciliarismo

O Cisma do Ocidente precisava ser resolvido. Propôs-se que ambos os papas abdicassem, a fim de possibilitar uma nova eleição; nem a linhagem de Roma nem a de Avignon foram favoráveis à proposta. Outras soluções incluíam o estabelecimento de um tribunal, cujo veredito seria reconhecido pelos papas, e a proposta de que apoiadores governistas de ambos retirassem sua lealdade, abrindo, assim, caminho para uma nova eleição. Universidades favoreciam e propagavam o retorno ao princípio antigo que, em uma situação emergencial, como no caso de um Papa herege, caberia a um concílio geral decidir o que fazer. Esse "via régia da igreja primitiva" já havia sido sugerida no início do cisma por dois professores alemães na Universidade de Paris: Henry de Langenstein (d. 1397) e Conrad de Gelnhausen (d. 1390), cuja solução sugerida foi gradativamente incrementada pela cooperação de outros docentes das muitas universidades nesse período.

Finalmente, em junho de 1408, cardeais associados a ambos os papas se encontraram e resolveram convocar um concílio geral, o qual deveria se reunir em Pisa. Urbano e Clemente foram convidados a participar, porém recusaram. Mesmo assim, o Concílio de Pisa (março a julho de 1409) se reuniu, havendo boa participação por parte de cardeais, bispos e centenas de teólogos, representantes de quase todos os países ocidentais. Dentre os participantes, havia eruditos distintos do conciliarismo, tais como Pierre d'Ailly, chanceler da universidade de Paris, e Jean Gerson, seu sucessor. Seu argumento de que o concílio representava o poder eclesiástico supremo foi aceito. O concílio, então, depôs ambos os papas como cismáticos e hereges notórios, elegendo, em seguida, um novo Papa: Alexandre V (1409–10), arcebispo de Milão e cardeal da linhagem romana. Os papas depostos, porém, se recusaram a validar o concílio de Pisa, situação que originou, em vez de dois, três papas!

Depois da morte de Alexandre V, esse escândalo se agravou ainda mais pela eleição, em Pisa, de um novo Papa, reputado por ter tido participação em pirataria durante sua carreira anterior, a saber, a carreira militar. Baldassare Cossa fora comandante bem-sucedido das tropas papais, a ponto de Bonifácio IX torná-lo cardeal em 1402 e, em seguida, potencial sucessor ao papado. Cossa assumiu o título de João XXIII e reinou de 1410 a 1415, sendo, em seguida, aprisionado e deposto pelo Concílio de Constança. Seu título, bem como seus esforços para manipular o concílio, foram redimidos cerca de 450 anos depois por João XXIII (1958–63) e pelo concílio "aberto" (Concílio Vaticano II). Sem se preocupar muito com os meios usados, João foi capaz de cumprir seu propósito inicial de expulsar o Papa que residia em Roma. Entretanto, situações políticas e militares na Itália central forçaram-no, junto com sua cúria, a se refugiar em Florença e buscar um protetor. João recorreu ao rei e futuro imperador da Alemanha (1433), Sigismundo.

Sigismundo já havia endossado a linhagem de papas de Pisa, estabelecida no Concílio de Pisa; por isso, era uma fonte natural de assistência para João XXIII. Entretanto, o rei da Alemanha também se preocupava muito com a unidade da Igreja. Sigismundo fora persuadido por conciliaristas, especialmente Dietrich de Niem (1340–1418), que, em casos de emergência eclesiástica, o regente deveria seguir o modelo dos imperadores cristãos antigos e convocar um concílio geral. Dietrich também argumentou que um concílio geral possuiria poderes plenos, incluindo o direito de depor um Papa e reformar a Igreja. Embora ainda não fosse imperador, Sigismundo decidiu agir com base na prerrogativa de que um concílio geral era superior ao Papa e que o imperador, como primeiro príncipe da cristandade e protetor da Igreja, tinha o direito de convocar um concílio se necessário. Sigismundo conseguiu, com sucesso, organizar tal concílio em solo alemão, na cidade de Constança.

Em 1414, o Concílio de Constança (1414–17) foi convocado pelo Papa João. A assembleia estava diante de três problemas principais: resolver a situação criada pelo grande cisma, extirpar a heresia e reformar a Igreja "na cabeça e nos membros". A participação ativa de Sigismundo não apenas estimulou um forte comparecimento representativo, mas também dissipou ameaças quanto à validade do encontro. No início de 1415, a participação incluía 29 cardeais, 33 arcebispos, três patriarcas, cerca de 300 bispos e inúmeros abades, monges, teólogos, canonistas e representantes de regentes. O concílio justificou o conciliarismo e derrotou o sistema hierocrático papal.

O Papa João esperava que o concílio o legitimaria, depondo os papas de Roma e Avignon. Em pouco tempo, porém, descobriu que havia um consenso de que os três papas deveriam renunciar. Os próprios planos de João para o concílio foram comprometidos ainda mais pela decisão conciliar de votação nacional em vez de individual, tendo cada nação o direito a um voto. Esse procedimento contrabalançou a preponderância de prelados italianos, dos quais João dependia.

A decisão de voto por nações teve um significado que ia além da política imediata dos esforços de João de ganhar aprovação conciliar: foi um evento democrático, uma vez que, em meio a cada deliberação nacional, não eram apenas os prelados que tinham uma voz, mas também representantes de catedrais, capelas e universidades; teólogos, canonistas e representantes de príncipes. Além do mais, a ideia de nação como uma unidade (ideia derivada nas universidades) contribuiu, a partir de então, a um senso de nacionalismo que foi minando progressivamente a ideia antiga de uma comunidade cristã universal sob a liderança do Papa. Consequências posteriores desse nacionalismo serão percebidas no surgimento das igrejas nacionais durante o período da Reforma.

*Haec sancta* (1415), o decreto famoso do concílio, colocou sua autoridade acima da do Papa, sancionando a teoria conciliar como ensino oficial da Igreja. O caráter de um concílio geral foi estabelecido como uma assembleia legal e representativa da igreja universal, cujo poder vinha diretamente de Cristo e cuja autoridade, assim, englobava cada cargo da Igreja, incluindo o papado. O concílio depôs os papas rivais e, em 11 de novembro de 1417, o cardeal Odo Colonna foi eleito Papa pelo colégio de cardeais e seis representantes de cada uma das cinco nações presentes. Odo assumiu o título de Martinho V, em honra ao santo do dia. O Grande Cisma do Ocidente havia terminado.

Preocupados com a possibilidade de a reforma da Igreja se enfraquecer sem direção e apoio conciliares, o concílio aprovou o decreto *Frequens,* em 1417. Em linguagem clara, a assembleia declarou que o exercício de reuniões frequentes de concílios gerais seria "um meio importante de cultivar o campo do Senhor, desarraigar espinheiros, cardos e abrolhos de heresias, erros e cismas, corrigir excessos e reformar o que está em falta, restaurando a vinha do Mestre e levando-a a gerar frutos abundantes e belos" (Kidd, 1941, p. 210–11). O decreto estipulou que o próximo concílio deveria se reunir em cinco anos, o segundo em sete e, depois disso, a cada dez anos, "perpetuamente", concluindo que seria legítimo ao Papa "diminuir o período, mas sob hipótese alguma, adiá-lo".

Martinho V encerrou o concílio em abril de 1418; no entanto, não o confirmou, nem o aprovou, omissão que provavelmente passou despercebida por causa do profundo senso de alívio de que o problema do cisma enfim fora resolvido. A confirmação viria, em 1446, por seu sucessor, Eugênio IV (1431–47), apenas na medida em que não prejudicava o direito, a dignidade e a supremacia do papado. Contudo, Pio II (1458–64), em sua bula *Execrabilis* (1460), proibiu todo e qualquer apelo a um conselho acima do Papa, considerando-o herético e cismático. Isso seria posteriormente usado contra Lutero, que pediria a reforma da Igreja por meio de um concílio ecumênico.

Alguns dos decretos do Concílio de Constança tornaram-se parte de acordos especiais entre Martinho V e algumas nações, chamados agora pela primeira vez de "concordatas". Esse desenvolvimento remete ainda mais à substituição do ideal de uma comunidade cristã universal por nações individuais e independentes. O papado, que até então reivindicava soberania sobre todos os povos, reduzia-se agora a um dentre muitos governos nacionais, atrelando-se a eles de forma contratual. Isso também seria importante um século depois, na Reforma.

Talvez a melhor descrição das consequências imediatas do Concílio de Constança é em termos de cansaço de guerra. A ansiedade física e espiritual e o estresse ocasionado pelo longo cisma, assim como a energia requerida para sua resolução, deixaram uma herança de confusão e incertezas. A Igreja estava entrando em um período de transição, no qual a antiga instituição papal hierocrática ainda não se tornara apenas uma recordação e a nova orientação conciliar era uma novidade. O *corpus Christianum* deveria ser reformado e renovado a partir de baixo ou de cima?

Martinho V, de acordo com a determinação do decreto *Frequens*, convocou um concílio que deveria se reunir em 1431, em Basileia. No início de dezembro, apenas alguns participantes haviam chegado; em fevereiro, Martinho morreu. Seu sucessor, Eugênio IV, se opôs ao concílio desde o início, dissolvendo-o com base em seu número insuficiente de participantes e no argumento de que o cenário apropriado para a discussão sobre a reunificação com os gregos seria uma cidade italiana.

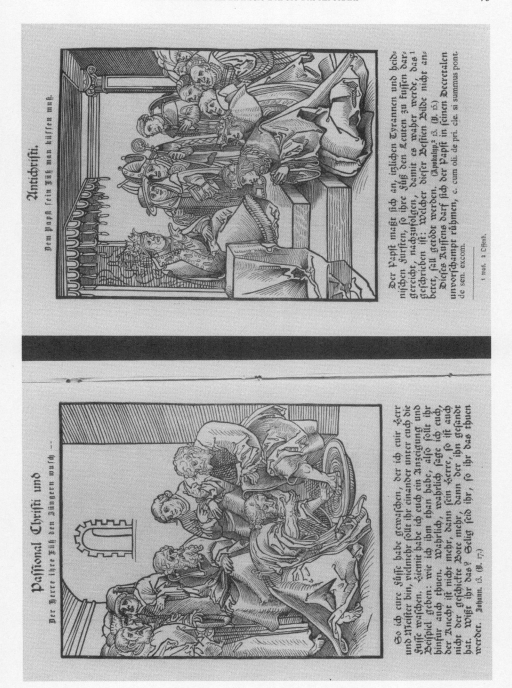

**Figura 2.4** "Passional Christi et Antichristi", por Lucas Cranach, o Velho. O contraste entre Jesus lavando os pés dos discípulos e o Papa requerendo que seu pé fosse beijado foi recusado durante o Kulturkampf entre Guilherme II e o Papa Pio IX, na década de 1870. *Fonte*: © Museu Britânico.

A hostilidade mútua entre Eugênio e o concílio aumentou quando o Papa transferiu o concílio para Ferrara a fim de avançar seu objetivo de reunificação com o Oriente. Apenas a minoria dos membros do concílio aderiu à decisão do Papa, enquanto a maioria declarou Eugênio deposto; o Papa, por sua vez, declarou heréticos e cismáticos os que permaneceram na Basileia. A eleição de um antipapa, Félix V (1439-49), teve pouco significado, já que recebeu pouco ou nenhum apoio das nações. Os franceses já tinham incorporado não menos do que 23 decretos de Basileia em sua lei nacional, na "pragmática sanção de Bourges" (7 de julho de 1438), que apoiava reivindicações mais antigas da igreja nacional francesa a uma posição privilegiada em relação ao papado. Esse "galicanismo", assim chamado por causa das *libertés de l'Eglise gallicane*, continuou a assegurar a autonomia da igreja francesa até a definição da infalibilidade papal, ocorrida no Concílio Vaticano I (1869-70).

Enquanto isso, a autoridade do Concílio de Basileia desfez-se quando os principais porta-vozes desertaram e uniram forças com o mesmo papado que haviam atacado vigorosamente. Um desses homens, o secretário do concílio, tornou-se posteriormente um opositor ferrenho do conciliarismo, depois de eleito Pio II. Esses antigos conciliaristas passaram a perceber o que representantes de governos também viam no movimento conciliar: o perigo de que súditos em todo mundo se tornassem senhores de reis, príncipes e papas. Já que o papado fora reduzido ao *status* de um dentre outros governos monárquicos, outros monarcas perceberam que o conciliarismo era uma espada de dois gumes. Quando os governantes começaram a entender que o mesmo meio desenvolvido para se controlar o papado poderia se tornar uma arma usada contra eles, passaram a cogitar previsões sombrias de sedição e anarquia. Assim, o papado e a monarquia estavam agora dispostos a concluir concordatas entre si; a possibilidade de democracia levou todos os monarcas teocráticos à cooperação, incluindo o papado, por amor da preservação mútua. Por isso, Félix V foi o último antipapa; seu papel foi insignificante, porque os monarcas viam que qualquer benefício de curto prazo em apoiá-lo seria insignificante em vista dos custos em longo prazo.

O próprio esforço papal de superar o desafio do conciliarismo e consolidar seu patrimônio na Itália desviou sua energia e atenção do clamor generalizado pela reforma da Igreja na cabeça e nos membros. Em menos de um século, esse clamor se tornaria no rugido intenso das reformas, que acabariam com os últimos vestígios do ideal do *corpus Christianum* e dos esforços papais de concretizar uma liderança universal sobre os cristãos. Esse rugido incluiria uma cacofonia de vozes: daqueles alienados por pobreza, economia do lucro e estresse do crescimento urbano; daqueles que estavam ansiosos pelos terrores de fome, peste e guerra; daqueles enraivecidos pela frustração dos movimentos de renovação de Wycliffe e Huss; e daqueles enamorados com o individualismo do Renascimento. Em geral, as pessoas do fim da Idade Média passavam, de uma forma ou de outra, a depender de si mesmas, enquanto apoios externos de sua comunidade cristã se enfraqueciam: "O Cisma do Ocidente, com sua concatenação de soluções abortivas em Pisa, Constança e Basileia [...] questionaram a base sagrada da existência em nível até então desconhecido" (Oberman, 1973, p. 17).

A pista para a magnitude dessa crise se atrela ao fato de que a sociedade medieval como um todo havia lutado para obter a visão agostiniana da Cidade de Deus. Nessa visão, a Igreja englobava toda a sociedade humana sujeita à vontade de Deus, a arca da salvação nos mares traiçoeiros e mortais da vida:

> O fato de ser membro da Igreja era o que dava ao indivíduo um propósito completamente inteligível e um lugar no universo de Deus. Por isso, a Igreja não era apenas *um* Estado, mas sim *o* Estado; não era apenas *uma* sociedade, mas *a* sociedade — a *societas perfecta* humana (Southern, 1970, p. 22).

Perspectivas sociológicas jogaram luz à profundidade dessa crise. Em *O Dossel Sagrado*, Peter Berger (1969, p. 28) argumenta que cada sociedade humana está envolvida na função contínua de estruturar um mundo significativo para si. Em face da precariedade da vida pessoal e social, a sociedade luta para se proteger do caos, da falta de forma e significado, do terror do vazio, estruturando um sentido que pode lidar com as situações marginais da vida. Deparando-se com a possibilidade constante de colapso pessoal e cultural em anomia, a humanidade tem firmado perpetuamente estruturas sociais no cosmos, dando, assim, *status* ontológico às instituições: "Em outras palavras, religião é a tentativa audaciosa de se conceber um universo humanamente significativo".

Essa orientação teórica nos ajuda a ver por que o famoso esforço do Papa Bonifácio VIII de subordinar o rei Felipe da França foi mais do que simplesmente um engrandecimento político que deu errado — embora, certamente, fizesse parte desse esforço. A elevada ênfase papista de *Unam sanctum* (1302) "não é novidade, mas sim um bom resumo das consequências políticas daquela hierarquia do ser em que paz e justiça no mundo têm origem no sagrado — desde a santificação e a legitimação por meio dos sacramentos até a jurisdição da Igreja" (Oberman, 1973, p. 27). Para a sociedade medieval, a Igreja é o "agente pelo qual a ordem divina se traduz em ordem humana e a lei divina passa a ser um código positivo legal" (Wilks, 1963, p. 1634). Ou seja, instituições e valores humanos têm uma validade ontológica porque estão enraizados na mente de Deus. Colocado de forma mais sucinta: "O poder da religião depende, em última análise, na credibilidade dos emblemas que coloca nas mãos do homem enquanto ele se posiciona frente à morte, ou, mais precisamente, à medida que anda, inevitavelmente, em direção a ela" (Berger, 1969, p. 51). Na véspera das reformas, a credibilidade desses emblemas estava sendo questionada como nunca antes.

## ANTICLERICALISMO E O PAPADO RENASCENTISTA

Não era a doutrina estampada no estandarte cristão do fim da Idade Média que estava em jogo, mas sim a vida daqueles que o empunhavam. Embora "anticlericalismo" em si tenha sido cunhado no século XIX, é um termo designador útil para a abrangência de críticas — verbais, literárias e físicas — dirigidas contra a lacuna perceptível entre Jesus e os apóstolos de um lado e, do outro, clérigos contemporâneos.

Papas do período renascentista mais causaram do que resolveram problemas. Duros e rigorosos, tentaram esmagar restrições impostas pelos movimentos conciliares sobre a autoridade papal. Seu sucesso nesse esforço pode ser percebido no fato de que, fora o Concílio de Trento (1545–63), não houve outro até o Concílio Vaticano I (1869–70) que, em sua declaração de primazia e infalibilidade papal, deu uma resposta final ao Concílio de Constança. Indivíduos do fim da Idade Média não podiam, obviamente, ter previsto um futuro tão distante. A única coisa que conseguiam enxergar era o grande abismo entre a imagem bíblica do pastor guiando ovelhas em direção à cidade celestial e uma série de papas renascentistas explorando o rebanho em prol de seu próprio avanço na cidade terrena. O papado se tornou nada além de uma corte renascentista italiana, e o Papa era cada vez mais visto como nada além de um príncipe italiano, cujos problemas e interesses eram, agora, locais e egoístas, em vez de universais e pastorais. Dois papas particularmente notórios exemplificam o abismo no qual o papado afundara por esse tempo: Alexandre VI (1431–1503, Papa desde 1492) e Júlio II (1443–1513, Papa desde 1503).

Nascido na Espanha, Rodrigo Bórgia foi feito cardeal por seu tio, o Papa Calisto III, em 1456, conquistando o papado em grande medida por meio de subornos. Enraizado em nepotismo e simonia desde o início, não é surpreendente que o reino de Alexandre VI tenha sido determinado por constantes preocupações familiares e financeiras. Se não "santo", o título de "padre" lhe era literalmente aplicável: suas muitas amantes geraram, pelo que se sabe, ao menos oito filhos, dentre os quais César e Lucrécia Bórgia foram os mais famosos. César tornou-se infame por demandar cruelmente obediência total como líder militar de seu pai, por sua imoralidade, homicídio, e, possivelmente, assassinato de seu irmão. Ele foi reputado como modelo por Nicolau Maquiavel (1469–1527) na obra *O príncipe* (1513). Lucrécia executou os planos de seu pai por meio de uma série de casamentos políticos ambiciosos, marcados por festas de casamento extravagantes no palácio do Vaticano. Lucrécia teve um dos maridos assassinado por ordem de seu irmão, César. Em um determinado ponto, quando ausente de Roma em uma campanha militar, Alexandre nomeou sua filha como regente da Santa Sé.

Em virtude do envolvimento do próprio Alexandre em promiscuidade sexual, intrigas e supostos envenenamentos, o nome "Bórgia" virou sinônimo de corrupção. Ele foi denunciado em seu próprio tempo pelo influente e ousado pregador dominicano Jerônimo Savonarola (1452–98). Visto que Alexandre não conseguiu persuadir Savonarola a parar de atacá-lo ao lhe oferecer a mitra de cardeal, agiu contra ele e foi, ao menos em parte, responsável por sua execução em Florença. Esforços políticos de Alexandre de fortalecer o Estado papal induziram a intervenção francesa no norte da Itália, contribuindo com um novo período de "política de poder", tendo a Itália como foco de conflitos internacionais.

Ironicamente, o mundanismo da vida de Alexandre incluiu também o patrocínio de grandes artistas, cujo legado ainda hoje pode ser desfrutado pelo visitante de Roma. Cínicos da época, no entanto, zombavam da imagem tradicional da Igreja como arca de salvação, comparando-a com a arca de Noé, mas sem o benefício de estábulos limpos. Era comum a sugestão de que tudo estava à venda em Roma e de que, quanto mais próximos da cidade, piores os cristãos. A ambição e avareza dos papas renascentistas foi soletrada pelo arranjo das primeiras letras do ditado "avareza é a raiz de todos os males" no acrônimo para "Roma" (*Radix Omnia Malorum Avaritia* = ROMA). Segundo Maquiavel, italianos "deviam 'à igreja e aos ministros o fato de que haviam se tornado irreligiosos e ímpios'" (Firpo, 2004, p. 170).

Júlio II continuou o patrocínio das artes, apoiando Rafael, Michelangelo e Bramante; seu entusiasmo pela reconstrução da Basílica de São Pedro deu origem à indulgência que posteriormente ocasionaria as "Noventa e cinco teses" de Martinho Lutero. Em seu próprio tempo, porém, a arte pela qual Júlio era primeiramente conhecido era a arte da guerra: Rafael pintou Júlio montado e vestido com uma armadura. Júlio continuou os esforços políticos e militares dos Bórgias para controlar Estados papais e expulsar todos os estrangeiros da Itália. Ele mesmo liderava suas tropas com tamanha força e ímpeto que passou a ser conhecido como *terribilita*, o homem terrível. A guerra caracterizou tantos aspectos de seu governo que os leigos começaram, cada vez mais, a questionar, com desgosto, o que esse pontífice tinha a ver com Príncipe da Paz. O grande humanista Erasmo (1469–1536), que havia testemunhado a entrada marcial triunfante de Júlio na Bologna, criticou-o, satirizando-o irritadamente em *Elogio da loucura* (1511), *The Complaint of Peace* [A querela da paz] (1517) e *Julius Exclusus* [Júlio excluído do céu] (1517). Essa última obra, em forma de diálogo, espalhou-se rapidamente pela Europa, retratando o comparecimento de Júlio diante dos portões do céu depois da morte. A despeito de ameaças e pompa, Júlio não consegue forçar sua entrada no céu. Em resposta à demanda deste para que Pedro o reconhecesse como vigário de Cristo, Pedro lhe responde:

Contemplo o homem que quer ser considerado próximo ou igual a Cristo submerso nas coisas mais sujas: dinheiro e poder, exércitos, guerras e alianças — sem mencionar vícios. Assim, embora estejas tão distante de Cristo quanto possível, contudo abusas de seu nome para benefício pessoal e arrogante. Sob o pretexto daquele que desprezou o mundo, ages como tirano do mundo e, embora um verdadeiro inimigo de Cristo, tomas a honra devida a ele. Bendizes outros, sendo tu mesmo maldito; consagras, quando és impuro; excomungas quando, na verdade, não tens comunhão alguma com os santos. (Erasmo, 1968, p. 87–8).

Na véspera da Reforma, a questão não era se a Igreja deveria ser ou não reformada, mas sim quando isso deveria acontecer. O sucessor de Júlio II era o filho de uma família famosa e influente de bancários de Florença, os Médici. Tomando o título de Leão X (1513–21), foi Papa durante os anos iniciais da Reforma. As palavras com que supostamente inaugurou seu reino indicam quão bem preparado ele estava para responder ao desejo generalizado pela reforma da igreja: "Agora que Deus nos deu o papado, desfrutemos dele."

## SUGESTÕES DE LEITURA

Andrew Cunningham e Ole Peter Grell, *The Four Horsemen of the Apocalypse: Religion, War, Famine and Death in Reformation Europe* [Os quatro cavaleiros do Apocalipse: religião, guerra, fome e morte na Europa no tempo da Reforma]. Cambridge: Cambridge University Press, 2000.

A. G. Dickens, *The German Nation and Martin Luther* [A nação alemã e Martinho Lutero]. Nova York: Harper & Row, 1974.

Eamon Duffy, *Saints & Sinners: A History of the Popes* [Santos e pecadores: uma história dos papas]. New Haven: Yale University Press, 1997.

Peter A. Dykema and Heiko A. Oberman, eds, *Anticlericalism in Late Medieval and Early Modern Europe* [Anticlericalismo no fim da Idade Média e início da Europa moderna]. Leiden: E. J. Brill, 1993.

Mark U. Edwards Jr, *Printing, Propaganda and Martin Luther* [Imprensa, propaganda e Martinho Lutero]. Berkeley: University of California Press, 1994.

Johan Huizinga, *The Waning of the Middle Ages: A Study of the Forms of life, Thought and Art in France and the Netherlands in the Dawn of the Renaissance* [O declínio da Idade Média: um estudo das formas de vida, pensamento e arte na França e na Holanda no alvorecer do Renascimento]. Garden City: Doubleday Anchor, 1956.

Jacques Le Goff, *Medieval Civilization 400–1500* [Civilização medieval 400–1500]. Oxford: Blackwell, 1988.

Bernd Moeller, *Imperial Cities and the Reformation: Three Essays* [Cidades imperiais e a Reforma: três ensaios], ed. e tr. H. C. Erik Midelfort and Mark U. Edwards, Jr. Durham: Labyrinth, 1982.

Heiko A. Oberman, ed., *Forerunners of the Reformation: The Shape of Late Medieval Thought Illustrated by Key Documents* [A forma do pensamento medieval ilustrado por documentos-chave]. Nova York: Holt, Rinehart e Winston, 1996.

Steven Ozment, ed., *The Reformation in Medieval Perspective* [A Reforma na perspectiva medieval]. Chicago: Quadrangle, 1971.

Steven Ozment, *The Reformation in the Cities: The Appeal of Protestantism to Sixteenth-Century Germany and Switzerland* [A Reforma nas cidades: o apelo do protestantismo à Alemanha e Suíça do século XVI]. Chicago: Quadrangle, 1971.

Andrew Pettegree, "Books, Pamphlets and Polemic", [Livros, panfletos e polêmica] em Pettegree, 2000, p. 109–26.

R. W. Scribner, *For the Sake of Simple Folk: Popular Propaganda for the German Reformation* [Por amor do homem simples: propaganda popular para a Reforma alemã]. Cambridge: Cambridge University Press, 1981.

R. W. Southern, *Western Society and the Church in the Middle Ages* [Sociedade occidental e a Igreja na Idade Média]. Baltimore: Penguin, 1970.

## RECURSOS ELETRÔNICOS

Imagens da Dança da morte:
https://pt.wikipedia.org/wiki/Dança_macabra
http://www.dodedans.com/Epest.htm

*Capítulo 3*
# O AMANHECER DE UMA NOVA ERA

> *É por meio da vida, ou melhor, por meio da morte e da condenação, que alguém se torna teólogo, não por meio de entendimento, leitura ou especulação.*
>
> Martinho Lutero

Pouco sabia Leão X, enquanto se preparava para usufruir dos despojos, que o papado seria o para-raios de um movimento de reforma iniciado por um jovem estudante aterrorizado por um raio em 1505. A tempestade que suscitou Martinho Lutero a se tornar monge foi uma antecipação da tempestade que iria chacoalhar o fim da Idade Média desde os fundamentos, alterando permanentemente o cristianismo ocidental. Lampejos no horizonte celeste do fim do período medieval indicavam, desde então, a força da tormenta que logo estava por vir, alimentada pela atmosfera altamente carregada da vida na véspera do movimento reformador; subtaneidade e rapidez dessa descarga elétrica iluminavam o amanhecer da Reforma. Semeadas a partir da resolução do problema de Lutero em sua busca pessoal pela salvação e pela preocupação pastoral que tinha com os membros de sua congregação, nuvens de crise irromperam pela Europa.

## MARTINHO LUTERO (1483–1546)

Lutero veio de uma família em processo de ascensão social. Seu avô era um agricultor camponês, mas seu pai, ambicioso e determinado, progrediu na indústria de mineração, tornando-se um pequeno empreendedor. O próprio Lutero foi o primeiro de sua família a obter educação formal e exercer uma profissão acadêmica. Aliás, é impressionante o fato de outros reformadores importantes, como Melanchthon, Zuínglio, Bucer e Calvino, terem também recebido formações parecidas.

As circunstâncias da juventude pobre e modesta de Lutero melhoraram na proporção em que os empreendimentos mineradores de seu pai prosperaram. De fato, como mestre de fundição, Hans Lutero passou a ter renda suficiente para dar a Martinho uma educação universitária. Após o casamento do jovem Lutero, seu príncipe lhe concedeu o monastério agostiniano em Wittenberg como residência; além disso, ele e sua família tinham, além de pão, carne, peixe e frutos, suplementos à dieta básica da vida medieval. A mulher de Lutero fazia, segundo seu próprio relato, a melhor cerveja disponível na região.

O sistema educacional com o qual Lutero se deparou enquanto jovem foi certamente eficiente, embora ele mesmo não o tenha achado nem um pouco edificante, uma vez que conhecimento era algo literalmente imposto aos alunos. Lutero começou a estudar provavelmente por volta dos sete anos de idade e as técnicas mediante as quais ele foi forçado a aprender latim como base de estudos posteriores incluíam coerção e escárnio. Alunos despreparados eram forçados a trajar uma imagem de jumento e eram tratados como "burros;" os que falavam alemão em vez de latim em sala apanhavam com vara. Mesmo a música, a matéria favorita de Lutero, era apresentada de forma utilitária com o fim de treinar jovens para o coral da igreja. Em suma, a educação de crianças era, na melhor das hipóteses, entediante e, na pior, cruel. Lutero posteriormente se lembraria de que, certa manhã, apanhara quinze vezes com vara por não ter decorado as tabelas da gramática latina.

Aqueles que, de fato, aprendiam latim podiam prosseguir para uma educação mais avançada. Aos quatorze anos, Lutero foi a Magdeburgo, onde viveu e estudou em uma escola dirigida por uma organização religiosa de leigos piedosos, a "Irmandade da Vida Comum". De lá, Lutero prosseguiu para estudar em Eisenach, onde todos os alunos literalmente cantavam por sua refeição: depois das aulas, vagavam pelas ruas em corais infantis para pedir comida. No fim de sua educação na escola de Eisenach, Lutero teve sorte de achar alguns professores que o apoiaram, reconhecendo sua habilidade. Eles apresentaram a Lutero os clássicos latinos e a história, algo que deixaria nele uma marca por toda a vida e lhe daria grande prazer. Posteriormente, Lutero traduziu as fábulas de Esopo para o alemão e insistiu que todos deveriam estudar história e os clássicos. Uma educação universitária, entretanto, era o que abriria as portas para que pessoas comuns fizessem carreira em medicina, direito e profissões eclesiásticas. Como no caso do pai de Calvino uma geração depois, o pai de Lutero estava ávido para que Martinho melhorasse o *status* e riqueza da família, indo à universidade e se tornasse um advogado. Assim, Lutero frequentou a Universidade de Erfurt, onde recebeu o Bacharelado em Artes e o título de Mestre.

A universidade medieval consistia em uma faculdade de humanidades e três faculdades profissionais: medicina, direito e teologia. A língua de instrução era o latim, e o método de ensino era baseado no estudo e comentário detalhado de textos com particular atenção à autoridade, Aristóteles, e seus escritos sobre lógica. Debate, um tipo contencioso de apresentação importante nesse processo, não apenas permitia a demonstração de habilidades intelectuais, mas também servia de busca pela verdade. Debatedores não apenas apresentavam a evidência para sua posição na forma de teses: oponentes também apresentavam evidências alternativas para defender suas posições. Cada professor deveria participar de debates públicos para demonstrar como eram conduzidos, e tanto o corpo docente quanto os estudantes participavam de debates semanais sobre tópicos seletos. Os debates serviam para educar os alunos no pensamento lógico. Professores apresentavam um conjunto de teses aos alunos, os quais deveriam, então, defendê-las de acordo com as regras da lógica. Essa também era a forma para se obter uma graduação no exame final. Hoje, o exame oral de alunos de doutorado nas universidades, durante o qual defendem sua dissertação, é apenas um reflexo pálido dos exercícios acadêmicos comuns da universidade medieval. Lutero estruturou as "Noventa e cinco teses" em forma de debate, bem como muitos outros escritos da época. Dessas e de outras maneiras, a Reforma foi um movimento que se originou nas universidades.

Como um movimento oriundo da universidade, a Reforma se beneficiou grandemente da abordagem conhecida como "humanismo", que lutou para aplicar a recuperação crítico-intelectual de formas antigas de educação, da Igreja e da sociedade como um todo. O significado do humanismo como partido reformador é coberta pela frase sucinta de Bernd Moeller (1982, p. 36): "Sem humanismo, sem Reforma". Dentre as fontes e normas humanistas, incluíam a Escritura e os Pais da Igreja, cujos escritos tornaram-se acessíveis por meio da recuperação e melhoria da erudição grega, hebraica e latina. A aprovação difundida de Lutero como "nosso Martinho" por humanistas nos anos anteriores ao Edito de Worms (1521) refletia a visão que tinham dele como representante proeminente do novo aprendizado: ambos se opunham a um inimigo em comum, a saber, os abusos escolásticos de religião e poder (Grane, 1994).

A mudança de Lutero do estudo de direito para a vida monástica e o estudo da teologia ocorreram no contexto da piedade de sua época. O capítulo dois apresentou o fim do período medieval como um tempo de crise e insegurança, causado não apenas por dificuldades físicas do tempo, mas também por rápidas mudanças sociais que colocaram em dúvida os valores e as verdades tradicionais a partir dos quais as pessoas viviam. A Igreja exacerbou essa insegurança, promovendo um tipo de cuidado pastoral designado a tornar pessoas inseguras sobre sua salvação e, assim, mais dependentes das intercessões da Igreja. A peregrinação cristã em direção à cidade celestial era um ato de equilíbrio entre medo e esperança. Visitantes de catedrais e igrejas medievais ainda podem ver representações de Cristo no trono do julgamento com uma espada e um lírio em lados opostos da boca. O lírio representava a ressurreição ao céu, porém a espada do juízo, representando tormento eterno, despertava algo mais vívido na mente da maioria das pessoas. Uma réplica de arenito em relevo dessa representação comum de Cristo assentado em um arco-íris "decorava" a paróquia de Wittenberg, porém aterrorizava tanto Lutero que ele se recusava a olhar para ela.

**Figura 3.1** Cristo como juiz sentado em um arco-íris. Escultura em relevo, datada por volta de 1400, na paróquia de Wittenberg; em 1955, foi movida para o interior da igreja. A imagem da espada remete a Isaías 49:2: "Ele fez de minha boca uma espada afiada" e Apocalipse 1:16: "da sua boca saía uma espada afiada de dois gumes". *Fonte*: Foto Kirsch, Lutherhalle, Wittenberg.

Em seu cotidiano, o homem medieval se via cercado, por toda parte, de imagens que lhe serviam de aviso sobre a vida eterna e como alcançá-la. Como dissera Gregório, o Grande (f. 604), Papa do início da idade medieval: "imagens são o livro dos leigos". Igrejas medievais apresentavam a Bíblia e a vida dos santos em pedras, vitrais e madeira. O indivíduo medieval não compartimentalizava a vida nas esferas sagrada e secular. Desse modo, os "livros dos leigos" eram evidentes na fonte da cidade e na prefeitura, talhados em portas e pintados em paredes, tanto de casas quanto de edifícios públicos. Seja onde as pessoas andassem, trabalhassem e se reunissem para tratar de notícias e boatos, haveria lembretes religiosos de sua origem e de seu destino, quer fosse o céu, quer fosse o inferno.

Uma vez que o inferno não era a opção preferida, a Igreja e seus teólogos desenvolveram uma série de práticas e exercícios para ajudar pessoas a evitá-lo. A ironia era que, ao tentar prover segurança em um mundo inseguro, a Igreja espelhava, em grande medida, os novos desenvolvimentos urbanos e econômicos que exacerbavam a insegurança humana. Suspenso entre esperança e medo, o indivíduo tinha que alcançar seu propósito por intermédio de todo um sistema de serviços *quid pro quo* que refletiam a nova "mentalidade fiscal" do burguês urbano, absorvido na crescente economia de lucro. Tomado como um todo, a cristandade do fim da Idade Média parecia tão baseada em performance quanto os novos empreendimentos da época.

O próprio esforço da teologia e prática pastoral do fim da idade medieval de prover segurança apenas levava um mundo inseguro a uma insegurança ainda maior e à incerteza sobre a salvação. Uma das ideias escolásticas-chave que levaram a essa incerteza sobre a salvação era expressa na frase *facere quod in se est*: "faz o que está dentro de ti; faz teu melhor". Ou seja, lutar para amar a Deus da melhor forma possível — por mais fraca que seja — fará com que ele recompense os esforços de alguém com a graça necessária para fazer algo ainda melhor. A vida de peregrinação do cristão em direção à cidade celestial era cada vez mais percebida não apenas do ponto de vista literal, mas como também do teológico, na forma de uma economia da salvação. Conforme mencionado anteriormente, essa "matemática da salvação" se concentrava no alcance máximo de boas obras com o fim de merecer a recompensa de Deus. Tanto na religião quanto no início do capitalismo, o trabalho contratual merecia recompensa. Indivíduos eram responsáveis por sua própria vida, pela sociedade e pelo mundo dentro dos limites estipulados por Deus e com base neles. Cuidado pastoral tinha a intenção de prover um meio de segurança por meio da participação humana no processo da salvação. Essa teologia, no entanto, aumentava o senso de crise porque lançava as pessoas de volta aos seus próprios recursos. Isto é: não importa quão cheias de graça eram suas obras, o fardo da prova para essas boas obras caía outra vez nos ombros do praticante, dentre os quais o mais sensível passava a se perguntar como poderia saber se tinha feito o melhor.

A maioria das pessoas, entretanto, ficavam agradecidas por qualquer ajuda que pudessem obter em sua busca pela salvação. Ossos de santos e outras relíquias eram avidamente coletados e venerados, com a convicção de sua eficácia em reduzir sentenças ao purgatório. Assim, a igreja do Castelo de Wittenberg era dedicada a Todos os Santos; dentro dele, o príncipe de Lutero, Frederico III, guardava uma das maiores coleções de relíquias de seu tempo: mais de 19 mil peças, que custavam mais de

1 milhão e 900 mil dias de indulgência. Essa intoxicação piedosa com números estava também evidente na celebração de missas. Em 1517, foram celebradas mais de 9 mil missas na igreja de Todos os Santos do Castelo de Wittenberg, algo que consumiu 40.932 velas (cerca de 3.150 quilos de cera!), custando 1.112 moedas de ouro (Brecht, 1985, p. 118). A coleção de relíquias de Frederico incluía um pedaço da sarça ardente, fuligem da fornalha ardente, leite de Maria e um pedaço do berço de Jesus, um espinho de sua coroa e um pedaço da cruz, sem contar outros tesouros, adquiridos a um alto custo (estimado em cerca de 200 mil moedas de ouro) e exibidos abundantemente em mostruários caros (Hillerbrand, 1964, p. 47–9; Strehle e Kunz, 1998, p. 77–101; Kühne, 2001, p. 92–115; Junghans, 2003, p. 26). O cardeal Alberto, contemporâneo de Lutero, cria que sua coleção de relíquias representava o equivalente a 39.245.120 anos fora do purgatório (Swanson, 1995, p. 217–25).

A prosperidade extraordinária do negócio de indulgências era abastecida tanto pelo desejo dos que criam quanto pelo interesse financeiro da Igreja. Se isso soa surpreendente, pense na atratividade e no sucesso de alguns evangelistas do nosso tempo, que, usando meios de comunicação de massa, prometem satisfazer desejos modernos de controlar a Deus e vencer suas inseguranças. A cristandade do fim da era medieval foi caracterizada como tendo um "imenso anseio pelo divino". Estudiosos ficaram, às vezes, perplexos quanto ao grande aumento de piedade popular no fim da Idade Média. Nenhum outro período celebrou tantos festivais e procissões religiosas, nem se dedicou, com o mesmo afinco, à construção de igrejas. Peregrinações em massa, normalmente desencadeadas por algum suposto milagre e associadas com a Ceia do Senhor, se espalhavam como fogo. O lado obscuro dessa devoção era a erupção de ataques contra os judeus e pessoas tidas como bruxas. Milagres pareciam se multiplicar por toda parte no império, e a veneração dos santos alcançou seu auge, mudando de forma: eles passaram a ser retratados em tamanho real, individualizados e trajados com vestes contemporâneas. Os santos estavam, agora, alinhados com a organização social e transformados em padroeiros para cada exigência humana. A prática de dar ao bebê o nome de um santo se tornou tão difundida que os antigos nomes alemães praticamente desapareceram. Inseguras sobre a salvação, as pessoas tentavam garanti-la tomando posse de mediadores entre elas e Deus.

Por que as pessoas se lançaram a tamanha "piedade do mérito?" Por que a monotonia repetitiva da performance religiosa passou a ser tida como o caminho para a segurança e certeza da salvação? Talvez porque, em tempos de crise, indivíduos tendem a desejar os "bons e velhos tempos", tentando, cada vez mais, emular o que pensam que já foram um dia. Escondida no aumento da piedade no fim da época medieval, havia "uma certeza opressora sobre a salvação, bem como o forte desejo de alcançá-la. Agarrando-se aos mediadores entre eles e Deus, os homens tentavam forçar uma garantia de salvação. Parece que a morte nunca havia sido considerada de maneira tão realista do que nessa era, e praticamente nunca antes tão ansiosamente temida" (Moeller, 1971, p. 55). Mesmo hoje, ainda somos fascinados pelas pinturas bizarras de Hieronymus Bosch (c. 1450–1516) com suas criaturas esquisitas, híbridas e reprodutivas, associadas à luxúria e fertilidade, mas que, no fim, simbolizam esterilidade e morte. Realismo artístico florescia em manuais populares na arte da morte, retratos da dança da morte e representações profundamente comoventes da paixão de Cristo.

A ansiedade religiosa e psicológica parece ter sido aumentada pela imposição sobre as pessoas de padrões clericais de moralidade e comportamento. O confessionário era o local em que cada falha de correspondência às normas clericais, real ou imaginária, era esquadrinhada. Esperava-se que os leigos fossem com frequência à confissão, onde o padre esmiuçava cada aspecto da vida das pessoas, especialmente sua vida sexual. Listas de pecados sexuais em manuais confessionais da época eram tão completas que até mesmo pensamentos sexuais eram categorizados de acordo com o tipo particular de condenação consequente de sua prática. Se a relação sexual dentro do casamento era ou não um pecado sério ainda era motivo de debate, mas havia um acordo de que, ao menos em princípio, ela consistia em prática pecaminosa. Certo catecismo de 1494 categorizava sexo por prazer como pecado; o ato sexual era aceito apenas como meio de procriação. O outro lado dessa moeda era a elevação do celibato e do claustro como a forma suprema da vida que agradava a Deus; casamento e família eram rebaixados como um mal necessário para a propagação da comunidade. Não é de se admirar que o ataque dos reformadores ao celibato mandatório do clero e sua apreciação renovada pelo prazer do sexo no casamento tenham sido tão bem recebidos pelos leigos (Ozment, 1983, p. 12; 1992, p. 152–3; Tentler, 1977, p. 162–232).

A vida diária na véspera da Reforma incluía elementos considerados superstição nos dias de hoje como superstição: crença em bruxas, mágica e astrologia. Antes, porém, de lançar nosso olhar moderno esnobe sobre as superstições do fim do período medieval, devemos nos lembrar de que a maioria dos jornais diários inclui horóscopos e que os evangelhos da "saúde e prosperidade", usando meios de comunicação contemporâneos, apelam aos mesmos medos e desejos que motivavam o homem medieval a buscar curandeiros sobrenaturais e adivinhos.

O movimento reformador de Lutero não foi iniciado pela indignação justa e moral de um Savonarola ou um Erasmo dirigido contra superstições percebidas ou contra a corrupção do papado renascentista. O movimento de Lutero estava enraizado em sua própria ansiedade pessoal sobre a salvação: uma ansiedade que, se a resposta popular a ele serve de qualquer indicativo, foi disseminada por toda a Europa. Essa ansiedade foi um efeito da crise do fim do período medieval já esboçado, mas sua raiz residia na incerteza da salvação pregada na mensagem da Igreja.

## RESPOSTAS TEOLÓGICAS E PASTORAIS À INSEGURANÇA

De acordo com Tomás de Aquino, a graça não despreza a natureza, mas sim a completa. Por isso, a frase escolástica famosa *facere quod in se est* (faz o que está dentro de ti) significa que a salvação é um processo que se desenvolve *dentro* de nós na proporção em que nos aperfeiçoamos. Em outras palavras, tornamo-nos justos diante de Deus à medida que praticamos atos de justiça e realizamos boas obras. Porém, em uma era ansiosa e insegura, a pergunta passou a ser: "como sei que fiz o meu melhor?"

Respostas vinham primeiramente de ministros paroquianos, a maioria dos quais não era versado nas sutilezas da teologia acadêmica. A mais comum era: "continue tentando!" Essa é a pista para entendermos o grande aumento na piedade popular mencionado anteriormente: "quando em dúvida sobre a salvação, examine-se para determinar se deu o seu melhor; em seguida, faça um esforço ainda maior para alcançar o melhor possível". Para encorajar mais esforços, a prática pastoral estimulava conscientemente a ansiedade e a introspecção ao citar a tradução da igreja de Eclesiastes 9:1: "Ninguém sabe se ele é, ou não, digno do amor ou ódio de Deus". A teologia pastoral da Igreja deixava as pessoas suspensas entre esperança e o medo, um tipo de sistema de incentivo baseado em recompensas e ameaças.

Catecismos nos dão uma ideia sobre as sensibilidades religiosas do povo e do baixo clero. Ministros usavam essas exposições simplificadas de teologia básica, geralmente em formato de perguntas e respostas, na prática pastoral diária. Muito populares, esses catecismos eram traduzidos do latim para os vernáculos e, nesse processo, refletiam a necessidade espiritual das pessoas. O livro *Mirror of a Christian Man* [Espelho de um cristão], de Dietrich Kolde, indica o medo e a ansiedade religiosa profunda das pessoas pouco antes da Reforma, fornecendo-nos, assim, uma dica para compreendermos o movimento reformador de Lutero.

O livro de Kolde era muito popular. Impresso pela primeira vez em 1470, apareceu em dezenove edições antes da Reforma e continuou a ser reimpresso depois dela. Traduzida em diversos vernáculos europeus, a obra de Kolde foi provavelmente o catecismo católico mais usado antes e durante os primeiros anos da Reforma. Para nosso propósito, o aspecto significativo desse catecismo é a expressão do autor quanto à falta generalizada de certeza sobre a salvação. Kolde resumiu essa ansiedade ao escrever: "Há três coisas que sei que são verdadeiras e que fazem com que meu coração fique pesado: a primeira atribula meu espírito, pois vou ter que morrer; a segunda atribula ainda mais meu coração, pois não sei quando vou morrer; a terceira me preocupa mais do que tudo: não sei para onde vou depois da morte" (Janz, 1982, p. 182).

O primeiro passo de Lutero na busca pela certeza sobre seu relacionamento com Deus se assemelha ao de inúmeros outros indivíduos que viveram antes e depois: entrar para um "seminário" — no caso de Martinho, um monastério agostiniano em Erfurt. Como, uma vez mais, ocorrera de modo semelhante da vida de inúmeros seminaristas do passado e de seu tempo, tal decisão decepcionou grandemente seu pai. Hans Lutero estava, nessa época, ganhando uma boa renda e decidira enviar Martinho à Universidade de Erfurt com a ambição de que seu filho se graduasse em direito, retornasse para a cidade de Mansfeld e, com o tempo, talvez se tornasse prefeito. Lutero, porém, mal havia começado os estudos quando os sonhos de seu pai se partiram pelo mesmo raio que lançou Martinho ao chão enquanto caminhava em direção a Erfurt, após uma visita à família. Aterrorizado, Martinho implorou pela ajuda de Santa Ana, padroeira dos mineradores, clamando: "Eu me tornarei um monge!"

E foi exatamente o que ele se tornou: um monge. Em julho de 1505, Lutero entrou para o Mosteiro Negro (assim chamado porque os monges se vestiam de preto), claustro da Ordem dos Agostinianos em Erfurt. Os agostinianos recoletos eram conhecidos por sua busca rigorosa de benefícios espirituais, superando, em intensidade, a procura de bens materiais que o pai de Lutero e outros empreendedores em ascensão praticavam. Não era menos obrigação dos monges obter lucro espiritual em favor de si e de outros que a obrigação dos primeiros capitalistas de ganhar lucro material.

No monastério, Lutero se dedicou de todo coração aos esforços de alcançar a salvação. Entre seis cultos diários de adoração, que se iniciavam às duas horas da manhã, Lutero encaixava momentos de oração intensa, meditação e exercícios espirituais. Mas essa era apenas a rotina normal que ele, em seu zelo de mortificar a carne e se tornar aceitável a Deus, logo superou. "Torturava a mim mesmo com orações, jejuns, vigílias e congelamento; só a geada poderia ter me matado" (*LW*, 24, p. 24). Sugeriu-se que a prática de longos períodos de jejum, autoflagelação e noites sem dormir em uma cela de pedra sem cobertor contribuíram com uma enfermidade contínua que o atormentou pelo resto da vida. Posteriormente, Lutero observou: "Jejuei quase até a morte, pois, vez após vez, fiquei três dias sem beber uma gota de água ou um bocado de comida; levava isso tudo muito a sério" (*LW*, 54, p. 339–40).

Na verdade, Lutero levava tão a sério o fato de ter que se aperfeiçoar com o fim de ser aceito por Deus que logo se tornou um fardo para seus colegas monges. A prática monástica valorizava a introspecção e o autoexame, um tipo de sondagem da consciência: "Dei o melhor de mim a Deus?" "Cumpri plenamente o potencial que Deus me deu?" Nenhuma pessoa sensível pode, sob tamanha pressão introspectiva de alcançar justiça diante de Deus, responder essas questões afirmativamente. Lutero estava em um estado contínuo de ansiedade sobre sua justiça, buscando constantemente direcionamento espiritual e alguém a quem pudesse confessar seu pecado. Anos depois, o reformador faria a seguinte observação a esse respeito: "Após ter discutido repetidamente sobre pecados insignificantes com meu confessor, às vezes ele me dizia: 'Você é tolo [...] Deus não está irado com você, é você que está irado com Deus'". (*LW*, 54, p. 15). Ironicamente, Lutero entrou no monastério para superar sua incerteza da salvação, porém, lá, acabou sendo confrontado pela própria introspecção, intensificada em nível microscópico, que instigava sua ansiedade perante Deus.

O superior monástico de Lutero, Johann von Staupitz, aconselhou-o a continuar os estudos teológicos rumo ao doutorado; Lutero protestou, afirmando que era doente, indigno e inadequado demais. Staupitz não ficou impressionado. Em 1512, Lutero se tornou um "doutor juramentado da Escritura Sagrada" e embarcou na longa carreira de professor de estudos bíblicos em Wittenberg. Posteriormente, em suas controvérsias com a Igreja, apelaria ao seu juramento doutoral, no qual prometeu expor e defender as Escrituras. Lutero cria que tinha um mandato da Igreja e que os esforços que empregava por reforma não eram apenas uma cruzada pessoal.

Nesse ponto, cabe uma breve descrição da Wittenberg de Lutero. Essa pequena cidade, com cerca de 2.500 habitantes, era a capital do Eleitorado da Saxônia, de dignidade eleitoral outorgada pela Bula Dourada (1356), decreto que regulava as eleições imperiais. Quando Lutero chegou, o príncipe da Saxônia Eleitoral era Frederico III, conhecido como "o Sábio" (1463–1525). Frederico não era apenas rico, mas também politicamente poderoso e astuto. Leal à linhagem de Habsburgo, opunha-se, contudo, à expansão do poder imperial e do poder dos Estados vizinhos, o Ducado da Saxônia e Brandemburgo. Frederico também viajava muito e tinha uma preocupação pessoal com o bem-estar, a educação, a terra e a igreja de seu povo. Na virada do século, estava envolvido na reconstrução do castelo, na igreja da Fundação de Todos os Santos e no estabelecimento da universidade.

Em 1485, a divisão da Saxônia nos territórios Ducal e Eleitoral deixara a Saxônia Eleitoral sem uma universidade, uma vez que a Universidade de Leipzig ficava na Saxônia Ducal. Por volta de 1503, Frederico obteve aprovação papal para uma nova universidade, à qual a Fundação de Todos os Santos serviria de apoio financeiro. Frederico também aplicou recursos próprios na construção e, em 1508, publicou os estatutos da universidade. O estabelecimento, em 1502, do monastério agostiniano em Wittenberg por Staupitz proporcionaria à universidade boa parte de seu corpo docente. Foi assim que Lutero veio a residir em Wittenberg. No início, cerca de duzentos alunos se inscreviam anualmente; após a explosão de notoriedade de Lutero, em 1517, ocorreu um aumento drástico no número de inscrições. Certo estudante, falando a respeito desse período, afirmou que, se alguém quisesse uma educação, deveria ir a Wittenberg, mas se estivesse à procura de lazer, deveria ir para qualquer outro lugar. A universidade era o orgulho e regozijo de Frederico; ele relutou muito em permitir que um dos professores mais distintos que tinha fosse queimado na estaca! Além do mais, Frederico investira uma boa quantia na promoção de Lutero ao doutorado, com base na promessa de que se dedicaria ao ensino da Bíblia por toda vida. Permitir que essa vida terminasse de modo abrupto e antinatural teria sido um péssimo investimento.

Lutero começou a lecionar na universidade no inverno de 1513–14. O tempo e escopo exatos das preleções são incertos, porém, a sequência das aulas, até a controvérsia sobre as indulgências, incluía lições sobre os Salmos (1513–15), Romanos (1515–16), Gálatas (1516–17) e Hebreus (1517). Nada como ter que explicar o texto a outros como meio de intensificar o próprio estudo do material!

Lutero tinha a seu dispor uma boa livraria de comentários bíblicos, várias traduções bíblicas e, depois de 1516, a nova edição do Novo Testamento grego de Erasmo. O foco intelectual de Lutero, porém, foi ainda mais aguçado por sua própria busca religiosa da certeza da salvação, resolução que se intensificou nesse contexto acadêmico. Sua experiência de conversão foi, nas palavras de Gerhard Ebeling (1970), uma *Sprachereignis*, um acontecimento linguístico.

O estudo intenso de Lutero da língua e gramática bíblicas, auxiliado por ferramentas linguísticas disponibilizadas pelos humanistas do Renascimento, mudou radicalmente seu entendimento da salvação. Ele aprendeu que a justiça de Deus não é uma exigência cujo cumprimento deve ser conquistado, mas um dom a ser recebido pela fé. A experiência de conversão de Lutero virou a piedade medieval de ponta cabeça, pois ele veio a enxergar a salvação não mais como o objetivo da vida, mas sim como seu fundamento. Com base nessa descoberta, a faculdade de teologia da Universidade de Wittenberg instituiu uma reforma curricular que substituía a teologia escolástica por estudos bíblicos. Na primavera de 1517, Lutero escreveu a um amigo em Erfurt:

> Nossa teologia e Santo Agostinho estão progredindo bem e, com a ajuda de Deus, tornaram-se proeminentes na universidade. Aristóteles está sendo gradualmente tirado do trono; sua condenação final é só uma questão de tempo [...] De fato, ninguém pode esperar ter sequer um aluno caso se recuse a ensinar essa teologia, isto é, aulas com base na Bíblia, em Santo Agostinho ou em algum outro mestre de eminência eclesiástica (*LW*, 48, p. 42).

A autoridade de Aristóteles foi substituída pela autoridade da Bíblia.

O que Lutero descobriu e o que tanto sensibilizou os demais colegas professores e alunos foi um entendimento da salvação de Deus que sobrepujou ensinos catequéticos, movidos pela ansiedade de ministros como Kolde. O estudo bíblico de Lutero o levou à convicção de que não é possível vencer a crise da vida humana lutando para alcançar segurança a partir do que fazemos, mas pela certeza de que Deus nos aceita a despeito do que fazemos. Lutero argumentou que o evangelho:

repudia a ideia ímpia que permeia o reino do Papa, o ensino de que um cristão deve permanecer incerto sobre a graça de Deus em relação a ele. Se essa opinião é verdadeira, então Cristo é completamente inútil [...] Portanto, o papado é uma verdadeira câmara de tortura da consciência e o próprio reino do Diabo.

Lutero nunca se cansava de proclamar que o fardo da prova para salvação jaz não sob as obras de alguém, mas sobre a ação de Deus. Essa convicção o libertou do que chamava de "monstro da incerteza", isto é, aquilo que deixava as consciências em dúvida sobre a salvação. Para Lutero, teologia é algo certo quando "tira a ênfase de nós mesmos e nos coloca fora de nossos limites pessoais, de modo que não dependemos da própria força, consciência, experiência, pessoa ou obra, mas dependemos daquilo que está fora de nós, isto é, da promessa e verdade de Deus, que não nos deixam enganados" (*LW*, 26, p. 386–7).

Teologia e prática pastoral medievais haviam tentado oferecer segurança religiosa pelo que podemos chamar de "teologia do pacto", na qual, se alguém der o melhor de si, Deus não lhe negará graça. Embora teólogos empregassem qualificações numerosas e sutis, a essência do tema universal *facere quod in se est* (dê o melhor de si) era de que as pessoas podiam ao menos iniciar sua salvação. Isto é, se lutássemos para amar a Deus da melhor forma possível, mesmo que fôssemos fracos, Deus nos recompensaria com graça para fazer ainda mais. Segundo reivindicavam os teólogos medievais, Deus fez um pacto de ser nosso parceiro contratual na criação e salvação. Na religião, como no resto da vida, trabalho merecia recompensa; indivíduos deveriam ser responsáveis por sua própria vida, pela sociedade e pelo mundo com base no pacto estipulado por Deus e dentro dos limites desse pacto. Preocupações pastorais e teológicas dentro dessa perspectiva consistiam em oferecer uma via de segurança por meio de participação no processo da salvação. No entanto, a consequência dessa teologia foi o aumento da insegurança e da incerteza pelo fato de fazer com que indivíduos tornassem a depender de recursos próprios.

Talvez uma analogia ajude a esclarecer essa teologia do pacto. Nós, pais, geralmente relutamos em fazer pedidos absolutos a filhos; afinal, a literatura popular nos adverte quanto a requerer tanto deles a ponto de ficarem sufocados e "apreensivos". Nessa perspectiva, pais devem ajudar os filhos a se "descobrirem". Por outro lado, os pais também precisam reconhecer que, sem limites e expectativas, a vida de qualquer um seria frustrante. Assim, um curso comum que seguem é dizer ao filho: "Não esperamos que você seja excelente em tudo. Faça apenas o melhor que pode e iremos amá-lo, mesmo se não tirar '10' em todas as matérias, tornar-se representante da classe, atleta de destaque ou rainha do baile de formatura". A intenção é promover diretrizes, sem pressão excessiva — e, para alguns, tal abordagem pode funcionar bem. Todavia, tal relativização de expectativas lança o fardo da prova outra vez nas costas do indivíduo. A pergunta introspectiva passa a ser: "Como saber que dei meu melhor?" Não importa o quanto conquistamos: sempre pensamos que podemos conquistar mais com apenas um pouco mais de esforço. Não importa se somos alunos nota "10" ou nota "0": sempre podemos fazer mais. "Faça o que está ao seu alcance", "dê o melhor de si". Essa abordagem não é apenas medieval ou aristotélica; é igualmente moderna e, certamente, americana: "Desenvolva seu potencial; qualquer um pode ser um sucesso se tentar o suficiente; você é capaz de melhorar a si mesmo." Como, porém, essa ideia entrou na teologia e adoração medievais?

O conceito veio de Aristóteles. Se notarmos brevemente como teólogos medievais aplicaram apenas duas das ideias de Aristóteles, vemos quão influente ele foi. Em *Lógica*, Aristóteles postulou que "semelhante é conhecido por semelhante". Aplicado à teologia, isso quer dizer que, para ter comunhão com Deus, pecadores devem se assemelhar a ele: pecadores precisam se tornar santos porque Deus é santo e não se associa com o profano. Questionamentos sobre onde a comunhão com Deus poderia ser alcançada levavam a apenas uma resposta: no nível de Deus. O pecador deve se tornar "como" Deus: aperfeiçoado, elevado onde Deus está. Eis o porquê da popularidade do imaginário da escada na teologia medieval.

O difundido imaginário da escada para o céu retratava graficamente a ideia de que salvação requer ascensão a Deus (Swanson, 1995, p. 195; Heck, 1997, p. 89–91). Assim, o *Hortus deliciarum* ("Jardim de deleites") do século XII inclui a figura de uma "escada de virtudes" que conduz da terra ao céu. O topo da escada entra em uma nuvem a partir da qual a mão de Deus se estende, oferecendo a coroa da vida ao que alcançar o topo. Os degraus da escada correspondem às virtudes que o escalador deve adquirir, e ao pé dela estão demônios que tentam impedir a ascensão humana; anjos com espadas lutam contra esses espíritos malignos. As pessoas nos degraus representam diversos papéis religiosos e sociais: um soldado e uma mulher leiga; um clérigo, uma freira e um monge mendicante; um monge de clausura, um eremita e o "amor", o único que consegue alcançar o topo. Todos os outros caem da escada ao tentar alcançar sua respectiva tentação, localizada logo abaixo de cada um. O eremita é atraído por seu jardim e o monge, por sua cama; o monge de clausura é atraído pelo dinheiro e o clérigo, por comida e amigos; o soldado e a mulher leiga, pelos bens desta vida. Na própria escada está gravado: "Se alguém cair, poderá começar a escalar outra vez, graças ao remédio da penitência".

Como, porém, o pecador pode alcançar tal feito? É neste ponto que a outra ideia de Aristóteles entra em cena. Aristóteles falou sobre automelhoramento em termos de *habitus*, termo que usava para denotar mudança pessoal por meio de uma atividade habitual, de treino. Pessoas adquirem habilidades pela prática. Uma pessoa se torna violonista por praticar o instrumento e um bom cidadão, pela prática de virtudes cívicas. Assim é também com a ética: por meio de hábitos ou práticas de virtudes morais, a ética se torna "habitual", um tipo de instinto secundário.

Teólogos medievais tomaram essa ideia, fundamentada basicamente no senso comum, e a aplicaram no alcance da justiça diante de Deus. Eles "batizaram" a filosofia de Aristóteles ao dizer que, por meio dos sacramentos, Deus nos infunde "hábitos" sobrenaturais. Com base nessa graça habitual, somos responsáveis por concretizá-la, ou seja, agir de acordo com o que já está dentro de nós. À medida que aperfeiçoamos os dons que Deus nos deu, passamos a merecer mais graça. Tomás de Aquino (1225–74) declarou que a graça não suprime a natureza, mas sim a aperfeiçoa. Desse modo, a famosa frase escolástica "faça o que está ao seu alcance" significa que a salvação é um processo que ocorre dentro de nós enquanto nos aperfeiçoamos. Posto de forma diferente, tornamo-nos justos diante de Deus à medida que praticamos atos de justiça, fazemos boas obras. Contudo, mais uma vez a pergunta passa a ser: "Como sei que fui bom o bastante para merecer a salvação?"

Lutero não conseguia acreditar que Deus era aplacado pelo esforço humano de dar o melhor de si para ser salvo. No fim da vida, o reformador refletiu sobre luta que travara com essa teologia do pacto, registrando:

> Embora vivesse de modo irrepreensível como monge, sentia que era pecador diante de Deus, com uma consciência extremamente atribulada [...] Odiava o Deus justo que punia pecadores [...] No entanto, bati, de modo importuno, na mesma porta que o apóstolo Paulo batera antes de mim, desejando ardentemente saber a mesma coisa que Paulo sabia (*LW*, 34, p. 336–7).

A "porta" era a passagem de Romanos 1:17: "Porque no evangelho é revelada a justiça de Deus, uma justiça que do princípio ao fim é pela fé, como está escrito: 'O justo viverá pela fé.'" Até esse ponto, Lutero, como tantos outros contemporâneos, ouvira o evangelho como uma ameaça da ira justa de Deus, uma vez que a teologia e prática pastoral medievais o apresentavam como um padrão segundo o qual pecadores deveriam andar caso quisessem alcançar salvação. Agora, porém, Lutero percebia que não devia pensar na justiça de Deus no sentido ativo (de que precisamos nos tornar justos como Deus), porém no sentido passivo (de que Deus nos dá sua justiça). A boa nova, descobrira Lutero, é que a justificação não é o que o pecador alcança, mas o que ele recebe; não é o pecador que muda, mas sua situação diante de Deus. Em suma, o termo "justificado" quer dizer que Deus considera justo o pecador (*LW*, 34, p. 167).

> Deus não quer nos redimir pela nossa justiça, mas de uma justiça e sabedoria externas: não por meio daquela que procede de nós e aumenta em nós, mas daquela que vem de fora;

não daquela que se origina aqui na terra, mas daquela que vem do céu. Portanto, devemos aprender sobre uma justiça que não se origina em nós, que procede de outro lugar" (*LW*, 25, p. 136).

A única frase de toda a Bíblia que Lutero ressalta colocando em caixa alta é Romanos 3:25: "Em sua tolerância, [Deus] havia DEIXADO IMPUNES OS PECADOS anteriormente cometidos" (Bayer, 2007, p. 216, n. 12).

Foi assim que Lutero virou a piedade medieval do mérito de cabeça para baixo. Não fazemos boas obras para nos tornarmos aceitos por Deus; pelo contrário, porque Deus nos aceita, fazemos boas obras. Justificação, apenas pela graça e por meio da fé, é, assim, uma proclamação metateológica. Isto é, ela muda a linguagem da teologia de uma estrutura "se... então" para uma estrutura "porque... portanto;" de um linguajar de condições a serem cumpridas para se receber o que foi prometido para uma linguagem de promessa incondicional (Gritsch e Jenson, 1976, p. 42). Essa é "uma mudança de paradigma quase inigualável na história da cristandade" (Brecht, 1995, p. 132). A doutrina da justificação pela fé apregoada pela Reforma "rompeu o molde" da eclesiologia e teologia medievais (Hamm, 1999).

Essa mudança radical se expressa nitidamente na transição de Lutero entre uma "teologia de contrato" e uma "teologia de testamento", cuja analogia se expressa no último desejo de alguém antes da morte. Se alguém é constituído herdeiro em um testamento, a única condição necessária para o recebimento da herança é a morte do testador. Em sua exposição de Hebreus 9:17, Lutero escreve:

> Se fosse o caso de receber uma herança por mérito, você deveria gastar um longo tempo polindo, limpando e embelezando seus sapatos para alcançá-la, isto é, caso não tivesse uma carta e um selo com o qual pudesse provar seu direito a ela. Se, porém, você possui a carta e o selo, e crê, deseja e procura a herança, ela lhe deve ser entregue, ainda que você esteja encardido de sujeira e cheio de crostas de ferida (*LW*, 35, p. 88; cf. Hagen, 1974).

A linguagem de testamento representa uma promessa incondicional. Deus nos nomeou herdeiros; com sua morte na cruz, o testamento foi posto em vigência. O "diálogo" de Lutero com o texto mostrou-lhe uma face "totalmente nova das Escrituras":

> A partir de então, comecei a repassar os textos da Escritura que sabia de cor. Também procurei encontrar uma analogia em outros termos, como "obra de Deus", isto é, a obra que Deus faz em nós, "poder de Deus", o poder com o qual nos fortalece, "sabedoria de Deus", sabedoria com a qual nos torna sábios, "força de Deus", "salvação de Deus", "glória de Deus" (*LW*, 34, p. 337).

## IMPLICAÇÕES TEOLÓGICAS

Expliquei de modo mais abrangente o entendimento que Lutero tinha sobre a justiça do pecador diante de Deus por representar o cerne de tudo que ele ensinou e fez após sua conversão. Neste ponto, precisamos separar um momento para delinear a diferença que isso fez em outras áreas da teologia luterana.

Às vezes, a Reforma é descrita em termos de expressões representativas, como "somente pela graça" (*sola gratia*), "somente pela Escritura" (*sola scriptura*) e "somente pela fé" (*sola fide*). Já vimos o que o reformador queria dizer com somente pela graça; o que, porém, queria dizer com *sola scriptura* e *sola fide*? Com esses brados de guerra, Lutero não queria denotar a mesma coisa que alguns protestantes modernos defendem. Segundo ele, a Palavra de Deus é, em primeiro lugar, Cristo e, em segundo lugar, a Palavra pregada ou falada. Lutero gostava de enfatizar que a fé vem quando alguém ouve a promessa de Deus (Romanos 10:17) por estar ciente de que é mais fácil nos distanciarmos do que lemos do que tapar os ouvidos ao que escutamos. Apenas em um terceiro nível Lutero relacionava a Palavra de Deus às palavras escritas da Bíblia. A Bíblia é, em vez disso, "o manto e a manjedoura na qual Cristo jaz [...] A manta é simples e humilde, mas caro é o tesouro, Cristo, que jaz nela" (*LW*, 35, p. 236). "Algo realmente revolucionário sobre a posição de Lutero [foi] sua insistência de que todas as tradições deveriam ser testadas em paralelo com a Escritura e que, além dos mandamentos explícitos da Bíblia, a liberdade cristã é como um campo vasto e aberto" (Marshall, 1996, p. 62).

Fé é a confiança que temos na promessa da aceitação de Deus a despeito de sermos inaceitáveis. Ou seja, não é crença em doutrinas particulares, mas sim um relacionamento com Deus baseado na confiança que temos nele. A tendência entre protestantes de se falar de uma "salvação somente pela fé" pode levar ao mal-entendido de que fé é, em si, uma conquista. A confusão entre fé e crença intelectual em certas doutrinas ou histórias da Bíblia pode levar a uma disputa do tipo "quem dá mais", na qual o cristianismo é medido a partir da ideia de que o que crê nas coisas mais inacreditáveis é o melhor cristão. Nesse caso, a fé se torna o equivalente psicológico ou intelectual das boas obras medievais. Esse conceito estava longe do entendimento de Lutero. "Fé não é uma questão pequena e insignificante [...] mais sim a confiança total em Deus de que o sofrimento e a morte de Cristo ocorreram em seu benefício e pertencem a você" (*LW*, 22, p. 369).

O entendimento radical de Lutero sobre justificação levou-o a uma compreensão igualmente radical do indivíduo perante Deus, e essa concepção o fez abandonar todas as antropologias religiosas que dividiam o homem em corpo e alma; corpo, alma e espírito; carne e espírito; interior e exterior. Para Lutero, o ser humano é indivisível; e mesmo que ainda usasse terminologia tradicional, refinou-a, de modo que a distinção entre carne e espírito não era mais dualista e antropológica, mas bíblica e teológica: carne e espírito não designam partes de alguém, mas o relacionamento entre Deus e o indivíduo como um todo. Viver segundo a carne significa estar integralmente em rebelião contra Deus; viver segundo o espírito quer dizer confiança integral na graça de Deus. "Não devemos entender 'carne' como que se referindo à impiedade e 'espírito' como aquilo que está no interior, no coração [...] Devemos aprender a chamar de 'carnal' também aquele que pensa, ensina e fala bastante sobre coisas espirituais elevadas, mas que o faz destituído de graça" (*LW*, 35, p. 371-2).

Seres humanos não possuem uma capacidade intrínseca que os qualifica a um relacionamento com Deus. O indivíduo como um todo, não apenas seu aspecto "inferior", é um pecador. Lutero entendia pecado de maneira teológica, não ética. Pecado não é fazer coisas ruins, mas não confiar em Deus. "Incredulidade é a raiz, a seiva e o poder principal de todo pecado" (*LW*, 35, p. 369). Em outras palavras, a serpente continua sussurrando nos ouvidos de todo mundo a mesma pergunta que fez a Eva. Pecado é a compulsão egocêntrica de impor justiça própria contra Deus, a recusa de deixar Deus ser Deus (*LW*, 31, p. 10, tese 17).

Reconhecer o pecado e aceitar o juízo de Deus permite ao pecador viver como justo, a despeito de ser pecador. Ao "deixar Deus ser Deus", cessando o esforço de ser como ele, o pecador é liberto para ser quem foi criado para ser: humano. O pecador não é chamado a negar sua humanidade em prol da "semelhança" de Deus. Pelo contrário: perdão de pecados acontece em meio à vida. O cristão é, portanto, tanto justo quanto pecador diante de Deus: "na prática, ainda um pecador, mas um justo pela imputação segura da justiça e promessa de Deus, que continuará livrando-o do pecado, até que o tenha curado por completo. Assim, o homem é totalmente saudável em esperança, enquanto continua sendo, de fato, pecador" (*LW*, 25, p. 260).

O tema teológico que relaciona justificação e antropologia é a distinção dialética entre lei e graça. Para Lutero, esse é o âmago do pensamento teológico, o que fazia de alguém um teólogo: "Quase todo conhecimento da Escritura e da teologia depende do entendimento correto de lei e graça" (WA 7, p. 502). No decorrer de sua carreira, Lutero nunca se cansou de enfatizar a distinção entre lei e graça como chave para a teologia correta. Ele acreditava que, sem essa diferenciação, a Palavra de Deus se confundiria com o julgamento humano.

A distinção entre lei e evangelho é a mesma que dois tipos fundamentais de comunicação. Lei é comunicação de demandas e condições; é linguagem de pacto, impondo uma estrutura "se... então" sobre a vida. Todo tipo de comunicação alicerçada na lei apresenta um contingente futuro baseado na conquista humana: "Caso cumpra sua parte do acordo, cumprirei a minha'. O evangelho, no entanto, é a comunicação da promessa, a linguagem do testamento que segue o padrão "porque... portanto": "Porque eu lhe amo, vou me comprometer com você" — ainda que mesmo os melhores relacionamentos humanos não sustentem essa analogia. Existem todos os tipos de contingências sobre as quais não temos controle, sendo a morte o melhor exemplo disso. Ainda que pais estejam comprometidos com os filhos, a morte pode levá-los justo no momento em que mais precisam. Porém, o que Lutero procura estabelecer é que o evangelho vá além do ser humano, visto que é a promessa incondicional de Deus — incondicional porque Deus já satisfez todas as condições, incluindo a morte. Nesse sentido, assim, justificação não é uma dentre muitas outras doutrinas. Pelo contrário: justificação é *a* linguagem da promessa incondicional.

## INDULGÊNCIAS: A COMPRA DO PARAÍSO

Ao mesmo tempo que chegava a uma inversão teológica da tradição que recebera no contexto das aulas bíblicas que ministrava, Lutero cumpria também responsabilidades pastorais das paroquias de Wittenberg. É importante lembrar que, enquanto a forma das "Noventa e cinco teses" era a de um debate acadêmico, o contexto dessa disputa era pastoral. Lutero foi impelido à arena pública por se preocupar com seus paroquianos, que acreditavam poder comprar o Paraíso se adquirissem cartas de indulgência: "Sou", escreveu posteriormente Lutero, "um doutor juramentado da Escritura Sagrada e, além disso, um pregador diário. Por conta desse encargo, dessa posição, desse juramento e dessse ofício, minha função é destruir ou minimizar doutrinas falsas, corruptas e anticristãs" (*LW*, 31, p. 383).

Indulgências se desenvolveram a partir do sacramento da penitência. O batismo incorporava uma pessoa à comunidade de peregrinos da Igreja, que estava sempre em processo de viagem ao seu verdadeiro lar com Deus na cidade celestial, e a eucaristia nutria os peregrinos durante sua viagem. Entretanto, peregrinos se deparavam continuamente com o perigo do naufrágio em deleites mundanos. A resposta da Igreja a esse perigo era oferecer o que os cristãos antigos chamavam de "segunda tábua depois do naufrágio": o sacramento da penitência.

O sacramento da penitência era o lado subjetivo do sacramento objetivo da missa. Por meio dele, a Igreja provia não apenas a absolvição da culpa, mas também o meio para satisfazer ações desordeiras e religiosamente ofensivas das pessoas. Afirma-se que a ideia da expiação de pecados por meio da oferta de uma satisfação comensurada tem raízes alemãs e feudais. Prática secular penal permitia a "redenção" de uma punição por dinheiro. Aplicada à prática religiosa, isso queria dizer que um jejum poderia ser substituído pelo custo da refeição ou uma peregrinação, pelo custo da jornada.

O significado da penitência para a vida e religião medievais é de suma importância. O termo em si é derivado da palavra latina *poena*, que quer dizer não apenas punição, mas também compensação, satisfação, expiação e penalidade. Santo Agostinho havia falado da necessidade de punição pelo pecado que deve ser satisfeito, seja aqui, por intermédio de atos humanos, ou, no além, por Deus. A partir dessa perspectiva, desenvolveram-se a doutrina do purgatório e seu fogo purificador, a vida pastoral e disciplinar da Igreja e o sistema de indulgências como substituição de imposições penitenciais, severas demais para serem cumpridas fora do regime monástico (Le Goff, 1981). Assim, quando o cardeal Pedro Damião (1007–72), reformador austero do século XI, impôs uma penitência de cem anos ao arcebispo de Milão por simonia, também estipulou o valor em dinheiro que substituiria cada ano de penitência. Embora a intenção do sistema de indulgências fosse ajustar a satisfação pelos pecados a condições sociais em transformação (um ambiente urbano em desenvolvimento dificultava certas penitências), por volta do fim da Idade Média esse sistema havia se tornado um instrumento abusivo de controle social e aumento da receita por parte do clero.

Por volta do século XII, a norma era uma penitência particular que consistia em contrição (arrependimento sincero), confissão e satisfação diante de um ministro; antes da Reforma, zombadores falavam em contrição, confissão e compensação! Um desdobramento que amenizava o sacramento da penitência substituía atrição (medo da punição) por contrição. A justificativa teórica para a remissão da satisfação eclesiástica imposta ao penitente tinha como base o desenvolvimento teológico do século XIII sobre a "tesouraria da graça" à disposição da Igreja. Essa "tesouraria" continha os méritos acumulados de Cristo e dos santos (principalmente o trabalho dos monges), que, por serem supérfluos àqueles que originalmente os haviam alcançado, estavam agora disponíveis a pecadores comuns da Igreja. Vemos aqui, mais uma vez, uma "mentalidade da escada", uma disposição mental calculista, preocupada com o "livro contábil do além". Indulgências, assim, baseavam-se no tesouro da Igreja para o pagamento da dívida do pecador penitente, que, de outro modo, seria obrigado a pagar penitência por obras de satisfação, quer na vida, quer no purgatório. A possibilidade de uma interpretação capitalista desse sistema pode ser vista na história do nobre que decidiu investir no mercado futuro. Diz a lenda que, depois que o famoso vendedor de indulgências, Tetzel, fizera grande fortuna a partir da venda de indulgências em Leipzig, certo nobre o abordou, perguntando-lhe se podia comprar uma indulgência para um pecado que planejava praticar no futuro. Tetzel concordou, contanto que o pagamento fosse imediato. Quando Tetzel se afastou de Leipzig, o nobre o atacou e o roubou, comentando que esse era o pecado futuro que ele tinha em mente (Hillerbrand, 1964, p. 44–5; Joestel, 1992, p. 13–22).

A mentalidade popular, induzida por alguns pregadores, distorcia o significado de indulgência (remissão de penalidade temporal imposta pela Igreja por causa do pecado) como um bilhete de entrada para o céu. Vendedores medievais agressivos de indulgências como Tetzel, a quem Lutero combateu, ofereciam acesso direto ao céu, mesmo àqueles que já estavam mortos e no purgatório. Um dos *jingles* que Tetzel usava para vender penitências era: "quando a moeda na caixa ressoa, uma alma ao céu voa". Você compraria um carro usado desse homem? Multidões de contemporâneos ansiosos criam que podiam comprar dele a salvação. Tetzel fazia bem seu trabalho, mas também era recompensado mais do que generosamente.

A rotina de Tetzel teria sido a inveja da Madison Avenue, caso ela já existisse. Emissários o precediam, anunciando sua chegada algumas semanas antes de ir à cidade. Eles também compilavam um diretório especial da cidade, listando recursos financeiros dos cidadãos, para que soubessem o quanto poderiam cobrar. Tetzel entrava na cidade acompanhado por uma fanfarra de trombetas e tambores e por uma procissão completa, empunhando bandeiras e símbolos do papado. Depois de um sermão vívido na praça central sobre os terrores do inferno, Tetzel prosseguia à maior igreja da cidade e pregava um sermão igualmente vívido não apenas sobre o purgatório e os sofrimentos de parentes e amados já mortos, mas também sobre as dores que aguardavam os ouvintes. A duração desses sofrimentos no purgatório dependia da compaixão dos vivos demonstrada em relação aos mortos, não apenas dos pecados do falecido (Le Goff, 1988b, p. 77):

> Não escutas a voz de pais e outros conhecidos mortos, clamando e dizendo: "Misericórdia [...] Misericórdia! Pois a mão de Deus me feriu [Jó 19:21]? Temos sofrido punição e dor severas, das quais poderias nos resgatar com apenas algumas esmolas, se quisésseis". Abri vossos ouvidos: o pai está clamando pelo filho e a mãe, pela filha (Oberman, 1989b, p. 188).

Depois do próximo sermão, retratando o céu, o público já estava suficientemente preparado, ávido a comprar indulgências. Havia sempre alguma opção para todos: Tetzel tinha uma escala fragmentada de valores, dependendo das condições financeiras de cada indivíduo.

Tetzel não tinha permissão para entrar em Wittenberg, porque Frederico III não queria competição com sua própria coleção de relíquias e indulgências correspondentes. Membros, porém, da paróquia de Lutero venciam esse inconveniente, indo até Tetzel. Lutero ficava pasmo quando, depois de retornar, diziam que não precisavam mais de confissão, penitência e missa porque já tinham comprado bilhetes de entrada para o céu. De fato, dizia-se que uma indulgência papal "era capaz de absolver um homem mesmo que tivesse violado a própria mãe de Deus, caso isso fosse possível" (*LW*, 31, p. 32). Como ministro responsável diante de Deus por seus paroquianos, Lutero precisava adverti-los contra armadilhas espirituais.

Foi esse o contexto imediato das "Noventa e cinco teses" de 31 de outubro de 1517, data tradicional do início da Reforma. As teses, porém, não foram a primeira crítica à prática corrente de indulgências. Em 1514, Lutero denunciara o abuso de indulgências e, em sermões de 1516, criticara a própria coleção de relíquias de seu príncipe. Frederico não gostou. O reformador estava não apenas questionando a devoção piedosa de seu príncipe, mas também enfraquecendo uma das fontes de renda para sua própria universidade: indulgências, "o bingo do século XVI" (Bainton, 1957, p. 54), eram uma fonte de receitas para projetos de construção que incluíam de pontes a catedrais.

As "Noventa e Cinco Teses" eram proposições acadêmicas, típicas de um debate universitário, e foram escritas em latim, quando a maioria dos cidadãos de Wittenberg sequer lia alemão. Assim, a imagem popular de Lutero, o jovem irritado que martelou teses incendiárias na porta da igreja, é mais ficção romântica do que realidade. De fato, há ainda debates históricos intensos quanto às teses terem sido pregadas ou enviadas por correspondência (Iserloh, 1968; Aland, 1965; Treu, 2007; Leppin, 2007). De qualquer modo, como um documento de debate foi capaz de causar tamanha repercussão? Lutero o enviou ao superior de Tetzel, Alberto, arcebispo de Mainz, com o pensamento ingênuo de que talvez não soubesse que seu mercenário estava abusando da autoridade da Igreja; em seguida, o documento foi reenviado a Roma. O resultado foi uma explosão que alarmou e assustou praticamente todo mundo, inclusive Lutero, que, sem perceber, tocara em alguns pontos sensíveis da autoridade papal e em intrigas de vasta implicação política e eclesiástica.

## O RATO CHIADOR

Embora o Papa Leão X não tenha supostamente desprezado Lutero, caracterizando-o como mais um monge bêbado e invejoso dentre os dominicanos, o caso foi repassado ao teólogo papal Silvestro Mazzolini, conhecido como Prierias, por causa de seu local de nascimento, Priero. Prierias, um dominicano, foi o primeiro oponente literário de Lutero (Lindberg, 1972; Bagchi, 1991, p. 17–44; Hendrix, 1981, p. 46–52). Ele já havia tido um papel no julgamento infame de Reuchlin, o famoso humanista e professor de hebraico acusado de heresia por outro dominicano, Johann Pfefferkorn. Pfefferkorn, um judeu convertido, demandava o confisco e destruição de escritos hebraicos. Esse longo julgamento deu origem à sátira humanista contra o clero *Letters of Obscure Men* [Cartas de homens desconhecidos] (Rummel, 2006, p. 12–25). Os dominicanos, ainda feridos com a situação de Reuchlin, viam a controvérsia da indulgência e o ataque a Tetzel, que pertencia à

**Figura 3.2** "Uma pergunta a Minter", de Jörg Breu, c. 1530. Essa xilogravura ilustra a resposta de um ministro à pergunta sobre para onde ia todo o dinheiro cunhado diariamente. O cunhador menciona três fontes que drenavam o suprimento monetário: o Papa, com suas bulas e indulgências (à direita), mercadores, com falsos pesos e medidas (à esquerda) e os cunhadores, com sua produção de moedas sem valor (no centro). A proclamação de indulgências papais assume uma posição proeminente entre esses três inimigos do bem comum. Em primeiro plano, um bispo lê alto uma indulgência. Atrás dele, uma inscrição de indulgência repleta de selos apoiada em uma cruz. Cardeal e monge montados em cavalos ilustram o estilo de vida opulenta do papado. O texto compara clérigos católicos com mercadores a quem tudo estava à venda, incluindo a salvação. Um palhaço, localizado à margem direita e despercebido do clero, zomba deles. *Fonte*: Photo Jörg P. Anders. Staatliche Museen zu Berlin-Preussischer Kulturbesitz Kupferstichkabinett.

ordem, nos contextos de reforma universitária, rivalidade entre dominicanos e agostinianos e seu papel como defensores do papado. Eles também tinham um outro interesse, relacionado à "proeminência especial na publicação de indulgências [...] [e no fato de] que as indulgências que distribuíam beneficiavam a alma dos mortos [...] Esses teólogos insistiam que a vida após a morte também fazia parte da jurisdição da Igreja" (Shaffern, 1992, p. 381). Reformas curriculares na Universidade de Wittenberg haviam substituído estudos escolásticos por estudos bíblicos, baseados em Agostinho. Dominicanos se enxergavam como guardiões estabelecidos da doutrina católica e, desde a metade do século XV, defensores da primazia e autoridade papais. Sob Leão X, a cúria incluía diversos dominicanos; assim, o ataque de Lutero contra indulgências parecia uma afronta contra a teologia tomística, a autoridade papal e a jurisdição (curial) dominicana sobre os hereges. Lutero, por outro lado, entendia seu questionamento sobre as indulgências como um debate acadêmico, ao qual tinha direito em razão de seu juramento doutoral (*LW*, 34, p. 103). Por compreender sua posição de servo da Igreja no ofício de doutor, Lutero insistia que seu ensino fosse rebatido por uma refutação convincente, o que era alarmante e irritante para os dominicanos.

Prierias formulou rapidamente uma resposta a Lutero: *Dialogue Against the Arrogant Theses of Martin Luther Concerning the Power of the Pope* [Diálogo contra as teses arrogantes de Martinho Lutero com respeito ao poder papal]. Esse "diálogo" acusava Lutero de heresia, reestruturando a controvérsia da indulgência em termos de autoridade papal. De certa forma, as teses de Lutero davam origem a diversas questões sobre o Papa: "por que ele não esvazia o purgatório por amor em vez de dinheiro? Por que não constrói a basílica de São Pedro com dinheiro próprio?" As teses também ressaltavam o evangelho como o verdadeiro tesouro da Igreja, porém a perspectiva de Prierias era moldada basicamente por um papismo anticonciliatório. Os "quatro fundamentos do papado", essencialmente formulados por Prierias antes das "Noventa e cinco teses", terminavam o diálogo mesmo antes de tê-lo começado. Esses fundamentos declaravam que "o Papa é praticamente o cabeça da Igreja, embora de forma diferente da de Cristo"; que "o Papa não pode errar quando, em sua capacidade papal, chega a uma decisão"; que "aquele que não adere ao ensino da Igreja Romana e do Papa como regra infalível de fé, da qual mesmo a Escritura Sagrada deriva poder e autoridade, é um herege"; e que:

> a Igreja Romana pode estabelecer algo com respeito à fé e à ética não somente por palavras, mas também por práticas [...] Nessa mesma linha de raciocínio, costumes adquirem poder legal [...] concluindo-se, portanto, [que é um] herege aquele que interpreta erroneamente as doutrinas e ações da Igreja no que dizem respeito à fé e à ética.

Para que Lutero entendesse o recado, Prierias concluiu da seguinte forma: "Aquele que diz, com respeito às indulgências, que a Igreja Romana não pode fazer o que faz, é um herege".

A reação inicial de Lutero ao *Dialogue* [Diálogo] foi de alarme e medo. "Pensei comigo: 'Meu Deus, será que a repercussão do caso chegará até o Papa?' Entretanto, nosso Senhor Deus foi gracioso comigo; o miserável havia escrito coisas tão estúpidas que tive que rir. Desde então, nunca mais senti medo" (*LW*, 54, p. 83). Embora Lutero tenha posteriormente descrito Prierias como o primeiro que se levantara contra ele "chiando como um rato que logo iria perecer", esse "chiado" foi tal que, ecoado nos ataques sucessivos executados por Caetano e Maier, modelou as discussões futuras.

Não é coincidência, penso, que durante esses dias (1518–21), a epistemologia existencial de Lutero fosse também claramente expressa nas palavras de sua segunda série de aulas sobre os Salmos: "É por meio da vida, ou melhor, por meio da morte e da condenação que alguém se torna teólogo, não por meio de entendimento, leitura ou especulação" (WA 5, p. 163, 28–9).

Agora, Lutero era forçado a reconhecer que um "abuso" em particular, as indulgências, não podia ser objeto de reforma sem que contexto maior da autopercepção e teologia da Igreja fosse abordado. Nesse sentido, a questão original da Reforma parece ser a autoridade papal, não a justificação (Bagchi, 1991; Lindberg, 1972; Headley, 1987). O conflito resultante esclareceu e aguçou o pensamento de Lutero, levando-o a estudar a história da Igreja e a prepará-lo para confrontações futuras com Caetano e Maier. Esse conflito é também o contexto do apelo de Lutero, em 1520, à nobreza cristã alemã para um concílio e de sua suspeita de que o Papa era o Anticristo.

## POLÍTICA E PIEDADE

O *Dialogue* [Diálogo] de Prierias formava a base para a citação que convocava Lutero a aparecer em Roma dentro de sessenta dias após o recebimento. Ambos os documentos chegaram em Wittenberg em 7 de agosto de 1518. Antes, porém, que o período de graça houvesse expirado, Roma já havia decidido que Lutero era um herege e que deveria ser entregue às autoridades. Que Lutero não sofreu o mesmo destino de Huss deve-se muito à mistura peculiar entre política imperial local e piedade. Esse contexto maior tinha dois focos principais: manobras políticas para as eleições imperiais que estavam para ocorrer em 1519 e o desejo do Papa Leão X de impressionar rivais seculares pelo término da basílica de São Pedro, iniciada por Júlio II. Lutero escapou do destino costumeiro de um herege por meio de lacunas deixadas pelo entrelaçamento dessas preocupações.

Religião e política estiveram inextricavelmente ligadas desde que, em 325, o imperador Constantino convocou o Concílio de Niceia. Durante a Idade Média, papas exerciam poder temporal direto, enquanto o ideal imperial incluía o mandato de proteger a fé e a Igreja verdadeira. Embora existissem tensões abertas e latentes entre papas e imperadores alemães no fim da Idade Média, Habsburgos, tais como Maximiliano e Carlos V, levavam obrigações religiosas a sério. De fato, o reinado de Carlos V foi, por um lado, marcado por sua luta para alcançar hegemonia na Europa e, por outro, combater heresias. A conexão profunda de Carlos com a Igreja Católica reforçava sua suposta obrigação de preservá-la contra a Reforma, algo que veremos mais adiante em nossa história.

Desde 1257, certos príncipes reivindicavam o direito de eleger o imperador. Esse grupo era formado pelo duque da Saxônia, o marquês de Brandemburgo, o rei da Boêmia, o conde palatino do Reno e os arcebispos de Colônia, Tréveris e

Mainz. Essa tradição foi codificada na Bula de Ouro de 1356, também chamada de Carta Magna do particularismo alemão, que estabelecia procedimento ordeiro a um regime imperial de base federativa, isentava os sete eleitores da jurisdição imperial e excluía a participação papal na eleição. Os Habsburgos reinavam como imperadores desde 1438, mas isso não queria dizer que sua eleição era automática. A rivalidade dinástica do tempo ocorria entre Habsburgos e Hohenzollerns. Desde 1517, o imperador Maximiliano havia tentado alinhar os eleitores em favor de seu neto, Carlos I, rei da Espanha. Às vésperas da Reforma e da nova eleição imperial, Joaquim, eleitor de Brandemburgo, pertencia à Casa de Hohenzollern. Em 1513, três posições importantes da igreja estavam vagas: os arcebispados de Magdeburgo, Halberstadt e Mainz. O último desses três, sé primacial da Alemanha, tinha direito a um voto no colégio eleitoral. O eleitor Joachim viu essa situação como uma oportunidade de fortalecer a casa de Hohenzollern e influenciar a eleição imperial ao ter dois dos sete votos em seu bolso. Joaquim, portanto, resolveu conquistar essas posições para seu irmão mais novo, Alberto.

O problema com o plano de Joaquim era que Alberto, que não havia ainda atingido idade canônica para se tornar arcebispo, nem sequer era padre — além de ser ilegal a retenção de mais de um cargo eclesiástico. Obviamente, seria possível obter dispensa papal a esses impedimentos; dispensas, porém, para assuntos de tamanha importância custariam bem caro. No entanto, como dissera Reynard, a Raposa, o dinheiro fala. Alberto negociou um preço com Roma para o arcebispado a partir de 29 mil moedas de ouro, preço que claramente excedia as linhas de crédito de Joachim e Alberto. Leão, contudo, era um homem razoável e estava disposto a negociar um acordo financeiro. A cúria propôs que Alberto tomasse a quantia emprestada da casa bancária de Fugger. Leão demandou um pagamento adiantado de cerca de 25% em dinheiro, concedendo a Alberto o direito de vender indulgências para levantar o resto do montante. À medida que o dinheiro entrasse, metade serviria de pagamento ao papado para o financiamento da construção da basílica de São Pedro, enquanto o restante seria usado para a quitação do empréstimo bancário exorbitante e os juros. Não é de se admirar que Alberto contrataria o melhor vendedor de indulgências que pudesse encontrar a fim de pagar sua dívida o quanto antes.

A eleição imperial, que aconteceu em Frankfurt em 28 de junho de 1519, foi um dos acontecimentos políticos mais importantes e contestados da Alemanha do século XVI. A tríplice e tradicional luta pelo poder entre império, França e papado aguçou-se ainda mais depois que os franceses e o Papa perceberam o imenso domínio mundial que ficaria sob a autoridade dos Habsburgos, caso Carlos fosse eleito. Carlos já era duque da Borgonha, rei da Espanha e Nápoles-Sicília, e, juntamente com seu irmão, Fernando, herdeiro das terras da Áustria. A procura por candidatos alternativos e verbas ao pagamento de propagandas e subornos começou antes da morte de Maximiliano. Mesmo Henrique VIII da Inglaterra foi considerado por breve tempo, embora estivesse claro que Francis I da França ocupava uma posição de maior credibilidade. Um candidato importante para o bem-estar de Lutero e para o curso da Reforma era seu príncipe, Frederico III, eleitor da Saxônia. Esforços papais de persuadir Frederico a se candidatar com o fim de contrapor o poder Habsburgo o deixavam hesitante no que diz respeito a proceder com força total contra Lutero, professor distinto de Frederico; e esforços por parte dos Habsburgos de assegurar o apoio de Frederico para a extensão de uma aliança matrimonial entre a irmã de Carlos, Catarina, e João, sobrinho de Frederico, significava que o desejo do império de desarraigar a heresia também deveria ser atenuado.

Carlos foi eleito, porém as maquinações usadas para que o resultado fosse alcançado deixaram um rastro de complicações políticas e financeiras. Politicamente, Carlos teve de aceitar a chamada "capitulação da eleição" como precondição de sua elegibilidade; a capitulação tinha o propósito de confirmar a ordem constitucional existente e manter as leis e os costumes do império. Decisões imperiais importantes não deveriam ser tomadas sem a consulta de estados alemães; alemão e latim deveriam ser as línguas oficiais; estrangeiros deveriam ser excluídos dos escritórios imperiais alemães; tropas estrangeiras não eram permitidas na Alemanha; recursos imperiais não deveriam ser usados para interesses dinásticos. Financeiramente, o investimento dos Habsburgos na eleição foi de aproximadamente um milhão de moedas de ouro. A casa bancária dos Fugger supriu boa parte desse capital, a ponto de, posteriormente, Jakob Fugger requerer o pagamento com o seguinte lembrete: "Sabe-se e, por isso, não é preciso enfatizar, que Vossa Majestade não teria obtido a Coroa romana sem minha ajuda" (Hillerbrand, 1964, p. 87). Carlos V se tornou imperador, mas não com poderes plenos; ao menos geograficamente, seu império se aproximou da aspiração medieval de um *corpus Christianum*, porém ele próprio foi forçado a reconhecer as "liberdades" alemães — imperador e império já não constituíam uma unidade, e sim uma oposição. Seu chanceler, Gattinara, defendeu uma ideologia imperial a fim de estabilizar o império; no entanto, a hegemonia imperial era um problema perpétuo, agora intensificado pelo surgimento de nações e poderes opositores franceses e papais. Carlos estava diante de inúmeros problemas com seu vasto império; afinal, herdara tudo, porém não conquistara nada. Por toda parte, tinha que lidar com as estruturas e instituições complexas da fase final do feudalismo medieval, emaranhada em complicações de privilégios, precedentes e isenções. A figura do monarca servia de sustentação a essas estruturas, mas, em uma era em que os jatos ainda não tinham sido inventados, levavam-se meses para se locomover. Em todas essas coisas, a Alemanha desempenhava um papel secundário. O próprio Carlos falava pouco o idioma alemão e residia a maior parte do tempo fora do império. A política da época soprava a favor de Lutero, enquanto era impelido à confrontação com o Papa e o imperador na Dieta de Worms.

## DA DIETA DE WORMS À TERRA DOS PÁSSAROS

Os acontecimentos progrediram rapidamente depois da publicação das "Noventa e cinco teses". Lutero recebeu apoio significativo de seu príncipe, Frederico III, fundador e orgulhoso patrono da Universidade de Wittenberg. Frederico proibira anteriormente a venda de indulgências em sua jurisdição não apenas por causa de sua própria coleção de relíquias, mas também como uma medida contra a casa rival, os Hohenzollerns de Brandemburgo, especialmente o arcebispo Alberto. Além disso, liderada por Lutero e os demais professores, a universidade de Frederico estava em um processo importante de reforma curricular que substituía o ensino escolástico por estudos bíblicos e patrística. Frederico sabia que os dominicanos se opunham a essa nova orientação teológica em Wittenberg e se posicionou para proteger seu professor talentoso da Escritura contra oponentes nas arenas política (arcebispo Alberto) e educacional (os dominicanos), dos quais suspeitava estarem fomentando acusações de heresia a fim de desacreditar Wittenberg e sua universidade. Se Frederico tinha dúvidas quanto a Martinho, seu receio foi aparentemente dissipado pela resposta inteligente de Erasmo, depois de questionado sobre o que pensava a respeito da situação de Lutero: "Ele cometeu um grande pecado: acertou os monges no estômago e o Papa em sua coroa!"

Como professor, Lutero tinha o *status* de servidor público do Estado da Saxônia Eleitoral. Com base nisso, Frederico "permitia" que Lutero frequentasse a reunião capitular de sua ordem em Heidelberg. Lá, em vez de silenciado por seu superior, Lutero era encorajado a expor sua teologia. O famoso Debate de Heidelberg atingiu em cheio teólogos mais jovens, alguns dos quais, como Martin Bucer (1491–1551), tornaram-se grandes reformadores independentes. Nesse meio de tempo, o relatório de Prierias a respeito de Lutero serviu de base a uma acusação formal diante de um juiz eclesiástico, e Lutero foi intimado a comparecer em Roma em um prazo de sessenta dias para responder à acusação de heresia contra ele.

Depois de intimado para comparecer em Roma, Lutero escreveu a Frederico, que estava em uma dieta imperial em Augsburgo, requisitando ao príncipe que interviesse em seu favor junto ao Papa. O pedido era por uma audiência na Alemanha, diante de um juiz imparcial ou de um grupo de teólogos universitários. Na época, não havia nada de extraordinário sobre esse pedido, visto que os governantes geralmente expressavam preocupação de que seus súditos, em matérias de disputa eclesiástica, eram levados a Roma com demasiada frequência. Além do orgulho nacional alemão, havia também a reivindicação ostensiva de que o problema era de natureza acadêmica, o que afetava o bom nome da universidade de Wittenberg.

Frederico podia contar com uma audiência simpática de Leão X porque, nesse período, o Papa urgia aos membros da dieta que organizassem, do próprio bolso e a um grande custo, uma cruzada contra os turcos. O legado papal e cardeal dominicano Caetano fora enviado para discursar na dieta, argumentando que não apenas o futuro da religião, mas o da própria humanidade, estava sob ameaça caso a Croácia e a Hungria sucumbissem diante das investidas turcas. Essa empreitada, porém, gerava dúvidas nos governantes alemães, já que resultaria no aumento de cerca de 20% na arrecadação de impostos; por isso, deram uma resposta evasiva ao Papa.

Foi nesse contexto que Frederico organizou, em Augsburgo, uma reunião entre Lutero e Caetano, o qual, entrementes, recebeu uma carta papal com instruções sobre o julgamento e aprisionamento sumários de Lutero, a menos que se retratasse e pedisse perdão. Outra carta papal, enviada a Frederico por volta do mesmo tempo, expressava um pedido mais sutil por ajuda, já que o Papa não queria ofender um príncipe tão poderoso no momento em que mais precisava de seu apoio. Leão escreveu que o príncipe deveria pensar no bom nome de sua família, embora o Papa, obviamente, não cresse nos rumores horríveis de que Frederico estava apoiando um herege.

Frederico insistiu na segurança de Lutero, caso fosse ao encontro de Caetano. Além disso, deveria haver total exame e prova das acusações, Lutero teria a oportunidade de se defender e nenhuma sentença definitiva poderia surgir dessa reunião. Ocorreu, contudo, uma sentença definitiva. Foi em Augsburgo, em outubro de 1518, que

> o ponto histórico no qual a oposição entre a Reforma e o Catolicismo emergiu [...] Quando o tomista Caetano leu as resoluções de Lutero sobre as indulgências, reconheceu esse ponto, com acuidade admirável, como a maior ameaça contra a igreja papal: certeza subjetiva da salvação por parte do crente poderia substituir a obediência à Igreja" (Hamm, 1999, p. 75-6).

O entendimento de Lutero da justificação somente pela graça e pela fé (que Deus aceitava incondicionalmente os pecadores por meio de Cristo), que seria em pouco tempo declarada por outros reformadores como Melanchthon, Zuínglio e Calvino, "rompeu o molde" da teologia católica (Hamm, 1999: *passim*).

A primeira entrevista com o cardeal fez com que Lutero perdesse rapidamente qualquer ilusão de diálogo. Caetano lhe requisitou três coisas: que se arrependesse e revogasse seu erro, prometesse não mais ensiná-lo outra vez e se abstivesse de atividades desordeiras no futuro. Outras três entrevistas não fizeram nada além de exaltar ânimos e provocar desgastes, uma vez que Lutero insistia em uma discussão teológica das questões. Caetano interrompeu a última entrevista, ordenando-lhe que não mais voltasse a menos que estivesse pronto a se retratar. Passaram-se

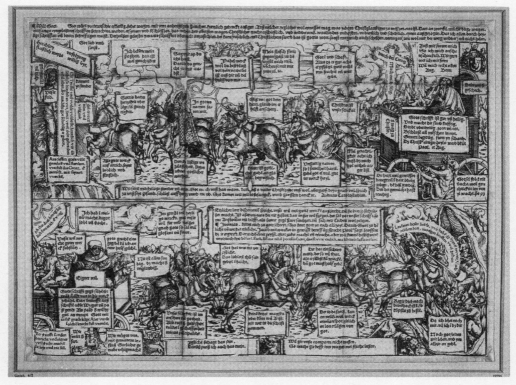

**Figura 3.3** "The Fuhrwagon" [A carroça], por Lucas Cranach, o Velho (1519). Esse desenho é uma das expressões significativas da propaganda reformista. Preparado pouco antes da Disputa de Leipzig de 1519, ridiculariza teólogos escolásticos e sua teologia. A imagem superior apresenta a carroça dos evangélicos se movendo "em nome de Deus" em direção a Cristo, a despeito de um demônio que tenta quebrar as rodas. A imagem inferior mostra a carroça dos escolásticos em direção ao inferno, com rodas lubrificadas pela teologia do "dar o melhor de si". *Fonte:* © Elke Walford, Hamburger Kunsthalle.

dias em silêncio, espalhando-se rumores de que Lutero seria acorrentado e enviado a Roma. Os amigos de Lutero entraram em pânico e o conduziram apressadamente para fora da cidade. Posteriormente, Lutero veio a saber que escapara no momento exato.

Caetano, furioso, reclamou ao eleitor sobre a insolência de Lutero. Frederico passou a reclamação do cardeal a Lutero, que, por sua vez, respondeu que Caetano havia quebrado sua promessa de discussão, terminando ao dizer que estava disposto a deixar a Saxônia Eleitoral. Lutero, então, fez preparações para sair. No jantar de despedida dado por ele em 1 de dezembro, duas cartas chegaram, dramaticamente. A primeira expressava a surpresa de Frederico de que Lutero ainda estava por lá; a segunda, que devia permanecer. A segunda carta provavelmente havia sido impulsionada pela chegada do emissário papal, Miltitz, em missão com respeito à eleição imperial iminente. Em 18 de dezembro, Frederico resolveu que Lutero não iria à Roma, nem que seria exilado, a menos que fosse devidamente ouvido e condenado. Em 12 de janeiro de 1519, o imperador Maximiliano morreu; políticas papal e imperial suplantaram o suposto perigo de heresia.

É aqui que entra o Dr. João Maier de Ingolstadt. Maier fizera amizade com o Reformador em 1517; por isso, Lutero ficou magoado e irado quando o ex-colega agora atacava sua tese. Maier não confrontou Lutero diretamente; em vez disso, desafiou o colega de trabalho de Lutero, Andreas Bodenstein von Karlstadt (c. 1480–1541), para um debate público. Contudo, ficou claro que estava, na verdade, atrás de Lutero. Negociações da disputa se arrastaram por meses, levando o processo a uma pequena guerra de folhetos. Karlstadt conseguiu que seu amigo, Lucas Cranach, fizesse um desenho mostrando duas carruagens: uma que levava a cruz a caminho do céu e outra cheia de escritos escolásticos a caminho do inferno. Teólogos e clérigos de Leipzig ficaram furiosos, a ponto de perguntarem às pessoas no confessionário se haviam rido do "desenho da carroça".

Lutero agora sugeria, por volta do tempo de Gregório I (d. 604), que a Igreja Romana não estava acima das demais igrejas. Maier escolheu esse como o ponto focal de seu ataque (lembre-se que católicos polemistas viam a questão como sendo a autoridade papal). Em resposta a Prierias e Maier, Lutero se devotou a um estudo intenso da história da Igreja e da lei canônica. Em sua décima-terceira tese contra Maier, Lutero escreveu:

> Que a Igreja Romana é superior às demais igrejas é, de fato, provado pelos decretos rebuscados estabelecidos pelos pontífices romanos nos últimos 400 anos. Esse dogma eclesiástico, porém, é contrário às histórias aprovadas de 1100 anos, ao ensino claro da Escritura e decretos do Concílio de Niceia, o mais sagrado de todos os concílios.

Lutero geralmente assustava tanto amigos quanto inimigos; Karlstadt e Spalatin exprimiram sua preocupação de que ele tinha ido longe demais. Lutero respondeu que tamanha cautela chegava a lhe dar náuseas.

O debate de Leipzig teve início em julho de 1519. Cidadãos de Wittenberg chegaram em carroças, flanqueados por numerosos alunos "armados" em 24 de junho. A primeira carroça continha Karlstadt e seus livros preciosos; a segunda incluía Lutero, Melanchthon e o reitor da Universidade de Wittenberg. Quando a comitiva alcançou o portão da cidade de Leipzig, a carroça em que Karlstadt estava quebrou, lançando-o na lama — para a alegria dos habitantes de Leipzig. Ter o autor do infame "desenho da carroça" lançado de sua própria carroça significava um bom presságio para Maier.

Karlstadt perdeu mais do que seu orgulho nesse incidente: gravemente abalado, recebeu tratamento médico e teve sangramento duas vezes. De uma perspectiva panorâmica, o debate era uma cena ruim para Karlstadt, que tivera uma jornada cansativa de Wittenberg e enfrentara uma humilhação pública e dois sangramentos antes de se deparar com um debatedor cruel e astuto, que já lambia os lábios antecipando devorar — literal e intelectualmente — Karlstadt e Lutero. Além do mais, Karlstadt não era um bom orador e pensador independente; por isso, precisava consultar referências, razão por que trouxera todos os seus livros com ele.

O duque Jorge disponibilizou seu castelo à Universidade de Leipzig para o debate; ele próprio, porém, estava disposto a impedir que uma pequena rixa teológica interferisse em sua visão da realidade, resmungando que a disputa devia terminar cedo, porque planejara participar de uma festa de caça em seguida. Jorge disse à Lutero: "Lei de Deus ou lei do homem, que importa? O Papa é o Papa!" O problema imediato de Lutero, entretanto, era obter permissão de se juntar ao debate, uma vez que não havia sido originalmente convidado; apenas depois de muita conversa e adulação a permissão foi concedida.

O debate demorou para começar. Realizou-se uma missa de abertura às sete da manhã, acompanhada por um discurso longo e tedioso em latim sobre as regras da disputa. Depois, cantaram-se músicas e, finalmente, almoço. O debate em si teve início após o almoço.

Maier e Karlstadt gastaram a primeira semana debatendo graça e livre-arbítrio. Enquanto Maier cativava a audiência e ganhava sua aprovação, Karlstadt procurava referências nos textos que trouxera. Uma vez, porém, que o debate seria julgado pelo corpo docente de outras universidades com base em registros escritos, Maier finalmente persuadiu o juiz a proibir Karlstadt de prover dados à transcrição a partir de livros.

Logo se tornou aparente aos leigos presentes que debates não eram as coisas mais divertidas de se assistir. Mesmo teólogos começaram a dormir depois de permanecerem sentados em tardes quentes, seguidas de grandes refeições. (Por outro lado, sugeriu-se que seria mais seguro fingir sonolência porque, caso fossem posteriormente questionados sobre questões voláteis, seria possível reivindicar ignorância devido a uma soneca.) Os debates mais vívidos ocorriam entre os alunos nas tavernas.

Em 4 de julho, Lutero entrou no debate. Maier o pressionou com acusações de ser "hussita" e "Boêmio", o mesmo que ser chamado de "comunista" da década de 1950, já que, na região em que estavam, ainda era forte a memória dos numerosos alemães que haviam sido expulsos da Boêmia durante a revolta hussita. Lutero protestou contra as acusações de Maier, mas finalmente foi à biblioteca e olhou os escritos de Huss. Ao retornar, declarou que muitos dos artigos hussitas censurados eram verdadeiramente cristãos e evangélicos, e que não deveriam ser condenados pela Igreja. Após momento espantoso de silêncio, começou o tumulto. Maier continuou a pressionar Lutero, fazendo com que declarasse que tanto o

Papa quanto os concílios podiam errar. Esse foi o triunfo imediato de Maier. Depois disso, Karlstadt retornou para dar, outra vez, continuidade ao debate, mas o duque Jorge estava ansioso para fazer o encerramento daquele evento.

Nas semanas subsequentes, Maier ficou se gabando de seu sucesso, fantasiando sobre receber o título de cardeal. Lutero estava agora, finalmente, face a face com as implicações das Noventa e cinco teses. Opositores lhe haviam posto questões que o levariam mais longe do que, a princípio, pensava que chegaria. Ironicamente, o debate não revolveu no ataque mais radical de Lutero sobre as autoridades escolásticas, algo mencionado pelos teólogos escolásticos, que começaram a escrever que

> tendo abandonado arrogantemente os mestres sagrados e sua filosófica básica, e tendo decidido interpretar a Escritura de acordo com seu próprio método particular, Lutero e Karlstadt haviam não apenas jogado fora qualquer chance de fazer seu ponto de vista parecer razoável, mas também se afastado da fé histórica da Igreja.

Polemistas italianos, tais como Prierias, "identificaram a fonte de todos os erros de Lutero como sua rejeição de Aristóteles e, assim, de Aquino" (Bagchi, 1991, p. 73, 76). As faculdades de Paris e Erfurt, escolhidas como juízes do debate, abstiveram-se de dar opinião.

O debate de Leipzig foi de grande significado para o desenvolvimento de Lutero porque, nele, declarou publicamente sua concepção evangélica da igreja em termos inequívocos, revelando que, em última análise, sua única autoridade em assuntos de fé era a Escritura. Lutero declarou, sem reservas, que não somente o papado, mas também concílios da igreja, podiam errar. Isso tornou a reconciliação com a Igreja Romana praticamente impossível, levando a sua excomunhão.

Depois do debate de Leipzig, Maier foi a Roma para ajudar na preparação da condenação de Lutero, a bula papal *Exsurge Domine* (15 de junho de 1520). Maier foi posteriormente honrado com a responsabilidade de disseminar a bula na Alemanha; entretanto, ele e o núncio papal, Girolamo Aleandro, logo descobriram que, ainda que fossem considerados heróis em Roma, eram intensamente odiados na Alemanha como traidor e estrangeiro, respectivamente.

A bula "Ergue-te, Senhor, e julga tua própria causa" listava e condenava 41 erros nos escritos de Martinho Lutero. Lutero foi ordenado a retornar à igreja mãe dentro de sessenta dias após o despacho do documento; se falhasse em se retratar, então até sua memória deveria ser exterminada. Isso, porém, era mais fácil falar do que fazer, uma vez que, nessa época, boa parte da Alemanha estava mobilizada ao lado de Lutero. Não só diversos humanistas apoiavam sua causa, mas também nobres, como Sylvester von Schaumburg, que ofereceu a Lutero a proteção de cem nobres franconianos; Franz von Sickengen e Ulrich Hutten, que posteriormente lideraram a Revolta dos Cavaleiros, saudavam Lutero como o potencial libertador da Alemanha. Quando a bula era afixada na Alemanha, geralmente acabava sendo deformada; quando inquisidores saíam com ordens para queimar escritos de Lutero, geralmente encontravam alunos que alegremente trocavam os escritos do reformador por obras escolásticas. O próprio Maier piorava o problema, adicionando nomes de inimigos pessoais à lista dos que haviam sido condenados pela bula.

No décimo sexto dia de graça concedido a Lutero (10 de dezembro de 1520), Melanchthon levou professores e os alunos de Wittenberg para fora da universidade, às margens do rio Elba, para seu próprio ritual de queima de livros. Lá, junto com textos clássicos escolásticos e legais, bem como alguns dos escritos de Maier, Lutero relegou às chamas a bula papal, *Exsurge Domine*, e uma cópia do *Corpus iuris canonica*, fundamento legal ao *corpus Christianum* medieval. Esse foi claramente um ato revolucionário, comparado à queima da Constituição dos Estados Unidos. Lutero estava bem ciente do significado do ato simbólico do que tinha praticado, e falou sobre isso em classe (*LW*, 31, p. 381–95). Depois de assinar "Te Deum" e "De Profundis", os professores retornaram à universidade. Os alunos, entretanto, continuaram as demonstrações contra o Papa até que, dois dias depois, autoridades da cidade colocaram um fim a elas. Em 3 de janeiro de 1521, chegou a bula final de excomunhão, *Decet Romanum Pontificem*.

## A DIETA DE WORMS

Aleandro urgiu o novo imperador, Carlos V, para que expedisse um mandato contra Lutero na Alemanha. Carlos, porém, havia concordado em sua coroação um juramento de que nenhum alemão deveria ser condenado a menos que seu caso fosse ouvido na Alemanha por um painel imparcial de juízes. Nesse contexto, Carlos V tinha três opções básicas: ceder a Roma e condenar Lutero por meio de um mandato imperial, uma vez que já estava sob banimento papal; tentar negociações particulares, procurando persuadir Lutero a se curvar a Roma; ou permitir que Lutero comparecesse na dieta que estava para acontecer na cidade de Worms para uma investigação. Carlos escolheu o último curso, em parte devido aos argumentos de Frederico III, em parte para aumentar a influência política contra Roma, prometendo que Lutero não seria condenado sem que antes fosse ouvido, e que teria salvo-conduto até Worms.

A popularidade de Lutero era evidente pelo fato de que, quando o núncio papal, Aleandro, chegou a Worms, não pode sequer encontrar um quarto confortável, mesmo que estivesse com muito dinheiro; quando andava pelas ruas, era ameaçado; e quando ia a livrarias, encontrava-as cheias dos escritos de Lutero. Aleandro escreveu ao Papa: "Nove-décimos das pessoas gritam 'Lutero', e o outro décimo grita: 'Fora com o Papa!'" Quando Aleandro ouviu da queima rebelde de Lutero da bula e da lei canônica, persuadiu Carlos a revogar a permissão de ir a Worms. Entretanto, outras vozes tornaram a persuadi-lo a fazer uma concessão e manter o salvo-conduto, embora limitando à audiência de Lutero à questão de se iria ou não se retratar.

A jornada de Lutero a Worms se tornou um espetáculo de multidões alegres, de cidade em cidade. Os cultos em que pregava eram tão cheios de gente que, em um lugar, a sacada da igreja quase caiu. Embora amigos de Lutero o tenham advertido do destino de Huss, a quem também haviam prometido salvo-conduto, Lutero jurou que iria a Worms mesmo que tijolos de todos os telhados virassem demônios. Tal ousadia o deixou ao ser apresentado no salão, onde se deparou com as "lideranças do mundo". Questionado se iria se retratar da pilha de escritos colocados diante dele, pediu permissão para se ausentar por mais um dia para considerar sua resposta. Lá, diante do imperador, de príncipes e lordes — um mundo totalmente distante de seu quarto monástico e da dignidade de sua sala de aula —, Lutero não recebeu o público que esperara. Em vez disso, apresentaram-lhe uma pilha de textos que havia escrito e requisitaram-lhe a se retratar de seus erros. A resposta breve de Lutero incluiu as seguintes linhas memoráveis:

> A menos que seja convencido pelo testemunho das Escrituras ou por uma razão clara [...], sou limitado pelas Escrituras que citei e por minha consciência, cativa à Palavra de Deus. Não posso me retratar de nada, nem mesmo o farei, uma vez que não é nem seguro, nem correto, agir contra a consciência. Não posso agir de outra forma: esta é a minha posição, que Deus me ajude. Amém (*LW*, 32, p. 112–13).

Os príncipes alemães ficaram, em geral, impressionados com esse jovem monge que se levantou contra os poderes do mundo; eles compreendiam tal coragem, mesmo que questões teológicas fugissem de sua compreensão. Lutero causou uma impressão duradoura no jovem duque de Schleswig-Holstein, a ponto de, ao ser coroado rei Cristiano III da Dinamarca, decretar imediatamente que seus súditos (incluindo habitantes da Noruega e Islândia) deveriam se tornar luteranos. Os soldados espanhóis, entretanto, gritavam: "Ao fogo!" E o imperador declarou: "Ele não me tornará um herege!"

Depois que os partidários políticos de Lutero deixaram a dieta, os que permaneceram aprovaram uma moção de colocar Lutero sob banimento imperial. O Edito de Worms marginalizava Lutero e todos os que lhe dessem apoio. Todos os súditos foram proibidos de ajudar ou mesmo se comunicar com Lutero sob pena de aprisionamento e confisco de propriedade. Seus escritos foram condenados como heréticos e ordenados à fogueira. Marginalizado pelo Estado e excomungado pela

Igreja, Lutero foi compelido por sua consciência e fé a desafiar tanto um quanto o outro. Privado de ajuda pelas grandes autoridades medievais, Lutero agora confiava em seu príncipe e também apelava diretamente ao povo. Essa última tática já tinha sido notada por polemistas católicos como uma postura rebelde que poderia levar apenas à insurreição. Em suma, Lutero era agora líder de um movimento religioso que, na prática, se transformara em uma revolução.

No caminho de volta para Wittenberg, Lutero foi sequestrado por ordem de seu próprio príncipe e levado em segredo ao castelo de Wartburg, de Frederico, onde seria mantido sob custódia protetora, disfarçado de cavaleiro, por quase um ano (do começo de maio de 1521 a março de 1522). Lá, muito acima dos montes ao redor, Lutero dizia que estava acomodado na terra dos pássaros, descanso apropriado para alguém a quem o mestre-cantor de Nuremberg, Hans Sachs, chamaria de "o rouxinol de Wittenberg".

## SUGESTÕES DE LEITURA

David V. N. Bagchi, *Luther's Earliest Opponents: Catholic Controversialists* 1518–1525 [Os primeiros oponentes de Lutero: polemistas católicos 1518–1525]. Minneapolis: Fortress, 1991.
Martin Brecht, *Martin Luther* [Martinho Lutero], 3 vols. Minneapolis: Fortress, 1985–93.
Berndt Hamm, "What was the Reformation Doctrine of Justification?" [Qual foi a doutrina da justificação na Reforma?] em Dixon: 1999, p. 53–90.
Leif Grane, *Martinus Noster: Luther in the German Reform Movement* 1518–1521 [Martinus Noster: Lutero no movimento reformador alemão 1518–1521]. Mainz: Zabern, 1994.
H. G. Haile, *Luther: An Experiment in Biography* [Lutero: um experimento em biografia]. Princeton University Press, 1983.
James M. Kittelson, *Luther the Reformer: The Story of the Man and His Career* [Lutero, o reformador: a história do homem e sua carreira]. Minneapolis: Augsburg, 1986.
Robert Kolb, *Martin Luther: Pastor, Professor, Confessor* [Martinho Lutero: pastor, professor, confessor]. Oxford: Oxford University Press, 2008.
Jacques Le Goff, *Intellectuals in the Middle Ages* [Intelectuais na Idade Média]. Oxford: Blackwell, 1993.
Peter Matheson, "The Language of the Common Folk", [A linguagem do cidadão comum] em Matheson, 2007, p. 259–83.
Donald K. McKim, ed., *The Cambridge Companion to Martin Luther* [Coleção Companions da Universidade de Cambridge: Martinho Lutero]. Cambridge: Cambridge University Press, 2003.
Heiko A. Oberman, The Dawn of the Reformation: Essays in Late Medieval and Early Reformation Thought [O amanhecer da Reforma: ensaios no pensamento do fim da Idade Média e do pensamento reformador inicial]. Edimburgo: T. and T. Clark, 1986.
Heiko A. Oberman, *Luther: Man between God and the Devil* [Lutero: homem entre Deus e o diabo]. New Haven: Yale University Press, 1989.
R. N. Swanson, *Religion and Devotion in Europe, c. 1215–c.1515* [Religião e devoção na Europa, c. 1215–c.1515]. Cambridge: Cambridge University Press, 1995.
Thomas N. Tentler, *Sin and Confession on the Eve of the Reformation* [Pecado e confissão nas vésperas da Reforma]. Princeton: Princeton University Press, 1977.

Jared Wicks, SJ, *Cajetan Responds: A Reader in Reformation Controversy* [Caetano responde: um leitor na controvérsia da Reforma]. Washington, DC: Catholic University of America Press, 1978.

## RECURSOS ELETRÔNICOS

Coleção da Reforma de Richard C. Kessler, Pitts Theological Library [Biblioteca Teológica de Pitts], Arquivo de Imagem Digital (mais de 7.000 imagens de Cranach e contemporâneos): www.pitts.emory.edu

"Ladder of Virtues" [Escada das virtudes]: http://religious-studies.blogspot.com/ Also: http://bacm.creditmutual. fr/HORTUS_PLANCHE_9bas.html e "Other Women's Voices", [Vozes de outras mulheres], Herrad de Landsberg, http://home.infionline.net/⊠ddisse/herrad.html

*Capítulo 4*
# NÃO ESPERE POR NINGUÉM: IMPLEMENTAÇÃO DAS REFORMAS EM WITTENBERG

*Cada congregação, pequena ou grande, deve, por si mesma, certificar-se de que está agindo de forma correta e não esperar por ninguém.*
Andreas Bodenstein von Karlstadt

## NA TERRA DOS PÁSSAROS

Empoleirado com segurança no castelo de Wartburg e contemplando a "terra dos pássaros", Lutero iniciou seu trabalho de tornar o evangelho acessível às pessoas. Sua tradução alemã do Novo Testamento, embora intensamente acadêmica, foi potencialmente tão revolucionária quanto a queima da bula papal e da legislação canônica: ambas as ações significaram afirmações públicas de reforma. A provisão de Lutero de uma tradução legível e precisa da Bíblia foi um estímulo em relação à educação universal; todos precisavam ser alfabetizados a fim de ler a Palavra de Deus. De modo mais imediato, sua tradução privava a elite, a classe clerical, de seu controle exclusivo sobre as palavras e sobre a Palavra. Durante cerca de um milênio, a língua exclusiva da teologia havia sido o latim; agora, Lutero começa a teologizar em alemão também.

Para os contemporâneos, as implicações eram claras. Como certo eleitor eclesiástico afirmou a Frederico: "Ó, caro senhor, se o Dr. Martinho tivesse escrito apenas em latim e não em alemão!" Mesmo hoje, acadêmicos, o "clero" dentre disciplinas naturais e humanas, gostam de desenvolver um linguajar exclusivo às áreas em que se especializam. Lutero, por sua vez, não teria essa propensão ao arcano, levando leigos a depender de "especialistas". Sua tradução do Novo Testamento — completa em três meses! — foi publicada em Wittenberg no mês de setembro de 1522, razão por que é conhecida como *Septembertestament*.

A tradução bíblica de Lutero em alemão não foi a primeira. Havia mais de uma dúzia de traduções antes dela, mas todas escritas com um alemão pobre e traduzidas a partir da *Vulgata* (ou seja, traduções que se originavam de outra tradução, não dos textos originais, em hebraico e grego). A preocupação de Lutero era chegar tão perto do texto original quanto possível. Em termos filológicos e estilísticos, sua tradução é superior às anteriores — e, de fato, superior a muitas outras publicadas desde então. Algumas das luzes literárias mais proeminentes da Alemanha, tais como Herder, Goethe e Nietzsche, "elogiaram ao máximo a Bíblia de Lutero" (Bluhm, 1983, p. 178). Sua tradução influenciou as versões inglesas de Tyndale e Coverdale, bem como traduções na Escandinávia e nos Países Baixos. No decorrer da vida, Lutero trabalhou continuamente para tornar a Bíblia mais acessível a leigos por meio de traduções, prefácios explicativos e até mesmo planos para uma versão "letra grande", destinada a pessoas com visão debilitada.

O senso de liberdade evangélica de Lutero se evidenciou em sua preocupação de não traduzir "palavra por palavra, mas sentido por sentido". Eis o porquê de seu famoso complemento da palavra "somente" na tradução de Romanos 3:28: "... justificados sem as obras da lei, mas somente pela fé" (*allein durch den Glauben*). Em seu tratado *On translating: an open letter* [Sobre a tradução: uma carta aberta] (1530; *LW*, 35, p. 188-9), Lutero explicou que queria comunicar um alemão claro e vigoroso, não latim ou grego. Assim, sua tradução foi guiada pelo uso linguístico das pessoas em casa, na rua e no mercado, argumentando, além disso, que a ideia teológica do texto suplantaria a natureza da linguagem isolada. O significado de justificação pela fé em Cristo sem quaisquer obras da lei é "a ideia central da doutrina cristã [...] Seja quem quiser falar de modo claro e pleno sobre esse afastamento de obras terá que dizer: 'Somente fé nos justifica, não obras'. A questão em si, bem como a natureza da linguagem, demanda essa atitude" (*LW*, 35, p. 195).

Durante o período sabático forçado de Lutero em Wartburg, ventos de confusão e pressão para implementar reformas fustigaram seus colegas em Wittenberg. Uma nova teologia havia sido proclamada; agora, conforme reivindicavam alguns, devia ser implementada. Lutero, porém, havia desaparecido: estaria ele morto? Escondendo-se? Desertara a causa? Quem lideraria a Reforma da Igreja em sua ausência? A liderança caiu naturalmente sobre os ombros de dois dos amigos mais próximos de Lutero na reforma da universidade: Philip Melanchthon (1497–1560) e Andreas Bodenstein von Karlstadt (c. 1480–1541). Em pouco tempo, ambos estariam envolvidos nos esforços de implementar o novo entendimento do evangelho. Enquanto, porém, escolhiam seu caminho em meio aos campos minados de reforma pessoal e política, coube a Karlstadt o equivalente ministerial de um comitê de guerra.

## MELANCHTHON: MESTRE DA ALEMANHA

Melanchthon, neto do famoso humanista Johann Reuchlin, tornou-se teólogo e humanista de renome, sendo também colaborador de Lutero por toda a vida. Um jovem precoce, Melanchthon terminou seu bacharelado em menos de dois anos na Universidade de Heidelberg quando tinha apenas quatorze anos, recebendo seu mestrado da Universidade de Tubinga em 1514. Seu entusiasmo pelo humanismo e pelos estudos gregos é evidente na helenização de seu sobrenome alemão (de "Schwarzerd" para Melanchthon, "terra negra": de fato, o nome grego tem um certo prestígio que falta ao equivalente alemão!), prática comum entre humanistas do tempo. Com 21 anos, Melanchthon já tinha publicado um livro de gramática grega que permaneceu requisitado por décadas. Sua contribuição à pedagogia alemã levou-o a ser chamado de *Praeceptor Germaniae*, "o mestre da Alemanha". Sua grande contribuição à Reforma inclui o primeiro livro de teologia sistemática, *Loci communes rerum theologicarum* ("Temas teológicos fundamentais", 1521) e a declaração confessional lida diante do imperador na Dieta de Augsburgo (1530), que até hoje continua tendo caráter fundamental às igrejas luteranas: a Confissão de Augsburgo.

Com a mudança da teologia escolástica pela teologia bíblica na universidade, o corpo docente quis adicionar grego e hebraico ao currículo a fim de desenvolver a habilidade de leitura bíblica nas línguas originais. A "regularização" do "acontecimento linguístico" de Lutero exigia um ministério marcado pela erudição; foi esse o contexto para a nomeação de Melanchthon, em 1518, como o primeiro professor de grego da universidade. Lutero ficou tão impressionado com as habilidades linguísticas de Melanchthon que o encarregou de dar as aulas da carta de Paulo aos Romanos. Melanchthon, por sua vez, tornou-se rapidamente apoiador e entusiasta de Lutero. Ambos diferiam em diversos pontos — e certamente em termos de temperamento. Embora, em alguns momentos, Lutero ficasse impaciente com a "extrema" cautela de Melanchthon, e, em outros, Melanchthon se incomodasse com a irascibilidade de Lutero, as diferenças na personalidade de ambos não os separaram. Não se pode dizer o mesmo do outro colega de Lutero, Karlstadt.

## KARLSTADT E O INÍCIO DO PURITANISMO

Karlstadt recebeu seu bacharelado da Universidade de Erfurt, em 1502; também estudou tomismo em Colônia. Em 1505, foi a Wittenberg, recebendo seu doutorado em 1510. Apoiado por Martin Pollich, vice-chanceler da universidade e também um tomista, a carreira de Karlstadt progrediu rapidamente. Na época em que Lutero chegou, em 1512, Karlstadt era considerado um teólogo promissor, tendo produzido dois estudos sobre lógica tomística e sido promovido a arcediago da Igreja de Todos os Santos, professor de teologia e deão da faculdade. Como um jovem professor em ascensão, sua ambição também o direcionou ao estudo do direito; talvez almejasse a posição de diretor, geralmente reservada a advogados. De qualquer forma, Karlstadt forçou uma dispensa e viajou, no outono de 1515, à Itália.

Ao retornar, em maio de 1516, passou a ostentar doutorados em legislação canônica e civil, algo que não soou bem aos colegas docentes, que haviam assumido seu lugar durante sua ausência e a quem fora dito que Karlstadt faria apenas uma breve peregrinação à Itália para cumprir um voto. Talvez seja justo não darmos muita atenção a isso, uma vez que membros do corpo docente são tidos nas universidades como ciumentos e mesquinhos; contudo, parece que Karlstadt realmente não lidava bem com os colegas. Descrições suas o retratam como um homem volátil, exasperado, calculista, colérico e que sofria de complexo de inferioridade. Chegou-se a afirmar que seu desentendimento posterior com Lutero continha elementos de "rivalidade fraternal" e inveja, decorrentes da crescente fama do colega teólogo (Sider, 1974, p. 11–15; Bubenheimer, 1981a, p. 110).

Alguns estudiosos afirmam que o conflito desenvolvido entre Karlstadt e Lutero estava enraizado em diferenças estratégicas e táticas em relação ao ritmo e à direção da reforma em Wittenberg, e/ou na insistência exclusivista de Lutero em relação ao movimento reformador. Essas observações, ainda que pertinentes, não devem obscurecer as diferenças teológicas entre ambos. O desencadear dos acontecimentos em Wittenberg após a Dieta de Worms prefiguraria teologias alternativas de reforma que, em breve, envolveriam não apenas Zuínglio na cidade de Zurique, mas também os demais movimentos reformistas que se seguiriam no decorrer desse período. Por toda parte, a questão era o relacionamento entre liberdade cristã e autoridade na implementação de reformas; assim, a Reforma iniciada por Lutero já havia se transformado, a essa altura, em reformas. Aplicações e interpretações históricas do movimento em Wittenberg requerem uma breve digressão na teologia de Karlstadt e na maneira como ela se diferenciava da teologia de Lutero.

Quando Karlstadt retornou a Wittenberg em junho de 1516, descobriu que a universidade havia passado por uma mudança evidente de orientação e currículo em decorrência do impacto de Lutero — o qual declarara, em um debate realizado em setembro do mesmo ano, que os escolásticos não entendiam tanto da Escritura quanto Agostinho. Karlstadt se opôs vigorosamente a ele e, de modo confiante, aceitou seu desafio de verificar as fontes primárias. Depois de comprar uma nova edição das obras de Agostinho, Karlstadt se propôs a refutá-lo, porém, acabou ficando surpreso ao descobrir que Lutero estava certo e que ele, Karlstadt, fora "enganado por mil opiniões escolásticas". Com rapidez surpreendente, sua leitura de Agostinho posicionou-o ao lado de Lutero contra a teologia escolástica. Em questão de meses, Karlstadt passou por uma conversão teológica que encontrou expressão em 151 teses sobre natureza, lei e graça, e excertos predominantemente agostinianos. Assim como Lutero, Karlstadt rejeitou a piedade escolástica baseada no mérito e na liberdade humana de cooperar com a salvação. A partir de então, passou a argumentar que as pessoas não podem contribuir em nada para serem salvas e que, nesse sentido, a vontade humana é apenas passiva, receptiva: só Deus é ativo na salvação. Por volta do verão de 1517, Karlstadt dera sequência a essas teses com uma série de aulas sobre o tratado de Agostinho, intituladas *On the spirit and the letter* [Sobre o espírito e a letra].

Lutero exultou diante da mudança de Karlstadt para o campo reformado; mas, por ocasião do debate com Maier em Leipzig, tensões entre ambos já haviam aumentado. Lutero entendia o favor de Deus ao pecador como uma palavra de promessa, a qual se dirigia a ele a partir de seu exterior. A ênfase estava na promessa "fora de nós" (*extra nos*) é "a nosso favor" (*pro nobis*). Para Lutero, o cristão era sempre pecador e justo ao mesmo tempo, incapaz de cumprir a lei de Deus a partir de seu esforço pessoal, aceitando, pela fé, o cumprimento da lei por parte de Cristo.

Em contrapartida, a teologia de Karlstadt parece ter sido mais determinada por uma mudança teológica do pensamento tomista para o agostiniano, algo que lhe era, certamente, pessoal e religiosamente importante. Sua conversão "teológica" significava não apenas uma grande mudança em sua teologia, mas também o repúdio a dez anos de trabalho e publicação escolástica. Poucos professores estão dispostos a mudar assim tão radicalmente! Em contraste com o enredo teológico de Lutero da dialética entre lei e evangelho — a ênfase luterana do cristão como simultaneamente pecador e justo (*simul iustus et peccator*) —, Karlstadt, em termos mais éticos, referiu-se ao cristão como bom e mau ao mesmo tempo. Assim, Karlstadt enfatizou a renovação interior além da aceitação exterior e regeneração além da justificação, isto é, obediência ao Cristo "em nós" (*in nobis*). Como Lutero, Karlstadt via o perdão pela da propiciação de Cristo como central, porém se diferenciava dele ao focalizar na mortificação pessoal e na regeneração interior. Isso o levou a uma concepção da Escritura como uma lei divina que governa a Igreja e o indivíduo, exigindo perfeição. Por isso, o grande biógrafo de Karlstadt do século XX, Hermann Barge (1968), referiu-se a ele como "líder" ou "pioneiro" do "puritanismo cristão leigo", e Ulrich Bubenheimer (1989, p. 62–3) traçou a influência teológica de Karlstadt em relação ao novo nascimento e à santificação no desenvolvimento do pietismo no século XVIII.

Karlstadt descobriu não apenas a teologia de Agostinho, mas também a dos místicos alemães, os quais contribuíram especialmente com sua ênfase na regeneração e na interpretação espiritualista da Bíblia. Essa influência mística é evidente em seu tratado de 1520 *Missive von der aller hochsten Tugent Gelassenheit* ("Carta aberta sobre resignação, a virtude principal"). O desenvolvimento do conceito de *Gelassenheit* tornou-se central na teologia de Karlstadt. Nesse contexto, encontra-se também o início de uma nova hermenêutica, a mudança de uma palavra exterior para uma palavra interior, diretamente de Deus. "A palavra de Cristo ecoa na pessoa *gelassenen* [resignada], que é seu templo; é assim que Deus nasce" (Bubenheimer, 1977, p. 177).

O termo *Gelassenheit* tem tido diversas definições, tais como "resignação", "sujeição", "abandono", "forma de renúncia da alma que busca união com Deus", "separação da alma em relação às criaturas" e "perseverança e persistência em face da adversidade". Para Karlstadt, a vida cristã começa quando alguém vence a vontade própria e se funde com a vontade de Deus, conformando-se com o sofrimento de Cristo. O homem exterior deve ser mortificado por causa da regeneração interior.

O conflito potencial entre a ênfase de Lutero sobre justificação e a de Karlstadt sobre regeneração veio a se tornar em conflito real nos modelos respectivos de ministério desenvolvidos pelos dois reformadores.

## BISPOS, CASAMENTO CLERICAL E ESTRATÉGIAS PARA REFORMA

Entre a viagem de Lutero para a Dieta de Worms em abril de 1521 e seu retorno de Wartburg em março de 1522, desenvolveu-se, em Wittenberg, uma luta fatídica e paradigmática pelo poder com relação ao curso que a Reforma deveria seguir. Ainda em Wartburg, Lutero confiou a implementação do movimento aos amigos em Wittenberg. No início de maio, Lutero escreveu a Melanchthon sobre sua preocupação de que o trabalho de todos pudesse acabar como a figueira de Mateus 21:19, cheia de folhas, mas infrutífera: "A verdade é que nosso esforço redundará apenas em folhagem e palavras vazias se não agirmos em conformidade com nosso ensino" (*LW*, 48, p. 214).

Como, porém, os reformadores deviam agir de acordo com seu ensino? Habitantes da primeira cidade que experimentou a Reforma deparavam-se com problemas políticos, jurídicos e teológicos sem precedentes. Quem seria o guia nesse caminho desconhecido? Quem era treinado na legislação eclesiástica? Seria necessário o desenvolvimento e a aplicação de uma nova legislação eclesiástica e social; pastores e pregadores deviam ser treinados, sustentados e supervisionados; propriedade eclesiástica teria que ser administrada; disciplina eclesiástica precisaria ser aplicada.

A questão da liderança precisava ser resolvida por causa das possibilidades concorrentes de como a Reforma devia ser executada. Quem teria autoridade na implementação de reformas: o príncipe? O conselho municipal? A própria comuna? Além disso, a universidade, com relacionamentos de caráter local, também era uma instituição que poderia, em relação a uma das autoridades citadas, assumir certas funções relativas ao direcionamento de uma Igreja nova e evangélica. A crítica e posterior eliminação da autoridade papal e episcopal, bem como de sua jurisdição não apenas sobre estruturas espirituais, mas também políticas e legais, trouxe relacionamentos abertos e incertos, algo que, por sua vez, deixou um vácuo de poder e instabilidade social em tempos nos quais novos fundamentos eclesiásticos ainda não haviam substituído alicerces antigos e desacreditados. Na cultura medieval, Igreja e comunidade não eram separadas, mas coexistentes, assim como lutas pelo poder entre a Igreja e diversas autoridades ocorriam sempre que um ou outro grupo ficava mais fraco. Em Wittenberg, cada grupo interessado — príncipe, conselho municipal e comuna — desejava expandir sua influência sobre o governo da Igreja de acordo com valores e necessidades próprios. Por isso, surgiram conflitos, individuais e coletivos, envolvendo a relação entre teólogos e grupos de interesse.

Após a publicação da bula *Exsurge Domini*, a autoridade papal diminuiu de modo considerável para os cidadãos de Wittenberg. A autoridade do ofício episcopal também se deteriorou severamente em virtude dos acontecimentos; com a publicação da bula de excomunhão e do Edito de Worms, ela foi amplamente destruída na Saxônia Eleitoral. Governantes territoriais estavam prontos para fechar a brecha e criar uma Igreja territorial, reforçando seu poder com os distúrbios que estavam para acontecer em Wittenberg no fim de 1521 e início de 1522.

Antes disso, a confrontação com os bispos tinha dois focos: a promoção contínua de indulgências por Alberto de Mainz, agora cardeal, e casamento clerical. No outono de 1521, Alberto anunciou uma campanha para a venda de indulgências a visitantes de sua coleção de relíquias em Halle. Quando, em Wartburg, Lutero soube disso, escreveu uma carta dura a Alberto, exigindo que parasse com esse abuso. Caso não o fizesse, Lutero ameaçou publicar um tratado contra ele, o qual "mostraria ao mundo inteiro a diferença entre um bispo e um lobo" (*LW*, 48, p. 324). Em poucas semanas, o cardeal pediu desculpas e assegurou ao Reformador que iria parar. Essa foi uma reviravolta extraordinária, considerando que Lutero havia sido condenado pelo Papa e pelo imperador e que, naquele momento, escondia-se em Wartburg. Esse não era apenas o eco da controvérsia anterior sobre as indulgências, mas um desafio direto à autoridade espiritual do cardeal-bispo Alberto e, portanto, de todos os bispos. O Reformador parecia ter mais poder do que o cardeal!

O casamento clerical desafiava, em particular, a jurisdição espiritual e legal dos bispos, forçando um esclarecimento: reivindicações episcopais ainda deviam ser cumpridas?

> A legislação canônica da Igreja com relação ao matrimônio era suprema sobre o casamento em boa parte do Ocidente. Leis temporais de casamento [...] eram consideradas como que subordinadas à legislação canônica [...] Como sacramento, o casamento estava no coração da jurisdição da Igreja, cuja legislação canônica era abrangente e poderosa (Witte, 1997, p. 31–2).

Lutero havia criticado o celibato em seu *À nobreza cristã da nação alemã* (1520). Cada ministro deveria ser livre para se casar porque "diante de Deus e da Escritura

Sagrada, o casamento clerical não é uma ofensa". Segundo ele, o celibato clerical não pertencia à lei de Deus, mas à do Papa, e "Cristo nos libertou de todas as leis feitas por homens, especialmente quando opostas a Deus e à salvação das almas...". Assim, o Papa não tinha poder para ordenar o celibato da mesma forma como "não pode proibir que alguém coma, beba, digira a refeição e engorde".

O tratado foi recebido como um alívio, pois muitos dentre o clero sofriam, angustiados, por falhar em permanecer celibatários — angústia essa que levou diversos ministros a se odiar. Escritos anticlericais, tais como *Letters of Obscure Men* [Cartas de homens obscuros], há muito tiravam proveito das torturas sexuais do clero.

Tornou-se comum a afronta de concubinas e filhos de ministros, tidos, respectivamente, como prostitutas e bastardos. Certo ministro da época descreveu o dilema nas seguintes palavras:

> Não posso ficar sem uma esposa. Se não me permitem ter uma, sou forçado a levar publicamente uma vida vergonhosa e que afeta minha alma e honra, guiando outras pessoas, ofendidas comigo, à condenação. Como posso pregar sobre castidade e impureza, adultério e depravação, quando minha prostituta vem abertamente à igreja e meu bastardo se assenta na minha frente? Como posso dirigir uma missa nesse estado? (Hendrix, 1993, p. 456).

A aprovação evangélica do casamento clerical oferecia aos ministros afligidos pela consciência "uma resolução — especialmente quanto a dilemas pessoais — permitindo, assim, a um clero autoindulgente uma nova dignidade, libertando-o das causas do ódio com que se autoinfligiam". (Scribner, 1993, p. 1534).

Em maio de 1521, três ministros, dentre eles um aluno de Lutero chamado Bartholomew Bernhardi, fizeram uma aplicação prática do tratado de Lutero. Outros ministros agiram da mesma forma. Essas foram ações corajosas porque acarretavam perseguição e aprisionamento, já que a obrigação do celibato clerical estava também incorporada na legislação imperial. O bispo de Bernhardi, ninguém menos do que o próprio Alberto, exigiu que o imperador Frederico III, Eleitor da Saxônia, o entregasse para que fosse julgado. Frederico se recusou a fazê-lo, entregando o caso e a decisão a uma comissão de juristas. O depoimento de Melanchthon para a defesa argumentava que tanto a Escritura quanto a prática da Igreja do primeiro século apoiavam o casamento clerical, defendendo também que a fraqueza da carne impedia a observância do voto de celibato.

Esses acontecimentos desencadearam uma disputa acirrada, incitando Karlstadt a propor um debate acadêmico sobre o assunto. Em sua tese e tratado *On Celibacy* [Sobre o celibato], Karlstadt defendeu, com base em 1Timóteo 3:2 e 5:9, que todos os ministros deveriam ser casados, que qualquer um com menos de sessenta anos não deveria entrar para a vida monástica e que monges e freiras com menos de sessenta anos deviam ter a liberdade de viver casados nos monastérios. Ao receber os argumentos de Karlstadt, Lutero ficou desapontado com a base exegética de seu colega e, em novembro, começou a escrever seu próprio tratado: *On monastic vows* [Sobre votos monásticos]. Segundo argumentou, os votos nem mesmo eram ordenados por Deus, mas iam, por outro lado, contra sua Palavra. Nessa questão, Lutero também atacou a distinção medieval entre mandamentos e conselhos; medievalistas reivindicavam que, enquanto todos os cristãos deveriam cumprir os mandamentos de Deus, havia um mérito extra em preservar conselhos relacionados a pobreza, celibato e obediência. Esses conselhos provinham especialmente do monasticismo, cujo mérito de salvação contribuía com a riqueza da graça. Outro ponto importante foi que Lutero rejeitou a reivindicação de que apenas aqueles que guardavam esses conselhos (isto é, os monásticos) tinham uma vocação religiosa. Para o Reformador, a única diferença entre vida "religiosa" e "secular" dizia respeito à forma, não ao conteúdo. Lutero aboliu distinções entre os cristãos, abrindo o caminho para a sua visão de que todos os batizados são ministros e de que todos os cristãos têm um chamado divino, uma vocação no mundo. Lutero não defendia por completo a abolição da vida monástica, mas apenas seu caráter compulsório. Se alguém queria ser monge, a escolha tinha que ser tão pessoal quanto qualquer outra das escolhas vocacionais humanas; também devia ficar claro que essa escolha não era, em hipótese nenhuma, superior à escolha de ser, digamos, fazendeiro ou professor. A fé é o "grande nivelador", liberando clérigos e leigos para servir ao próximo. Segundo Lutero, votos monásticos entram em conflito com a fé porque incluem obras em vez da promessa divina de misericórdia e são contra a liberdade evangélica, já que aquilo que não é necessário para a salvação é gratuito. O Reformador alegou que, no batismo, foi Deus que nos fez um voto, reiterando que a fé nos liberta da dependência de obras para a salvação. Em outras palavras, não recebemos a aprovação divina pelo que oferecemos — e qualquer mandamento humano que usurpa essa liberdade se opõe a Deus. O tratado, segundo Brecht (1990, p. 24), "é um dos escritos mais belos de Lutero sobre a liberdade evangélica". Em 6 de janeiro, agostinianos realizaram sua reunião costumeira em Wittenberg e decretaram que aqueles que quisessem deixar o monastério estavam livres para fazê-lo.

A propaganda e atividade intensa dos teólogos de Wittenberg em favor do casamento clerical ricocheteavam, agora, contra eles mesmos, pois, já que tinham encorajado outros ministros a se casar, mas não tinham dado esse passo, sua própria credibilidade estava em jogo. Contudo, em novembro de 1521, Karlstadt se propôs dar o exemplo. Um dia depois do Natal, tornou-se noivo de Anna von Mochau, jovem filha de um nobre empobrecido que morava em uma aldeia vizinha. O casamento de Karlstadt, em 19 de janeiro de 1522, não foi apenas um ato propagandista. Seu significado para a demografia urbana e padronização das relações legais e sociais foram de suma importância (Oehmig, 2001, p. 169–70). O convite público ao casamento declarava expressamente que o ato seria um modelo para que outros ministros se casassem com suas "cozinheiras". Karlstadt também enviou um convite pessoal ao príncipe-eleitor Frederico III, chamou todo o corpo docente da universidade e o conselho municipal. Esperando uma grande festa, gastou mais de cinquenta florins em salsichas e bebidas! Para deixar ainda mais clara a sua posição, a lista de convidados de Karlstadt incluiu também bispos de Magdeburgo, Brandemburgo e Meissen. Esses convites indicavam a autoconfiança de Karlstadt em relação ao casamento clerical, ressaltavam a importância programática e política desse casamento e tratavam bispos como iguais em autoridade espiritual. Frederico III fingiu não se importar e não compareceu ao casamento, embora os teólogos de Wittenberg estivessem confiantes de sua disposição positiva sobre o assunto. Por razões políticas, Frederico queria se manter distante de ministros casados. Assim, na cerimônia matrimonial de Bugenhagen, a corte forneceu a carne de veado para a festa, listando-a, porém, como presente de Spalatin, conselheiro particular do eleitor (Brecht, 1990, p. 92).

O casamento de Karlstadt teve uma repercussão enorme: foi elogiado por evangélicos e condenado pelo *establishment*. Em questão de meses, um grande número de ministros também se casou. De acordo com Ozment (1980, p. 381):

> Nenhuma mudança institucional ocasionada pela Reforma foi mais visível, sensível a desejos do fim da idade medieval por reformas e condutora de novas atitudes sociais que o casamento do clero protestante. Nem mesmo houve outro ponto no programa protestante em que teologia e prática se correspondessem de modo tão próximo.

Os primeiros casamentos clericais foram uma rejeição da ordem eclesiástica da época. Em face do banimento e da proscrição papal, a coragem dos reformadores de implementar a teologia que pregavam foi uma demonstração importante do movimento reformado. Não apenas os demais ministros receberam um modelo, como também as congregações participaram do processo. Bernhardi recebera permissão de sua paróquia para o seu casamento, e a paróquia de Seidler intercedeu por ele depois de seu aprisionamento por ordem do duque Jorge. Escritos em defesa do casamento clerical também se dirigiram a leigos com relação à liberdade e vocação cristãs. O casamento clerical era popular entre o povo e impulsionava o clero no que diz respeito às obrigações de cidadania.

A autoconfiança de ministros e teólogos em defender e promulgar o casamento clerical contra a vontade de bispos e, em alguns casos, autoridades seculares, foi impressionante. Teólogos de Wittenberg — e outros pastores e pregadores —, diante disso, tomaram para si uma autoridade espiritual até então reservada a bispos. O arcebispo Alberto recusou-se a participar de uma discussão aprofundada do assunto, reivindicando o direito de julgar as questões com base na legislação canônica e na prática jurídica. Para os reformadores, no entanto, a única norma era a Bíblia.

A adoção do casamento clerical foi "uma das reformas mais espetaculares" do movimento evangélico:

> O casamento público de um ministro no início de 1520 representava uma violação flagrante da legislação canônica, pela qual membros do clero se identificavam claramente como adeptos da Reforma. Essa rejeição evidente do celibato e a aceitação da condição matrimonial contradiziam o desenvolvimento de um século de Igreja e uniam, de modo característico e com consequências vastas, a prática com a convicção teológica do novo clero evangélico.

Os primeiros casamentos clericais evangélicos não foram legitimações tácitas de relações com concubinas, mas sim atos propagandistas e demonstrações da teologia da Reforma (Buckwalt, 1996, p. 167, 180).

Sempre que governantes locais se recusavam a apoiar bispos, como no caso de Bernhardi, a crise de jurisdição espiritual se tornava pública. Enquanto a posição de Frederico podia ser atribuída a sua simpatia pessoal por seus ministros casados ou à incerteza religiosa, é igualmente razoável perceber, nesses casos, a tendência por parte de regentes de expandir sua influência sobre a Igreja. Ao impedir o cumprimento de sentenças pronunciadas por bispos, príncipes se intrometiam na jurisdição episcopal de maneira prática, não teórica. Mesmo que isso não fosse novidade no caso da Reforma, representava, sim, um desafio ainda maior ao poder de Roma e um fortalecimento da autoridade secular, contribuindo, desse modo, com o desenvolvimento da Igreja protestante territorial.

O próprio Lutero não se casou até 1525. O Reformador conheceu Katie (Katharine von Bora, 1499–1552) em abril de 1523, depois de sua futura esposa ter chegado em Wittenberg com outras freiras que haviam escapado de um convento próximo à cidade. Oriunda de uma família empobrecida da baixa nobreza, Katharine fora enviada por seu pai ao convento "Trono de Maria", monastério da ordem cisterciense localizado em Nimbschen, quando tinha apenas nove ou dez anos; ela oficializou seu voto com a idade de dezesseis anos. Aparentemente, Katharine não foi coagida a entrar para a ordem, embora, uma vez dentro, não pudesse mais retornar à casa dos pais. Isso não indica falta de motivação religiosa por parte dela e de seu pai. A entrega benevolente de sua família, bem como o alívio do fardo financeiro desde que deixara o lar, significava que, a partir do voto, Katherine passaria a exercer o papel de intercessora diante de Deus em favor de sua casa. Ela mesma acreditava que o convento proveria oportunidades que não teria no mundo, já que, no enclaustro, levaria uma vida sem a supervisão patriarcal de um pai ou um marido e aprenderia a ler e escrever — incluindo um pouco de latim, principalmente em relação à liturgia de cânticos — e desenvolveria habilidades administrativas no que diz respeito a terras monásticas e fazendas arrendadas (Stjerna, 2009, p. 52-3; Akerboom, 2005, p. 88–9). Oportunidades como essas, bem como comprometimentos religiosos e pessoais, também fortaleciam a decisão daquelas que desejavam permanecer freiras, como no caso de Caritas Pirckheimer, abadessa do convento de Santa Clara, em Nuremberg. Pirckheimer foi bem-sucedida na luta contra o fechamento do claustro, ameaçado pelo movimento reformador (Barker, 1995; Wiesner-Hanks e Skocir, 1996; Mackenzie, 2006; Stjerna, 2009, p. 26–31).

Havia poucas possibilidades para uma mulher solteira na Idade Média; por isso, não levou muito para que os reformadores arranjassem casamentos ou se casassem com todas as freiras que haviam fugido para Wittenberg. Exceto no caso de Katherine. Dotada de personalidade forte, deixou claro que não estava satisfeita com o par que lhe propuseram, mas que aceitaria se casar com Lutero. Nesse meio tempo, o próprio Lutero estava sendo continuamente pressionado por outros para que se casasse: aqueles que o apoiavam desejavam uma expressão prática de sua aprovação ao casamento de ministros. Em 13 de junho de 1525, Lutero casou-se com Katie, para o agrado de seu pai — que queria netos — e o desagrado do Papa (*LW*, 29, p. 21; Stjerna, 2002; Karant-Nunn e Wiesner-Hanks, 2003, p. 186–201).

Agora, Lutero afirmava o casamento não apenas em teoria, mas por experiência. Segundo reivindicava, a união conjugal vislumbrava o que o Éden perdido parecia ser. Certamente, o Reformador sabia que a vida conjugal não era uma lua-de-mel prolongada, e comentava que, se soubéssemos o que nos espera, provavelmente não nos casaríamos. Lutero cria, porém, que o celibato restringia o serviço ao próximo por parte de homens e mulheres, violava a ordem divina e negava a bondade da relação sexual. Para ele, o matrimônio criava uma nova conscientização da comunidade humana: "O casamento não consiste apenas em união sexual — qualquer um pode fazer isso! —, mas na manutenção do lar e na criação de filhos" (*LW*, 54, p. 441). A figura de um pai trocando fraldas malcheirosas de bebês pode ser ridicularizada por tolos, mas não para Deus, que "com seus anjos e criaturas, sorri — não porque o pai troca fraldas, mas porque o faz na fé cristã" (*LW*, 45, p. 40).

De fato, a experiência de Lutero no cuidado de filhos era uma fonte de ilustrações vívidas do amor de Deus:

> No alemão de Lutero, o adjetivo associado aos pecados era "fétido". *Das stinkt zum Himmel* ("mau cheiro que sobe até o céu") é uma forma de expressar indignação sobre uma ofensa. A associação entre o mau odor de uma fralda suja e os pecados de um adulto não era, portanto, tão exagerada. Lutero dizia repetidamente: "Deus Pai precisa suportar um odor muito pior nos seres humanos do que um pai ou uma mãe em relação ao seu filho", e "como nosso Senhor Deus tem que suportar murmuração e mau cheiro de seus filhos, pior do que uma mãe deve fazê-lo em relação aos filhos dela!" (Stolt, 1994, p. 391).

Para Lutero, o amor de Deus não podia ser expresso de forma mais enfática do que na declaração de que somos seus filhos (WA 20, p. 694, 27–33):

> Você me diz: ofendemos a Deus diariamente com nosso pecado; por isso, não somos santos. A isso respondo: o amor maternal é mais forte do que qualquer excremento ou ferida de seu filho. Da mesma forma, o amor de Deus é mais forte do que a nossa sujeira (WA TR 1, p. 189, Nr. 437; Lindberg, 2000b, p. 133–4).

Para o Reformador, o companheirismo entre marido e mulher era algo maravilhoso. Contudo, o casal Lutero também conheceu, em primeira mão, a dor da perda de um filho. Elizabeth faleceu ainda na infância, e Magdalena morreu nos braços de Lutero com apenas treze anos de idade: "É estranho saber que ela está realmente em paz [...] e, mesmo assim, sentir tamanha tristeza" (*LW*, 54, p. 432). No total, Martinho e Katie tiveram seis filhos, a quem amaram ternamente.

Katie apoiou e repreendeu seu marido por mais de vinte anos durante aquele que deve ter sido um dos casamentos mais importantes da história. O casal Lutero estava convencido de que Deus havia ido ao seu encontro ao presenteá-lo um com o outro. A influência de Katie se estendia muito além do estabelecimento e manutenção do lar: ela encorajou seu marido a responder ao ataque teológico de Erasmo; ouviu-o e aconselhou-o em meio a controvérsias teológicas, questões acadêmicas e relacionamentos profissionais; ajudou-o a fundamentar sua teologia de relacionamentos humanos, especialmente em termos de mutualidade e reciprocidade amorosa; e contribuiu com novas perspectivas sobre a dignidade e responsabilidade da mulher. Não é de se admirar que se Lutero referisse a Katie como "minha imperatriz", "meu Moisés" e outros termos ainda mais carinhosos (Scharffenorth, 1983; Akerboom, 2005).

Entre protestantes modernos, casamento clerical é algo tão comum, que é difícil imaginar a ansiedade que a prática gerava entre os oponentes de Lutero. Casamento clerical não apenas minava a autoridade episcopal — incluindo a autoridade papal — da Igreja, como também, juntamente com a nova teologia do sacerdócio de todos os batizados, realçava nela o potencial "fantasma" da atividade pública feminina. Conforme exposto, já em 1522, Cochlaeus havia soado o alarme:

> Mulheres luteranas, tendo posto toda vergonha de lado, agem com tamanha audácia que usurpam para si o direito e ofício do ensino público na igreja [...] Não lhes faltam defensores dentre homens luteranos [...] O próprio Lutero já ensinava que também as mulheres eram verdadeiras ministras cristãs — e ainda mais, que qualquer batizado era verdadeiramente Papa, bispo e ministro... (Vandiver *et al.*, 2002, p. 106–7).

Como os inquisidores de Anne Askew, na Inglaterra, temiam — de fato, inquisidores de mulheres evangélicas por toda parte —, uma mulher fora de controle "abandonaria a modéstia e humildade de Maria, trocando-a por uma vida licenciosa e escandalosa" (Matheson, 2008, p. 9).

Os maiores temores da "velha guarda" quase imediatamente se tornaram realidade na pessoa de Argula von Grumbach (1492–1556/7), uma jovem nobre da Baviária, cidadela de João Maier e da Universidade de Ingolstadt. Inspirada pelos escritos de Lutero, ela e um grupo de amigos e parentes imergiram no estudo da Bíblia e nos escritos dos reformadores de Wittenberg. O que impeliu Argula à arena pública foi a prisão, no outono de 1523, do jovem aluno evangélico Arsacius Seehofer, forçado a abjurar sua crença. Seehofer, que havia estudado em Wittenberg, compartilhava escritos e mensagens entre Argula e os reformadores. Indignada pela ameaça de morte contra Seehofer, Argula desafiou os teólogos de Ingolstadt, incluindo Maier, a um debate público em alemão sobre as ações que tomaram: "Não é vergonhoso o fato de o aluno Seehofer 'ter que negar todos os escritos de Martinho, que traduziu o Novo Testamento em alemão, simplesmente seguindo o texto?'" As autoridades da Baviária ficaram furiosas: "O marido de Argula, considerado responsável pelas ações da esposa, foi sumariamente afastado do cargo [de administrador municipal]. Ele mesmo não era partidário das ideias da mulher e também ficou furioso" (Matheson, 2008, p. 5). As inúmeras cartas que Argula escreveu em favor de Seehofer foram publicadas e tiveram ampla circulação, "tornando-se um pretexto para que declarasse sua crença luterana cristã, defendesse seu direito (e o de outras mulheres cristãs) e mostrasse seu conhecimento bíblico impressionante" (Stjerna, 2009, p. 73). Argula e Lutero trocaram correspondências e, ao que se sabe, encontraram-se ao menos uma vez (2 de junho de 1530); antes disso, escrevera anteriormente a Frederico, encorajando-o a defender a causa do evangelho na dieta de Nuremberg, em 1524. Também no mesmo ano, Argula encorajou Lutero a se casar. "Estima-se que cerca de 29 mil cópias de seus escritos circularam nos anos de 1523–4" (Matheson, 2002, p. 95). Ela teve quatro filhos, três dos quais morreram em sua presença. Três anos depois da morte de seu marido, em 1530, casou-se novamente, mas ficou viúva mais uma vez, em 1535. Os últimos três anos de sua vida são obscuros. Matheson (1995, p. 56) menciona a recente descoberta da vida e obra de Argula e o desafio atual de "permitir que sua voz seja, enfim, ouvida, integrando sua crítica social, interpretação da Escritura, atividade de *lobby*, publicação inovadora e papel feminino pioneiro ao estudo tradicional da Reforma".

A reforma de leis matrimoniais prosseguia rapidamente onde quer que o movimento evangélico criasse raiz: "Os maiores teólogos protestantes — Martinho Lutero e Philip Melanchthon, Thomas Cranmer e William Tyndale, Martin Bucer e João Calvino —, todos eles prepararam tratados sobre o assunto nos primeiros anos de sua reforma [...] Praticamente cada cidade e território que se convertia à causa protestante adotava novas leis matrimoniais dentro de uma década depois de aceitar a Reforma" (Witte, 2007a, p. 453; confira também Witte, 2002, p. 177-256; Witte, 1997, p. 42-193). Essas ordenanças matrimoniais fizeram do casamento um assunto civil e instituíram a possibilidade de divórcio e novo casamento.

## EVANGELHO E ORDEM SOCIAL

Junto com a pauta do casamento clerical estavam a reforma da missa, a abolição de imagens e a reforma do sistema de assistência social (que será discutido no próximo capítulo). Posteriormente, discutiremos sobre a missa com mais detalhes; por enquanto, precisamos nos lembrar de que a eucaristia era o símbolo e realidade central da cultura do fim da Idade Média. A eucaristia era apresentada pela Igreja como o sacramento mais importante, sustentando todo o sistema sacramental e poder clerical. A missa era o elemento central na vida da Igreja; mudá-la seria chocar, de forma profunda, a congregação de Wittenberg.

De Wartburg, Lutero requisitou que Melanchthon fosse ordenado pregador e o substituísse na Igreja de Wittenberg. No entanto, embora o conselho municipal confirmasse as qualificações teológicas de Melanchthon, não estava disposto a dar o cargo a esse leigo casado. Se Melanchthon era capaz de prover estabilidade durante um período tão tumultuoso é algo que permanece motivo de questionamento.

Em julho de 1521, Karlstadt declarou, com respeito à missa, que "aqueles que participam do pão e do vinho não são boêmios, mas verdadeiros cristãos. Aquele que recebe apenas o pão está, em minha opinião, pecando" (Barge, 1968: I, 291). Lutero já havia opinado contra a retenção do vinho aos leigos durante a Santa Ceia, porém, não podia reivindicar que, a menos que alguém ingerisse ambos, incorria em pecado. Agora, Gabriel Zwilling, companheiro agostiniano de Lutero, passava a atacar a missa privada em suas mensagens, pregando também contra a veneração da hóstia consagrada. O prior do monastério proibiu mudanças na missa, fazendo com que a prática cessasse totalmente. Porém, quando eremitas de St. Antônio apareceram no início de outubro para sua rodada anual de esmolas, alunos interromperam as mensagens, lançando contra eles pedras e estrume. O príncipe-eleitor rejeitava mudanças na missa: Wittenberg não deveria inovar sozinha. É claro que isso exaltou ainda mais o ânimo dos alunos, levando a passos ainda maiores por parte de Zwilling, que liderou um êxodo de monges do monastério agostiniano. Atos de violência anticlerical começaram a aumentar no mês de dezembro; a crise era iminente. Nas semanas seguintes, uma comissão submeteu a Frederico um relatório favorecendo uma reforma imediata na prática, em linha com a nova teologia. Em dezembro, uma petição ao conselho municipal requereu anistia aos agitadores e reformas na liturgia e ética. Contudo, Frederico expressou, uma vez mais, sua visão de que ainda não era tempo para inovações.

Em 22 de dezembro, Karlstadt anunciou, em sua missa seguinte, programada para o dia 1 de janeiro, que tinha a intenção de celebrá-la em linha com a nova teologia; o príncipe-eleitor lhe mandou o recado de que não deveria fazê-lo. Karlstadt respondeu que, nesse caso, realizaria a missa no Natal, algo que soava mais como uma tentativa de evitar outro tumulto do que teimosia de sua parte. Quando acontecimentos começam a ganhar *momentum*, às vezes é necessário que líderes corram rapidamente para se adiantar à multidão. É certo que, para Karlstadt, o mandamento de Deus era mais importante do que a preocupação dos outros, fosse a de um príncipe que desejava manter a ordem, ou a de um pastor que não quisesse que sua igreja se escandalizasse. Para Karlstadt, a graça tinha um custo, pois significava manter-se em sintonia com Jesus e com as normas da Escritura em vez de com a cultura predominante.

A véspera de Natal não foi nem pacífica, nem sagrada: desordeiros perambularam pela rua, ameaçaram ministros e atrapalharam cultos. No dia seguinte, Karlstadt celebrou a ceia na igreja do castelo sem a vestimenta tradicional: vestido como leigo, consagrou o pão e o vinho em alemão, distribuindo ambos. Karlstadt realizou em público o que Melanchthon fizera em particular com seus alunos alguns meses antes. Essa era a "linguagem gestual" do anticlericalismo, o rompimento público com um milênio de tradição. A congregação, incluindo membros da comunidade e líderes eclesiásticos, participou da ceia sem ter antes jejuado ou ido ao confessionário. O fato de participantes pegarem o cálice com as próprias mãos e uma hóstia cair acidentalmente no chão ofendeu grandemente, na época, a sensibilidade de alguns. Karlstadt anunciou que a próxima celebração evangélica do sacramento seria no dia de ano novo, na igreja da cidade, em uma paróquia que não estava sob sua jurisdição. Sem dúvida, a missa natalina fora um sucesso, uma rejeição pública da tradição. Foi um ato difícil de ser executado, mas em seu zelo de traduzir teoria em prática, o colega de Lutero ao menos igualou uma e outra. No dia seguinte, Karlstadt ficou noivo.

Nesse meio-tempo, mais lenha havia sido lançada nessa fogueira já acesa com a chegada dos chamados "profetas de Zwickau". Zwickau, cidade da região sul do eleitorado, conhecida por seu comércio e por sua indústria têxtil, possuía um histórico de tensões sociais entre alta classe rica e artífices industriais pobres. Influências valdenses e hussitas, anteriores à Reforma, serviram ainda mais de estímulo a esses conflitos, mas também prepararam o terreno para a ampla aceitação de Lutero. Desde maio de 1520, Thomas Müntzer (Capítulo, 6) pregava aos socialmente descontentes da cidade usando seu púlpito, na Igreja de Santa Catarina, paróquia que a maior parte dos pequenos artesãos frequentava. Sua mensagem crítica o levou à expulsão da cidade em abril de 1521. Durante seu ministério curto em Zwickau, Müntzer conheceu e apoiou as ideias religiosas de Nicholas Storch, roupeiro-mor,

Thomas Drechsel, tecelão, e Marcus Thomae, ex-aluno de Wittenberg conhecido como Stübner. Os três, chamados de "profetas de Zwickau", também foram retirados da cidade por causa de ideias religiosas radicais, que incluíam a rejeição do batismo infantil e a convicção de revelações divinas imediatas pelo Espírito de Deus. Os "profetas" chegaram a Wittenberg logo após o Natal, reivindicando ter tido sonhos inspirados por Deus e visões sobre uma grande invasão turca, a eliminação de todos os ministros e o fim iminente do mundo. Além disso, passaram a ensinar que os homens deveriam ser instruídos apenas pelo Espírito Santo, doutrina que não tem conexão nem com Cristo, nem com a Bíblia. Melanchthon se irritou com eles, urgindo ao príncipe-eleitor que permitisse o retorno de Lutero. Os profetas de Zwickau logo se mudaram à procura de pastos mais verdejantes, deixando como contribuição o enfraquecimento da liderança de Melanchthon.

Em 24 de janeiro, o conselho municipal endossou mudanças na missa, bem como outra causa de Karlstadt: a eliminação de imagens. Duas semanas antes, Zwilling levara os monges que ainda restavam no mosteiro agostiniano a remover ídolos, quebrar estátuas e queimar qualquer coisa que fosse inflamável, incluindo o óleo consagrado da extrema-unção. Karlstadt pregava há um tempo que a lei do Antigo Testamento proibia imagens, mantendo a pressão até que o conselho decretou um dia para que fossem removidas. O resultado foi ainda mais violência e desordem.

A destruição generalizada de imagens e símbolos da velha fé que acompanhavam a chegada de movimentos de reforma não foi mero vandalismo, mas sim uma ação ritualística que tanto desconstruiu o catolicismo quanto contribuiu para a construção do protestantismo, uma declaração gestual ainda mais poderosa pelo fato de que aqueles que destruíam ídolos eram os mesmos que, há pouco, os fabricavam. O "processo ritualístico" da Reforma consistia em uma modelagem metafísica do mundo a partir de novas convicções. Destruir imagens ou degradá-las, colocando-as em posição incomum, urinando ou defecando em cima delas, afastou "o Papa e a religião papal da mente e do coração dos que participavam dessas práticas". Iconoclastas viam imagens como "ídolos vorazes" que devoravam recursos sem produzir nada em troca. Ícones e altares representavam o deslocamento de recursos destinados aos pobres a objetos sem vida (Scribner, 1987, p. 103–22; Eire, 1986; Wandel, 1995).

Tal entendimento ajuda a explicar a influência do tratado de Karlstadt, intitulado *On the Abolition of Images* [Sobre a abolição de imagens]. Em uma página após a outra, Karlstadt enfatizou que imagens vão contra o primeiro mandamento. Segundo defendia, não há desculpas à reivindicação de que uma imagem remeta a Deus em vez de a si mesma, mesmo no caso de um crucifixo. Cristãos devem aboli-las, da mesma forma que, no Antigo Testamento, altares dedicados a ídolos deviam ser quebrados e desfeitos, uma vez que Cristo é a continuação da lei do Antigo

Testamento e também porque Deus proíbe imagens da mesma forma que o faz em relação ao homicídio, roubo, adultério e à mentira. É bem provável que Karlstadt tenha sido motivado por mais do que seu entendimento do evangelho como a Nova Lei. Treinado como tomista, o teólogo havia absorvido uma metafísica que tornava imagens em realidade. O entendimento da época sobre aspectos físicos da visão reforçava o conceito metafísico, descrevendo-a como algo passivo e reagido pelas imagens (Scribner, 1987, p. 106; Wandel, 1995, p. 27):

> Meu coração foi treinado e criado desde a infância para honrar e adorar imagens; por isso, um medo destrutivo, do qual desejava me livrar, mas não conseguia, apoderava-se de mim. Assim, temia que não estivesse queimando apenas ídolos [...] Embora soubesse, pela Escritura, que imagens não exerciam influência nenhuma [...] contudo [...] mesmo assim era tomado pelo medo, receoso de um demônio imaginário (Karlstadt, 1522, p. 19).

Karlstadt alegava que, uma vez que os ministros haviam pervertido a lei de Deus e, desse modo, atrapalhado os fiéis, magistrados deveriam seguir o exemplo do rei Josias e reformar a Igreja pelo uso da força. (Josias, iconoclasta e reformador zeloso de Judá [2 Reis 22–23:25], também serviu de modelo aos reformadores ingleses durante o reino de Eduardo VI, o qual, como Josias, tornou-se rei ainda jovem. Confira Bradshaw, 1996.) Poucos dias antes, em 20 de janeiro, a dieta imperial, reunindo-se em Nuremberg, expedira um mandato criticando a Saxônia Eleitoral pelas mudanças e exigindo que todas as inovações ligadas à prática religiosa fossem anuladas sob pena de castigo. Obviamente, o príncipe-eleitor Frederico III não estava disposto a imitar o rei Josias. Melanchthon foi forçado a silenciar Zwilling, e Karlstadt teve que prontamente parar de pregar. Melanchthon, que já estava à beira de uma crise de nervos naquela época, pediu encarecidamente a Lutero que retornasse de Wartburg e restaurasse a ordem.

Notícias sobre a intenção de Lutero de deixar a segurança de Wartburg para a agitação de Wittenberg contribuíram pouco para tranquilizar o príncipe-eleitor. Frederico queria que seus professores turbulentos fossem discretos. Por isso, após ter acomodado Lutero no Castelo de Wartburg, também enviou Karlstadt à Dinamarca, afastando-o da cidade. Karlstadt, porém, retornou a Wittenberg depois de duas semanas, causando, a partir de então, agitação na cidade. Frederico escreveu a Lutero, pedindo-lhe que não se envolvesse com nada. As respostas do Reformador refletiram sua fé e confiança, bem como sua intenção de zombar da coleção de relíquias de Frederico:

> Ao meu gracioso senhor, duque Frederico, eleitor da Saxônia [...] Graça e paz da parte de Deus Pai na aquisição de uma nova relíquia! Escrevo esta saudação em lugar de costumeiras afirmações de respeito. Há muitos anos, Vossa Graça tem adquirido relíquias de diversos

lugares, mas Deus, agora, lhe atendeu o pedido, enviando-lhe, sem esforço e custo, uma cruz completa, juntamente com pregos, lanças e flagelos (*LW*, 48, p. 387).

Logo após a carta, Lutero informou Frederico que retornaria a Wittenberg a despeito dos desejos do príncipe-eleitor, porque tinha que obedecer a Deus mais do que a qualquer governo secular: "A espada não pode — nem mesmo é capaz — de resolver um caso como este; apenas Deus pode fazê-lo" (*LW*, 48, p. 391). Posteriormente, teremos oportunidade de comentar sobre a rejeição de Lutero quanto ao uso da força ou do governo como apoio a assuntos religiosos. Por enquanto, porém, é importante reparar em sua convicção, a qual manteve de forma coerente durante toda a carreira: forçar alguém a cumprir o evangelho seria o mesmo que transformá-lo em lei, pervertendo, assim, a Reforma. O que era gratuito não podia ser imposto.

Lutero chegou a Wittenberg em uma sexta-feira, no dia 6 de março de 1522. No domingo seguinte, começou uma série de pregações conhecidas como "Sermões *Invocavit*" por causa do nome daquele domingo, *Invocavit*, o primeiro domingo da quaresma. O tema dos sermões era a distinção entre o "posso" evangélico e o "devo" legalista. Lutero enfatizou a centralidade do evangelho, que liberta uma pessoa do pecado e a torna filha de Deus. Em seguida, falou sobre a indissolubilidade da fé e do amor: fé ativa no amor gera paciência pelo próximo, visto que nem todos têm uma fé igualmente robusta. Alguns cidadãos de Wittenberg ainda não estavam preparados para a implementação de mudanças e viam algumas das inovações litúrgicas como práticas ímpias, de modo que a preocupação de Lutero não era com reformas que já haviam sido iniciadas, mas sim com sua rapidez e compulsão: "A causa é boa, mas está indo rápido demais. Há ainda irmãos e irmãs do outro lado que são do nosso grupo e que ainda precisam ser conquistados" (*LW*, 51, p. 72).

Na perspectiva de Lutero, Karlstadt estava pregando mensagens do tipo "devo": isto é, o sacrifício da ordem e a ofensa causada aos fracos resultavam da imposição daquilo que, na verdade, devia ser voluntário. Fé é um dom gratuito que não podia ser forçado a ninguém; Lutero se opunha aos papistas, mas, segundo ensinou, apenas com a Palavra de Deus, não pelo uso da força. De fato, segundo ele, a Palavra de Deus fazia tudo "enquanto [ele] dormia ou bebia a cerveja de Wittenberg com [os] amigos Philip e Amsdorf". Lutero estava ciente de que poderia ter fomentado uma revolta no Império, mas que tal ação não passaria de uma "jogada tola" (*LW*, 51, p. 77).

Lutero alegava que uma reforma forçada mudaria o evangelho de boa para má notícia, ou seja, transformá-lo-ia em lei. Segundo ele, a história da Igreja demonstrava que uma lei era capaz de se transformar rapidamente em milhares de

(a)

(b)

**Figura 4.1** (a) "Lamento dos pobres ídolos perseguidos e imagens de templo", c. 1530, atribuída a Erhard Schön. Esta é uma das primeiras reproduções da iconoclastia que acompanhou o despertar da Reforma. À esquerda, uma igreja está "limpa" de imagens, que estão sendo queimadas à direita. O único altar restante, com apenas duas velas queimando, reflete a rejeição da obra artística eclesiástica na Suíça Reformada. Acima do fogo está um homem cuja riqueza é indicada por um saco grande de dinheiro e um grande frasco de vinho. O homem sinaliza em direção aos iconoclastas, tendo uma grande viga nos olhos que ilustra a parábola daquele que vê um cisco no olho do próximo e ignora a viga que está no seu (Mateus 7:3; Lucas 6:42). A ideia é que a remoção de imagens não remove a idolatria, nesse caso a idolatria de riquezas, refletindo o ponto de Lutero de que o verdadeiro ídolo não está em imagens, mas no coração das pessoas. Essa crítica satírica da iconoclastia também pode ser vista no homem que carrega a cruz — por vandalismo. (b) A ira contra os deuses que decepcionam as pessoas, reação não limitada a contextos religiosos restritos, foi amplamente vista na destruição dos símbolos do comunismo após a dissolução da União Soviética. *Fontes*: (a) Germanisches Nationalmuseum, Nürnberg, (b) Associated Press.

outras leis. Além do mais, apressar-se em quebrar altares e destruir imagens era algo contraproducente, pois fixava ídolos ainda mais firmemente no coração das pessoas. Zelo compulsivo não apenas ofendia o fraco, como também gerava a suspeita de que a liberdade cristã era ostentada como um tipo de prova de que um cristão pudesse ser melhor do que o outro: "Se você deseja ser considerado um melhor cristão do que outros porque pega o sacramento com as próprias mãos e recebe tanto o pão quanto o vinho, isso, pelo que sei, faz de alguém um mau cristão" (*LW*, 51, p. 91).

Os sermões diferenciavam reformismo de puritanismo. A abolição da implementação abusiva e forçosa da Reforma, independentemente da correção teológica, violentava a consciência de ignorantes e dos que ainda não haviam sido persuadidos. Cristãos fracos precisavam ser iniciados com leite, crescendo gradualmente até chegar ao alimento sólido da liberdade cristã (1Coríntios 3:2), e inverter essa ordem seria o mesmo que se preocupar apenas com aparências e mudanças exteriores. Pior ainda: na visão de Lutero, esse tipo de mensagem substituía a proclamação pela exortação, a mesma crítica que fizera contra a piedade medieval, baseada no mérito. Para Lutero, a primeira palavra é sempre o que Deus fez pela humanidade; em segundo plano está a palavra do que a humanidade deve fazer em resposta à ação de Deus. O resultado desses sermões foi a restauração quase imediata da ordem. Inovações cessaram, ao menos por um tempo, e também a violência.

No decorrer das pregações, Lutero nunca mencionou Karlstadt pelo nome, mas era óbvio, tanto pelo contexto quanto pelo conteúdo, que os dois reformadores seguiam modelos divergentes de ministério. Cada qual extraiu seu molde de fontes históricas e teológicas da Igreja em um esforço de responder, de modo construtivo, a instabilidades sociais, políticas e religiosas; e cada qual cria que seu modelo era incompatível com o do outro. Nos anos seguintes, a tensão entre ambos culminaria em uma separação rancorosa: a expulsão de Karlstadt da Saxônia Eleitoral e o ataque veemente de Lutero ao colega no tratado *Against the Heavenly Prophets* [Contra os profetas celestiais] (1525). Entretanto, vale mencionar que, logo após a Guerra dos Camponeses, Lutero livrou Karlstadt do desastre, acolhendo a ele e sua família em sua própria casa (Karlstadt obteve a permissão de permanecer na Saxônia Eleitoral sob a condição de ficar calado).

Nos estudos sobre a Reforma, há uma tendência persistente de equacionar a iniciação do movimento com Lutero. Contudo, foi Karlstadt que tentou implementar a nova teologia enquanto Lutero estava em Wartburg. Karlstadt praticou sua teologia da regeneração em face de pressões tremendas, sendo a maior delas, para ele, o Espírito de Deus. Lutero viria a observar que Karlstadt parecia ter engolido o Espírito Santo com penas e tudo (*LW*, 40, p. 83). Porém, a impaciência de Karlstadt sobre a vagarosidade com que as reformas estavam sendo implementadas tinha raízes bíblicas (p. ex., Mateus 7:21;10:34-8), e essa impaciência se tornaria evidente em outros centros da reforma, tais como Zurique. Em todo lugar em que a Reforma era implementada, surgia tensão entre aqueles que defendiam reformas rápidas e radicais e os que insistiam em medidas graduais. Em seu trato posterior intitulado *Whether One Should Proceed Slowly* [Devemos agir devagar?] (1524), Karlstadt usou a seguinte analogia para esclarecer seu impulso na implementação das reformas e sua oposição ao gradualismo:

> Caso veja uma criança pequena e inocente segurando uma faca afiada e pontiaguda, demonstrarei amor fraternal ao deixá-la segurar o objeto [...] ou ao agir contra sua vontade e tomar-lhe a faca? [...] Tirar da criança aquilo que a machuca é um gesto paternal e fraternal, semelhante ao de Cristo (Sider, 1978, p. 65; Baylor, 1991, p. 49-73).

Para Karlstadt, amor fraternal genuíno "romperia, de modo forçoso, a vontade de tolos". Por isso, no contexto da recuperação do evangelho, "cada congregação, pequena ou grande, deve, por si mesma, certificar-se de que está agindo de forma correta e não esperar por ninguém" (Sider, 1978, p. 65, 56).

Acontecimentos em Wittenberg levaram aos questionamentos perenes de todos os movimentos reformistas: uma vez iniciada, a reforma deve ser gradual ou radical? Como poderá ser controlada? Quem vai liderá-la? Que rumo tomará? Onde vai culminar? Com o desdobrar dos acontecimentos em Wittenberg, a Reforma se tornou um movimento social e político. Como movimento social envolvendo o eleitor, o conselho municipal e a comunidade como um todo, a Reforma passou a não mais coincidir com a descoberta pessoal de Lutero do evangelho: "Reforma" acabou por se transformar em "Reformas". Em uma passagem de *A Sincere Admonition by Martin Luther to All Christians to Guard against Insurrection and Rebellion* [Conselho sincero de Martinho Lutero a todos os cristãos para que se guardem de insurreição e rebelião], que começou a ser escrita em Wartburg depois de uma visita secreta a Wittenberg no início de dezembro (1521), Lutero reflete a percepção que tinha sobre essa mudança:

> Peço aos homens que não façam referência ao meu nome: que se autodenominem cristãos, não luteranos. Quem é Lutero? Afinal, o ensino não é meu [João 7:16]. Nem mesmo fui crucificado em favor de ninguém [1Coríntios 1:13]. Em 1Coríntios 3, Paulo não permitiu que os cristãos se autodenominassem paulinos ou petrinos, mas sim cristãos. Como, então, poderia eu — verme fétido que sou — permitir que homens chamem os filhos de Cristo pelo meu nome maldito? Que o tal não suceda, queridos amigos. Anulemos, portanto, quaisquer nomes facciosos e chamemo-nos de cristãos, a partir daquele cujo ensinamento seguimos (*LW*, 45, p. 70-1).

Foi um bom apelo, mas que não inibiu o povo de ler e ouvir as Escrituras de modo diferente do Reformador. Por isso, Lutero veio a se identificar com o apóstolo Paulo, aceitando o ponto de vista de que aqueles que divergiam dele eram, como no caso dos que se diferenciavam do apóstolo, "falsos irmãos" (Edwards, 1975, p. 112-26).

## SUGESTÕES DE LEITURA

Mark U. Edwards, Jr. *Luther and the False Brethren* [Lutero e os falsos irmãos]. Stanford: Stanford University Press, 1975.

Carlos M. N. Eire, *War Against the Idols: The Reformation of Worship from Erasmus to Calvin* [Guerra contra os ídolos: a Reforma da adoração de Erasmo a Calvino]. Cambridge: Cambridge University Press, 1986.

Peter Matheson, "Argula von Grumbach (c. 1490-c. 1564)" em Lindberg, 2002a, p. 94-108.

Peter Matheson, "Martin Luther and Argula von Grumbach (1492-1556/7)" [Martinho Lutero e Argula von Grumbach (1492-1556/7)], *LQ* 22/1 (2008), 1-15.

Susan C. Karant-Nunn e Merry E. Wiesner-Hanks, eds., *Luther on Women: A Sourcebook* [Lutero e as mulheres: um registro]. Cambridge: Cambridge University Press, 2003.

Calvin Pater, *Karlstadt as the Father of the Baptist Movements: The Emergence of Lay Protestantism.* [Karlstadt como pai dos movimentos batistas: a emergência do protestantismo leigo]. Toronto: University of Toronto Press, 1984.

James S. Preus, *Carlstadt's "Ordinaciones" and Luther's Liberty: A Study of the Wittenberg Movement* 1521-22 ["Ordenanças" de Karlstadt e a liberdade de Lutero: um estudo sobre o movimento de Wittenberg]. Cambridge, MA: Harvard University Press, 1974.

Heinz Scheible, "Philip Melanchthon (1497-1560)" [Philip Melanchthon (1497–1560)] em Lindberg, 2002a, p. 67–82.

Ronald J. Sider, *Andreas Bodenstein von Karlstadt: The Development of his Thought 1517–1525* [Andreas Bodenstein von Karlstadt: o desenvolvimento de seu pensamento: 1517–1525]. Leiden: E. J. Brill, 1974.

Ronald J. Sider, *Karlstadt's Battle with Luther: Documents in a Liberal-Radical Debate* [A luta entre Karlstadt e Lutero: documentos em um debate liberal-radical]. Filadélfia: Fortress, 1978.

Jeannette C. Smith, "Katharina von Bora through Five Centuries: A Historiography" [Katharina von Bora no decorrer de cinco séculos: uma historiografia], *SCJ* 30/3 (1999), 745-74.

Kirsi Stjerna, *Women and the Reformation* [Mulheres e a Reforma], Oxford: Blackwell, 2009.

Lee Palmer Wandel, *Voracious Idols and Violent Hands: Iconoclasm in Reformation Zurich, Strasbourg and Basel* [Ídolos vorazes e mãos violentas: iconoclastia nas cidades Reformadas de Zurique, Estrasburgo e Basileia]. Cambridge: Cambridge University Press, 1995.

Alejandro Zorzin, "Andreas Bodenstein von Karlstadt (1486–1541)" em Lindberg, 2002, p. 327-37.

*Capítulo 5*

# Frutos da figueira: bem-estar social e educação

*Entre os cristãos, ninguém deve ser mendigo.*
Martinho Lutero

A ordem eclesiástica de Wittenberg de 22 de janeiro de 1522 incluía em sua pauta a reforma de assistência aos pobres — uma tarefa grandiosa não apenas por causa das consequências sociais, na época, da transição de feudalismo para capitalismo, mas também pelo fato de a Igreja há muito endossar a pobreza como o melhor caminho para a salvação. Não era a pureza, mas sim a humildade, que se aproximava da devoção. Em resposta à glorificação feudal da honra em relação à força e ao combate, beneditinos davam ênfase à pobreza ou humildade espiritual com base em Mateus 5:3: "Bem-aventurados os pobres em espírito, pois deles é o Reino dos céus". Posteriormente, em resposta à glorificação da economia do lucro e da conquista material, franciscanos enfatizaram pobreza espiritual, fundamentando-se em Lucas 6:20: "Bem-aventurados vocês, os pobres, pois a vocês pertence o Reino de Deus". No entanto, a maioria das pessoas preferia admirar essa virtude em alguém em vez de praticá-la; assim, dar esmolas aos pobres permitia ao indivíduo ter participação vicária em sua proximidade com Deus. Por cerca de um milênio, pregadores proclamaram a virtude salvadora da doação de esmolas. Ascéticos notáveis, como Francisco de Assis, incorporaram a pobreza santa e modelaram leigos para a prática da caridade. Como *alter ego* dos necessitados, franciscanos passaram a ser intermediários entre ricos e pobres. Contudo, enquanto os frades justificavam o rico e praticavam caridade, encerravam, ao mesmo tempo, o pobre em sua pobreza (Little, 1994). Nesse contexto, via-se o esmolar como uma obra salvadora; de fato, a teologia medieval falava de "fé moldada pela caridade". Entretanto, no fim da Idade Média, a pobreza havia se tornado claramente um problema social, a ponto de a tradição medieval de esmolas e caridade pessoal ser incapaz de lidar construtivamente — e isso a despeito de caridade monástica, hospedarias apoiadas pela Igreja e empréstimos bancários a juros baixos, estabelecidos por franciscanos e outras ordens mendicantes.

A mudança de ênfase dos reformadores de Wittenberg sobre a base do relacionamento com Deus (isto é, pela fé em vez de pela caridade) permitiu-lhes enxergar uma nova ética social com relação à pobreza. A reforma social teve origem a partir da reforma da missa, e o impacto dessa conexão pode ser percebido a partir do contexto do bem-estar social no fim da Idade Média. A breve descrição a seguir sobre a contribuição que a Reforma trouxe ao sistema social no início da modernidade tem como foco os reformadores de Wittenberg, já que correspondem cronologicamente com a presente narrativa. Deve-se notar, no entanto, que outros reformadores importantes, bem como humanistas e teólogos católicos, estavam igualmente engajados no esforço de responder ao problema social crescente da pobreza, cada qual com base em sua respectiva teologia (Lindberg, 1993).

## ASSISTÊNCIA SOCIAL NO FIM DA IDADE MÉDIA

Assistência aos pobres no fim do período medieval foi marcada por conflitos entre leigos habitantes de centros urbanos e o clero sobre a administração de verbas, propriedades e instituições destinadas à prática, porém atreladas à Igreja. O debate contencioso "não era entre Estado e igreja quanto à caridade, mas entre assistência pública ou privada, centralizada ou descentralizada" (Jütte, 1994, p. 105). A luta para se racionalizar e centralizar o sistema de bem-estar social no início do período moderno, colocando-o nas mãos de órgãos públicos, recebeu, a partir da Reforma, novo modelo de articulação e legitimação. Lutero, o primeiro grande reformador a tratar da teoria e prática moderna da ajuda humanitária e previdência social, o fez a partir de sua perspectiva teológica — que não apenas destruiu a idealização medieval de pobreza, como também proveu um raciocínio teológico ao Estado-providência, traduzido em legislação. Lutero "criou, por assim dizer, um *campo discursivo*, o qual unificava, de modo imaginativo, tanto as realidades práticas da vida institucional quanto as ideias evidentes na Escritura" (Wuthnow, 1989, p. 134). Esse recurso construtivo, traduzido no desenvolvimento do Estado de bem-estar social, estava enraizado na adoração. Como tal, a assistência social era, para Lutero, um exemplo específico de adoração além da liturgia; um trabalho do povo que fluía da adoração; um serviço prestado a outros, continuado depois do culto formal. Em suma, a reforma da adoração acarretou a renovação da vida social (Strohm, 1989, p. 183; Lindberg, 1996).

Na véspera da Reforma, adoração e auxílio social não mais representavam uma expressão inseparável da comunidade que tinha "todas as coisas em comum" (Atos 4:32). Ambas seguiam caminhos distintos — pavimentados pelo dinheiro — em prol da conquista da salvação. Preocupação com salvação pessoal passou a ser traduzida em contribuição material a instituições eclesiásticas, missas, confraternidades e esmolas. A missa não era mais a celebração da Santa Ceia, porém o meio facilmente contabilizado de alcançar o "preço de passagem" deste mundo para o outro. O sinal mais evidente de mudança na religião e na piedade do fim da Idade Média é "indubitavelmente a introdução de matemática, números, contabilidade e lógica cumulativa em práticas devocionais" (Chiffoleau, 1980, p. 434). O "negócio da salvação" era a grande oportunidade empresarial da época, cuja renda não se limitava a indulgências, mas incluía todos os serviços de apoio da redenção ritualística:

> O esplendor da adoração medieval [...] a riqueza de inúmeros claustros e fundações, o apoio de milhares de ministros de formação simples conduzindo missas [...] tudo isso se originou, em grande medida, da tentativa de socorrer almas presas no purgatório. Antes da Reforma, raramente havia um testamento que não incluía somas consideráveis para a realização de missas e outros cultos em favor de mortos (Meyer, 1965, p. 131).

De maneira semelhante, auxílio aos pobres era algo avaliado sob a rubrica, há muito estabelecida, de Eclesiástico 3:33: "A esmola expia o pecado". Assim, bispos e teólogos citavam, com aprovação, a lógica antiga de que Deus podia ter feito todos ricos, mas que desejou que houvesse pobres no mundo para que os ricos tivessem a oportunidade de fazer expiação pelo pecado. Pregadores medievais não hesitavam em mencionar esse relacionamento como uma transação comercial: pobres levam nas costas as riquezas dos ricos para o céu. Um sermão popular do início do século XIV, pregado pelo dominicano Giordano da Pisa, explica, de modo semelhante, a lógica divina subjacente à desigualdade social: "Deus ordenou que existissem ricos e pobres para que pobres servissem a ricos, e ricos cuidassem dos pobres. Por que há pessoas em condição de pobreza? Para que, desse modo, os ricos possam ganhar a vida eterna por meio dos pobres" (Lesnick, 1989, p. 126, 151). O propósito principal da caridade não era, assim, aliviar o sofrimento dos que recebiam ajuda, mas o alcance do mérito perante Deus (Chatellier, 1989, p. 133). A imagem antiga do homem carente como intercessor perante Deus era suplementada por uma teologia que o apresentava como objeto de boas obras e, por isso, um meio de salvação. Às vésperas da Reforma, a "devoção do mérito" permeava todos os aspectos de adoração e assistência social.

Entretanto, por volta do século XV, a pobreza deixou de ser simplesmente uma virtude teológica ou uma oportunidade salvadora para os ricos, passando, porém, a abranger um conjunto de questões complexas que envolvia a economia do lucro em processo de desenvolvimento e questões como trabalho, ociosidade, mendicidade e ajuda humanitária. Estudos estatísticos de escriturações contábeis da época indicam que, nas cidades, a proporção da população sem propriedade alguma, os chamados "indigentes", abrangia entre 30–75% dos habitantes. Além disso, havia grandes flutuações em nível de subsistência, sem quaisquer reservas para tempos de crise; por isso, tal parcela da população estava sempre à beira da mendicância. Esforços práticos para restringir o nível de mendicidade eram frustrados por uma teologia que legitimava mendicância e valorizava esmolas, bem como por uma Igreja cujos próprios monges mendicantes se somavam ao problema social da pobreza. Exposições de falsos pedintes, em mensagens literárias e pregadas, tais como em *Liber vagatorum*, não eram direcionadas contra a pobreza e a mendicância em si; eram, porém, focadas em ajudar o cidadão caridoso, preocupado com "fraude celestial", já que doações feitas a indivíduos fraudulentos iam para o diabo em vez de Deus (Assion, 1971/2, p. 87). Em termos religiosos, a mendicância continuou a ser valorizada como vocação: os pobres tinham uma função soteriológica importante como intercessores de contribuintes, ao mesmo tempo que eram também um poço de mão de obra barata a uma economia de lucro em expansão.

## ALÉM DA CARIDADE

Lutero destruiu essa ideologia medieval religiosa de pobreza com sua doutrina da justificação somente pela graça, independente da obra humana. Uma vez que justiça diante de Deus é alcançada apenas pela graça — e que a salvação é a fonte da vida, não sua conquista —, pobreza e luta que acompanham o pobre não podem ser racionalizadas como uma forma peculiar de bem-aventurança. Em termos de salvação, não há valor nenhum em ser pobre ou dar esmolas. Essa nova teologia desfazia a abordagem ideológica medieval com relação à pobreza, que tanto obscurecera problemas econômicos quanto obstruíra o desenvolvimento do bem-estar social. Em outras palavras: "O papel de um campo discursivo claro, tal como o enunciado pelos reformadores, alteraria o molde em que condições e agravos específicos seriam expressos" (Wuthnow, 1989, p. 138).

Nas "Noventa e cinco teses" (1517), Lutero baseou sua crítica do sacramento da penitência com as palavras de Jesus: "Arrependam-se e creiam nas boas novas" (Marcos 1:15; tese 1). Penitência, assim, não é um ato discreto, como esmolar, mas se aplica à "vida toda dos que creem" (*LW*, 31, p. 25). Isso atingiu em cheio o poder da Igreja daquele tempo, pois, segundo a doutrina eclesiástica, cabia ao ministro determinar os passos e as condições da penitência necessários para que o pecador recebesse a graça de Deus. A ansiedade em face da morte e do julgamento divino era tratada a partir da necessidade de boas obras. Desse modo, pode-se dizer que esmolas dadas a mancos necessitados, crianças famintas e indigentes — bem como a monges mendicantes — pareciam ser uma ajuda bem-vinda em meio às tentativas de alcance da salvação, porém, na prática, faziam pouco para liberar a consciência do doador ou mitigar condições de pobreza.

FRUTOS DA FIGUEIRA: BEM-ESTAR SOCIAL E EDUCAÇÃO 147

**Figura 5.1**: "Todo tipo de truques de mendigos", por Hieronymus Bosch (a figura também é conhecida por "Mancos e mendigos"). Esboços de mendigos feitos por Bosch mostram contorções corporais feitas por mendigos "profissionais" para inspirar caridade e esmola. Na imagem, Bosch reflete uma atitude difundida no fim do período medieval, expressa por Sebastian Brant em seu poema *Nau dos insensatos*: "A muitos tolos, mendicância ousada engana / Pedir é regra, não exceção / E virou uma boa profissão". *Fonte*: Albertina, Viena.

Lutero entendia que o ofício da pregação era responsável tanto pela libertação da consciência quanto para a conscientização e instrução de assuntos de cunho mundano e governamental, tais como ajuda aos carentes. O pregador deve "desmascarar injustiça *oculta*, salvando, assim, a alma de cristãos enganados e abrindo os olhos das autoridades seculares para seu mandato de estabelecer justiça *civil*" (Oberman, 1988, p. 444). Além disso, não apenas o pregador, mas também a Igreja — cuja prática de adoração agia como fonte e recurso para o serviço cristão — era responsável por uma instrução ético-social. Nas "Noventa e cinco teses", Lutero declarou: "O cristão deve ser instruído que aquele que dá ao pobre ou empresta ao necessitado pratica uma ação melhor do aquele que compra indulgências" (tese, 43), reiterando que "aquele que vê um necessitado e passa por ele, mas ainda assim dá seu dinheiro na compra de indulgências, está, na verdade, comprando a ira de Deus em vez de indulgências papais" (tese, 45).

Por volta de 1519, Lutero ampliara sua conexão entre teologia, adoração e ética social em diversos tratados e sermões. Em seu *Short Sermon on Usury* [Pequeno sermão sobre usura], o Reformador comparou o mandamento de Deus sobre serviço ao próximo com a "adoração" inventada, que se concentrava na construção de igrejas e celebração de missas em detrimento dos necessitados. Em seu tratado *The Blessed Sacrament of the Holy and True Body of Christ, and the Brotherhoods* [O bendito sacramento do santo e verdadeiro corpo de Cristo e as irmandades], escrito em alemão e dirigido a leigos, Lutero relacionou especialmente a reforma da missa à ética social: "O *significado* ou efeito deste sacramento é a comunhão de todos os santos [...] Cristo e todos os santos são um corpo espiritual, assim com os habitantes de uma cidade são uma comunidade e corpo, cada cidadão um membro do outro e da cidade inteira" (*LW*, 35, p. 50).

A analogia de Lutero do relacionamento entre sacramento e ética social aos benefícios e responsabilidades de cidadania é notória com respeito ao relacionamento entre a Reforma e as cidades. O uso correto do sacramento edifica a comunidade. Assim, o necessitado é ordenado a "seguir alegremente em direção ao sacramento do altar e entregar sua preocupação em meio à comunidade [...] buscando o auxílio de toda congregação cristã", da mesma forma que um cidadão pediria ajuda às autoridades e aos conterrâneos em busca de socorro (*LW*, 35, p. 53–4).

Em suma, Lutero defendia que esse é um sacramento de amor que compartilha dos "infortúnios da comunhão": "Da mesma forma que apoio e amor lhe são dados, você deve, em troca, oferecer amor e apoio a Cristo, ajudando cristãos necessitados". De fato, com base no sacramento, o cristão "deve lutar, trabalhar e orar" pelo necessitado. Na perspectiva de Lutero, a Igreja do fim do período medieval havia quebrado essa conexão entre adoração e auxílio social em detrimento um do outro: "Vemos, hoje, para a nossa tristeza que, enquanto muitas missas são realizadas, a comunhão cristã, que devia ser pregada, praticada e guardada por nós a partir do exemplo de Cristo praticamente desapareceu". Lutero prosseguiu: "No passado, porém, esse sacramento era usado de tal forma, e as pessoas eram ensinadas a entender essa comunhão de tal maneira, que até mesmo juntavam comida e bens materiais na igreja e, lá, [...] os distribuíam aos que tinham necessidade". Para enfatizar o ponto, Lutero interpretava a origem da "coleta" na missa como uma arrecadação geral e monetária, recolhida a fim de ser distribuída aos necessitados (*LW*, 35, p. 53–7).

O nível em que a missa havia se desviado do serviço a Deus e ao próximo e degenerado a propósitos egoístas era evidente, segundo Lutero, nas "práticas malignas das irmandades". No século XVI, irmandades ou confraternidades, associações laicas originalmente estabelecidas com fins caridosos e devocionais, haviam decaído, em grande medida, a veículos de salvação. Cada irmandade tinha os próprios ministros, altares, capelas e festivais. Um exemplo é a "Irmandade das Onze Mil Virgens" em Colônia, que assegurava aos participantes o mérito de 6,5 mil missas, 3,6 mil leituras completas do saltério, 200 mil rosários, 200 mil *Te Deums* etc. O mérito da irmandade era multiplicado por meio de acordos de "cartel" com outras irmandades. Essa "mentalidade de escada" era também evidente nos novos sinônimos usados para descrever as confraternidades: "sociedades" e "consórcios", termos de conotação comercial relacionados à centralização de investimentos com vistas à maximização de empreendimentos lucrativos (Little, 1988, p. 68–9). Dessa forma, por volta de sua morte em 1519, Degenhart Pfäffinger, conselheiro da Saxônia Eleitoral, pertencia a oito irmandades em Wittenberg e, por meio delas, desfrutava das conquistas salvadoras de 27 associações estrangeiras. Em 1520, havia 21 irmandades desse tipo em Wittenberg.

Uma vez que essas irmandades se baseavam na multiplicação de missas e outras práticas religiosas para alcançar o mérito da salvação, a crítica de Lutero estava relacionada à sua exposição do sacramento. Essas supostas convocações de boas obras haviam dado lugar à devassidão:

> Como os nomes de Nossa Senhora, Santa Ana, São Sebastião ou qualquer um dos santos tem relação com as irmandades, nas quais não há nada além de glutonaria, bebedice, desperdício de dinheiro, gritaria, falatório, dança e perda de tempo? Se uma porca fosse feita patrona de tal irmandade, nem mesmo ela aceitaria o título (*LW*, 35, p. 68).

De acordo com Lutero, a verdadeira irmandade cristã serviria o pobre. Sua elaboração inicial desse ponto prefigurou o desenvolvimento da assistência social institucionalizada em ordens eclesiásticas evangélicas:

Se os homens desejam manter uma irmandade [...] devem juntar o dinheiro que, de outra forma, gastariam com bebidas e guardá-lo em uma tesouraria conjunta, dividida de acordo com cada profissão. Em situações de necessidade, companheiros de trabalho que precisassem poderiam receber ajuda para se recuperar, recebendo dinheiro emprestado; ou um casal jovem do mesmo ofício poderia ser equipado, de modo honroso, pelo uso dessa tesouraria conjunta (*LW*, 35, p. 68-9).

Essas sugestões são ainda mais elaboradas nos escritos de Lutero de 1520: *Long Sermon on Usury* [Longo sermão sobre usura], *Treatise on Good Works* [Tratado sobre boas obras] e *À nobreza cristã da nação alemã*, que, em particular, elabora explícita e vigorosamente a ideia de bem-estar social baseada na doutrina luterana de justificação. No texto, Lutero argumenta que cada cidade e lugar deve cuidar dos habitantes pobres, e que toda forma de mendicância deve ser proibida. O Reformador idealizava a garantia de uma subsistência mínima aos que eram incapazes de trabalhar, mas também enfatizava que aqueles que podiam trabalhar deviam fazê-lo. A essa altura, Lutero já alegava que a fonte do empobrecimento contemporâneo não era o sistema feudal, mas a nova economia, baseada no lucro:

Rogo, portanto, e oro para que, neste ponto, os olhos de todos sejam abertos para que vejam a calamidade de seus filhos e herdeiros. A ruína não está apenas às portas: já está dentro da casa. Oro, suplicando ao governador e aos príncipes, senhores e conselheiros municipais, que condenem essa prática de negócios o quanto antes, impedindo-a de agora em diante [...] Nesse contexto, precisamos colocar um cabresto na boca da família Fugger e daqueles que seguem práticas semelhantes (*LW*, 44, p. 213)

Isso era mais fácil falar do que fazer, já que, conforme descrito anteriormente, o fato de os Fugger financiarem Carlos V inviabilizava legislações imperiais importantes e o controle de taxa de juros. No entanto, Lutero atacou, no decorrer de sua carreira, o faturamento de lucros como uma das grandes fontes de injustiça social e sofrimento de seu tempo, a ponto de exortar que os pastores excomungassem aqueles que cobrassem juros excessivos.

## A INSTITUCIONALIZAÇÃO DO SERVIÇO SOCIAL

O primeiro esforço para institucionalizar o serviço social em Wittenberg, conhecido como *Beutelordnung* [Regulamento social], foi aprovado pelo conselho municipal com ajuda de Lutero entre o fim de 1520 e início de 1521. O grande passo seguinte foi o Estatuto de Wittenberg, regulamentado pelo conselho em janeiro de 1522, influenciado por Lutero e Karlstadt. Dos 17 artigos nele contidos, todos, exceto três, dedicavam-se à assistência social. O governo local estabeleceu um fundo assistencial comunitário e passou a oferecer empréstimos a juros baixos a trabalhadores e artesãos, alocando também subsídios destinados à educação e ao treinamento de crianças carentes. Recursos para a implementação da lei vieram a partir da doação de instituições religiosas desfeitas e propriedades eclesiásticas. Caso o fundo fosse insuficiente, o artigo 11 do estatuto estipulava um tipo de imposto gradativo ao clero e aos cidadãos "para a subsistência de inúmeras pessoas carentes". Mendicância de monges e mendigos foi proibida; artesãos e outros trabalhadores impossibilitados de quitar empréstimos ficariam, por amor a Deus, desobrigados do pagamento; moças de famílias carentes receberiam dotes apropriados a fim de se casar.

A próxima grande expressão legislativa do relacionamento entre reforma da adoração e institucionalização da assistência social foi o Estatuto de Leisnig de 1523. Em seu "prefácio", Lutero interligou explicitamente adoração e assistência social: "Não há maior serviço a Deus [*gottis dienst*, isto é adoração] do que o amor cristão, que ajuda e serve o necessitado, como o próprio Cristo irá julgar e testificar no Último Dia (Mateus 25 [:31-46])" (*LW*, 45, p. 172). O termo *Gottesdienst* relaciona serviço a Deus e ao próximo com adoração.

Em setembro de 1522, Lutero respondera ao apelo do conselho municipal de Leisnig e passara uma semana na cidade, ajudando a paróquia no desenvolvimento de um estatuto eclesiástico abrangente, incluindo um fundo de auxílio comunitário. Em janeiro de 1523, o conselho municipal e a congregação enviaram dois representantes a Wittenberg com uma carta formal, requisitando ainda mais o parecer de Lutero no estatuto proposto. A carta ressaltou o estabelecimento de um fundo comum "para a honra de Deus e por amor aos cristãos", pedindo a Lutero que elaborasse uma explicação bíblica à comunidade sobre o chamado de pastores evangélicos e uma ordem evangélica de adoração. Lutero respondeu ao conselho municipal em 29 de janeiro de 1523, expressando grande regozijo e prazer no estatuto. Na carta, manifestou esperar que o ato "[honrasse] a Deus e [servisse] de exemplo de fé cristã e amor a muitas pessoas" (WA Br, 3, p. 23). No início do verão, Lutero respondeu ao pedido de Leisnig por diretrizes bíblicas por meio das seguintes publicações: *Ordinance of a Common Chest: Preface, Suggestions on How to Deal with Ecclesiastical Property* [Estatuto de um fundo comunitário: prefácio, sugestões de como lidar com propriedades eclesiásticas]; *That a Christian Assembly or Congregation has the Right and Power to Judge all Teaching and to Call, Appoint, Dismiss Teachers, Established and Proven by Scripture* [Direitos e poderes, estabelecidos e provados pela Escritura, que uma assembleia ou congregação cristã tem de julgar todo ensino e chamar, eleger ou dispensar mestres]; e *Concerning the Order of Public Worship* [Sobre a ordem da adoração pública].

Baseando-se no conselho de Lutero — e na legitimação de sua preocupação, estabelecida por meio da doutrina do sacerdócio universal de todos os batizados — a paróquia de Leisnig tomou a iniciativa de reformar a ordem de adoração e

**Figura 5.2** Baú Comunitário de Wittenberg (Lutherhalle, Wittenberg). Esta caixa de ferro, pesada e segura, era equipada com três fechaduras independentes e uma alça, removida para impedir que fosse carregada. A caixa era mantida na igreja como lugar de depósito aos fundos para assistência social da cidade. *Fonte*: Lutherhalle, Wittenberg.

estabelecer o fundo comunitário de assistência social. Organização e princípios do fundo comum incluíam a eleição anual, realizada pela comunidade, de dez fiduciários ou administradores, no primeiro domingo após 13 de janeiro: "Dois dentre os nobres, dois dentre o conselho municipal incumbente, três dentre os cidadãos da cidade e três dentre os camponeses". Os três livros de registro, importantes e detalhados, deviam ser guardados em um cofre, trancado com quatro fechaduras diferentes e mantido em um lugar seguro dentro da igreja. Cada representante dos grupos tinha uma chave para a abertura do cofre, e os administradores envolvidos deviam preparar relatórios trienais a toda comunidade. Fundos comunitários também deviam ser usados para manutenção de edifícios, salário de pastores e escolas — incluindo uma escola especial para meninas. Tamanha abrangência provocou pressão sobre os recursos, levando posteriormente Johann Bugenhagen (1485–1558), o grande formulador de ordens eclesiásticas de Wittenberg, a fazer uma divisão entre fundos comunitários e fundos de manutenção e educação eclesiástica.

Tanto o Estatuto de Leisnig quanto o de Wittenberg proibiam toda forma de mendicância, interdição que se desviava de ordens mendicantes medievais, cujo propósito era controlar a prática em vez de eliminá-la, e cuja motivação era econômico-política, não de ordem religiosa, como no caso da ética social dos estatutos. Estatutos originários de igrejas que aderiam à Reforma ordenavam que apenas o realmente necessitado devia receber apoio financeiro; todos os demais deviam deixar a igreja ou trabalhar, tema que se repetiria posteriormente em incontáveis escritos, baseados no clichê: "quem não trabalha, não come" (2Tessalonicenses 3:6-13).

O financiamento inicial destinado ao fundo veio de propriedades eclesiásticas expropriadas e doações que a Igreja medieval cultivara como obras que contribuíam para a salvação. Lutero esperava que, a partir do exemplo de Leisnig, haveria "um grande declínio nas fundações, casas monásticas, capelas e em outras escórias existentes que, até o momento, nada fizeram além de engordar com a riqueza do mundo sob o pretexto de servir a Deus" (*LW*, 45, p. 169). No entanto, o Reformador também estava preocupado com a possibilidade de alguns saquearem as igrejas: "Precisamos tomar muito cuidado para que essas propriedades religiosas vazias não sejam saqueadas, e que cada qual não saia com o que conseguir levar" (*LW*, 45, p. 170). Lutero aconselhou que todos os bens eclesiásticos fossem colocados no fundo comum, feitas as provisões para aqueles que quisessem permanecer em mosteiros. Esses bens serviriam de apoio transicional aos que desejavam deixar a vida monástica e serviriam também, em parte, como recurso a famílias necessitadas de doadores. Ainda assim, o capital restante representaria uma grande soma financeira, mas, com vistas a uma potencial insuficiência futura, decretou-se que cada membro da paróquia, "de acordo com capacidade e meios, continuaria com o pagamento de impostos [anuais]", conforme a assembleia geral julgasse necessário (*LW*, 45, p. 192).

Em termos de auxílio direto aos pobres, o estatuto regulamentava a concessão de empréstimos e dádivas a recém-chegados como forma de ajuda para se estabelecerem; aos necessitados que, empobrecidos por circunstâncias além do controle, vivessem em residência própria e não mendigassem, a fim de ajudá-los a se estabelecer em um negócio ou profissão; e aos órfãos, dependentes, enfermos e idosos como forma de auxílio diário. O estatuto concluía, em nome de todos os habitantes, que os artigos nele estipulados deviam ser "em todo o tempo aplicados, usados e administrados fiel e honestamente pela paróquia de Leisnig com o propósito exclusivo de honrar a Deus, demonstrar amor aos cristãos e, assim, pelo bem comum" (*LW*, 45, p. 194).

Em um período relativamente curto, essas reformas litúrgicas e assistenciais viraram modelo de iniciativas semelhantes por todo o império. Obviamente, Lutero não foi o único nesse desenvolvimento; seu colega de Wittenberg, Karlstadt, usou os primeiros escritos do Reformador para desenvolver sua própria posição. No fim de janeiro de 1522, Karlstadt publicou sua própria percepção sobre a relação entre adoração e bem-estar social: *Von abtuhung der Bylder und das keyn Bedtler unther den Christen seyn sollen* (Sobre a abolição de imagens e de mendigos entre os cristãos), porém o fato de ter saído de cena em Wittenberg e entrado em conflito com Lutero impediram quaisquer outras contribuições futuras que poderia ter feito no esforço de traduzir teologia em legislação social.

A Reforma incutiu nos ministros a convicção de que a liturgia podia servir de estímulo à mudança social e motivou estatutos amplamente eficazes, como os escritos por Bugenhagen e outros reformadores. Reforma litúrgica incluía a renovação da vida comunitária. Conforme expresso no título de um texto escrito por Martin Bucer (1491–1551), reformador de Estrasburgo: *One Should Not Live for Oneself Alone but for Others, and How to Go About it* [Sobre o dever e o meio pelo qual devemos viver para outros e não apenas para nós mesmos]. Tentativas na resolução de problemas sociais urbanos também foram um componente constitutivo de reformas iniciadas por Zuínglio e Calvino, mas sua inovação teórica começou com Lutero (Laube, 1983, p. 1003-ss). Esforços em termos de extensão do bem-estar à comunidade também tiveram correspondência em áreas católicas:

> Contudo, não restam dúvidas de que os princípios de auxílio estabelecidos por Lutero e seu efeito no século XVI modelaram o sistema centralizado de previdência social, tanto na Alemanha moderna quanto em outros lugares da Europa. A Reforma preparou o caminho para o desenvolvimento de uma nova política social que favorecia sistema seculares de ajuda humanitária (Jütte, 1994, p. 108).

## BUGENHAGEN E A EXPANSÃO DO SERVIÇO SOCIAL EVANGÉLICO

As contribuições de Karlstadt e Lutero à tradução de teologia em legislação social foram aplicadas plenamente por Johann Bugenhagen. Ministro e educador na Pomerânia, sua terra natal (eis o porquê de ele também ser chamado de Pomeranus e Dr. Pommer), Bugenhagen mudou-se para Wittenberg e se inscreveu na universidade em abril de 1521, depois de ter lido alguns dos escritos de Lutero. Não demorou muito para que Bugenhagen virasse amigo de Lutero e Melanchthon. Apesar de muito elogiado pelas aulas exegéticas que ministrava, não havia, inicialmente, uma posição docente que lhe estivesse disponível, sendo esse o contexto, em 1523, para sua eleição como pastor da Igreja de Wittenberg. No cargo de ministro, Bugenhagen serviu como pastor e conselheiro espiritual de Lutero.

Em 1553, tornou-se doutor em teologia e, em 1535, professor. Bugenhagen publicou diversos comentários bíblicos, tratados teológicos, uma tradução da Bíblia inteira em baixo alemão e um comentário da harmonia entre os evangelhos, que viria a ser muito popular.

Embora ofuscado em histórias da Reforma por seu amigo e colega Lutero, o gênio organizacional de Bugenhagen foi altamente valorizado por evangélicos da época. Seu pastorado em Wittenberg foi essencial na reconstrução da Igreja após os distúrbios de 1522. Em pouco tempo, cidades, regiões e países do norte europeu pediriam sua ajuda no estabelecimento da Reforma. O próprio Bugenhagen escreveu ou editou ordens eclesiásticas para Brunsvique (1528), Hamburgo (1529), Lübeck (1531), Pomerânia (1535), Dinamarca (1537), Schleswig-Holstein (1542), Braunschweig-Wolfenbüttel (1543) e Hildesheim (1544).

As ações de Bugenhagen também foram importantes na disseminação da Reforma na Escandinávia. Ele próprio coroou o rei e a rainha da Dinamarca, realizou reformas evangélicas na Universidade de Copenhagen e rompeu deliberadamente com a tradição da sucessão apostólica, ordenando sete novos superintendentes evangélicos (equivalentes a bispos) em congregações da Dinamarca e Noruega.

O "Reformador do Norte" (como Bugenhagen é às vezes chamado) ficava apenas atrás de Lutero como teólogo e de Melanchthon como educador. Especificamente, sua genialidade estava em interligar teologia e exegese, prática eclesiástica e aplicação bíblica. Em termos de originalidade e consequência histórica, Bugenhagen deve ser colocado no mesmo patamar dos grandes reformadores do sul da Alemanha: Zuínglio, Bucer, Osiander e Brenz.

Bugenhagen foi tão eficaz em traduzir teologia reformada em legislação que, até recentemente, boa parte das pesquisas a seu respeito enfatizou as conquistas práticas do Reformador, mas negligenciou o fundamento teológico subjacente a elas. Contudo, é igualmente importante realçar que as contribuições de Bugenhagen à legislação social e à sua aprovação firmavam-se na doutrina que aprendera de Lutero. Para o Reformador do Norte, a doutrina Reformada e sua institucionalização constituíam elementos inseparáveis na progressão da Reforma.

A orientação teológica fundamental de Bugenhagen recebeu uma articulação clara e programática na longa carta aberta que escreveu à cidade de Hamburgo. Em 1525, Bugenhagen foi chamado ao pastorado da Igreja de St. Nicholas, em Hamburgo; no entanto, a relutância da congregação de Wittenberg em deixá-lo ir e uma mudança na atitude do conselho municipal de Hamburgo em relação ao movimento evangélico na cidade tornaram impossível sua aceitação do cargo. Assim, no estilo dos apóstolos e de Lutero, Bugenhagen escreveu uma carta a Hamburgo intitulada: "À cidade honorária de Hamburgo: Acerca da fé cristã e das obras verdadeiras em oposição à fé falsa e às obras imaginárias e, quanto às primeiras, como podem ser estimuladas pelos bons pregadores, para que fé e obras [verdadeiras] sejam pregadas".

Segundo afirmava na carta, a salvação é somente pela graça de Deus, não por obras ou mérito; de fato, sem fé, toda obra humana é pecado. Cuidado em relação ao pobre é uma expressão da fé que opera pelo amor [Gálatas 5:6]. Assim, em sua carta a Hamburgo, Bugenhagen reformulou, a partir de uma perspectiva evangélica, a explicação medieval de Mateus 25:40: pessoas fazem boas obras não para merecer o Reino de Deus, mas para honrar a Cristo e servir o próximo. Bugenhagen enfatizou repetidamente que a salvação era exclusivamente pela graça de Deus e que o serviço ao próximo é a resposta humana ao dom da salvação.

Com relação à assistência social, Bugenhagen ecoou sugestões que Lutero defendia desde 1519:

> Junte todos os bens de beneficências e outras instituições de caridade [...] Estabeleça [com esses recursos] um fundo comum para viúvas e órfãos, pobres e doentes, pobres abrigados mas desfavorecidos, mulheres solteiras carentes e pessoas em contextos semelhantes, aos quais cidadãos honestos podem determinar, segundo a situação de cada um, o que deve ser doado ou emprestado, bem como a melhor forma de envio de recursos (Vogt, 1867, p. 261).

A carta de Bugenhagen a Hamburgo (1526) tornou-se a base teológica da regulamentação eclesiástica de Brunsvique, modelo formativo de regulamentações subsequentes. Para o Reformador, um estatuto eclesiástico responsável não podia ser independente de sua substância teológica. Na introdução do estatuto de Brunsvique, Bugenhagen repete o tema de seu tratado anterior:

> Se queremos ser cristãos, devemos aceitar as consequências. Devemos evitar trapaças de monges e liturgias penitenciais, para que Deus não nos despreze. O Senhor não nos mandou fazer nada disso. Precisamos prosseguir na verdadeira adoração, isto é, em boas obras de fé genuínas, que nos foram ordenadas primeiramente por Cristo. A primeira delas é carregar o fardo dos necessitados, conforme Jesus ensinou [João 13:35]: "Com isso todos saberão que vocês são meus discípulos, se vocês amarem uns aos outros". (Lietzmann, 1912, p. 135).

Bugenhagen enfatizou que boas obras não são o pré-requisito, mas sim a consequência da salvação. Desse modo, a descrição da ética social cristã como a "adoração além da liturgia" é tão aplicável a Bugenhagen quanto a Lutero. Bugenhagen comparava a recuperação do evangelho trazida pela Reforma ao seu uso na Igreja do fim da Idade Média, na qual cria que a adoração era falsificada por esforços de aquisição de mérito por meio de caridade. Tais adorações falsas e "boas obras" de troca financeira por mérito deveriam ser substituídas pela verdadeira adoração e boas obras de servir o pobre.

A regulamentação eclesiástica de Hamburgo (1529) — escrita por Bugenhagen com base no Estatuto de Leisnig, de Lutero — também apresenta mandamentos evangélicos de amor ao próximo em lugar de salvação pelas obras. O novo sistema de assistência social elevou a ajuda humanitária de um veículo de salvação individual a uma responsabilidade cristã para com necessitados de todas as congregações, sem distinção. Bugenhagen cria que ajudar o necessitado a se reestabelecer correspondia ao ensino evangélico (Mateus 10:10; 20:1-16; 25:14-30; Lucas 10:7; Efésios 4:28; 1Tessalonicenses 4.11-12; 2Tessalonicenses 3:6-12; 1Timóteo 5:18) e fazia sentido do ponto de vista econômico. Acima de tudo, porém, pressupunha que aqueles que recebiam apoio não deviam ser vistos como objeto impessoal de boas obras, mas sim como membros independentes da congregação. Por isso, essa nova visão assistencial tinha um aspecto comunal.

A regulamentação eclesiástica de Lübeck (1531) seguia a forma de seu trabalho anterior. Bugenhagen começou declarando que cristãos deviam sustentar a si e suas famílias, de acordo com a injunção de Paulo em 1Timóteo 5:8,16; os que fossem capazes deviam também ajudar servos, parentes e vizinhos pobres e outros necessitados que porventura conhecessem (1Timóteo 6:9,17; Mateus 6:24). Pregadores deviam exortar ricos e artesãos bem-sucedidos no auxílio daqueles que eram legitimamente pobres, conforme o ensino de Paulo (Efésios 4:28):

> Não toleraremos mais pregadores da prosperidade que deixam de pregar o evangelho e a doutrina salvadora, mas que, em vez disso, pregam doutrinas vantajosas para si mesmos. São esses os mesmos que realizavam missas de purgatório, vendiam-nos indulgências etc. (Hauschild, 1981, p. 10*).

Pregadores podiam, agora, apelar em prol do bem-estar social; as pessoas sabiam que os ministros não estavam enchendo o próprio bolso, uma vez que eram, de maneira honrosa, sustentados por um salário. Nesse sentido, o gênio de Bugenhagen foi separar o fundo destinado à ajuda de pessoas carentes do fundo remetido a escolas, salários pastorais e manutenção da igreja. Outra vantagem desse tipo de organização foi o estabelecimento de uma administração eclesiástica financeira independente, promovendo, assim, o esforço de preservar a independência do pregador com respeito às autoridades políticas.

Bugenhagen também reconhecia que havia pessoas honrosas e decentes que, por causa de algum infortúnio, desemprego ou subemprego, sofriam necessidade considerável sem ter culpa nenhuma:

> Precisamos cuidar daqueles que são legitimamente pobres da mesma forma como gostaríamos que outros viessem ao nosso auxílio em momentos de necessidade [...] Cristo se

lembrará dessas coisas no último dia, mesmo se nós nos esquecermos [...] Isso pode ser lido em Mateus 25 [:31-46] (Hauschild, 1981, p. 12*).

O Reformador do Norte queria enfatizar que, até aquele momento, todos haviam se iludido pelos enfeites nas igrejas e por inúmeros meios de adquirir mérito diante de Deus, como indulgências, missas, peregrinações especiais, irmandades e meios de participar em todas as boas obras que ocorriam em claustros e ordens monásticas. Todo esse esforço, praticado por aqueles que queriam encontrar algo especial e que pudesse ajudar em sua bem-aventurança, não somente inexistia na Palavra de Deus, mas também ia contra ela. Agora, à luz do evangelho, cristãos deviam "cuidar diligentemente dos que são realmente pobres e, assim, aspirar à verdadeira adoração a Deus, adoração que Cristo considerará valiosa no dia do juízo. Nenhum cristão pode desaprovar tal prática, a menos que tenha abandonado toda integridade. Nenhum Papa ou conselho deve ensinar o contrário" (Hauschild, 1981, p. 15*).

Que tal pregação surtiu efeito social é afirmado pelo testamento de Anna Büring, viúva idosa e abastada do prefeito de Hamburgo. Em 1535, Anna modificou o testamento que havia preparado em 1503. Em seu primeiro testamento, deixaria dinheiro para a aquisição de vigílias, missas em favor da alma e outras inúmeras boas obras a fim de evitar a dor do purgatório. Agora, contudo, tendo ouvido a Palavra de Deus e seu santo evangelho, renunciava essa primeira orientação. Uma vez que cria que era salva apenas pela graça, Anna optava por apoiar sua família e deixar o resto de sua fortuna para os doentes, pobres e necessitados — incluindo o estabelecimento de um abrigo para os pobres e uma bolsa de estudos de cinco anos em uma universidade cristã. Heranças menores foram recebidas pela Igreja para projetos de construção e pela cidade, em prol do bem comum:

> Testamentos servem de testemunho particularmente sério e sincero com relação à convicção pessoal. Tal tradição, relativamente ampla, demonstra que Anna Büring representa a mudança que ocorreu com a Reforma. Ao mesmo tempo, exemplifica algumas de suas dimensões histórico-sociais (Postel, 1980, p. 634).

No entanto, o relato de Anna Büring representa apenas um lado da história: em Wittenberg, Lutero reclamava da falta de apoio da comunidade pelo bem-estar social, ministério e educação. Em mais de uma ocasião, Lutero manifestou estar disposto a deixar o pastorado se o povo não reformasse seu estilo de vida.

O princípio de Bugenhagen para a formulação de regulamentações eclesiásticas foi conectar argumentação teológica com consequências práticas e jurídicas. Sua base teológica expressou-se em estilo de sermão, cuja intenção era tornar o estatuto acessível à comunidade. Para Bugenhagen, a reforma da Igreja não devia apenas ser um decreto legal de alguma autoridade superior, mas o envolvimento de toda comunidade urbana na reforma da adoração, no desenvolvimento de escolas e na criação de novos programas de bem-estar social — elementos tidos como centrais à responsabilidade cristã e obrigatórios a todos os cidadãos. Bugenhagen aplicou os escritos de Lutero à totalidade da vida diária, causando uma explosão, concentrada no fim da Idade Média, na forma ritualística de adoração como expressão cristã. A Igreja não deveria mais ser definida e organizada por ministros, mas sim como uma comunidade reunida sob a autoridade da Palavra de Deus e centrada no sacramento de Cristo. Auxílio social expressava a solidariedade dessa comunidade por meio da fé ativa no amor, traduzida, na prática, em adoração e serviço a Deus.

## EDUCAÇÃO COMO FORMA DE SERVIÇO A DEUS E AO PRÓXIMO

A reorganização eclesiástica incluía o desenvolvimento de escolas. A educação medieval estava intimamente ligada a escolas monásticas e catedrais; bolsas de estudo tinham origem principalmente em benefícios eclesiásticos. Às vésperas da Reforma, essa aderência eclesiástica à educação havia fomentado ao menos duas atitudes básicas. A primeira era de que a Igreja contribuía com a desigualdade social ao limitar o acesso à educação àqueles que entravam para o ministério ou prática de profissões específicas (pairava um sentimento de que a sociedade estava dividida entre eruditos e "pessoas comuns"). A segunda atitude era que educação era uma perda de tempo, a menos que alguém exercesse cargo eclesiástico, direito ou medicina. Essa atitude era resumida na frase popular *die Gelehrte sind verkehrte* ("eruditos são idiotas"). Lutero se opunha a ambas as posições, sustentando que serviço a Deus e ao próximo exigia uma população educada.

Já em *À nobreza cristã da nação alemã* (1520), Lutero fez um apelo à educação universal em favor de meninos e meninas, tema desenvolvido explicitamente em *To the Councilmen of all Cities in Germany that they Establish and Maintain Christian Schools* [Aos conselheiros de todas as cidades alemãs para que estabeleçam e preservem escolas cristãs] (1524). À reclamação perene de que educar custava caro, Lutero respondeu: "Se temos, estimados senhores, que gastar grande soma de dinheiro todos os anos em armas, ruas, pontes, barragens e diversos outros itens para assegurar paz e prosperidade temporárias em uma cidade, não deveríamos nos devotar ainda mais a jovens pobres e negligenciados — ao menos a um ou dois — preparando-os como professores?" (*LW*, 45, p. 350). Governo e sociedade não podiam mais continuar sem líderes e cidadãos educados. Jovens deviam ser treinados em história, artes, línguas, matemática e ciências para que pudessem beneficiar e servir o mundo: "O diabo tem preferência por ignorantes e inúteis; pessoas assim causam mais intrigas na terra" (*LW*, 45, p. 371).

Esse apelo teve algum sucesso em estabelecer escolas por meio das ordens eclesiásticas em diversas cidades e em diversos territórios, porém, o problema, agora era convencer os pais sobre o valor da educação dos filhos. Em *A Sermon on Keeping Children in School* [Sermão sobre a manutenção de filhos na escola] (1530), Lutero alegou que uma igreja evangélica exigia um ministério fundamentado na educação. Deus não concedera filhos para que pais pudessem treiná-los somente a viver no mundo: "Vocês foram ordenados veementemente a criá-los para o serviço de Deus [...] Mas como irão educá-los a tal atividade se o ministério da pregação e o estado espiritual tiverem caído no esquecimento?" (*LW*, 46, p. 222). Isso não queria dizer que todas as crianças deveriam ser direcionadas para o ministério, pois o mundo também precisava de líderes capazes:

> Se não houvesse governo no mundo, não haveria ordem: cada qual devoraria o outro, como bestas irracionais. Portanto, da mesma forma como a função do ofício da pregação e sua honra é tornar pecadores em santos, mortos em vivos, condenados em salvos e filhos do diabo em filhos de Deus, assim também a função e honra dos governos do mundo é civilizar os homens, impedindo-os que se tornem animais selvagens.

Sem um governo competente e sábio, a sociedade recairia na lei do mais forte: "Pois, se os homens governassem apenas pelo uso da força, o resultado final certamente seria um tipo bestial de existência: todo homem que pudesse tirar vantagem do outro o faria, usando-o como se fosse objeto descartável". Ainda segundo Lutero, o governo deve reger pela sabedoria, não pela força: "Não só a experiência mostra, como também a própria história, que força, sem razão ou sabedoria, nunca conquistou nada" (*LW,* 46, p. 237–8). Assim: "a obrigação das autoridades temporais é compelir súditos a manter os filhos na escola [...] para que haja sempre pregadores, juristas, pastores, escritores, médicos, diretores etc., já que não podemos viver sem eles" (*LW*, 46, p. 256–7). Educação, portanto, tem o duplo objetivo de honrar a Deus em adoração e suprir a necessidade do próximo.

## CATECISMO E VOCAÇÃO CRISTÃ

Educação para a formação de cidadãos cristãos responsáveis na igreja e na sociedade foi o propósito do catecismo ou "Bíblia leiga" de Lutero (cf. Wengert, 1997, p. 47–75, 148–53; Peters, 1991–1995). Sua consternação quanto à ignorância daqueles com quem se deparou durante uma visita às paróquias da Saxônia incutiu em Lutero a necessidade de uma forma de instrução simples sobre a fé, direcionada à vida diária. O propósito do catecismo é apresentar aspectos básicos da fé cristã por meio de linguagem simples. A vida diária é vista à luz do juízo final:

A morte convoca todos, e ninguém pode morrer por outro. Cada qual deve travar, sozinho, sua própria batalha com a morte. Podemos exortar outros o quanto for, porém, cada um precisa estar pessoalmente preparado para a hora da morte, pois nem você estará comigo nesse momento, nem eu com você. Portanto, cada indivíduo precisa conhecer pessoalmente e estar armado com os aspectos mais importantes da vida cristã (*LW*, 51, p. 70).

Esses "aspectos mais importantes" incluíam os dez mandamentos, o credo e a oração do Pai Nosso. Catecismos também envolviam exposições breves sobre o batismo e a Ceia do Senhor, assim como instruções sobre confissão, orações matinais e noturnas e ação de graças para as refeições. O Catecismo Menor foi criado com o propósito de ser usado nos lares, enquanto o Catecismo Maior foi escrito com vistas ao uso clerical na igreja. Ambos foram publicados em 1529.

Como era de se esperar, o catecismo foi governado pelo tema da justificação pela fé. Por isso, o primeiro artigo da criação no credo é explicado pela afirmação de que a criação da humanidade e tudo mais que existe ocorreu "a partir da pureza, paternidade, bondade e misericórdia de Deus, sem qualquer mérito ou dignidade por parte [da humanidade]". O segundo artigo explica a redenção como o resgate de "uma criatura perdida e condenada", enquanto o terceiro artigo confessa: "Creio que, por minha própria razão ou força, não posso crer em Jesus Cristo [...] O Espírito Santo, porém, me chamou pelo evangelho..."

Em formato de pergunta-e-resposta, o método pedagógico de Lutero é claro no catecismo e nas instruções àqueles que o usam como uma ferramenta de ensino. Nesse modelo, ele tentou prover direcionamento à vida diária. Assim, os dez mandamentos são apresentados não apenas como proibições, mas também como exortações positivas. Por exemplo:

"Não roubarás." O que isso quer dizer? Resposta: Devemos temer e amar a Deus, para que nem tomemos o dinheiro e propriedade do próximo, nem o prejudiquemos com mercadorias de má qualidade ou negociações desonestas, mas, em vez disso, o ajudemos a melhorar e proteger sua propriedade e renda (Kolb e Wengert, 2000, p. 353).

Em particular, o Catecismo Menor tentou frutificar na vida diária os elementos básicos da fé cristã. Lutero apresentou seu manifesto de liberdade cristã, *The Freedom of a Christian* [A liberdade de um cristão] (1520), com duas teses que captam como ele percebia a essência da vida cristã: "O cristão é senhor de tudo, perfeitamente livre, sujeito a ninguém. O cristão é servo diligente de todos, sujeito a todos" (*LW*, 31, p. 344). A vida cristã é uma vocação. O termo "vocação" é derivado de uma palavra latina que significa chamar, convidar, receber, chamar pelo nome. Assim, para Lutero, vocação cristã não pode ser entendida como uma obra meritória para salvação, mas como um chamado nominal e aceitação de Deus na obra contínua da criação.

A abordagem de Lutero à vocação representava uma grande ruptura com a tradição medieval. Antes dele, a palavra "vocação" era reservada à vida religiosa específica de um ministro, monge ou freira. A ênfase de Lutero de que cada cristão compartilha um sacerdócio comum "libertou" o sentido da palavra de sua definição religiosa restritiva, já que vocação não é algo que esteja fora da esfera da vida diária, mas precisamente em meio a ela. Cristãos não são chamados a servir outro mundo, mas sim este. Lutero proclamava que, uma vez que nossa dignidade pessoal não depende do que fazemos, mas de quem somos, toda energia que o cristão medieval direcionava à religião podia, então, ser gasta em prol de atividades comuns por amor de outros. O poder libertador dessa mensagem pode ser entendido pela analogia à cultura moderna. O homem medieval atribuía valor próprio à conquista de obras religiosas da mesma forma como o homem moderno o faz com a conquista de obras materiais (e.g. "você é o que come", "você é o que faz/usa/aparenta" etc.). Imagine a quantidade de recursos materiais e humanos que seriam liberados se a indústria contemporânea de dietas deixasse de existir.

Lutero e, na geração seguinte, Calvino, reivindicavam que Deus não chamou o cristão para viver fora do mundo, mas dentro dele. Porque a aceitação de Deus ocorre em nível humano, pessoas não são chamadas a tarefas extraordinárias, mas a deveres simples. Esse entendimento levou a uma reavaliação religiosa do trabalho comum — percepção talvez mais bem compreendida em alemão do que em português. Em alemão, expressões que remetem à "religião" e "simplicidade" são relacionadas; termos para "dádiva" e "palavra" estão incorporadas em vocábulos usados para "obrigação" e "responsabilidade". *Gabe* significa "dádiva", ao passo que *Aufgabe* quer dizer "obrigação". Desse modo, a ideia de "dever" carrega consigo o elemento "dádiva"; vocação no mundo reflete o dom de Deus. O mesmo é verdade na conexão entre as palavras alemãs *Wort* (palavra), *Antwort* (resposta) e *Verantwortung* (responsabilidade): nos três casos, "palavra" está presente. A Palavra de Deus suscita resposta humana, a qual abrange responsabilidades diárias. (É por isso que teólogos gostam de brincar com a língua alemã!) Em suma, fé deve ser ativa no amor.

A contribuição do entendimento da Reforma sobre vocação tinha o objetivo de romper o monopólio da elite religiosa no assunto, democratizando-o e, desse modo, saturando a vida com religião. Vocação abrange todos os relacionamentos humanos de uma vez no sentido de que a mesma mulher pode, por exemplo, ser filha, mãe, esposa, cidadã, trabalhadora, estudante etc., ao mesmo tempo. Para Lutero, a vida humana é uma teia de relacionamentos, cujos diversos fios estão ancorados na centralidade do perdão dos pecados. Vocação é praticada nos diversos relacionamentos da vida; isso quer dizer que há uma dose de "presente de Deus" específica aos relacionamentos particulares e talentos de cada um.

A tendência humana de desvalorizar atividades simples em busca de algo extraordinário foi precisamente o que Lutero atacou no entendimento medieval de votos vocacionais (isto é, religiosos). As pessoas não queriam cumprir obrigações comuns ordenadas por Deus, como ser pai ou mãe, mas, em vez disso, elaboravam as tarefas que desejavam — como no caso do celibato, por exemplo — e pelas quais pensavam agradar a Deus, tornando-as santas. Esse foco em objetivos distantes levou à negligência de atividades comuns; por isso, Lutero sempre escolhia exemplos de vocação a partir da vida diária: o pai que trocava fraldas sujas, a empregada que varria o chão, o fabricante que fazia uma boa cerveja — atividades que representavam formas concretas de servir o próximo. O ponto do Reformador era de que o indivíduo não é chamado para exercer algo além de seu talento, mas de ser fiel naquilo que lhe foi dado.

Lutero nunca defendeu que o cristão se afastasse do mundo. O ponto principal de seu entendimento do evangelho era que, uma vez que a salvação é o fundamento da vida, e não o seu propósito, o cristão está livre para redirecionar o tempo e a energia antes gastos na tentativa de alcançar salvação no serviço ao próximo. Expresso de forma ousada, Lutero defendia um "cristianismo não religioso".

Porque o cristão é "chamado" para servir no mundo, Lutero diferenciava vigorosamente o Reino de Deus e do reino mundano, enfatizando incessantemente essa distinção. Lutero desejava chamar todos os cristãos à ação política em um tempo no qual a religião era entendida principalmente como um chamado para deixar o mundo. Mesmo reis, incluindo Carlos V, prefeririam passar seus últimos dias em um mosteiro para se certificar de que morreriam de modo suficientemente religioso.

O homem medieval tinha dificuldade de entender o conceito de vocação no mundo, uma vez que "vocação" tinha uma conotação estritamente religiosa; além do mais, não queria se envolver com política, que, na concepção medievalista, era "suja". Lutero esperava libertar o cristão para que servisse em um mundo coberto por ambiguidades políticas e éticas por meio da distinção entre justiça humana — leis civis, que exigiam mérito — e a justiça de Deus, que é um dom gratuito.

## INÍCIO DA REFORMA: UM FRACASSO?

Lutero estava convencido de que a Igreja devia levar a sério suas responsabilidades educacionais e morais se quisesse ter qualquer credibilidade. Já reparamos que ele foi motivado a escrever catecismos depois do impacto que teve e de seu desapontamento quanto ao baixo nível da vida cristã que testemunhou após visitar algumas paróquias. Wittenberg, contudo, também o estava desapontando: o povo deixou de contribuir regularmente com o fundo comum e apoiar financeiramente o clero e as escolas. Lutero passou a vociferar em sermões que as pessoas eram "bestas ingratas, indignas do evangelho", e, ameaçando-as, chegou a dizer: "Se não se arrependerem, deixarei de pregar a vocês!" A pregação evangélica não estava produzindo o fruto desejado. Muitos abusavam da liberdade cristã, e Lutero não queria mais ser "pastor de tais porcos", chegando mesmo a fazer, por um tempo, uma "greve" de mensagens. Visitas que fez a outras paróquias indicavam problemas semelhantes (Brecht, 1990, p. 287–90).

Estudos recentes, conduzidos em particular por Gerald Strauss (1978, p. 307), concluíram que o esforço luterano na implementação das reformas por meio da educação foram basicamente um fracasso. Com base em um exame minucioso de registros de visitação, Strauss concluiu que, se o propósito central da Reforma era "fazer com que todos pensassem, sentissem e agissem como cristãos, incutindo nas pessoas uma mentalidade, um impulso motivacional e estilo de vida cristãos — ela falhou". Outro historiador, James Kittelson (1985, p. 100), diverge dessa avaliação com base em um estudo das condições locais de Estrasburgo. Kittelson conclui que "pastores protestantes foram muito bem-sucedidos no desenvolvimento da cultura religiosa que procuravam criar, ao menos em termos daquilo que pode ser averiguado mediante documentação". Reparando que aqueles que não estão familiarizados intimamente com as fontes terão dificuldade em confirmar a validade de qualquer das duas posições, Kittelson sugere que avaliações gerais sobre cultura religiosa popular serão problemáticas a menos que o objetivo dos próprios reformadores seja considerado e avaliado à luz de seu contexto histórico e local. Da perspectiva teológica de Lutero, a própria questão de sucesso e fracasso, em especial em termos de regeneração ética da sociedade, é uma pergunta mal formulada. É verdade que Lutero tinha ataques de depressão por causa da condição das igrejas reformadas; contudo, a própria questão de que justificação é somente pela graça remete à ideia de que discipulado não depende de resultados. O cristão é chamado a ser fiel, não a ser bem-sucedido. Lutero estava bem ciente de que o evangelho é uma proclamação da promessa de Deus, não uma exortação à regeneração moral da sociedade — e era essa convicção que o distinguia de Wycliffe e Huss:

> Precisamos distinguir entre doutrina e vida. A vida é tão ruim para nós quanto para os que seguem o Papa; é por isso que não lutamos contra os incrédulos por causa da vida má que levam. Wycliffe e Huss, que lutaram a favor da qualidade moral de vida, fracassaram em entender esse fato [...] Quando a Palavra de Deus permanece pura, mesmo se a qualidade de vida não corresponde com a expectativa que temos, nossa vida está em condição se tornar aquilo que deveria. Portanto, tudo depende da pureza da Palavra: sou bem-sucedido na medida em que a ensino corretamente (WA TR 1, p. 624; *LW*, 54, p. 110).

O resultado de todo empreendimento humano, incluindo a Reforma da Igreja, jaz nas mãos de Deus. Era assim que Lutero explicava o pedido: "Venha o teu Reino" [Mateus 6:10]: "Na verdade, o Reino de Deus virá com ou sem a nossa oração, porém, pedimos, nesta oração, para que ele venha em especial até nós" (Kolb e Wengert, 2000, p. 356). É essa perspectiva que difere Lutero de Müntzer (Capítulo, 6).

A convicção de Lutero de que apenas Deus trabalha todas as coisas não o levou ao quietismo pessoal ou social, algo que pode ser percebido em diversos níveis. Sua preocupação, por exemplo, com assistência às pessoas carentes o levou a se envolver com mudanças em estruturas sociais; sua convicção de que fé deve ser ativa no amor o levou a uma jornada final, com saúde já debilitada e idade avançada, servindo como mediador de um conflito entre os condes de Mansfeld. É interessante o fato de que, em sua grande controvérsia com Erasmo sobre o livre-arbítrio humano, Lutero, defensor da liberdade cristã, afirmava também que a vontade é escrava, enquanto Erasmo, defensor da liberdade da vontade, enfatizava o moralismo.

Esforços modernos de entender o sucesso e o fracasso dos reformadores talvez ainda tropecem, em particular, na compreensão que tinham sobre escatologia. Lutero, entre outros, estava convencido de que o mundo estava na iminência de acabar e não tinha otimismo em relação a ele, desejando o dia do juízo. Esse desejo se baseava em sua doutrina da justificação pela fé — ou seja, não mais marcado pela angústia medieval diante do dia da ira (*dies irae*), porém pela expectativa alegre da vinda do Redentor, o qual criará um novo céu e uma nova terra. Ao mesmo tempo, tal perspectiva não era apenas histórica, mas também existencial: juízo e graça eram apresentados como realidades simultaneamente presentes e futuras. Havia, nesse sentido, uma perspectiva dupla: prontidão para o fim da história era o mesmo que prontidão para o fim de cada falha e desapontamento pessoal, gerando, assim, liberdade de ação. Paradoxalmente, a certeza luterana sobre a chegada e cumprimento do último dia nos leva a usufruir da criação, bem como à prática do uso sagrado e responsável da antiga criação — a qual, mesmo em processo de decadência, ainda assim já evidencia a nova criação. Esse selo escatológico sobre a criação é expresso no ditado atribuído a Lutero: "Se soubesse que amanhã o mundo seria destruído, mesmo assim plantaria, hoje, uma macieira".

## SUGESTÕES DE LEITURA

Ole Peter Grell e Andrew Cunningham, eds., *Health Care and Poor Relief in Protestant Europe 1500–1700* [Assistência médica e auxílio aos pobres na Europa protestante: 1500–1700]. Londres: Routledge, 1997.

Robert Jütte, *Poverty and Deviance in Early Modern Europe* [Pobreza e desvio no início da Europa moderna]: Cambridge: Cambridge University Press, 1994.

James Kittelson, "Luther the Educational Reformer" [Lutero, o Reformador educacional], em Marilyn J. Harran, ed., *Luther and Learning: The Wittenberg University Luther Symposium* [Lutero e o aprendizado: simpósio de Lutero da Universidade de Wittenberg], 95–114. Selinsgrove: Susquehanna University Press, 1985.

Carter Lindberg, *Beyond Charity: Reformation Initiatives for the Poor* [Além da caridade: iniciativas da Reforma em favor dos pobres]. Minneapolis: Fortress, 1993.

Lester K. Little, *Religious Poverty and the Profit Economy in Medieval Europe* [Pobreza religiosa e a economia de lucro na Europa medieval]. Ithaca: Cornell University Press, 1978.

Elsie Anne McKee, *John Calvin on the Diaconate and Liturgical Almsgiving* [A posição de João Calvino sobre diaconato e esmola litúrgica], Genebra: Droz, 1984.

Michel Mollat, *The Poor in the Middle Ages: An Essay in Social History* [O pobre na Idade Média: ensaio sobre história social], trad. Arthur Goldhammer. New Haven: Yale University Press, 1986.

Jeannine Olson, *Calvin and Social Welfare: Deacons and the "Bourse Française"* [Calvino e o bem-estar social: diáconos e a "bourse française"]. Selinsgrove: Susquehanna University Press, 1989.

Lee Palmer Wandel, *Always Among Us: Images of the Poor in Zwingli's Zurich* [Sempre entre nós: imagens do pobre na Zurique de Zuínglio]. Cambridge: Cambridge University Press, 1990.

## Capítulo 6
# A Reforma do homem comum

*"O povo será liberto e apenas Deus será o seu Senhor."*
Thomas Müntzer

### "IRMÃO ANDY"

O retorno de Lutero de Wartburg a Wittenberg interrompeu a implementação impulsiva de reforma promovida por Karlstadt, deslocando sua liderança. Karlstadt expressou sua raiva com essa reviravolta, descontando-a na recusa da Igreja Católica de servir a leigos ambos os elementos da ceia, no uso do latim durante a liturgia e outros aspectos do ritual católico que havia rejeitado durante a ausência de Lutero. O fato de que esse ataque literário também cobria acontecimentos recentes que se seguiram aos "*Sermões Invocavit*" não passou despercebido a Lutero e à universidade, que confiscou escritos de Karlstadt e proibiu sua publicação. Embora Melanchthon temesse que Karlstadt poria em risco a causa evangélica por causa de ressentimento pessoal, este conteve, inicialmente, seu ressentimento.

Se tinha ou não complexo de inferioridade que o motivava em sua aspiração por sucesso e *status*, Karlstadt interpretou a rejeição de seu esforço reformista como um castigo divino por desejar honra e posição. Em um movimento dramático — que abrandaria o coração de qualquer aluno radical —, Karlstadt renunciou conquistas acadêmicas e anunciou que não mais participaria da concessão de graus acadêmicos. Esse não era um feito qualquer para um homem que possuía o título de doutor em teologia, direito civil e direito canônico, tendo se tornado também professor emérito e arcediago. A ocasião da renúncia aconteceu durante a promoção de dois de seus alunos em 3 de fevereiro de 1523, diante dos quais anunciou sua decisão com um apelo baseado em Mateus 23:10: "Tampouco vocês devem ser chamados 'chefes', porquanto vocês têm um só chefe, o Cristo". Lutero, que raramente ficava calado, ficou perplexo demais para fazer qualquer comentário.

Logo após o ocorrido, Karlstadt escreveu que, inicialmente, havia estudado e escrito em busca de fama, mas que, agora, percebia quão egocêntrico fora e, de fato, quão arrogante e egoísta toda iniciativa acadêmica era em sua busca por diplomas, elitismo intelectual e glória. Daquele tempo em diante, Karlstadt afirmou que seria um simples leigo, passando a assinar suas obras como "Andreas Karlstadt, o novo leigo", e substituindo seu traje acadêmico por vestimentas camponesas. Como se roupas fossem um reflexo do homem — acaso Cristo se cobria de vestes finas? — Karlstadt pediu para ser chamado de "irmão Andy" e, ao que tudo indica, tentou trabalhar como agricultor. Posteriormente, veio a explicar sua preferência pelo trabalho honesto que suja as mãos mais do que pelo privilégio profissional, que sobrevive à custa de outros, dentre os quais também foi certa vez culpado: camponeses e artesãos vivem de acordo com a lei de Deus, isto é, pelo suor de seu rosto, enquanto acadêmicos e outros de posição elevada os exploram — como Lutero, que se esquecera da verdadeira mortificação da carne: "O que você acha, Lutero: o calo nas mãos não é mais honroso que anéis de ouro?" (Hertzsch, 1957: II, 95–6).

Fiel às convicções pessoais, Karlstadt deixou Wittenberg no início do verão de 1523, assumindo a vida de um pastor paroquiano em Orlamünde, pequena cidade próxima ao rio Saale. A história de sua mudança e suas consequências é complicada e historicamente controversa, já que envolveu questões legais e financeiras de Karlstadt, bem como sua consciência. Ao contrário de Lutero e Melanchthon, que recebiam salário, Karlstadt ainda dependia financeiramente de benefícios e doações feitas em missas, prática que todos os reformadores haviam condenado. Incluso em seu salário estava também o benefício da paróquia de Orlamünde, que Karlstadt recebia como arcediago da Igreja de Todos os Santos. Tornando-se pastor de Orlamünde, Karlstadt se livraria dos abusos eclesiásticos fortemente criticados que lhe serviam de fonte de renda. Ademais, o pastor atual, Glizsch, falhara em pagar o estipêndio devido à Todos os Santos (do qual Karlstadt dependia como fonte de renda) e levara a paróquia local à destruição e ruína. Ao receber uma ordem legal de deixar o cargo por não ter cumprido com suas responsabilidades, Karlstadt pediu permissão para ficar em lugar de Glizsch, a qual o príncipe Frederico lhe concedeu. Entretanto, havia complicações potenciais, pois, como arcediago, Karlstadt era obrigado a lecionar na universidade como parte de sua renda, e a universidade tinha o direito de nomear o vigário de Orlamünde.

Problemas potenciais se concretizaram quando Karlstadt tomou a iniciativa de instituir em Orlamünde as mudanças que haviam sido sufocadas em Wittenberg: imagens foram removidas da igreja e o batismo infantil foi descontinuado; a Ceia do Senhor passou a ser interpretada como um memorial da morte de Cristo, enquanto Karlstadt começou a publicar suas ideias sobre a Reforma da Igreja. Ramificações contenciosas das mudanças sacramentais serão tratadas nos próximos capítulos; é preciso, porém, deixar claro que Lutero e seus colegas em Wittenberg não as aprovaram, engajando-se em manobras legais para afastar Karlstadt de sua paróquia com base no fato de ele não ter sido legalmente chamado para servi-la, além de estar descumprindo obrigações acadêmicas. Esforços para silenciar Karlstadt eram também motivados pela injunção da Dieta de Nuremberg contra inovação e pela instabilidade camponesa que se espalhava pelo vale do Saale, estimulada pela pregação revolucionária de Thomas Müntzer, com quem, agora, Karlstadt estava — injustamente — associado. A resposta da paróquia de Orlamünde, que gostava de Karlstadt, foi inteligente e irônica: a Igreja o elegera pastor, direito congregacional que Lutero acabara de enfatizar em seu tratado sobre a paróquia de Leisnig (*LW*, 39, p. 303–14).

Por volta de 1524, Lutero estava convencido de que Karlstadt apoiava a violência pregada por Müntzer (em março, seguidores de Müntzer haviam queimado uma capela fora dos portões de Allstedt). De fato, Müntzer havia se aproximado de Karlstadt em busca de apoio político; contudo, tanto ele quanto sua congregação rejeitavam a Reforma violenta com base em proibições bíblicas: "Não podemos ajudá-lo com resistência armada [...] Não fomos ordenados a fazer isso, pois Cristo mandou que Pedro embainhasse sua espada" (Baylor, 1991, p. 33–4). "Karlstadt estava preso entre o radical Müntzer e o complexo Lutero, cujo medo conservador de desordem social era, no mínimo, igual ao seu desejo por mudança religiosa" (Sider, 1974, p. 196). Agora, os príncipes da Saxônia Eleitora enviariam Lutero a um *tour* pelo vale do Saale a fim de avaliar a situação e combater o que percebiam ser uma maré crescente de violência.

A recepção de Lutero por toda região e nas cidades de Jena, Kahla, Neustadt e Orlamünde foi calorosa — calorosa, diga-se, até demais: Lutero foi muitas vezes recebido com insultos e, em algumas ocasiões, pedradas. Em Kahla, cidade em que o pastor apoiava Karlstadt, Lutero teve que pisar em um crucifixo quebrado para chegar ao púlpito, de onde pregaria um sermão sobre tolerância com relação a imagens. Em 22 de agosto, Lutero pregou em Jena contra a destruição de imagens e a cessação do batismo infantil, mencionando também a Ceia do Senhor e os frutos malignos de uma teologia espiritualista que levava à insurreição. No fundo da igreja estava Karlstadt, encurvado e coberto com um chapéu para não ser reconhecido. Embora Lutero não tivesse feito menção de nome algum, Karlstadt ficou irritado com a mensagem, convencido de estava sendo atacando pessoalmente. Após o sermão, Karlstadt enviou-lhe uma nota requisitando uma reunião. Naquela tarde, ambos se encontraram no local em que Lutero estava hospedado, na estalagem "Urso Negro", em Jena. O que se seguiu foi uma troca desagradável de acusações e queixas teológicas e pessoais, as quais tiveram fim apenas depois de Lutero desafiar Karlstadt a escrever contra ele, deixando-lhe uma moeda de ouro como garantia de sua vontade em travar uma batalha polêmica. Em suma, o ato foi uma declaração de guerra teológica.

Dois dias depois, o encontro de Lutero com a paróquia em Orlamünde não foi diferente. A congregação queria Karlstadt como pastor e apoiou sua eleição com base nos escritos de Lutero, o qual rejeitou o ato usando o argumento de que Karlstadt havia rompido seu compromisso com a universidade e a Igreja de Todos os Santos. Quanto ao argumento sobre remoção de ídolos, a congregação não estava disposta a voltar atrás, afirmando que a tolerância de Lutero em relação a imagens não correspondia com o ensinamento bíblico e comprometia sua reivindicação de ser membro do corpo de Cristo. Ouvindo isso, Lutero interrompeu a conversa, deixando-a como estava; em seguida, Karlstadt pregou contra o colega, chamando-o de servo infiel de Deus e pervertedor da Escritura. Não demorou para que Karlstadt colocasse o desafio em prática, publicando uma série de tratados sobre a Ceia do Senhor e um tratado polêmico contra a preocupação de Lutero para com fracos na fé. Os cinco tratados sobre a ceia ilustram sua adoção de uma terminologia mística, suas inclinações espiritualistas e uma preocupação vigorosa com uma vida obediente ao Senhor, resultante da regeneração. Os tratados sobre a eucaristia, os ataques diretos a Lutero e as primeiras expressões de um entendimento puramente simbólico da Ceia do Senhor foram enviados à Suíça, no outono de 1524, por intermédio do cunhado de Karlstadt, o Dr. Gerhard Westerburg, de Colônia. A essa altura, Karlstadt estava banido da Saxônia Eleitoral, reclamando que fora expulso sem o benefício de um julgamento em virtude da instigação de Lutero, que, agora, queria defender o evangelho à força.

A essência da discórdia entre Lutero e Karlstadt não estava no cronograma, mas no próprio conceito de reforma. Em retrospecto, estudiosos compararam a teologia da justificação de Lutero com a teologia da regeneração de Karlstadt. Já em Wittenberg havia indícios dessa diferença, mas aquilo que passava despercebido veio à tona com a publicação dos tratados de Karlstadt sobre a eucaristia. Sua ênfase sobre o testemunho interior do Espírito de Deus foi o que levou Lutero a fazer a conexão entre Müntzer e Karlstadt. Talvez esse espiritualismo tenha sido mais bem articulado no "Diálogo" de Karlstadt sobre a Ceia do Senhor. Nele, Karlstadt registra, por meio de seu protagonista, Pedro, o leigo, o seguinte testemunho sobre testemunho interior do Espírito: "Não preciso de testemunha exterior; desejo ter apenas o testemunho interior do Espírito, conforme Cristo prometeu." Questionado sobre quem lhe ensinara tal intepretação, Pedro responde: "Aquele cuja voz ouvi, mas a quem não vi; não sei descrever nem como, nem onde [...] Fui instruído por nosso Pai celestial." Pressionado sobre o motivo pelo qual não explicara anteriormente seu ponto de vista, o protagonista replica:

> O Espírito Santo não me impeliu com a rapidez necessária [...] Às vezes, precisamos ocultá-lo por amor de sua honra e lutar contra o testemunho exterior. Eu bem sabia que todos, especialmente os "dotados da Escritura", teriam rido de mim, dizendo: "está delirando", caso houvesse rompido antes meu silêncio." (Lindberg, 1979, p. 50–1)

Contraposto à ênfase de Lutero sobre a palavra exterior da promessa de Deus, o testemunho interior do Espírito é o meio pelo qual, segundo Karlstadt, leigos sem instrução passam a não depender de teólogos eruditos. Eis, então, o modelo de Karlstadt para a estrutura social da congregação e, por conseguinte, reforma comunal: leigos devem ser como "Pedro", seu protagonista. Karlstadt lutou para aplicar esse modelo de renovação em Orlamünde, promovendo uma política comunal sínodo-democrática, missa evangélica, abolição de imagens, confissão oral e jejum, desenvolvendo também um sistema evangélico de auxílio aos pobres. Pelo testemunho interior do Espírito, as pessoas receberam poder. Embora Karlstadt rejeitasse a exortação de Müntzer à reforma forçada, ele e sua congregação em Orlamünde chegaram a um ponto de desobediência passiva. Para Karlstadt, reformas eclesiásticas pertenciam à jurisdição congregacional ou às autoridades municipais; por isso, opôs-se ao modelo luterano de igreja territorial com um modelo eclesiástico congregacional ou municipal. Assim, em termos de eclesiologia, Karlstadt foi um dos precursores do congregacionalismo. Que essa tendência levaria, mesmo sem ações exageradas de cunho político, a conflitos com senhores territoriais — os quais, por sua vez, procuravam explorar a agitação causada pela Reforma com a intenção de expandir o próprio poder — era inevitável.

Depois de ter sido expulso da Saxônia Eleitoral em setembro de 1524, Karlstadt viajou pelo sudoeste da Alemanha. O esboço a seguir das viagens e contatos de Karlstadt serve de sugestão acerca de como sua influência foi difundida. Em Estrasburgo, ganhou apoio, ao menos em parte, do Reformador Wolfgang Capito e conseguiu publicar sua defesa, intitulada *Ursachen derhalben Andreas Karlstadt aus den Landen zu Sachsen vertreiben* ("Motivos pelos quais Andreas Karlstadt foi expulso da Saxônia"); em Zurique e Basileia, teve contato com círculos anabatistas. Em ambas as cidades, o cunhado de Karlstadt, Westerburg (expulso de Jena) e Felix Mantz, respectivamente, tentaram publicar um tratado sobre batismo infantil e o escrito (agora perdido) "Sobre a voz viva de Deus". Em Basileia, Johannes Aesticampanius impediu a impressão do diálogo acerca do batismo infantil, mas sua publicação ocorreu anonimamente em 1527. O tratado rejeitava o conceito de batismo infantil porque, por um lado, Karlstadt negava o ensino luterano sobre a fé representativa de padrinhos e, por outro, afirmava a precedência do batismo do Espírito em relação ao batismo nas águas. No entanto, Karlstadt não exigia um novo batismo. Em Basileia, sete escritos de Karlstadt foram publicados, cinco dos quais direcionados contra a doutrina luterana da Ceia do Senhor. Em Nuremberg, Karlstadt tinha um grupo de seguidores que incluíam, dentre outros, Hans Greifenberger, Hans Denck e os chamados "três pintores ímpios"; além disso, dois dos escritos de Karlstadt circularam pela cidade, em 1524, pelo pintor Hieronymus Höltzel. Em cinco tratados sobre a eucaristia, Karlstadt atacou a doutrina de Lutero sobre a presença real de Cristo no pão e no vinho, os quais deviam ser interpretados como símbolos da presença espiritual do Senhor. Em seu "Diálogo", Karlstadt promoveu o argumento exegético de que, com as palavras "este é o meu corpo", Jesus apontou para si mesmo, não para o pão. Tal argumento já havia sido desenvolvido desde o século XIII, mediado, aparentemente, por valdenses da Boêmia, sendo também defendido seis meses antes do trato de Karlstadt pelo grupo de dissidentes em Zwickau. Para Karlstadt, a parte central de seu entendimento sobre a eucaristia era a recordação da cruz de Jesus.

Depois de viajar por Heidelberg, Schweinfurt e Kitzingen, Karlstadt chegou, em dezembro de 1524, a Rothenburg ob der Tauber, estabelecendo-se na cidade por um tempo, esforçando-se para influenciar o movimento reformador. Após o início da Guerra dos camponeses, Karlstadt deixou a cidade, aproximadamente no fim de maio de 1525.

Karlstadt estabelecera uma relação amigável com o líder da Guerra dos camponeses, Thomas Müntzer, originário da Turíngia; um serviria de influência ao outro. Contudo, já em seu *Ursachen dass Andreas Karlstadt ein Zeit stillgeschwiegen* (1523: "Razões pelas quais Andreas Karlstadt permaneceu temporariamente em silêncio"), distanciara-se cuidadosamente do entendimento de Müntzer sobre revelação, no qual sonhos e visões exercem um papel importante. Mesmo assim, porém, a despeito da clara rejeição dos esforços revolucionários de Müntzer, Karlstadt viu-se preso entre duas frentes durante a Guerra dos camponeses. Por um lado, Lutero pressentia, injustamente, uma atitude revolucionária em Karlstadt; por outro, Karlstadt procurava, sem sucesso, influenciar os camponeses franconios em direção à não agressão. Após se refugiar com sua mãe durante a semana de Pentecostes em 1525, Karlstadt fugiu em busca da proteção de Lutero — o qual, por sua vez, exigiu dele a promessa de que desistiria de escrever. No prefácio de *Entschuldigung des falschen Namens des Aufruhrs* (junho de 1525: "Pedido de desculpas acerca de acusação falsa de insurreição"), Lutero retirou sua atribuição a Karlstadt como rebelde. No entanto, a retração de Karlstadt de seu ensino sobre a eucaristia foi um acordo forçado que, no final, continha ainda mais sementes de controvérsia. A princípio, Karlstadt recebeu asilo nas cidades de Wittenberg, onde passou a ganhar a vida arduamente, primeiro como agricultor e depois como comerciante. Entretanto, sua influência não foi desfeita e, embora com muita dificuldade, manteve contatos por meio de cartas e visitas. Uma carta interceptada, endereçada a Kaspar Schwenckfeld, revelou suas convicções inalteradas com relação à eucaristia, e ele se recusou a escrever contra Ulrico Zuínglio. No início de 1529, Karlstadt fugiu de sua situação opressora em direção a Kiel, atendendo ao chamado de Melchior Hoffmann, peleiro e pregador leigo. Karlstadt o ajudou a se preparar para o debate de Flensburg (Dinamarca) sobre a Ceia do Senhor (abril de 1529), mas ele mesmo não participou, embora tenha sido o coautor de seu relatório. Todavia, Karlstadt não estava confortável com as ideias visionárias, apocalípticas, de Hoffman.

Após sua expulsão de Kiel (abril de 1529) e um período de existência como pregador itinerante na Frísia oriental, Karlstadt permaneceu na região de Oldersum, ao sul de Emden, de agosto de 1529 a janeiro de 1530. Depois de fugir de Oldersum, passou a procurar trabalho em Estrasburgo, Basileia e Zurique, onde, com a ajuda de Zuínglio, tornou-se diácono na Grande Catedral e capelão hospitalar. No prefácio de um comentário de Zuínglio da carta aos Filipenses, editado por Leo Jud e datado de 10 de dezembro de 1530, Karlstadt se identificou publicamente com a Reforma em Zurique. Aquele que, no passado, fora o segundo no ranking da Reforma em Wittenberg passaria, desde então, a usufruir de onze anos criativos entre os pais da Reforma protestante suíça.

Debates com os professores de Wittenberg continuaram no decorrer desses anos. No início de 1530, Karlstadt respondeu a Melanchthon e, em 1532, à acusação de Lutero de que seu destino, bem como os de Müntzer e Zuínglio, eram castigo de Deus. Em 1534, ele tornou-se professor do Antigo Testamento e pastor da Igreja de São Pedro em Basileia, onde se esforçou, com colegas da cidade e Martin Bucer, de Estrasburgo, para desenvolver harmonia entre os reformadores. Karlstadt foi um dos membros da delegação de Basileia que discutiu, juntamente com Bucer, a Concórdia de Wittenberg, a qual apoiava. Em Basileia, ele e o advogado Bonifazius Amerbach trabalharam juntos na reforma da universidade, reintroduzindo graus acadêmicos e debates na faculdade de teologia. Em janeiro de 1535, ele mesmo promoveu um debate inaugural, fazendo uma apresentação sistemática de sua teologia.

Interesses humanistas de Karlstadt também vieram à tona, incluindo o alto valor que atribuía à história e à natureza, cujo estudo considerava um pré-requisito importante ao entendimento da Escritura. Juntamente com preleções sobre o Antigo Testamento, Karlstadt começou a ensinar hebraico, lecionando também, por um tempo, Novo Testamento e filosofia. Ele planejava uma grande enciclopédia de teologia com o objetivo de integrar, em uma orientação pansófica da teologia, as diversas influências que experimentou durante sua carreira. Entretanto, foi vítima da peste em 24 de dezembro de 1541, tendo, antes disso, destruído intencionalmente manuscritos que começara e que ainda não haviam sido publicados.

Com aproximadamente 90 escritos impressos em cerca de 213 edições, Karlstadt encontra-se entre os escritores mais prolíficos da Reforma; entre 1518–25, ficou apenas atrás de Lutero no número de publicações em alemão. Durante sua jornada de Wittenberg à Basileia, ele influenciou os mais variados grupos reformistas durante o período de sua formação: luteranos, anabatistas, espiritualistas e reformadores suíços. Por um lado, Karlstadt exerceu ampla influência intelectual; por outro, precisamente por causa das frentes transitórias que abordou, foi-lhe negada uma influência duradoura na formação eclesiástica. A verdadeira influência de Karlstadt no curso geral da Reforma veio de sua batalha contra imagens e a doutrina luterana da Ceia do Senhor (a eliminação de imagens tornou-se imediatamente um sinal externo da Reforma nas cidades, mesmo àqueles que buscavam um estilo mais luterano de reforma). Controvérsias acerca da Ceia do Senhor com Lutero passaram a ser, depois de recebidas e continuadas por Zuínglio, motivo de divisão na Igreja durante a Reforma.

O movimento de alunos e seguidores caracterizados por um tempo como "karlstadianos" atingiu seu auge entre 1523 e 1530. A influência de Karlstadt se concentrou nas áreas de Turíngia, Frâncônia e em cidades do norte alemão, porém, foi sentida de Revel à Frísia oriental, de Holsácia ao Tirol. De uma perspectiva social, seguidores de Karlstadt vieram de contextos similares ao seu, isto é, dentre burgueses urbanos instruídos. No entanto, desde Orlamünde, ele declarou ter como alvo o círculo de artesãos e camponeses, a quem se identificara como o "novo leigo" ou "irmão Andy". O ajuste confessional exterior de Karlstadt à linha confessional das cidades suíças privou os karlstadianos radicais de seu modelo e o excluíram como parceiro potencial em uma coalizão com os anabatistas. Entretanto, escritos luteranos polêmicos indicam sua influência contínua. Ademais, espiritualistas importantes do tempo, como Hoffman, Denck, Schwenckfeld e Sebastian Franck, adotaram e mediaram, de maneira diversa, as opiniões de Karlstadt — principalmente os escritos marcados por forte misticismo de 1523 a 1525.

O caminho de Karlstadt conduziu a um tipo de dissidência sigilosa. De modo semelhante a ele, muitos de seus seguidores parecem ter seguido um rumo de acomodação externa e êxodo interno, prática que se originou do conceito de que todo cristão é um sacerdote. Estudos bíblicos nos lares também serviram de apoio à continuação clandestina do espírito karlstadiano juntamente com a herança de outros dissidentes da Reforma. Seus escritos continuaram a ser lidos em segredo, e, com sua teologia de novo nascimento e santificação, ele foi o precursor do pietismo. Não existe apenas uma harmonia material entre ele e o pietismo, mas também linhas históricas de conexão. O personagem mais importante na transmissão da herança de Karlstadt entre a Reforma e o pietismo foi o místico e criptodissidente Valentin Weigel (1553–88).

## THOMAS MÜNTZER

Muito mais do que Karlstadt, Thomas Müntzer (c. 1489–1525) desenvolveu tanto as consequências políticas quanto religiosas do espiritualismo. Com Müntzer, a ordem interior do Espírito conduzia diretamente à mudança da ordem exterior do mundo: o misticismo tornou-se a base teológica para revolução.

Inicialmente, Müntzer via Lutero como companheiro de lutas, mas, depois de ouvir falar do papel que teve em reverter as inovações de Karlstadt em Wittenberg, passou a enxergá-lo como bajulador de príncipes. Eu seu *A Highly Provoked Vindication and a Refutation of the Unspiritual Soft-Living Flesh in Wittenberg whose Robbery and Distortion of Scripture has so Grievously Polluted our Wretched Christian Church* (1524) [Reivindicação e refutação provocada pelo homem carnal e de vida ociosa que habita em Wittenberg, cujo roubo e distorção da Escritura poluiu e machucou nossa pobre Igreja cristã], Müntzer chamou Lutero de abutre, padre evasivo, doutor mentiroso, Papa de Wittenberg, virgem casto da Babilônia, arquidemônio e cão raivoso. Discrição nunca foi o ponto forte de Müntzer! O próprio Lutero não ficava muito atrás quando o assunto era insulto, chamando Müntzer de desordeiro sanguinário possuído pelo diabo, incitado pelo inferno na destruição da Igreja e do Estado — "um homem que nasceu para heresias e cismas". E foi assim que começou a historiografia protestante de Müntzer e, por extensão, de todos os chamados reformadores "radicais". A suspeita teológica de Lutero sobre todo tipo de teologia relacionada à mudança interior e regeneração foi aguçada e enrijecida por sua experiência com Karlstadt e Müntzer, transformando-se, consequentemente, em rejeição veemente de qualquer pessoa ou grupo que aparentasse ter visões espiritualistas. Para Lutero, Müntzer havia se tornado *o* símbolo de dissensão e heresia, os quais logicamente conduziram aos horrores da Guerra dos Camponeses e ao desastre posterior na cidade de Münster (1534–5).

Estímulos modernos à pesquisa acerca de Müntzer vieram de historiadores marxistas, os quais, por sua vez, aproveitaram-se da reinterpretação de Friedrich Engels, que via Müntzer como um teólogo da libertação de opressão social e política. Em um livreto de 1989, preparado em homenagem ao quinto centenário do nascimento de Müntzer, um comitê da antiga Alemanha Oriental escreveu:

> A República Democrática Alemã [...] enxerga a si mesma como um Estado que vive segundo o ideal de Thomas Müntzer, segundo o qual "o poder deve ser entregue ao povo comum". Como homem que lutou de modo sacrificial pelo alvo de construir uma nova sociedade, pautada nos interesses de pessoas comuns, o exemplo de Müntzer demonstra valores morais e éticos que [...] ainda frutificam na criação dos fundamentos socialistas.

Arquidemônio ou herói socialista? Revolucionário ou servo de Deus? Homicida sanguinário ou pastor espiritual? Apareça, verdadeiro Thomas Müntzer! Diferentemente de Lutero, a atividade reformadora de Müntzer foi condensada em poucos anos (de 1521 a 1525), período marcado por polêmica e violência física, culminando com sua execução. Acontecimentos desse tempo, que também incluem a Guerra dos Camponeses e se associam com a natureza controversa de sua pessoa e obra, fazem de Müntzer alguém difícil de avaliar.

## Origem e teologia de Müntzer

Esforços acadêmicos para encontrar o "verdadeiro" Müntzer acabam se deparando não apenas com um século de historiografia polêmica, mas também com escassez de fontes e estudos de suas origens e ideias. Não há praticamente nenhuma fonte sobre sua infância e seus anos escolares; alegações quanto ao seu nascimento abrangem de 1470 a 1495 — embora o consenso atual seja em torno de 1489. Parece claro o fato de seus pais terem sido de procedência urbana, e o nome de família sugere que, em dado momento, estavam envolvidos com a cunhagem de moedas. Müntzer identificava Stolberg como sua cidade natal (de fato, o nome de família está registrado em Stolberg e nas cidades vizinhas de Quedlimburg, Aschersleben e Halberstadt). Uma vez que é impossível fazer uma análise direta das origens familiares de Müntzer, Ulrich Bubenheimer explorou recentemente os relacionamentos sociais do Reformador radical em busca de pistas sobre sua origem. Fontes de seu tempo em Braunschweig (1514–17) e contatos posteriores que teve na cidade até 1522 indicam que Müntzer se associava com profissionais de uma determinada camada social, tais como mercadores internacionais, ourives e cunhadores. Sua conexão com essas pessoas sugere que Müntzer veio de um ambiente relativamente próspero que, em cidades grandes, formava um grupo de cidadãos instruídos e politicamente influentes. Origens e relacionamentos pessoais rementem a círculos do início da economia capitalista de mineração, localizados nas regiões de Harz e Turíngia, similares às de Lutero (Bubenheimer, 1989, p. 11–40).

Müntzer estudou em Leipzig, Frankfurt e Wittenberg (1517–18, 1519) e talvez em outras universidades, recebendo os títulos de B.A. e M.A e o de Bacharel em Escritura, tendo sido ordenado provavelmente antes de aceitar um trabalho remunerado da Igreja de St. Michael, em Braunschweig. Correspondências datam seu trabalho como capelão em julho de 1515 e agosto de 1516, em Frose, cidade na qual a primeira igreja foi dedicada ao mártir Ciríaco de Roma, fato que deu ocasião aos primeiros trabalhos litúrgicos de Müntzer no ministério de São Ciríaco. Seu *Officium Sancti Cyriaci* mostra que, por volta de 1515–6, Müntzer já tinha todos os requisitos litúrgicos e musicais exigidos ao seu desenvolvimento educacional e vocacional. A liturgia do mártir Ciríaco não apenas indica o interesse litúrgico precoce de Müntzer, como também reflete sua estima pelo martírio, algo que, posteriormente, caracterizaria sua piedade. Discipulado a Cristo leva ao martírio. Uma das citações favoritas de Müntzer e seus seguidores era Mateus 10:24: "O discípulo não está acima de seu mestre". O texto era interpretado à luz de João 15:20: "Nenhum escravo é maior do que o seu senhor. Se me perseguiram, também perseguirão a vocês" (Bubenheimer, 1989, p. 94). A convicção de que a Reforma da Igreja requeria martírio foi o fio condutor da carreira de Müntzer.

Uma carta endereçada a Müntzer e assinada "em amor e pureza passionais" sugere, ainda mais, o desenvolvimento religioso de Müntzer por volta desse tempo. Há um elemento místico na fórmula, que busca identificação com Cristo e sua paixão. A carta refere-se a Müntzer com o título de "perseguidor da injustiça" e parece ter um caráter programático, algo que, infelizmente, é difícil de interpretar a partir do contexto histórico. Todavia, tal formulação demonstra que Müntzer confrontava seu ambiente de maneira crítica, e que o estabelecimento de "justiça" — seja lá o que isso significasse — era parte integral do que tinha em mente desde o início. A preocupação com justiça aparece, dois anos depois, em um pedido pela opinião de Müntzer, em Braunschweig, acerca de indulgências. Bubenheimer (1989, p. 96, 106) afirma que o envolvimento de Müntzer nessa controvérsia sobre indulgências antes das "Noventa e cinco teses" não havia sido estimulada inicialmente por Lutero, mas por raízes pré-reformistas.

Em Braunschweig, o círculo de parentes e amigos de Müntzer não estava apenas interessado em humanismo: alguns também se envolviam em um tipo de renúncia pessoal, característico da preocupação dos primeiros capitalistas de que o sucesso humano dificultava a percepção da voz de Deus. A exigência de Müntzer por um estilo ascético de vida foi elaborado nesse contexto socioeconômico de crescimento, expansão e acumulação.

Müntzer permaneceu ligado, biográfica e espiritualmente, àqueles que se dedicaram à sua luta antifeudal. Reflexos de sua proximidade com o círculo de mercadores podem ser vistos em *Highly Provoked Vindication* [Reivindicação e refutação provocada], na qual rejeita o argumento de Lutero contra a classe mercante, expresso no tratado *Trade and Usury* [Negociação e usura], escrito no verão de 1524. Nele, Lutero criticou duramente as primeiras práticas capitalistas, bem como o comércio internacional, o qual começava a se desenvolver na Feira de Frankfurt. Segundo Lutero, mercadores, salvo honrosas exceções, pareciam-se com ladrões em sua tendência de maximizar lucro e, por isso, recomendava que as autoridades do mundo restringissem a ganância de comerciantes. Em contrapartida, Müntzer era da opinião de que Lutero devia pregar juízo contra os príncipes, merecedores de maior condenação do que outros. O partidarismo de Müntzer e seu cortejo implícito com negociantes tem um contexto biográfico concreto no fato de que, quando estava no processo de publicar seu *Highly Provoked Vindication* em Nuremberg, manteve comunicação com Christoph Fürer, participante na sociedade mineradora mais importante de Nuremberg. Lutero rejeitava precisamente esse tipo de sociedade, a qual via como monopólio.

Diferentemente de Lutero, o apoio de Müntzer a comerciantes empreendedores nos leva a um *insight* importante: desde o outono de 1524, sua luta era contra o feudalismo, contra os "regentes ímpios". A população urbana envolvida nas formas primordiais de capitalismo econômico não descartava, afinal, o desejo por um padrão de vida ascético. Müntzer certamente foi capaz de reconhecer formas de exploração também no início do empreendimento capitalista, mas os relacionamentos que tinha em Braunschweig o levaram a buscar coalizão, não confrontação, com a classe urbana economicamente proeminente na luta contra os senhores feudais.

Não podemos atribuir o período de estudos de Müntzer em Wittenberg a um desejo de se familiarizar com a teologia de Lutero, pois não sabemos se sua chegada à cidade ocorreu antes ou depois da controvérsia sobre indulgências. Além do mais, havia, àquela altura, uma mistura complexa na cidade entre estudos teológicos e humanísticos, dos quais a teologia inicial da Reforma ainda não havia sido destilada. Contudo, é certo que Müntzer possuía, no período, certa familiaridade com Lutero, Karlstadt e Melanchthon, além de ter participado, em 1519, do debate de Leipzig. Em Wittenberg, durante o semestre de inverno de 1517–18, Müntzer participou de aulas sobre São Jerônimo ministradas pelo humanista Johannes Rhagius Aesticampanius. Notas de estudo feitas por Müntzer demonstram que ele participou dessas aulas com a intenção de dar continuidade a estudos humanísticos. É evidente que o interesse de Rhagius na retórica e educação ética de seus alunos com respeito a um estilo de vida estético, principalmente na área da sexualidade, deixaram Müntzer intrigado. As observações também indicam o interesse de Müntzer na ênfase de São Jerônimo quanto à voz viva de um professor em comparação com a palavra escrita.

Müntzer também foi influenciado pela ênfase humanista em viagens, não apenas como meio de aumentar o conhecimento, mas como uma pedagogia do sofrimento. Essa forma humanista de ascetismo monástico incluía o celibato e a ausência de uma residência fixa. A proximidade fenomenológica entre essa perspectiva humanística e a teologia do sofrimento de Müntzer é evidente, podendo, da mesma maneira, ser a fonte de sua crítica contra Wittenberg, que favorecia o casamento clerical. Para Müntzer, intercurso sexual no casamento era justificável apenas na instrução divina sobre a geração de descendentes (*CTM*, p. 44–5).

Influências humanistas não vinham apenas de escritores da época, como Erasmo e Ficino (no caso de Ficino, sua última edição de Platão), mas também de clássicos da fé, escritos pelos Pais da Igreja. Müntzer estudou, dentre outros, Jerônimo, Agostinho, Cipriano, Eusébio, Tertuliano, Cassiodoro e Basílio. De Cipriano, herdou a noção de "nada sem o consentimento do povo" que, posteriormente, desenvolveu-se na reivindicação de que autoridades humanas dependem de decisão popular; de Eusébio, assimilou o tema de que a Igreja virgem do período apostólico havia caído. Para Müntzer, a Igreja, antes pura, havia se prostituído e cometido adultério espiritual, introduzido por acadêmicos egoístas e ministros incrédulos. Assim, o leigo, o homem comum, precisa se tornar o novo ministro: a comunidade precisa ser purificada, até que seja apenas formada por eleitos separados dos ímpios (*CTM*, p. 377-8).

Na primavera de 1519, Müntzer visitou Orlamünde por cerca de um mês, provavelmente a convite de Karlstadt, com quem passara a estar bem familiarizado. Foi lá que Müntzer imergiu no estudo de Tauler, místico medieval alemão, cuja ênfase na recepção do Espírito Santo no abismo da alma passou a ser fundamental à teologia madura de Müntzer. Vale ressaltar que, por esse tempo, seu estudo de Tauler ocorreu com uma cozinheira da paróquia de Orlamünde, uma mulher simples e piedosa. Por mais que tivesse iniciado seu estudo de Tauler com Karlstadt em Wittenberg, seu estudo em Orlamünde sugere, uma vez mais, orientação de Müntzer em direção à sabedoria de iletrados acima da de "escribas".

A retórica humanista também fornecia a Müntzer a categoria de "ordem das coisas" (*ordo rerum*), pela qual estruturou sua teologia. Esse conceito retórico, com ênfase na relação certa entre "começo" e "fim", funcionava, em sua teologia, como uma categoria hermenêutica fundamental, abrangendo retoricamente um processo de revelação da ordem imanente da criação à estrutura da fala do Criador. De acordo com Müntzer, o conhecimento de Deus não é ensinável, mas conferível apenas em conexão com uma fé trabalhada pelo Espírito e saturada pela experiência. A inabilidade catastrófica da Igreja de mediar essa renovação espiritual está relacionada à perda da "ordem [correta] das coisas", começando por Deus e abrangendo todas as criaturas. Diante disso, Müntzer clamava por uma inversão do movimento tradicional, isto é, de uma ordem exterior para uma ordem interior. A Palavra viva de Deus devia ser escutada da própria boca de Deus, não de livros — nem mesmo a Bíblia. Tradição mística, bem como expressões humanistas de neoplatonismo, trabalhavam em seu favor no esforço de expressar a prioridade de uma audição interiormente orientada. Isso levaria a humanidade a não mais ser escrava de criaturas, conduzindo-a a um processo de divinização em Deus.

Do ponto de vista teológico, a Palavra falada e viva de Deus na criação está presente em cada período, e a criação é análoga a uma construção retórica. Assim, a Escritura Sagrada não passa de uma precipitação historicamente limitada desse processo de revelação, uma "parte" de "toda" revelação. Além da Escritura, há também outras esferas de revelação divina: a fala viva de Deus, a natureza e a história. Teólogos que limitam a revelação à Escritura não passam de escribas. O modo particular com que Müntzer interpretava retórica antiga é algo que pode ser visto de modo mais claro quando comparado a Lutero, que também foi influenciado pela recuperação humanista da retórica clássica. Para Lutero, entretanto, o papel da retórica é servir o texto como uma ferramenta filológica, um auxílio exegético para o entendimento da linguagem da Bíblia. Para Müntzer, a importância da retórica vai além de sua função de auxílio exegético. Posto bruscamente, Lutero está interessado em um sentido exegético-hermenêutico principalmente pela "ordem das palavras" (*ordo verborum*) de textos interpretados, enquanto a preocupação de Müntzer era com o sentido sistemático-hermenêutico de "ordem das coisas" (*ordo rerum*). Essa orientação encontrava, na *ordo verborum* do texto escrito da Bíblia, apenas uma dentre outras formas de expressão; juntamente com ela, devemos ouvir, aqui e agora, a fala real do Deus vivo. Uma vez mais, para Müntzer, a Escritura Sagrada era uma expressão proeminente, mas historicamente limitada, do processo de revelação, isto é, uma parte do todo da revelação.

## O DESENVOLVIMENTO HISTÓRICO DE MÜNTZER

Em maio de 1520, Müntzer foi chamado para substituir Johannes Egranus, pregador da Igreja de Santa Maria, a congregação mais importante de Zwickau. Esta era uma cidade próspera de cerca de sete mil e quinhentos habitantes, cujo trabalho nas indústrias têxtil e mineradora enriqueceu patrícios, mercadores e artesãos. Frederico, o príncipe-eleitor, referia-se à cidade como a "pérola" da Saxônia. A prosperidade de Zwickau servia como fonte sustentadora de inúmeras instituições, incluindo oito igrejas, seis capelas e um grande monastério franciscano, além de beneficiar comunidades cartuxas, dominicanas, beguinas e diversas outras irmandades religiosas. Ao mesmo tempo, a prosperidade da cidade gerava novas tensões sociais: mercadores e fabricantes rompiam o poder das guildas, aumentando drasticamente a lacuna econômica e social entre comerciantes e classes mais baixas de cidadãos. O conselho municipal girava em torno dos ricos, distanciando-se de princípios tradicionais comunais, alienando, assim, o "homem comum" da cidade. Na época em que Müntzer chegou, havia também conflitos eclesiásticos e uma insatisfação crescente contra o clero, especialmente entre a população mais carente. Em 1516, a guilda dos tecelões desafiou o governo dos magistrados e, em 1521, tornou-se o lugar de apoio à Müntzer.

Müntzer mal chegara à cidade quando começou a se envolver em conflitos sociais, pregando sermões veementes contra os franciscanos, acusando-os de explorar o pobre. Müntzer não apenas bateu na tecla da necessidade de mudança usando temas comuns de anticlericalismo (avareza clerical e monástica, hipocrisia e ritualismo externo em vez da pregação do evangelho), mas também apimentou sua mensagem com *bon mots*, debochando, por exemplo, que alguém pudesse cortar um quilo de carne da boca dos monges sem que deixassem de ter boca grande (Held e Hoyer, 2004, p. 57).

A atitude de Müntzer desagradou os franciscanos. Os monges não apenas o denunciaram ao bispo de Naumburg e ao ministro provinciano franciscano, como também foram às ruas com o propósito de incitar a cidade contra ele. O conselho municipal pediu a Müntzer que buscasse o conselho de Lutero, que o havia recomendado à cidade. Em sua carta ao Reformador, Müntzer descreve as acusações contra ele, pede o apoio de Lutero e seu conselho: "És o meu advogado no Senhor Jesus. Rogo-te que não escutes aos que me difamam [...] Não é minha obra que faço, mas a do Senhor". Müntzer também se refere à Lutero como aquele que o havia "gerado pelo evangelho" e como um "modelo e baluarte aos amigos de Deus" (*CTM*, p. 18–22). A forte identificação de Müntzer com a vontade de Deus continuaria durante todo seu ministério; já sua consideração por Lutero logo acabaria.

O conselho municipal obviamente não se abalou muito pelos acontecimentos, uma vez que, após o retorno de Egranus, Müntzer recebeu o cargo de pregador na Igreja de Santa Catarina. Contudo, não demorou para que surgisse uma controvérsia amarga entre Egranus e Müntzer. Egranus, a quem Lutero havia descrito como "homem inculto em assuntos teológicos", estava mais interessado em estudos humanistas do que em teologia e cuidado pastoral. Müntzer atacou Egranus por sua falta de compromisso, defendendo, em contrapartida, a convicção de que não eruditos, mas experientes na fé, são salvos. Por "experiência" na fé, Müntzer queria dizer ser guiado por Deus por meio da dor e do sofrimento à verdadeira fé experimental, formada e plena do Espírito Santo. Em termos de história da teologia, o debate prefigurava a disputa entre Lutero e Erasmo com relação à liberdade da vontade, bem como o desenvolvimento posterior da hermenêutica da experiência nos liberalismos pietista e protestante. A ênfase de Müntzer na experiência sofredora de Deus encontrou uma recepção positiva entre tecelões pobres e diaristas da congregação de Santa Catarina, cuja piedade correspondia à sua condição socioeconômica. Essa piedade enxergava o sofrimento material e espiritual como precondição da fé e tratava da iluminação mística de leigos incultos. No meio dessa congregação estava Nicholas Storch, um dos profetas de Zwickau que contribuiu, no início de 1522, com a instabilidade social de Wittenberg.

Müntzer continuou a pregar contra Egranus e, de modo ainda mais incisivo, contra os ministros e monges que ainda aderiam ao catolicismo. Ações anticlericais semelhantes àquelas que ocorreram em Wittenberg e outros lugares começaram a acontecer. Como resultado, o próprio Müntzer começou a receber insultos, e uma desordem pública em grande escala começou a ser cada vez mais provável. Em abril de 1521 — no mesmo dia em que Lutero entrava em Worms para enfrentar o imperador — Müntzer foi demitido de seu posto pelo conselho. Um grande grupo de tecelões armados saiu em sua defesa, mas cinquenta homens foram imediatamente presos. Posteriormente, Müntzer afirmou que não fora o autor dessa insurreição, visto que estava se banhando quando tudo aconteceu; na mesma noite, porém, fugiu da cidade.

## NA TERRA DE HUSS

De Zwickau, Müntzer seguiu em direção a Praga, onde permaneceria até dezembro de 1521. Segundo julgava, a experiência Zwickau não diminuiu, mas confirmou sua teologia de sofrimento experimental. Müntzer escreveu a Nicholas Hausmann, pregador chamado a Zwickau para prosseguir com reformas seguindo contornos mais moderados: "Não desejo nada além da própria perseguição, a fim de que todos sejam beneficiados e se convertam por intermédio de mim" (*CTM*, p. 35). No caso de Müntzer e, em seguida, dos anabatistas — que professavam que a Igreja verdadeira é sempre uma Igreja perseguida — autoridades protestantes e católicas deparavam-se com um problema aparentemente intratável: tolerância permitia com que a suposta heresia se espalhasse, enquanto perseguição a confirmava e estimulava. Para Müntzer, as dores de parto dos últimos dias haviam começado; perseguição era necessária para dar credibilidade à mensagem.

Ao que tudo indica, Praga "seria a Jerusalém de Müntzer" (*CTM, p.* 352), o qual parece ter ido à cidade tanto na expectativa de martírio quanto de uma recepção favorável. Talvez Müntzer tenha se lembrado das palavras de Lutero no debate de Leipzig de que todo cristão verdadeiro era um hussita. De qualquer forma, ainda que tenha continuado a se apresentar como seguidor de Lutero, o chamado *Prague Manifesto* [Manifesto de Praga] do mês de novembro rompeu com Müntzer.

Após receber boas-vindas calorosas dos boêmios — os quais aparentemente criam que Müntzer representava o movimento reformista de Wittenberg —, a recepção passou a ficar cada vez menos cordial em resposta aos sermões inflamatórios que pregava. O manifesto serviu de pretexto ideal para que Müntzer acusasse o clero ímpio, que seduzira o povo e impedira reformas. Segundo afirmava, os boêmios não haviam sido chamados a uma teologia criada pelo homem, mas à Palavra viva de Deus, originada de sua própria boca:

> Durante toda vida, não aprendi (Deus sabe que não estou mentindo) coisa alguma sobre o exercício verdadeiro da fé pela boca de monges e ministros — nem mesmo sobre o tempo edificante da tribulação, o qual esclarece a fé no temor de Deus e demonstra a necessidade que os eleitos têm do dom sétuplo do Espírito Santo. Não ouvi de erudito nenhum acerca da ordem de Deus implantada em todas as criaturas — nenhuma palavra sequer. Quanto à compreensão do todo como unidade de todas as partes, se aqueles que se dizem cristãos não têm a mínima noção sobre isso, muito menos os ministros malditos [...] Pois qualquer que não sente o Espírito de Cristo dentro de si, ou não sabe se o tem, não é membro de Cristo, mas sim do diabo (CTM, p. 357–8).

Concluindo, Müntzer proclamou que Deus criaria uma nova Igreja lá mesmo, na Boêmia, que serviria como um "espelho para o mundo todo". Depois de conclamar os boêmios a ajudar na defesa da Palavra de Deus, afirmou que, se não agissem, seriam invadidos pelos turcos no ano seguinte.

A diferença teológica entre Müntzer e Lutero estava começando a ficar clara. *Sola scriptura* estava sendo substituída por *sola experientia*: fé bíblica é uma fé morta que adora um Deus mudo; o Deus que fala é experimentado diretamente no coração. Em uma carta a Melanchthon datada de 29 de março de 1522, Müntzer escreveu: "O que eu reprovo é o seguinte: o fato de que adoras a um Deus mudo [...] O homem não vive só de pão, mas de toda palavra que procede da boca de Deus. Repare que a Palavra 'procede da boca de Deus', não de livros". Müntzer conclui que os *"Sermões Invocavit"* de Lutero eram um erro: "Nosso irmão Martinho age de maneira ignorante por não querer ofender os pequeninos [...] Contudo, a tribulação dos cristãos já está às portas; porque consideras que ainda está por vir, não sei" (*CTM*, p. 43–6).

Por volta do início de dezembro, Müntzer estava, ao que tudo indica, sob algum tipo de prisão domiciliar; pouco tempo depois, foi expulso de Praga. Os meses seguintes foram, para ele, um tempo de vagar pela Alemanha. Por essa época, seus amigos, os profetas de Zwickau, haviam deixado marcas em Wittenberg, e seus conhecidos que viviam na cidade estavam receosos em lhe dar apoio. Karlstadt lhe escreveu uma carta um tanto curiosa em dezembro, expressando sua hesitação e desejo de ajudá-lo a achar um novo posto. Na carta, manifesta estar satisfeito pelo zelo de Müntzer em "escalar o abismo da vontade divina", precavendo-o, porém, a vir sozinho: "Assim, poderei dizer coisas que não estou disposto a manifestar por carta". Karlstadt termina com uma referência sugestiva de seu próprio espiritualismo: "Deus é o mestre do meu coração: aprendi seu poder e mão poderosa por experiência. Eis o porquê de ter falado sobre visões e sonhos mais do que qualquer outro professor" (*CTM*, p. 52–3).

A infelicidade do exílio de Müntzer acabaria ao obter o posto de pregador na paróquia de São João, em Allstedt, Saxônia Eleitoral. Não está claro como recebeu o cargo; sabe-se, porém, que o conselho municipal agiu por conta própria, ignorando o príncipe-eleitor, que tinha autoridade exclusiva de concedê-lo: "Com uma certeza hipnótica, Müntzer encontrou a cidade ideal em que teria a oportunidade de refletir, uma vez mais, sobre seu programa de reforma e colocá-lo em prática, passo a passo" (Goertz, 1993b, p. 97–8). "O profeta de Allstedt" tornou-se um homem extremamente ocupado. Foi na Saxônia que Müntzer desenvolveu, pela primeira vez, experimentos litúrgicos aprofundados: "Ele não apenas esteve entre pioneiros criativos; sua ênfase [...] foi incrivelmente moderada, principalmente no destaque da adoração como ação comum do povo de Deus" (Rupp, 1969, p. 305; Leaver [2007, p. 294] repara na crítica de Lutero de que Müntzer "falhou em entender a natureza essencialmente musical da adoração litúrgica"). Müntzer também traduziu os Salmos em linguagem popular, escreveu hinos e, por causa de sua liturgia e pregação inovadoras, começou a atrair multidões grandes o bastante para deixar Peter Ernst, conde de Mansfeld, incomodado. Ernst procurou proibir seus súditos de ouvir Müntzer — tentativa que o deixou sobremodo irritado, levando-o a desafiar o conde a trazer o bispo da cidade e alguns teólogos para que desafiassem seu ensino. O pedido foi cumprido um ano depois, durante o qual a língua de Müntzer permaneceu ativa. Em seu tratado *Of False Faith* [Sobre a falsa fé], Müntzer enfatizou a necessidade da verdadeira fé de sofrer e experimentar o "Cristo amargo". Em seu *Protestation or Defence of Thomas Müntzer* [Protesto ou defesa de Thomas Müntzer] e em sua *Exposition of Psalm Nineteen* [Exposição do Salmo dezenove], Müntzer deixou claro que a teologia de justificação somente pela fé pregada em Wittenberg era uma "doutrina inventada". Cristo viera para cumprir a lei; da mesma forma, o pecador deve se converter como instrumento voluntário de Deus e fazer o mesmo. Agora, Müntzer se autodesignava "martelo e foice de Deus contra os ímpios", colocando seu ponto de vista em prática ao organizar uma liga militar secreta que, em 24 de março de 1524, destruiu a pequena capela de Mallerbach, situada fora da cidade. Investigações posteriores sobre o incidente realizadas pelo duque João, irmão do príncipe-eleitor Frederico, foram inconclusivas. Ainda que insistissem na punição dos culpados, João e Frederico deram ouvidos a Lutero, que subestimava a influência de Müntzer. Lutero não via "fruto algum do espírito de Allstedt [Müntzer], exceto atos de violência e o desejo de destruir [imagens de] madeira e pedra: até o momento, há pouca evidência de amor, paz, paciência e gentileza". Entretanto, Lutero ainda pensava que essa era uma batalha da Palavra, não dos príncipes, convencido de que "o Anticristo será tirado sem o auxílio de mãos humanas" (*LW*, 40, p. 56–8).

O duque João decidiu visitar Allstedt para se informar, por si mesmo, a respeito de Müntzer: foi esse o contexto do famoso "Sermão dos Príncipes", pregado em 13 de julho de 1524. Durante a mensagem, direcionada ao príncipe e seus conselheiros no castelo eleitoral perto de Allstedt, Müntzer usou o rei Nabucodonosor da mesma forma como Karlstadt usara o rei Josias como modelo de governabilidade. Da mesma forma que Nabucodonosor fez de Daniel seu conselheiro, assim também os príncipes saxões deviam colocar ele, Müntzer, como responsável pela introdução da nova ordem mundial: "Portanto, um novo Daniel deve se levantar, expondo sonhos a vós e [...] na vanguarda, liderando o caminho" (*CTM*, p. 246). Em seu apelo a regentes, Müntzer permaneceu dentro do parâmetro clássico de obediência civil, pedindo proteção e apoio. Sua leve distorção, porém, foi se concentrar em Romanos 13:4 (a autoridade "é serva de Deus, agente da justiça para punir quem pratica o mal"). Em contrapartida, Lutero enfatizava o versículo um ("todos devem sujeitar-se às autoridades governamentais, pois não há autoridade que não venha de Deus"), texto clássico de todos os reformadores magistrais. Müntzer pregava:

Portanto, não permitam que malfeitores, que nos distanciam de Deus, continuem vivendo (Deuteronômio, 13). Ímpios não têm o direito de viver se atrapalharem os piedosos [...] Desconfio, porém, que, nesse ponto, nossos eruditos vão me reprovar, remetendo-me à misericórdia de Cristo, da qual lançam mão para cobrir sua hipocrisia [...] De modo ímpio e fraudulento, citam Daniel, ensinando que o Anticristo deve ser destruído sem mãos humanas [...] Entretanto, para assegurar que isso aconteça de uma maneira justa e ordeira, nossos venerados pais, os príncipes que, conosco, confessam a Cristo, devem cumprir esse chamado. Caso contrário, a espada lhes será tirada [...] pois os ímpios não têm o direito de viver senão à custa do sofrimento dos eleitos (*CTM*, p. 248–51).

Para Müntzer, revelação é a fonte para uma transformação revolucionária da sociedade:

Com esse sermão, Müntzer destruiu todas as "concepções habituais" e implodiu os "sistemas oral e legal de seu tempo", proclamando, além disso, um direito de intervenção religiosamente motivado contra os regimes da Igreja Antiga, "contrário ao Estado de direito e às leis que favoreciam estabilidade pública". Müntzer demandara dos príncipes a adoção de uma perspectiva revolucionária" (Goertz, 1993b, p. 129).

Não há evidências quanto ao efeito imediato que esse sermão marcante tenha exercido sobre os príncipes, mas não demorou para que Müntzer e alguns de seus seguidores fossem convocados a Weimar. Em agosto, uma semana após seu retorno, Müntzer deixou Allstedt secretamente; para ele, estava claro que a "fé falsa" de Lutero promovia e apoiava a tirania dos príncipes e que o Reformador era pregador de um "Cristo doce", que chamava à fé sem obras. Essa "graça barata" evita o "Cristo amargo" e o discipulado da cruz (*CTM*, p. 191, 200–1). Müntzer estava, agora, em seu estágio final de desenvolvimento. Seu desejo de cristianizar o mundo e cumprir a aspiração medieval de um *corpos Christianum* pelo uso da violência levou-o a se tornar um "Reformador sem igreja."

Que Lutero estava convicto de que a pregação de Müntzer culminaria em violência está claro em seu chamado veemente aos príncipes em *Letter to the Princes of Saxony Concerning the Rebellious Spirit* [Carta aos príncipes da Saxônia sobre o espírito rebelde], rogando-lhes para que interviessem ao primeiro sinal de violência. Usando Romanos 13:4, Lutero relembra os príncipes de que seu dever é manter a ordem, impedir rebeliões e preservar a paz. Essa é a responsabilidade civil das autoridades seculares — não a imposição de doutrinas.

No que diz respeito à doutrina, o tempo dirá; no momento, vossas Graças não devem se opor ao ministério da Palavra. Deixai que preguem com confiança e ousadia, seja contra quem for [...] Se, porém, alguém tiver o desejo de lutar usando mais do que a Palavra — mesmo que seja eu — pelo uso da destruição e da força, devei vós, então, intervir contra os culpados, banindo-os do país. Podeis dizer: "Estamos dispostos a suportar e permitir que lutem com a Palavra para que a doutrina verdadeira prevaleça. Não usai, porém, o punho; o uso da força é de responsabilidade nossa. Do contrário, saí do país". Nós, que estamos envolvidos no ministério da Palavra, não somos autorizados a usar força (*LW*, 40, p. 57).

Müntzer reagiu à carta com seu *Vindication and Refutation* [Reivindicação e refutação], texto no qual deu vazão à raiva contra Lutero. Segundo Müntzer, o Reformador de Wittenberg entrara em aliança profana e egoísta com os príncipes e, com eles, tiranizava o povo. Lutero e seus seguidores não passavam de fariseus que pregavam por dinheiro, amavam a boa vida e se recusavam a praticar a lei de Deus, além de apoiar a opressão dos príncipes e exigir a punição dos pobres, ainda que cometam a menor das infrações:

> Não há maior abominação na terra além do fato de que ninguém está preparado para tratar da causa do necessitado. Enquanto poderosos fazem o que querem [...] o Doutor Mentiroso responde: "Amém". São os próprios senhores que fazem com que o pobre seja seu inimigo. Já que se recusam a tratar das causas da insurreição, como evitarão a tribulação em longo prazo? Se, ao dizer essas coisas, torno-me incitador de insurreição, que assim seja!

Müntzer conclui que Lutero "fortaleceu o poder de malfeitores ímpios, para que pudessem continuar com as mesmas práticas. Portanto, seu destino será como o da raposa que foi caçada: o povo será liberto, e apenas Deus será o seu Senhor" (*CTM*, p. 335, 350). A rispidez e a raiva manifestas em seu tratado só podem ser percebidas de forma mais clara por meio de uma leitura completa. O interessante, neste contexto, é a percepção de Müntzer sobre como a teologia podia ser usada para legitimar o *status quo*. Com essa ideia de "crítica ideológica", Müntzer deixa o círculo de reformadores magistrais e passa aos revolucionários sociais: o regime de Deus deve ser instituído na terra!

Em seguida, Müntzer tentou se juntar a Heinrich Pfeiffer na iniciação de uma reforma radical em Mühlhausen, porém ambos precisaram fugir. Müntzer foi a Nuremberg e, em seguida, à região da Floresta Negra, onde, no início da revolta camponesa, talvez tenha exercido influência em alguns escritos do movimento e na vida de Balthasar Hubmaier. À medida que a rebelião se espalhava em direção ao norte, Müntzer retornou a Mühlhausen e participou de um novo conselho, organizando a grande confrontação que previu entre filhos das trevas e filhos da luz. A "eterna aliança" estabelecida em Mühlhausen não era mais o acordo defensivo de Allstedt, mas um pacto ofensivo contra os ímpios, um instrumento ativo para o grande juízo que estava por vir. Agora, Müntzer cria que o homem comum recebera, por toda parte, a verdade. A espada devia ser tirada de regentes ímpios, pois sua tirania impedira o povo de aprender a vontade de Deus:

> Todos os malfeitores que, embora membros da comunidade cristã, perpetuam a transgressão original de Adão, devem, conforme Paulo ordena, ser justificados pela lei, para que cristãos ímpios, que resistem o ensino saudável de Cristo, sejam tirados do caminho pela austeridade do pai. Assim, o justo terá o tempo e espaço necessários para aprender a vontade de Deus (*CTM*, p. 336).

A Guerra dos camponeses teria acontecido sem Müntzer, porém, acabou lhe servindo de contexto para a separação vindoura entre eleitos e ímpios. A guerra era o sinal escatológico, o *kairos*. Em seu apelo famoso (c. 26 de abril de 1525) aos primeiros discípulos em Allstedt, Müntzer lhes transmitiu o progresso da rebelião e os exortou à ação:

> Em Fulda, quatro abadias foram destruídas na semana da Páscoa. Camponeses de Klettgau e Hegau, na Floresta Negra, levantaram-se com uma força de três mil homens, e o tamanho do exército camponês aumenta cada vez mais [...] Avancem, avancem, avancem! Não tenham piedade [...] Não atentem ao grito do ímpio [...] Alertem povoados e cidades, sobretudo mineradores e outros bons colegas que nos serão úteis. Não podemos mais cochilar [...] Avancem, avancem enquanto a fogueira está aquecida! Não deixem que sua espada esfrie, nem a deixem embainhada! Batam com força e façam barulho nas muralhas de Ninrode [os príncipes], lancem sua torre ao chão! Enquanto os príncipes viverem, será impossível libertá-los do temor dos homens. Ninguém pode ensiná-los a respeito de Deus enquanto o homem governar sobre vocês. Avancem, avancem enquanto é dia! Deus vai adiante de vocês: Sigam-no! Sigam-no! (*CTM*, p. 141-2).

Müntzer assinou a carta da seguinte forma: "Thomas Müntzer, servo de Deus contra os ímpios".

O alarme foi tocado, e Müntzer deu uma bandeira aos fiéis sob a qual marchar: um arco-íris, símbolo da aliança de Deus após o dilúvio, destacava-se em fundo branco com o lema: "A Palavra de Deus permanece para sempre". Em 12 de maio de 1525, Müntzer e suas tropas se juntaram à força camponesa de cerca de sete mil em Frankenhausen, que já havia tomado o controle de uma grande área. Nesse dia, Müntzer teve seu momento de fama: reivindicando liderança, proclamou que Deus estava do lado dos camponeses e que, por isso, ninguém podia prevalecer contra eles. Müntzer preencheu todos os papéis — incluindo o de juiz ao delegar a pena de morte a três prisioneiros.

Esse, porém, foi um momento de glória passageira. Em questão de dias, forças conjuntas de tropas de Hesse e da Saxônia confrontaram os rebeldes. À medida que as forças comandadas pelos príncipes fechavam o cerco contra a cidade e se aproximavam cada vez mais, a opinião no acampamento se dividia quanto à viabilidade de uma negociação. Enquanto camponeses discutiam a exigência dos príncipes que Müntzer e seus seguidores fossem entregues, Müntzer continuava a pregar que Deus viria ao seu auxílio. Foi então que, em uma cena que qualquer equipe de efeitos especiais de Hollywood sentiria inveja, um halo parecido com o arco-íris, símbolo da aliança, apareceu ao redor do sol. O próprio Müntzer não podia ter desejado um presságio melhor. Irradiados com esse sinal de vitória, os camponeses olharam para o horizonte — apenas para perceber que os exércitos dos príncipes vinham contra eles. No massacre horrível que resultou da batalha, cerca de seis mil rebeldes foram mortos; apenas seis homens morreram dentre os exércitos dos príncipes. Presságios, nunca mais!

O reformador radical fugiu, escondendo-se no sótão de uma casa na cidade. Mesmo usando disfarce e se fingindo de doente, os soldados o encontraram e foram capazes de identificá-lo por causa das correspondências que portava. Nos dias que se seguiram, Müntzer foi torturado e interrogado rigorosamente, a ponto de ter que ditar sua *Confissão* e carta à cidade de Mühlhausen por não conseguir mais escrever. Por fim, Müntzer foi levado de volta à cidade, que tinha se rendido em 25 de maio, sem oferecer resistência. Lá, juntamente com Pfeiffer, foi morto à espada; sua cabeça e seu corpo empalados serviram de aviso.

À luz de retratos posteriores de Müntzer como precursor da revolução do proletariado, é importante notar que os objetivos que tinha não eram idênticos aos dos camponeses. Na visão de Müntzer, opressão e miséria social tinham de ser combatidos porque impediam o homem comum de ler a Bíblia e se achegar à fé. O Reformador também não estava à espera de um dia melhor — o *Besserung* ("melhoria") do título da carta de Lutero à nobreza alemã —, porém, aguardava o fim dos tempos. A teologia de Müntzer não correspondia à ideologia de um revolucionário social no sentido marxista. Embora tenha confessado em seu julgamento que todas as coisas precisavam ser ordenadas de acordo com a máxima "tudo deve ser comunal" (*omnia sunt communia*: CTM, p. 437; cf. Atos 4:32), sua declaração foi extraída sob tortura. A ideia corresponde, de fato, à visão bíblica, utópica e espiritual de Müntzer, mas "era mais do que questionável até que ponto os camponeses estavam dispostos a seguir seu pregador nessa direção" (Goertz, 1993b, p. 184). Além do mais, "pobre" e "necessitado" tinham uma conotação espiritual para Müntzer, não material e social. Conforme ele mesmo viria a perceber, o alimento no qual camponeses estavam interessados não era o pão da Palavra de Deus. Depois da derrota em Frankenhausen, o Reformador radical percebeu que o povo não o havia compreendido corretamente e que "buscava apenas os próprios interesses, fato que resultou na derrota da verdade divina" (*CTM*, p. 160). Müntzer não fora capaz de libertar os revolucionários das "tendências da criatura", formando-os espiritualmente para a batalha contra os ímpios. Ao que parece, havia incrédulos não apenas entre governantes, mas também entre governados.

Ímpios, porém, independentemente de posição social, não estavam aptos para lutar na grande batalha de Deus.

Somos então lembrados, uma vez mais, de como inúmeras divisões entre reformadores e seguidores marcaram os primeiros anos da Reforma. Em grande medida, isso aconteceu por causa do colapso da síntese medieval, o *corpus Christianum*. O que não quer dizer que todos na Idade Média fossem cristãos fiéis, ou que, antes de 1517, não houvesse conflitos entre Igreja e Estado. Significa, porém, que a ordem social e a existência de instituições importantes e suas estruturas políticas não mais podiam ser explicadas e justificadas pela legitimação tradicional religiosa. A reposta de Müntzer foi reestabelecer uma legitimação religiosa de ordem social à luz de sua convicção sobre "ordem da criação" e "ordem divina" (*ordo rerum*). Para Müntzer, a sociedade só podia existir quando governada e povoada pelos eleitos. Como defendeu no "Sermão dos príncipes", ímpios não têm o direito de viver, exceto pela vontade dos eleitos. Müntzer não tinha, de forma nenhuma, intenção de espiritualizar essa análise e procurar refúgio em uma comunidade afastada do mundo; na verdade, seu desejo era legitimar a sociedade, padronizando-a de acordo com seu entendimento do Reino de Deus. Nesse sentido, Müntzer foi um homem medieval, não moderno, tentando voltar — ainda que com violência — ao sentido medievalista de comunidade cristã universal. Müntzer "não foi capaz de romper com a concepção medieval de *corpus Christianum*", apenas intensificá-la: "Müntzer foi o despenseiro do velho, não o arauto do novo" (Goertz, 1967, p. 149).

## A REVOLUÇÃO DO HOMEM COMUM: 1524–1526

A Guerra dos camponeses, rótulo tradicional para os tumultos de 1524–6 na Alemanha, não foi, ecoando o julgamento de Voltaire sobre o Sacro Império Romano, nenhuma dessas três coisas. Pesquisas recentes demonstram que os acontecimentos que levaram à guerra abrangeram muito mais do que a Alemanha, incluindo níveis sociais além dos camponeses e tendo origem bem antes do início da Reforma. Não foi apenas o camponês, no sentido literal, que se envolveu, mas o "homem comum", usando o termo corrente nas fontes do século XVI. Politicamente incapacitado, o homem comum — o camponês, minerador, cidadão sem voz e poder de voto — estava sempre sujeito à nobreza e ao clero.

Antes de examinar questões interpretativas do relacionamento entre a Reforma e a Revolução do homem comum — à qual me referirei, daqui por diante, como "Guerra dos camponeses"—, cabe-nos uma breve revisão de sua origem e de seu progresso.

Cerca de dois séculos antes da Reforma, distúrbios sociais causados pela "gente comum" e motivados pela busca de melhores condições de vida encontraram expressão em rebeliões na Itália (1304–7), em Flandres (1323–8), na França (1356), na

Inglaterra (1381), na Boêmia (1419–34), no norte da Espanha (1437) e na Hungria (1514). A linha de conflito, iniciando-se com Wycliffe na Inglaterra, esticou-se pelo movimento hussita na Boêmia e passou a se concentrar, na Alemanha, em áreas com o anticlericalismo religiosamente motivado de Hans Böheim de Niklashausen, no vale do rio Tauber. O movimento —, que começou em 1476 por esse pregador leigo, pastor e músico conhecido como "flautista de Niklashausen"—, terminou abafado pelo bispo de Würzburg. Entretanto, durante os dois anos em que atuou, Böheim atraiu adeptos de toda região sul da Alemanha.

Dentro de duas décadas, surgiu, na região da Alsácia, o movimento *Bundschuh*, assim chamado por usar, como emblema, o sapato camponês com cadarços longos como símbolo de solidariedade. Em 1493, insurreições em Sélestat e outros lugares ao norte do Reno fracassaram, porém, o líder das revoltas, Joss Fritz, sobreviveu, reaparecendo, em 1524, na rebelião da Floresta Negra. Fritz proveu legitimação religiosa a essas rebeliões contra opressão social e econômica por seu apelo à "lei piedosa". Em 1514, a revolta do "Pobre Conrado", em Württemberg, a leste da Floresta Negra, foi semelhantemente abafada pelas autoridades. Até 1517, essas e outras rebeliões menores no sul da Alemanha foram caracterizadas pela participação de cidadãos urbanos e camponeses rurais, regidas pelo princípio de lei piedosa como justificativa. Aliás, a "gente comum" não era tão comum assim. Rebeldes publicavam diversos livretos, formulados normalmente em linguagem apocalíptica e exigindo a reforma da Igreja e do Estado, prevendo desastres caso ela não acontecesse.

A grande revolta associada à Reforma começou em Stühlingen, a noroeste de Schaffhausen, onde havia também o estímulo adicional da reforma de Zuínglio, centrada em Zurique (cf. Capítulo, 7). Zurique, a primeira cidade suíça e região ao sul da Alemanha a institucionalizar a Reforma, promovia vigorosamente a reformação social com base na Escritura:

> De fato, pregadores evangélicos que espelhavam as ideias de Zuínglio no interior das cidades elevavam as expectativas dos camponeses de que a aceitação da Palavra de Deus resultaria na justa reparação de queixas seculares. A meticulosidade da reforma religiosa de Zuínglio [...] provocava facilmente adeptos à ação direta (Scott e Scribner, 1991, p. 24).

Liderados pelo soldado mercenário Hans Müller de Bulgenbach, rebeldes formaram uma aliança com a cidade de Waldshut, cujo pregador radical, Balthasar Hubmaier, será discutido posteriormente. Ao mesmo tempo, camponeses nos arredores de Nuremberg enfatizavam sua recusa em pagar dízimos ao queimar, nos campos, a décima parte dos grãos. No outono de 1524, rebeliões começaram a eclodir por toda região em volta do lago de Constança. No inverno, greves motivadas pelo arrendamento de terras abrangiam toda região entre o Reno e o Danúbio. Rebeldes reclamavam não apenas de abusos específicos, mas da própria ordem feudal; assim, à medida que sua queixa aumentava, o *slogan* da lei piedosa causava efeito por todo território da Floresta Negra, recebendo uma pitada extra com a chegada de Thomas Müntzer durante os meses de inverno.

A Liga da Suábia, a grande aliança do sul da Alemanha, normalmente teria sido capaz de abafar rapidamente as rebeliões, mas sofria, por volta desse tempo, de escassez de tropas por causa da campanha italiana de Carlos V contra Francisco I, rei da França. Em 24 de fevereiro de 1525, com a derrota e captura de Francisco na Batalha de Pavia, a situação mudou.

A fase principal da revolução ocorreu de fevereiro a maio de 1525, nas regiões sul e central da Alemanha. Conforme já sugerido pelas cartas de Müntzer, a força do "homem comum" não se limitava a camponeses, mas também incluía mineradores, aldeões e alguns dentre a nobreza. Contudo, havia um fator que limitava o poder desses exércitos: a tendência das rebeliões de se fragmentarem em configurações locais. Isso era verdade tanto militar quanto geograficamente. Militarmente, exércitos rebeldes eram divididos em companhias que variavam entre dois e quinze mil homens. Cada companhia consistia em combatentes de um distrito, localidade ou cidade particular e era normalmente liderada por um habitante local; a organização da companhia espelhava a *Landsknecht* (infantaria mercenária alemã), refletindo exércitos da época. Exércitos rebeldes eram bem organizados, armados, em alguns casos, com melhores canhões que tropas opositoras. O motivo pelo qual os rebeldes falharam não se resume, dentre outros fatores, à falta de armas ou à inaptidão militar. Ainda que a proeza camponesa não se comparasse à habilidade de uma *Landsknecht*, os verdadeiros problemas eram de natureza social e estratégica. Em termos sociais, contingentes operavam em um sistema rotacional, de modo que os camponeses podiam voltar a trabalhar nas fazendas e os mineradores na produção de prata para a contratação de mercenários. Condições como essas limitavam a experiência militar dos indivíduos. Em termos estratégicos, rebeldes tinham deficiência de artilharia e cavalaria experientes, em parte porque, sob a rubrica de igualdade social, todos deviam ser soldados de infantaria. O modelo social de igualdade dentre os agrupamentos militares também constituía em *déficit* quando levava a impasses entre radicais e moderados em relação ao melhor curso de ação. Nos poucos casos em que foram bem-sucedidos contra os nobres, rebeldes não ampliavam a vantagem, preferindo não avançar além de seu território. Ao contrário das linhas de comunicação transregionais, estabelecidas pelos nobres para o uso cooperativo de recursos contra opositores, rebeldes não estabeleceram solidariedade de propósito — sequer uma única força de combate — além da própria região local. A profissionalização da guerra colocava "soldados de fim de semana" em posição severa de desvantagem.

## O PAPEL DO ANTICLERICALISMO

Paira no ar a seguinte questão: qual foi a conexão entre "o movimento popular mais insurgente do povo alemão até a Revolução Alemã de 1918" (Scribner e Benecke, 1979, p. 9) e a Reforma? Há muito, essa tem sido uma questão historiográfica controversa. Debates recentes têm sido liderados, quase que exclusivamente, por historiadores marxistas. Por um lado, há os que propõem causas socioeconômicas à rebelião; por outro, há os que consideram a importância que os rebeldes davam a ideais e valores religiosos como fator motivador. De qualquer forma, explicações unilaterais são suspeitas: impulsos que originam revoluções não surgem nem apenas de estômagos vazios, nem apenas de cabeças cheias, mas da união entre ambos. Queixas socioeconômicas do povo abundavam antes da Reforma e são mais complexas do que normalmente descritas. Havia, claro, ressentimento generalizado contra a imposição de regulamentações novas e redução de direitos antigos. Porém a frustração de expectativas cada vez maiores por parte de senhores ambiciosos e camponeses prósperos, pressionados entre príncipes seculares e eclesiásticos de um lado e a população pobre crescente do outro, também fomentavam rebelião: "Alguns elementos especiais que os cientistas sociais nos ensinaram a esperar em uma insurreição são: confiança, esperança e 'expectativas crescentes' confrontadas por ameaças" (Scribner e Benecke, 1979, p. 37).

Heiko Oberman (1986, p. 172, 153) afirma que esse impulso por reformas, chamado por ele de "evangelho de descontentamento social", foi radicalizado pelos conceitos da Reforma de liberdade e sacerdócio de todos os cristãos: "Para críticos moderados e líderes radicais, a chamada Guerra dos camponeses basicamente não passava, em seu programa e impulso iniciais, de um movimento religioso". Com o aumento da Reforma como um movimento popular, o homem comum viu a remoção da opressão e da miséria como integrais à salvação e à bem-aventurança. Entretanto, o ímpeto poderoso para essa remoção não era, em primeiro lugar, a doutrina da justificação somente pela graça, mas sim um foco anticlerical aguçado, estimulado por conceitos de liberdade cristã e sacerdócio e todos os cristãos, "*slogans* que eletrizavam e mobilizavam os camponeses por toda parte".

Há muito, tornou-se lugar comum entre os historiadores postular que o antagonismo leigo contra corrupção clerical às vésperas da Reforma era tão volátil que a única coisa necessária para implodir a Igreja medieval era a faísca das teses de Lutero contra indulgências. De fato, é certo que havia dissonância cognitiva ampla no fim do período medieval com relação à lacuna entre o ideal clerical e a realidade clerical. Não faltavam críticas ao clero, que, como o apelo à "lei antiga", tinham a intenção de unir o ideal do clero com a prática. Entretanto, estudos recentes (p. ex., Goertz, 1987) argumentam, de forma convincente, que não podemos explicar a Reforma simplesmente em termos de resposta teológica ao anticlericalismo

**Figura 6.1** "Ständebaum", c. 1520. A xilogravura, feita por um artista desconhecido de Augsburgo às vésperas da Guerra dos camponeses, inverte o entendimento tradicional de estamento ou relações de classe social. Na imagem, camponeses oprimidos são apresentados tanto como o fundamento — as "raízes" — quanto a coroa da sociedade. Todas as classes sociais dependem do trabalho nutridor dos camponeses. A nobreza de seu trabalho também os posiciona acima de cidadãos, doutores, príncipes, reis e até mesmo o Papa. Repare como um camponês, com sua forquilha, posiciona o pé na coroa do imperador, enquanto seu companheiro com uma gaita de foles fica em pé nos ombros do Papa. *Fonte*: Coleção particular.

medieval. O anticlericalismo da Reforma não consistiu em mera crítica ocasional ou esforço de remover vários abusos, mas em um ataque violento e constante à própria condição do clero, o qual permeava toda atmosfera social. Tratava-se de uma luta contra a classe clerical, cuja intenção, nas palavras de Goertz (1987, p. 260) era "destruir o topo da pirâmide medieval de estratificação social".

Assim, o anticlericalismo estava intimamente relacionado a questões sociais e à própria estrutura da sociedade. Antagonismos contra a Igreja abrangiam fardos financeiros opressores, como dízimos e aluguéis em terras camponesas; competição econômica, de negociantes a ministros; resistência clerical à taxação em vista de responsabilidades civis; e a drenagem do dinheiro alemão para dentro dos cofres de Roma.

Aspectos legais e econômicos como esses se interligavam a características morais e religiosas porque o povo se deparava com o clero e seus honorários em todos os aspectos da vida, do berço ao túmulo. O poder explosivo do anticlericalismo ocorreu por representar uma crítica à sociedade como um todo, não apenas ao clero. Na mente do homem comum, o clero representava todos os elementos opressores da sociedade em geral.

O valor conceitual do anticlericalismo para a interpretação histórica consiste em prover uma cama espaçosa para as diversas correntes reformistas (magistral, radical, urbana, comunal), fluindo em direção à revolução de 1525. Alguns eruditos, no entanto, têm dúvidas sobre a adequação do fenômeno do anticlericalismo como explicação da Reforma, preocupados com o fato de que, a partir dessa perspectiva, o movimento seja reduzido à uma simples história social. Estudiosos também argumentam que o início da Reforma envolveu mais detalhes do que admitem aqueles que defendem a posição anticlericalista, bem como o fato de que o desejo anticlerical de abolir o clero não fazia parte da teologia inicial de Lutero. Há, no entanto, consenso entre historiadores de que o argumento de Goertz (1987) sobre o papel crucial do anticlericalismo no curso inicial da Reforma oferece uma chave importante no entendimento de seu crescimento volátil depois que Lutero afixou as teses.

## Lutero e a Guerra dos Camponeses

Ao livrar a Palavra de Deus do cativeiro da Igreja, Lutero acabou libertando também as palavras do cativeiro da elite. O crescimento rápido da pregação evangélica por parte de leigos, bem como ministros e teólogos convertidos, testemunha quanto ao poder da ênfase luterana sobre a Bíblia e o sacerdócio de todos os cristãos. Obviamente, Lutero logo descobriria, para sua decepção, que nem todo mundo lia a Bíblia da mesma forma que ele. Vimos os conflitos de Lutero com Karlstadt e Müntzer; agora, o Reformador de Wittenberg entraria em conflito com os tratados do homem comum. Todos os grupos entendiam que o controle da palavra era vital porque o discurso religioso do século XVI não se resumia ao "assunto privado" que temos nos dias atuais, mas ao tratamento direto da situação sociopolítica:

> Podemos distinguir, em termos analíticos, entre problemas sociais e de salvação, mas [no século XVI] essas questões estavam interligadas por fatores que iam além de dedução racional, já que a religião servia como a referência geral ao discurso social (Rublack, 1988, p. 105).

Do ponto de vista do homem comum, argumentos e reivindicações da Reforma tinham clara relevância econômica, social e política. Preocupações do homem comum estavam ligadas aos argumentos e elementos da Reforma de modo inconfundível. Blickle (1981, p. 156) ressalta que auxílio econômico, justiça, ordem jurídica e ordem política eram inseparáveis de bem comum, amor fraternal e confiança comunitária.

Esses ideais e *slogans* foram publicados em diversos livretos, dentre os quais o mais conhecido foi *The Twelve Articles: The Just and Fundamental Articles of all the Peasantry and Tenants of Spiritual and Temporal Powers by Whom They Think Themselves Oppressed* [Os doze artigos: artigos justos e fundamentais de todo camponês e inquilino sujeito a poderes espirituais e temporais, pelos quais se sentem oprimidos] (fim de fevereiro ou início de março de 1525). Os *Twelve Articles* [Doze artigos] foram escritos por Sebastian Lotzer, curtidor e reformador leigo, e Christoph Schappeler, pastor evangélico da Igreja de St. Martin, localizada na cidade imperial de Memmingen. Ambos compilaram e resumiram, em forma de lista, as diversas reclamações dos camponeses, apoiando-as com citações bíblicas. Os *Twelve Articles*, manifesto dos camponeses do norte da Suábia, proporcionaram a ideologia que esclarecia a revolução de 1525. Em um espaço de dois meses, 25 edições já haviam sido publicadas, dentre as quais cerca de 25 mil cópias circulavam por todo império. Lealdade à causa era selada por um juramento de fidelidade aos artigos.

Os *Twelve Articles* [Doze artigos] são um documento extraordinariamente moderado que evidencia claramente a influência evangélica no movimento. O documento começa rejeitando a acusação de que o evangelho provoca revoluções e reivindicando a justiça cristã da rebelião. Desejar o evangelho não é uma atitude revolucionária. Em uma série de perguntas retóricas ousadas, os autores associam o evangelho e a justiça de Deus à causa camponesa:

> Se Deus está disposto a ouvir o clamor sincero dos camponeses, permitindo-lhes o desejo de viver segundo sua Palavra, quem ousará lhe negar a vontade? [...] Não ouviu Deus o clamor dos filhos de Israel e os livrou das mãos do faraó? Não pode Deus salvar o seu povo também hoje? Sim, Deus o salvará — e logo!

Direcionados ao "leitor cristão", os artigos expõem temas como a legitimidade do povo de, coletivamente, exercer a autoridade de escolher, nomear e, se necessário, depor pastores; taxação devida e biblicamente regulamentada; abolição da servidão; acesso comum à caça e à pesca; extração de lenha e madeira serrada gratuitas em florestas; dispensa de serviços excessivos; cessação de opressão por parte dos senhores; aluguéis equitativos; retorno às leis antigas consuetudinárias em lugar da nova imposição da lei romana; e a abolição do imposto sobre a herança, que oprimia viúvas e órfãos. Anexada às demandas, havia também uma lista contendo o nome de juízes aceitáveis, incluindo Lutero e Melanchthon, mas não Karlstadt e Müntzer.

Lutero recebeu o documento por volta de meados de abril, ao qual respondeu com seu *Admonition to Peace: A Reply to the Twelve Articles of the Peasants in Swabia* [Exortação à paz: resposta aos doze artigos dos camponeses da Suábia] (publicado no dia 6 de maio). Em três seções, Lutero se dirigiu aos governantes, camponeses e a todos os grupos "em um espírito amigável e cristão, como obrigação de amor fraternal", mas também sem medir palavras. Lutero começou dirigindo-se aos regentes eclesiásticos e seculares, fazendo-lhes um apelo para que corrigissem seu comportamento antes que uma rebelião capaz de destruir toda a Alemanha emergisse. Escoriando as autoridades, leigas e eclesiásticas, cujo coração criara condições a uma possível rebelião, Lutero afirmou que sua opressão egoísta contra os necessitados não era mais tolerável:

> A espada já se encontra em vossa garganta, porém pensais estar tão seguros na sela a ponto de ninguém ser capaz de fazê-los cair. Tamanha segurança falsa e perversidade obstinada quebrará vosso pescoço, conforme descobrireis [...] Uma vez, pois, que sois a causa de ira de Deus, ela indubitavelmente recairá sobre vós, a menos que vos arrependais a tempo (*LW*, 46, p. 19).

Em seguida, Lutero prosseguiu culpando "profetas-homicidas", aqueles que, como Müntzer, pregavam revolução religiosa, exonerando também a si próprio e o evangelho de qualquer responsabilidade da rebelião. O Reformador reivindicou que artigos exigindo o direito ao evangelho não podiam ser rejeitados. Trechos do documento que protestavam contra injustiça econômica também estavam certos, já que os governantes precisavam se preocupar com o bem-estar, não com a exploração, de súditos. Assim, Lutero exortou os governantes a "tentar usar de bondade" e negociar.

Esses camponeses, por sua vez, foram advertidos dos muitos falsos profetas na terra. Enquanto diversas demandas eram justas, isso não justificava o empunhar da espada. Desde os distúrbios em Wittenberg, Lutero havia se oposto consistentemente à defesa ou promulgação do evangelho pelo uso da força, uma vez que a iniciativa mudava o evangelho em outro tipo de lei, tornando obrigatório o que é gratuito. Além disso, Lutero também negava consistentemente o direito à revolta, o qual cria que sempre pioraria a situação e traria sofrimento ao inocente. Tragicamente, a preocupação de Lutero se cumpriu, e a guerra levou a um sofrimento horrível:

> Estima-se que cerca de 100 mil pessoas morreram na Guerra dos camponeses: homens, como corvos, morreram enforcados em árvores; mulheres, violadas, foram abandonadas à morte em valas; crianças, desoladas, foram deixadas à mercê da fome, no inverno terrível de 1525–6 (Matheson, 2001, p. 97).

Mesmo que, após a guerra, algumas demandas dos camponeses tenham sido satisfeitas, o esforço que haviam empregado para se tornar em um poder político foi depreciado nos séculos seguintes (Zur Mühlen, 1999/I: 120). Lutero mantinha-se fiel ao princípio legal de que ninguém podia julgar a própria causa e que, por isso, fazer justiça com as próprias mãos levaria ao rompimento de toda ordem legal estabelecida. Foi por isso que ele repreendeu os camponeses por associar sua causa ao evangelho: "Parem de reivindicar que têm o evangelho ao seu lado!" Segundo defendia, os camponeses deviam ser claros no fato de que lutavam pela justiça com base na lei natural, e não no evangelho: "Deixem o nome de Cristo em paz e usem a expressão 'lei natural', pois corresponde com o tipo de obra que fazem". (LW, 46, p. 31–2) Por fim, Lutero aconselhou que ambos os lados resolvessem a disputa de maneira pacífica por meio de negociações, antes que acabassem destruindo um ao outro.

Infelizmente, na época em que Lutero havia composto o tratado, acontecimentos já haviam ultrapassado qualquer contribuição que o escrito pudesse trazer à situação. Instabilidade se espalhara na Turíngia: Lutero a vivenciou, em primeira mão, enquanto fazia um *tour* de pregações pela região, período durante o qual foi constantemente interpelado e interrompido. A essa altura, diversos castelos e monastérios já haviam sido destruídos, Erfurt e outras cidades se rendido e relatos de atrocidades, transmitidos a Lutero. Foi esse o contexto da infame exortação de seu tratado *Against the Robbing and Murdering Hordes of Peasants* [Contra as hordas de ladrões e assassinos camponeses], rogando para que as autoridades "esmagassem, trucidassem e apunhalassem" os rebeldes. Governantes podiam, sem culpa, matar camponeses, já que a manutenção da ordem social é um mandamento divino:

> Rebeliões não são como um assassinato, mas como um grande incêndio que ataca e devasta todo um país, deixando, atrás de si, lastros de homicídio e derramamento de sangue. Rebeliões geram viúvas e órfãos, virando tudo aos avessos, como um grande desastre. Nesse caso, portanto, quem puder deve esmagar, trucidar e apunhalar [rebeldes], secreta e abertamente, lembrando-se de que nada pode ser mais venenoso, prejudicial e diabólico que um rebelde. É o mesmo que ter que matar um cachorro raivoso: se não o fizer, o cão atacará a ti e a outros. (*LW*, 46, p. 50).

Muitos dentre os homens comuns que viam em Lutero um grande símbolo de libertação da opressão, ficaram decepcionados com essa aparente mudança; nisso, porém, acontecimentos também haviam ultrapassado a intenção do Reformador. Lutero escrevera o tratado contra os camponeses em resposta à notícia da rebelião imensa que estava devastando o país. Além disso, adicionara-o à obra anterior com o seguinte título combinado: *Admonition to Peace and Also Against the Robbing and Murdering Hordes of the Other Peasants* [Exortação à paz e contra as hordas de ladrões e assassinos de outros camponeses]. Seu objetivo era a primeira parte da *Admonition* [Exortação] fosse dirigida aos camponeses "bons" e a segunda, aos "maus". Impressores, contudo, separaram a obra, tirando "de outros" da segunda metade do título — publicada logo após o massacre horrível ocorrido em Frankenhausen. Essas circunstâncias fizeram parecer que Lutero havia se voltado totalmente contra o homem comum, quando, na verdade, esse não era o caso. Mesmo em sua segunda obra, Lutero instara aos governantes a primeiro tentar uma reconciliação, usando força como meio de pôr fim à rebelião apenas na ausência de um eventual acordo. Essas circunstâncias não foram conhecidas na época e, em geral, têm sido ignoradas desde então em julgamentos históricos de Lutero, retratando-o como quem estava mais preocupado com seu próprio programa de reformas do que com a vida dos oprimidos.

Críticas contra Lutero e a supressão sangrenta dos camponeses vieram de diversas direções. Dürer, artista de Nuremberg, fez a xilogravura de uma suposta "coluna triunfal" que, ironicamente, indicava vencedores a partir de sua desumanidade. Assentado no topo da coluna — composta por pá, enxada, forquilha e malho, "armas" de camponeses capturados — encontra-se um camponês, representado no estilo melancólico do Homem de Dores, com uma espada encravada nas cosas. Amigos de Lutero lhe pediram para que explicasse sua posição; o Reformador o fez no fim de junho e início de julho, em *An Open Letter on the Harsh Book Against the Peasants* [Carta aberta sobre o livro austero contra os camponeses]. No texto, tanto um ataque a críticos quanto uma explicação de seu trabalho anterior, Lutero reiterou que misericórdia devia ser demonstrada em favor dos que se rendiam ou que eram coagidos a aceitar a rebelião, além de enfatizar o propósito de sua escrita:

> Deixei claro que estava falando de gente que, depois de abordada de forma amigável, não correspondia. Minha palavra foi dirigida contra camponeses obstinados, endurecidos e cegos [...] contudo, dizem que defendo o massacre impiedoso de pobres capturados.

Aqueles que, agora, clamavam por misericórdia contra os rebeldes estavam confundindo o Reino de Deus, em que há misericórdia, com o reino do mundo, no qual a justiça deve ser imposta com punição. Na verdade, severidade e ira são, no mundo, manifestações da misericórdia divina:

> Suponhamos que eu tivesse mulher, filhos, servos e propriedades, e um ladrão ou assassino me atacasse e, matando-me em minha própria casa, arrebatasse minha família, tomasse-me os bens e fosse embora sem punição, podendo fazer a mesma coisa a qualquer momento, caso desejasse [...] Que tipo de misericórdia seria esta, que o deixasse me matar, abusar e roubar? A restrição e punição do ladrão é que seriam, de fato, atos de misericórdia! (*LW*, 46, p. 73, 71).

Ao restringir o mal e promover o bem, o mundo secular serve a Deus e ao próximo.

As experiências de Lutero com Karlstadt, Müntzer e a revolução fortaleceram sua convicção de que o mundo deve ser governado não por uma ideologia religiosa, incluindo o evangelho, mas pela razão e pela lei. Em sua perspectiva, qualquer esforço de governar o mundo pelo evangelho do perdão gratuito levaria ao caos irrestrito, à destruição ou a uma cruzada demoníaca contra todos os supostos "Impérios do mal". Para Lutero, a identificação de qualquer programa político com a vontade de Deus perverte, a despeito de méritos intrínsecos, tanto a política quanto o evangelho. O processo político é subvertido porque reivindicações de justiça absoluta excluem a ambiguidade que permeia toda vida social, bem como a arte do acordo, essencial em relações sociais. Justiça própria nacional e grupal leva as pessoas a enxergar opositores políticos como seguidores do diabo e "ímpios" que não têm o direito de viver. O evangelho é subvertido quando identificado com um programa político, pois, nesse contexto, cidadãos são forçados a se amoldar a uma norma religiosa, fazendo com que a salvação dependa de afiliações e programas políticos particulares, uma forma política de boas obras. Para Lutero, a fé é a única segurança que temos para viver em meio à insegurança de estruturas políticas relativas e evitar a santificação defensiva de boas obras e de valores passados, presentes ou futuros. Para ele, somente a fé é o fundamento que torna alguém capaz de se contentar com sua humanidade e deixa Deus ser Deus. Lutero tentou "desideologizar" a política ao declarar que Deus, não grupos ou igrejas, é soberano na história.

## SUGESTÕES DE LEITURA

Michael B. Baylor, ed. *The Radical Reformation* [A Reforma radical]. Cambridge: Cambridge University Press, 1991.

Peter Blickle, *The Revolution of 1525: The German Peasants' War from a New Perspective* [Revolução de 1525: a guerra camponesa alemã a partir de uma nova perspectiva]. Baltimore: Johns Hopkins University Press, 1981.

Peter Blickle, *Communal Reformation: The Quest for Salvation in Sixteenth-Century Germany* [Reforma comunal: a busca pela salvação na Alemanha do século XVI]. Atlantic Highlands: Humanities Press, 1992.

E. J. Furcha, tr. e ed., *The Essential Carlstadt: Fifteen Tracts by Andreas Bodenstein (Carlstadt) from Karlstadt* [O essencial de Karlstadt: quinze tratados por Andreas Bodenstein (Carlstadt) de Karlstadt]. Waterloo: Herald Press, 1995.

Hans-Jürgen Goertz, ed., *Profiles of Radical Reformers: Biographical Sketches from Thomas Müntzer to Paracelsus* [Perfis de reformadores radicais: esboços de Thomas Müntzer a Paracelso]. Kitchener: Herald Press, 1982.

Hans-Jürgen Goertz, *Thomas Müntzer: Apocalyptic Mystic and Revolutionary* [Thomas Müntzer: místico apocalíptico e revolucionário], Edimburgo: T. & T. Clark, 1993.

Tom Scott and Bob Scribner, eds, *The German Peasants' War: A History in Documents* [Guerra camponesa alemã: uma história em documentos], Atlantic Highlands: Humanities Press, 1991.

Gottfried Seebass, "Thomas Müntzer (c. 1490–1525)," em Lindberg, 2002, p. 338–50.

Ronald Sider, ed., *Karlstadt's Battle with Luther: Documents in a Liberal-Radical Debate* [A batalha de Karlstadt com Lutero: documentos em um debate liberal-radical]. Filadélfia: Fortress Press, 1978.

James M. Stayer, *The German Peasants' War and Anabaptist Community of Goods* [A guerra camponesa alemã e a comunidade anabatista de bens]. Montreal: McGill-Queen's University Press, 1991.

James M. Stayer, "The Dream of a Just Society" [O sonho de uma sociedade justa], em Matheson, 2007, p. 191–211. Alejandro Zorzin, "Andreas Bodenstein von Karlstadt (1486–1541)" em Lindberg, 2002, 327–37.

*Capítulo 7*
# A CONEXÃO SUÍÇA: ZUÍNGLIO E A REFORMA EM ZURIQUE

*O cristão não é nada além de um cidadão bom e fiel; a cidade de Deus não é nada além da Igreja cristã.*

Ulrico Zuínglio

## O CASO DAS SALSICHAS

Enquanto a Reforma alemã foi desencadeada pelo debate teológico acadêmico de Lutero acerca do sacramento da penitência e das indulgências, a reforma suíça veio a público com o chamado "caso das salsichas".

Durante a quaresma de 1522, Zuínglio estava na casa de Christoph Froschauer, impressor que, na época, trabalhava na preparação de uma nova edição das cartas de Paulo. Com o objetivo de revigorar doze funcionários cansados, Froschauer serviu salsichas aos trabalhadores. Seria apenas coincidência o fato de o número de participantes e o modo de distribuição ter lembrado a Ceia do Senhor? A interrupção pública do jejum da quaresma era um ato de desprezo tanto à piedade medieval quanto às autoridades eclesiásticas e públicas. Consequentemente, o conselho municipal de Zurique prendeu Froschauer, mas não Zuínglio, que não comera a carne. Zuínglio, que ocupava o posto eminente de ministro do povo na Grande Catedral de Zurique, podia ter "passado panos quentes" na situação; em vez disso, fez do incidente uma questão pública, pregando um sermão intitulado: "A liberdade de escolha dos alimentos" (23 de março de 1522), que, depois de alguns acréscimos, transformou-se logo em um livreto impresso (16 de abril de 1522). Influenciado provavelmente pelo tratado anterior de Lutero (1520) sobre liberdade cristã, Zuínglio defendeu que o cristão é livre na escolha do jejum porque a Bíblia não proibia a ingestão de carne durante a quaresma: "Em suma, caso queira jejuar, faça-o; caso não queira comer carne, não coma; contudo, dê liberdade de escolha ao cristão nesse assunto" (Jackson, 1987, p. 87).

## AS ORIGENS DE ZUÍNGLIO

Como Zuínglio chegou a esse ponto de oposição pública contra autoridades eclesiásticas e políticas? Ulrico Zuínglio (1484–1531) nasceu em uma família camponesa próspera em Wildhaus, aldeia localizada nos Alpes de Togemburgo, ducado aliado à Confederação Helvética. Tanto seu avô quanto seu pai exerceram a função de magistrado local, cargo eletivo e ocupado geralmente por um dos fazendeiros mais ricos. Fazendeiro precoce e menino de aldeia alpina com política no sangue, Zuínglio estudava, em Basileia, latim e os clássicos já aos dez anos de idade. Depois de dar continuidade aos estudos em Berna, o jovem de Wildhaus foi admitido, aos 14 anos, na Universidade de Viena, onde, em 1498, teve contato com o movimento humanista. Naquele tempo, o poeta laureado do império, Conrad Celtis, estava lecionando na universidade, mas não sabemos se Zuínglio participou de alguma das aulas ministradas por ele. Zuínglio continuou sua educação na Basileia, onde estudou teologia, filosofia e estudos humanísticos da época, recebendo seu bacharelado em 1504 e seu mestrado em 1506. Na Basileia, parece ter sido influenciado principalmente pela *via antiqua*, isto é, pela teologia tomista. Dois colegas universitários, Leo Jud e Conrad Pellican, tornaram-se, posteriormente, companheiros na Reforma de Zurique.

Ao término dos estudos, Zuínglio foi convidado a se tornar ministro na paróquia de Glarona, localizada no cantão suíço de Glaris. Durante a década em que ministrou na região (1506–16), achou o tempo de que precisava para se dedicar ao seu interesse apaixonado pelos clássicos, Pais da Igreja e a Bíblia — encontrando tempo extra suficiente também para seu "interesse não vocacional" por mulheres. Zuínglio também aprendeu grego e foi apresentado a Erasmo e ao círculo humanista da Basileia. Sua fascinação pelo humanismo não o precipitou a romper com a teologia escolástica, porém, estimulou seu interesse nas fontes primárias da fé cristã e lhe forneceu os recursos filológicos para entendê-las. Com o "Novo Testamento Grego" de Erasmo e sua própria habilidade linguística, Zuínglio era capaz de se concentrar no texto sem ter de depender de interpretações tradicionais. De Erasmo, Zuínglio também aprendeu a buscar o sentido simples do texto bíblico e a apresentar Jesus como modelo para a vida cristã. Isso não nos parece nem um pouco radical hoje, mas o cristianismo simplificado, baseado em atitude, era algo libertador no contexto da vida medieval religiosa, complicada e sobrecarregada por diversas leis e rituais eclesiásticos.

A controvérsia que logo envolveria o ministério de Zuínglio não resultou de sua teologia e pregação humanisticamente desenvolvidas. Pelo contrário: a tensão cada vez maior com os magistrados de Glaris tinha origem na orientação política do pregador e em sua denúncia pública de algo que sustentava a exportação suíça: o comércio mercenário de soldados profissionais. Lanceiros suíços, renomados por sua habilidade e letalidade, eram procurados por exércitos franceses, espanhóis e papais, que lutavam pelo controle da Itália. Como capelão do contingente de soldados de Glaris na Itália, Zuínglio presenciou a carnificina da guerra em primeira mão durante as campanhas em 1513 e 1515 — sendo que, nesse último ano, viu milhares de suíços mortos pelos franceses em Marignano, além de experimentar a dor de ter que informar a notícia aos familiares dos mortos após seu retorno. Assim, tanto a preocupação pastoral de Zuínglio quanto seu nacionalismo patriótico motivaram-no a se opor a práticas mercenárias que, segundo cria, estavam destruindo a estrutura moral e social suíça, além de sua própria existência como povo enquanto matavam uns aos outros por dinheiro, trabalhando para exércitos opostos.

Já em 1510, em seu poema alegórico *The Ox* [O boi], Zuínglio havia atacado o uso de soldados suíços por estrangeiros. A exceção legítima e, aos olhos do pregador, também um dever patriótico dos suíços, era a defesa do Papa; inclusive, deve-se notar que Zuínglio recebia uma pensão da Santa Sé por seu serviço como capelão militar. Entretanto, seu entusiasmo pela aliança papal diminuía na mesma proporção em que a contagem de cadáveres suíços aumentava. A aversão de Zuínglio ao negócio de mercenários foi claramente expresso em seu poema *The Labyrinth* [O labirinto] (1516), no qual sua política assumia, agora, um contorno religioso: "Aquele que comete crime e assassinato é considerado um homem corajoso. Foi isso que Cristo nos ensinou?" (Jackson, 1987, p. 54).

Deve-se ressaltar que Zuínglio não era, de modo nenhum, pacifista: sua crítica era direcionada contra o envolvimento profundo de seu povo com potências estrangeiras e contra a avidez dos suíços em servir como "matadores de aluguel". Zuínglio não defendia paz a qualquer custo e sempre promoveu a autodefesa nacional, postura que, em 1531, custou-lhe a vida na batalha de Kappel. Em Zurique, seu patriotismo é representado graficamente em sua estátua, a qual o retrata com a Bíblia em uma das mãos e uma espada na outra: "Com tais opiniões, Zuínglio foi um dos originadores da política suíça de neutralidade armada, a qual exerceu um papel importante na proteção da independência da nação no decorrer de sua história subsequente" (Courvoisier, 1963, p. 15).

A oposição à postura antimercenária de Zuínglio tinha dois aspectos: econômico e político. Economicamente, os suíços ainda não tinham, no século XVI, uma economia derivada de chocolates, relógios e contas bancárias; o que tinham mesmo era superávit populacional e um comércio internacional insuficientemente capaz de alimentá-la. Eis o porquê de qualquer esforço sério de proibir a contratação dos soldados "ter significado um desastre econômico aos cantões superpopulosos das florestas" (Walton, 1984, p. 82). Politicamente, a postura de Zuínglio era vista como uma oposição à orientação pró-francesa de Glaris e de boa parte da Confederação Helvética. Sua visão como agente antifrancês do Papa o levou a deixar a região e se mudar para Zurique, cidade que viria a ser centro de sua atividade reformadora.

Em abril de 1516, magistrados de Glaris atenderam prontamente o pedido de Zuínglio para que fosse transferido à paróquia vizinha de Einsiedeln, onde exerceria a função de capelão aos diversos peregrinos, incluindo centenas provenientes de Zurique, que afluíam ao santuário da Virgem Negra. Durante as horas de folga, o pregador estudava o recém-publicado Novo Testamento Grego, compilado por Erasmo. Por sua exposição da Bíblia durante cultos e sermões, não demorou muito para que Zuínglio se tornasse uma celebridade. Sua erudição erasmiana e seu fervor bíblico serviram-no bem durante a denúncia que fez contra Bernard Samson, vendedor franciscano de indulgências e homólogo suíço de Tetzel. Zuínglio expulsou Samson da cidade "na base da pregação". Contudo, ao contrário de Tetzel, não havia interesses alinhados a Samson e, por isso, não houve retaliações por parte da Igreja contra Zuínglio.

A reputação de Zuínglio como pregador bíblico levou-o a ser nomeado ao cargo de ministro do povo na Grande Catedral de Zurique, em 1518. Detratores levantaram a questão de que o novo pregador era tido como "mulherengo". Ele respondeu ao rumor de que havia seduzido a filha de um cidadão influente, admitindo sua luta contra tentações sexuais, porém negou tanto a "pureza" da mulher quanto a influência de seu pai:

> Há três anos, decidi firmemente não tocar em mulher nenhuma [...] porém, fracassei. Em Glaris, mantive minha resolução por três anos; em Einsiedeln, por cerca de um ano [...] A moça em questão era "virgem" durante o dia e "mulher" durante a noite. Em Einsiedeln, ela tinha má fama e todos sabiam exatamente como [...] se envolvera com muitos homens e, por fim, comigo. Expressando-o melhor: a moça me seduziu com mais do que palavras lisonjeiras (Hillerbrand, 1964, p. 115–16).

Ao final, acusações de imoralidade não surtiram efeito, uma vez que o outro ministro que concorria ao posto vivia em concubinato aberto e tinha seis filhos.

À luz do exemplo específico e da prática geralmente ampla do concubinato clerical no fim da Idade Média, não é de surpreender que uma das primeiras reformas iniciadas na Suíça foi o direito ao casamento clerical. Vimos já que Wittenberg, ao endossar a prática, erodiu a autoridade episcopal; agora, devemos notar que o casamento de ministros também corroeu a renda episcopal. Na diocese de Constança, que incluía o cantão de Zurique, uma taxa anual fixa de quatro moedas de ouro pagáveis aos bispos "licenciava" o concubinato clerical. Uma taxa adicional de quatro moedas devia ser paga para cada filho nascido de tal união. Como, segundo estimativas, cerca de mil e quinhentas crianças nasciam anualmente nessa situação, é fácil perceber o motivo não doutrinário da oposição dos bispos ao casamento clerical. De fato, apenas alguns meses depois do "caso das salsichas", Zuínglio, que então vivia com uma viúva chamada Anna Reinhart, liderou dez outros ministros suíços em uma petição ao bispo de Constança: *To Allow Priests to Marry, or at Least Wink at their Marriages* [Permissão para que os ministros se casem, ou que se faça "vista grossa" ao seu casamento] (julho de 1522). Ministros que assinaram a petição declararam que a castidade era um dom raro de Deus, o qual não haviam recebido (Jackson, 1987, p. 156). Zuínglio e Anna se casaram em uma cerimônia pública, pouco antes do nascimento de seu primeiro filho, em 1524. Em 1525, magistrados de Zurique instituíram uma ordenança matrimonial, estipulando aos ministros que viviam em concubinato que terminassem o relacionamento ou se casassem. Uma corte matrimonial também foi estabelecida, a qual esclarecia relacionamentos conjugais ao ampliar a base para o divórcio, que passou a incluir incompatibilidade extrema, deserção, doença física ou mental e fraude.

Estamos, contudo, nos adiantando em nossa história. Antes de discutir a Reforma de Zuínglio em Zurique, precisamos examinar, com mais detalhes, o contexto de sua nomeação — situação que joga um pouco mais de luz no relacionamento simbiótico do pregador com o conselho municipal, cenário que facilitou o movimento reformista.

## MAGISTRATURA E IGREJA EM ZURIQUE

A Confederação Helvética, que incluía Zurique como um dos cantões, havia adquirido independência do Sacro Império Romano na Paz de Basileia (1499). A cidade de Zurique, situada às margens do rio Limmat, na foz do lago de Zurique, remonta aos tempos romanos. Por volta do período da Reforma, Zurique tinha uma população de cerca de seis mil habitantes. O poder de governo da cidade se dava por meio de duas corporações. O Conselho Maior tinha 162 membros: doze membros para cada uma das doze guildas artesãs e dezoito membros dentre os condestáveis (um corpo formado por nobres, proprietários de terra e mercadores). O Conselho Menor, essencialmente um gabinete ou corpo executivo, era constituído por 50 membros e também tinha representantes de guildas e condestáveis. Uma vez que metade do Conselho Menor mudava a cada seis meses, havia sempre a possibilidade de mudança política nessa estrutura complicada. Juntos, ambos formavam o Conselho dos Duzentos (composto, na verdade, por 212 membros), que se concentrava primeiramente em assuntos relacionados à política externa. O cantão de Zurique tinha uma população de cerca de 50 mil habitantes.

A Igreja de Zurique pertencia a uma das maiores dioceses do império, a de Constança. O bispo de Constança, Hugo von Hohenlandberg, supervisionava cerca de 1,8 mil paróquias e quinze mil ministros, dentre os quais duzentos habitavam em Zurique. As duas maiores igrejas da cidade eram a Grande Catedral e a

Catedral de Nossa Senhora, ambas construídas no século IX. Ordens mendicantes na cidade incluíam dominicanos, franciscanos e agostinianos. Por volta do século XVI, o conselho municipal havia expandido seu papel em assuntos eclesiásticos, adquirindo o direito de nomear ministros a ambas as catedrais mencionadas.

O processo político envolvido na nomeação de Zuínglio à Grande Catedral serviu de contexto importante para o desenvolvimento da Reforma em Zurique. Embora os grupos envolvidos possam não ter inicialmente reconhecido a política dinâmica dessa nomeação, tal designação acabou criando uma relação simbiótica entre Zuínglio e o governo municipal: ambas as partes perceberam que tinham objetivos entrelaçados e dependência mútua, e, por isso, um grupo não queria que o outro falhasse. Vemos aqui uma distinção importante do contexto de Lutero: enquanto o Reformador de Wittenberg dependia do apoio de um príncipe, o Reformador de Zurique dependia da persuasão do governo civil. A habilidade de Zuínglio em afastar a simpatia pró-papal da cidade em direção à atividade pró-reformadora reflete sua sagacidade em usar o apoio da facção política que apoiara sua nomeação e o senso desse grupo de que a Reforma diminuiria o poder de opositores, a saber, antigas famílias patrícias e apoiadoras do papado.

## O PROGRAMA DE REFORMAS DE ZUÍNGLIO

Em 1 de janeiro de 1519, Zuínglio pregou e celebrou a missa na Grande Catedral. Sua mensagem marcou um recomeço. Em vez de pregar a partir do texto tradicional previsto pelo calendário litúrgico, ele começou uma série de sermões, pregados em série por todo evangelho de Mateus. Em seguida, o Reformador escolheu outros livros do Novo Testamento, com base no que percebia ser a necessidade do povo, passando a expor, por completo, cada um deles. Isso não era apenas pregação bíblica, mas uma educação bíblica. A partir de 1525, Zuínglio instituiu a prática de estudos bíblicos semanais, conhecidos como "mensagens proféticas"; o nome, tirado de 1Coríntios 14, queria dizer "instrução bíblica" e tinham o objetivo de informar e moldar teologicamente ministros e alunos avançados da Escola Latina. Por volta de 1536, práticas similares foram instituídas em Genebra por Calvino e Farel, sob o título de "congregações". A centralidade da instrução bíblica era algo fundamental à concepção de reforma concebida por Zuínglio: todos os aspectos da vida, pessoais e comunais, deviam ser normatizados pela Escritura.

O princípio reformista que Zuínglio estava formulando com base em estudos bíblicos e humanísticos era que tudo devia ser julgado pela Escritura: aquilo que não se conformasse ao ensino bíblico não devia ser obedecido. O teste era se cerimônias e ensinamentos tradicionais promoviam o evangelho da redenção efetuada por Cristo — teste este que, obviamente, gerou questionamentos sobre áreas da vida que iam além de relações sexuais e salsichas. O esforço de conformar normas bíblicas a todos os aspectos da vida também levou, com o tempo, à "espionagem do próximo" e à tentativa de supervisão da vida moral da cidade.

Seria esse ensino bíblico uma indicação de que Zuínglio havia rompido com a Igreja romana? Teria a bandeira *sola scriptura* substituído a autoridade da Igreja? Ou seria esse tipo de pregação somente uma expressão de preocupação tipicamente humanista por exposição bíblica? As questões correlatas de quando Zuínglio se tornou Reformador e Zurique abraçou a Reforma são ambas motivo de controvérsia. Se a abolição da missa deve servir como critério, então o passo definitivo não ocorreu até 13 de abril de 1525, quando o culto de ceia evangélico substituiu a missa; se o critério for o endosso do primeiro debate público de Zuínglio, então a Reforma de Zurique pode ser datada de 29 de janeiro de 1523; se, contudo, o ponto crucial foi o reconhecimento da autoridade da Bíblia acima da reivindicação de autoridade da Igreja, então o movimento reformista deslanchou com o início do ministério de pregação de Zuínglio e foi formalmente reconhecido com o julgamento do primeiro debate público de Zurique, em janeiro de 1523.

O processo não era fácil. Em seu primeiro ano de ministério, Zuínglio agitou muitos corações — daqueles que eram a favor e contra — com sua pregação bíblica, ataque às indulgências, crítica à veneração de santos e imagens e investidas contra a teologia escolástica. Ele também ficou muito feliz quando soube do debate entre Lutero e Maier, ocorrido em Leipzig no mês de julho. Embora, porém, pudesse agora saudar Lutero como o novo Elias e começar a ler os escritos do Reformador de Wittenberg, Zuínglio parecia não ver nele nada além de um companheiro de guerra, engajado em uma luta na qual já participava. Há pouca evidências de que Lutero tenha exercido uma profunda influência teológica sobre Zuínglio, o qual, posteriormente, afirmaria que seu desenvolvimento ocorrera de modo independente. O próprio Lutero afirmaria o mesmo, declarando que Zuínglio era "de um espírito diferente".

Comparações entre Zuínglio e Lutero — e até mesmo Calvino — são inevitáveis, porém, não devem subordinar Zuínglio. Nos relatos a seguir, não tenho a intenção de apresentar Lutero como a norma da Reforma, o modelo pelo qual todos os demais devem ser julgados; a própria reinvindicação de independência feita por Zuínglio precisa ser respeitada. Isso, no entanto, não significa que temos que deixar de examinar tal declaração em diversos contextos, pois, ao fazê-lo, concluiremos se sua afirmação de independência era mais tática do que substancial, já que a expressão "luterano" virou sinônimo de heresia no início da década de 1520. Nesse sentido, a Figura 7.1 serve de ilustração interessante do senso reformista de Zuínglio. "O moinho divino" foi o título xilográfico usado em um livreto impresso por Froschauer em Zurique na primavera de 1521: *Beschribung der götlichen müly so durch die gnad gottes angelassen* ("Descrição do moinho divino, o qual opera pela graça de Deus"). A alegoria tradicional do moinho é reinterpretada como um símbolo da disseminação da Palavra pura de Deus durante a Reforma. A chama do Espírito Santo desce de Deus Pai, impulsionando a roda do moinho pela graça. Cristo derrama os quatro evangelistas e Paulo (com a espada) na canoura como material a ser moído. Erasmo, cuja edição do Novo Testamento fora tão útil a Lutero e cujo humanismo influenciara Zuínglio, é o moleiro. Com uma pá, Erasmo recolhe os grãos, representados por emblemas de esperança, amor, fé e força, colocando as virtudes bíblicas em um saco. Atrás de Erasmo está Lutero, trajado de monge agostiniano junto à amassadeira, preparando a massa. O pão do ensino evangélico é distribuído em forma de livros por um personagem anônimo, vestido de traje acadêmico. Em pé, representantes da hierarquia eclesiástica, à direita da xilogravura (da esquerda para a direita: monge dominicano, cardeal, bispo e Papa), recusam o evangelho, deixando-o cair ao chão, enquanto, acima deles, um pássaro pipila: "Proibi! Proibi!" (Lutero foi excomungado em 3 de janeiro de 1521). Destacado como símbolo do camponês e do "homem comum", "Hans, o homem da enxada" (*Karsthans*), segura um mangual, protegendo a proclamação do evangelho e ameaçando os inimigos da Reforma. Presume-se que o personagem distribuindo o evangelho, o único sem um rótulo ou atributo específico, seja Zuínglio. Uma carta escrita por ele em 25 de maio de 1521 declara que não apenas trabalhara no texto do livreto, como também ajudara na elaboração da xilogravura. Dada sua declarada independência de Lutero, o fato de Zuínglio apresentá-lo de modo tão livre e imparcial como mediador da mensagem evangélica e "padeiro da Reforma" (Hamm, 1988, p. vi, viii) é digno de nota.

Como Zuínglio chegou à Reforma? Ao que tudo indica, o humanismo bíblico exerceu influência predominante. Conforme Erasmo comentou depois de ler um dos escritos de Zuínglio: "Ó, bom e velho Zuínglio! O que escreveste que eu mesmo já não o tenha feito?" De fato, segundo Büsser (1989, p. 192) observa, uma comparação minuciosa entre ambos sugere que Erasmo tenha servido de "Reformador secreto de Zurique ou até mesmo pai da teologia Reformada como um todo". É certo que Zuínglio teve seu momento de crise existencial; contudo, diferentemente do encontro de Lutero com um trovão, o Reformador suíço se deparou com a peste negra. Em agosto de 1519, a peste atingiu Zurique e só encerrou seu ciclo devastador em fevereiro de 1520. Quase um quarto da população sucumbiu, incluindo Andreas, irmão de Zuínglio. Ele próprio quase morreu, tendo-a contraído enquanto levava a cabo seu cuidado pastoral pelos doentes e moribundos. No poema *The Plague Song* [Canção da peste negra], Zuínglio é testemunha tanto do impacto profundo que essa experiência de quase morte teve em sua fé em Deus quanto de sua dedicação renovada em servi-lo após a recuperação.

**Figura 7.1** "O moinho divino," 1521. *Fonte*: Berlin Staatliclle Museen.

Desta forma, por ocasião do "caso das salsichas", Zuínglio havia amadurecido, pessoal e teologicamente. Lutero fora condenado publicamente, porém Zurique permanecia relativamente calma. Zuínglio havia conquistado a confiança e o apoio da população simples da cidade pela exposição do texto bíblico e separação entre joio da exteriorização ritual e o trigo do evangelho internamente apropriado. Lembre-se de que seu ministério de pregação em Zurique começou com a exposição de Mateus, livro que acusa poderosamente a tradição morta de escribas e fariseus. Bem antes do conflito sobre jejum, é provável que Zuínglio tenha pregado o trecho de Mateus 15:10-11: "Ouçam e entendam. O que entra pela boca não torna o homem 'impuro'; mas o que sai de sua boca, isso o torna 'impuro'". Em Zurique, o povo levava a sério a mensagem de seu ministro estimado, colocando-a paulatinamente em prática. Uma discussão sobre seguidores mais radicais de Zuínglio será reservada para o próximo capítulo, mas podemos adiantar que, por volta de 1522, Zurique vivenciava, simultânea e substancialmente, quase os mesmos problemas de teoria e prática encontrados em Wittenberg. Agora, o próprio Zuínglio estava entre aqueles que, sem ter que esperar por ninguém, queria proceder com uma reforma mais radical, principalmente pelos que se posicionavam ao lado do bispo contra as reformas.

Intersectando as batalhas entre tradição e Escritura, autoridade eclesiástica e evangélica, o bispo Hugo aconselhou Zuínglio e seus seguidores a obedecer à Igreja, já que ninguém podia ser salvo fora dela; além do jejum e do celibato clerical, adicionava-se, agora, a questão da intercessão de santos. Como em situações anteriores, o apelo à Palavra de Deus em oposição à ordem humana desafiava a autoridade da Igreja. O tema relacionado à autoridade da Escritura e de como ela devia ser interpretada à luz de sua própria revelação permeava todos os debates. Em 21 de julho de 1522, o Conselho Maior tomou um passo importante na introdução de reformas, apoiando Zuínglio e a pregação bíblica em detrimento da teologia escolástica.

Polêmicas cada vez maiores quanto à autoridade da Igreja e da Bíblia levaram os magistrados a convocar um debate público entre defensores e opositores da Reforma em Zurique; o debate seria realizado na prefeitura, em janeiro de 1523. Talvez o próprio Zuínglio o tenha requisitado, mas está claro que o governo municipal se sentia compelido a defender sua honra contra acusações de heresia e desejava desenvolver um princípio capaz de regulamentar a pregação evangélica na cidade. Enviaram-se convites aos cantões da Confederação Helvética, porém, em vista de sua desaprovação dos acontecimentos em Zurique, nenhum deles mandou delegação. Um anúncio também foi remetido ao bispo de Constança para que pudesse ser representado no debate. Nele, magistrados mencionavam "dissensão e desacordo" sobre o evangelho, pedindo que o debate se realizasse com base na Bíblia alemã, para que seu conteúdo fosse avaliado: "Se alguém desconsiderar nossa regulamentação e não citar a Escritura Sagrada, agiremos contra o tal de acordo com nosso conhecimento e de modo que nos deixe alegremente aliviados" (Hillerbrand, 1964, p. 131–2).

O convite pesava claramente em favor da posição de Zuínglio: a discussão deveria ser em alemão, não em latim, e a base do julgamento seria a Escritura. A ousadia do conselho, manifesta em sua presunção de servir de concílio local da Igreja, evidencia-se no fato de ter apenas informado o bispo sobre a ação que tomaria e em seu prejulgamento do resultado, posicionando a Escritura como norma exclusiva. O conselho se autodesignou, formal e juridicamente, como juiz de ambas as partes. No entanto, não podemos nos esquecer de que *a* questão para o lado evangélico era quem devia ter autoridade na Igreja, isto é, a Palavra de Deus ou a tradição humana. O "debate" serviu de ocasião à preparação dos Sessenta e sete artigos de Zuínglio (Cochrane, 1966, p. 3-44), estatuto da Reforma de Zurique. Os artigos afirmavam que a salvação era somente pela graça, insistiam na autoridade plena e final da Escritura e rejeitavam o Papa, a missa, as boas obras à salvação, a intercessão de santos, as ordens monásticas, o celibato clerical, as penitências e o purgatório. As propostas de Zuínglio não significavam nada além do desmantelamento da eclesiologia medieval. Já no início do texto, o Reformador posiciona a Igreja como dependente da Escritura, não o contrário: "Todo que diz que o Evangelho não é nada sem a aprovação da Igreja erra e difama a Deus" (Artigo, 1). Temos, aqui, um *replay* instantâneo do debate entre Lutero e Prierias.

Seiscentas pessoas abarrotaram a prefeitura para assistir ao debate. Após breves saudações e trocas de formalidades, Zuínglio foi autorizado a falar. O Reformador declarou que estava disposto a defender sua pregação e tese; Johann Faber, doutor em teologia e representante do bispo, replicou, em termos conciliatórios, que a delegação episcopal estava lá para ouvir as causas da dissenção, não para participar de um debate substancial sobre questões que pertenciam, na realidade, ao concílio ecumênico prometido pela recente Dieta de Nuremberg: "Penso que questões como essas devem ser resolvidas por uma assembleia geral cristã, composta por representantes de todas as nações, ou por um concílio formado por bispos e outros eruditos, como acadêmicos nas universidades". Assim que Faber sugeriu como juízes as universidades de Paris, Lovaina e Colônia — cidadelas da ortodoxia —, Zuínglio indicou, para a alegria da audiência, Erfurt ou Wittenberg. Faber supostamente respondeu que as universidades sugeridas estavam próximas demais de Lutero, e que "tudo de ruim vem do norte" (uma referência a Jeremias 6:1). Em resposta, o posicionamento básico de Zuínglio foi de que aqueles que estavam presentes formavam um concílio cristão cujo único juiz era a Escritura infalível:

Nesta assembleia há muitos corações cristãos, ensinados, sem dúvida, pelo Espírito Santo. Muitos aqui possuem bom entendimento, de modo que, de acordo com o Espírito de Deus, são capazes de julgar e decidir entre o certo e o errado, qual grupo está do lado da Escritura ou faz violência a ela, opondo-se ao entendimento correto (Jackson, 1972, p. 51,56–7).

Zuínglio levou a melhor contra a velha ordem, e o clero de Zurique recebeu ordens do conselho para limitar sua pregação à Escritura:

O que aconteceu em 29 de janeiro de 1523 na prefeitura às margens do Limmat e diante da Bíblia aberta foi uma experiência religiosa profunda e comunal, comparável no mais alto nível, em termos psicológicos e sociológicos, ao sentido medieval de comunhão: a renovação da catolicidade da Igreja no pequeno território de Zurique (Locher, 1979, p. 115; Goertz, 1987, p. 140).

Um segundo debate, realizado em outubro e direcionado ao grupo que desejava uma reforma mais radical, será discutido no capítulo oito, na seção sobre os anabatistas.

Agora, o movimento reformista de Zuínglio começava a se espalhar rapidamente pela Suíça e pelo sul da Alemanha. Congregações em Constança, Ulm, Frankfurt, Augsburgo, Lindau, Memmingen e Estrasburgo se renderiam à Reforma de Zurique. Em 1528, a conversão do cantão suíço de Berna à causa de Zuínglio foi particularmente importante não apenas para o estabelecimento imediato do movimento zuingliano na Confederação Helvética, mas também para a reforma futura de Genebra sob a égide de William Farel e João Calvino. Basileia, também de importância política, seguiu Berna ao aprisco de Zuínglio.

Nesse meio-tempo, contudo, tensões internas e externas estavam próximas do ponto de ebulição (tensões em Zurique a respeito do ritmo e da extensão das reformas, bem como o controle de atividades de cunho iconoclasta e antiautoritário, serão tratados no próximo capítulo). Fora de Zurique, cantões católicos rurais e conservadores se alinhavam para se opor à Reforma. A ameaça da expansão zuingliana impeliu os cantões católicos de Uri, Schwyz, Unterwald, Zug, Lucerna e Friburgo a formar, em 1529, uma aliança com o inimigo antigo da Confederação Helvética: a Áustria Habsburga. Em Schwyz, a execução de um pregador zuingliano tido como herege provocou um confronto militar em Kappel, porém, a superioridade militar das forças de Zurique e o desgosto comum dos suíços pela interferência Habsburga nos assuntos da Confederação levaram, em junho de 1529, a um armistício. O nacionalismo suíço ultrapassaria diferenças religiosas, ao menos temporariamente.

Não obstante, os conflitos religiosos continuaram, e Zuínglio foi persuadido de que os cantões do sul ainda estavam aliados com a Áustria. Ao mesmo tempo, luteranos alemães também estavam sob a ameaça de Carlos V, que, a essa altura, reduzira significativamente as ameaças francesa e turca, sentindo-se livre para voltar novamente sua atenção ao "caso de Lutero". Carlos tinha a intenção de eliminar a heresia de seu território. Assim, na Dieta de Speyer, ocorrida em abril de 1529, o imperador ordenou que a decisão da dieta anterior (1526), que dava autonomia às cidades e aos territórios com relação à questão luterana, fosse rescindida. A decisão, por sua vez, levou quatro Estados evangélicos e quatorze cidades imperiais livres a submeter um *protestatio* formal (eis a origem do termo "protestante"), decretando que o acordo religioso de 1526 fosse mantido até a convocação de uma assembleia nacional e um concílio ecumênico para que a questão, de natureza religiosa, fosse resolvida. Entre os signatários ao *protestatio*, incluíam-se áreas luteranas (p. ex., Saxônia Eleitoral) e zuinglianas (p. ex., Estrasburgo); por isso, o príncipe alemão luterano, Felipe de Hesse (1504-67), convenceu-se de que aquele era o tempo oportuno para criação de uma aliança política e militar entre luteranos e zuinglianos, a qual traria proteção mútua contra o imperador e auxiliaria na propagação da Reforma.

Felipe, evangélico convicto que estava mais preocupado com a fé cristã do que rótulos partidários teológicos, entendia que seu sonho de uma aliança protestante seria inatingível a menos que o antagonismo mútuo entre Lutero e Zuínglio, motivado pelo entendimento que ambos tinham da Ceia do Senhor, fosse resolvido. Foi nesse contexto que Felipe convidou ambas as partes para se encontrar e discutir o assunto no Castelo de Marburgo, em outubro de 1529. Visando captar a natureza sensível da questão abordada em Marburgo, é importante perceber que os Reformadores não estavam apenas tratando de um ritual particular, mas sobre toda herança teológica ocidental em que a ceia estava inserida e da qual derivava seu significado. Antes de traçar o debate entre Lutero e Zuínglio, uma digressão breve a respeito dessa herança pode jogar um pouco de luz sobre o que ambos criam estar em jogo em sua discussão sobre a Ceia do Senhor.

## EXCURSO: A TEOLOGIA SACRAMENTAL NA IDADE MÉDIA

Controvérsias da Reforma relacionadas aos sacramentos estavam enraizadas em uma herança medieval comum de teologia e liturgia. A diversidade nessa herança passou a ser fonte de divisão na Igreja à medida que cada movimento de Reforma relia a tradição à luz de seu próprio compromisso teológico e pastoral. Assim, pontos de vista da Reforma com relação aos sacramentos não podem ser isolados da interação complexa entre tradição recebida e teologia, filosofia renascentista e filologia, cuidado pastoral e liturgia. Acrescente à lista a cultura social, política e econômica do fim da Idade Média e início da Idade Moderna. A teologia sacramental recebida incluía dogmas trinitários e cristológicos dos primeiros séculos da Igreja. Dogmas trinitários se desenvolveram em resposta à posição do arianismo de que a natureza de Deus é imutável e que, por isso, a encarnação devia ser uma forma inferior de divindade em relação a Deus, enquanto dogmas cristológicos envolveram a controvérsia entre Nestório (m. c. 451) e Cirilo de Alexandria (m. 444) com relação à pessoa e natureza de Cristo. O nestorianismo negava que o Cristo encarnado fosse ao mesmo tempo humano e divino, resultando, em termos sacramentais, na reivindicação de que a natureza humana de Cristo não pode deixar o céu. A fórmula de Cirilo, *communicatio idiomatum* (comunicação das naturezas), asseverava, contra a posição de Nestório, que Cristo compartilhava de ambas as naturezas, humana e divina. Lutero aplicou esse ensino teológico à compreensão da Ceia do Senhor.

Em meio às controvérsias ocorridas nos primeiros séculos da Igreja, o tema orientador da ortodoxia era que a salvação não pode ser alcançada, mas recebida;

e que, em Jesus, a humanidade foi, de modo definitivo, confrontada por Deus. Em termos de teologia sacramental, queria dizer que os sacramentos são, acima de tudo, presentes de um Deus doador, não resultado de obra humana. No século XVI, esse assunto era motivo de disputas amargas por causa da convicção universal de que estar certo sobre os sacramentos era o mesmo que estar certo sobre Deus e a salvação. Eis a razão pela qual a compreensão sobre o assunto incluía não somente a expressão de vocábulo teológico, como também de ação teológica. Nas palavras de R. W. Scribner (1987, p. 122): "A Reforma era, nesse sentido, basicamente um processo ritualístico".

As primeiras comunidades cristãs iniciavam membros por meio do batismo, centralizando sua adoração na celebração da eucaristia (do grego, *eucharistia*, "ações de graça"), mas apenas gradualmente classificava essas e outras atividades sob o conceito geral de "sacramento". O conceito se desenvolveu da tradução da palavra grega *mysterion* ("mistério") a partir do termo latino *sacramentum*. No latim clássico, a palavra significava um juramento de lealdade (*sacramentum militare*) feito pelos soldados, acompanhado por um símbolo concreto (*signum*): uma tatuagem. Por isso, Tertuliano (m. c. 225) referia-se ao batismo como o início da *militia Christi*, e as primeiras igrejas o retratavam como o "selo do Senhor". De Agostinho a Aquino (m. 1274), entendia-se que, em particular, os sacramentos do batismo, da confirmação e da ordenação imprimiam um caráter indelével (uma tatuagem divina, por assim dizer) na alma. Uma vez que tal marca permanecia a despeito dos pecados mais graves, os sacramentos eram recebidos apenas uma vez.

A atividade litúrgica da comunidade adoradora, contexto em que os sacramentos eram vistos como sinais de coisas sagradas, estimulava o impulso teológico para defini-los. A relação entre teoria e prática já foi indicada no axioma do século V de que a oração estabelece a fé (*lex orandi lex credendi*). A propósito, isso ajuda a explicar a veemência da iconoclastia: se o sistema de crenças muda, então as atividades ritualísticas também devem fazê-lo.

Agostinho desenvolveu duas premissas importantes à teologia sacramental ocidental: que rituais cristãos são formas da Palavra prometida de Deus ("A Palavra se une ao elemento; assim é que surge um "sacramento", isto é, um tipo de palavra visível") e que a validade do sacramento não depende daquele que o administra. A última premissa servia de defesa contra a reivindicação dos donatistas (movimento de renovação africano do tempo de Agostinho) de que o sacramento administrado por ministros indignos tornava-o inválido. Agostinho enfatizava que a graça de Deus não depende da santidade do ministro ou de sua atitude subjetiva, posição que Lutero ecoaria em sua ênfase vigorosa na realidade objetiva dos sacramentos. No decorrer da história da Igreja, movimentos de renovação penderam para o donatismo, tendência também evidente em certos movimentos durante a Reforma.

Por volta do início do século XIII, a ação objetiva dos sacramentos seria expressa na frase *ex opere operato* (isto é, sacramentos são eficientes por intermédio da operação ritualística em si e não dependem do caráter de quem os administra). De uma perspectiva pastoral, isso remete à certeza da graça sacramental a despeito de dúvidas relativas à dignidade dos ministros, posição da qual Lutero viria a compartilhar.

A compreensão dos sacramentos como "sinais de coisas santas" incluía diversas ações ritualísticas, as quais a Igreja medieval reduziu gradualmente para sete. Pedro Damião (m. 1072), reformador gregoriano, contou doze (batismo, confirmação, unção de enfermos, consagração de bispos, unção de reis, consagração de igrejas, confissão, casamento e consagração de canonistas, monges, eremitas e freiras), porém omitiu eucaristia e penitência. Hugo de São Vitor (m. 1142), autor de uma obra importante sobre os sacramentos, chegou a listar trinta. Pedro Lombardo (m. 1160), autor de *Os quatro livros de sentenças*, livro padrão de teologia por todo século XVI, fixou o número de sacramentos em sete, reconhecidos ainda hoje pela comunhão católica. Sua lista de batismo, confirmação, eucaristia, penitência, extrema-unção, ordens e casamento — aceita por Aquino por refletir os estágios da vida — foi afirmada formalmente na "Instrução aos armênios" (Concílio de Florença, 1439). A lista foi reafirmada no Concílio de Trento (1545–63) na perspectiva de que o número fora divinamente instituído por Cristo.

Vida e doutrina medievais destacavam os sacramentos do batismo, da penitência e da eucaristia de modo consistente. Os três se tornaram controversos a ponto de dividirem a Igreja durante a Reforma; durante o período medieval, porém, foi a eucaristia que mais fomentou controvérsias, entrelaçadas com diversas teologias e práticas litúrgicas em desenvolvimento durante os primeiros séculos da Igreja.

Agostinho definia sacramento como a "Palavra visível". Em relação ao batismo, assegurou: "Tire a Palavra [de Deus] e a água não será nada além de água". Na eucaristia, a Palavra era a instituição atribuída a Jesus em relatos do Novo Testamento acerca da Última Ceia, enquanto os elementos eram o pão e o vinho. Influenciado pela filosofia neoplatônica, Agostinho podia se referir ao pão como o "sinal" ou "imagem" do corpo de Cristo. Essa teologia simbólica do sacramento foi influente no desenvolvimento da liturgia romana e enfatizada posteriormente por Zuínglio.

A teologia realista ou "metabólica" (do grego, *metabolé*, "transmutação") de Ambrósio (m. 397) foi influente em desenvolvimentos litúrgicos na Espanha e Gália. Ambrósio escreveu sobre a "transmutação" de pão e vinho na carne e no sangue de Cristo em virtude das palavras da consagração, perspectiva que veio a prefigurar interpretações escolásticas posteriores em relação à doutrina da transubstanciação. A partir de Isidoro de Sevilha (m. 636), a compreensão da eucaristia mudou de "comunidade em união com Cristo que dá graças ao Pai pela salvação" para "presença real de Cristo na eucaristia que, na consagração, desce do céu". A ênfase na "presença real" foi agravada pela tensão entre o metabolismo de Ambrósio e o simbolismo de Agostinho — tensão que aumentou à medida que o pensamento alemão tornou-se cada vez mais incapaz de entender a relação platônica entre símbolo e realidade, e que a ação dramática *da* congregação passou a ser substituída por um espetáculo dramático *à* congregação.

A introdução carolíngia da liturgia romana no reino dos francos, bem como o interesse imperial em educação e uniformidade litúrgicas, ambas aumentaram tensões até então despercebidas entre aqueles que optavam por liturgias influenciadas pela teologia de Agostinho e Ambrósio. O primeiro tratamento doutrinário da eucaristia nesse contexto foi o do monge beneditino Pascásio Radberto (m. 865), de Corbie. Uma versão de sua *De corpore et sanguine Domini* (831) foi apresentada ao imperador Carlos II da França, em 844. Pascásio enfatizava a identidade do corpo e sangue do Senhor no sacramento com o corpo terreno e ressurreto de Cristo.

Em seguida, Carlos requisitou uma interpretação de outro monge de Corbie, Ratramo (m. 868). Ratramo assumia a ênfase agostiniana da eucaristia como um sinal eficaz da presença de Jesus e não identificava o pão e o vinho como elementos do corpo ressurreto e terreno de Cristo. De fato, Ratramo prefigurou preocupações "sacramentárias" (isto é, compreensão metafórica ou simbólica) e zuinglianas do século XVI ao contestar a "ingestão corpórea" com argumentos de que Cristo ascendera ao céu e que o Espírito é o doador da vida, não a carne (João 6:63). Seu tratado em latim influenciou Berengário de Tours (m. 1088) e foi reimpresso com o título de "Bertram" por reformadores suíços e ingleses de orientação zuingliana e calvinista (Bakhuizen, 1965, p. 54–77).

Controvérsias suscitadas pela teologia eucarística de Berengário serviram de modelo a debates subsequentes durante a Idade Média e a Reforma. Sua reinvindicação de que a recepção de Cristo na eucaristia significava apenas um recebimento espiritual e uma recordação fiel do mistério da morte e ressurreição de Jesus se assemelha à teologia memorial do sacramento, defendida por Karlstadt, Zuínglio e pelos sacramentários.

Berengário recebeu ampla oposição e seu posicionamento foi rejeitado. Em Roma (1059), forçaram-no a assinar uma fórmula de que:

> o pão e o vinho colocados no altar são, após a consagração, não apenas um sacramento, mas também o verdadeiro corpo e sangue de nosso Senhor Jesus Cristo [...] de maneira perceptível, isto é, não apenas de modo sacramental, mas em verdade, partidos pelas mãos dos ministros e esmagados pelos dentes dos fiéis".

A oposição a Berengário não foi apenas liderada pelos teólogos e líderes eclesiásticos mais poderosos da época, mas também refletia a piedade e a prática litúrgica popular. Em termos teológicos, a visão de Berengário de que Cristo não estava substancialmente presente na eucaristia era encarada como uma ideia que enfraquecia a salvação. Além disso, sua compreensão da eucaristia como uma refeição simbólica na qual o cristão se une a Cristo por meio da recordação voluntária de sua paixão era, a partir da perspectiva sacramental, análoga à heresia ariana de que Cristo se une ao Pai por meio de sua vontade. Contra esse ensinamento, afirmava-se que o cristão está unido a Cristo porque sua presença substancial é mediada na eucaristia. "Metabólico" foi o termo imaginário cunhado nesse contexto; conforme Pascásio declarou: "tornamo-nos parte de Cristo porque o ingerimos".

A controvérsia de Berengário levantou a questão de como o pão e o vinho se transformam, de fato, em corpo e sangue de Cristo. Esforços para resolver o problema levaram à doutrina da transubstanciação (IV Concílio de Latrão, 1215), ensinamento que se baseia na reivindicação metafísica grega de que a "substância" ou "essência" de algo é sempre mais real que seu dado sensorial "acidental". Dados sensoriais podem ser enganosos, mas a mente é capaz de compreender a substância de algo e, assim, conhecê-lo. A despeito de variações de tamanho, forma e cor de vacas particulares, conhecemos, por exemplo, a substância de uma vaca:

> Segundo essa teoria, quando um ministro consagra o pão e o vinho, os "acidentes" do pão permanecem os mesmos, enquanto a substância é mudada, de forma milagrosa e pelo poder de Deus, em corpo e sangue de Cristo. Pão e vinho continuam com o mesmo cheiro, gosto e aparência; nesse caso, porém, as aparências enganam: a realidade presente é o próprio Cristo (Steinmetz, 1986, p. 73).

A doutrina intencionava afirmar a prioridade e a realidade da graça de Deus: Cristo está, de fato, presente na Ceia do Senhor, a despeito de aparências.

A controvérsia de Berengário também concentrou a teologia da eucaristia cada vez mais em Cristo, encorajando a visão de que o sacramento contém graça da mesma forma que um frasco de remédio. Esses desenvolvimentos contribuíram ao fenômeno, começando no século XII, da devoção popular a Cristo na eucaristia.

Histórias sobre visões e milagres em torno no sacramento proliferaram-se, especialmente em relação ao seu uso indevido: certa vez, a hóstia (do latim *hóstia*, "vítima sacrificial") tornou-se, para espanto de quem a roubara, em carne ensanguentada; em outra ocasião, paralisou uma mulher por tê-la usado em seu emplasto de couve (Rubin, 1991, p. 341). Ironicamente, a doutrina da transubstanciação estimulou lendas de profanação da hóstia inventadas contra os judeus, embora obviamente não cressem nela (cf. Wenzel, 2006, p. 404-5). Cristo, conforme existia nos sacramentos, passou a ser a maior das relíquias. A piedade popular influenciou práticas litúrgicas, tais como a exposição de luz contínua diante dos elementos;

cruzes e velas de altar; elaboração de vestimentas e práticas ministeriais; e o tocar do sino como indicação da consagração e elevação da hóstia:

> Comunhão visual — como olhar para o pão transubstanciado — tornou-se um substituto à recepção da eucaristia. A elevação, não a Santa Ceia, marcava o ponto alto da missa católica no fim da Idade Média [...] A contemplação da hóstia se transformara em um feito misterioso, pelo qual o povo esperava assegurar a própria salvação [...] Muitos tentavam repetir o ato salvador e mágico o mais frequentemente possível, normalmente correndo de altar em altar, de igreja a igreja, a fim de ver a hóstia sendo elevada várias vezes (Nischan, 1999, p. 5; cf. também Elwood, 1999, p. 14).

O desejo intenso de ver a Deus no altar aumentava o poder do ministro, o único capaz de proporcioná-lo: "A elevação era tida como a essência do ofício clerical, o foco da liturgia, epítome e justificativa do privilégio ministerial" (Rubin, 1991, p. 132). Em 1264, a festa de *Corpus Christi*, comemoração da instituição da eucaristia, foi ordenada pelo Papa Urbano IV em grande medida por causa da influência das visões de Juliana (m. 1258), freira de Liège. Às vésperas da Reforma, a procissão de *Corpus Christi* havia se transformado em uma reafirmação ritualística popular de solidariedade comunitária, a ponto de substituir o senso de comunhão na eucaristia, presente na Igreja primitiva. O espiritualismo antissacramental violento durante a Reforma não é tão surpreendente quando comparado ao impulso do fim da Idade Média de concretizar o espiritual e ligá-lo ao material, bem como o uso desse impulso para justificar privilégios clericais.

O povo adorava a hóstia e lhe fazia petições. O sacramento era tão reverenciado que a frequência de sua recepção diminuiu drasticamente: bastava a visão da hóstia em termos de substituto devocional. Medo de participar da ceia indignamente ("Pois quem come e bebe sem discernir o corpo do Senhor, come e bebe para sua própria condenação" [1Coríntios 11:29]) tornou-se o ímpeto à "ceia com os olhos", pois "não acarretava nem em confissão, nem no perigo de recebê-la indignamente". Daí se originou a tendência popular de considerar a elevação dos elementos como um substituto à missa e da prática de correr de uma igreja para outra a fim de vê-la muitas vezes (Snoek, 1995, p. 292–3, 59–60). Em resposta ao temor leigo de que o sangue de Deus podia ser derramado, a doutrina da concomitância (Concílio de Constança, 1415) legitimou a ceia apenas com o uso do pão para leigos (pão ázimo para eliminar migalhas), afirmando a presença integral de Cristo com apenas um dos elementos. Uma vez que o pão equivale à carne e que ela contém sangue, pão consagrado representa tanto o corpo quanto o sangue de Cristo. O protesto do movimento hussita contra a prática foi reiterado pelos reformadores do século XVI. Já que o latim era de pouca utilidade ao povo, pessoas comuns passaram a não "escutar" a missa, vendo a elevação da hóstia como a reconstituição da paixão, a qual o ministro, em virtude da Ordem, "oferecia" a Deus. Ofertas sacerdotais aumentavam em valor à medida que cresciam em número, ações que refletiam a "matemática da salvação" discutida anteriormente. Thomas Cranmer (m. 1556), Reformador inglês, descreveu como o povo corria de altar em altar a fim de ver e adorar a Deus na hóstia, porém o monge agostiniano Gottschalk Hollen (m. 1481) já havia reclamado, bem antes de Cranmer, de que, quando o povo ouvia o sino, aproximava-se para vê-la e "em seguida, corria como se tivesse visto o diabo" (*TRE* 1, p. 98). Reformadores do século XVI denunciaram a prática como supersticiosa e, na pior delas, idólatra.

Aquino enfatizou que os sacramentos contêm graça. O frade associou aos sacramentos o conceito aristotélico de causalidade e suas ideias correlatas de matéria e forma (a palavra é a forma do sacramento e os elementos, a matéria), bem como as concepções de *opus operatum* e *opus operantis*. "Opus operatum" afirmava que os sacramentos são eficazes independentemente de piedade do adorador ou da moralidade do ministro, desde que um ou outro tenham o desejo de agir em conformidade com a Igreja. O "opus operantis" declarava que a disposição correta do adorador é uma condição necessária para que a graça recebida seja realmente eficaz.

A preocupação medieval em relacionar a eucaristia com a morte de Cristo levou à controvérsia do século XVI baseada na seguinte questão: a missa era uma repetição da paixão ou apenas sua recordação? Se o que a Igreja buscava era entrar na ação passada da paixão, devia fazê-lo por meio da atividade mental volitiva da recordação; se o que desejava era uma realidade objetiva fora da mente, devia fazê-lo por intermédio de algum tipo de repetição do ato redentor de Cristo. No século XVI, as duas alternativas dividiam a Igreja. Na polêmica da época, ambas eram retratadas, respectivamente, como dissolução espiritual de meios sacramentais da graça em voluntarismo ou como manipulação mecânica da graça sacramental: "A eucaristia não podia ser realmente reformada, mas apenas aceita inteiramente ou negada por completo" (Rubin, 1991, p. 352). Essa reivindicação descreve, de forma adequada, reformadores católicos (aceitação) e protestantes (negação), tais como Karlstadt, Zuínglio, Aesticampanius e os anabatistas, mas não descreve os que estavam alinhados a Lutero e Calvino.

A Reforma foi iniciada pelo ataque de Lutero ao abuso de indulgências em relação ao sacramento da penitência: sua crítica, baseada na teologia da justificação somente pela graça, expandiu-se em um ataque contra toda compreensão medieval dos sacramentos. Lutero insistia que a promessa da salvação de Deus é incondicional por não ser baseada em uma mudança interior do ouvinte, mas em uma mudança fora do indivíduo (*extra nos*) quanto ao seu posicionamento perante Deus. Precisamos apenas nos lembrar de que Lutero comparava "aliança" com "testamento", enfatizando-o como a única expressão adequada da promessa divina de salvação. Aliança é um acordo entre dois parceiros vivos que requer o cumprimento de condições estipuladas para ser eficaz. Conforme tratado anteriormente, a linguagem da aliança é sempre baseada na construção "se... então", enquanto o testamento requer apenas a morte do testador para ser eficaz: sua estrutura linguística é "porque... portanto". Lutero nunca se cansava de proclamar que a Ceia do Senhor é um testamento: Cristo é o testador; a herança é expressa por sua palavra na Última Ceia; o testamento é "selado" com os "emblemas" de pão e vinho, símbolos sacramentais de seu verdadeiro corpo e sangue; a herança, adquirida pela recepção dos elementos, é perdão dos pecados e da vida eterna; o herdeiro, seguindo o mandamento de Jesus, recorda-se dele. Para Lutero, a realidade da Palavra e dos sacramentos, meios pelos quais Deus se comunica, não dependem de fé:

> Tudo depende da Palavra e do mandamento de Deus [...] Batismo é apenas água em conjunto com a Palavra. Quando um acompanha o outro, o batismo é válido, mesmo quando há incredulidade. Em outras palavras, minha fé não faz o batismo, apenas o recebe. Portanto, o sacramento [...] não está ligado à fé que temos, mas à Palavra (Kolb & Wengert, 2000, p. 463).

Como Agostinho, Lutero coordenou palavra (*sacramentum audibile*, sacramento audível) e sacramento (*verbum visibile*, palavra visível). O foco de ambos estava na ação de Deus em vez da ação humana.

Uma das consequências da ênfase da Reforma na promessa de Deus foi a redução do número de sacramentos de sete para dois. Agostinho definira sacramento como palavra acrescentada ao elemento. Uma vez que apenas batismo e eucaristia têm instituição dominical no Novo Testamento, outros sacramentos foram eliminados. Todos os reformadores protestantes aceitavam essa definição, embora Lutero tenha continuado a ver a confissão como um meio de graça.

Ao reduzir o número de sacramentos, reformadores reivindicavam que a Igreja não tinha autoridade para instituir sacramentos sem fundamentação bíblica. A substituição da Igreja como instituição hierárquica (*Kirche*) para uma comunidade (*Gemeinde*) foi expressa na Reforma a partir da visão da eucaristia como "ceia", refeição comunal da congregação em celebração à promessa de Deus em vez de um sacrifício meritório, oferecido por um ministro. Visto que o ato de cear envolve comunicação e participação, reformadores traduziram a missa para o vernáculo como "comunhão" e passaram a distribuir ambos os elementos, pão e vinho. Além disso, rejeitaram conceitos como transubstanciação, retenção do cálice a leigos, missa como um ato de sacrifício e missas privadas. Por fim, todos os reformadores, a despeito de diferenças, entenderam que a ceia tinha um significado ético-social à comunidade.

Para os reformadores, a transubstanciação tirava o foco da proclamação — ou seja, *do fato que* Deus se comunica na eucaristia — e o colocava na especulação acerca de *como* a comunicação acontece. O ponto de Lutero, em oposição ao de Aquino, é que milagres a mais não são necessários: "O milagre verdadeiro da eucaristia é que Cristo está presente, não que a substância do pão ou do vinho está ausente" (Steinmetz, 1986, p. 73). Em termos teológicos, transubstanciação parece dar ao ministro o poder de "fazer" Cristo na missa, usurpando-o de sua autoridade e fundamentando a infalibilidade da graça no desempenho correto do rito (*ex opere operato*). Consequentemente, salvação soa como uma obra humana e dependente de uma classe clerical em vez de ser vista como um dom divino. Em termos sociológicos, essa orientação permeava cada aspecto do cristianismo do fim do período medieval, descrito ironicamente como "culto dos vivos em favor dos mortos":

> Devoções, teologias, liturgias, arquiteturas, finanças, estruturas sociais e instituições cristãs do fim da Idade Média são inconcebíveis sem a suposição de que amigos e parentes de almas no purgatório tinham a obrigação absoluta de garantir sua soltura, acima de tudo por meio de missas realizadas em seu favor (Bossy, 1983, p. 42).

Reformadores rejeitavam a interpretação medieval da missa como sacrifício propiciatório e sua prática concomitante de missas privadas por serem práticas que separavam a Palavra do sacramento. Em uma missa privada, não há comunidade presente para escutar as palavras do evangelho; assim, os elementos do pão e do vinho perdem o seu valor, tornando-se objetos, "coisas santas", oferecidas para apaziguar Deus.

Insatisfeito com aquilo que percebia ser um remanescente católico na ênfase de Lutero sobre a presença real de Cristo na Ceia do Senhor — e também auxiliado por ferramentas linguísticas emprestadas dos humanistas —, Zuínglio insistia que o "é" na frase "isto é o meu corpo" queria dizer "isto representa meu corpo", assim como um anel representa o casamento embora não seja o relacionamento em si. Um dos versículos favoritos usados em favor desse entendimento simbólico era João 6:63: "O Espírito dá vida; a carne não produz nada que se aproveite". Esse texto foi lido à luz do comentário conhecido de Agostinho sobre comida espiritual em sua *Exposição do Evangelho de João*: "Crede e, assim, tereis comido". Reformadores mais radicais questionavam e, em alguns casos extremos — como o de Caspar Schwenkfeld (m. 1561) — até mesmo rejeitavam a necessidade de sacramentos (McLaughlin, 1986a), consequência lógica do divórcio proposto pelos sacramentários, os quais defendiam que receber o Espírito Santo não depende de meios externos, incluindo sacramentos. Em contrapartida, Lutero insistia que Deus "lida conosco de maneira dupla, externa e internamente [...] Experiência interna segue e é efetivada pela experiência externa. Deus determinou não conceder a ninguém uma experiência subjetiva, exceto por uma experiência objetiva [Palavra e sinal, instituídos por ele]" (*LW*, 40, p. 146).

Sacramentários afirmavam que a fé está implícita nos sacramentos. Em lugar de conceder fé, tanto o batismo nas águas quanto a participação na Ceia do Senhor são expressões exteriores, isto é, manifestações de uma mudança interior. Zuínglio, por exemplo, reteve os sacramentos do batismo e da eucaristia, mas apenas como sinais e símbolos que ajudavam o exercício espiritual do cristão em relembrar a graça de Deus, tirando o foco da autocomunicação de Deus para a atividade psicológica e espiritual daquele que crê. Já na perspectiva de Lutero, isso podia ser interpretado como um tipo de donatismo reverso: a validade do sacramento depende da fé do recipiente. De acordo com B. A. Gerrish (1992, p. 250), a perspectiva de Zuínglio continuou com seu sucessor, Heinrich Bullinger (m. 1575): "O cristão leva Cristo *à* ceia em seu coração em vez de recebê-lo *na* ceia". Na teologia e liturgia zuinglianas, o foco está na comunidade daqueles que professam fé em Cristo e se comprometem com o discipulado. A ênfase de Zuínglio na vida corporativa (reflexo do comunalismo suíço) remete à visão da eucaristia como a ação *da* congregação em vez de *em favor* da congregação. O corpo de Cristo é a Igreja. É por isso que "erudição zuingliana moderna trata de transubstanciação da congregação adoradora no corpo de Cristo por meio da atividade invisível do Espírito" (Steinmetz, 1986, p. 76–7).

Para Lutero, a compreensão zuingliana dos sacramentos viciava o evangelho, tornando-o dependente de fé e piedade pessoais, trazendo, uma vez mais, inseguranças medievais, as quais dependiam da introspecção como pré-requisito para o sacramento. A ordem "porque... portanto" da promessa de Deus mudava para o "se... então" da conquista humana: *se* eu tiver uma recordação sincera da paixão de Cristo, *então* poderei participar da eucaristia, sinal exterior e visível de graça interior e espiritual presentes. Lutero e Calvino, afastando-se da visão comemorativa da Ceia do Senhor como exercício devocional, afirmavam a autocomunicação divina no sacramento.

Durante a troca polêmica de ideias sobre a eucaristia no Colóquio de Marburgo (1529), Lutero e Zuínglio esgotaram todas as mudanças históricas e teológicas disponíveis. Lutero acusou Zuínglio de fazer uma separação nestoriana das naturezas de Cristo (uma vez que o corpo de Cristo ascendeu ao céu, não podia estar na eucaristia) e citou a *communicatio idiomatum* (comunicação de naturezas), de Cirilo de Alexandria, como uma afirmação de que onde a natureza divina de Cristo está, ali também está sua natureza humana. Em outras palavras, o finito é capaz de comportar o infinito (*finitum capax infiniti est*). Consequências práticas dessa

Cristologia divergente se evidenciaram na oposição de Lutero à iconoclastia e em sua preservação da arte na Igreja, bem como na postura de Zuínglio, que a desnudou das artes visual e musical; consequências políticas e eclesiásticas evidenciaram-se, por sua vez, nas divisões subsequentes entre os reformadores.

## O COLÓQUIO DE MARBURGO (1529)

É uma ironia trágica o fato de a Ceia do Senhor, sacramento da unidade cristã, ter sido usada em vários períodos da história do cristianismo como meio de divisão em vez de união entre os cristãos. Esse foi exatamente o caso no século XVI: estar certo sobre o sacramento era estar certo sobre Deus e a salvação. Tanto Lutero quanto Zuínglio pensavam que o outro estava errado sobre o assunto. Enquanto concordavam em rejeitar a doutrina da transubstanciação e a missa como um tipo de sacrifício, ambos discordavam veementemente quanto ao entendimento sobre o que era, de fato, a Ceia do Senhor.

Por volta de 1524, Zuínglio começou a interpretar o "é" do "isto é o meu corpo" como "representa", interpretação esta que foi influenciada pelo dualismo platônico de carne e espírito, defendida anteriormente em conexão com o sacramento pelo herói humanista de Zuínglio, Erasmo. Em seu *Enchiridion*, obra produzida em 1503 e que passou por inúmeras edições e traduções, Erasmo desenvolvera um entendimento espiritual ou memorial da Ceia do Senhor. A obra influenciou o ex-colega de Lutero, Karlstadt, e também serviu de apoio a Zuínglio. Conforme mencionado, um dos versículos favoritos de ambos era João 6.63: "O Espírito dá vida; a carne não produz nada que se aproveite". Karlstadt e aqueles aos quais influenciou usavam esse versículo para justificar a diferenciação entre o pão ingerido pelo adorador e o Cristo recebido pela fé. De fato, a interpretação de Karlstadt sobre as palavras usadas na Ceia do Senhor postulava que, ao dizer "isto é o meu corpo", Jesus estava apontando para si mesmo — interpretação que levou um zombador da época a sugerir que, ao dizer "isto é o meu sangue", Jesus estava com sangramento no nariz.

Após sua desavença com Lutero, Karlstadt não apenas mandou publicar, na Suíça, tratados que escrevera sobre a Ceia do Senhor, mas também fez uma visita a Zuínglio; além disso, Erasmo havia, em 1524, atacado Lutero. Assim, a visão do Reformador de Wittenberg em relação a Zuínglio estava fortemente colorida pelas controvérsias que tivera com Karlstadt e Erasmo. Por outro lado, a insistência de Lutero de que Cristo estava realmente presente no sacramento soava ao Reformador de Zurique como um retorno à doutrina católica da transubstanciação. Para termos uma percepção ainda maior da tarefa grandiosa de Felipe na reconciliação entre Lutero e Zuínglio, precisamos ter uma visão panorâmica dos escritos de ambos sobre o assunto antes de 1529.

Por volta de 1525, a missa havia sido descontinuada em Zurique. Discussões sobre a Ceia do Senhor aconteciam por toda parte nas terras alemã e suíça: à medida que a divergência entre Lutero e Zuínglio ficava mais aparente, ambos ansiavam por convencer o mundo de que um não havia lido os escritos do outro. Com a rejeição protestante comum da transubstanciação, inúmeros teólogos (dentre eles Karlstadt, Aesticampanius, Bucer, Schwenkfeld, Althamer, Billican, Stigler, Bugenhagen e Brenz, citando apenas os mais conhecidos), circulavam teorias alternativas e análises a respeito desse sacramento central da Igreja. Tornou-se aparente, assim, que Wittenberg e Zurique estavam competindo pela lealdade espiritual — e, portanto, política — das cidades do sul da Alemanha, tais como Basileia, Estrasburgo, Augsburgo, Nördlingen, Biberach, Memmingen, Ulm, Isny, Kempten, Lindau e Constança. Sem elas, Zurique estaria isolada. Contudo, com a ajuda e lealdade dessas cidades, as terras alemãs podiam ser conquistadas ao movimento de Zuínglio. Por essa razão, o debate entre Lutero e Zuínglio não era apenas de natureza pessoal ou conceptual.

Em 1525, Zuínglio publicou uma declaração importante de sua posição intitulada *Subsidium sive coronis de eucharistia* ("Resistência e florescimento final da Ceia do Senhor"). Nela, Zuínglio desenvolveu as distinções entre o corpo natural de Cristo antes da crucificação, seu corpo glorificado e assunto ao céu e seu corpo místico, a Igreja. Nesse escrito, a obra linguístico-humanista de Zuínglio veio à tona. Segundo afirmava, apenas o reconhecimento do uso figurativo das palavras na Bíblia, em particular a explicação metafórica da Última Ceia, podia esclarecê-la, tornando-a razoável e humanamente inteligível. As próprias palavras de Cristo eram inteligíveis apenas se o pão e o vinho fossem símbolos aos quais o recipiente traria fé e esperança em Deus. Já para Lutero, isso queria dizer que Zuínglio havia mudado o foco da Ceia do Senhor, isto é, da promessa salvadora de Deus, presente na ação eucarística, à memória ativa da congregação. Lutero via essa mudança como outra expressão onerosa, levando o cristão a procurar pela prova da salvação em si mesmo e não em Deus.

No verão de 1525, Aesticampanius, colega de Zuínglio em Basileia, publicou seu *De genuine verborum Domini*, um ataque claro contra Lutero. Aesticampanius dedicou seu escrito aos "irmãos amados da Suábia" com a intenção de atraí-los ao seu lado. Uma vez que os pastores da região haviam sido seus alunos em Heidelberg, Aesticampanius presumia naturalmente que dariam ouvidos ao seu apelo. Contudo, o que ele não contava era com o impacto duradouro que Lutero exercera sobre eles durante o debate de Heidelberg, em 1518. Liderados pelo discípulo jovem de Lutero, Johannes Brenz, quatorze pastores luteranos do sul da Alemanha aderiram a uma confissão de fé fundamentalmente luterana: a *Suevian Syngramma*. Lutero ficou extasiado por essa afirmação da presença real de Cristo na eucaristia.

A resposta de Zuínglio, em 1526, foi que Lutero havia obscurecido as "palavras simples de Cristo," tornando-as incompreensíveis e abertas à reintrodução de reivindicações papais extremas. Nesse contexto, Zuínglio trouxe à baila o que viria a ser um tema central: a ubiquidade (onipresença) de Cristo. Partindo de uma discussão dos primeiros séculos da Igreja com relação às duas naturezas de Cristo, Zuínglio declarou que a natureza divina de Jesus nunca havia deixado o céu, pois, sendo um com Deus, ela não podia ascender ao céu como fizera sua natureza humana. A divindade de Cristo está, e sempre estará, em todo lugar; no entanto, depois da ascensão, Cristo permanece corporalmente no céu à direita de Deus até o último dia. Aqueles que reivindicam que o corpo de Cristo foi ingerido na última Ceia precisam crer que Jesus não sentiu dor e sofrimento na cruz ou que os discípulos não comiam de maneira humana, já que Cristo ainda não havia ressuscitado quando instituiu essa refeição. Assim, Zuínglio defendia que "isto é" só podia significar "isto representa".

Lutero, por sua vez, via na teologia de Zuínglio o reaparecimento da heresia nestoriana, a qual separava as naturezas humana e divina de Cristo, negando, por isso, a realidade plena da encarnação. Para Lutero, isso significava claramente que o modo como alguém entendia a Ceia do Senhor manifestava como também entendia a salvação e a atividade de Deus no mundo. Traçando, assim, um paralelo com a controvérsia do início da Igreja sobre a pessoa de Cristo, Lutero defendeu a posição estabelecida por Cirilo de Alexandria, enfatizando a união pessoal das naturezas humana e divina, pensamento que ficaria conhecido como *communicatio idiomatum* (comunicação de naturezas). O Concílio de Calcedônia havia declarado, em 451, que "em Cristo, divindade e humanidade estão unidas de forma imutável e heterogênea, mas sem divisão e separação". Ao defender essa doutrina contra o ensino de Zuínglio, Lutero enfatizava que Deus havia condescendido genuinamente às profundezas da existência humana na encarnação (Lutero gostava de dizer que não tinha como arrastar Cristo ainda mais para dentro da realidade humana) e que, em Jesus, houve uma transmissão igualmente genuína da divindade e majestade de Deus.

Em 1527, Lutero respondeu especificamente aos argumentos de Zuínglio de que a Ascenção removera Cristo fisicamente do mundo e de que "a carne não produz nada que se aproveite" (João 6:63) em um tratado extenso, intitulado *That These Words of Christ, "This Is My Body" etc., Still Stand Firm Against the Fanatics* [Que as palavras de Cristo, "este é meu corpo" etc., ainda permanecem firmes contra os fanáticos]. Com base nas doutrinas clássicas da trindade e Cristologia, Lutero argumentou que a ascensão de Cristo à direita de Deus não denota geografia espiritual, mas sim o compartilhamento de Jesus na ubiquidade (onipresença) de Deus. Como criador, Deus está por toda parte e sustenta continuamente o mundo.

O ponto crucial é que, no pão e no vinho da Ceia do Senhor, Deus promete estar presente *para nós* (*pro nobis*). Nesse ponto, Lutero luta para vencer a visão metafísica do espaço ao afirmar que o tal não é restritivo para Deus. Segundo o Reformador, uma vez que, no primeiro artigo do credo, cristãos confessam a presença de Deus no céu e na terra como criador, precisam reconhecer também a presença divina no sacramento como redentor. A presença real de Deus na eucaristia é sua condescendência de disponibilidade pessoal: "Uma coisa é ter Deus presente no mundo, mas outra é tê-lo presente a nós. Deus está presente de modo pessoal quando acrescenta à sua Palavra e se compromete, dizendo: 'É aqui que você deve me encontrar'" (*LW*, 37, p. 68–9).

Lutero respondeu ao argumento de que a carne não tem proveito ao rejeitar o dualismo platônico de carne e espírito, declarando-o sem fundamento bíblico. Segundo ele, antropologia bíblica usa os termos "carne" e "espírito" para se referir à orientação pessoal, não ao ser. O que é feito em fé, é espiritual; o que é feito na incredulidade, é carnal:

> Por mais que algo seja material, carnal ou exterior, torna-se espiritual quando feito na Palavra e em fé. "Espiritual" não é nada além daquilo que é feito em nós e por nós por meio do Espírito e da fé, independentemente de o objeto com o qual lidamos ser físico ou espiritual. Assim, o Espírito consiste no uso, não no objeto, seja ele ver, ouvir, falar, tocar, gerar, carregar, comer, beber ou qualquer outra coisa (*LW*, 37, p. 92).

O argumento de Lutero contra Zuínglio traduz-se na expressão "o finito é capaz de comportar o infinito". Para Zuínglio que, como Karlstadt, tinha a intuição pastoral sensata de que a exteriorização da religião colocava Deus à disposição humana, a justificativa luterana sugeria idolatria. Para Lutero, porém, isso significava não apenas que coisas comuns como pão e vinho podem comunicar a presença e promessa de Deus, mas também que toda criação é capaz de servi-lo. Esse é o fundamento teológico subjacente à apreciação profunda de Lutero pela natureza e pelas artes como meios de comunicação do evangelho. Amor pelo uso da música na adoração, por exemplo, continuou a ser expresso entre os descendentes teológicos de Lutero, dentre eles o ilustre Johann Sebastian Bach. Zuínglio, em contrapartida, proibia música na adoração, embora ele mesmo fosse um ótimo musicista.

Reformadores que enfatizavam a transcendência de Deus, a ponto de negar que o finito é capaz de comportar o infinito, iniciaram o processo em direção à exclusão completa do sagrado no mundo moderno. Os primeiros passos nesse sentido podem ser vistos na reação iconoclástica dos reformadores — de Karlstadt a Zuínglio e, até certo ponto, Calvino — os quais lutavam para purificar a Igreja ao extirpá-la, o tanto quanto possível, das artes. Alguns reformadores despojaram as igrejas de todas as imagens e cores, e, em Zurique, "silenciaram" os órgãos — literalmente — na base de pregos, tendência que, *a posteriori*, será denotada pela expressão "puritano". Alguns acreditam que esses reformadores foram tão bem-sucedidos na luta contra a possibilidade de idolatria, que a ideia de "santo" passou a igualar "aquilo que é moralmente bom", ao passo que o conceito de justiça recebeu conotações ascéticas — fatores banalizados, por fim, na frase "limpeza e piedade caminham juntas".

No início de 1527, Zuínglio completou seu *Amica exegesis* ("Exposição amigável"), na qual tentou combinar independência e conciliação. O tratado, enviado posteriormente a Lutero, advertia-o de que se aproximara demais da doutrina católica da transubstanciação. Contudo, Zuínglio também escreveu que ansiava pelo fim do conflito, já que, juntos, o futuro de ambos seria promissor, caso Lutero apenas reconhecesse seu erro. Ficou claro que Zuínglio não estava disposto a ceder de maneira nenhuma, porém aguardava a rendição de Lutero. Não é de surpreender que a resposta de Lutero a ele foi chamá-lo de "suíço arrogante". No tratado *That These Words of Christ, "This Is My Body," etc., Still Stand Firm Against the Fanatics* [Que as palavras de Cristo, "este é meu corpo" etc., ainda permanecem firmes contra os fanáticos], escrito em abril de 1527, Lutero formulou uma resposta abrangente (e pouco educada!) a Zuínglio, chamando opositores de loucos, possessos pelo diabo e, ainda por cima, blasfemos em seu apelo à razão e ao senso comum. Em maio, Zuínglio usou sua "Resposta amigável" para escrever que, entre outras coisas, Lutero lera incorretamente a Escritura e cedera demais a Roma, alegando também que Deus não lhe revelara o significado da Ceia do Senhor.

O antagonismo entre ambos se agravou pelo que podemos chamar de fatores "não doutrinários". Um deles era a fascinação humanista de Zuínglio por figuras de linguagem clássicas. Lutero estava convencido de que a interpretação bíblica de Zuínglio sofria do uso de figuras de linguagem derivadas de estudos clássicos, tais como tropo, alegoria, elipse, metátese, aposiopese, hipérbole, prolepse, sinédoque e enálage. Dentre essas figuras, a enálage, uma das maneiras favoritas com as quais Zuínglio aludia à transposição de atributos, permitia-lhe afirmar que a humanidade de Cristo às vezes implicava sua divindade, e vice-versa.

Outro fator não doutrinário que contribuiu para o desentendimento mútuo foi o fato de Lutero viver sob a autoridade de um príncipe benevolente e solidário, enquanto Zuínglio vivia em uma cidade regida por um estilo governamental representativo. Para que pudesse prosseguir com as reformas que desejava, o Reformador suíço precisava persuadir o povo e convencer magistrados; por isso, com respeito à Ceia do Senhor, tinha de explicar sua posição de uma maneira inteligível à população. Esses fatores, além de sua tendência ao humanismo, ajudam a explicar o motivo pelo qual Lutero o enxergava como racionalista. Por outro lado, concordar com a posição de Lutero sobre a Ceia do Senhor — que muitos católicos entendiam basicamente como uma postura ortodoxa — teria sido um desastre político para o Reformador suíço. Por fim, o conceito de Lutero sobre os suíços em geral não era dos melhores, os quais, para ele, não passavam de um povo beligerante e áspero.

Em 1 de outubro de 1529, iniciou-se o Colóquio de Marburgo. Lutero e Zuínglio começaram o debate às seis horas da manhã do dia seguinte perante um público de cerca de 50 pessoas. Lutero postulou que qualquer discussão acerca da Ceia do Senhor isolada de outras doutrinas, como trindade, cristologia, justificação etc. não seria proveitosa, mas Zuínglio desejava proceder diretamente à discussão sobre a ceia. Lutero começou sua defesa afirmando que a frase "isto é o meu corpo" não podia ser interpretada de qualquer outro modo senão conforme escrita no texto. Se Zuínglio quisesse reivindicar uma interpretação alternativa, devia fazê-lo pela Escritura, não pela razão. Para enfatizar sua posição, Lutero escreveu sobre a mesa usando um giz para que todos vissem: *hoc est corpus meum*. Ao mencionar que o uso de João 6.63 não se aplicava à Ceia do Senhor, a delegação de Zurique respondeu que esse texto seria sua ruína. Lutero, por sua vez, respondeu que o grupo não devia se vangloriar tão depressa na tentativa de "arruinar" ninguém, visto que agora a comitiva estava em "Hesse, não na Suíça". A despeito de discussões acaloradas, o debate terminou com frases educadas e promessas de relação amigável. Por volta do dia 4 de outubro, luteranos e zuinglianos haviam concordado com quatorze dos quinze artigos formulados por Lutero, porém não podiam concordar acerca da Ceia do Senhor. Ambos os lados repudiavam a transubstanciação e a crença de que a eucaristia serve de sacrifício a vivos e mortos, insistindo também que sua participação deveria envolver pão e vinho. No entanto, luteranos mantiveram a posição de que Cristo está realmente presente na eucaristia para todos os recipientes, enquanto zuinglianos continuaram a defender que a presença de Cristo está apenas no coração dos cristãos. Aqui jaz a diferença profunda entre ambos: para Zuínglio, a Ceia do Senhor era um ato de adoração dos que participavam do evangelho; para Lutero, uma oferta concreta do evangelho. Embora os dois grupos tenham deixado Marburgo com a intenção expressa de solidariedade cristã mútua, ambos fracassaram na tarefa de alcançar tanto uma aliança confessional quanto militar.

Em menos de um ano, a dieta imperial se reuniu em Augsburgo, onde luteranos apresentaram sua confissão de fé, conhecida como Confissão de Augsburgo. A confissão zuingliana, escrita principalmente em Estrasburgo pelo Reformador Martin Bucer (conhecida como "Confissão Tetrapolitana" por ter sido atribuída às cidades de Estrasburgo, Constança, Memmingen e Lindau) também foi apresentada em Augsburgo. O próprio Zuínglio não foi convidado a participar da dieta, porém estava determinado a ser ouvido e, assim, enviou sua *Fidei ratio*, redigida às pressas. Uma vez que o escrito não teve efeito algum sobre Carlos V, Zuínglio compôs um livreto a Francisco I, *Fidei expositio*, esperando conquistar o apoio do rei contra Roma e o imperador. Não há, porém, evidências de que Francisco tenha lido essa defesa mais bem elaborada de Zuínglio e, como resultado, o livreto não exerceu nenhuma influência no curso dos acontecimentos.

Inspirados por Zurique, bloqueios econômicos contra cantões católicos que se recusavam a admitir pregadores protestantes aumentaram a tensão entre católicos e protestantes na Confederação Helvética. Como forma de retaliação, cantões católicos surpreenderam Zurique com uma força militar amplamente superior. Armado, o próprio Zuínglio acompanhou as forças de Zurique na segunda batalha de Kappel, em 1531. As forças de Zurique foram derrotadas e Zuínglio, seriamente ferido, deixou a batalha. Reconhecido posteriormente por tropas católicas, o Reformador recebeu um golpe mortal; no dia seguinte, sofreu a punição dos traidores: foi esquartejado, tendo partes de seu corpo queimadas com esterco para que nada restasse dele capaz de inspirar os protestantes. Não demorou para que começasse a circular a notícia de que seu coração fora achado intacto entre as cinzas de seu corpo.

Ao contrário de Zuínglio, a reforma suíça não foi exterminada, porém, obteve permissão de permanecer onde fora estabelecida. Minorias católicas não deviam ser perturbadas em terras protestantes, ao passo que minorias protestantes não seriam toleradas em terras católicas. Divisões na Suíça antecipavam o destino da Europa. Quase 25 anos mais tarde, em 1555, a Paz de Augsburgo ratificaria legalmente as divisões confessionais do império, alinhando a religião de um território à religião de seu regente. Posteriormente, o lema *cuius regio, eius religio* descreveria o princípio: "a religião do regente é a religião do reino". O tratado serviria como uma válvula de escape, permitindo a emigração daqueles que desejavam morar em territórios favoráveis à sua confissão de fé.

## SUGESTÕES DE LEITURA

Martin Brecht, *Martin Luther, Vol. 2: Shaping and Defining the Reformation 1521–1532* [Martinho Lutero, vol. 2: contornando e definindo a Reforma, 1521–1532]. Minneapolis: Fortress Press, 1990.
Mark U. Edwards, Jr, *Luther and the False Brethren* [Lutero e os falsos irmãos]. Stanford: Stanford University Press, 1975.
Ulrich Gabler, *Huldrych Zwingli: His Life and Work* [Ulrico Zuínglio: sua vida e obra]. Filadélfia: Fortress Press, 1986.
Brian A. Gerrish, "The Lord's Supper in the Reformed Confessions" [A Ceia do Senhor nas confissões reformadas] em Donald K. McKim, ed., *Major Themes in the Reformed Tradition* [Temas importantes na tradição reformada]. Grand Rapids: Eerdmans, 1992, p. 245–58.
Bruce Gordon, *The Swiss Reformation* [A Reforma suíça]. Manchester: Manchester University Press, 2002.

Gary Macy, *The Banquet's Wisdom: A Short History of the Theologies of the Lord's Supper* [A sabedoria do banquete: história concisa das teologias da Ceia do Senhor]. Nova Iorque: Paulist, 1992.

Gregory J. Miller, "Huldrych Zwingli (1484-1531)" [Ulrico Zuínglio (1484–1531)] em Lindberg, 2002, p. 157–69.

W. P. Stephens, *The Theology of Huldrych Zwingli* [A teologia de Ulrico Zuínglio]. Oxford: Clarendon, 1986.

W. P. Stephens, *Zwingli: An Introduction to his Thought* [Zuínglio: introdução ao seu pensamento]. Oxford: Clarendon, 1992.

*Capítulo 8*
# OVELHAS CONTRA PASTORES: REFORMAS RADICAIS

*Filhos da paz são aqueles que transformaram espadas em arados, lanças em foices e não mais se preparam para a guerra.*

Menno Simons

Amor aos inimigos e rejeição à violência, entendidos como absolutos neotestamentários que caracterizam igrejas históricas pacíficas — incluindo os menonitas — desenvolveram-se a partir de alguns dos episódios mais violentos do período da Reforma. A transição de dissonância e revolução à dissidência pacífica é um dos capítulos mais complicados na história da Reforma, particularmente no que diz respeito a esforços em relacionar força e fé, coerção e ética, sociedade e Igreja. Vimos o início dessa história na tensão entre o "deve" de Karlstadt e o "pode" de Lutero, a qual se repetiu nos embates entre Wittenberg e Zurique. É comum, embora um tanto enganoso, categorizar protagonistas de grupos dissidentes sob a rubrica geral de "Reformadores radicais". Embora essa convenção seja criticada, a terceira edição do estudo magistral de George H. Williams, *The Radical Reformation* [A reforma radical] (1992), assegura a continuidade de seu uso.

Reformadores radicais foram e continuam sendo um grupo de difícil definição e descrição. "Limites e origens do movimento anabatista — sem mencionar sua avaliação — nunca foram objeto de consenso entre pesquisadores" (Stayer, 1972, p. 7). Desde o início, reformadores e adeptos do movimento foram agrupados e rotulados de modo quase sempre pejorativo. Pessoas da época os chamavam de entusiastas (de *en theos*, "em Deus"), espiritualistas, fanáticos e anabatistas ("rebatistas" [*Wiedertäufer*] e batistas [*Täufer*] em alguns estudos recentes). Lutero empregava o termo pejorativo *Schwärmer*, com seu senso onomatopaico de enxames de visionários e fanáticos delirantes para descrevê-los: "Muitas abelhas para poucas flores" (Hillerbrand, 1986, p. 25) — rótulo que ainda pode ser encontrado em alguns estudos sobre os Reformadores radicais. Precisamos nos lembrar de que, em meio ao tumulto das reformas, diferenças teológicas não eram sempre tão aparentes quanto soam atualmente. Hoje, conseguimos observá-las a partir de uma perspectiva temporal vantajosa e de certa estabilidade relativa. O rótulo "anabatista" foi aplicado àqueles que criam que apenas adultos podiam fazer profissão de fé e ser batizados. Como a primeira geração desses reformadores fora batizada quando criança, o batismo adulto era literalmente um rebatismo. Discussões a respeito dos Reformadores radicais ou anabatistas são complicadas por causa de sua origem, liderança e visão heterogêneas de Reforma. Sob os rótulos mencionados, classificaram-se grupos completamente divergentes. A lista inclui os profetas de Zwickau, originadores dos tumultos de Wittenberg em 1521–2 e que aparentemente rejeitavam batismo infantil; Karlstadt; Müntzer, que pregava a execução dos ímpios; líderes de categoria igual ou ainda mais desordeira que tomaram Münster em 1534–5, deixando um lastro de sangue e destruição na cidade; dissidentes em Zurique, espinho na carne de Zuínglio; homens como Menno Simons, cujos herdeiros formam a Igreja pacífica, conhecida, ainda hoje, como "menonita".

Diversos líderes anabatistas proeminentes contribuíram de modo substancial para a vitalidade do movimento. Nenhum deles, contudo — em parte por terem sido executados antes de 1530 — desfrutou de posições de liderança amplamente reconhecidas, como nos casos de Lutero, Zuínglio e Calvino. Ademais, grupos anabatistas careciam de uma norma confessional ou declaração objetiva, exceto pela Confissão de Schleitheim de 1527, composta de artigos breves, mas sobre os quais divergiam. Lutero mesmo confessou que não sabia ao certo em que os anabatistas acreditavam:

> Anabatistas concordam com os inimigos do sacramento de que apenas pão e vinho fazem parte da Ceia do Senhor; contudo, sacramentários e anabatistas discordam sobre o batismo. Falta-lhes uma visão coesa: a única coisa com a qual ambos concordam é que devem se opor a nós (*LW*, 40, p. 261).

Zuínglio era outro que achava contraditórias as demandas dos anabatistas (Walton, 1967, p. 153): "A questão de quem dentre os grupos representava o movimento anabatista 'genuíno' não pode ser respondida em termos históricos" (Goertz, 1988, p. 153). A ambiguidade do movimento anabatista era motivo de consternação e deleite a críticos da época (historiadores modernos não ficam de fora), os quais tomavam a liberdade de selecionar o que bem entendessem dentre múltiplas opiniões e agrupamentos, divisões e líderes, a fim de formar sua própria opinião. Independentemente da opinião a que chegavam, todos — luteranos, zuinglianos, calvinistas e católicos— concordavam com o ponto de vista de que grupos anabatistas eram uma ameaça à sociedade do século XVI.

## OS ANABATISTAS

Uma das regiões mais importantes para o desenvolvimento anabatista foi Zurique, cidade de Zuínglio. Pesquisadores, contudo, já estabeleceram que a região não foi a única raiz do anabatismo (Deppermann *et al.*, 1975). A diversidade do movimento se originou também da reforma radical de Thomas Müntzer na Alemanha central, implementada sob condições diferentes na região sul do país por Hans Hut e a partir do ambiente carismático-apocalíptico de Estrasburgo sob a influência de Melchior Hoffmann — cujas ideias escatológico-espiritualistas influenciaram desenvolvimentos nos Países Baixos e no norte da Alemanha. Diferenças entre os movimentos podem ser ilustradas pela reivindicação de Balthasar Hubmaier, reformador anabatista de Waldshut (Floresta Negra) e Nikolsburg (Morávia). Balthasar declarava que a instrução de seu batismo se diferenciava do ensino de Hut "como céu e terra, oriente e ocidente, Cristo e Belial" (Goertz, 1988, p. 15).

Vimos já como o programa reformista de Zuínglio dependia da persuasão das autoridades e existia em face de ameaças de cantões católicos. No século XVI, estava claro para quase todo mundo que comunidades sem uma ideologia comum não apenas estavam à mercê de sociedades unidas — por exemplo, os turcos — mas também sujeitas a uma guerra civil, capaz de colocar em risco a própria existência do Estado. Aos olhos de Zuínglio, o surgimento dos anabatistas de Zurique representava, assim, um perigo real e presente: para o Reformador suíço, esses evangélicos não passavam de extremistas briguentos, invejosos, traiçoeiros e hipócritas, sem amor e insubmissos ao governo. Os anabatistas, que se opunham ao batismo infantil e pregavam ao ar livre, discutiam pelas ruas e faziam discursos inflamatórios, traziam má fama ao evangelho. De fato, Zuínglio os enxergava como revolucionários sociais cujo ensinamento acabaria tanto com a sociedade quanto com a religião.

Aparentemente, a controvérsia central girava em torno do batismo infantil; por trás da discórdia, porém, escondia-se uma visão diferente de cristianismo. Lutero e Calvino concordavam que havia apenas uma única Igreja Católica (isto é, universal), com apenas um credo e, juntamente com outros reformadores, entendiam que a Igreja visível coexiste com a comunidade local, na qual as pessoas devem viver e adorar em harmonia. Contudo, embora os anabatistas também tenham compartilhado da mesma visão em um primeiro momento, não conseguiram, com o tempo, transformá-la em realidade (uma das raras exceções foi Waldshut na Floresta Negra, sob a liderança de Hubmaier). Podemos afirmar que o afastamento social anabatista decorreu da falha do movimento em alcançar o *corpus Christianum* que desejava, isto é, à sua imagem. Em outras palavras, Zuínglio e outros radicais de Zurique lutavam formalmente para fundar uma comunidade cristã; afinal, o convexo não é nada mais do que o inverso do côncavo. Entretanto, os anabatistas, tendo falhado em persuadir a comunidade como um todo, voltaram-se a membros voluntários de congregações locais que se consideravam totalmente separados do Estado. Esse rompimento radical com o *establishment* cristão tem sido caracterizado como "cristianismo plano", um tipo de cristianismo "dotado de lealdades corporativas e disciplinas internas que não caracterizam um Estado e ao mesmo tempo o transcendem, um cristianismo caracterizado pela busca da santidade e separado do mundo" (Williams, 1992, p. 1279, 1286–7). Adeptos do anabatismo escrutinizavam membros para eliminar aqueles que consideravam indignos, cultuavam e se associavam mutuamente em comunidades separadas e voluntárias; assim, formavam um tipo de comunidade alternativa. Para eles, a única Igreja verdadeira consistia apenas em cristãos verdadeiros, avaliados por testes de conduta e crença: aqueles que não correspondiam aos padrões de filiação deviam ser excluídos da comunhão e banidos. Adeptos do movimento ofereciam uma alternativa radical às "igrejas-Estado" de luteranos, zuinglianos e católicos, defensores da crença de que a Igreja visível englobava todos os cristãos professos.

O desenvolvimento anabatista em Zurique nos serve de instrução para uma percepção mais ampla desse movimento reformista. Zuínglio e os magistrados suíços percebiam três perigos no movimento anabatista. Em primeiro lugar, os anabatistas eram vistos como um grupo que, de modo consciente e deliberado, corrompia os princípios sociais e religiosos de Zurique e dos povoados da cidade — um perigo tanto para a unidade nacional quanto para o sucesso da reforma de Zuínglio. Tanto em Zurique quanto em outras cidades, o sucesso no movimento reformista dependia do apoio do governo. Temerosos com relação à possível agressão de cantões católicos, Zurique e outros cantões reformados criam que apenas uma comunidade unida na religião era capaz de se defender e manter sua liberdade. Assim, na medida em que os anabatistas impediam essa união, eram vistos como cúmplices de uma Contrarreforma.

Em segundo lugar, os anabatistas voltaram a arma de Zuínglio, a Escritura, contra ele, da mesma forma que Karlstadt e Müntzer haviam feito contra Lutero. Para seu desgosto, reformadores começaram a descobrir que a mesma determinação e dependência leiga que encorajavam contra a Igreja romana podia se voltar também contra eles. Dissidentes insistiam que estavam apenas preservando o mesmo compromisso de Zuínglio com relação à Bíblia como norma de fé e conduta e que sua interpretação levava a conclusões lógicas, pois, ao lê-la, não conseguiam encontrar nada que justificasse o batismo de crianças, mas apenas o batismo de adultos como sinal de fé e regeneração. Tampouco conseguiam achar qualquer mandamento na Escritura que fundamentasse a união entre Igreja e Estado. Em sua leitura do sermão do Monte, dissidentes criam que os cristãos deviam literalmente se separar do mundo. Assim como Lutero, Zuínglio também ficou pasmo ao ver como seus seguidores liam, de modo tão diferente, o texto bíblico que tanto se esforçara para lhes tornar disponível. Tanto Zuínglio quanto os anabatistas aceitavam a mesma Bíblia e concordavam que tradição e autoridade humana deviam ceder à Palavra de Deus; da mesma forma, ambos criam que a Escritura era perfeitamente clara quando lida sob a direção do Espírito Santo, em fé e amor. Obviamente, Lutero e Zuínglio insistiam em chamar de "fanáticos" os que discordavam de sua posição; por isso, Zuínglio enxergava a leitura bíblica alternativa que os anabatistas faziam como uma expressão de ignorância, malícia e controvérsia. Por outro lado, tal dissonância era, da perspectiva católico romana, a caixa de Pandora que os próprios reformadores abriram. João Maier, controversista católico, ridicularizava a oposição do Reformador de Zurique aos anabatistas, já que, segundo alegava, o próprio Zuínglio era seu originador: "Como Zuínglio está, agora, próximo dos anabatistas [...] aos quais, não obstante, atormenta até a morte [...] e tortura, membro por membro" (Gerrish, 1992, p. 253). Havia uma percepção difundida na época de que os anabatistas eram essencialmente zuinglianos — ou ao menos uma consequência lógica da interpretação zuingliana dos sacramentos como um ato público de confissão de fé. Acerca dos dissidentes, o próprio Zuínglio admitiu: "Saíram do nosso meio, mas na realidade não eram dos nossos" (1João 2:19); Locher, 1979, p. 261).

Em terceiro lugar, os anabatistas eram vistos como exclusivistas políticos e religiosos, e, portanto, uma ameaça pública. Recusando-se a aceitar obrigações normais dos cidadãos — juramentos, impostos (dízimo), serviço militar — caracterizavam-se como grupos cujo propósito era formar um Estado dentro do Estado. O fato de os anabatistas se oporem ao juramento aumentava ainda mais essa percepção, pois, para a sociedade do fim da Idade Média, a prática era, em grande medida, a "cola" que mantinha a sociedade unida. Cidadãos juravam em prol do bem comum da cidade e sua defesa; também juravam às guildas a que pertenciam e à verdade. Perjúrio, com sua suposta certeza de punição divina, era algo detestado. Sem o juramento público, indispensável em qualquer corte judiciária, a administração diária da vida pública corria o risco de ruir: a recusa em prestar juramento equiparava-se a separatismo político. A própria Confederação Helvética tem sido datada tradicionalmente a partir de um juramento feito em 1291, renovado anualmente por meio de sua repetição.

"No início, o anabatismo era um movimento religioso de cunho social e revolucionário" (Wohlfeil e Goertz, 1980, p. 43) que não descartava o uso da espada como defesa de sua causa (Stayer, 1972). Entretanto, após a Confissão de Schleitheim (1527), os anabatistas recusaram o empunhar de armas, assumindo uma postura pacifista séria. Na Suíça do século XVI, não havia exército permanente. Cada homem era responsável pela defesa nacional e devia se apresentar, armado e pronto, quando convocado pelo governo. O cidadão-soldado servia de suporte e garantia da ordem pública e independência nacional; homens deviam guardar as muralhas segundo um padrão estabelecido; as cidades tinham o próprio canhão, o próprio arsenal e promoviam partilhas regulares de tiro ao alvo. Todo homem estava sujeito ao serviço militar: seu preparo era uma obrigação normal e esperada de todos os meninos, que iniciavam o treinamento desde criança. Recusa ao serviço militar seria, para um homem, o mesmo que renunciar sua cidadania. Por isso, cidadãos se ressentiam do pacifismo anabatista, interpretando-o como fuga de uma obrigação indispensável e como a relocação de um fardo extra aos que serviam no exército — além de temerem que não sobrasse ninguém para empunhar armas e defender as cidades caso o movimento anabatista se espalhasse.

A recusa anabatista em pagar dízimos e juros era igualmente vista como uma rejeição de responsabilidade cívica. Nos primeiros séculos, os cristãos haviam regularizado o apoio leigo ao trabalho da Igreja por meio da legislação canônica do dízimo, conforme registrado no Antigo Testamento. Durante a Idade Média, a prática se desenvolveu em áreas rurais pela cobrança de um décimo da produção da terra e incluiu animais e outras fontes de lucro. Durante a Reforma, com a rejeição do uso papal da legislação canônica e de regulamentações baseadas no Antigo Testamento, o dízimo passou a ser amplamente questionado. Anabatistas deixaram claro que não recusavam o dízimo primeiramente por sua imposição de cunho econômico, mas por ser tido como um instrumento de controle estabelecido pelo governo de Zurique, criado como forma de exercer autoridade sobre as paróquias dentro de sua jurisdição. Para Zuínglio, o dízimo era uma chave para a Igreja territorial centralizada, a qual desejava reformar, porém não dissolver. A recusa ao pagamento de dízimos, como nos casos de iconoclastia e ataques sobre a missa, representava a desintegração da ordem religiosa antiga. Até certo ponto, a rejeição de dízimos e impostos foi muito similar à insistência impopular da Igreja Católica em isenção fiscal e de participação em tribunais civis. De modo semelhante, a insistência anabatista sobre uma Igreja composta por cristãos verdadeiros e sua reivindicação de que podiam banir e excomungar membros levaram o povo a associar o movimento dissidente ao catolicismo.

Já que toda essa preocupação foi rotulada sob o título pejorativo de "anabatista", será útil explorar o que exatamente os vários grupos reformistas acreditavam estar em jogo nesse entendimento alternativo sobre o batismo.

## EXCURSO: ENTENDIMENTO REFORMADO DO BATISMO

Conforme já sugerido, a postura dos radicais com relação ao batismo incluía muito mais do que uma mudança ritualística. No cristianismo medieval, batismo expressava um entendimento tanto do evangelho quanto da sociedade, cujas implicações já foram brevemente esboçadas e serão ainda mais bem delineadas a seguir. O foco dessa seção será no batismo como expressão do evangelho.

Como em relação à convicção sobre a Ceia do Senhor, assim também ocorre com o batismo: todos os reformadores estavam convencidos de que uma compreensão distorcida sobre o assunto falsificava o evangelho. Esse não é um tópico simples, pois seu escopo inclui interpretações sobre pecado, fé, vida cristã e Igreja.

A justificativa teológica subjacente ao batismo infantil se desenvolveu nos primeiros séculos da Igreja em conexão com a doutrina do pecado original. Mais uma vez, o teólogo que exerceu influência na doutrina ocidental foi Agostinho, o qual postulou que a espécie humana herdou o pecado a partir de Adão. Em alemão, o termo para esse pecado original ou herdado é *Erbsünde*. Como isso aconteceu no passado e ainda acontece hoje? A explicação de Agostinho foi de que Adão decaiu da graça quando se recusou a obedecer a Deus. Segundo o teólogo, o corpo de Adão serviu de instrumento, não de fonte, à sua vontade pervertida. Uma vez ocorrida a Queda, porém, seu corpo tornou-se portador e transmissor do pecado. Dada a obsessão de Agostinho por prazeres sexuais antes de sua conversão e, depois dela, sua renúncia de tais práticas, não é difícil de imaginar como o teólogo veio a enxergar a transmissão do pecado por meio do ato sexual:

> Com a ingenuidade fatal de um homem que cria ser capaz de explicar um fenômeno complexo simplesmente reduzindo-o à sua origem histórica, Agostinho tentara lembrar sua congregação das circunstâncias exatas da queda de Adão e Eva. Ao desobedecerem a Deus, comendo do fruto proibido, ambos ficaram "envergonhados": Adão e Eva cobriram os órgãos genitais com folhas de figueira. Para Agostinho, isso era o suficiente: "*Ecce unde*! Eis o lugar! Eis o lugar por onde o primeiro pecado foi transmitido" (Brown, 1975, p. 388).

Em outras palavras, o pecado original foi a primeira doença sexualmente transmitida! Infelizmente, a interpretação de Agostinho legou confusão perene e senso de culpa à cultura ocidental quanto à relação sexual. É esse o motivo de, hoje, cupidez e concupiscência, termos agostinianos para descrever pecado, foram definidos nos dicionários como lascívia e desejo sexual ardente. Uma das respostas mais interessantes no período da Reforma foi a visão de alguns dos radicais de que sexo sem lascívia resultaria na geração de filhos sem pecado, filhos da luz e da inocência (cf. Williams, 1992, p. 782, 784).

A referência textual de Agostinho a essa interpretação de pecado era Romanos 5:12: "Portanto, da mesma forma como o pecado entrou no mundo por um homem, e pelo pecado a morte, assim também a morte veio a todos os homens, porque todos pecaram". Agostinho lia esse texto em sua tradução latina da Bíblia, a *Vulgata Latina*, cuja frase grega equivalente a "porque todos pecaram" foi traduzida como "em quem todos pecaram" (*in quo omnes peccaverunt*). Pelo fato de Agostinho ler *in quo* no masculino, o texto dava embasamento à sua doutrina do pecado como herança de Adão.

A base textual de Agostinho à doutrina do pecado original foi enfraquecida por estudos de linguística bíblica durante a Reforma. Erasmo, por exemplo, entendia Romanos 5:12 "como que se referindo não necessariamente ao pecado original [...] mas ao pecado como imitação do exemplo de Adão" (Payne, 1970, p. 42, 251; Cummings, 2002, p. 144–7). Erasmo usou a palavra "pecado" para descrever a prática pecaminosa em si. Se o pecado é herdado, ele o é como tendência pecaminosa, consumada apenas posteriormente. Seguindo essa redução do pecado original a uma mera inclinação pecaminosa, Zuínglio usará o termo *Erbbresten*, impulso residual ao pecado, em vez de *Erbsünde*, pecado hereditário, mudando-o de uma condição ontológica da existência humana a uma ação da vontade. Essa alteração desfaz a lógica do batismo infantil. Em outras palavras, se as pessoas não nascem no pecado, sua lavagem pelo batismo é desnecessária: "Princípios catequéticos e voluntaristas [de Erasmo] militam contra o batismo infantil" (Payne, 1970, p. 177). Além de exercer forte influência sobre Zuínglio, Erasmo também influenciou os Reformadores radicais. Enquanto, porém, era capaz de expressar uma teologia radical, Erasmo não conseguia, ele próprio, tomar medidas radicais. Se a Igreja fazia a mesma coisa há séculos, não cabia a ele se desviar da tradição: "Não posso me afastar do consenso da Igreja; jamais o fiz" (Payne, 1970, p. 153). Zuínglio e seus seguidores radicais não tinham tais escrúpulos.

Talvez o próprio Zuínglio tenha iniciado a discussão sobre batismo infantil entre amigos, ou mesmo do púlpito. Há pouco, tratamos dos rudimentos de sua teologia sacramental, que via o batismo e a Ceia do Senhor não como expressões da promessa de Deus e dádivas de sua graça, mas como testemunhos da comunidade, distinguindo-a como povo de Deus. Aqui, vemos, uma vez mais, a ênfase de Zuínglio na teologia do pacto, bem como uma antropologia platônica que divide espírito de matéria, cuja influência sobre a teologia sacramental levaria à posição de que o Espírito de Deus não precisa de meios exteriores de autocomunicação. Nessa teologia, o batismo não purifica do pecado, mas serve apenas de sinal exterior de iniciação na Igreja e de compromisso de vida no discipulado de Cristo:

> Batismo nas águas não passa de um sinal exterior. Somente depois de o batizado receber fé é que o batismo no Espírito — aquele que, de fato, inclui o adorador na Igreja universal — acompanha o sinal externo [...] Zuínglio fala do batismo como sinal exterior mesmo antes da questão do rebatismo ser levantada pelo *Täufer* (Walton, 1967, p. 171).

A posição de Zuínglio implicava que o batismo só seria válido no caso de adultos, capazes de se comprometer com Cristo de forma consciente. Em vista dessa percepção por parte de seus seguidores, o Reformador foi forçado a revisar suas dúvidas inicias sobre batismo infantil e defendê-las com diversos argumentos. Para Zuínglio, o que estava em jogo era principalmente o que cria ser a exteriorização do evangelho e sua mecanização, cuja origem remetia à teologia sacramental católica e luterana. Além disso, o Reformador se opunha ao que acreditava ser o sectarismo dos anabatistas, os quais, em sua opinião, trivializavam o peso do pecado, presumindo que a existência de uma Igreja pura era possível.

Já para os anabatistas, a doutrina de que o batismo remove o pecado original distorcia a Escritura e havia sido elaborada por papistas a fim de perpetuar o poder de distribuir a graça — algo que a Igreja romana usurpara de Deus em benefício próprio. Anabatistas também criticavam o fato de Lutero reter a doutrina do batismo infantil como sacramento, alegando que o ensino não apenas estava preso ao papismo, mas que também promovia "graça barata" por não enfatizar fé e discipulado como pré-condições. Assim, segundo declarou Endres Keller em sua confissão:

> Temos que admitir que papas são responsáveis por essa situação deplorável. Vemos claramente e sem sombra de dúvidas o fato de não existir batismo infantil no período apostólico: os apóstolos não batizavam crianças. Caso o fizessem, teríamos tal registro na Escritura. Batismo infantil não pode ser defendido pela Bíblia, mesmo que Lutero e o Papa digam que sim (Klaasen, 1981, p. 178).

A motivação do movimento anabatista e seu propósito era a restauração do cristianismo verdadeiro, fundamentado na comunidade bíblica, em face da degeneração da Igreja no *corpus Christianum* defendido por católicos, luteranos e zuinglianos. Os anabatistas tinham uma sensibilidade aguçada quanto à dissonância entre batismo nas águas e batismo no Espírito Santo. De acordo com Müntzer: "Porque não há compreensão sobre o batismo verdadeiro, a introdução à comunidade cristã virou uma bagunça e tanto" (*CTM*, p. 191). Ou como o grande dinamarquês do século XIX, Søren Kierkegaard, comentaria acerca do cristianismo institucionalizado: "Onde todos são cristãos, ninguém é cristão". A preocupação anabatista era principalmente eclesiológica, não sacramental. Verdadeiros discípulos de Jesus estão no mundo, mas não *pertencem* a ele; a Igreja da época apenas "imitava" o mundo com sua aspiração pelo *corpus Christianum*. Anabatistas não conseguiam racionalizar, nem disfarçar, que existia uma lacuna entre o que a Igreja deveria ser e o que, de fato, era. Foi nesse sentido que o movimento floresceu em um ambiente anticlerical. Eis a razão pela qual, para os anabatistas, referir-se ao batismo infantil como batismo do anticristo era comum. Grebel expressou essa conexão anticlerical ao declarar que a prática fazia com que as pessoas permanecessem presas em seus próprios vícios.

A eclesiologia anabatista culminou no ensinamento de um batismo tríplice. (1) O batismo deve ser o sinal de uma comunidade renovada, a comunidade como corpo de Cristo; a admissão à comunidade está aberta apenas aos discípulos de Jesus. O discipulado só é possível por meio da graça de Deus, comunicada pelo Espírito Santo, e conduz ao arrependimento. (2) Aquele que é capaz de fazer essa confissão pode se batizar nas águas como sinal de fé e de vida renovada. (3) Contudo, uma vez que o discípulo não pertence a este mundo, será rejeitado e perseguido: este é o terceiro batismo, ou seja, o batismo de sangue, o martírio. Williams (1992, p. 218) observa que, para os anabatistas, o batismo assumiu o lugar do sacramento medieval da penitência:

> O chamado inicial ao batismo do cristão enfatizava, contra o [batismo infantil], não apenas a capacidade adulta da fé, mas também do arrependimento [...] Com isso, recuperou-se, para o sacramento desgastado do batismo, o significado experimental do sacramento da penitência.

Para Lutero, isso tudo não passava de uma reintrodução da heresia donatista e da salvação por obras. Segundo defendeu em seu *Concerning Rebaptism* [Sobre o rebatismo] (1528), a posição anabatista substituía a graça de Deus pela obra da fé, trazendo de volta, com isso, a incerteza da salvação que prevalecia sob o papado. Dizer que fé e renovação de vida são precondições ao batismo conduz à insegurança ou à presunção:

> Devo dizer que são culpados de grande presunção, já que, ao seguirem esse princípio, anabatistas não podem correr o risco de batizar antes de se assegurar da fé do cristão. Como, porém, e quando podem chegar a essa conclusão com segurança? Tornaram-se, porventura, deuses? São capazes de discernir o coração do homem e saber se crê ou não? [...] A fé não existe por amor ao batismo, mas o batismo, por amor à fé (*LW*, 40, p. 239, 246).

Para o Reformador de Wittenberg, a boa nova associada ao sacramento do batismo era que Deus escolhe o pecador, não o contrário. No *Catecismo Maior* (1529), Lutero esclareceu o desafio posto pelos anabatistas de que o batismo infantil é inválido pelo fato de crianças não terem fé. A questão, segundo ele, não está na fé pessoal, mas na promessa de Deus:

> O batismo é válido mesmo quando há falta de fé; minha fé não faz o batismo, porém o recebe. Como já expliquei, o sacramento não é invalidado, mesmo quando recebido ou usado de forma incorreta, por não estar ligado à nossa fé, mas à Palavra de Deus (Kolb e Wengert, 2000, p. 463).

Uma vez mais, vemos, nesse contexto, a insistência luterana de que a promessa salvadora de Deus é incondicional por não se basear na mudança interior do indivíduo, mas em sua mudança exterior (*extra nos*), que altera seu posicionamento diante de Deus.

Em contrapartida, os anabatistas enfatizavam a mudança pessoal:

> Anabatistas [...] eram basicamente "fazedores" [...] Insistência em "ação" em vez de "deliberação" demonstra sua compreensão de que Cristo era mais um Exemplo a ser seguido do que um Salvador a ser explicado. Para os anabatistas, Cristo significava *Nachfolge* [discipulado] e não cristologia sistemática (Oyer, 1977, p. 71).

O círculo de Grebel sustentava que o batismo infantil havia criado a Igreja do "Sr. Todo Mundo", na qual as pessoas continuavam em vícios antigos. Se a comunidade cristã deve ser restaurada, então o batismo precisa ser um sinal de que os fiéis se comprometem a uma melhoria de vida. O batismo do cristão marcava a Igreja exclusiva em oposição à Igreja inclusiva, simbolizada pelo batismo de crianças.

A questão-chave entre Lutero por um lado e, por outro, Zuínglio e os anabatistas, era se o próprio sacramento transmitia graça ou se servia apenas de sinal, confirmando uma graça que já havia sido dada na Palavra. Uma vez mais, como no caso do debate sobre a Ceia do Senhor, a controvérsia girava em torno da questão metafísica antiga do relacionamento entre realidade interior e exterior, espírito e matéria, realidade e sinal. Reformadores mais radicais, como Schwenckfeld, desenvolveram a inferência lógica da independência do espiritual em relação ao material, rejeitando totalmente o uso de sacramentos.

Em seu ataque à Karlstadt, Lutero enfatizou que a experiência pessoal interior do evangelho efetiva-se pela proclamação exterior da Palavra e pela administração dos sacramentos. Segundo ele, Karlstadt havia "estabelecido uma ordem contrária":

> Em vez de destacar a ordem exterior de Deus por meio do sinal material do batismo e da proclamação verbal da Palavra, Karlstadt quer nos mostrar não como o Espírito vem até nós, mas como podemos nos achegar ao Espírito. Ele e outros querem nos ensinar a viajar sobre as nuvens e a cavalgar sob o vento sem nos demonstrar "como", "quando", "o que" ou "qual", desejando-nos, ao mesmo tempo, a mesma experiência que tiveram (*LW*, 40, p. 147).

Para Lutero, a posição anabatista era apenas outro aspecto da doutrina medieval da justiça de obras, com a única diferença de que, agora, as obras se encontravam na esfera da experiência religiosa, não na ética. Em ambos os casos, o foco estava na conquista humana em vez da ação divina.

A resposta de Zuínglio não foi apresentada com tanta facilidade quanto a de Lutero. Por um lado, o Reformador estava enredado com antigos seguidores em sua própria casa; por outro, continuava a ver o batismo como um sinal da aliança em vez de um testamento, como no caso de Lutero. Em uma série de tratados escritos a partir de 1524, Zuínglio defendeu o batismo de crianças, argumentando em favor da continuidade pactual entre o povo de Deus do Antigo e do Novo Testamento. Zuínglio postulou seu argumento baseando-se na analogia entre o batismo de crianças e a circuncisão; no batismo de João Batista, ao qual o próprio Jesus se submeteu; e na conclusão de que, enquanto o Novo Testamento não ordena expressamente o batismo infantil, podemos inferi-lo a partir da bênção de Cristo aos pequeninos (Lucas 18:15-17) e no relato de batismos de famílias inteiras no livro de Atos e nas epístolas. Para Zuínglio — assim como para os anabatistas — o batismo era essencial à compreensão da Igreja. Diferentemente deles, porém, sua visão de Igreja era inclusiva, não exclusiva: "A raiz do problema é que os anabatistas não estão dispostos a reconhecer quaisquer outros cristãos além deles mesmos, nem outra Igreja, exceto a sua. É sempre assim com sectários, os quais se separam por sua própria autoridade" (Bromily, 1953, p. 158).

Aludimos anteriormente à ideia de Zuínglio de que "a cidade de Deus não é nada além da Igreja cristã". Essa comunidade cristã corresponde a um grupo misto de ovelhas e bodes, cristãos e incrédulos, que apenas Deus conhece:

> [A comunidade] não podia ser caracterizada pela companhia de batizados e não batizados, já que a própria ordem pública — e a proclamação do evangelho dela dependente — estariam em perigo. É irônico o fato de o batismo nas águas, o qual, na melhor das hipóteses, exerceu um papel mínimo na soteriologia de Zuínglio, ter se tornado a base de sua defesa em favor da igreja visível (George, 1988, p. 144).

## PRIMÓRDIOS EM ZURIQUE

Em 1522, um grupo de futuros anabatistas, alguns dos quais haviam participado do "caso das salsichas" durante a quaresma, começou a se reunir na casa de Klaus Hottinger para realizar estudos bíblicos. O membro mais cativante e influente desse grupo era Conrad Grebel (1498–1526), lembrado como o fundador do anabatismo. Grebel vinha de uma família patrícia e recebeu sua educação em Basileia e Viena, onde fez amizade com o grande humanista suíço e posterior Reformador leigo de St. Gallen, Joachim Vadian (Watt) — o qual, em 1519, casou-se com a irmã de Grebel. Em 1518, Grebel teve a oportunidade de estudar em Paris, graças a uma bolsa de estudos financiada pelo rei Francisco I, destinada a alunos suíços. Uma vez em Paris e estimulado por LeFèvre d'Étaples (erudito bíblico), William Budé e Nicolas Cop (também suíço, envolvido posteriormente com os primórdios da reforma francesa), interessou-se ainda mais pelo humanismo. Entretanto, seu estilo de vida desenfreado em Paris fez com que seu pai retivesse boa parte do dinheiro destinado à bolsa, forçando, assim, Grebel a retornar para casa. De volta a Zurique em junho de 1520, Grebel viu "almas gêmeas humanistas" em Felix Mantz (c. 1500—27) e Zuínglio, com os quais estudou grego e hebraico. Aparentemente, a conversão de Grebel ocorreu em virtude do seu casamento com uma mulher de classe inferior, o qual o levou a uma desavença com seu pai em 1522, e à influência da exposição evangélica de Zuínglio a partir do texto grego. Em Zurique, Grebel apoiou ativamente Zuínglio de 1522 a 1523, exibindo seu partidarismo ao interromper sermões que defendiam a antiga fé. Não demorou, porém, que chegasse à conclusão de que Zuínglio estava mais preocupado com o governo do que com o evangelho, tornando-se, assim, um dos críticos mais eficazes e ferrenhos do Reformador.

A separação de Zuínglio por parte de Grebel e seu grupo se assemelha ao conflito entre Karlstadt e Lutero. Em ambos os casos, a questão era se as reformas deviam ser impostas ou não. Isso não causa surpresa quando levamos em conta as opções que se abriram à prática religiosa a partir da nova ênfase, segundo a qual a Escritura devia ser a única norma de teologia e prática. A influência direta de Karlstadt também não pode ser ignorada: "Os batistas de Zurique mergulharam nos escritos de Karlstadt e apoiaram a publicação das obras mais radicais no outono de 1524" (Pater, 1984a, p. 117).

Desde o início de seu ministério na Grande Catedral, Zuínglio atiçara o iconoclasmo e a rejeição da missa por meio de sermões e tratados, mas não estava sozinho no ataque veemente em todas as formas de exteriorização religiosa. Já em 1521, uma exposição da idolatria intitulada *On the Old and the New God* [Sobre o Deus novo e velho], atribuída a Vadian, abordava idolatria como a corrupção da adoração. Cristãos deviam renunciar a exteriorização da religião, característica da adoração católica, e retornar à prática bíblica da igreja primitiva.

Ludwig Haetzer (c. 1500–29), aproveitando-se da deixa do ataque de Karlstadt contra imagens, intensificou a iconoclastia com seu tratado *The Judgment of God Our Spouse as to How One Should Hold Oneself toward All Idols and Images* [O ensino de Deus, nosso esposo, sobre como devemos nos guardar de todos os ídolos e imagens] (1523). Há indícios de que, no início da década de 1520, sentimento iconoclasta e violência generalizada tomavam conta das paróquias de Zurique. Em 1 de setembro de 1523, Leo Jud, sucessor de Zuínglio em Einsiedeln e agora pastor da Igreja de São Pedro em Zurique, pregou um sermão apaixonado contra imagens, exigindo sua remoção das igrejas. Em Zollikon, subúrbio de Zurique, Jacob Hottinger seguiu o conselho de Jud e interrompeu a missa com uma diatribe contra a idolatria, resultando no despedaçamento de um crucifixo enorme, que serviu de lenha para os pobres. Alvoroços provocados pela ação, bem como a prisão de diversos iconoclastas, motivaram os magistrados de Zurique a marcar um debate (que ficou conhecido como o segundo debate de Zurique) a fim de esclarecer a questão com base na Escritura.

O segundo debate de Zurique (8–26 de outubro de 1523), envolvendo cerca de 900 cidadãos, teólogos, magistrados e ministros, realizou-se no salão do conselho municipal. Uma vez mais, outros cantões foram convidados a enviar representantes eclesiásticos, porém apenas dois (St. Gallen e Schaffhausen) responderam. Imagens e sacramentos estiveram no foco do debate. Zuínglio, Jud e outros apresentaram sua argumentação, mas não havia consenso acerca do motivo pelo qual imagens deviam ser removidas das igrejas e a missa, substituída por um memorial da Ceia do Senhor. Para piorar, Grebel, levantando-se, conclamou que as mudanças precisavam ser instituídas imediatamente, despertando, mais uma vez, o conflito relacionado à implementação de reformas. Zuínglio entregou a decisão nas mãos do conselho: "Meus senhores decidirão a forma apropriada pela qual a missa deverá ser praticada no futuro" (Zuck, 1975, p. 51–4). O iconoclasta Simon Stumpf, pastor de Höngg desde 1522 e membro do círculo erudito de Zuínglio, respondeu acaloradamente:

> Mestre Ulrich! Não tens o poder de reservar a decisão aos meus senhores! O julgamento é este: o Espírito de Deus é quem decide. Se meus senhores tomarem uma decisão contrária ao julgamento de Deus, pedirei a Cristo a direção de seu Espírito e me oporei à deliberação, ensinando e agindo contra ela.

No dia seguinte, Grebel solicitou um debate a respeito de outros abusos. Zuínglio concordou que existiam excessos, definindo-os como "tudo o que não é instituído por Cristo". Entretanto, o Reformador passou a ter a mesma postura observada anteriormente em Lutero: "Como não podemos abolir tais vícios todos de uma vez, é necessário combatê-los pela pregação persistente e firme da Palavra de Deus!" Essa atitude teológico-pastoral de Zuínglio de trazer reformas pela proclamação em vez de coerção foi endossada, ao fim do debate, por Conrad Schmid, porta-voz do vilarejo de Küssnacht: "Alguns precipitados acreditam que devemos tomar uma atitude sobre os artigos e aplicar mudanças imediatamente. A meu ver, não é aconselhável abolir coisas dessa natureza de modo tão abrupto". O motivo? O povo ainda não estava pronto para as mudanças. Zuínglio não cria que o conselho tinha jurisdição sobre assuntos doutrinários, mas que era, sim, responsável pela manutenção da paz e proteção da consciência. Assim, para Zuínglio, a implementação prática da nova ordem eclesiástica era uma questão que cabia aos magistrados.

Grebel ficou profundamente desapontado com a lentidão dos magistrados em "purificar" as igrejas e pelo fato de a missa ainda ser ministrada. Sem dúvida, Zuínglio apontara o caminho das reformas, mas, agora, havia se transformado em falso profeta em virtude do seu programa conciliatório e sua "falta de pressa" em instituir mudanças. Em dezembro de 1523, Grebel escreveu a Vadian, seu cunhado, que "qualquer um que pensa, crê ou diz que Zuínglio age como pastor verdadeiro pensa, crê e fala impiamente" (Furcha, 1985, p. 86). Aos olhos de Grebel, Zuínglio, que começou a reforma pela pregação da Palavra de Deus, estava agora obstruindo o curso livre da Palavra, subvertendo-a em função de objetivos próprios. Para os radicais, uma reforma em nível de magistério já não era possível: a Igreja devia se libertar do Estado (daí a designação "igreja livre").

Após o Natal de 1523, o movimento de libertação da Igreja começou a tomar forma. As mudanças sociais e religiosas que Grebel exigia previam uma Igreja nova, composta apenas de cristãos verdadeiros e desvinculados do Estado. Rejeitado por Zuínglio, o círculo de Grebel escreveu sua famosa carta a Thomas Müntzer expressando sua autopercepção como minoria eclesiástica e independente da sociedade. *Letter to Thomas Müntzer* [Carta a Thomas Müntzer] (CTM, p. 121–32), datada de 5 de setembro de 1524, ficou conhecida como o primeiro documento da igreja protestante livre. Radicais de Zurique saudavam Müntzer como alguém que compartilhava as mesmas convicções e que, como eles, lutava contra a eclesiologia tradicional, incluindo a prática batismal. Cientes dos escritos e reformas litúrgicas de Müntzer, concordavam com ele e com Karlstadt, "os proclamadores e pregadores mais puros", a respeito de que a tolerância falsa de Lutero e Zuínglio pelos fracos havia pervertido a Reforma:

> Somos igualmente rejeitados por pastores cultos [...] e todos lhes dão ouvidos. Lutero e Zuínglio cativam o povo ao pregar um Cristo pecador e dócil e por sua falta de discriminação correta, conforme demonstras nas obras que escreveu, as quais, para nós [...] têm sido uma fonte quase inesgotável de instrução e força.

Infelizmente, não sabemos se Müntzer recebeu a carta ou chegou a lê-la.

A *Carta* sugere que o círculo de Grebel já havia desenvolvido as posições principais que caracterizariam o movimento anabatista. O que não é ordenado na Bíblia deve ser proibido na Igreja; a Ceia do Senhor "não é nem missa, nem sacramento", mas um símbolo da aliança com Deus; o batismo é um sinal de fé e não deve ser administrado às crianças ("batismo infantil é uma abominação sem sentido e idólatra, contrária à Escritura"); a Igreja é uma comunidade congregada, identificada pelo viver justo de seus membros; aqueles que não aprimoram sua vida, conformando-a ao evangelho, devem ser banidos; o evangelho e aqueles que o professam não devem ser protegidos pela espada; a Igreja verdadeira é a Igreja perseguida ("Cristãos verdadeiros são ovelhas no meio de lobos [...] e devem experimentar o batismo da ansiedade e do abandono, da tribulação e da perseguição, do sofrimento e da morte para, depois de provados pelo fogo, encontrar a pátria do descanso eterno"); cristãos verdadeiros também não portam a espada, "pois, entre eles, todo homicídio foi abolido totalmente". A carta termina com uma lista de sete signatários, "vossos irmãos e, para Lutero, sete novos Müntzers".

Dissidentes continuaram a interromper sermões e, envolvendo-se com a ideia da iconoclastia, acabaram esmagando a pia batismal na Igreja de Zollikon — uma rejeição por demais literal ao batismo infantil. Simon Stumpf (pregador radical do vilarejo de Höngg que, juntamente com outros dissidentes, sugeria a morte de ministros como forma de dar continuidade às reformas), Johannes Brötli (ex--ministro e cossignatário da carta endereçada a Müntzer) e Wilhelm Reublin (ministro no vilarejo de Witikon, conhecido como "revolta camponesa do púlpito") levantaram a questão de que o dízimo não era simplesmente um problema econômico e social, mas também político e religioso, objetando que todo sistema beneficiário da Igreja medieval dependia de sua coleta. O dízimo em si estava baseado na distribuição de graça feita pela Igreja, mas agora, à luz da pregação evangélica, enfatizava-se que a graça é livre e que a Igreja é voluntária. Assim, o princípio bíblico dos radicais levou à conclusão de que o dízimo devia ser abolido. Para eles, o dízimo não era religiosamente periférico, mas sim de importância central à reforma da Igreja, já que haviam aprendido com Zuínglio que mesmo aspectos exteriores têm importância espiritual. Esse "congregacionalismo" precoce manifestou-se nas paróquias do cantão de Zurique em Höngg, Grüninger, Wynigen, Hallau e principalmente Waldshut, na Floresta Negra, onde Balthasar Hubmaier assumira como ministro. O rompimento com Zuínglio envolvia agora o batismo e o dízimo.

Essa dissonância causou dissidência, levando o conselho a convocar outro debate público, marcado para 17 de janeiro de 1524. Agora, ambos os lados estavam firmes, cada qual em sua posição. O veredito? A maioria dos cidadãos de Zurique concluiu que Zuínglio havia sido bem-sucedido em responder queixas e objeções dos dissidentes. Emitiu-se uma ordem para que todas as crianças que ainda não haviam sido batizadas o fossem nos próximos oito dias, sob pena de expulsão da cidade. Ademais, toda pregação não autorizada devia cessar, e a pia batismal quebrada devia ser restaurada.

Em resposta a essas ordens, um pequeno grupo de dissidentes reuniu-se, em 21 de janeiro, na casa de Felix Mantz. Dentre eles estavam Grebel e o ex-ministro George Blaurock, posteriormente executado na cidade de Innsbruck, em 1529. O grupo teve um momento de oração e, em seguida, Blaurock pediu para que Grebel o batizasse. Depois disso, ambos batizaram outras quinze pessoas, sendo esse o primeiro batismo adulto do qual temos registro. A essa altura, a cidade preparava uma ordem exigindo a Grebel e Mantz que se abstivessem da propagação de sua causa. Dois dias depois, Grebel deu continuidade à pregação, distribuindo pão e vinho — ato claro de provocação, já que Zurique ainda não havia tomado nenhuma decisão a respeito da missa. Esses incidentes se multiplicaram nos dias seguintes, de modo que, ao fim de janeiro, reportou-se que 80 adultos haviam sido batizados. A ênfase nos primeiros rebatismos jazia não na capacidade humana de crer, mas de se arrepender: "O rebatismo servia de substituto ao sacramento da penitência, denegrido há muito pelo tráfico de indulgências, ao passo que elementos eucarísticos se transformavam em cimento sacramental, dando coerência à fraternidade de aspirantes a santos" (Williams, 1992, p. 218).

É preciso observar que, em termos de lei imperial, a recusa ao batismo de crianças era um ato herético e rebelde, tratado como ofensa capital desde os dias da legislação romana sob os imperadores Teodósio e Justiniano. Expressa no código teodosiano de 412, a determinação contra o rebatismo foi dirigida contra os donatistas do norte da África, que rebatizavam novos adeptos vindos da Igreja Católica. Durante a Idade Média, a Inquisição endossou esses códigos, aplicados severamente contra os cátaros. A Dieta de Speyer (1529) renovou leis e restrições antigas contra o rebatismo. Ironicamente, a dieta foi considerada um marco rumo à liberdade de consciência por protestar contra a aplicação do Edito de Worms. Se, por um lado, enxergamo-la como certidão de nascimento do protestantismo, por outro não podemos deixar de vê-la como a certidão de óbito do anabatismo (Wohlfeil e Goertz, 1980, p. 25). Antes dessa lei imperial, Zurique já havia imposto a pena de morte: batismo infantil não era apenas uma norma da Igreja, mas igualmente uma lei do Estado. Por isso, uma Igreja voluntária ou livre, fundada a partir do batismo do cristão, opunha-se tanto à Igreja quanto ao Estado na Europa do fim da Idade Média. Desse modo, o batismo cristão manifestava um poder explosivo que necessariamente colocava em xeque a ordem cristã tradicional da sociedade. A carta de Grebel à Müntzer indica que os anabatistas estavam bem cientes das consequências de suas ações.

As autoridades tomaram essa medida drástica porque temiam que o anabatismo se espalhasse como um incêndio, estimulando mais uma "revolta do homem comum", como na Guerra dos camponeses. A ascensão do movimento anabatista no reduto da rebelião de 1524–6 não passou despercebida às autoridades, que viam — não sem motivo — a crítica ao batismo infantil como um ato de solidariedade para com os camponeses. Perseguição contra os anabatistas era um dos pontos acerca dos quais as autoridades protestantes e católicas concordavam, um tipo de ecumenismo embrionário perverso. O mandato foi aplicado de modo mais vigoroso nos territórios Habsburgos (católicos), enquanto regiões e cidades evangélicas tendiam a aplicar punições mais brandas, como exílio. Desde que a teologia não incitasse rebelião, Lutero desaprovava a perseguição:

Não é certo — e realmente lamento — que esses desafortunados sejam, de modo tão desprezível, assassinados, queimados e atormentados até a morte. Devemos permitir que todos creiam como quiserem. Caso a fé de alguns seja falsa, sofrerão castigo suficiente no fogo eterno. Por que, então, martirizar essas pessoas [...] se não são culpadas de rebelião ou oposição ao governo? [...] Temos pouco resultado usando a força (*LW*, 40, p. 230).

Zuínglio e os magistrados de Zurique advertiram e ameaçaram os dissidentes; em seguida, passaram a aprisionar alguns e a expulsar outros da cidade. Contudo, os novos ensinos se espalharam com rapidez impressionante, e não demorou para que um grupo pequeno de manifestantes desfilasse por Zurique com cordas ao redor da cintura e varas de salgueiro nas mãos, bradando: "Ai de ti, Zurique" e "Liberdade a Jerusalém", chamando Zuínglio de "o velho dragão". Esses novos profetas proclamavam que restavam apenas 40 dias para que Zurique se arrependesse. Blaurock chegou a ponto de chamar Zuínglio de anticristo. No início de novembro, realizou-se um debate a respeito do batismo durante o qual Grebel, Mantz e Blaurock foram confrontados por Zuínglio e outros. O debate logo se degenerou em uma competição de gritarias, terminando com a única interação bem-humorada do dia. Um agricultor gritou:

— Conjuro-te, Zuínglio, pelo único e verdadeiro Deus: fale apenas uma verdade!

Ao que Zuínglio respondeu:

— Tu és a pior raça de agricultor da região, encrenqueiro e descontente! (Potter, 1976, p. 185–6).

Nesse contexto, os magistrados da cidade decidiram lidar de modo mais severo com o que consideravam "homens selvagens nas ruas". Hubmaier foi preso e torturado, sendo solto apenas depois de se retratar. Outros foram aprisionados. Grebel, Blaurock e Mantz reapareceram, em março de 1526, para renovar seus ataques contra Zuínglio, chamando-o de falso profeta e exigindo adoração separatista. Já que ameaças não foram o suficiente para silenciá-los, os três foram aprisionados; em pouco tempo, porém, estavam à solta outra vez por causa do "descuido" dos carcereiros.

Nesse mesmo período, o sonho de Zuínglio de uma Confederação Helvética reformada evaporava diante de conquistas de opositores católicos. Convencido de que os anabatistas enfraqueciam a causa da Reforma, Zuínglio e os magistrados usaram de maior severidade contra os dissidentes. Grebel por pouco escapou do martírio por morrer da peste em agosto de 1526. Seu pai, o conselheiro municipal Jakob Grebel — que simbolizava tanto a oposição católica contra Zuínglio quanto a resistência patrícia às guildas mais democráticas, das quais Zuínglio dependia — foi menos afortunado: em 30 de outubro de 1526, Jakob foi decapitado sob a acusação de traição. Em meados de dezembro, Mantz e Blaurock haviam sido recapturados e entregues a Zurique. Nessa época, o rebatismo era punível com a morte por afogamento — paródia sombria do batismo cristão. Mantz e Blaurock permaneceram firmes durante as audiências e continuaram a professar a instrução divina do batismo adulto. Blaurock, que não era cidadão de Zurique, foi expulso da cidade, enquanto Mantz foi executado por afogamento no mesmo dia de sua condenação (5 de janeiro de 1527), tornando-se, assim, o primeiro mártir "protestante" nas mãos de protestantes. A visão que os anabatistas tinham a respeito de si levava-os a se regozijar no martírio e a negligenciar — ou recusar — oportunidades de abandonar a cidade em silêncio sempre que tinham oportunidade.

## MULTIPLICIDADE ANABATISTA

Zuínglio pode ter sido um dos primeiros a entender, porém, certamente não foi o último, que o afogamento de pessoas não apagaria a centelha acesa pelos evangélicos dissidentes. Não tardou para que autoridades católicas e protestantes confrontassem uma série de movimentos anabatistas na Suíça, na Áustria, nos Países Baixos e na Alemanha. Pregadores e líderes anabatistas populares continuaram a surgir dentre o clero evangélico e católico. Gestos e palavras com apelo fraternal e conceitos como igualitarismo atraíam os oprimidos, antes e depois da Guerra dos camponeses, a qual servira de experiência formativa a muitos líderes anabatistas (Stayer, 1991). Anabatistas tocavam no ponto crucial da vida do fim da Idade Média não apenas por seu estilo de vida comunal, mas também por suas profecias sobre o milênio, enraizadas nos livros bíblicos de Daniel e Apocalipse. Certos exageros davam um tipo de notoriedade ao movimento que seus oponentes podiam explorar. Legalistas de St. Gallen eram apenas um lado da moeda: entre os dissidentes, havia ainda aqueles que eram antinomistas e carismáticos em excesso. Com base no texto de que "a letra mata" [2Coríntios 3:6], alguns queimaram a Bíblia:

> Aconteceu um surto de glossolalia, bem como de lascívia e imoralidade. Uma mulher desequilibrada, por exemplo, declarou que fora predestinada a gerar o anticristo. Ocorreu também um caso chocante de fratricídio por decapitação, cometido em nome da vontade de Deus pelo assassino e com o consentimento e aprovação da vítima (Williams, 1992, p. 228).

Esses aspectos notórios do movimento dissidente refletiam expressões radicalmente diferentes do ideal de restauração da Igreja primitiva, abrangendo desde pacifismo absoluto até cruzadas apocalípticas como forma de apresentar às pressas o Reino de Deus. Em todos os casos, entretanto, autoridades governamentais viam os anabatistas como agitadores, uma ameaça à ordem social.

É fácil entender a apreensão das autoridades quando confrontadas por movimentos dissidentes radicais e pessoas como Thomas Müntzer e os anabatistas de Waldshut, que, sob a liderança de Hubmaier, evocavam expressões locais da Guerra dos camponeses e pareciam ser capazes de estimular a lealdade e o ímpeto revolucionário das massas. No entanto, nada provocava mais a ira de governantes do que os ensinamentos anabatistas mais representativos de Michael Sattler (c. 1490–1527).

Sattler foi um líder de destaque do movimento dissidente na Suíça e no sul da Alemanha, transformando-se de prior de um monastério beneditino em Breisgau a anabatista em Zurique. Após sua expulsão da cidade, refugiou-se em Estrasburgo, mudando-se, em seguida, para a Floresta Negra a fim de dar continuidade à obra missionária. Sattler era tão estimado pelos dissidentes que foi escolhido a presidir, em 1527, a conferência de Schleitheim, realizada na fronteira entre Suíça e Alemanha. A conferência desenvolveu o que talvez veio a ser a declaração mais representativa dos princípios anabatistas, o *Acordo fraternal entre alguns filhos de Deus em sete artigos*, conhecidos como Confissão de Schleitheim. O acordo estabelecido pelos sete artigos determinava: arrependimento e mudança de vida como pré-requisitos ao batismo; banimento ou excomunhão aos irmãos que não guardassem os mandamentos; a Ceia do Senhor como refeição memorial e expressão da comunidade cristã; separação radical entre cristãos e o mundo, já que "todas as criaturas pertencem a uma das duas categorias, boa ou ruim [...], e uma não pode ter comunhão com a outra"; escolha do "pastor", modelo de vida piedosa, pela comunidade; rejeição absoluta da guerra e de cargos públicos, uma vez que a cidadania do cristão está no céu e suas armas são espirituais; proibição de juramentos.

A visão nesse contexto é da restauração da comunidade cristã primitiva de acordo com a suposta "regra de Cristo" (Mateus 18:15-ss). Central a essa visão é a separação do "mundo" e a formação de uma "contracultura", um protótipo de uma sociedade melhor. Os autores da confissão lutaram para deixar claro que sua Reforma não era nem de "cima", isto é, dependente de autoridade magisterial, nem "debaixo", auxiliada por poderes revolucionários, mas que o que procuravam era um terceiro caminho. Seu programa de reforma não se concentrava mais no expurgo da comunidade cristã existente, mas na separação radical do mundo. Como filhos da luz, anabatistas se recusavam até mesmo a saudar os filhos das trevas; usando roupas simples, evitavam cultos de adoração e apoiavam uns aos outros. Agora, liam a Bíblia de uma perspectiva bem diferente da dos poderosos, concluindo, assim, que a comunidade de Jesus Cristo era pequena, verdadeiramente voluntária e sofredora, separada e indefesa. O nascimento da Igreja livre pode ser explicado pela relação entre agressividade anticlerical, senso de impotência político-eclesiástica e estudo bíblico — uma alternativa radical à Igreja de Roma e às igrejas de Wittenberg e Zurique: "Dissidentes buscavam salvar um remanescente da Reforma comunal,

**Figura 8.1** "O mundo de ponta-cabeça". Diversas imagens do fim da Idade Média retratam o tema da grande inversão entre primeiro e último, rico e pobre, poderoso e fraco, presente no Novo Testamento (p. ex., Mateus 19:30; Lucas 1:47-55). Lutero expressou poderosamente o tema ao identificar o papado com o anticristo. No topo da ilustração, lemos: "Primeiro capítulo com respeito à transformação de todos os estados da comunidade cristã, provados pelos sinais visíveis do céu". Não somente a Igreja está de ponta-cabeça; o clero e os monges realizam o trabalho de leigos, e vice-versa. (Cf. Blickle, 1997, p. 82-4). *Fonte*: J. Grünpeck, "Spiegel der natürlichen himlischen…" (Leipzig, 1522), © British Library.

afastando-se do reino deste mundo, todavia, os governantes os exterminaram sem misericórdia" (Blickle, 1981, p. 185).

Embora à primeira vista a Confissão de Schleitheim pareça política, os artigos são um esforço de dar continuidade ao interesse camponês por outros meios. Camponeses, por exemplo, exigiam a escolha livre e o apoio financeiro de ministros por meio dos dízimos; anabatistas elegiam "pastores" dentre o grupo e procurava supri-los em tempos de necessidade. Camponeses se recusavam a prestar juramento a magistrados que se opunham a eles; anabatistas providenciavam os fundamentos bíblicos à recusa universal de juramentos. Camponeses escolhiam "artigos" como forma de expressar seu programa revolucionário; anabatistas apresentavam seu programa em artigos. Camponeses demonstravam solidariedade militante em forma de tratamento e relacionamento, por exemplo, "União e fraternidade cristã" da Floresta Negra; anabatistas chamavam uns aos outros de irmão e irmã, expressando sua unidade no "Acordo fraternal" de Schleitheim. Camponeses empregavam o banimento e distanciamento dos que não estavam dispostos a se juntar à causa; anabatistas empregavam um "banimento eclesiástico", distanciando-se dos "filhos das trevas". Anabatistas rejeitavam os meios militares dos camponeses, mas preservavam sua solidariedade, da mesma forma como também aceitavam as consequências de perseguição e morte.

Por seu papel de liderança no desenvolvimento da Confissão de Schleitheim, Sattler foi preso, torturado horrivelmente e executado pelas autoridades austríacas. O contexto histórico desse tribunal católico não justifica a atitude dos governantes, mas nos dá uma ideia sobre sua ansiedade quanto ao avanço do anabatismo. Nesse tempo, a Áustria se deparava com o avanço dos turcos, que ameaçavam invadir todo império através dos portões de Viena. Durante seu julgamento, Sattler declarou:

> Se os turcos vierem, não devemos resistir a eles. Está escrito [Mateus 5.21]: "Não matarás". Não devemos nos defender contra eles ou contra quaisquer outros perseguidores [...] Se fosse *certo* guerrear, preferiria muito mais ir à luta contra supostos cristãos que perseguem, capturam e matam outros cristãos piedosos do que contra os turcos (Williams e Mergal, 1957, p. 141).

A suspeita de que mesmo anabatistas pacifistas eram na verdade apenas lobos em pele de ovelha e potenciais revolucionários radicais se confirmou — se é que tal confirmação era mesmo necessária — na mente das autoridades pelos acontecimentos turbulentos de 1533–35 em Münster.

## O FIASCO DE MÜNSTER

A conjunção entre aspirações anabatistas à restituição da Igreja pura que viam na Bíblia e a agitação social representada pela Guerra dos camponeses encontrou expressão na cidade episcopal de Münster. Localizada em Vestfália, na fronteira com os Países Baixos, Münster, importante cidade e principado episcopal, tinha por volta de quinze mil habitantes. A partir das visões extravagantes de Melchior Hoffmann (c. 1495–1543), crescia um movimento religioso dissidente — os melquioritas — nos Países Baixos. Influenciado por Karlstadt e às vezes denominado o "pai do anabatismo holandês", Hoffman, peleiro por profissão e pregador por convicção, ensinava que todos deviam aceitar o batismo a fim de participar de Igreja pura de Cristo e se preparar para o seu retorno. O mundo ia acabar em 1533. Proclamando-se como o profeta Elias, Hoffman foi à cidade de Estrasburgo, profetizando que ela seria a Nova Jerusalém. Os magistrados da cidade rejeitaram a honra de ser o enfoque do fim do mundo e o aprisionaram até sua morte, em 1543. Entretanto, as pregações de Hoffman continuaram a influenciar as pessoas nos Países Baixos, algumas das quais transpuseram sua profecia sobre a Nova Jerusalém de Estrasburgo a Münster. As ideias centrais de Hoffman sobre o triunfo dos justos foram escritas enquanto estava na prisão, publicadas clandestinamente no que veio a ser o trato *Concerning the Pure Fear of God* [Sobre o temor puro de Deus] (1533). Sua visão era de que os ímpios seriam exterminados antes do fim do mundo, que os santos reinariam sobre a terra por meio da cooperação entre um profeta (o segundo Jonas) e um rei piedoso (o segundo Salomão) antes do retorno de Cristo e que os "mensageiros apostólicos" não poderiam ser nem feridos nem vencidos. De uma forma ou de outra, esses temas encontram expressão na captura anabatista de Münster.

Por volta de 1532, a cidade de Münster havia sido palco de agitação social e religiosa contra o príncipe-bispo da cidade e, sob a liderança inflamada de Bernard Rothmann — ministro que passou pelas fases luterana e zuingliana antes de se radicalizar — tornou-se uma "cidade evangélica", notícia que estimulou milhares de refugiados anabatistas a fugir para Münster em busca de abrigo contra a perseguição nos Países Baixos e em regiões circunvizinhas. Habitantes da cidade formavam três facções: um número pequeno de católicos que ainda apoiava o bispo expulso, luteranos conservadores que inicialmente compunham a maioria no conselho municipal e seguidores de Melchior que conquistaram o apoio das guildas da cidade. No verão de 1533, tensões que há muito borbulhavam na aliança entre guildas e magistrados atingiram um ponto de ebulição. Rothmann, sob influência dos adeptos de Melchior, tornava-se cada vez mais radical em termos de política e religião, opondo-se ao batismo de crianças e inovando na Ceia do Senhor com o uso de pão não consagrado. A força dos radicais era tanta que o conselho municipal não mais tinha autoridade suficiente para expulsar ou mesmo disciplinar Rothmann. Alarmadas, famílias católicas e luteranas passaram a deixar a cidade — uma perda populacional mais do que suprida pelo influxo de anabatistas.

Nas eleições de 1534, o partido radical venceu, ocupando o conselho municipal. Münster já havia sido declarada a Nova Jerusalém por Jan Mathijs, padeiro de Haarlem, o qual cria, tal como Müntzer, que os ímpios não tinham direito de viver. Em 25 de fevereiro, Mathijs anunciou sua intenção de matar "os ímpios" — isto é, todos aqueles que se recusavam a fazer parte da nova aliança, baseada no rebatismo. Um colega seu, sensível à impressão que isso causaria nos príncipes de áreas circunvizinhas, persuadiu Mathijs a permitir que os que discordavam deixassem a cidade em vez de serem executados. Mathijs explicou sua mudança de política anunciando que recebera outra revelação, a qual permitia a expulsão em lugar da morte dos ímpios. Os que permaneceram foram forçados a se rebatizar na praça da cidade; um ferreiro que ousou desafiar Mathijs foi morto instantaneamente por ele. Não muito depois desse fato, o próprio Mathijs foi morto enquanto liderava uma incursão contra um exército que, sob as ordens do bispo, cercava Münster. Aparentemente, Mathijs recebera uma visão em que Deus o tornaria invencível às armas dos ímpios. Williams (1992, p. 567) sugere que seu sucessor "pode tê-lo encorajado nessa expectativa enganosa".

Durante as seis semanas em que governou Münster, Mathijs instituiu o ideal de uma sociedade baseada na vida da Igreja primitiva, conforme registrada em Atos e em um escrito antigo da Igreja, a suposta "IV Epístola de Clemente", a qual alegava que tudo devia ser compartilhado igualitariamente. Propriedades de cidadãos expulsos foram confiscadas, alimentação se tornou um bem público e imóveis foram declarados bens de uso comum — embora cada qual pudesse usar o que lhe pertencia, desde que as portas de todas as casas se mantivessem abertas, dia e noite. Além disso, o uso de dinheiro foi declarado ilegal e doze anciãos foram escolhidos como supervisores de estocagem de bens e sua distribuição entre os necessitados.

Depois da morte de Mathijs, João de Leiden assumiu o manto profético, declarando que era a voz do Senhor. No mês de maio, os anabatistas conseguiram repelir um grande ataque do exército episcopal contra a cidade, aumentado entre os dissidentes o sentimento de que eram, de fato, o povo eleito de Deus. Depois de outra vitória importante em agosto, João fez com que fosse ungido e coroado "rei da justiça" e "regente da Nova Sião". Ele não apenas afirmou que os que se opunham iam contra a ordem divina como também impôs sua declaração, esmagando opositores sem piedade — já que os que se opunham a ele também eram contra Deus. Agora, Igreja, Estado e comunidade deviam formar um único corpo regenerado. A Igreja regenerada devia ser composta apenas por justos: pecadores tinham de ser punidos com a morte. Eles também eram identificados por blasfêmia, linguagem sediciosa, desobediência a pais e senhores, adultério, conduta leviana, calúnia, maledicência e reclamação!

A inovação mais controversa e notória de João foi a instituição da poligamia. Cinquenta homens da cidade foram mortos ou executados por resistir à sua visão da Nova Jerusalém, idealizada como imitação dos patriarcas do Antigo Testamento. Baseando-se no exemplo dos patriarcas e no mandamento divino: "Sejam férteis e multipliquem-se!" (Gênesis 1:22), bem como na carta de Clemente, urgindo que tudo fosse de uso comum — inclusive esposas — João encontrava as justificativas à sua ordem de poligamia. Com ingenuidade exegética, Rothmann ensinava que o mandato de Paulo de que bispos deviam ser maridos de uma só mulher (1Timóteo 3:2) excluía os não bispos, os quais eram supostamente autorizados a ter mais de uma esposa. Contudo, fatores extrabíblicos contribuíam com a decisão de João. Embora casado, ele ansiava pela bela e jovem viúva de Mathijs; segundo pensava, casar-se com ela podia reforçar sua reivindicação à liderança. Além disso, havia um número desproporcional de mulheres e homens na cidade por conta da participação masculina em guerras e expulsões. A poligamia serviria não apenas de recurso ao aumento populacional em preparação para o retorno de Cristo (o número escatológico dos santos, de acordo com Apocalipse 7:4, devia ser de 144 mil), mas também como um meio de subjugar todas as mulheres à autoridade masculina. Em *Restitution* [Restituição] (1534), livro que escreveu sobre a restauração da Igreja primitiva, Rothmann acrescenta que dependência sexual de apenas uma mulher faz com que ela lidere o homem "como um urso preso a uma corda". Segundo Rothmann, o mundo estava em tamanha bagunça porque "hoje em dia um número demasiado de mulheres parece exercer o papel dos homens. O marido é o cabeça da mulher e, do modo como obedece a Cristo, também a mulher deve obedecê-lo, sem murmuração e contradição" (Zuck, 1975, p. 101). Conscientização feminista certamente não era um dos pontos fortes de Rothmann! De uma perspectiva política, o que João procurava fazer era assegurar o controle sobre a maioria da população. Como já era de se esperar, muitas mulheres não se empolgaram com a situação, e as que se rebelaram contra a nova regra foram aprisionadas. O próprio João decapitou e pisoteou o corpo de uma de suas esposas na praça da cidade diante de todas as demais. Isso parece tê-las feito sossegar um pouco de sua murmuração.

A despeito da proclamação de João sobre a Nova Jerusalém e de sua revelação decorrente, o cerco da cidade deixou inexoravelmente sua marca no corpo e espírito dos habitantes de Münster. Houve diversos apelos aos anabatistas de outras cidades para que trouxessem reforços, cada qual, porém, frustrado pelos sitiantes. O povo de Münster foi reduzido à fome e, em junho de 1535, dois desertores traíram a cidade, revelando ao exército inimigo a localização do portão mais frágil. Após batalha feroz, a cidade foi tomada em 25 de junho e quase todos os habitantes, massacrados. Rothmann foi aparentemente morto durante o combate, porém, os outros três líderes, incluindo João de Leiden, foram condenados e torturados com ferro incandescente. Seus corpos torturados ficaram suspensos em uma janela de ferro na torre da Igreja de St. Lambert, servindo de exemplo a todos.

O reino anabatista de Münster foi destruído materialmente, porém, continuou a viver na mente das autoridades políticas e religiosas como uma consequência lógica da dissidência anabatista. A tragédia da cidade foi uma consequência não apenas da megalomania de líderes, mas também da convicção de seguidores de que a Bíblia, conforme interpretada por tais líderes, devia ser seguida literalmente. Na mente de autoridades protestantes e católicas, estava clara agora a existência de um *continuum* revolucionário de Thomas Müntzer na cidade de Münster.

Anabatistas aspiravam por uma solidariedade comunal como povo santo, definido pelo batismo cristão e pela celebração da Ceia do Senhor — ato consensual que os constituía como comunidade. Esforços na expansão desse ideal teocrático aos limites do espaço urbano ocasionaram, entretanto, não um reino pacífico, mas a aniquilação da própria comunidade, resultando no descrédito do comunitarismo militante milenar. Não houve, após esses acontecimentos, outra tentativa anabatista de restaurar o mundo ao cristianismo primitivo. Pelo contrário: desenvolvimentos anabatistas futuros foram marcados pelo afastamento do mundo. Sob a liderança do ex-ministro Menno Simons (1496–1561), cujo irmão foi morto na violência decorrida do fiasco de Münster, remanescentes do movimento passaram a se unir em comunidades voluntárias, separadas do mundo cívico e religioso institucionalizado.

O que Menno fez pelos anabatistas holandeses e do norte alemão, Jacob Hutter (m. 1536) fez pelos diversos refugiados anabatistas na Morávia que haviam "vendido casas e propriedades" para formar colônias comunitárias. Hutter foi capaz de trabalhar e estabilizar o comunitarismo débil expresso pelos anabatistas em Zurique, Münster e outros lugares em um "comunismo cristão", que compartilhava bens e produção. Nesse desenvolvimento, podemos ver certa continuidade com as aspirações do monasticismo medieval, bem como avanços em relação a ele. O monasticismo medieval foi marcado por um desprezo ascético pelo mundo que até o movimento franciscano contrastava com sua própria riqueza corporativa. Além do mais, embora o movimento monástico fosse caracterizado pela vida compartilhada, cada monge estava preocupado principalmente com sua própria salvação. Avanços anabatistas menonitas e huteritas para além de ascetismo e individualismo medievais consistiam no desenvolvimento de uma aliança comunitária entre famílias que reivindicavam ser *a própria* Igreja, além da qual não havia salvação. Essa família da fé era marcada por comunismo de amor e produção; separação pacifista e longânima do mundo; confiança em seu reconhecimento final como a verdadeira família da fé; convicção de que, até o fim do mundo, liberdade e satisfação humanas seriam possíveis apenas no amor fraternal do comunismo evangélico.

Perseguidos por toda Europa, anabatistas menonitas e huteritas encontrariam, enfim, um lar na América do Norte. Sua fidelidade e perseverança sob torturas e opressões terríveis contribuiria com o desenvolvimento gradual de tolerância e liberdade religiosa. Da mesma forma, sua insistência em uma Igreja voluntária e separada favoreceria o desenvolvimento moderno de pluralismo religioso e a separação constitucional entre Igreja e Estado.

## A PIEDADE SUBVERSIVA DOS ESPIRITUALISTAS

A mistura entre anticlericalismo e Reforma, que modelou o ambiente propício ao desenvolvimento do anabatismo, também serviu de influência na evolução de um grupo diferente, denominado frequentemente de "espiritualista" — conceito tão impreciso quanto algumas de suas ideias. Os espiritualistas criticavam o clero por trocar a vida e espiritualidade cristã verdadeira por rituais exteriores e, na pior das hipóteses, pela corrupção. Já encontramos essa crítica radical da exteriorização do cristianismo em Karlstadt e Müntzer, cuja descendência espiritualista rejeitava todo tipo de autoridade além do testemunho interior do Espírito Santo. É nesse contexto que vemos os primeiros contornos da subjetividade moderna que estava para chacoalhar os próprios fundamentos do cristianismo tradicional no Iluminismo do século XVIII.

Conseguimos traçar as raízes históricas desse movimento no dualismo filosófico grego e no contraste agostiniano entre espírito e letra, que passou a ser usado como abordagem interpretativa de textos bíblicos difíceis. Quando as palavras de um texto, a "letra", eram difíceis de entender, exegetas medievais apelavam ao "espírito" por trás das palavras. O problema era que textos particularmente difíceis acabavam recebendo diversas interpretações espirituais, principalmente pelo uso de alegorias. Essa variedade confusa de interpretações levou a Igreja a estabelecer um meio de controlar a interpretação: o *Magisterium* ou autoridade de ensino da Igreja, apesar da preocupação dos reformadores de tirar a Escritura do jugo do autoritarismo eclesiástico. No entanto, como Lutero, Zuínglio e outros viriam a descobrir que uma das consequências da *sola scriptura* era, uma vez mais, uma miríade de interpretações que eles, por sua vez, tentariam controlar.

O dualismo filosófico influenciou a teologia ocidental por meio de Agostinho, em especial por sua divisão entre Deus e matéria. O quebra-cabeça da conexão entre realidade divina e sinais materiais apresentava muitos problemas teológicos, incluindo a compreensão da eucaristia. O ponto geral dos espiritualistas era de que não há conexão entre Deus e criaturas; de fato, não há "barreira ontológica" entre criação e divindade. Salvação só é possível quando o Espírito de Deus rompe essa barreira no interior das pessoas, mudando-as espiritualmente a partir de seu interior. A antropologia filosófica que tornava essa teologia possível dividia o ser humano em corpo, alma e espírito. Corpo e alma estão cativos ao pecado, mas o espírito, ainda que distorcido pela iniquidade, continua retendo uma imagem intacta de Deus. O Espírito divino se relaciona com o espírito humano e, assim, forma uma nova criatura.

Espiritualistas, desapontados com a ineficácia ética da Reforma, viam na doutrina luterana de justificação apenas um ato forense, um tipo de "graça barata" que nem levava ao novo nascimento pessoal nem à renovação ética. Diversos Reformadores radicais compartilhavam dessa visão, mas, entre eles, Caspar Schwenckfeld (1489–1561) e Sebastian Franck (1499–1542) foram dois que levaram adiante o conceito de dualismo espiritualista e a desvalorização de meios exteriores de salvação.

Oriundo de uma família nobre de Legnica, Baixa Silésia, Schwenckfeld estudou em Colônia e em Frankfurt an der Order, ingressando, em seguida, no serviço da corte silesiana, tornando-se conselheiro de Frederico II, duque de Legnica. Por volta de 1519, foi influenciado por ideias luteranas e começou a trabalhar pela renovação da Igreja. Por volta de 1525, Schwenckfeld havia conquistado tanto seu príncipe quanto sua região para a Reforma, embora duvidasse, agora, da doutrina reformada. Schwenckfeld passou a ver a doutrina de Lutero acerca da Ceia do Senhor como um retorno à justiça baseada nas obras, já que o ensino sugeria que pão e vinho podiam operar salvação. Persuadido de que o princípio luterano do perdão de pecados comunicado de diversas formas na Ceia do Senhor era a fonte de toda imoralidade e falta de fervor religioso, Schwenckfeld começou a enfatizar que tanto a Escritura quanto os sacramentos, ambos exteriores, deviam ser distinguidos do Espírito. Afinal, Judas também não participou da Ceia do Senhor? Na doutrina de Schwenckfeld: "A intervenção direta de Deus deve ocorrer antes de quaisquer ministrações externas: o interior deve preceder o exterior. Meios externos nunca medeiam o Espírito" (McLaughlin, 1986a, p. 190). Schwenckfeld passou em seguida a desenvolver sua própria posição, afirmando a presença espiritual de Cristo. Apenas o homem interior pode se relacionar com o Cristo celestial e divino; a Ceia do Senhor, em sua manifestação externa, serve apenas de referência ritualística ao acontecimento espiritual que a precede. Com base nisso, Schwenckfeld defendia que, a fim de impedir mal-entendidos e o uso equivocado do sacramento, a Igreja devia declarar uma moratória sobre a Ceia do Senhor. Contudo, ela poderia ser celebrada mais uma vez após instruções intensas ministradas ao povo, levando-o à comunhão espiritual com Cristo e ao novo nascimento. O próprio Schwenckfeld não participou mais da ceia após o ano de 1526; tentando persuadir Lutero a fazer o mesmo, sofreu forte resistência.

A situação pessoal de Schwenkfeld atingiu um ponto crítico em 1529, ano em que um oponente católico da Reforma, o arquiduque Ferdinando da Áustria, conquistou a coroa boêmia, incluindo domínio sobre a Silésia. Schwenkfeld partiu para Estrasburgo, local em que era de modo geral apreciado e onde continuou a desenvolver seu pensamento, dialogando com muitos dos radicais que buscavam abrigo na cidade. Na última década de sua vida, Schwenkfeld vagou de lugar em lugar.

O outro grande espiritualista desse período, Sebastian Franck — conhecido especialmente por sua *Chronica Zeitbuch und Geschichtsbibel* (Crônica e história), uma crônica dos hereges escrita em 1531 — influenciou mais a vida cultural alemã do que a Igreja. Franck foi educado em Ingolstadt, onde ouviu as aulas de Maier e Hubmaier, e na Universidade Dominicana de Heidelberg. Depois de concluir os estudos, ele serviu como ministro no bispado de Augsburgo. Em 1524, dirigiu-se a Nuremberg, onde a Reforma já estava em progresso, juntando-se ao ministério evangélico. Por fim, chegou à posição espiritualista de que Cristo reina na alma das pessoas por meio do Espírito Santo, vendo toda exteriorização religiosa como obra do diabo. Franck não se juntou nem liderou qualquer comunidade, permanecendo, porém, isolado.

A Reforma radical — um reservatório de protestos inflexíveis, proveniente dos círculos sociais mais variados — não foi um movimento unificado, porém, um coro de protestos contra o clero, autoridades seculares e Reformadores como Lutero e Zuínglio. Protestos promovidos pelos diversos "Reformadores radicais" eram normalmente inflamados pelo desapontamento quanto à ineficácia, aparente ou fatual, de movimentos reformistas, ou pela passividade e lentidão na implementação de reformas. Contudo, movimentos não sobrevivem apenas de protestos. "A religiosidade da 'reforma radical' [...] está na manifestação de uma 'intenção utópica' [...] não no desejo de mudar uma coisa ou outra, mas tudo" (Goertz, 2004, p. 71, 83). Radicais eram geralmente os primeiros a insistir para que os ideais da Reforma fossem postos em prática. Williams (1992, p. 1290) resume-o vividamente:

> A reforma radical drenou fontes de águas amargas e abriu comportas, convergindo diversas correntes religiosas, há muito presas nos interstícios do cristianismo do fim da Idade Média [...] Em meio à enchente tumultuosa de reformas radicais e restituições, novas vitalidades da Reforma [...] caíram rapidamente em extremos radicais.

## SUGESTÕES DE LEITURA

Michael Driedger, "Anabaptism and Religious Radicalism" [Anabatismo e radicalismo religioso] em Ryrie, 2006a, p. 212–31.

Carlos M. N. Eire, *War against the Idols: The Reformation of Worship from Erasmus to Calvin* [Guerra contra os ídolos: a reforma da adoração de Erasmo a Calvino]. Cambridge: Cambridge University Press, 1986.

Hans-Jürgen Goertz, ed., *Profiles of Radical Reformers: Biographical Sketches from Thomas Müntzer to Paracelsus* [Perfis de Reformadores radicais: esboços de Thomas Müntzer a Paracelso]. Kitchener: Herald, 1982.

Walter Klaasen, ed., *Anabaptism in Outline: Selected Primary Sources* [Esboço do anabatismo: fontes primárias selecionadas]. Waterloo: Herald, 1981.

Calvin Pater, *Karlstadt as the Father of the Baptist Movements: The Emergence of Lay Protestantism* [Karlstadt como pai dos movimentos batistas: o surgimento do protestantismo leigo]. Toronto: University of Toronto Press, 1984.

John D. Rempel, *The Lord's Supper in Anabaptism: A Study in the Christology of Balthasar Hubmaier, Pilgram Marpeck, and Dirk Philips* [A Ceia do Senhor no anabatismo: estudo da cristologia de Balthasar Hubmaier, Pilgram Marpeck e Dirk Philips]. Waterloo: Herald, 1993.

James M. Stayer, *The German Peasants' War and Anabaptist Community of Goods* [A guerra camponesa alemã e a comunidade anabatista de bens]. Montreal: McGill-Queen's University Press, 1991.

James M. Stayer e Werner O. Packull, eds, *The Anabaptists and Thomas Müntzer* [Thomas Müntzer e os anabatistas]. Dubuque/Toronto: Kendall/Hunt, 1980.

Lee Palmer Wandel, *Voracious Idols and Violent Hands: Iconoclasm in Reformation Zurich, Strasbourg, and Basel* [Ídolos vorazes e mãos violentas: iconoclastia nas cidades reformadas de Zurique, Estrasburgo e Basileia]. Cambridge: Cambridge University Press, 1995.

George H. Williams, *The Radical Reformation* [A Reforma radical], 3rd edn. Kirksville: Sixteenth Century Journal Publishers, 1992.

*Capítulo 9*
# REFORMA E POLÍTICA EM AUGSBURGO: 1530 A 1555

> *Ensina-se entre nós que uma única Igreja cristã santa existirá e permanecerá para sempre. Essa é a assembleia de todos os cristãos, entre os quais o evangelho é pregado em sua pureza e os sacramentos sagrados, administrados segundo o evangelho.*
>
> Confissão de Augsburgo (1530)

Não é incomum ouvir o comentário de que pregadores devem ficar na religião durante os sermões e deixar a política do lado de fora. O que isso significa, obviamente, é que ministros não devem criticar minha posição política. Mesmo um exame superficial dos profetas hebreus revelará que a relação entre religião e política foi sempre um assunto delicado; durante o período da Reforma, o tópico era um nervo que, ao ser tocado — e ele era tocado constantemente —, provocava dor e ansiedade em todo corpo da sociedade. Diversas vezes referimo-nos à autopercepção medieval encapsulada na frase *corpus Christianum*, isto é, o consenso universal de que a sociedade, incluindo a política, definia-se pela religião cristã:

> Porque a salvação era de importância central, qualquer redefinição de verdade religiosa tinha peso automático na autoridade sociorreligiosa. Como a nova definição de pensamento religioso gerava ação sociopolítica, o controle das palavras era vital [...] A fim de proteger o sistema social, o controle mais estrito da palavra era essencial (Rublack, 1988, p. 105).

Todos concordavam com esse princípio, mas o problema era que o conteúdo não negociável de um grupo raramente se harmonizava com o de outros. Neste capítulo, voltamo-nos para o relacionamento entre os reformadores e a autoridade política do império.

## A TRILHA DE WORMS

O Edito de Worms (1521) permaneceu sendo a base legal no império para o tratamento das reformas até a Paz de Augsburgo, assinada em 1555. Entretanto, acontecimentos políticos dentro e fora do império obstruíram a aplicação do edito, o qual proscrevia Lutero e seus seguidores. Carlos V cria que a Reforma devia ser extirpada, e o catolicismo romano e a unidade do império, restauradas. A história complicada de sua inabilidade em alcançar esse alvo inclui diversos fatores. A busca por privilégios e engrandecimento por parte de príncipes imperiais às vezes superava seu próprio compromisso teológico, católico ou evangélico. Por não ser alemão, Carlos, que tinha francês como língua materna, era considerado um *outsider*. Mesmo antes, porém, de sua eleição, a fórmula *Kaiser und Reich* havia perdido seu significado de unidade entre "imperador e império" e passado a denotar rivalidade entre príncipes, os quais reivindicavam representar tanto o império quanto o imperador. Fora do império, conflitos contínuos e troca de alianças entre o Sacro Império Romano, a França e o papado distraíam Carlos de seu objetivo religioso. Além disso, a rivalidade entre Habsburgos e Valois continuou no decorrer dos reinados de Carlos e Francisco I, e as guerras perpétuas com a França prosseguiram até a Paz de Cateau-Cambrésis (1559). A ameaça contínua da invasão turca durante o período influenciou concessões imperiais aos príncipes evangélicos em troca de apoio. Todos esses fatores conspiraram para assegurar que Carlos permanecesse ausente da Alemanha por períodos prolongados e frequentes.

Por quase 25 anos — até o verão de 1542 —, Carlos raramente permaneceu na Alemanha, e mesmo assim por intervalos curtos de tempo. O imperador esteve presente no país por cerca de um ano em 1520–21 e por dois anos em 1530–32, porém, depois disso, só retornou à nação em 1541 por alguns meses. Logo após sua eleição, Carlos delegou a administração dos territórios alemães ao seu irmão, o arquiduque Fernando da Áustria (1503–64), que o sucedeu, em 1558, com o título de imperador Fernando I —, porém, este não foi capaz de impedir que os príncipes consolidassem poderes territoriais. Beneficiando-se das responsabilidades mundiais do imperador e da preocupação de Fernando com a ameaça turca vinda do Oriente, os príncipes fortaleceram sua própria posição, lidando, cada qual a seu modo, com questões relativas à Reforma. A configuração inicial da Reforma como um ato comunal, a chamada *Gemeindereformation*, começou a dar lugar ao que historiadores nomearam de "reforma dos príncipes" (*Fürstenreformation*), expressão caracterizada pela determinação de opções reformistas por senhores territoriais e sua consequente organização hierárquica e burocrática da Igreja.

Dentre príncipes evangélicos, Felipe de Hesse (1504–67) teve, ao lado do príncipe-eleitor da Saxônia, Frederico, um papel de liderança proeminente. Felipe lutou para reconciliar os Reformadores de Wittenberg e Zurique no Colóquio de Marburgo (1529) com o objetivo de desenvolver uma frente evangélica unificada contra o imperador, além de fundar, em 1527, a primeira universidade evangélica em

Marburgo. Seu propósito era assegurar a formação de advogados e teólogos leais, os quais julgava necessários ao desenvolvimento de seu "Estado".

Outros príncipes também se moveram rapidamente para consolidar o poder e transformar seu território em Estados modernos emergentes, iniciativa que incluía o posicionamento de responsabilidades e instituições eclesiásticas sob autoridade secular. Curiosamente, príncipes da nova e antiga fé tomaram a iniciativa de mudar instituições da Idade Média com base na *cura religionis*, doutrina medieval sobre o cuidado ou jurisdição da Igreja. Teólogos medievais recomendavam calorosamente aos príncipes que se preocupassem com a religião em seu território. Muitos senhores alemães do século XV concordavam com a frase cunhada pelo duque de Jülich: *Dux Cliviae est papa in territoriis suis* — "o duque de Cleves é Papa em seu território". O otimismo humanista relacionado à boa governança também servia de ponto de apoio aos senhores alemães, e a regulamentação da Igreja formulada pelos príncipes antes da Reforma foi rapidamente confirmada por protestantes e católicos no século XVI. Legitimidade teológica acerca do "cuidado" da Igreja por parte do governo era de importância particular aos príncipes evangélicos, preocupados em reivindicar legalidade às decisões que tomavam. Quando autoridades católicas se opunham às reformas, teólogos e advogados evangélicos davam legitimidade aos príncipes em termos de poderes episcopais emergenciais: príncipes evangélicos assumiam a prerrogativa de "bispos emergenciais" (*Notbischof*). Lutero argumentava que, na ausência de liderança episcopal em contextos de reforma, príncipes deviam exercer a superintendência até que os problemas de ordem eclesiástica fossem resolvidos. Já em 1520, Lutero apelara aos cristãos da nobreza, em virtude de serem batizados, para que levassem adiante as reformas da Igreja (*LW*, 44, p. 127–31). Na Idade Média, também houve o precedente de autoridades seculares atuarem como bispos temporários durante períodos de desordem na Igreja. Em 1525, Lutero pediu ao príncipe-eleitor que realizasse uma "visitação" — um exame — das igrejas, algo que aconteceria na Saxônia Eleitoral apenas em 1527 por conta da Guerra dos camponeses. Lutero redigiu o prefácio da visitação e, juntamente com Melanchthon, as instruções do processo. O Reformador desejava a retenção de um tipo episcopal de governo eclesiástico, mas a agitação da Reforma tornava-o difícil. No modelo de Constantino, o príncipe "não é obrigado a ensinar e decidir assuntos espirituais, porém, como soberano temporal, deve governar de modo tal que contendas, tumultos e rebeliões não surjam entre súditos" (*LW*, 40, p. 273). Esse acordo provisório se solidificou em forma de igreja territorial ou "estatal", pela qual o governo da Alemanha continuou responsável até 1918. Outros territórios seguiram o exemplo da Saxônia Eleitoral, incluindo a região católica de Jülich-Cleves, onde o governo implementou um programa erasmiano de reforma. O desejo dos príncipes por liberdade política e a ênfase dos reformadores na liberdade cristã serviram de fortalecimento mútuo em um jogo de compreensão e interesse.

A consolidação governamental da Reforma em territórios alemães se desenvolveu por meio da dieta imperial de Worms (1521) e de duas dietas de Speyer (1526 e 1529), momentos decisivos durante a década de 1520.

## A DIETA DE WORMS

Já esboçamos o desenvolvimento de Lutero até a Dieta de Worms. Em termos de responsabilidade imperial, entendia-se que um herege banido do império seria também expulso automaticamente da Igreja. Entretanto, a capitulação da eleição de Carlos V declarava, em 1519, que o império não podia declarar proscrito nenhum alemão sem que passasse antes por uma audiência e sem o acordo dos Estados imperiais. Desse modo, o "caso Lutero" entrou no meio das lutas políticas contemporâneas entre o imperador e os Estados: seu resultado mediria o índice de força e fraqueza do imperador em relação aos príncipes. Deparando-se, por um lado, com o conflito potencial entre as reivindicações imperiais do Papa e, por outro, a possibilidade de o pontífice levar a cabo tais reivindicações, Carlos e os príncipes procuraram entrar em acordo. Acreditava-se que uma retratação formal de Lutero, que não significava necessariamente uma renúncia de sua teologia, seria o suficiente para satisfazer todas as partes. Naturalmente, isso caiu por terra quando o Reformador se recusou a abjurar, resultando na proscrição imperial contra ele.

A essa altura, porém, uma frente ampla de príncipes evangélicos já havia surgido no império. Até que mais pesquisas joguem luz sobre esses governantes, é difícil generalizar a respeito de sua intenção. Não podemos negar que convicções de fé tiveram papel importante em sua decisão; ao mesmo tempo, resta-nos pouca dúvida de que Lutero era tido como uma peça importante no tabuleiro do xadrez político. Além disso, autoridades estavam cientes da possibilidade de uma revolta popular caso Lutero fosse julgado. De qualquer forma, os príncipes estavam inclinados, em 1521, a deixar pendente a questão religiosa até sua resolução em um concílio geral ou nacional. A preferência dos príncipes era por um concílio nacional, refletindo um sentimento anticatólico que já havia sido expresso em sua lista de queixas contra a Igreja romana apresentada em Worms e em dietas anteriores.

Carlos V, apoiado por territórios de Habsburgo e Wittelsbach, opunha-se a um concílio nacional; a Guerra dos camponeses convencera príncipes católicos de que o movimento de Lutero era responsável por revoluções sociais e devia ser exterminado. Príncipes católicos do norte da Alemanha (Jorge da Saxônia Ducal, Alberto de Mainz e Magdeburgo, Joaquim de Brandemburgo, Henrique de Brunsvique-Luneburgo e Eric de Brunsvique) formaram uma aliança, em julho de 1525, para fazer exatamente isso. Do lado evangélico, Felipe de Hesse, a quem Melanchthon conquistara para a causa da Reforma em 1524, exerceu a iniciativa política. Por volta da mesma época, Alberto, Grão-mestre da Ordem Teutônica, deixou o trabalho clerical sob o conselho de Lutero, tornando-se duque da Prússia. Após a morte de Frederico, a Saxônia Eleitoral continuou com seu apoio firme a Lutero. De 1524 a 1526, o movimento Reformador se espalhou a diversas cidades. Por fim, no inverno de 1525-6, Felipe de Hesse concluiu um acordo com a Saxônia Eleitoral, segundo o qual ambos agiriam em conjunto para defender a Reforma na Dieta de Speyer, em 1526.

## A DIETA DE SPEYER: 1526

O contexto da Dieta de Speyer era de mudanças no cenário de lealdades religiosas. Francisco I, rei da França, escapara de seu cativeiro depois da batalha de Pavia, unindo-se ao Papa Clemente VII para guerrear contra Carlos; além disso, exércitos turcos haviam invadido a Hungria. Em Speyer, os príncipes pediram ao império, uma vez mais, por um concílio nacional, incluindo o direito de estabelecer regulamentos vinculativos em questões de ordem religiosa. Obviamente ocupado no exterior, Carlos instruíra Fernando a não tolerar iniciativas para uma assembleia nacional; por conseguinte, houve consenso na dieta de que o Edito de Worms não podia ser posto em prática no império e que, até a convocação de um concílio geral, cada Estado devia "viver, governar e agir para com seus súditos de maneira justa diante de Deus e da Majestade Imperial" (Holborn, 1961, p. 205). Em suma, participantes da dieta "concordaram em discordar", declarando cada cidade e território um agente livre. Estados evangélicos conquistaram ainda mais espaço em virtude dos acontecimentos pós-dieta. Luís II, rei da Hungria e da Boêmia, foi morto na batalha de Mohács contra os turcos, atraindo Fernando a lutas sucessórias ao sul e ao leste da Europa. Também a intenção de Carlos de unificar a Europa contra os turcos foi interrompida por seu conflito, em 1526, com a Liga de Cognac (França, Veneza, Florença e o papado). A Itália serviu de campo de batalha, onde tropas imperais se vingaram do Papa Clemente VII com o horrível saque de Roma (1527). O Papa fugiu para o castelo de Santo Ângelo, tornando-se praticamente um prisioneiro subordinado a Carlos. O infame *sacco di Roma* marcou o fim do Renascimento romano e custou a Clemente seu prestígio. Lutero observou: "Cristo reina de tal forma que o imperador que perseguiu Lutero pelo Papa é forçado a destruir o Papa por Lutero" (*LW*, 49, p. 169).

Aproveitando-se do "acordo" de Speyer, autoridades evangélicas implementaram mudanças na adoração e em instituições eclesiásticas. Para eles, estava claro que Speyer estabelecera uma *ius reformandi*, um "direito à Reforma", que legitimava sua reivindicação de autoridade em assuntos religiosos. Uma vez mais, os príncipes estavam interessados não apenas em estabelecer a Reforma, mas também em controlá-la. Blickle (1981, p. 190) defende que essa transição reformista do povo para os príncipes refletia a preocupação das autoridades de estabilizar mudanças, neutralizando elementos revolucionários: "A Reforma precisava ser despida de seu poder de criar perturbações sociais e políticas, algo que os governantes conseguiram fazer ao tirá-la de comunidades e torná-la assunto de Estado".

O processo de visitação eclesiástica era o instrumento pelo qual o objetivo de estabelecer e direcionar reformas na Igreja seria cumprido. O procedimento compreendia: simplificação do culto pela eliminação de práticas acumuladas e consideradas não evangélicas; substituição do clero desqualificado por ministros aprovados pelos reformadores; subordinação de propriedade eclesiástica — que chegava geralmente a um terço de propriedades territoriais — à administração governamental; e atribuição de jurisdição clerical a cortes seculares. Para os príncipes, essa "nacionalização" da Reforma representava um aumento considerável de poder e autoridade.

## A DIETA DE SPEYER: 1529

Na dieta de 1529, Fernando tentou reconquistar poderes imperiais em assuntos religiosos. O arquiduque exigiu categoricamente a anulação do artigo de 1526, o qual levara a um crescimento chocante de novas doutrinas e seitas: o Edito de Worms devia ser reforçado e a antiga fé, protegida. Com o apoio da maioria de príncipes e bispos católicos, e embasado também pela vitória do imperador sobre o Papa na Itália, Fernando liderou o caminho para o reestabelecimento do Edito de Worms.

Como resposta, luteranos, que eram a minoria, apresentaram um protesto oficial, um *protestatio* — termo a partir do qual evangélicos foram rotulados pejorativamente de "protestantes". Seu argumento era de que estavam atrelados à resolução de Speyer de 1526. Baseado em um princípio constitucional, o *protestatio* servia de ação jurídica que protegia minorias contra decisões majoritárias injustas. O ponto estabelecido pelos príncipes "protestantes" era de que, uma vez que somente uma guerra podia impor o Edito de Worms, sua aplicação levaria a uma condição de anarquia. A base religiosa do protesto era um apelo à consciência, semelhante à postura de Lutero em Worms: "Em assuntos relacionados à honra de Deus e à salvação da alma, cada qual deve comparecer perante Deus e responder por si próprio. Por isso, ninguém pode se desculpar pela ação ou decisão de outros, quer constituam a maioria, quer a minoria" (Holborn, 1961, p. 208). A convicção dos magistrados de que sua consciência estava atrelada à Palavra de Deus foi decisiva no início do movimento protestante. O protesto foi assinado por cinco príncipes imperiais (João da Saxônia Eleitoral, Felipe de Hesse, Jorge de Brandemburgo-Ansbach,

Wolfgang de Anhalt e Ernesto de Brunsvique-Luneburgo) e quatorze cidades imperiais (Estrasburgo, Nuremberg, Ulm, Constança, Lindau, Memmingen, Kempten, Nördlingen, Heilbronn, Reutlingen, Isny, St. Gallen, Weissenburg im Nordgau e Windesheim). O protesto de Speyer criara uma separação permanente.

Avaliações históricas da dieta de 1529 foram estilizadas no século XIX, juntamente com as Noventa e cinco teses, como grande acontecimento histórico e momento que marcou o nascimento da consciência moderna. Entretanto, "liberdade de consciência e dependência de consciência não são a mesma coisa". Para os príncipes, a consciência não era, por si só, *a autoridade máxima*, mas sim a consciência cativa à Palavra de Deus (Wohlfeil e Goertz, 1980, p. 19). Ademais, liberdade de consciência era uma realidade, na melhor das hipóteses, para príncipes e cidades. Poderíamos ver a mesma situação a partir de outra perspectiva e ler a dieta como o protesto do imperador e dos grupos católicos pela liberdade de sua fé, que deveria ter o mesmo direito de existir em territórios evangélicos. Da perspectiva imperial, príncipes luteranos eram culpados de revogar a lei com sua secularização de propriedade eclesiástica e suspensão de cortes clericais. Além disso, conforme já vimos, o papel da "consciência" não se estendeu a anabatistas e zuinglianos nem em princípio, nem em prática. Pelo contrário: anabatistas foram condenados à morte nessa dieta.

Enquanto o "protesto" de Speyer deve ser entendido nos termos das limitações históricas descritas, precisamos notar que a convicção expressa na dieta, a saber, que obediência a Deus precede obediência ao governo, reverberou, teológica e politicamente, no mundo moderno. A seguir, discutiremos seu desenvolvimento político, traduzido no direito à resistência. Em termos teológicos, essa convicção se tornou um dos temas de Paul Tillich (1886–1965), teólogo moderno influente que falava eloquentemente do "princípio protestante":

> "Princípio protestante", expressão derivada da resolução dos "protestantes" contra decisões de maioria católica, contém os protestos divino e humano contra qualquer reivindicação absoluta feita em um contexto de realidade relativa, mesmo que a reivindicação parta da Igreja protestante. O princípio é juiz de cada realidade religiosa e cultural, incluindo aquela que se autodenomina "protestante" (Tillich, 1960, p. 163).

## A DIETA DE AUGSBURGO (1530) E A CONFISSÃO DE AUGSBURGO

O protesto evangélico em Speyer serviu de alerta ao imperador, prontificando-o a agir decisivamente na questão religiosa. A melhoria de sua sorte política deu a Carlos a oportunidade de atuar contra os protestantes. Ele estava de volta à Alemanha pela primeira vez desde 1521; o Papa estava devidamente impressionado com a vitória de Carlos e o saque de Roma; havia paz com os Valois; e os turcos haviam se retirado dos portões de Viena. Nesse contexto e com propensão conciliatória, Carlos decidiu, em 1530, resolver a questão religiosa na Dieta de Augsburgo, pedindo aos protestantes que apresentassem uma declaração de fé durante o encontro.

Em resposta, o eleitor da Saxônia convocou teólogos luteranos proeminentes e exigiu que preparassem uma apresentação breve. A história completa de seu desenvolvimento, conhecida como *Confessio Augustana* ou Confissão de Augsburgo, é complicada demais para ser explicada neste livro. Em suma, uma série de rascunhos foi preparada nas semanas que antecederam a dieta. Ao final de abril, o príncipe-eleitor e os teólogos de Wittenberg viajaram a Augsburgo e deixaram Lutero no castelo de Coburgo, na fronteira da Saxônia. Considerado um fora da lei, Lutero não podia viajar por territórios católicos.

Ao chegar a Augsburgo, Melanchthon soube que Maier havia preparado 404 artigos que condenavam como hereges os escritos dos reformadores e, então, começou a trabalhar imediatamente no material que havia trazido para responder ao ataque. Evangélicos tiveram dificuldade em demonstrar sua catolicidade verdadeira, desmentir ou amenizar assuntos controversos e manter distância de "hereges" como os anabatistas. Melanchthon foi o autor principal da Confissão de Augsburgo. A influência de Lutero foi mínima, limitando-se a documentos preparatórios, uma correspondência que levou cerca de três ou quatro dias para chegar e oração fervorosa. Com ousadia característica de profetas bíblicos, Lutero orou por horas a fio, rogando pela defesa de Deus: "Este problema também pertence a ti [Senhor]. Forçaram nosso envolvimento; por isso, defende-nos!" Foi partindo dessa confiança que Lutero escreveu a um Melanchthon ansioso, defendendo-o:

> Se vem do Espírito ou da minha própria estupidez, só Cristo sabe, mas, da minha parte, não estou preocupado com o seu caso [...] Deus, que é capaz de ressuscitar mortos, também pode sustentar sua causa quando ela estiver cambaleando [...] Se não formos instrumentos dignos de cumprir com seu propósito, ele encontrará outros (Fisher, 1983, p. 86–7).

A avaliação de Lutero sobre os esforços irênicos de Melanchthon em enfatizar a catolicidade do movimento Reformador é bem conhecida: "Li a Apologia [Confissão de Augsburgo] escrita pelo mestre Philip e ela muito me agrada. Não seria capaz melhorá-la ou alterá-la e, mesmo que pudesse, não seria apropriado. Não conseguiria tratar o tema de modo tão gentil e cuidadoso" (WA Br, 5, p. 319-20). Desde então, aqueles que não apreciaram os esforços diplomáticos de Melanchthon por unidade depreciam-no apenas como cauteloso.

Um senso de pânico tomou conta de Melanchthon e seus colegas quando, a partir de diretivas imperiais, tornou-se claro que Carlos não tinha a intenção de arbitrar entre grupos religiosos conflitantes, mas sim de impor o catolicismo. Pregação evangélica foi proibida em Augsburgo e os evangélicos foram ordenados a participar da procissão de *Corpus Christi* na cidade. Melanchthon estava disposto a fazer concessões em muitas posições evangélicas a fim de evitar o perigo de um conflito religioso que, segundo temia, tragaria a Alemanha em uma guerra civil. Seu medo veio a se cumprir com a Guerra dos Trinta Anos (1618–48).

Contudo, em 15 de junho, com a chegada de Carlos em Augsburgo, seu tom era, uma vez mais, marcadamente diferente; o imperador expressou seu desejo de ouvir ambas as partes. O documento luterano foi retrabalhado, com atenção especial ao prefácio e à conclusão, que davam os fundamentos para o entendimento dos 28 artigos. O prefácio declarava que, em obediência ao imperador, os teólogos de Wittenberg estavam dispostos a demonstrar o tipo de ensino que os pastores e pregadores reformados ministravam e uma confissão de fé, "estabelecendo, com base na Escritura Sagrada, o conteúdo e a maneira pela qual pregam, ensinam, creem e instruem em nossa terra, principado, domínio, cidade e território". O prefácio lembrava Carlos sobre como, no passado, dera repetidas garantias de que não tomaria decisões de fé, mas que trabalharia em favor de um concílio geral. Agora, esperava-se que, porque seu relacionamento com o Papa havia melhorado, tal concílio geral seria convocado o quanto antes. Desta forma:

> Oferecemos, em plena obediência à Vossa Majestade Imperial, até aquilo que não nos foi requerido: participar em tal concílio geral, livre e cristão, conforme eleitores, príncipes e Estados exigiram, em conformidade com todas as dietas do Império que se realizaram durante o reino de Vossa Majestade Imperial.

Podemos notar, em antecipação à discussão do Concílio de Trento (realizado finalmente quinze anos depois) que a qualificação luterana para um concílio geral como "livre" e "cristão" era inaceitável ao grupo papal, já que "livre" queria dizer "livre de domínio papal" e "cristão" significava o uso da Escritura como norma de deliberações e decisões.

A conclusão reiterava um tema recorrente ao longo da confissão, a saber, que luteranos não haviam trazido nada "em doutrina e cerimônia […] que [contradizia] a Escritura Sagrada ou a Igreja universal cristã". A confissão foi assinada por João, duque e eleitor da Saxônia; Jorge, marquês de Brandemburgo; Ernesto, duque de Luneburgo; Felipe, landgrave de Hesse; João Frederico, duque da Saxônia; Francisco, duque de Luneburgo; e Wolfgang, príncipe de Anhalt. O prefeito de Reutlingen e o conselho da cidade também assinaram o documento. Todos os signatários eram governantes e magistrados seculares que arriscavam tudo ao assinar a confissão. No entanto, como o eleitor João Frederico escreveu ao conde Guilherme de Nassau: "Melhor o desagrado do imperador do que o desagrado de Deus". Esse não era um comentário qualquer, pois, com o tempo, João Frederico seria forçado a abrir mão de sua dignidade eleitoral e liberdade.

Obviamente, a assinatura dos magistrados demonstrava que a origem e o desenvolvimento da Confissão de Augsburgo eram de cunho tanto político quanto religioso. Enquanto teólogos se concentravam no conteúdo da proclamação, magistrados destacavam considerações legais. Era crucial para os príncipes que as reformas implementadas em sua terra fossem entendidas em termos jurídicos. Os príncipes tinham que preservar sua legitimidade como cabeças de Estado do império; por isso, a confissão declara abertamente que não tinha a intenção de se afastar da fé católica nem criar doutrinas novas. O documento condenava explicitamente aquilo que luteranos consideravam inovações e heresias anabatistas, e seu tom irônico com relação à Igreja Católica era obra de Melanchthon, algo que Lutero reconhecia não ter sido capaz de alcançar. Preocupado com o fato de Melanchthon estar ansioso demais sobre potenciais repercussões políticas da Reforma, Lutero foi taxativo em sua convicção de que a confissão do evangelho não podia ser comprometida por considerações políticas. Ao final, o evangelho foi articulado nitidamente no versículo dos Salmos que introduzia o prefácio em latim (Salmos 119:46: "Falarei dos teus testemunhos diante de reis, sem ficar envergonhado) e no último artigo (artigo 28: "[Devemos] seguir a regra apostólica, a qual nos manda obedecer a Deus em lugar de qualquer outro ser humano"). Ao mesmo tempo, o entendimento sobre justificação e Igreja foi expresso, de forma clara e sucinta, nos artigos quatro e sete:

> Ensinamos que não podemos obter perdão de pecados e justiça diante de Deus por nosso próprio mérito, trabalho ou meio de satisfação, mas sim que recebemos o perdão dos pecados e nos tornamos justos diante de Deus por sua graça, por amor de Jesus e pela fé. Para a verdadeira unidade da Igreja cristã, basta que o evangelho seja pregado, de forma unânime, de acordo com sua reta compreensão, e que os sacramentos sejam ministrados conforme a Palavra de Deus. Não é necessário, para a verdadeira unidade da Igreja, que cerimônias uniformes, instituídas por seres humanos, sejam observadas por toda parte.

A confissão foi lida ao imperador em alemão no dia 25 de junho — leitura que levou cerca de duas horas! Após a leitura da confissão, Carlos designou teólogos papais para que a examinassem e refutassem, mas suas primeiras respostas não foram aceitáveis a Carlos, que as considerou longas e polêmicas demais. Retornando à prancheta, Maier e seus colegas apresentaram o *Confutatio*, lido em voz alta no dia 3 de agosto. Em seguida, Carlos exigiu que os protestantes reconhecessem que haviam sido refutados, recusando-se a dar-lhes uma cópia da confutação até que formalizassem tal reconhecimento. (Conhecida como *Apologia*, a defesa extensiva de Melanchthon da Confissão de Augsburgo foi escrita com base em notas feitas às pressas durante a leitura da confutação. No entanto, Carlos declarou o assunto fechado com a confutação, recusando-se a aceitar a apologia.)

Ao endossar a confutação, Carlos mudara claramente do papel de mediador a partidário do grupo papal, alinhando, assim, sua luta política à posição romana, essencialmente orientada a conflitos. Clemente VII não queria nem reformas, nem um concílio geral, mas apenas a preservação do *status quo* papal e, se possível, o extermínio dos protestantes. Carlos já havia debatido alternativas de um concílio e de uma guerra religiosa com Roma, mas agora, ao tratar da possibilidade de guerra contra os protestantes em Augsburgo, deparava-se com a recusa católica. Príncipes católicos não estavam preocupados com o bem-estar de Estados protestantes, mas sim com o aumento no poder do imperador caso os protestantes fossem derrotados. Quando Carlos voltou a exigir um concílio geral de Roma para negociar reformas e uma reunificação, seu pedido foi novamente recusado. A opção de um concílio nacional na Alemanha era igualmente inaceitável a Carlos, pois significaria o fundamento de uma Igreja Nacional Alemã. Havia precedentes para essa situação: quinze anos antes, o Papa se curvara à pressão francesa para o estabelecimento de uma Igreja nacional por meio de uma concordata, em 1516. Em 1530, a Igreja Inglesa também se movia nessa direção. Uma Igreja Nacional Alemã, porém, ameaçaria a pretensão Habsburga de dominação mundial. Afinal, um Império Habsburgo universal precisaria também de uma Igreja universal. Carlos não era capaz de se desvencilhar da ideia medieval do imperador como patrono da Igreja. No que dependesse do Papa, cujos precursores haviam lutado contra essas pretensões imperialistas na Idade Média, Carlos ficaria o mais longe possível da ideia. Um concílio geral parecia mais perigoso ao Papa do que o próprio imperador.

Do lado protestante, diferenças sobre a Ceia do Senhor impediam uma confissão protestante comum. A orientação zuingliana em cantões suíços e cidades do sul da Alemanha serviam de impedimento à adesão da Confissão de Augsburgo. Foi esse fato que deu origem à confissão das quatro cidades imperiais de Estrasburgo, Constança, Memmingen e Lindau: a *Confessio Tetrapolitana*. Escrita pelo Reformador de Estrasburgo Martin Bucer e seus colegas, *Confessio* foi uma argumentação prolixa e ponderada que fundamentava biblicamente diferenças entre a nova e a antiga fé, bem como apresentava um entendimento zuingliano da Ceia do Senhor. O texto não foi lido na dieta e sequer recebeu qualquer atenção. O documento era uma tentativa de intermediar as posições de Lutero e Zuínglio e apresentar a primeira confissão das igrejas reformadas (isto é, zuinglianas e, posteriormente, calvinistas) na Alemanha. Zuínglio enviou sua própria confissão, *Fidei ratio ad Carolum Imperatorem*, mas Carlos a recusou. A confissão nunca foi apresentada à dieta.

Em Augsburgo, ficou claro que o império teria de conviver com duas confissões. Não demorou para que "A Confissão de Augsburgo" se tornasse o documento fundamental das igrejas luteranas, o qual permanece até hoje. A intencionalidade e expressão original de Melanchthon foram redescobertas no ambiente ecumênico revigorado do fim do século XX. Debateu-se até mesmo a possibilidade, durante o 450º aniversário de *Apologia*, em 1980, de que a Igreja Católica reconhecesse o documento (cf., p. ex., Burgess, 1980).

## DIREITO DE RESISTÊNCIA CONTRA O IMPERADOR

Em Augsburgo, a diplomacia de Carlos baseada em punição e incentivo havia falhado. O imperador nem persuadiu nem coagiu o Papa e os protestantes a superar diferenças. Guiados pelo chanceler politicamente astuto da Saxônia Eleitoral, Gregor Brück, os protestantes conseguiram evitar a demanda do imperador, que exigia o retorno à antiga fé. No entanto, não foram capazes de impedir que a maioria dos participantes da dieta apoiasse o Edito de Worms e declarasse cada oposição a ele uma quebra da paz do império. Os protestantes tinham até 15 de abril para se unir à antiga fé; até lá, nenhuma outra inovação podia ser apresentada. Mesmo escritos evangélicos foram proibidos.

Com a rejeição imperial da Confissão de Augsburgo e o compromisso de Carlos de levar a cabo o Edito de Worms, protestantes ficaram de sobreaviso quanto à possibilidade de uma guerra iminente, estados e príncipes protestantes começaram a se preparar para esse perigo logo após o encerramento da dieta. Em fevereiro de 1531, uma liga defensiva formal foi estabelecida em Schmalkalden. Liderada por Hesse e Saxônia Eleitoral, a liga incluía outros signatários da Confissão de Augsburgo, bem como outras inúmeras cidades imperiais, incluindo algumas do sul da Alemanha. A questão da resistência ao imperador há muito era discutida por advogados e teólogos; inicialmente, Lutero foi contra a ideia e sua oposição era coerente com a convicção de que o evangelho não podia virar uma nova lei e ser imposto ao povo. O Reformador havia defendido tal posição contra Karlstadt, Müntzer e Zuínglio, da mesma forma como se opusera à Revolta dos cavaleiros, à Guerra dos camponeses e, mais recentemente, à proposta de uma cruzada contra os turcos. Segundo declarou: "Não podemos confiar no poder político para preservar o evangelho, mas apenas na fé em Deus" (Brecht, 1990, p. 363). Advogados e políticos, por outro lado, defendiam a legitimidade de uma liga defensiva com base no argumento de que os governantes não eram apenas súditos do imperador, mas também responsáveis, política e espiritualmente, por seus próprios súditos. Além do mais, juristas também enfatizavam que a própria lei imperial permitia resistência caso o imperador agisse de maneira injusta e ilegal.

A convicção cada vez maior de Lutero de que o imperador usaria de força para impor novamente a antiga fé impeliu-o a advertir o povo contra qualquer tipo de colaboração em tal ação. Lutero, um exemplo de desobediência civil, deparava-se agora com as consequências políticas da Confissão de Augsburgo. Em *Dr. Martin Luther's Warning to his Dear German People* [Advertência do Dr. Marinho Lutero ao seu querido povo alemão] — escrito provavelmente em outubro de 1530 e publicado em abril de 1531 —, Lutero sancionou a resistência armada contra o imperador: ação defensiva para a proteção do evangelho foi interpretada como um caso de "guerra justa". A pertinência desse tratado se reflete em suas diversas publicações, especialmente durante a Guerra de Schmalkalden e a Guerra dos Trinta Anos.

A Liga de Schmalkalden foi uma federação liderada, em rotação semianual, por Hesse e Saxônia Eleitoral. Como símbolo de unidade e fé, príncipes e cidades da liga aderiram à Confissão de Augsburgo. A liga se expandiu rapidamente em resposta a alguns acontecimentos. Em 11 de outubro de 1531, Zuínglio foi morto na batalha de Kappel e as cidades imperiais do sul da Alemanha, orientadas a Zurique, perderam apoio político e militar. Caso quisessem se posicionar contra o imperador, teriam de buscar proteção na Liga de Schmalkalden.

Nesse ínterim, os turcos estavam em marcha outra vez, e Carlos precisava da assistência militar e financeira de Estados protestantes. Para assegurar apoio, ele declarou, em julho de 1532, uma trégua entre os dois grupos religiosos, conhecido como: a "Paz de Nuremberg", tolerância legal que foi renovada por cerca de uma década, tornando-se, assim, um guarda-chuva para a expansão protestante. Protegido pela paz religiosa, Felipe de Hesse e a cidade de Estrasburgo ajudaram o duque luterano Ulrich a reconquistar o ducado de Württemberg, o qual estivera sob administração Habsburga desde 1519. O retorno de Ulrich representava o fortalecimento dos protestantes do sudoeste alemão. Estreitamento de diferenças luteranas e zuinglianas a respeito da Ceia do Senhor na Concórdia de Wittenberg (1536) permitiu que outras cidades imperiais se unissem à liga e tirasse a reforma zuingliana do império. Pomerânia e Anhalt se juntaram à liga depois de Württemberg, assim como as cidades imperiais de Augsburgo, Frankfurt, Hanover e Hamburgo, seguidas pelo marquesado de Brandemburgo e o ducado da Saxônia. Reformas instituídas por essas autoridades consistiam apresentações unilaterais à Confissão de Augsburgo.

Territórios dominados por Habsburgos e Wittelsbachs continuaram a apoiar o catolicismo. Para os Habsburgos, uma mudança confessional estava fora de questão, uma vez que desejavam manter seu controle sobre o ofício imperial. O território governado pelos Wittelsbach, no sul da Alemanha, já havia avançado no processo de "nacionalizar" instituições clericais. Por isso, secularizar ainda mais propriedades eclesiásticas e eliminar cortes clericais traria apenas um aumento insignificante no poder que já exerciam. Terras episcopais e monásticas eram caracterizadas como "pilares" da nobreza, e esses territórios se opunham fortemente a qualquer reforma, pois ela só aconteceria à custa dos nobres.

Até a Guerra de Schmalkalden, em 1546, toda área de colonização do leste da Alemanha e a maior parte do norte do país haviam aderido ao luteranismo. Avanços reformistas nessas regiões formaram uma ponte para a expansão luterana em terras escandinavas e para a influência da Reforma na Inglaterra.

## ECUMENISMO REFORMADO, GUERRA E A PAZ DE AUGSBURGO

A resposta de Carlos à expansão protestante começou com engajamentos diplomáticos a favor da convocação de um concílio geral, mas seu interesse na unidade da Igreja foi entravado por fatores políticos e pela suspeita de ambos os grupos. O Papa se opunha a um concílio no modelo proposto por protestantes: recente demais, a memória do movimento conciliarista, em particular o Concílio de Constança, relutavam-no ao concordar com um concílio "livre e cristão". Reis europeus obstruíam um concílio geral, temendo que ele se tornasse um veículo para o aumento do poder Habsburgo, enquanto luteranos, resistentes à ideia de enviar representantes a um concílio geral, receavam que o tal desse reconhecimento ao Papa como a maior autoridade da Igreja. Ao fracassar no esforço de convocar um concílio, Carlos foi levado a buscar a restauração da unidade no império por meio de diálogos religiosos nos limites de seu próprio território. Em 1540 e 1541, realizaram-se colóquios religiosos em Haguenau, Worms e Regensburg, nos quais se alcançou certa convergência ecumênica em questões teológicas ligadas ao pecado original e à justificação. Entretanto, concessões alcançadas nesses colóquios foram rejeitadas tanto por Roma quanto por Lutero.

Tentativas frustradas em convocar um concílio e alcançar convergência pelo diálogo moveram o conflito religioso em direção à guerra. Por volta de 1546, Carlos estava em posição favorável para avançar contra os luteranos. Havia paz com a França, e o Papa prometera ajudar no financiamento da guerra contra a Liga de Schmalkalden, enfraquecida tanto pelo esforço bem-sucedido de Carlos em subornar Moritz da Saxônia, trazendo-o para o seu lado, quanto pela bigamia de Felipe de Hesse. Esse caso foi um desastre político para Felipe e a liga, bem como motivo de vergonha para Lutero, Melanchthon e Bucer, dos quais recebera conselho pastoral. Uma vez que bigamia era punível com a morte pela lei imperial, a posição de Felipe foi seriamente comprometida, levando-o a prometer seu apoio a Carlos para evitar as consequências da lei (cf. Brecht, 1993, p. 205–8, 210–15).

A base formal para uma guerra era fazer cumprir o edito contra a Saxônia e Hesse. Juntas, as duas potências haviam afastado do poder Henrique de Braunschweig, aliado do imperador, e implantado a Reforma em seu território. Entretanto, embora a Liga de Schmalkalden tivesse vantagens militares e estratégicas sobre o imperador, não as aproveitou. Moritz da Saxônia (1521–53) foi em busca de seu interesse, ganhando a dignidade eleitoral da Saxônia ao deixar a Liga e seguir Carlos.

Por volta de abril de 1547, o imperador celebrava a vitória após tê-la destruído na batalha de Mühlberg, cidade próxima a Wittenberg. João Frederico foi capturado e, não muito tempo depois, Felipe de Hesse tornou-se prisioneiro de Carlos. Moritz da Saxônia, conhecido agora como "Judas de Meissen", recebeu do imperador a dignidade eleitoral. Lutero morreu pouco antes da guerra. Diz-se que, quando Carlos entrou na igreja do castelo de Wittenberg, onde o corpo do Reformador havia sido enterrado, urgiu-se ao imperador para que o corpo de Lutero fosse desenterrado e queimado como herege. Supostamente, Carlos respondeu: "Não faço guerra contra os mortos" (Kittelson, 1986, p. 299; Joestel, 1992, p. 92–101).

Carlos buscava agora reestabelecer um império unificado pela imposição, em 1548, de um acordo provisório na Dieta de Augsburgo; o decreto imperial estaria em vigor até que o Concílio de Trento terminasse seu trabalho. O acordo, conhecido como Ínterim de Augsburgo, permitia a continuidade provisória do casamento clerical, a celebração da ceia com pão e vinho e uma adaptação da doutrina da justificação em terras protestantes. O documento, porém, foi denunciado veementemente pela maioria dos protestantes como uma imposição da antiga fé. Alguns teólogos, notoriamente Melanchthon, trataram a reintrodução de alguns elementos da teologia e do culto católicos como "questões irrelevantes" (*adiaphora*). Outros líderes protestantes, porém, argumentaram que nada forçado podia ser "irrelevante" (Lindberg, 1997). Forte oposição ao "Ínterim" na terra natal de Lutero levou Moritz, agora eleitor, a promover sua própria versão da lei provisória, a qual permitia diversas exteriorizações católicas enquanto mantinha doutrinas protestantes essenciais. Seu esforço no sentido de evitar a alienação de muitos de seus súditos ficou conhecido como Ínterim de Leipzig. A cidade de Magdeburgo foi um exemplo notável de falha dessa política.

A liderança protestante de Magdeburgo denunciou o documento de Moritz como obra do diabo e do anticristo, e a recusa da cidade em aceitar o Ínterim provocou sua proscrição no império e um cerco contra ela. Em defesa de sua posição, a cidade produziu a "Confissão de Magdeburgo", primeira justificativa protestante do direito à defesa contra autoridades superiores injustas (Whitford, 2001a). Enquanto a confissão é normalmente interpretada em termos de "direito de resistência", a frase "direito de defesa" define melhor sua orientação. No século XVI, "resistência" era vista como sedição e rebelião ilegítima (Zwierlein, 2005, p. 27). Pastores liderados por Nicholas Gallus, Nicholas Amsdorf e Matthias Flacius Illyricus (renomado pela edição de "Centúrias de Magdeburgo") publicaram sua *Confession, Instruction and Warning of the Pastors and Preachers of the Christian Church in Magdeburg* [Confissão, instrução e advertência dos pastores e pregadores da Igreja cristã em Magdeburgo], em 13 de abril de 1550. Uma torrente de propaganda política em forma de tratados, caricaturas satíricas e cantigas contra o "Ínterim" jorrava da imprensa de Magdeburgo, inflamando a opinião pública por toda a Alemanha. Inspirando-se no texto de *Dr. Martin Luther's Warning to his Dear German People* [Advertência do Dr. Marinho Lutero ao seu querido povo alemão], especificamente no trecho em que Lutero declara o poder de Deus em "levantar um Judas Macabeu [...] capaz de esmagar Antíoco com seu exército e ensiná-lo o que é guerra de verdade", a Confissão de Magdeburgo comparava a resistência da cidade à dos macabeus. Segundo Oettinger (2001, p. 140): "Poucos acontecimentos específicos incitaram tantas produções musicais polêmicas como o Ínterim". Tropas de defesa da cidade, por exemplo, cantavam: "Fazei como os macabeus e lutai pela Palavra de Deus. Atacai o traidor da terra; vingai o bruto assassínio, cometido em solo alemão" (Olson, 1972, p. 69–70). De acordo com Witte:

> A Confissão de Magdeburgo destila e estende, de modo incisivo, os ensinos luteranos mais radicais em termos de resistência à tirania política [...] O próprio Lutero caminhava nessa direção na década de 1530. Contudo, a síntese agressiva desses argumentos em um tratado breve sobre teoria da resistência representou uma conquista intelectual impressionante, além de o ser também em termos de conquista política, uma vez que, com o tempo, mudou a opinião popular contra o imperador e seu Ínterim de Augsburgo (Witte, 2007b, p. 106–114, 113–14).

A doutrina luterana de resistência, contrária à visão geral popularizada por William Shirer em seu *The Rise and Fall of the Third Reich* [A ascensão e queda do terceiro Reich] (1960), não foi passiva somente, mas também ativa (Olson, 1972; Schoenberger, 1977; Benert, 1988). A confissão da cidade de Magdeburgo foi influente no desenvolvimento das teorias calvinistas de resistência na França, nos Países Baixos e na Inglaterra. Pode-se dizer que ela também exerceu influência na resistência contra Hitler, epitomada pela Igreja Confessional Alemã e, em particular, pelo famoso pastor executado por seu envolvimento na tentativa de matar Hitler: Dietrich Bonhoeffer (Whitford, 2001a, p. 93–105; Whitford, 2002b). Hans Christoph von Hase, primo e confidente de Bonhoeffer, foi pesquisador de Flacius e escreveu sobre a resistência ao Ínterim (Siemon-Netto, 1995). Bonhoeffer deu continuidade à questão estabelecida por Lutero e Flacius de que certas questões éticas colidem de tal modo com a fé que acabam obtendo *status* confessional (*casus* ou *status confessionis*). No contexto de Bonhoeffer, um exemplo é como os nazistas trataram os judeus; um exemplo posterior é o *apartheid*. O ponto ensinado por Flacius e a controvérsia sobre o Ínterim de Augsburgo é que *nihil est adiaphoron in casu confessionis et scandali* ("nada é irrelevante em casos de confissão e escândalo"). Com linguajar mais colorido, Lutero e Bonhoeffer responderam claramente à questão do que fazer no caso de instituições pervertidas: "Se o condutor da carroça estiver bêbado, temos que frear as rodas" (Duchrow, 1987, p. 34).

No topo da hierarquia política, as coisas não iam muito melhor. Carlos e seu irmão, Fernando, divergiam por causa de interesses políticos diferentes. Fernando mantinha o foco na Europa central e oriental, onde havia confrontado os turcos durante boa parte de seu reinado quase sem a ajuda de Carlos. Além disso, enquanto Carlos buscava interesses espanhóis e guerras contra os Valois, Fernando havia se sobrecarregado ao lidar com os protestantes, mas sem a autoridade final para resolver, de uma forma ou de outra, qualquer questão. Tensões entre as casas austríaca e espanhola dos Habsburgos não representavam nada menos que rivalidade fraternal em grande escala, antagonismo que se estendeu até os filhos: Carlos pensava que Felipe, seu filho, devia suceder a Fernando como imperador, enquanto Fernando pensava que seu filho Maximiliano — não Felipe — devia pedir a mão de Maria Tudor. Assim, quando os príncipes protestantes se rebelaram em 1552, Fernando não se entusiasmou com a ideia de socorrer seu irmão.

Moritz da Saxônia liderou a revolta sob a divisa tranconfessional de preservação da liberdade dos príncipes. A preocupação perene das autoridades protestantes chegara a um nível crítico por dois fatores: o aprisionamento imperial de João Frederico da Saxônia e Felipe de Hesse, e a proposta de Carlos de que a dignidade imperial deveria alternar-se entre seus herdeiros e os de Fernando. A proposta de revezamento parecia tornar o colégio eleitoral supérfluo, diminuindo o direito de príncipes-eleitores.

Além dos príncipes, Moritz obteve o auxílio do rei da França, Henrique II, depois de prometê-lo os bispados imperiais de Metz, Toul e Verdun em troca de apoio. Tamanha oposição forçou Carlos a fugir pelos Alpes em busca de segurança. O imperador nunca mais tornou a pisar em solo alemão, deixando a resolução das divisões religiosas nas mãos de Fernando. De março a setembro de 1555, a dieta de Augsburgo se reuniu e, independentemente de Roma, do imperador e de autoridades medievais tradicionais, pôs fim a conflitos religiosos. Em virtude de intransigências e da sucessão rápida de papas durante o período da dieta, o papado não teve representação durante o encontro: o Papa Júlio III faleceu em março e seu sucessor, Marcelo II, em maio. O novo Papa, Paulo IV, recusou-se a reconhecer qualquer competência à resolução de assuntos religiosos independentes de Roma. Carlos V compartilhava da mesma rigidez e, por isso, tanto ele quanto o pontífice foram postos de lado.

A Paz de Augsburgo (1555) também foi influenciada pela preocupação de príncipes católicos e protestantes em aumentar seu próprio poder. Eleitores protestantes buscavam reconhecimento quanto ao direito de reformar e controlar a Igreja; príncipes buscavam segurança contra o controle imperial; cidades buscavam sua própria proteção. O resultado foi uma "paz pública" provisória, constituída com base em concessões políticas que reconheciam, ao menos por um tempo, a futilidade da imposição de uma solução religiosa, mas que, ainda assim, pressupunham a validade medieval de um *corpus Christianum*: uma única Igreja, um único império. A paz foi ditada por percepção e realidade políticas, e não como consequência de qualquer senso de tolerância.

As cláusulas da Paz de Augsburgo garantiram segurança pessoal e jurídica aos Estados imperiais católicos e protestantes, incluindo liberdade religiosa e direito à organização de políticas eclesiásticas aos que haviam aderido à Confissão de Augsburgo. O tratado também reconheceu: a soberania dos príncipes sobre assuntos religiosos com base no princípio de que "onde há um único regente, deve-se haver uma única religião" (*ubi unus dominus, ibi una sit religio*) (por volta de 1600, a frase recebeu a reformulação clássica *cuius regio, eius religio* — "a religião do regente é a religião do reino"); direito de emigração (*ius emigrandi*) aos súditos que não estivessem dispostos a aceitar a religião de seu príncipe; a chamada "reserva eclesiástica", que privava um príncipe eclesiástico do cargo e de seus bens caso se tornasse luterano; retenção do *status quo* confessional nas cidades imperiais onde as confissões foram estabelecidas; o direito de príncipes seculares de reter as propriedades eclesiásticas que haviam confiscado até 1552, com exceção daquelas que estavam sujeitas diretamente ao império.

A Paz de Augsburgo foi vantajosa aos que aderiram à Confissão de Augsburgo, porém a legalização que os luteranos receberam não se estendeu a outros protestantes, tais como anabatistas e adeptos da Reforma Suíça — cujo centro de gravidade mudara, àquela altura, para Genebra sob a influência de João Calvino. O tratado não reconhecia que um comprometimento confessional alternativo não significasse, por si só, deslealdade ao império — posição que, dentre outros reformadores, Lutero e Melanchthon haviam defendido veementemente em 1530.

Alguns veem a cláusula que legalizava a emigração como o início da luta por direitos humanos com relação à liberdade religiosa e livre circulação. Devemos nos lembrar, contudo, que o direito exigia a quitação de dívidas do cidadão para com seu príncipe, o que poderia ser economicamente impossível. À luz desse fato, o desenvolvimento do criptoprotestantismo e do criptocatolicismo não é algo estranho. A história da expulsão dos protestantes de Salzburgo no século XVIII ilustra como a provisão migratória de 1555 também podia ser usada como pretexto para expulsão.

O princípio medieval de verdade única deu lugar a um pluralismo mínimo com a abolição legal da heresia em relação aos luteranos. Obrigado a reconhecer os dois grupos confessionais, o imperador perdeu, ao menos em teoria, a reivindicação de ser o segundo cabeça do cristianismo depois do Papa. Carlos sabia desse problema. À medida que a paridade entre as confissões começou a emergir como solução jurídica, o imperador informou a seu irmão que, depois da dieta, removeria sua coroa. Em outubro de 1555, Carlos entregou os Países Baixos e, em janeiro de 1556, Espanha e Sicília ao seu filho, Felipe II. Uma consequência dessa ação foi a mudança de conflito entre Habsburgos e Valois a um conflito entre Espanha e França. Em conformidade com ideais medievais, Carlos V retirou-se ao mosteiro de São Jerônimo de Yuste, na Espanha, com vistas à sua saúde e salvação; lá, morreu em 1558. A transferência do título imperial a Fernando da Áustria foi confirmada oficialmente em 1558. A reivindicação de que havia uma única verdade religiosa ruiu, em 1555, na cidade de Augsburgo e, com ela, a visão de Carlos de uma Europa dominada pelos Habsburgos. Despedaçou-se também o objetivo essencial da Reforma de consertar a Igreja, não de dividi-la. Conforme veremos, o princípio legislativo *cuius regio, eius religio* de 1555 nos serve de pista acerca de um problema antigo: por que a Reforma foi bem-sucedida na Inglaterra, onde o protestantismo era fraco, e falhou na França, onde o movimento era forte? A explicação está em quem detinha a coroa (cf. Monter, 2002).

## SUGESTÕES DE LEITURA

Thomas A. Brady, Jr, *Protestant Politics: Jacob Sturm (1489–1553) and the German Reformation* [Política protestante: Jacob Sturm (1489–1553) e a Reforma alemã]. Atlantic Highlands: Humanities, 1995.

Bernd Moeller, *Imperial Cities and the Reformation: Three Essays* [Cidades imperiais e a Reforma: três ensaios], ed. e trad. H. C. Erik Midelfort e Mark U. Edwards, Jr. Durham: Labyrinth, 1982.

Steven Ozment, *The Reformation in the Cities: The Appeal of the Reformation to Sixteenth-Century Germany and Switzerland* [A Reforma nas cidades: apelo da Reforma à Alemanha e Suíça do século XVI]. New Haven: Yale University Press, 1975.

R. W. Scribner, "Politics and the Institutionalization of Reform in Germany" [Política e institucionalização da Reforma na Alemanha] em G. R. Elton, ed., *The Reformation 1520–1559* [A Reforma: 1520–1559], 2a. ed. (New Cambridge Modern History, II), 172–97, Cambridge: Cambridge University Press, 1990.

James D. Tracy, ed., *Luther and the Modern State in Germany* [Lutero e o Estado moderno alemão], Kirksville: Sixteenth Century Journal Publishers, 1986.

*Capítulo 10*
# "A MAIS PERFEITA ESCOLA DE CRISTO": REFORMA EM GENEBRA

> *Genebra é a escola mais perfeita de Cristo que já existiu nesta terra desde os dias dos apóstolos. Confesso que Cristo é verdadeiramente pregado em outros lugares. Contudo, reforma tão sincera de costume e religião, não vi em nenhum outro lugar.*
>
> John Knox (1513–72)

Em 1556, na época em que fez o elogio acima, John Knox, impetuoso Reformador escocês, era um refugiado em Genebra por causa da campanha de Maria Tudor contra os protestantes. Knox não era nem o único refugiado, nem o único admirador de Calvino em Genebra. No mesmo período, outro refugiado, John Bale, escreveu:

> Em Genebra, parece ter acontecido o maior milagre do mundo [...] É maravilhoso que espanhóis, italianos, escoceses, ingleses, franceses e alemães, que discordam em costume, fala e vestimenta [...], vivam de modo tão amável, unidos apenas pelo jugo de Cristo [...] como uma congregação espiritual e cristã (McNeill, 1967, p. 178).

O elogio extravagante de Genebra como "cidade santa" e guardada por "legiões de anjos" indica que essa "nova Roma" da Reforma não era apenas um refúgio para os protestantes expulsos de outras terras, mas também uma Meca aos adeptos da nova fé. Conforme veremos, como modelo de comunidade cristã, Genebra não foi "construída em um único dia", mas resultou de uma luta longa e muitas vezes amarga. Além disso, nesse processo, a cidade não apenas recebeu refugiados, como também tomou conta deles. No centro de todo elogio e de toda culpa em torno de Genebra esteve João Calvino, ele próprio um refugiado da França, sua terra natal.

## JOÃO CALVINO (1509–1564)

João Calvino (Jean Cauvin), 26 anos mais novo que Lutero, foi um Reformador da segunda geração. Como o Reformador mais importante fora da Alemanha (alguns diriam o maior dentre os Reformadores), a obra e personalidade de Calvino o colocam no grupo "eleito" de figuras proeminentes da Igreja, sobre os quais há pouco ou nenhum juízo apartidário. De modo contraditório, Calvino tem sido retratado como dogmático retrógrado e ecumênico; inquisidor impiedoso e pastor cuidadoso; autoritário insensível e humanista compassivo; individualista rigoroso e pensador social; sistematizador lento e teólogo de teólogos, responsável por completar a doutrina da Trindade; homem dominado por lógica e também de traços contraditórios e inconsistências; teórico do capitalismo e do socialismo; tirano de Genebra e defensor da liberdade; ditador e revolucionário. Com respeito à sua teologia, alguns acreditam que ela se centraliza na predestinação; outros, no perdão dos pecados; e outros ainda, que a teologia calvinista não se centraliza em nada! Em suma, poucos ficaram neutros com relação ao Reformador. A história da interpretação de Calvino ainda não chegou ao um ponto exaustivo como na de Lutero, mas não restam dúvidas de que é tão colorida quanto a dele. Calvino teve até mesmo seu próprio "Cochlaeus" em Jerome Bolsec, cuja biografia, em 1577, representou uma grande conquista na arte da difamação.

Calvino nasceu em Noyon, cidade diocesana situada a cerca de 97 quilômetros a noroeste de Paris. Sua mãe faleceu quando tinha entre cinco e seis anos de idade; já seu pai, procurador capitular da sé e secretário do bispo, recebia benefícios modestos da Igreja em favor de João, usados para financiar sua educação. Aos quatorze anos, Calvino partiu para Paris, envolvendo-se com estudos gerais no Collège de la Marche e, em seguida, estudos teológicos no Collège de Montaigu, onde Erasmo e Rabelais o haviam precedido e Loyola o sucederia em breve. Em 1528, aos dezoito anos, Calvino recebeu o grau acadêmico de mestre. O domínio e habilidade de Calvino nas formas predominantes de argumentação latina, bem como sua seriedade religiosa e ética, podem estar por trás da lenda de que seus colegas de classe o apelidaram de "acusativo". Descrições mais humanas de Calvino nos tempos de estudante vêm de seu amigo e biógrafo Teodoro de Beza (1519–605), que explicou a preferência do Reformador por passar as manhãs na cama como um tempo de reflexão, preparando-se para estudos diligentes até tarde da noite.

Mudando-se de Paris em 1528, Calvino passou a frequentar as famosas escolas de direito de Orleans e Bourges, onde concluiu, em 1532, seu bacharelado em direito. Essa mudança de estudos teológicos preparatórios para o direito ocorreu por insistência de seu pai, o qual havia se envolvido em uma controvérsia com o clero de Noyon e talvez cresse que estudos em direito resultariam em uma carreira melhor. Em Bourges, Calvino teve a oportunidade de sair em busca de seu interesse vívido pelos clássicos, incluindo o estudo do grego. Que a ocupação de Calvino com o direito fora motivada em grande medida por sua obediência filial ficou evidente no fato de ter retornado a Paris para estudar humanismo após a morte de seu pai. Em 1532, Calvino publicou seu primeiro trabalho, um comentário erudito de *Tratado sobre a clemência*, de Sêneca. Aparentemente um fracasso editorial, a obra, no entanto, mostra a habilidade linguística precoce de Calvino e seu conhecimento profundo dos clássicos. Ao contrário de algumas sugestões, seu comentário não lhe serviu de fonte para que pendesse à Reforma, nem representou um apelo em favor de tolerância religiosa, mas foi uma expressão de sua resposta ao contexto político frágil dos primórdios da Reforma na França, confrontada pelo absolutismo real. Como jovem advogado, Calvino propõe um "meio-termo" entre clemência e tirania. Como tal, seu comentário é uma pista do modo como se dirigiu a Francisco I no prefácio às *Institutas* e de sua preocupação contínua pela ordem no curso das reformas.

De fato, o próprio Calvino nos fornece poucas informações autobiográficas no que diz respeito à sua conversão ao "protestantismo". Em resposta ao cardeal Sadoleto e seu apelo aos cidadãos de Genebra para que retornassem à fé romana, Calvino disse estar "indisposto para falar de si mesmo" (Olin, 1966, p. 54). Essa reticência pessoal é impressionante quando comparada a Lutero, que, ao que tudo indica, raramente tinha um pensamento ou uma emoção sobre o qual não escrevesse: "Enquanto a *persona* de Lutero se sobressai em cada página de sua obra, Calvino tendia a ser tão 'discreto' que é difícil discernir a pessoa por trás do papel e descobrir o batimento emocional subjacente ao seu impulso de vislumbrar os mistérios de Deus e do mundo" (Oberman, 1994, p. 114). Calvino certamente compartilhava do desejo humanista de retornar *ad fontes*, isto é, às fontes da cultura, incluindo a Escritura. Pesquisas recentes, porém, têm demonstrado sensibilidade às diversas maneiras pelas quais o humanismo do século XVI pode ser definido. Assim, alguns preferem limitar o humanismo do Reformador ao uso de sua metodologia, enquanto outros incluem sua aceitação de algumas das visões substanciais da natureza e história humanas. Na década anterior à sua conversão, uma coisa que Calvino compartilhava de fato com os humanistas evangélicos franceses era o medo existencial e a ansiedade espiritual diante da quase aniquilação dos "luteranos" franceses e do rompimento com o catolicismo romano. Bouwsma (1988) enfatiza o uso que Calvino fazia das palavras "labirinto" e "abismo" como expressões centrais da confusão e ansiedade do tempo, bem como seu próprio fundamento teológico e existencial-psicológico. No entanto, Muller questiona se a "interpretação de Bouwsma em termos psicológicos e existenciais não acaba afastando seus leitores de Calvino" (Muller, 2000, p. 10, 79–98, aqui 97). O que está claro é que o jovem Calvino foi auxiliado pelos escritos de Lutero em latim e francês no desenvolvimento de sua própria teologia bíblica. Mesmo sendo mestre em francês, latim, grego e hebraico, Calvino tinha pouco domínio do alemão, fato que, segundo alguns teólogos zuinglianos sugeriram, contribuiu com sua admiração de Lutero:

"O jovem Calvino não é erasmiano em sua teologia, mas em grande medida — em vista de seu entendimento diferente da *iustitia Dei* — um discípulo de Lutero em experiência e mesmo em expressão" (Oberman, 1994, p. 134; Steinmetz, 1986, p. 85–97; Steinmetz, 1995, p. 172).

No final da vida, Calvino falou de sua "conversão inesperada", a qual estudiosos declaram ter acontecido em algum momento entre os anos de 1533–4. No prefácio de seu comentário dos Salmos (1557), Calvino cita a providência de Deus em mudar a direção de sua vida:

> O que primeiro aconteceu foi que, por uma conversão inesperada, Deus domou uma mente teimosa demais para ser ensinável. Era tão devoto das superstições do papado no decorrer dos anos que nada menos [que uma intervenção divina] podia me tirar das profundezas do lamaçal [cf. Salmos 40:1-11] (Bouwsma, 1988, p. 10).

Muller (2001, p. 325) repara que "Calvino associava sua emergência inicial das trevas do papado com uma leitura que fizera de Lutero" e que "o método de Melanchthon é particularmente evidente nas *Institutas* de Calvino" (Muller, 2004, p. 132). Spijker (2001, p. 207) também fala da influência óbvia e duradoura de Lutero sobre o Reformador francês. Em sua reposta a Sadoleto, Calvino descreve ainda mais detalhadamente sua conversão, comparando-a com a experiência de Lutero da libertação, pela misericórdia de Deus, dos fardos do confessionário e da piedade do mérito. Em *Institutas da Religião Cristã*, Calvino acusou a Igreja romana de escravizar consciências por muitas leis que causam extrema angústia, terror e incerteza de salvação. No catolicismo, Calvino dizia que o indivíduo "andará sempre atribulado e com medo, duvidando se tem, de fato, um Deus misericordioso".

"Pelo contrário: justificado pela fé é aquele que, excluído da justiça das obras, apreende a justiça de Cristo e, por essa mesma fé, reveste-se dela, aparecendo aos olhos de Deus não como pecador, mas como justo [...] Assim, 'justificar' não é nada além de liberar da culpa aquele que antes se sentia acusado, como se sua inocência fosse confirmada" (McNeill e Battles, 1960, p. 1180, 653–4, 726–8).

A conversão de Calvino foi atestada publicamente por seu retorno a Noyon, em maio de 1534, para abrir mão dos benefícios eclesiásticos que detinha desde os doze anos de idade. Diferentemente de muitos humanistas franceses que, apesar da mentalidade reformista, ainda assim permaneciam em público na Igreja Católica, Calvino rompeu claramente com a Igreja. No decorrer de seu ministério, ele criticaria duramente os "nicodemitas" (assim chamados por causa do exemplo de Nicodemos em João 3:1-17), que não conseguiam viver publicamente aquilo no qual acreditavam:

Calvino escreveu que a advertência apostólica quanto à impossibilidade de termos comunhão com o Senhor e os demônios ao mesmo tempo (1Coríntios 10:21-22) eram "palavras que nos deviam fazer tremer" e que a advertência de Cristo de que negaria aqueles que o negassem "devia nos deixar de cabelo arrepiado" (Gregory, 1999, p. 160).

Embora se referisse ao cristão que estava atolado em superstições papais, é importante notar que, diferentemente de boa parte dos reformadores da primeira geração, Calvino não era nem monge, nem ministro. De fato, não se sabe ao certo se foi consagrado mesmo durante a sua carreira pastoral em Estrasburgo. Bouwsma (1988, p. 20) declara que Calvino tornou-se pregador não por ordenação, mas pela ação do conselho municipal de Genebra. Em sua resposta a Sadoleto, Calvino menciona os ofícios de mestre e pastor em Genebra, assim como a segurança de que seu ministério era "apoiado e sancionado por um chamado de Deus" (Olin, 1966, p. 50). No entanto, nunca recebeu o treinamento formal em teologia característico da primeira geração: Calvino foi um teólogo autodidata.

Em termos de contexto, Calvino também se diferenciou acentuadamente da primeira geração de reformadores, uma vez que não era nem alemão, nem suíço, mas francês. Diferentemente do Sacro Império Romano, a França progredia em direção a uma monarquia centralizada e absolutista. Tolerar movimentos de reforma incompatíveis com seu desejo de criar unidade política e nacional não era, de modo nenhum, do interesse político — muito menos religioso — do rei Francisco I. Reformadores franceses não podiam achar cobertura, como na Alemanha, em líderes nacionais e municipais, nem na proteção dos príncipes. A reforma na França criou uma Igreja "no deserto", regada pelo sangue de mártires que se opunham ao poder de uma autoridade centralizada, formulada por advogados da corte em termos de *un roi, une loi, une foi*! ("um rei, uma lei, uma fé"). Isso ajuda a explicar o fenômeno "nicodemita" ao qual Calvino se opôs, mas também levanta a questão da viabilidade estratégica e teológica de sua convicção. Deparando-se com a escolha entre martírio e fuga, cerca de cinco mil refugiados franceses incharam a população de Genebra de 1549 a 1560, diminuindo, assim, a força do protestantismo francês. Martin Bucer, mentor de Calvino durante seu exílio em Estrasburgo, chamaria atenção não apenas a esse efeito "antinicodemista", mas também ao fato de que o povo de Deus na Igreja católica francesa não devia ser abandonado (Higman, 1993; Stam, 2006, p. 273–5).

## VIAGEM A GENEBRA

Calvino deixou Paris por causa do "caso Cop". Nicolas Cop, professor de medicina e amigo de Calvino nos dias em que frequentavam o Collège de Montaigu, fora eleito reitor da Sorbonne. Em seu discurso inaugural, feito em 1 de novembro de 1533 (Dia de Todos os Santos), Cop discursou aos professores da universidade com base no sermão do Monte, desafiando-os a obedecer a Deus a despeito de perseguição e difamação. Seu discurso fez menção não apenas às obras de Erasmo e de humanistas franceses, mas também a um sermão de Lutero, identificando os pobres de espírito na passagem bíblica com evangélicos perseguidos. Alguns teólogos reagiram, acusando Cop de propagandista luterano (o rei havia ordenado a prisão de "luteranos"). Calvino, suspeito de ser coautor do discurso em virtude da amizade que tinha com Cop, fugiu; Cop conseguiu escapar para Basileia. Calvino encontrou segurança na casa de um amigo em Angoulême, onde começou a escrever o que logo seria a declaração mais importante do protestantismo: as *Institutas da Religião Cristã*.

Calvino completou e publicou a primeira edição das *Institutas* em 1536, na Basileia, onde, em janeiro de 1535, buscara refúgio da perseguição intensa contra os protestantes na França. A intenção original de Calvino era que a obra servisse de catecismo evangélico para a educação e reforma das igrejas, porém, o Reformador ganhou rapidamente renome internacional com o trabalho. A forma catequética da obra não é acidental: antes de começar sua primeira edição, Calvino estava familiarizado com o Pequeno Catecismo de Lutero. Além do mais, por esse tempo, *institutio* era sinônimo de *catechismus*: "Lutero serviu de grande influência nas *Institutas*. Calvino tanto o reconhecia como pai do movimento com o qual agora se identificava quanto admirava sua percepção teológica" (Bouwsma, 1988, p. 18; cf. Watanabe, 1994). De fato, diz-se que Calvino foi o maior e melhor discípulo de Lutero (Spijker, 1993: I, 466; Gerrish, 1968; Selinger, 1984, p. 11–56). Análoga ao catecismo de Lutero, a primeira edição das *Institutas* consistia em seis capítulos sobre lei, credo, oração do Pai Nosso, sacramentos do batismo e da Ceia do Senhor, argumentos contra sacramentos católicos ainda praticados e uma discussão sobre liberdade cristã. Em grande demanda, a obra, escrita em latim, foi reeditada e expandida, traduzida também para o francês, espanhol, italiano, holandês, alemão, tcheco, húngaro e inglês. Na edição de 1539 — agora influenciada, em grande medida, por Melanchthon (Muller, 1999) — Calvino via as *Institutas* como texto ideal para o treinamento de candidatos ao ministério. A revisão final de Calvino (1559) abrange mais de mil e quinhentas páginas em sua tradução para o inglês moderno — isso de um homem que declarou: "por natureza, amo a brevidade" (Zachman, 2000, p. 246). O prefácio das *Institutas* foi uma carta a Francisco I da França, suplicando ao rei por uma audiência justa da fé evangélica, informando-o de que qualquer governo que não rendesse culto a Deus não passaria de banditismo. A carta, obra-prima de um advogado de defesa, justifica o protestantismo francês e exibe claramente as qualidades de liderança de Calvino, evidentes aos protestantes em toda parte. O Reformador enfatizava que o ensino evangélico não era nem novo, nem herético, embora enraizado na Escritura e em harmonia com os Pais da Igreja. É importante notar que Calvino reteve sua carta dedicatória em todas as edições das *Institutas* posteriores à morte de Francisco. Seu propósito era demonstrar que, seja quem fosse a ocupar o posto, seria "responsável diante de Deus pelo bem-estar das pessoas" e que aqueles que o negligenciassem ou traíssem sua confiança "não [reinariam] por muito tempo" (Willis-Watkins, 1989, p. 117). A carta de Calvino, porém, não provocou uma mudança de coração em Francisco. A breve anistia geral concedida pelo rei aos religiosos franceses exilados foi mais motivada por interesse, já que estava em busca de apoio às vésperas de sua terceira guerra contra o imperador Carlos V. Tirando vantagem da oportunidade de um retorno seguro, Calvino voltou à França para resolver questões familiares, e essa foi sua última visita à pátria. Em seguida, juntamente com seu irmão Antoine e sua irmã Marie, Calvino dirigiu-se à cidade imperial livre de Estrasburgo. Ele tinha a intenção de se estabelecer na cidade para se dedicar a uma vida de pesquisas, mas, durante o trajeto, foi forçado, por causa do movimento de tropas imperiais, a viajar via Genebra — um dos desvios mais impressionantes da história.

Calvino chegou a Genebra em julho de 1536, planejando apenas pernoitar na cidade antes de continuar sua viagem a Estrasburgo. Alguém, porém, o reconheceu, avisando de sua chegada a William (Guillaume) Farel (1489–1565), velho conhecido de Paris. Farel, pregador zeloso, trabalhava há alguns meses para levar Genebra ao protestantismo, que já havia sido aderido por Berna, Basileia e Zurique. Farel via Calvino como alguém que fora literalmente enviado por Deus em favor da causa protestante, exortando-o a permanecer e a se juntar ao trabalho de reformar Genebra. Calvino recusou, explicando que era um erudito, muito menos administrador ou pregador, e que não tinha o temperamento necessário para empreender tal tarefa, uma vez que, em geral, não lidava bem com as pessoas. Conforme escreveu posteriormente acerca de si mesmo: "Sendo de disposição insociável e tímida, sempre amei distanciamento e tranquilidade. Por isso, comecei a procurar por algum local onde pudesse me esconder das pessoas [...] Meu objetivo foi sempre viver em condição de anonimato, sem ser conhecido" (Gerrish, 1967a, p. 151).

Apesar da recusa, Farel, irredutível, esbravejou contra os planos de Calvino, denunciando-os como egoístas e proclamando que Deus amaldiçoaria sua vida acadêmica caso não permanecesse em Genebra e atendesse o chamado de Deus. Calvino foi vencido pelo pronunciamento. Conforme relataria sobre o acontecido: "Farel me manteve em Genebra não tanto por conselho ou pedido, mas por uma insistência temível, como se Deus tivesse, do alto, estendendo-me a mão para me prender" (Walker, 1969, p. 158). Assim, Calvino assumiu uma responsabilidade que nem buscara, nem desejara: "A despeito de minha disposição, [Deus] me trouxe para a luz e me fez, por assim dizer, enxergar" (*CO* 31, p. 22). Esse "acadêmico frustrado por Deus", como Calvino viria a ser chamado, devotou o resto de sua vida a Genebra, exceto por um exílio curto em Estrasburgo.

## REFORMA EM GENEBRA

A Reforma da cidade de Genebra e sua emancipação política estavam intimamente relacionadas. Mais do que muitas outras regiões influenciadas pela Reforma, Genebra exemplificava o potencial revolucionário do protestantismo — fato que não deixou de ser percebido pela Coroa francesa, a qual, posteriormente, sempre suspeitou de subversão política entre protestantes.

No início do século XVI, a cidade lutava pela independência da Casa de Savoia, poder dominante ao sul de Genebra, entre a França e a Itália. O governante tradicional da cidade era um príncipe-bispo que, por esse tempo, não era nada além de uma extensão da Casa de Savoia.

Ao norte de Genebra estavam os cantões suíços de Friburgo e Berna — católico e protestante, respectivamente — ambos os quais, por razões políticas, queriam atraí-la a uma aliança helvética. Em 1525, Savoia perdeu a cidade satélite de Lausanne, que fez aliança com Berna, supondo, corretamente, que Genebra seria a próxima a fazer o mesmo. Embora Carlos III, duque de Savoia, tenha coagido Genebra a reafirmar lealdade ao seu bispo e à Casa de Savoia, exilados da cidade negociaram um tratado com Friburgo e Berna, levando-a à órbita de uma união helvética em fevereiro de 1526. Cidadãos de Genebra que apoiavam a Confederação Helvética eram chamados de *Eidgenosse* (*Eid* = juramento; *Genosse* = membro). Alguns sugerem que o nome, por sua vez, uniu-se ao de um líder genebrino exilado, Besançon Hugues, formando o nome "huguenote", aplicado posteriormente aos protestantes e refugiados franceses. A origem do termo "huguenote" há muito tem sido debatida. Uma outra explicação o atribui aos encontros dos primeiros calvinistas franceses próximo a *Hugon*, uma das entradas da cidade de Tours. O diminuitivo para "pequenos Hugues" (huguenotes) usado no início de forma sarcástica passou a ser usado, depois, como um emblema de honra (Ozment, 1980, p. 359; Gray, 1983).

Em 1527, instituiu-se o Conselho dos Duzentos de Genebra, assumindo formalmente os poderes legislativos e judiciários exercidos anteriormente pelo duque de Savoia. O conselho era composto por duzentos membros. Funções executivas eram exercidas pelo Conselho Menor, o qual consistia em 25 membros, dezesseis dos quais eram nomeados pelo Conselho dos Duzentos e por outros (quatro síndicos, o tesoureiro da cidade e quatro membros do Conselho Menor do ano anterior), eleitos anualmente pelo Conselho Geral de cidadãos.

Genebra foi atacada por Savoia em 1530, mas salva pela intervenção de Berna e Friburgo; agora, contudo, as duas cidades estavam envolvidas em conflitos religiosos.

Berna havia aceito a Reforma em 1528, porém, Friburgo permanecia rigorosamente na antiga fé. Em 1533, Berna evangelizou Genebra energeticamente, levando-a à causa protestante. Por conseguinte, tumultos religiosos, iconoclastia e aumento da "heresia" na cidade fizeram ruir sua aliança com a Friburgo católica. Por meio de debates públicos e sermões inflamados, Farel liderou a vanguarda de protestantes contra a Igreja antiga. O pregador ganhou o púlpito da catedral e persuadiu o Conselho dos Duzentos, em 10 de agosto de 1535, a acabar com a missa. Por volta de dezembro de 1535, magistrados deram ao clero católico a escolha entre conversão e exílio. Em maio de 1536, uma assembleia geral de cidadãos ratificou medidas de reforma e afirmou seu desejo de "viver de acordo com o evangelho e a Palavra de Deus". Berna defendera e liberara Genebra de Savoia, mas mesmo assim a cidade resistiu a tentativas bernenses de exercer autoridade em lugar do príncipe-bispo e da Casa de Savoia. A soberania genebrina foi reconhecida formalmente por Berna em agosto de 1536, embora o cantão tenha continuado a ser um poder ao qual Genebra devia respeitar.

Assim, quando Calvino chegou a Genebra com a idade "madura" de 27 anos, Farel e seus colegas tentavam implementar o mandato recente de Reforma. O clero católico havia sido expulso, mas uma nova estrutura protestante ainda estava por ser criada; era esse o motivo pelo qual, segundo Farel acreditava, Calvino havia sido divinamente enviado a Genebra. Aparentemente, nem todos tiveram acesso ao *insight* de Farel. Ao formalizar a nomeação de Calvino como professor da Escritura Sagrada, o secretário do Concílio Menor não entendeu o nome e escreveu: "o francês" (*ille Gallus*).

As primeiras tentativas de Calvino de reformar Genebra não apenas falharam, mas levaram a sua expulsão da cidade. Para ele, era axiomático o fato de liturgia e disciplina eclesiásticas caberem aos líderes da Igreja, mas não a políticos — um desvio da política de outras cidades protestantes suíças, incluindo Berna, defensora de Genebra. Cidadãos, constituídos ainda por uma maioria populacional católica, não gostaram da disciplina e uniformidade doutrinária que Calvino e Farel desejavam impor. Em novembro de 1537, o Conselho Geral recusou-se a impor a confissão de fé que, segundo Calvino, todo povo devia aderir. Aparentemente, o Conselho temia que, se a Igreja supervisionasse a moralidade da cidade, isso diminuiria sua própria autoridade — temor compartilhado por outras cidades e que continuaria a ser fonte de tensão em Genebra. Assim, o Conselho dos Duzentos negou a Calvino e Farel o direito de excomungar; afinal, a cidade não havia se livrado de um príncipe-católico só para substituí-lo por "príncipes" protestantes! Em fevereiro de 1538, a eleição anual escolheu autoridades civis hostis a Farel e Calvino. Em meados de março, o Conselho advertiu os dois pregadores a não interferir em assuntos políticos, restringindo-se apenas à religião. O entendimento que os magistrados tinham sobre religião incluía a prática litúrgica sancionada por Berna de que pães ázimos deviam ser usados na Ceia do Senhor.

Em um domingo de Páscoa de 1538, Calvino e Farel pregaram nas duas igrejas principais de Genebra, porém, se recusaram a administrar a ceia em desacato à ordem dos magistrados; em suma, ambas as congregações foram excomungadas! Os Reformadores não eram contra o uso de pães ázimos, mas contra o direto de autoridades civis de gerir assuntos eclesiásticos. Calvino via a crise em termos de liberdade pastoral; já as autoridades genebrinas viam-na em termos de independência da interferência de Berna:

> Era do interesse de Genebra apaziguar e seguir Berna de todas as maneiras possíveis como garantia de seu apoio militar. Genebra também queria remover ou reduzir possíveis pontos de conflito, mantendo, ainda assim, um nível máximo de independência interna (Naphy, 1994, p. 26).

Após comoção pública, o conselho municipal dispensou imediatamente Farel e Calvino, dando-lhes três dias para que deixassem a cidade. Informado da decisão, Calvino respondeu: "Pois bem: se servíssemos homens, seríamos mal recompensados. Servimos, porém, um grande Mestre, de quem esperamos nossa recompensa" (Monter, 1967, p. 66–7).

## ESTADIA EM ESTRASBURGO

Farel se estabeleceu em Neuchâtel. Calvino foi a Estrasburgo por insistência de Martin Bucer (1491–1551), Reformador principal da cidade e que, assim como Farel, advertiu-o da seguinte forma: "Caso outro ministério lhe seja oferecido, não pense que poderá deixá-lo, ainda que por pouco tempo, sem ofender a Deus" (Bouwsma, 1988, p. 21–2). Tendo finalmente chegado ao seu destino original, Calvino passou três dos anos mais felizes de sua vida (1538–41) na cidade como professor universitário e pastor de uma congregação de refugiados franceses.

Ponto de intersecção entre comércio e ideias, Estrasburgo era uma cidade imperial livre às margens do Reno. Acesso fácil à cidade e sua relativa tolerância — Estrasburgo reportava apenas ao imperador, que raramente estava por perto, além de seu bispo ter sido forçado a residir fora da cidade — tornavam-na ideal como "anfitriã" de expoentes de todas as ideias reformadas da época. Em 1521, as ideias de Lutero encontraram ampla exposição em uma série de sermões baseados na carta aos Romanos, pregados na catedral de Estrasburgo por Matthäus Zell (1477–1548), ministro integrante do clero. Procurando impedi-lo, cônegos da catedral trancaram — literalmente — o púlpito de pedra da igreja, porém Zell continuou a pregar, usando um púlpito de madeira móvel, preparado por carpinteiros locais.

A popularidade de Zell servia de empecilho ao bispo, que procurava silenciá-lo. Por volta de 1526, os pregadores Wolfgang Capito (1478?–1541), Caspar Hedio (1494/5–1552) e Martin Bucer também começaram a ministrar ideias protestantes a ministros e a leigos. Conforme notado anteriormente, o casamento clerical servia de aprovação pública da Reforma; por volta de 1523, sete ministros de Estrasburgo se casaram, incluindo Matthäus Zell.

Katharina Schütz Zell (1498–1562), esposa de Matthäus, "foi uma das teólogas leigas mais impressionantes da primeira geração do movimento protestante" (McKee, 2000, p. 225). Ela vivenciou, na pregação "luterana" de seu marido, sua própria libertação de uma busca religiosa incessante pela aceitação de Deus:

> Desde os dez anos de idade, tenho me apegado à Igreja, frequentado cultos e apoiado a educação cristã [...] Entretanto, minha angústia sobre o Reino do céu só fez aumentar. Em toda minha obra árdua, adoração e grande dor física, não obtive de ninguém do clero qualquer conforto ou certeza do amor e da graça de Deus. Tornei-me fraca e doente, em corpo e alma [...] Ansiosa e preocupada com a graça de Deus, não achei paz em meio às diversas atividades, práticas e sacramentos que fazia na igreja. Então, Deus teve misericórdia de mim e de muitos outros, despertando, por palavra verbal e escrita, o caro e bendito Dr. Martinho Lutero. Ele descreveu o Senhor Jesus Cristo para mim de tal forma que pensei ter sido tirada das profundezas da terra — sim, do próprio inferno, amargo e sombrio — e conduzida ao doce e amável Reino do Céu. Nessa ocasião, lembrei-me da palavra do Senhor Jesus a Pedro: "Eu o farei pescador de homens" (McKee, 2002, p. 235–36; McKee, 1999: I: 428).

A descrição de sua experiência de conversão evidencia que leigos tinham as mesmas ansiedades que o monge, ministro e professor de teologia Martinho Lutero. Da mesma forma, muitas "mulheres jovens e idosas" sofriam das mesmas ansiedades sobre a salvação que Katharina, conforme ela mesma relata em uma correspondência (Jung, 2002, p. 127).

Após o casamento, Katharina tornou-se notavelmente ativa na escrita e publicação em defesa da fé e conduta evangélicas, bem como de obras devocionais, meditações e um pequeno hinário. Ela conheceu pessoalmente a maioria dos reformadores mais importantes; com os demais, familiarizou-se por correspondência. Matthäus e Katharina visitaram Wittenberg em 1538 para conhecer Lutero e seus colegas; em Estrasburgo, serviu e abrigou em sua casa reformadores de praticamente quase todas as linhas teológicas, de Zuínglio e Calvino a Caspar Schwenckfeld. Sua biblioteca pessoal incluía obras de boa parte dos principais reformadores, com anotações de próprio punho. Seu ministério incluía não apenas a troca de correspondências pacíficas e discussões fortes com membros do clero, mas também cuidado pastoral e ministério social em circunstâncias geralmente difíceis, como após a Guerra dos camponeses. Enquanto Lutero era tido claramente como importante, os Zell estavam abertos aos teólogos suíços. Katharina insistia que o conceito "somente pela graça" não podia ser separado do amor ao próximo:

> O evangelho não pode ser sacrificado: é melhor romper a comunhão com Roma do que manter ensinamentos que não têm fundamento bíblico. Entretanto, diferenças de entendimento acerca dos sacramentos ou da ordem eclesiástica são dignos de discussão, mas não razões suficientes para que alguém rompa a comunhão. Mesmo aqueles com os quais não temos comunhão não devem ser perseguidos: eles merecem o amor de Bons Samaritanos" (McKee, 2002, p. 233).

Talvez seja exagero afirmar que Katharina tenha antecipado a proposta ecumênica do fim do século XX relacionada à "diversidade reconciliada", mas sua convicção de que cristãos conhecedores da Bíblia podem diferir em alguns assuntos enquanto mantêm os *solas* da Reforma parece ser, agora, presciente (cf. McKee, 2007). Em 1538, Calvino teve um debate com alguns dos ministros de Estrasburgo, mas foi na casa dos Zell que o Reformador abandonou sua ira e ficou apaziguado: "O quanto Katharina esteve relacionada com o apaziguamento não sabemos. Ela era a anfitriã" (Bainton, 1974, p. 64).

O que realmente sabemos é sobre sua convicção acerca do mandamento aplicável a todos os cristãos — incluindo mulheres — de proclamar o evangelho a partir da fé e do conhecimento sólido da Bíblia: "Ela levava demais a Bíblia a sério para desconsiderar as restrições de Paulo sobre o papel da mulher (p. ex., 1Coríntios 14:34) e, por isso, não defendia a ordenação feminina" (McKee, 2002, p. 234). Por outro lado, Katharina não hesitava em, às vezes, atribuir uma imagem maternal a Cristo e ao clero:

> Para Schütz Zell, há *rankings* na comunidade cristã, porém, eles são primariamente espirituais. A divisão jaz em possuir maior ou menor conhecimento e prática fiel do evangelho bíblico, não no fato de ser homem ou mulher, nobre ou gente comum. O sacerdócio dos cristãos não significa que todos são idênticos, mas que todos são chamados à mesma confissão e compartilham das mesmas obrigações" (McKee, 2002, p. 235).

Schütz Zell exemplifica o movimento evangélico vívido que abrangia o povo e o clero com o qual Calvino se deparou em Estrasburgo. Enquanto na cidade, Calvino também aprendeu muito sobre organização eclesiástica com Martin Bucer (Spijker, 1994), ex-dominicano que recebera pessoalmente de Lutero, em 1518, sua iniciação ao movimento evangélico no debate de Heidelberg.

A influência de Bucer e da cidade de Estrasburgo sobre Calvino e a Reforma francesa foram expressas, em 1605, pelo juiz católico e amigo de Montaigne, Florimond de Raemond:

A Estrasburgo, chamavam-na de Nova Jerusalém [...] cidade da qual a Heresia com Cabeça de Hidra tirava seu arsenal [...] Em Estrasburgo, estavam o ponto de encontro e o *rendez-vous* de luteranos e zuinglianos sob a liderança de Martin Bucer, o grande inimigo dos católicos, o qual recebeu os que haviam sido banidos da França e hospedou aquele que deu seu nome ao calvinismo. Foi nessa cidade que Bucer construiu o Talmude da nova heresia, o instrumento da nossa ruína. Em suma, foi em Estrasburgo que a primeira Igreja francesa, conforme a chamam, foi formada para servir de modelo e proteção àqueles que, desde então, vemos por toda parte na França (Greengrass, 1987, p. 21).

De Bucer, Calvino aprendeu, na teoria e na prática, como integrar a vida civil e religiosa por meio dos ofícios eclesiásticos de doutor, mestre, pastor, presbítero leigo e diácono leigo. A essa altura, Estrasburgo havia se tornado signatária não só da Confissão Tetrapolitana (em grande medida zuingliana), mas também da Confissão de Augsburgo, que era luterana. A liderança apaziguadora e ecumênica de Bucer incluiu Calvino em esforços ecumênicos internacionais entre protestantes e católicos com o objetivo de evitar a divisão da cristandade, o que, por fim, aconteceu com o Concílio de Trento.

Como enviado de Estrasburgo à conferência de Frankfurt (1539), Calvino se encontrou com representantes de países católicos e protestantes, incluindo Melanchthon — com quem se correspondeu pelo resto da vida (Wengert, 1999) — e compartilhou o desejo de vencer a divisão entre luteranos e zuinglianos sobre a Ceia do Senhor. Calvino também participou dos colóquios religiosos de Worms (15401) e Regensburg (1541), encontros nos quais assinou a confissão alterada de Augsburgo, a *Variata*. Melanchthon havia alterado o artigo sobre a Ceia do Senhor (artigo, 10) com o objetivo de facilitar o acordo entre alemães meridionais e suíços. O original diz o seguinte: "Nossas igrejas ensinam que o corpo e sangue de Cristo *estão verdadeiramente presentes e são distribuídos* [*vere adsint et distribuantur*] àqueles que tomam parte na Ceia do Senhor. Desaprovamos os que ensinam outra coisa." A alteração ocorreu na frase destacada, mudada para "verdadeiramente exibidos" [*vere exhibeantur*], excluindo também a condenação de opiniões divergentes (*Bekenntnisschriften,* 1963, p. 64–5). Essa nova formulação se aproximava do ponto de vista de Calvino, mas claro que, consequentemente, divergia ainda mais da antiga fé. O original declara que todos que participam do sacramento receberão o corpo e o sangue de Cristo, enquanto o artigo alterado admite a possibilidade de que os não cristãos recebam apenas pão e vinho, mas não corpo e sangue. Embora a alteração fosse mais aceitável a Calvino, devemos notar que, como pastor de uma congregação francesa em Estrasburgo, o Reformador já havia reconhecido a Confissão de Augsburgo original, à qual a cidade subscrevera ao se juntar à Liga de Schmalkalden. Além do mais, Bucer havia, já em 1536, negociado um acordo com Lutero sobre a Ceia do Senhor: a Concórdia de Wittenberg, à qual Calvino estava sujeito. Calvino reconhecia que, em intenção e substância, a Confissão de Augsburgo não era um documento "luterano", mas uma testemunha da universalidade da Igreja: santa, católica, apostólica, fundamentada nos credos e na Escritura.

Calvino também aprendeu com o humanista Jean Sturm (1507–89), cujos esforços educacionais fizeram de Estrasburgo um dos maiores centros educacionais da Europa e cujo *Gymnasium* (escola secundária preparatória para estudos avançados) continua a existir, até hoje, com seu nome. Os ideais humanistas de Sturm, que incluíam o aprendizado de grego, do latim e dos clássicos — bem como educação religiosa e moral — modelaram posteriormente os próprios esforços educacionais de Calvino em Genebra.

Outra das alegrias de Calvino nessa cidade reformada maravilhosa foi seu casamento com Idelette de Bure, viúva de um anabatista em cuja conversão Calvino exercera papel essencial. Em resposta aos esforços de Farel e Bucer de empurrá-lo ao casamento, Calvino deixou claro que seu ideal de mulher era baseado em modéstia, economia e paciência com sua saúde precária, e não em um "porte belo". Farel, porém, cujas prioridades nesses assuntos não coincidiam exatamente com as de Calvino, menciona que Idelette também era bonita (o próprio Farel se casou com uma jovem refugiada viúva aos 68 anos de idade, em grande parte sob a reprovação de Calvino). De qualquer forma, Idelette permaneceu a companheira fiel de Calvino até a sua morte, em 1549. Ele herdou uma família instantânea de sua esposa, já que Idelette trouxe dois filhos ao casamento. Juntos, Calvino e Idelette tiveram ao menos três filhos, mas todos morreram ainda na infância. O filho de Idelette viveu com o casal em Genebra apenas por um curto período; sua filha, Judith, viveu e se casou na cidade, em 1554. Mesmo assim, o casal não teve falta de crianças ao seu redor, uma vez que o irmão de Calvino — que tinha oito filhos! — Morava na mesma casa. Nesse contexto, é difícil imaginar Calvino tão duro como detratores sugerem. Sabemos, no entanto, muito pouco sobre o casamento do Reformador e acerca de sua vida familiar. Diferentemente de Lutero, que elogiava sempre sua Katie e dizia não a trocar por ninguém no mundo, Calvino deixou poucas dicas sobre seu sentimento em relação a Idelette, exceto o lamento comovente, após a morte da esposa, de que havia perdido "a melhor companhia de [sua] vida".

Durante sua estadia em Estrasburgo, Calvino trabalhou mais uma vez nas *Institutas*, expandindo os seis capítulos originais para dezessete. Ele também compilou um livro dos Salmos em francês e uma liturgia para sua congregação, escrevendo uma exposição da carta de Paulo aos Romanos e um tratado sobre a Ceia do Senhor. De forma mais contundente, porém, Calvino respondeu ao apelo do cardeal Jacopo Sadoleto para que o povo de Genebra retornasse à Igreja romana.

A expulsão de Farel e Calvino de Genebra acabou criando desordem na comunidade evangélica da cidade. Surgiram facções entre os protestantes, e os inúmeros católicos que ainda viviam ali tinham expectativas de que a Reforma podia ser derrubada. Sadoleto, humanista e cardeal distinto, havia participado na elaboração de um relatório católico famoso, pedindo por uma reforma moral minuciosa da Igreja em preparação a um concílio Reformador. Aproveitando-se da situação instável em Genebra, o cardeal buscou reafirmar a autoridade e tradição romanas contra as inovações da Reforma. Sadoleto dirigiu seu apelo longo ao Concílio Menor, porém, os magistrados não encontraram ninguém capaz de dar uma resposta adequada a esse desafio perigoso feito à cidade, recorrendo, assim, a Calvino. Respondendo a Sadoleto, Calvino fez uma das defesas mais notáveis da fé evangélica. Nos dois assuntos principais da Reforma, Calvino posicionou-se plenamente ao lado de Lutero, argumentando que, em última instância, a autoridade maior da vida e da comunidade cristã é a Escritura, não a Igreja, e que a justificação decorria somente da fé e da confiança em um Deus misericordioso, independentemente de qualquer mérito humano.

A defesa eloquente da fé evangélica elaborada por Calvino fez com que conquistasse um novo respeito na cidade. Sua resposta — juntamente com desenvolvimentos políticos internos relacionados a concessões feitas a Berna, à expulsão do partido anticalvinista dentre os magistrados e o afastamento dos ministros Morand e Marcourt, que haviam substituído Calvino e Farel — levaram Genebra a chamar outra vez o Reformador. Em meados de 1540, os novos magistrados suplicaram a Calvino que retornasse à cidade e continuasse seu trabalho de reforma. Sua resposta? Disse que preferia cem vezes mais morrer do que voltar à cidade.

Uma vez mais, Farel, que não havia sido convidado a retornar, ameaçou a ira de Deus sobre Calvino caso não aceitasse o chamado. Bucer também disse ao Reformador que deveria retornar. Calvino cedeu, voltando a Genebra em setembro de 1541. Dessa vez, o secretário notou não apenas o nome de Calvino, mas escreveu também que ele seria "servo eterno de Genebra". Calvino recebeu o cargo de pastor da antiga catedral de São Pedro e foi suprido com um salário decente, uma casa grande, uma porção anual de doze medidas de trigo e 946 litros de vinho. No domingo após seu retorno, Calvino se dirigiu ao púlpito da catedral e começou a pregar a partir do mesmo capítulo e versículo da Bíblia no qual, três anos antes, havia parado: "Nada podia ter sido menos dramático ou mais eficaz [...] Dessa maneira, Calvino sinalizou a intenção de que sua vida e teologia não fossem inventadas por ele mesmo, mas servissem de testemunho eficiente da Palavra de Deus" (George, 1988, p. 185).

## GENEBRA SOB A LIDERANÇA DE CALVINO (1541–1564)

Apesar do fato de o governo de Genebra ter implorado pelo retorno de Calvino, o processo de conquista da cidade à sua visão de Igreja corretamente constituída e realmente reformada não foi nem tranquilo, nem rápido. Seu triunfo contra inúmeros oponentes por volta de 1555, bem como sua criação de um modelo de protestantismo que continua a influenciar igrejas por todo mundo, constitui um feito incrível, visto que seu trabalho foi baseado em persuasão moral. Na verdade, Calvino se tornou cidadão de Genebra somente em 1559. Ele nunca usufruiu do poder político e dos recursos materiais do bispo católico deposto, nem tinha ao seu lado centenas de ministros, monges e cânones disponíveis, como no caso da Igreja antiga. Na época de sua morte, havia dezenove pastores em Genebra, todos funcionários do governo municipal. Para um observador astuto de 1541, parecia improvável que Calvino fosse capaz de realizar uma reforma ampla de Genebra. Contudo, sua reforma dessa cidade recalcitrante foi tão minuciosa que pode ser chamada de uma revolução (Kingdon, 1974, p. 97–103). Como ele foi capaz de tal feito?

A chave para o sucesso de Calvino em Genebra está no fato de ter escrito as regras do jogo político e eclesiástico da cidade. O Reformador francês não havia sido treinado como advogado à toa! Como uma das condições ao seu retorno do exílio, Calvino negociou o direito de elaborar o padrão jurídico e institucional da Igreja. Seis semanas após sua chegada, submeteu aos magistrados sua *Ordenança eclesiástica*, a qual, depois de algumas emendas, acabou promulgada pelo governo, tornando-se lei. Nos dois anos seguintes, medidas legais relacionadas à justiça e ao ofício político da cidade foram promulgadas, originando, posteriormente, a constituição da cidade-Estado de Genebra. Se Calvino foi o autor dessas leis, conforme alguns estudiosos acreditam, ou se elas foram adicionadas depois, não há dúvidas de que os magistrados recorreram a ele em busca de base moral e jurídica para a sua elaboração. Em suma, o fato de Calvino estar familiarizado com quem tomava decisões — e conhecer profundamente como as decisões eram tomadas — contribuiu com seu sucesso em Genebra.

*Ordenança eclesiástica* organizava a Igreja de Genebra pelo estabelecimento de quatro categorias de ministros: doutores, pastores, diáconos e presbíteros. O texto também estipulava o trabalho de cada um. Doutores deveriam estudar a Escritura e ensinar, e sua erudição teológica devia servir de manutenção à pureza doutrinária e preparação de ministros. Pastores deviam pregar a Palavra de Deus, administrar os sacramentos, instruir e aconselhar; candidatos ao ofício pastoral deviam ser examinados em doutrina e conduta e aprovados pelos ministros e pelo Conselho Menor. Diáconos eram responsáveis pela supervisão da caridade, incluindo assistência aos pobres e supervisão hospitalar. Ministros desse ofício eram eleitos anualmente, da mesma forma que os presbíteros. Pastores de Genebra e vilarejos circunvizinhos deviam se encontrar semanalmente para discussões teológicas e doutrinárias. À luz de pesquisas recentes, há uma controvérsia entre os estudiosos quanto à ideia calvinista de diaconato duplo ("administrar questões relativas aos pobres" e "cuidar deles"): o conceito surgiu de instituições sociais existentes em Genebra ou da teologia bíblica de Calvino? Independentemente da origem, estava claro para Calvino que recorrer à Escritura era primordial ao desenvolvimento da sociedade, posicionamento que muito impressionou John Knox.

Juntos, doutores e pastores formavam a Companhia dos Pastores de Genebra, conhecida também como a "Venerável Companhia". Reunindo-se trimestralmente, a companhia tratava de assuntos de cunho administrativo e disciplinar. Embora de autoridade legal imitada, a Venerável Companhia detinha uma posição notável na estrutura moral de Genebra.

Presbíteros eram leigos na função de manter a disciplina na comunidade, e, contra a vontade de Calvino, exerciam o ofício a partir de nomeação política, escolhidos dentre os magistrados e por eles. Ao todo, havia doze presbíteros: dois escolhidos pelo Conselho Menor, quatro pelo Conselho dos Sessenta e seis pelo Conselho dos Duzentos. Selecionados por sua sabedoria e piedade, representavam diferentes regiões da cidade. Sua função era cuidar do povo, aconselhar desordeiros e, quando necessário, denunciar transgressores ao consistório.

O consistório, um tipo de corte eclesiástica formada por doze presbíteros e todos os pastores, era o órgão principal para a disciplina da Igreja. Normalmente, o oficial que presidia as seções era um dos magistrados civis. A preocupação principal do consistório era a supervisão sistemática da moralidade do povo de Genebra, incluindo a imposição de leis morais, prática que rendeu à cidade a reputação de austera e "puritana". O consistório detinha o poder de excomungar aqueles que, ao seu modo de ver, haviam cometido ofensas sérias. Tais ofensas incluíam adultério, casamento ilícito, blasfêmia, luxúria desenfreada, desrespeito à Igreja e alguns tipos de comportamento que se assemelhavam à antiga fé, como a consideração da Virgem Maria como padroeira. Pesquisadores ainda não foram a fundo no estudo dos muitos casos com os quais o consistório lidou (cf. Kingdon, 1994, p. 23). Por isso, a lista a seguir deve ser vista como especulativa, abrangendo apenas cerca de 5% de seu número total: retorno ao catolicismo (39 casos); blasfêmia (28); desrespeito generalizado e reclamações contra Calvino e seu mandato (62); jogos de azar (36); imoralidade (13); insulto de imigrantes franceses (9); música e dança indecorosa (12); ausência de cultos e instrução catequética (10); questões relacionadas à fé (7); tentativa de suicídio (1). Esforços para controlar e normatizar a vida das pessoas a partir da Escritura levou alguns a designarem Genebra como uma "bibliocracia" (*TRE* 7, p. 573; Kingdon, 1972; Baker, 1988): "Nenhuma outra instituição merece maior crédito por moldar Genebra a um estilo particularmente austero de vida, ao qual rotulamos de 'puritano'" (Kingdon, 1993a, p. 531).

Não é de surpreender que o consistório tenha sido tachado de instituição mais controversa da Reforma em Genebra; para Calvino, porém, ele era um meio crucial para que expressasse sua autoridade e para o que chamaria de "resolução de conflitos" na comunidade (Kingdon, 2007). Esse último ponto merece atenção porque hoje nós, que vivemos em sociedades pluralistas e seculares, esquecemo-nos facilmente de quão ameaçadora era a acusação de inovação "proibida" para os reformadores. De fato, dos primeiros séculos da Igreja ao início da Idade Moderna, inovação equivalia a heresia. A própria razão pela qual a cidade implorou a Calvino que voltasse a Genebra foi a acusação de inovação feita por Sadoleto e seu apelo à autoridade tradicional a qual, segundo ele, ameaçava os genebrinos. O consistório, assim, foi o meio pelo qual Calvino instilava respeito por sua autoridade, ainda que, às vezes, a reunião da assembleia se assemelhasse a um reinado moral de terror. Incluídos, por exemplo, na lista de delitos condenáveis relacionados à infração teológica e de culto, estavam jogos e danças: "Qualquer um que cantar músicas indecentes, dissolutas ou escandalosas — ou envolver-se em danças folclóricas ou similares — será aprisionado por três dias e, em seguida, apresentado ao consistório" (Hughes, 1966, p. 58). Obviamente, é fácil focalizar em casos assim a fim de defender que o papel principal do consistório era o controle político e social do comportamento humano. Sem desmentir tal função, devemos nos esforçar também para entender a disciplina como uma expressão de preocupação social. Apesar de intrusivo e opressor, o consistório "também tinha como objetivo demonstrar preocupação social, garantindo que cada residente de Genebra estivesse integrado em uma comunidade atenciosa". Ao contrário do anonimato urbano e da privacidade dos dias atuais, "existiam verdadeiras redes de proteção" em Genebra (Kingdon, 1993b, p. 666, 679). Calvino lutou para construir um consistório que proporcionasse educação na fé cristã e serviço de aconselhamento, destinado à reconciliação:

> Para os habitantes antigos de Genebra, disciplina significava mais do que controle social: significava ajuda social [...] [O consistório] tentava realmente auxiliar todos nessa cidade-Estado a viver o tipo de vida que Deus intencionava para todos" (Kingdon, 1994, p. 34).

Onde quer que a comunidade Reformada criasse raízes, o consistório era o lócus para o trabalho árduo de identificar e resolver discórdia comunal, promovendo, portanto, a visão calvinista de uma sociedade piedosa (Mentzer, 2003).

## A CONSOLIDAÇÃO DA AUTORIDADE DE CALVINO

Oposição à "polícia" eclesiástica "não tão secreta" de Genebra atravessou classes e níveis econômicos, incluindo tanto magistrados quanto cidadãos comuns. O consistório também não deixou de julgar cidadãos proeminentes, incluindo a deposição de um pastor por alegações de assédio sexual. Em janeiro de 1546, Pierre Ameaux, membro do Concílio Menor, criticou Calvino publicamente, e sua motivação era tanto política quanto pessoal. Politicamente, Ameaux estava preocupado com a aparente recusa de Calvino de abrir o ministério a genebrinos nativos, fator que poderia gerar uma influência francesa indevida na Companhia dos Pastores. Pessoalmente, Ameaux, cujo negócio de família relacionado a jogos de cartas decaiu em virtude da nova disciplina, tivera também um processo longo com o consistório envolvendo o divórcio de sua esposa adúltera. Ameaux acusou Calvino de falsidade doutrinária, porém, o Reformador não percebeu a queixa como um ataque pessoal, mas como uma investida contra sua autoridade ministerial. Calvino persuadiu o Conselho dos Duzentos a impor sob Ameaux o castigo de uma penitência pública, a qual incluía caminhar por Genebra vestido apenas com uma camiseta penitencial e suplicar, em três praças da cidade e de joelhos, por misericórdia. A prescrição de Calvino foi de "cabrestos rígidos para asnos rígidos" (Monter, 1967, p. 74; Naphy, 1994, p. 66–7, 946), resultando na proclamação pública de sua autoridade. Protestos contra a humilhação de Ameaux foram sufocados com a construção de uma forca em sua vizinhança.

Ameaças mais sérias à autoridade de Calvino vieram das famílias patrícias de Perrin e Favre, ambas respeitadas em Genebra e presente entre as maiores defensoras de seu retorno à cidade. O problema era que nem Ami Perrin nem François Favre, seu sogro, eram a favor das práticas inquisitivas do consistório. Após Calvino ter censurado a esposa de François por dança leviana durante uma festa de casamento e excluído o próprio François do sacramento por comportamento imoral, Ami Perrin questionou publicamente a competência do consistório. Os Favre fugiram da cidade, enquanto Ami foi à França em viagem diplomática. Depois de regressarem a Genebra, François e Ami foram presos (desconfiava-se que Ami estava conspirando com a França para invadir Genebra). Com a intervenção de Berna, Favre foi libertado e Perrin, absolvido. Calvino, porém, passou a chamar Perrin e seus seguidores de "libertinos", alegando que fugiam da disciplina porque ela exporia sua vida licenciosa e incrédula.

Um desses "libertinos", Jacques Gruet, que também pertencia a uma família tradicional genebrina, não apenas criticou Calvino, como também, descobriu-se depois, apelou ao rei da França para que interviesse em Genebra. Jacques também era suspeito de ter pendurado um aviso no púlpito da catedral de São Pedro, ameaçando: "Quando muita coisa foi suportada, vingança é tomada". Acreditando que Gruet era parte de um complô internacional contra Genebra, os magistrados o torturaram e decapitaram, com o consentimento de Calvino. Em dezembro, uma "turba libertina" se uniu para intimidar o Conselho dos Duzentos. O próprio Calvino correu no meio da aglomeração e proclamou: "Se querem derramar sangue, comecem pelo meu!" Desencorajada pela atitude do Reformador, a multidão apaziguou-se. Oposições menos perigosas foram expressas por cidadãos, que davam aos cães o nome de "Calvino" e compunham canções de zombaria, ridicularizando-o (Walker, 1969, p. 295–132).

Uma fonte de esperança e de consolo vinha de fora da cidade. O fluxo contínuo de refugiados religiosos a Genebra servia como fonte de apoio político a Calvino, uma vez que eram geralmente de *status* social e intelectual elevado e demonstravam gratidão pela acolhida. De 1550 a 1562, Genebra recebeu cerca de sete mil imigrantes — isso em uma cidade cuja população total, quando da chegada do Reformador, era de cerca de dez mil habitantes. A grande maioria desses refugiados vinha da França, embora existissem colônias substanciais de ingleses e italianos em Genebra. Evidentemente, nem todos os refugiados permaneciam na cidade. Assim, por exemplo, quando Elizabeth sucedeu a Maria Tudor no trono inglês, muitos refugiados ingleses voltaram para casa. É difícil medir o impacto desses recém-chegados além da óbvia pressão sobre os recursos locais e seu apoio a Calvino, incluindo descrições líricas de Genebra, tida como uma cidade santa. Para os refugiados, Genebra não era apenas um abrigo: era o mais próximo da cidade de Deus que peregrinos terrenos podiam chegar.

Por outro lado, nem todos esses estrangeiros concordavam com a teologia de Calvino. Um exemplo famoso de oposição doutrinária foi Jerome Bolsec, que, embora receptivo à teologia Reformada, criticou duramente a doutrina calvinista da predestinação. Bolsec era um ex-frade da Ordem do Carmo que, ao acolher a fé Reformada em Paris, deixou sua ordem religiosa e se estabeleceu próximo à Genebra, onde passou a atuar como médico. Bolsec costumava visitar Genebra e discutir teologia com os pastores. Em outubro de 1551, o ex-religioso atacou publicamente a compreensão de Calvino sobre a predestinação, chamando-a de antibíblica (1Timóteo 2:4 diz que Deus deseja que todos sejam salvos) e pagã (retratando Deus como um tirano injusto que, em última análise, é a fonte do mal). Bolsec foi imediatamente aprisionado, julgado, condenado publicamente e banido pelo resto da vida, vindo, posteriormente, a retornar à antiga fé. A vingança de Bolsec foi publicar, em 1577, uma biografia caluniosa de Calvino, acusando-o, dentre outras coisas, de sodomia — difamação que continuou a servir de arsenal a polêmicas anticalvinistas nos dois séculos seguintes.

A importância do desafio de Bolsec — não apenas a Calvino, mas também para toda Companhia de Pastores de Genebra — foi o fato de criticar a doutrina da predestinação citando a Escritura, despertando o interesse da população geral mais do que qualquer outro debate. Nesse contexto, Calvino foi estimulado a dar a sua doutrina da predestinação um lugar bem mais elaborado e proeminente em edições posteriores das *Institutas*, também percebendo corretamente que o interesse popular no argumento de Bolsec era muito mais perigoso do que as controvérsias teológicas rarefeitas sobre a Ceia do Senhor ou a Trindade:

Para Calvino, a Reforma dependia fundamentalmente do apoio popular. Caso esse apoio diminuísse, o Reformador temia que todo trabalho de sua vida para o avanço do reino de Deus acabaria não resultando em nada. Foi por isso que ele enfatizou uma posição extrema, identificada com o seu nome desde então (Kingdon, 1991, p. 145).

Tentar explicar a doutrina da predestinação de Calvino e seu impacto histórico é complicado demais para ser elaborado neste livro; contudo, à luz da identificação popular de Calvino e do "calvinismo" com o dogma da predestinação, é importante contextualizar a intenção do Reformador. A predestinação não é o ensino mais importante, isto é, a doutrina a partir da qual as demais fluem, mas o resultado da convicção central reformada de que a salvação é somente pela graça. A doutrina se baseia na ênfase de Calvino na "declaração de Cristo aos discípulos: 'Vocês não me escolheram, mas eu os escolhi' [João 15:16]" (McNeill e Battles, 1960, p. 935). Toda teologia que concentra a salvação em uma obra exclusiva de Deus traz como consequência alguma forma de eleição e predestinação: "A doutrina [da predestinação] é a negação de todo mérito, colocando a salvação apenas na misericórdia de Deus. Significa que a salvação é um resgate, não uma conquista" (Leith, 1989, p. 122; Dowey, 1994, p. 218–20).

Desse modo, predestinação não é um esforço no sentido de fornecer um mapa da mente de Deus, mas uma expressão de cuidado pastoral. Em nível pessoal, é a proclamação de que a salvação é um dom de Deus e de escolha individual, a despeito de dúvidas, incredulidade e circunstâncias externas. Em nível eclesiástico comunal, é o anúncio de que, independentemente de condições e acontecimentos, a Igreja de Deus prevalecerá. Isso era crucialmente importante para as igrejas do início da Reforma, que sofriam perseguição; e foi precisamente a elas que Calvino dirigiu o conforto da predestinação. O que Bolsec — e muitos calvinistas! — não entendeu é que, em termos doutrinários, "eleição incondicional é uma outra forma de dizer graça incondicional" (Torrance, 1994, p. 19). O sentido prático da pregação da eleição durante esses anos foi o fortalecimento das comunidades Reformadas, perseguidas na França. A importância do ensino sobre predestinação é ilustrada pela preocupação dos mártires de Lyon, que, ao saber, na prisão, sobre o debate da predestinação em Genebra, temeram ser falsa a doutrina que os permitia suportar com firmeza a perseguição: que os eleitos de Deus não podem se perder (Wiley, 1990, p. 109).

Também é importante notar que, para Calvino, a escolha de Deus por seu povo não era uma questão de especulação, mas de confissão e adoração: "O decreto escondido de Deus não deve ser sondado, mas obedientemente admirado" (McNeill e Battles, 1960, p. 952–3). Além do mais, a doutrina é uma afirmação de que o universo não é regido por destino ou acaso, mas por Deus, o mesmo Deus que se revelou em Cristo. Para Calvino, o fato de Deus não ser um tirano celestial era incontestável. O Reformador o descrevia como um pai amoroso e o retratava usando as imagens de uma ama, de uma mãe que jamais se esquece do filho que amamenta e de um pai que dá coisas boas aos filhos:

> Adoção livre é a cidadela da fé de Calvino, enquanto predestinação dupla é uma aplicação defensiva e que não se mostrou muito eficaz. Calvino parece não ter percebido como a prova [de sua doutrina] poria em questão aquilo que, de fato, queria provar. Segundo supunha, predestinação seria a garantia final de humildade e segurança. No entanto, ela não garantiu nem uma coisa nem outra, conforme a história posterior do calvinismo dolorosamente demonstra" (Gerrishm, 1993, p. 170).

## O CASO SERVET

Oposição crescente contra Calvino foi o contexto para o infame "caso Servet". Miguel Servet (c. 1511–53) nasceu em Aragão, porém, se tornou uma figura conhecida com a publicação de *Seven Books on the Erros of the Trinity* [Sete livros sobre os erros da Trindade] em Estrasburgo, em 1531. A publicação atraiu a crítica de protestantes e católicos que, unânimes, condenaram o ataque à doutrina fundamental da Trindade. Nas palavras lapidárias de Roland Bainton (1960, p. 3): "Miguel Servet tem a distinção singular de ter sido queimado pelos católicos em efígie e, em pessoa, pelos protestantes". Em 1532, Servet publicou seu *Two Dialogues on the Trinity* [Dois diálogos sobre a Trindade], afirmando no livro que, em seu desenvolvimento doutrinário, a Igreja havia descaracterizado Jesus. Embora famoso por sua indiscrição, Servet achou melhor, a essa altura, permanecer no anonimato e assumir uma profissão diferente. Assim, foi a Paris, onde estudou medicina e anatomia, adquirindo certa fama nos anais da medicina por ter sido um dos primeiros a descobrir a circulação pulmonar do sangue. Talvez a descoberta tenha sido inspirada por sua preocupação em demonstrar que o Espírito Santo entrava no sistema sanguíneo pelas narinas. Respiração é inspiração: a alma está no sangue (Gênesis 9:4; Levítico 17.11).

Entretanto, Servet não conseguiu se abster de publicações e controvérsias teológicas e iniciou uma correspondência pseudônima com Calvino, que o reconheceu por seu estilo de escrita. Depois de enviar ao Reformador seu trabalho mais recente, *The Restitution of Christianity* [A restituição do cristianismo] (*restitutio* é o contraponto da *institutio* de Calvino), recebeu em troca uma cópia das *Institutas*. Servet a retornou prontamente com diversos comentários insultantes nas margens. Calvino, então, enviou todas as correspondências a um amigo em Viena, o qual as repassou à Inquisição de Lyon para que auxiliasse na captura de Servet. Em agosto de 1553, Miguel Servet conseguiu escapar de seu próprio aprisionamento pela

Inquisição católica, fugindo para a Itália; mas, a caminho de Nápoles, onde buscaria asilo, parou em Genebra, atraído pela cidade como a mariposa é atraída pelo calor.

Em escritos e correspondências com Calvino, Servet expôs o batismo infantil como diabólico, negou o pecado original e comparou a Trindade a Cérbero, um cão de três cabeças. Jesus não era o filho eterno de Deus, mas um ser humano que se tornou divino. Além disso, apresentava-se como um outro Arcanjo Miguel, que lideraria um exército angelical contra o anticristo. Isso representava o "maior delírio ímpio de todos os tempos" para o Reformador francês, o qual o advertiu por carta que, caso um dia aparecesse em Genebra, não sairia vivo da cidade. Servet chegou a Genebra em um sábado e, disfarçado, foi à igreja de Calvino no domingo! (Para que sua ida à igreja não seja interpretada como um desejo de morrer, devemos notar que sua ausência no culto teria chamado mais atenção). Infelizmente para Servet, seu disfarce não foi o suficiente: reconhecido por refugiados de Lyon presentes na igreja, foi preso imediatamente. Em conformidade com a lei, seu acusador, Calvino, também devia ser mantido sob custódia até a conclusão do julgamento, porém o secretário do Reformador assumiu a responsabilidade por ele.

A reivindicação de que "libertinos" usaram o julgamento de Servet para envergonhar Calvino, testemunha principal da promotoria, provavelmente tenha se originado de "fontes que apoiavam Calvino com a intenção de descreditar opositores" (Naphy, 1994, p. 184). Entretanto, o destino de Servet estava selado pelos magistrados de Genebra mesmo antes das denúncias unânimes que jorraram contra ele de Berna, Basileia, Schaffhausen e Zurique. Melanchthon também cooperou com o julgamento; Bucer exigia a pena de morte já em 1531, depois da aparição do primeiro tratado de Servet sobre a Trindade. Em conformidade com a lei contra blasfêmia, Servet foi declarado culpado de espalhar heresia e sentenciado à fogueira, punição que ocorreu de acordo com o artigo 106 do código penal de Carlos V, *Constitutio criminalis Carolina*. Na manhã de 27 de outubro de 1553, sofreu a sentença. Enquanto queimava até a morte, Servet clamava: "Jesus, filho do Deus eterno, tem misericórdia de mim". Até o fim, o acusado não oraria em linguagem trinitária ao "eterno filho de Deus". Eram tempos em que um adjetivo fora de lugar podia ser fatal.

Calvino tentara, e fracassara, no gesto humanitário de mudar a sentença para decapitação em vez de fogueira, porém, Farel o repreendeu por tal leniência indevida. Seguindo a execução de Servet, Calvino escreveu sua *Defense of the Orthodox Faith* [Defesa da fé ortodoxa], na qual declara que, em casos de heresia, a glória de Deus deve ser preservada, independentemente de todo sentimento de humanidade. Calvino deixou claro o ponto de vista em seu comentário de Deuteronômio 13, passagem que exige o apedrejamento de falsos profetas: "Deus deixa claro que o falso profeta deve ser apedrejado sem misericórdia. Devemos esmagar, debaixo do nosso pé, qualquer afeição natural quando o assunto é honra divina" (Bainton, 1951, p. 70).

Contudo, o professor genebrino Sebastian Castellion, que em 1544 havia sido expulso da cidade por Calvino depois de disputas contenciosas com a magistratura, publicou, em resposta, um apelo por tolerância religiosa e em oposição à pena capital a hereges: *Concerning Heretics, Whether They Are to be Persecuted* [Acerca de hereges e se devem ser ou não perseguidos] (1554). O livro não trata do caso Servet, mas consiste em uma compilação de citações antigas e contemporâneas contra a perseguição. Uma das fontes principais de Castellion foi *Chronicle* [Crônica], de Sebastian Franck. Em sua resposta à defesa de Calvino, Castellion escreve a famosa frase: "Queimar um herege não é defender uma doutrina, mas matar um homem" (Bainton, 1965, p. 271). Nesse sentido, Castellion estava bem distante de seu tempo, pois Calvino e Genebra recebiam elogios e aplausos de todas as partes pela execução do "arqui-herege". Por outro lado, Castellion também compartilhava do conceito popular de *corpus Christianum*. Depois de admitir que não lera os escritos de Servet, disse que se o tal era, de fato, blasfemo, então devia mesmo morrer (Nijenhuis, 1972, p. 128). Em nosso mundo moderno de relativismo ético e religioso, a preocupação do século XVI pela verdade parece estranha, mesmo que, hoje, persigamos outros por divergências políticas. Bem antes que as palavras infames "Destruímos a cidade a fim de salvá-la" fossem pronunciadas por um líder americano na guerra do Vietnam, Bainton (1951, p. 94; 1960, p. 215) comentou: "Hoje, ficamos horrorizados com o fato de Genebra ter queimado um homem para a glória de Deus, porém incineramos cidades inteiras a fim de salvar a democracia."

Depois de deixar Genebra, Castellion se mudou para Basileia, onde atuou como professor de grego. Sua preocupação contínua por paz e tolerância foi expressa, de modo eloquente, em seu apelo contra "forçar a consciência", ocasionada pelas guerras religiosas na França: *Advice to a Desolate France* [Conselhos a uma França desolada]. Até o dia de sua morte, Castellion foi atacado, acusado de várias heresias. Ironicamente, o último ataque veio de um médico que vivia em Estrasburgo, Adam Bodenstein von Karlstadt, que, como seu pai, Andreas, tinha tido sua parcela de perseguição! Castellion morreu em Basileia, em 29 de dezembro de 1563 e, para a indignação dos genebrinos, foi enterrado com honra no claustro da catedral da Basileia.

Em 1903, herdeiros de Calvino erigiram um monumento expiatório no lugar onde Servet havia sido executado, o qual diz:

> Nós, filhos gratos e devotos de Calvino, nosso grande Reformador, condenamos o erro cometido em seu século. Firmemente devotos à liberdade de consciência, conforme os princípios verdadeiros da Reforma e do evangelho, erigimos esse monumento expiatório em 27 de outubro de 1903" (Nijenhuis, 1972, p. 122).

Em certo sentido, isso é um fator curioso, já que Zurique afogava anabatistas desde a década de 1520 e, no mesmo período em que Servet era executado, o mesmo ocorria na França com os seguidores de Calvino. Além disso, décadas depois de Servet, ruas e campos franceses ficariam encharcados com sangue calvinista. Tolerância moderna quanto ao pluralismo religioso é anacrônica ao século XVI; graças a Castellion, a situação de Servet permaneceu um caso notório de perseguição religiosa. Curiosamente, parece que Servet havia contemplado os Estados Unidos como um refúgio para exilados religiosos.

O caso Servet foi um momento decisivo para Calvino, pois os opositores do Reformador não conseguiram usá-lo contra ele. Em pouco tempo, Genebra estava sob seu firme controle. Por conseguinte, elementos restritivos e disciplinares aumentaram na cidade, o consistório se transformou mais em uma corte eclesiástica e os ministros passaram a ser consultados na escolha de presbíteros. Os últimos anos de Calvino não foram menos conturbados por provações pessoais. Em 1557, sua cunhada foi pega em adultério com o próprio servo do Reformador e banida de Genebra (cf. Kingdon, 1994, p. 32–3); no mesmo ano, Judith, sua filha adotiva, também foi culpada de adultério. No entanto, a influência de Calvino continuou a aumentar por causa do duplo fator da derrota de seus inimigos e do fluxo contínuo de refugiados religiosos. Em 1559, Calvino fundou a Academia de Genebra,[1] atraindo alunos de todas as partes da Europa. A Academia se tornou um centro de treinamento da liderança protestante e exerceu influência por todo continente. No mesmo ano, Calvino foi feito cidadão genebrino.

Seria um erro concluir que Calvino tenha feito de Genebra uma cidade policial teocrática. Durante a maior parte de sua carreira, ele teve de lutar para manter sua autoridade — luta na qual levou certa vantagem por meio do controle da mídia, da pregação e do ensino constante —, embora essa autoridade tenha sido, em determinados momentos, frágil. Como no caso de outros reformadores, Calvino reconhecia que o sucesso de seu movimento Reformador dependia, em grande medida, do respeito por sua liderança. Nesse contexto, o admirável não foi seu esforço em consolidar autoridade, mas o fato de não ter sucumbido ao favoritismo para conquistar apoio. Nem cidadãos proeminentes nem membros de sua família estavam acima da lei. Nesse sentido, Calvino proveu o modelo de igualdade democrática sob a lei que Estados modernos fariam bem em emular.

Calvino morreu em 1564, aos 55 anos de idade. Beza relatou sua morte, que ocorreu ao cair do sol do dia 27 de maio:

> Naquele mesmo dia e momento, o sol se pôs e a maior luz que estava neste mundo, direcionando a Igreja de Deus, foi recolhida ao céu. Podemos dizer, com segurança, que foi do

---

[1] N.T.: Atual Universidade de Genebra.

agrado de Deus nos ensinar a viver bem e a morrer bem por meio desse homem singular (Kingdon, 1967, p. 13; Beza, 1997, p. 118).

Como Lutero, Calvino há muito sofria de diversas doenças, as quais lhe causavam dor severa e dificuldades respiratórias, incluindo artrite, cálculo renal, tuberculose, parasitas intestinais, hemorroida, problemas na bexiga e enxaqueca (Wilkinson, 2001, p. 51–84). Bouwsma (1988, p. 30) sugere que "ainda mais erosivos" que problemas de saúde eram as tensões interiores de Calvino, causadas pelo conflito entre sua confiança em Deus e sua necessidade pessoal por controle e sucesso. Ao fim da vida, Calvino confessou sua deficiência: "De fato, mesmo a graça do perdão que [Deus] me deu apenas me tornam ainda mais culpado, de modo que meu único recurso é este: que Deus, sendo pai da misericórdia, demonstrará ser pai de um pecador tão miserável como eu". Se Calvino foi ou não um neurótico obcecado pelo sucesso é algo que cabe aos psiquiatras avaliar; contudo, ele e Lutero estavam convencidos de que apenas a terapia divina é capaz de fazer mais do que uma melhoria nos sintomas e começar um processo de cura. Pouco antes de morrer, Lutero registrou: "Ninguém pode pensar que provou por completo a Escritura Sagrada até que tenha, com os profetas, liderado a Igreja por cem anos [...] A verdade é esta: somos mendigos" (*LW*, 54, p. 476). Tanto Calvino quanto Lutero:

> [...] Sofriam do conflito — inevitável tanto ao cidadão medieval tanto quanto ao moderno — entre consciência e confiança em Deus baseada no evangelho [...] Foi esta a doença mortal que Lutero descobriu: prendemo-nos em nossa conquista e não conseguimos afastar de nós a necessidade de provar nosso valor a Deus e aos homens, tanto na vida quanto na morte. A "neurose" de Lutero demonstra ser parte integrante da descoberta ocorrida na Reforma: não passamos de mendigos — essa é a verdade! (Oberman, 1989b, p. 324).

Ao seu próprio pedido, Calvino foi enterrado em um túmulo sem identificação.

## MISSÃO PROTESTANTE E EVANGELISMO: A "CONSPIRAÇÃO INTERNACIONAL"

Quase sete mil refugiados religiosos afluíram para Genebra, atraídos pela grandeza de Calvino e movidos pela perseguição do protestantismo em sua terra. Esses refugiados vinham de quase todas as províncias da França, bem como da Inglaterra, Escócia, Países Baixos, Itália, Espanha, Alemanha, Polônia e Boêmia. Eles, ao retornar para casa, levavam consigo o calvinismo.

A Academia de Genebra treinava missionários para o trabalho em outros países, porém a Coroa francesa via essa atividade como subversiva, punindo com a morte aqueles que fossem pegos. Assim, esses pastores viajavam disfarçados, muitas vezes como mercadores, aos países em que o calvinismo era proibido, estabelecendo igrejas modeladas de acordo com a Igreja genebrina. Conforme dados de 1555 a 1562 indicam (cf. Monter, 1967, p. 135; Kingdon, 1956, p. 145), os números são impressionantes:

1555    5 (quatro ao Piemonte)
1556    5 (dois ao Piemonte; dois ao Brasil)
1557    16 (quatro ao Piemonte; um a Antuérpia)
1558    23 (um a Turim)
1559    32 (todos à França)
1560    13 (um a Londres)
1561    12 (todos à França)
1562    12 (todos à França)

A Igreja de Genebra funcionava como o quartel-general desse movimento missionário, um tipo de Vaticano protestante. Debates teológicos e questões teológicas do exterior eram enviadas a Genebra para resolução e esclarecimento. Igrejas missionárias também eram servidas por uma atuante agência de notícias e por uma rede de comunicações baseada em Genebra. Em última análise, o calvinismo prevaleceu na Inglaterra e na Escócia, enquanto sobreviveu apenas na condição de grupo minoritário na França. Em tudo isso, Calvino "se considerava um soldado posicionado em Genebra e, ao mesmo tempo, um oficial liderando um exército europeu [...] Sua paróquia era tão ampla quanto a Europa; sua visão era direcionada, tendo a França no centro" (Oberman, 1992, p. 102, 109).

Foi a visão de reforma de toda Europa que contribuiu com a reputação de Calvino como ecumênico. Conforme mencionamos, o Reformador se envolveu ativamente nos colóquios religiosos principais durante os anos em Estrasburgo. Calvino continuou a promover seu relacionamento com luteranos por meio da amizade e de correspondência com Melanchthon, traduzindo e publicando alguns de seus escritos principais em francês. O objetivo de Calvino de unificar protestantes suíços e, em seguida, protestantes suíços e alemães, envolveu-o em polêmicas sobre a Ceia do Senhor, correntes na época. O Reformador percebeu que a união entre igrejas Reformadas e Luteranas seria irrealizável a menos que a pedra de tropeço, o Colóquio de Marburgo (1529), fosse tirada. Foi com essa finalidade que ele lutou com o sucessor de Zuínglio, Heinrich Bullinger (1504–75), para chegar a um consenso. O consenso de Zurique, conhecido como *Consensus Tigurinus*, foi alcançado em 1549. A história de como o esforço energético de Calvino de vencer a defesa autoconsciente da memória de Zuínglio por parte de Bullinger — bem como a suspeita de que ele, Calvino, era "luterano" demais — é narrada e analisada de modo apropriado em estudos recentes de Paul Rorem (1988; 1994). A questão-chave para

Calvino, assim como para Lutero, era salvaguardar o dom do sacramento. Infelizmente, o progresso ecumênico de Calvino na Suíça foi interpretado com suspeita pela segunda geração de luteranos, que os entenderam como um passo em direção a Zuínglio em vez de Lutero (Steinmetz, 1990).

Assim, igrejas Reformadas e Luteranas entraram em um período longo de controvérsias na Alemanha. Em outros lugares da Europa, a obra de Calvino foi recebida calorosamente — em alguns casos, como na França, de modo caloroso até demais! Como Calvino deixara a França para evangelizá-la de fora, é sobre ela que trataremos a seguir.

## SUGESTÕES DE LEITURA

Philip Benedict, *Christ's Churches Purely Reformed: A Social History of Calvinism* [Igrejas de Cristo puramente Reformadas: uma história social do calvinismo]. New Haven: Yale University Press, 2002: "Part IV: New Calvinist Men and Women?" [Parte IV: novos homens e mulheres calvinistas?]

William J. Bouwsma, *John Calvin: A Sixteenth Century Portrait* [João Calvino: retrato do século XVI]. Nova Iorque: Oxford University Press, 1988.

Edward Dommen e James D. Bratt, eds, *John Calvin Rediscovered: The Impact of his Social and Economic Thought* [João Calvino redescoberto: o impacto de seu pensamento econômico e social]. Louisville: Westminster John Knox, 2007.

Edward A. Dowey, Jr, *The Knowledge of God in Calvin's Theology* [O conhecimento de Deus na teologia de Calvino], 3ª edição expandida. Grand Rapids: Eerdmans, 1994.

*Alastair Duke and Gillian Lewis, eds., Calvinism in Europe 1540-1620* [Calvinismo na Europa: 1540–1620]. Cambridge: Cambridge University Press, 1994, p. 21–34.

Christopher Elwood, *Calvin for Armchair Theologians* [Calvino para teólogos de poltrona]. Louisville: Westminster John Knox, 2002.

B. A. Gerrish, *Grace and Gratitude: The Eucharistic Theology of John Calvin* [Graça e gratidão: teologia eucarística de João Calvino], Minneapolis: Fortress Press, 1993.

Wulfert de Greef, *The Writings of John Calvin: An Introductory Guide* [Os escritos de João Calvino: um guia introdutório], Grand Rapids: Baker Books, 1993.

Robert M. Kingdon, "Was the Protestant Reformation a Revolution? The Case of Geneva" [A Reforma protestante foi uma revolução? O caso de Genebra] em Robert M. Kingdon, ed., *Transition and Revolution: Problems and Issues of European Renaissance and Reformation History* [Transição e revolução: problemas e questões relativas ao renascimento europeu e a história da Reforma]. Minneapolis: Burgess, 1974, p. 53–107.

Robert M. Kingdon, "Social Control and Political Control in Calvin's Geneva" [Controle social e político na Genebra de Calvino] e "Calvinist Discipline in the Old World and the New" [Disciplina calvinista nos mundos antigo e novo] em Hans R. Guggisberg and Gottfried G. Krodel, eds, *The Reformation in Germany and Europe: Interpretations and Issues* [A Reforma na Alemanha e na Europa: interpretações e questões] (ARG volume especial). Gütersloh: Gütersloher Verlagshaus, 1993, p. 521–32, 665–79.

William G. Naphy, *Calvin and the Consolidation of the Genevan Reformation* [Calvino e a consolidação da Reforma genebrina], Manchester: Manchester University Press, 1994.

Richard A. Muller, *The Unaccommodated Calvin: Studies in the Foundation of a Theological Tradition* [Calvino como inconformista: estudos sobre o fundamento de uma tradição teológica]. Nova Iorque: Oxford University Press, 2000.

Wilhelm H. Neuser, ed., *Calvinus Sacrae Scripturae Professor: Calvin as Confessor of Holy Scripture* [Calvinus sacrae scripturae professor: Calvino como confessor da Escritura Sagrada]. Grand Rapids: Eerdmans, 1994.

David C. Steinmetz, *Calvin in Context* [Calvino contextualizado]. Nova Iorque: Oxford University Press, 1995.

Randall C. Zachman, "John Calvin (1509–1564)" [João Calvino] em Lindberg, 2002, p. 184–97.

*Capítulo 11*
# REFÚGIO À SOMBRA DAS ASAS DE DEUS: A REFORMA NA FRANÇA

*Ainda que Deus às vezes permita que o sangue do seu fiel seja derramado, não deixa de coletar sua lágrima preciosa.*

Calvino para a Igreja de Paris (1557)

A história da Reforma na França é manchada por violência incrível e saturada com o sangue de milhares de mártires. A Igreja Reformada francesa estava sob a cruz; seu único conforto e encorajamento de buscar proteção "à sombra das asas de Deus" (cf. Diefendorf, 1991, p. 138) vinha de Calvino e dos Salmos em francês que lhes dera. Perseguidos pela Coroa e ainda mais perversamente pelo povo, os huguenotes encontravam refúgio na convicção de sua eleição como povo escolhido, a quem Deus protege e corrige.

## O ESCUDO DO HUMANISMO

Até o fim de 1520, reformadores e humanistas favoráveis à Reforma estavam sendo protegidos, na França, de censura eclesiástica e punição pelo rei, Francisco I. O próprio Francisco foi atraído pelo Renascimento. O rei encorajou o estudo dos clássicos, estabeleceu o impressor real, Robert Estienne, e a cátedra *regius professor* em Paris. Essas propensões e atividades eram um campo fértil para as ideias da Reforma, que logo passaram a ter influência ampla.

Entretanto, o rei não tinha motivação nenhuma para adotar ideias reformadas. Desde o século XIII, teólogos franceses e conciliaristas haviam defendido que a Igreja francesa detinha uma posição privilegiada com relação ao papado. As supostas liberdades de *l'Eglise gallicane* (origem do termo "galicanismo") foram ainda mais fortalecidas, em 1516, pela concordata de Bologna entre Francisco e o Papa Leão X. O tratado aumentou o poder da Coroa sobre a Igreja — que já era considerável — ao conceder, entre outras coisas, a nomeação de bispos e outros cargos eclesiásticos ao rei, bem como o direito de arrecadar dízimos do clero. A cobrança dos dízimos serviu tanto de fonte importante de renda para as guerras intermináveis com os Habsburgos quanto uma razão financeira para que a Coroa se opusesse à Reforma protestante. Na prática, isso significava que dez arcebispos, 82 bispos e mais de 500 membros do baixo clero dependiam do rei para a sua nomeação e assegurava a fidelidade do alto clero à Coroa, à qual prestavam juramento de lealdade. A presença de prelados nos Estados nacionais e provinciais também aumentava a influência real. Por volta de 1516, Francisco I conquistara tudo que Henrique VIII e príncipes alemães procuram conquistar rompendo com a Igreja. Além disso, Francisco não tinha nem as fortes convicções pessoais de Henrique VIII, nem a motivação dos príncipes alemães — ultrajados pela cobrança financeira excessiva do papado — para apoiar uma reforma endossada pelo Estado.

Outro fator político que distinguiu a Reforma na Alemanha e na França foram os cursos diferentes de autovalorização tomados por sua respectiva alta nobreza. Já vimos como a alta nobreza alemã estava mais preocupada com sua própria independência do que com a unidade nacional. Na França, a alta nobreza achava mais vantajosa a busca por políticas dinásticas e, desse modo, apoiava o rei. Em termos simples: forças políticas centrífugas na Alemanha ajudavam a Reforma, enquanto forças centrípetas na França a impediam.

Que ideias reformadas estavam em circulação na França é evidente na disseminação, por volta de 1519, de uma coleção de escritos em latim de Lutero, impressos por Johann Froben, de Basileia. Traduções francesas de livros, hinos e orações do Reformador de Wittenberg também não tardaram a aparecer (Moeller, 1987; Higman, 1984; Benedict, 2002a, p. 132). Froben escreveu a Lutero que cerca de 600 livros estavam a caminho da França e Espanha: "[Os livros] são vendidos em Paris, lidos e aprovados até mesmo pelos doutores da Sorbonne" (WA Br, 1, p. 332; Hillerbrand, 1964, p. 76). Teólogos parisienses liam os escritos de Lutero, mas certamente não o aprovavam. Encarregada de decidir, juntamente com a Universidade de Erfurt, o vencedor do debate de Leipzig, a Sorbonne condenou Lutero em abril de 1521 como inimigo da Igreja de Cristo, acusando-o de "vomitar uma doutrina de pestilência". A censura de livros religiosos foi instituída em junho.

Um contexto mais favorável à agitação inicial da Reforma na França foi Meaux, pequena cidade de tecelões localizada a cerca de 48 quilômetros a leste de Paris. O bispo de Meaux, Guillaume Briçonnet (1470–1534), servira como embaixador do rei na negociação da concordata de Bologna. Ao retornar a sua diocese, Guillaume engajou-se na reforma da pregação e da vida religiosa. A prática da pregação havia sido reservada quase que exclusivamente à ordem dos mendicantes, especialmente franciscanos, que se ressentiam da "invasão" do bispo ao seu reduto exclusivo e, não por acaso, da consequente diminuição de sua compensação financeira. A fim de auxiliar em seu trabalho de reforma, Briçonnet convidou Jacques Lefèvre d'Etaples (c. 1450–1536), notável humanista e erudito bíblico, para que se juntasse a ele. A obra *Fivefold Psalter* [Saltério quíntuplo] (1509), de Lefèvre, bem como seu comentário sobre as epístolas de Paulo (1521, reimpressas em 1516) — com sua ênfase em Cristo e no sentido "literal" do texto —, foram influentes no desenvolvimento da interpretação bíblica de Lutero. Lefèvre também contribuiu para a Reforma na França por meio da publicação pseudônima de sua tradução francesa do lecionário, acompanhado de notas explicativas evangélicas. Sua *Epistres et evangiles pour les 52 dimanches de l'année* [Epístolas e evangelhos para os 52 domingos do ano] (1525) foi elaborada com o propósito de facilitar a pregação clerical e a leitura dos evangelhos e das epístolas em francês (Bedouelle, 2002; Higman, 1992, p. 38–9; Hughes, 1984). Uma tradução francesa da Bíblia feita por Pierre Olivétan (primo de Calvino) surgiu em 1535; nela, havia um prólogo escrito por Calvino em latim, promovendo a disponibilidade da Escritura vernacular para que todos pudessem conhecer diretamente a Bíblia.

Não demorou para que outros evangélicos, incluindo William Farel, chegassem para compor o círculo de Meaux. Esses reformadores promoviam um estilo erasmiano de reforma focalizado em estudos bíblicos, renovação espiritual e moral. Em virtude do relacionamento de Briçonnet com a Coroa e o patrocínio de Margarida de Angoulême, rainha de Navarra, os reformadores foram, em um primeiro momento, protegidos de reclamações franciscanas a Paris quanto a sua pregação "luterana". Margarida, irmã do rei, era uma humanista importante, e sua inclinação por reforma é evidente pelo catecismo protestante cuja publicação autorizou em língua francesa (Orth, 1993).

Ideias evangélicas criavam, cada vez mais, raiz entre o povo. Durante o cativeiro do rei após a batalha de Pavia (1525), o parlamento parisiense se posicionou rapidamente, acusando o grupo Meaux de heresia. Muitos desses evangélicos fugiram do país. Em 1523, Briçonnet promulgou um decreto contra Lutero e suas obras "para que uma planta tão venenosa como essa não estenda raízes no campo que nos foi confiado" (Hughes, 1984, p. 134–5). Com exceção de Farel, os reformadores de Meaux não tinham a mesma índole de Calvino. Sua preocupação era, na verdade, com a renovação e revitalização da autoridade episcopal, não com a reforma da Igreja. Fazer mais do que isso era atrair o destino de Louis de Berquin, tradutor humanista de Lutero e evangélico convicto, queimado em Paris, em 1529, após ter sido condenado pelo parlamento. Três outros pregadores evangélicos já haviam sido queimados por heresia em 1525, porém, não estavam mais tão ligados ao grupo de Meaux (Hughes, 1984, p. 148–52; Nicholls, 1992, p. 123–5). A essa altura, ideias pouco ortodoxas também encontravam expressão iconoclástica.

A execução de Berquin e o "caso Cop" evidenciaram que a tolerância de Francisco I por reformas transformava-se em hostilidade quando radicais se entregavam à violência e iconoclastia. Autoridades reais e eclesiásticas culpavam os ensinos dos reformadores pela ação de radicais, resultando, assim, na fuga de homens como Calvino ao exterior ou em trabalhos clandestinos. A resposta de Francisco aos evangélicos oscilava entre perseguição por aprisionamento e moderação. A agressividade do rei era estimulada por atos provocativos, como no "caso das tabuletas", situação em que avisos atacando o "abuso horrível da missa papal" foram afixados em Paris, Blois e Amboise na noite entre 17 e 18 de outubro de 1534. O rei sentiu-se particularmente ultrajado ao descobrir que, em Amboise, uma tabuleta havia sido afixada na porta de seu quarto. Francisco, então, instituiu uma perseguição rápida e violenta aos evangélicos suspeitos. Confiante do sucesso de medidas repressivas contra a suposta sedição, celebrou, em dezembro de 1536, um *Te Deum* na Catedral de Notre Dame. Por isso, o rei ficou ainda mais indignado quando as mesmas plaquetas reapareceram, em 6 de janeiro, acompanhadas, dessa vez, por um tratado breve de Marcourt sobre a eucaristia. O ódio de Francisco não era apenas uma reação à afronta contra sua pessoa, mal originado e enraizado em algo mais profundo, já que atacar a eucaristia era o mesmo que investir contra o próprio fundamento do reinado francês:

> O poder e o prestígio dos reis franceses estavam enraizados fortemente nas cerimônias e nos rituais católicos. Ungidos com óleo especial e recebendo pão e vinho na ceia da coroação, monarcas aumentavam sua reivindicação ao trono por direito divino ao assumir poderes sacerdotais. Igreja e Coroa se beneficiavam de uma aliança próxima. Reis franceses faziam, em sua coroação, um juramento de proteger a fé e expulsar hereges" (Diefendorf, 2004, p. 150; cf. Roberts, 2006, p. 105).

A "teoria [francesa] de reinado [...] não fazia distinção real entre a essência do poder, demonstrada na eucaristia, e aquela que, segundo diziam, pertencia ao rei em seu ofício de vigário de Cristo [...]" (Elwood, 1999, p. 25). O trato de Marcourt representava mais do que um "bate-boca" entre teólogos!

Marcourt defendia que (1) o sacrifício perfeito de Jesus não precisava ser repetido; (2) a missa induz à idolatria pela adoração de elementos consagrados; (3) transubstanciação é uma doutrina inventada e sem fundamentação bíblica; (4) a Ceia do Senhor é uma proclamação pública de fé e confiança na salvação, expressando a unidade da Igreja (Higman, 1992, p. 69–70, 72–6; Berthound, 1973). A reação violenta do rei contra as tabuletas deu origem a uma repressão séria à Reforma, que parecia ficar cada vez mais distante.

Por outro lado, o rei era movido pela moderação quando desejava formar alianças com os príncipes alemães luteranos, dos quais buscava ajuda contra o imperador. Assim, por exemplo, houve, no mesmo ano, uma tentativa frustrada de trazer Melanchthon e outros luteranos alemães a Paris para um debate sobre unidade religiosa.

## PROGRESSO EVANGÉLICO E PERSEGUIÇÃO

Diferentemente dos contextos alemão e suíço, em que o curso da Reforma foi apoiado pelas autoridades civis, não demorou para que movimentos franceses de reforma passassem, literalmente, pelo fogo. Em um nível não visto na Alemanha e na Suíça, o protestantismo tinha que levar uma vida mascarada na França. Também em contraste com a Alemanha, onde fragmentação política facilitava uma imprensa "livre" (por volta de 1519, os escritos de Lutero tinham sido reimpressos por 22 editoras diferentes em onze cidades), publicações na França eram basicamente concentradas — e, portanto, controladas — em dois centros: Paris e Lyon. Entretanto, escritos protestantes e Bíblias em linguagem vernacular estavam disponíveis nas cidades fronteiriças de Basileia, Estrasburgo e Antuérpia. O porto de Antuérpia, tecnicamente sob o controle do imperador, formava rotas comerciais com Espanha, Inglaterra, Escandinávia e Países Baixos, servindo de condutor às traduções inglesa, holandesa e dinamarquesa das obras de Lutero e à Bíblia em francês.

É difícil avaliar o apelo do protestantismo nesse período. Podemos dizer, com segurança, que críticas contra a corrupção e a imoralidade do clero, popularizadas no fim da Idade Média, exerceram seu papel. Ninguém menos do que Margarida, irmã do rei, deixou isso claro com o anticlericalismo provocador de *Heptaméron*, coletânea de histórias "à la *Decameron*" (c. 1350), de Boccaccio, narradas supostamente por nobres isolados em uma abadia em decorrência de uma enchente. Dentre as 72 histórias do livro, dezessete retratam atos de corrupção e exploração sexual promovidos por membros do clero, especialmente franciscanos: "Na história, um dos narradores declara que a falta de oportunidade do clero em se relacionar com mulheres honestas faz dos ministros indivíduos carnais, amantes de nada além de bom vinho e de camareiras sujas" (Douglass, 1993, p. 250). No livro, narradores de Margarida também fazem comentários que podiam ser interpretados como aprovações evangélicas da Escritura como norma doutrinária, e defendem, com base nas cartas de Paulo, o papel da mulher na propagação do evangelho (Margaret, sd, p. 110, 212). Margarida abrigou humanistas acusados de protestantismo e criou problemas com a Inquisição pela publicação de sua obra mística *The Mirror of the Sinful Soul* [Espelho da alma pecadora].

Na França, outra crítica que acompanhava o anticlericalismo era a justiça baseada no mérito religioso, ligada cada vez mais à economia do lucro. Além de oposição contra a imoralidade clerical e de críticas a práticas religiosas, idólatras e supersticiosas — amplamente difundidas no fim da Idade Média —, havia também a recepção positiva da doutrina da justificação pela fé. Já em 1524, Farel publicou na Basileia uma tradução francesa da oração do Pai Nosso e o credo apostólico com uma inclinação "luterana". A presença do credo enfatizava que a Bíblia é o fundamento da fé, que entender a oração é tão importante quanto orar com fervor e que a negligência de pastores havia obstruído o desenvolvimento da fé verdadeira. Fundamentada na Bíblia, essa exposição evangélica ecoava a ênfase de Lutero sobre justificação somente pela graça, fé como dom gratuito de Deus e completa dependência humana de Deus. Esse "livro de bolso", designado ao povo, era fácil de carregar e esconder. Revisto e publicado em 1528 como *The Book of True and Perfect Prayer* [O livro da oração verdadeira e perfeita], tornou-se "o livro da piedade evangélica mais popular na França [...] reimpresso nada menos do que quatorze vezes de 1528 a 1545" (Greengrass, 1987, p. 13; Higman, 1992, p. 26–31).

Testamentos de protestantes parisienses dão

> evidência ampla de que a doutrina da justificação pela fé estava no coração de sua crença [...] Testadores protestantes eliminaram referências católicas, feitas tradicionalmente à intercessão da Virgem Maria e aos santos, expressando o desejo de que seus pecados fossem perdoados com base no "mérito" conquistado pela morte de Cristo (Diefendorf, 1991, p. 113–14).

Essa teologia alicerçada na Reforma encontrou expressão pública na rejeição da missa e do ensino católico sobre a eucaristia.

Conforme o amigo de Farel e Calvino, Pierre Viret (1511–1571), nunca se cansava de afirmar, católicos adoravam a um "Deus de massa": "Ao retratar o objeto da devoção eucarística como um deus de farinha, 'branco e redondo como um belo pedaço de nabo', Viret mira o próprio coração da piedade tradicional católica, fazendo-a parecer uma farsa" (Elwood, 1999, p. 93–4). Atacar a missa era o mesmo que ferir o coração da religião medieval, algo que, segundo criam, implicava não apenas a condenação eterna do herege, mas também punha em risco a saúde e salvação de toda comunidade. Posto de maneira simples, heresia era tida como um câncer no corpo da sociedade: se a comunidade desejava salvação, precisava tirar o câncer do meio de si e destruí-lo. O mesmo princípio se aplicava a crimes capitais. Heresia era o crime capital *par excellence* porque não cometia um pecado apenas contra o cabeça de uma sociedade, mas contra o cabeça de todo universo; não apenas contra o rei, mas contra o Rei dos reis. Por isso a execução de hereges era uma ação ritualística, uma liturgia na qual seu processo de degradação procedia de ações simbólicas. A "incineração" do herege tinha o propósito de extirpar sua memória para sempre: "O propósito da execução de hereges era a obliteração total: a heresia precisava ser tirada da sociedade como uma doença física. O corpo social devia ser purificado completamente de todas as impurezas" (Nicholls, 1988, p. 50; Gregory, 1999, p. 86).

Contudo, essa liturgia de purificação também podia ser contraproducente: a "doença" podia ser tanto espalhada quanto eliminada. Citando apenas dois exemplos, a execução de um anabatista nos Países Baixos, em 1531, acabou virando um momento decisivo na vida de Menno Simons (Williams, 1992, p. 591), e a condenação de Servet à fogueira em Genebra causou um impacto desproporcional em virtude da resposta de Castellion. A condenação eterna do herege, simbolizada por sua execução, era obscurecida — mesmo revertida — quando enfrentava a morte com convicção inabalada. De fato, isso era quase garantido pelas autoridades, que normalmente escolhiam os indivíduos mais resolutos em sua fé para a execução; caso fossem, de fato, instrumentos do diabo, acabariam sucumbindo. Assim, execuções tornaram-se um teatro de martírio (no sentido original da palavra, que significa "testemunha"). Execuções reforçavam a convicção huguenote de que sua fé era um retorno à fé da Igreja primitiva, quando então se dizia: "o sangue dos mártires é a sementeira da Igreja". Tal "forma boa de morrer" servia de testemunho à fé genuína, impressionando, consequentemente, ao menos alguns espectadores. Em meio ao sofrimento, mártires calvinistas extraíam coragem e legitimação a partir do Israel do Antigo Testamento, modelo de povo escolhido e perseguido. Como os hebreus, huguenotes ansiavam pela libertação divina dos "canaanitas" e possessão de sua terra (Parker, 1993).

Ironicamente, o fato de protestantes usarem o martírio como testemunha à verdade de sua posição refletia a mesma apreciação católica com relação aos santos durante a Antiguidade e a Idade Média. Assim, os jesuítas viraram a mesa protestante e acusaram Beza da própria idolatria que os reformadores condenaram em seu ataque a imagens e santos (Coats, 1994, p. 20, 27).

A aceitação universal do testemunho dos mártires é evidente em diversos estudos martirológicos vindos de todas as orientações da Reforma (Gregory, 1999: capítulos 5–7). Para os huguenotes, havia Jean Crespin com sua *Histoire des martyrs persecutez et mis à mort pour la verité de l'evangile, depuis le temps des apostres jusques à present* [História dos mártires perseguidos e executados pela verdade do evangelho desde o tempo dos apóstolos até o presente] (Genebra: 1564, 1619), e Simon Goulart, com *Mémoires de l'estat de France sous Charles IX* [Memórias da França sob Carlos IX] (1576). Já para os protestantes ingleses havia o *Livro dos mártires*, de John Foxe (Edição latina: Estrasburgo, 1554; Edição inglesa: 1563). Para os anabatistas, por fim, havia o *The Bloody Theater or Martyr's Mirror* [Teatro sangrento ou espelho dos mártires] (1660) e *The Chronicle of the Hutterian Brethren* [A crônica dos huteritas] (1581), entre outros. Até mesmo os luteranos desenvolveram sua própria perspectiva sobre o martírio (Kolb, 1987; Gilmont, 1996).

À medida que as divisões religiosas na França se radicalizavam, a execução de hereges nos moldes de "ritual como contenção" diminuía. O "câncer" social estava, agora, difundido demais para ser exercitado pela morte de indivíduos: "Rituais não podiam compensar pelas divisões dentro de uma 'comunidade' social e espiritual da qual deviam ser uma expressão" (Nicholls, 1988, p. 71). Por volta do fim da década de 1550, a aceitação huguenote do martírio estava sendo substituída pela resistência — algo que levaria a guerras religiosas.

## A INFLUÊNCIA DE CALVINO NA FRANÇA

Em meados da década de 1530, tornou-se claro que a reforma evangélica da Igreja francesa não podia ser executada de dentro da França e que precisaria de ajuda externa. A fonte para esse apoio era a Igreja Reformada de Genebra. Nessa época, diversos fatores teológicos e não teológicos haviam mudado a orientação evangélica francesa de Wittenberg a Genebra. O fator não teológico era a linguagem: escritos alemães de Lutero não eram facilmente acessíveis, mas tanto Farel quanto Calvino escreviam em francês, sua língua materna. Em termos teológicos, a orientação evangélica francesa depois da disputa entre Lutero e Zuínglio sobre a eucaristia favoreceu este último:

> As ideias de Farel assumiram um molde fortemente zuingliano depois de sua fuga para a Suíça. Pelo fato de seu *Summary and Brief Declaration* [Resumo e declaração breve] (1529) ter sido a declaração teológica mais importante feita por um autor francês antes das *Institutas* de Calvino, visões eucarísticas em linha com posições defendidas na Suíça acharam logo um jeito de se misturar rapidamente com a propaganda evangélica francesa (Benedict, 2002a, p. 132).

Uma vez que, em 1555, a liderança de Calvino estava firmemente estabelecida em Genebra, ele e outros franceses exilados desenvolveram uma máquina de propaganda eficiente, direcionando-a à França. Não demorou para que Calvino fosse assediado por cidades francesas e famílias nobres a fim de que fornecesse pastores treinados na cidade suíça. Nessa época, o crescimento impressionante das congregações reformadas esgotava duramente a habilidade e a energia dos pastores enviados de Genebra. Em uma época pré-televisiva, o povo ficava em pé por horas para ouvir os pregadores! (Eis o porquê do desenvolvimento protestante de assentos na igreja). A demanda popular por sermões sólidos e diversificados nem sempre podia ser satisfeita. Assim, Nicholas Parent, que organizava igrejas no Delfinado, escreveu: "Embora eu pregue por duas horas, parece pouco ao povo, tamanha a fome que as pessoas têm da Palavra" (Nicholls, 1992, p. 134).

Conforme mencionado, as primeiras congregações evangélicas na França eram chamadas de huguenotes; calvinistas franceses, porém, preferiam o termo *Réformés*: os reformados — as sátiras católicas do período chamavam-nos de *la Religion Déformée*. As primeiras congregações em Meaux (1546) e Nîmes (1547) foram dispersas pela perseguição. O martírio dos "quatorze de Meaux", por celebrarem uma ceia evangélica, foi particularmente cruel. Todos enfrentaram tortura terrível, mas se recusaram a revelar o nome de outros protestantes. Seis deles, enquanto na estaca, submeteram-se à confissão de um ministro para escapar da penalidade de ter a língua cortada, porém, os demais permaneceram firmes, mesmo antes dessa última mutilação.

O filho de Francisco I, Henrique II (1547–59), imparcial em termos de simpatia humanista ou necessidade de conquistar o apoio de aliados protestantes alemães, foi ainda mais severo que seu pai. Henrique promulgou decretos punindo severamente práticas hereges, como comer carne durante a quaresma ou frequentar assembleias proibidas. O rei também instituiu uma corte especial para casos de heresia, nomeada apropriadamente de *la chambre ardente*: a câmara ardente. O clero se ressentia desse desdobramento, não por causa de seu objetivo, mas pelo fato de sua jurisdição em casos de heresia ter sido usurpada. Acusados de disseminar o protestantismo por meio de livros ou pregações eram normalmente sentenciados a mortes cruéis, tais como o esquartejamento. Por isso, antes de os pastores de Genebra serem "contrabandeados" à França, era comum repassarem sua propriedade a familiares, uma vez que, muito provavelmente, não viveriam para retornar.

Por volta de 1567, Genebra tinha enviado ao menos 120 pastores à França para organizar congregações, as quais, por causa da perseguição, geralmente viviam na clandestinidade. Contudo, a Igreja Reformada se espalhou rapidamente pela França e, em algumas regiões, começou a realizar cultos públicos:

> A exportação de propaganda e literatura devocional genebrina realizou-se em escala maciça. O volume era tal que, em 1562, por exemplo, uma barca apreendida no Siena com livros proibidos a bordo contou com oito livreiros para avaliar a carga inteira. [...] Essa literatura fazia a diferença. Ao retornar, ministros enviados de Genebra para ajudar a modelar as novas igrejas relatavam admirados, como seus novos rebanhos cresciam exponencialmente e como outras dezenas de comunidades circunvizinhas também clamavam por ministros (Benedict, 2002, p. 134).

Uma das chaves para esse sucesso foi o gênio organizacional emprestado da Igreja de Genebra, liderada por Calvino. O primeiro sínodo nacional da Igreja Reformada francesa reuniu-se na cidade de Paris, em 1559, e estabeleceu uma confissão de fé, a confissão gaulesa, cuja primeira versão foi redigida por Calvino. Um aspecto interessante da confissão foi sua insistência na igualdade absoluta entre ministros e igrejas (isto é, uma política presbiteral). Temos, aqui, um desvio em relação à abertura de Calvino a um episcopado puro e um rompimento com a forma histórica de governo adotada por outras igrejas reformadas nacionais da Europa Ocidental (Sunshine, 1994). Uma forma modificada dessa confissão de fé, contendo 40 artigos e ratificada, em 1571, no sínodo de La Rochelle, continua a servir a Igreja Reformada francesa até hoje. Por volta de 1561, o sínodo nacional da França representava mais de duas mil congregações.

O sínodo de La Rochelle também ficou conhecido como o "sínodo dos príncipes" por conta do comparecimento de todos os líderes seculares do movimento protestante francês. A presença de dois líderes dos Países Baixos, Luís de Nassau e Guilherme de Orange, que liderariam a resistência contra a ocupação espanhola na Holanda, foi importante para desenvolvimentos posteriores em ambos os países:

> Podemos estar razoavelmente certos de que as provisões para uma aliança informal entre os líderes aristocráticos dos grupos protestantes na França e nos Países Baixos foram discutidas em La Rochelle. Essa aliança levou à tentativa protestante de empurrar a França à guerra contra a Espanha, a qual, por sua vez, ajudou a provocar o massacre na noite de São Bartolomeu (Kingdon, 1988, p. 185).

Na França, o calvinismo apelava a grupos sociais particulares, notavelmente artesãos habilidosos, comerciantes independentes e negociantes da classe média, como banqueiros. Foi esse fenômeno que levou alguns eruditos a associar a "ética protestante" com o "espírito do capitalismo" (geralmente sob o título da "tese de Weber"). Não há dúvidas de que virtudes calvinistas do trabalho árduo e da economia, motivados por uma teologia de vocação, encaixaram-se perfeitamente na economia do lucro. Contudo, como no caso de teorias parecidas em relação aos judeus, houve também diversos outros fatores históricos envolvidos no sucesso comercial calvinista.

O apelo popular do calvinismo não vinha de sua pregação apenas, mas também de sua música estimulante. Os Salmos tornaram-se um potente "emblema de resistência partidária" e cantá-los "expressava impulso urgente ao testemunho e força em momentos de comunhão" (Pettegree, 2005, p. 61). Os Salmos, adaptados em métrica francesa por Clement Marot (1497-1544), que fugira a Genebra por proteção, tornaram-se canções de marcha e hinos de batalha do calvinismo, primeiro na França e depois em outros países. Embora suspeito após o "caso das tabuletas", sua versão de alguns dos Salmos ganhou popularidade até mesmo na corte: "Diana de Poitiers, amante de Henrique II, por exemplo, gostava do Salmo 130, uma oração devidamente penitencial" (Reid, 1971, p. 40–1). De seu refúgio em Genebra, Marot publicou uma coleção expandida de sua obra original "Trinta Salmos de Davi" (Paris: 1541), incluindo 49 salmos e um prefácio escrito por Calvino. A obra atingiu algo em torno de 28 edições. Por volta de 1560, Beza havia expandido o livro, o qual passou a incluir todo o saltério: alguns dos salmos continuam a ser incluídos em hinários modernos. A publicação dos Salmos Huguenotes tem sido descrita como o maior empreendimento editorial da época; só em Genebra, cerca de 27 mil cópias foram impressas (Monter, 1967, p. 181).

O cântico dos Salmos passou logo a caracterizar a adoração huguenote, dando identidade, unidade e coragem em meio a perseguições e batalhas. O Salmo 68, um dos mais populares entre os exércitos huguenotes, foi chamado de "A Marselhesa" huguenote (Reid, 1971, p. 41, 47): "Que Deus se levante! Sejam espalhados os seus inimigos, fujam dele os seus adversários [...] Certamente Deus esmagará a cabeça dos seus inimigos, o crânio cabeludo dos que persistem em seus pecados" [Salmos 68:1,21]. Os Salmos não apenas inspiravam os exércitos huguenotes e irritavam opositores, mas também fortaleciam os mártires. Imagine milhares de tropas armadas cantando "para que você encharque os pés no sangue dos inimigos, sangue do qual a língua dos cães terá a sua porção" (Salmos 68:23). Os quatorze martirizados em Meaux cantaram o Salmo 79: "Cheguem à tua presença os gemidos dos prisioneiros. Pela força do teu braço preserva os condenados à morte. Retribui sete vezes mais aos nossos vizinhos as afrontas com que te insultaram, Senhor!" (Salmos 79:11-12). Cinco martirizados em Lyon cantaram Salmos 9: "O Senhor é refúgio para os oprimidos, uma torre segura na hora da adversidade [...] Aquele que pede contas do sangue derramado não esquece; ele não ignora o clamor dos oprimidos" [Salmos 9:9,12]. As autoridades tentavam impedir tal testemunho enchendo a boca dos mártires ou cortando a língua dos que estavam para morrer.

O grupo social mais importante para a Reforma na França foi a nobreza, especialmente as famílias Bourbon (a próxima na linha sucessória após os Valois) e Montmorency. Gaspar de Coligny (1519–72, Montmorency), almirante francês que exerceu influência na vida do jovem rei Carlos IX, tornou-se um líder huguenote de destaque. A nobreza era a "pedra refinada" da Igreja Reformada na França: como patrona da Igreja, provia influência, representação na corte e poderio militar. Mulheres dentre a nobreza tiveram o trabalho árduo na evolução da Igreja Reformada em um partido nacional político: "Mulheres nobres normalmente assumiam a liderança da 'causa', agindo como intermediárias e negociadoras entre líderes de facções rivais católicas e protestantes na corte" (Blaisdell, 1982, p. 68). A atitude de Margarida de Angoulême em proteger os reformadores foi imitada por outras mulheres, tais como Louise de Montmorency, irmã do conde, e por Jacqueline de Longwy, duquesa de Montpensier. A filha de Margarida, Joana d'Albret, criou praticamente um reino protestante em Navarra. Todas essas mulheres mantiveram contato extenso com Calvino por carta (Nicholls, 1992, p. 136; Douglass, 1985; Roelker, 1968, 1972a, 1972b). Outras famílias nobres importantes do leste e sudoeste francês também se uniram à Igreja Reformada, influenciando nobres de menor prestígio e camponeses. Consequentemente, a região se transformou em um bastião militar para o movimento reformista na França.

As partes norte e leste da França estavam sob o controle de uma facção ultracatólica da nobreza, liderada pela família Guise-Lorraine. Essa dinastia poderosa tinha uma posição forte no reinado de Henrique II, incluindo cardeais que pressionavam por uma Inquisição, no estilo espanhol, para o extermínio de todos os calvinistas. Em resposta à ameaça, levantou-se um grupo huguenote militar e político para defender seu poder e privilégio, bem como sua fé. A rivalidade entre famílias nobres aumentou acentuadamente por causa de convicções religiosas opostas. A genealogia das casas de Valois e Bourbon, ambas originárias do rei canonizado Luís IX, oferecem o quadro familiar para algumas das lutas político-religiosas mais intricadas da Reforma francesa.

Embora Henrique II e sua mulher, Catarina de Médici (sobrinha do Papa Clemente VII), detestassem os protestantes, sua energia estava principalmente concentrada na rivalidade perpétua entre Carlos V e as guerras Habsburgo-Valois. Além disso, Henrique parece não ter percebido, senão no fim de seu reinado, a extensão da deserção religiosa de seu povo. Com o tratado de paz de Cateau-Cambrésis (1559), que pôs fim à guerra entre ambas as dinastias, o rei estava finalmente livre para direcionar sua atenção à eliminação da heresia em suas terras. No mesmo ano, contudo, Henrique morreu, vítima de um ferimento enquanto disputava um torneio. A morte acidental de Henrique gerou uma crise na autoridade real, abrindo o palco para um crescimento rápido do protestantismo e um conflito religioso longo e amargo. O trono passou à sucessão de três reis fracos da dinastia Valois: os dois primeiros ascenderam ao trono enquanto crianças, enquanto o último não teve filhos. A delegação da autoridade real a menores e mulheres era uma fonte de crise. Crianças e mulheres — especialmente mulheres regentes — não conseguiam conquistar, como um homem adulto, a lealdade e obediência de famílias como a dos Guise e Montmorency.

Francisco II, o mais velho de quatro príncipes Valois, tinha apenas quinze anos quando seu pai morreu. Durante seu reinado breve de dezoito meses (1559–60), o partido ultracatólico alcançou proeminência, influenciando o governo por meio da esposa de Francisco — Maria, rainha dos escoceses — cujos tios pertenciam à família Guise. Medidas repressivas contra os protestantes causaram um ressentimento tão generalizado que um número ainda maior de nobres se uniu àqueles que já estavam comprometidos com a Reforma, visto que odiavam os Guise e cobiçavam a riqueza da Igreja Católica. Catarina, a rainha-mãe, também buscava meios de enfraquecer a facção dos Guise, que não somente a tratava com desdém como também tentava tomar o lugar de seus filhos para estabelecer sua própria dinastia como regente da França.

O ódio intenso que havia contra os Guise evidenciou-se na "conjuração de Amboise" (1560), tentativa desastrosa de um grupo de nobres huguenotes de remover o rei, à força, da esfera de influência dessa família ducal católica. O fato de alguns conspiradores serem habitantes de Genebra foi um embaraço à cidade e a Calvino. Teodoro de Beza, membro da baixa nobreza francesa e futuro sucessor de Calvino, proveu certo encorajamento à conspiração, porém Calvino se opunha consistentemente a qualquer revolução política. Alguns desses nobres foram executados. O príncipe de Bourbon, Luís de Bourbon-Condé, foi acusado de participar da conspiração e sentenciado à morte, mas foi solto depois da morte de Francisco. A conjuração de Amboise prefigurou as guerras religiosas que estavam por vir, as quais teriam a natureza de guerras civis (Kingdon, 1956, p. 68–78). Grupos diferentes, incluindo alguns pastores calvinistas, começaram a se unir para formar uma oposição ao governo. No entanto, um acordo com bases tão negativas representava um fundamento instável para a cooperação e acabou levando à confusão e ao fracasso. A sugestão de alguns líderes reformados — como Knox e Bullinger, sucessor de Zuínglio — de que súditos tinham o direito de se revoltar contra governantes idólatras (isto é, católicos) foi firmemente rejeitada por Calvino, que procurou se distanciar da conjuração de Amboise. O envolvimento de pastores calvinistas na conspiração foi habilmente fraseado por N. M. Sutherland (1967, p. 19): "Confrontados com a escolha entre resistência e extermínio, desejavam uma solução menos sublime do que a mera oração."

Calvino e Beza saudaram a morte de Francisco II (1560) como um livramento divino; o rei morreu em decorrência de uma infecção no ouvido. Beza até mesmo compôs uma canção simples como forma de celebração:

> Henrique, ferramenta dos maus
> Retribuição haveis encontrado,
> Manchaste a terra com a inundação roxa
> De vosso globo ocular perfurado.
> Na carreira louca de seu pai seguiste,
> Francisco, jovem obstinado.
> Mas uma flecha perfurou vossa orelha
> Fechada a Deus e aberta ao pecado.
> Reis tolos e surdos, contra vós
> Avisos horríveis clamam:
> Lamentai de vossa obra má
> Ou morrei em vossa infâmia.
>
> (Duke *et al.*, 1992, p. 81)

Carlos IX (r. 1560–74), segundo filho de Catarina, sucedeu a Francisco no trono com a idade de 10 anos. Em termos jurídicos, a regência podia ir ou para a rainha-mãe ou para o primeiro príncipe da linhagem sanguínea, isto é, o primeiro em linha de sucessão depois dos filhos do rei. Nessa ordem, o primeiro príncipe era Antônio de Bourbon, rei de Navarra, líder huguenote. Sua mulher, Joana d'Albret, calvinista convicta, liderou os huguenotes, manteve correspondência com Calvino e participou do sínodo nacional de La Rochelle. Catarina conseguiu vencer Antônio na luta pela regência, mas esse triunfo teve implicações no desenvolvimento de uma política favorável ao partido huguenote como um contrapeso à facção Guise.

## O COLÓQUIO DE POISSY: 1561

Catarina, auxiliada por seu chanceler, Michel de l'Hôpital, criou uma política de moderação com relação aos protestantes que envolvia a suspenção de perseguição, a soltura de Condé e outros prisioneiros huguenotes, a permissão de nobres huguenotes na corte a fazer seu próprio culto e a nomeação de novos tutores católicos com tendências liberais para o jovem rei. Antônio de Bourbon renunciou sua reivindicação ao trono e aceitou o título de tenente-general da França. Como mais um esforço de pacificar suas terras e, não incidentalmente, prover uma alternativa gaulesa ao Concílio de Trento, Catarina convocou um debate público entre protestantes e católicos. O Colóquio de Poissy, projetado por Michel de l'Hôpital — cujo propósito principal era a unidade da França — reuniu-se de setembro a outubro de 1561. O colóquio foi um reconhecimento importante da realidade e do crescimento do protestantismo por parte da monarquia.

O Colóquio de Poissy foi o nível máximo atingido pela Reforma protestante na França. O chanceler l'Hôpital deu início ao colóquio com um discurso relacionado ao propósito gracioso do rei em resolver crises religiosas, convocando um concílio nacional. A esperança do rei era que um intercâmbio de ideias teológicas mutuamente respeitoso entre representantes católicos e huguenotes pudesse preservar a paz na Igreja gaulesa. Segundo declarou, o colóquio não era um lugar de julgamento, mas de diálogo.

Respondendo imediatamente, o cardeal Tournon, arcebispo de Lyon e primaz da França, levantou-se de sua cadeira e protestou contra a própria natureza da assembleia. Os cerca de 50 bispos presentes, a despeito de todo seu galicanismo, desprezavam uma assembleia imposta pelo governo que colocava hereges no mesmo patamar que católicos. Hereges precisavam ser julgados, não debatidos!

Catarina, contudo, não estava interessada em ultimatos e anátemas: sua nova política era de acomodação. Influenciado por sua mãe, o rei indicou, para o desgosto dos bispos, que a reunião ocorreria dentro do planejado. O sinal foi dado e a delegação huguenote — onze ministros, trajando mantos negros característicos de Genebra, e vinte representantes de várias congregações calvinistas na França — adentrou o salão da assembleia. Com um sussurro audível, o cardeal Tournon rompeu a tensão que silenciava a delegação católica: "Voici ces chiens genevois!"— "Eis os cães genebrinos!".

O "cão genebrino" que se posicionou para apresentar a defesa huguenote impressionou imediatamente seu público, que o via como um "puro-sangue". Teodoro de Beza (1519–1605), nascido e estabelecido em uma família borgonhesa, era calvinista de calvinistas e erudito de eruditos. Durante os treze anos em que se exilou na Suíça, Beza tornou-se amigo chegado, confidente e herdeiro espiritual de Calvino, além de exercer o cargo de professor de estudos bíblicos na recém-fundada Academia de Genebra. Seu trabalho no Novo Testamento Grego ainda é lembrado pela nomeação do manuscrito greco-latino dos evangelhos que descobriu: o *Codex Bezae* — datado do século V e apresentado à Universidade de Cambridge em 1581— e pela primeira edição crítica do Novo Testamento Grego, que publicou em 1565. O antecedente familiar, econômico e social de Beza, similares aos de sua audiência — bem como anos de reflexão e escrita teológica — resguardavam-no de qualquer senso de intimidação por parte da assembleia, formada por dignitários reais e eclesiásticos. Para a surpresa de muitos, Beza deu início ao seu comentário de abertura com uma oração, durante a qual sua delegação caiu de joelhos: "Senhor Deus, Pai eterno e Todo-poderoso, confessamos diante de Vossa Majestade que somos pobres e pecadores miseráveis" (O'Connell, 1974, p. 121).

Durante uma hora, Beza apresentou, de modo eloquente, a posição calvinista. A rainha-mãe encheu-se de esperança, e mesmo os bispos não ficaram indiferentes à medida que o orador huguenote se comprometia a chegar a um acordo e repassava, de modo elegante, resoluções doutrinárias entre igrejas antagonistas, mencionando tópicos como Trindade e encarnação. Beza chegou a discutir pontos polêmicos, como autoridade legítima, com doce razoabilidade; no fim de seu discurso, porém, cometeu o erro fatal de declarar que, na eucaristia, o corpo de Cristo "está tão distante do pão e do vinho quanto os céus estão longe da terra" (Nugent, 1974, p. 100). Os prelados, que até então escutavam educadamente sua exposição, romperam aos gritos: "Ele blasfema!" Posteriormente, Catarina chamaria a comparação de Beza de "absurda e ofensiva".

O colóquio prosseguiu por mais um mês, mas Beza já havia tocado, inelegantemente, no mesmo nervo sensível que enviara ondas de dor nos colóquios anteriores de Marburgo (1529) e Regensburg (1541). A maneira como a presença de Cristo se manifestava na eucaristia era a rocha que despedaçava qualquer acordo. Para os teólogos católicos, a missa era a boa obra suprema da comunidade cristã, uma forma de oferta e recepção do Cristo corpóreo; para os teólogos calvinistas, contudo, a missa era uma negação idólatra e blasfema do verdadeiro evangelho. Além do mais, calvinistas sabiam, assim como outros protestantes, que a missa era apenas a ponta do iceberg católico, uma vez que era sustentada por toda uma hierarquia ministerial cuja habilidade de celebrar o sacramento estava ligada a um processo de ordenação e cuja casta, enraizado na sucessão de São Pedro, tinha poderes e prerrogativas especiais. De Lutero em diante, a missa tornou-se o ponto focal de ataque dos reformadores protestantes contra o *establishment*, pois sabiam que, se a missa caísse, toda Igreja papal desmoronaria. Por toda Europa, uma geração de iconoclastas havia profanado igrejas, pisoteando e urinando em objetos sagrados, incluindo a hóstia consagrada — ações simbólicas inversas ao ritual católico.

Em vista disso, católicos leigos não precisavam das refutações teológicas refinadas da heresia calvinista para reconhecê-la, percebendo-as na atitude daqueles que se recusavam a honrar procissões de *Corpus Christi* e danificavam objetos sagrados. Quando o teólogo jesuíta espanhol Diego Lainez obteve permissão para falar, deixou claro à rainha-mãe que sua intenção de reconciliar protestantes e católicos não levava em conta que calvinistas eram "serpentes, lobos em peles de ovelha e raposas". O remédio contra o "veneno" calvinista não era um concílio de legalidade eclesiástica duvidosa, mas sim o Concílio de Trento, o qual já estava em andamento e era presidido pelo Papa, não pela Coroa. Para que a rainha não deixasse de entender o recado, Lainez insinuou que sua coroa e alma estavam em jogo nesses assuntos.

## GUERRAS RELIGIOSAS: 1562-1598

O Colóquio de Poissy falhou em criar acomodação religiosa, mas não deixou de preparar o caminho para o primeiro Edito de Tolerância (janeiro de 1562), o qual provia certa medida de liberdade aos huguenotes. Líderes huguenotes, como Beza, continuaram a ter acesso à corte e lutaram para a conversão da família real. Adoração pública huguenote foi permitida nos lares, tanto nas cidades quanto fora delas. Esse foi o divisor de águas para o protestantismo francês: parecia que, enfim, a França seguiria o caminho que a Inglaterra de Henrique VIII percorrera uma geração antes, adotando uma Igreja nacional sob o controle do Estado.

Um mês após o edito, porém, a situação dos calvinistas mudou radicalmente. Em meados de fevereiro, Catarina ficou ciente da ira da família Guise e dos espanhóis, vindo a crer, agora, que a unidade da nação e o futuro real de seus filhos estavam ameaçados mais pela hostilidade dos espanhóis do que pelos huguenotes e seus aliados. Assim, sua política de balança de poder pendeu para a facção católica. Antônio de Bourbon sentiu a mudança no ar e desertou o partido huguenote por amor de sua própria ambição pessoal e dinástica. Recursos políticos e militares dos huguenotes não eram suficientes para levar a França ao protestantismo, mas fortes o bastante para assegurar a existência do grupo como uma minoria rebelde. Sob essas condições, uma guerra civil era inevitável.

No dia 1 de março de 1562, o duque de Guise partiu para uma expedição de caça com 200 homens armados. Em Vassy, localizada em Champanhe, depararam-se com uma congregação grande de huguenotes, que cultuava em um celeiro, e os atacaram. Cerca de 50 huguenotes foram mortos e muitos outros, feridos. O incidente gerou ainda mais massacres, dando início às guerras religiosas. A Antônio de Bourbon, rei de Navarra, Calvino escreveu: "É verdade que cabe à Igreja de Deus, em cujo nome falo, não golpear, mas suportar golpes. Lembre-se, porém, que essa é uma bigorna que, no passado, quebrou muitos martelos" (Greengrass, 1987, p. vii).

Ao empunhar armas, os huguenotes perderam a imagem de Igreja perseguida; e quando, em setembro de 1562, buscaram ajuda dos protestantes ingleses (no tratado de Hampton Court), perderam sua credibilidade patriótica, sendo atacados em sermões como hereges e traidores. A intensidade do ódio católico contra os protestantes, especialmente em Paris, é ilustrada pelas boas-vindas de herói dadas ao duque de Guise enquanto este entrava na cidade após o massacre de Vassy. Pregação católica inflamava ainda mais o ódio contra os protestantes, ecoando a declaração de Thomas Müntzer de que os ímpios não tinham o direito de viver — no caso, os huguenotes. O sacrilégio violento dos calvinistas apenas confirmava o terror escatológico de católicos que, temendo o juízo final vindouro, convenceram-se que o corpo social e eclesiástico devia ser purificado antes do fim. Púlpitos de Paris ensinavam o ódio contra hereges e a desconfiança daqueles que, incluindo o magistrado e a monarquia, permitiam a continuidade de sua existência.

Pregadores católicos aferroavam o povo, levando-o ao frenesi, medo e ódio da depravação moral e religiosa dos "deformados"; sua mensagem enfraquecia esforços reais de tolerância e gerava um fruto mortal. Pregações sediciosas também exortavam a punição de hereges em oposição aos editos reais (cf. Diefendorf, 1991, capítulo 9). Pelos trinta anos que se seguiram, huguenotes e católicos mataram e assassinaram uns aos outros com um nível de barbaridade cada vez maior. Em algumas regiões da França (p. ex., no sudoeste), a guerra era endêmica, enquanto em outras, esporádica e praticamente inexistente. O mais infame acontecimento de toda essa carnificina foi o massacre da noite de São Bartolomeu, ocorrido em 24 de agosto de 1572.

## MASSACRE DA NOITE DE SÃO BARTOLOMEU

Durante uma de suas oscilações de repressão à moderação, Catarina acolheu à corte Coligny, líder huguenote, no verão de 1572. Ansiosos, católicos começaram a odiá-lo, temendo que, em breve, ele exercesse forte influência sobre Carlos IX — o qual, nessa época, já era maior de idade. Acreditava-se que Coligny havia convencido Carlos a inverter sua política externa tradicional, levando-o a apoiar a resistência calvinista espanhola nos Países Baixos e a arriscar, assim, uma guerra desastrosa. Isso estimulou as ansiedades políticas e maternais de Catarina e serviu de contexto para a decisão de que Coligny devia morrer (Sutherland, 1980, capítulo 6).

Catarina é normalmente acusada de planejar o assassinato de Coligny com base em sua crença de que ele fosse um impenitente rebelde e uma influência má para o rei. Em outras palavras, o líder calvinista devia ser morto pela paz ou até mesmo pela glória da França. Desde então, Catarina tem sido retratada como epítome do mal (Sutherland, 1978; Kingdon, 1988, p. 200-13). Estudos mais recentes, contudo, questionam essa caracterização e sugerem que a família Guise tenha sido, de fato, autora do crime. Como, em 1563, Coligny apoiara o assassinato do duque Francisco de Guise, a família, segura de que o líder huguenote ordenara tal feito, há muito exigia vingança. Independentemente das razões ou de quem o queria fora do caminho, aquele que planejou a morte de Coligny ficou, ao menos de início, frustrado, uma vez que o assassino apenas conseguiu feri-lo.

Diz-se que, pela primeira vez em sua vida, Catarina entrou em pânico. Agora, toda sua ambição estava em jogo: interesses de Estado, paixão pelo poder e a segurança de seu outro filho, Henrique, que provavelmente participara do ataque. Sua escapatória desse dilema viria com a acusação de que Coligny planejava, com os huguenotes, matar a rainha e seus filhos. Se a acusação era verdadeira ou falsa, ou se Catarina cria nela, não sabemos; o que temos certeza é de era esse o meio de influenciar Carlos a tomar medidas para impedir uma nova conjuração de Amboise.

Catarina argumentou com Carlos que os rebeldes deviam ser executados. A Coroa precisava agir rapidamente antes que forças huguenotes estivessem prontas para atacar. E o mais importante: para Catarina, isso deveria acontecer antes que o inquérito sobre a tentativa de assassinato de Coligny descobrisse qualquer coisa. Ela via Coligny como o mestre do rei e acreditava que, se não atacasse primeiro, acabaria executada. Em seguida, a França católica se levantaria contra seu filho, a quem viam como aliado dos protestantes. Era um caso de vida ou morte. O embaixador espanhol resumiu a situação: "Uma vez que [os conspiradores] erraram o tiro do mosquete e o almirante soube de onde viera, decidiram fazer o que fizeram" (Héritier, 1967, p. 51).

O contexto para o assassinato de Coligny e o massacre dos "rebeldes" foi o casamento entre Margarida de Valois, filha de Catarina, e Henrique de Navarra, primeiro príncipe da linhagem real desde a morte de seu pai. O casamento — negociado como meio de criar paz entre facções religiosas em conflito por meio da união entre a princesa e o líder titular dos protestantes — ocorreu no dia 18 de agosto, em Paris. Em virtude da festividade matrimonial, a cidade estava cheia de nobres proeminentes, incluindo boa parte da liderança huguenote. Coligny sofrera o atentado em 22 de agosto; a consumação do assassinato mal executado foi planejada para a manhã de 24 de agosto.

Carlos tinha, agora, a oportunidade de provar seu valor à sua mãe e ao seu irmão. A fim de manter a ordem, os portões de Paris foram fechados, trancando as tropas huguenotes do lado de fora da cidade, nos subúrbios. Dentro da cidade, a milícia real foi mobilizada. Um dos líderes milicianos, entretanto, era Claude Marcel, católico fanático e um dos homens de Guise. Não sabemos se ele ou o

**Figura 11.1** "Noite de São Bartolomeu", pintura de François Dubois d'Amiens. Repare em Coligny sendo empurrado pela janela do prédio central e o rei inspecionando seu corpo decapitado e mutilado na rua. *Fonte*: Bibliothèque Nationale, Paris.

duque proclamou à milícia que o rei havia mandado matar todos os hereges. Listas de hereges foram providenciadas para facilitar um massacre metódico. Ao sinal do rei, os huguenotes, que não suspeitavam de nada, foram mortos enquanto ainda dormiam — a começar de Coligny, cujo corpo foi lançado da janela de seu apartamento, mutilado e desonrado por dias pelas turbas católicas.

Desencadeou-se, então, uma conflagração de selvageria, alimentada por ódio religioso. Na descrição feita por um contemporâneo:

> Ruas ficaram cobertas de cadáveres; rios foram manchados e as portas e portões do palácio, borrifados de sangue. Carroças cheias de corpos de homens e mulheres — e mesmo de crianças — foram lançados no rio Sena, enquanto correntes de sangue corriam em muitos quarteirões da cidade [...] Uma garotinha ficou banhada do sangue de seus pais mutilados, ameaçada com o mesmo destino caso se tornasse uma huguenote (Manschreck, 1965, p. 144).

Embora seja impossível saber a magnitude do massacre com exatidão, estima-se que cerca de seis mil pessoas foram mortas em Paris e milhares de outras em cidades menores, à medida que o massacre se espalhou pela nação. Pelo tempo em que o frenesi diminuiu, cerca de vinte mil haviam sido assassinados na França. O rei e Catarina, sua mãe, haviam desencadeado um terrorismo estatal.

As guerras religiosas francesas, e mesmo o massacre da noite de São Bartolomeu, têm sido interpretadas tradicionalmente em termos de conflitos políticos e pessoais entre a nobreza e a Coroa. Barbara Diefendorf (1991, p. 178), porém, chamou vigorosamente a atenção ao conteúdo religioso desses conflitos. Muito mais do que terra, economia e política, o que estava em jogo:

[...] era a própria base da sociedade civil e o relacionamento, baseado em costumes, que ligava o indivíduo à comunidade e a Deus [...] As guerras religiosas representaram uma cruzada contra a heresia, a qual tinha de ser ganha para que a sociedade civil fosse preservada e sua salvação, assegurada. O povo se interessava por essas guerras mais do que pelas guerras dinásticas de reis. Por isso, as guerras religiosas tiveram repercussões amplas em nível popular.

Heresia não consistia em mero desvio intelectual: era a poluição de toda comunidade — de fato, de toda nação. Católicos de Paris "estavam livrando a comunidade de um foco de poluição, derramando sua ira em uma facção de pessoas arrogantes o suficiente para desafiar as convicções íntimas e sinceras da maioria" (Kingdon, 1988, p. 41). É um anacronismo iluminista presumir que as razões fundamentais de um conflito são sempre políticas e econômicas. O uso agostiniano antigo de Lucas 14:23 ("obrigue-os a entrar") para legitimar a coerção contra heresia e heterodoxia foi levado ao pé da letra durante o século XVI (Repgen, 1987, p. 311).

O martírio de Coligny e as atrocidades do massacre da noite de São Bartolomeu são memórias vívidas que continuam a ser lembradas entre os protestantes franceses. Em 1972 — quatrocentos anos após o acontecimento — a cidade de Paris renomeou uma rua em homenagem a Coligny, próxima ao local onde fora morto. O governo francês também emitiu uma medalha em homenagem à sua morte heroica:

> A memória dos massacres mantém vivo entre protestantes franceses o sentimento de que pertencem a um grupo minoritário que, por séculos, sofreu constante perseguição em seu próprio país. Ela também relembra outros franceses sobre o quanto custou à sua pátria um passado de intolerância e fanatismo (Kingdon, 1988, p. 217).

Reações ao massacre foram variadas na Europa. Na França, a posição católica extrema foi de alívio ao saber que a política monárquica finalmente estava se amoldando às demandas vindas dos púlpitos. Católicos moderados preferiam varrer o ocorrido para debaixo do tapete da Coroa, quer negando a responsabilidade da realeza, quer desculpando a ação como um ataque preventivo, evitando uma revolta huguenote. Polemistas de orientação calvinista aumentavam, agora, a ousadia com que haviam começado a questionar a tirania religiosa da Coroa, desenvolvendo, em consequência, argumentos modernos em prol do constitucionalismo. Em *Franco-Gallia* (1573), François Hotman defende, a partir da história medieval francesa, que a autoridade real é derivada do povo e, assim, representes dos Estados Gerais podiam retirá-la. Hotman esperava minar a autoridade de uma monarquia perseguidora e aumentar a importância dos Estados Gerais, por meio dos quais a nobreza podia ajudar os huguenotes. *Du Droit des magistrats* ("O direito dos magistrados sobre os Súditos", 1574), de Teodoro de Beza, também reivindicava que o rei recebera seu poder do povo e que, por isso, a violação desse poder o desobrigava da obediência ao monarca. Se o rei é um tirano, a magistratura menor ou os Estados podem resisti-lo. *Political Discourses* [Discursos políticos] (1578), de autoria desconhecida, sugere rebelião e tiranicídio, da mesma forma que o livro *Vindiciae contra tyrannos* (1579), atribuído ao estadista huguenote Philippe du Plessis-Mornay. A própria Coroa ficou em uma posição difícil de autojustificativa, uma vez que, no final das contas, tradição e teologia sempre asseguraram que o rei é apontado por Deus para defender a lei e proteger, não matar, súditos. No que possivelmente tornou-se a maior defesa de "culpe-a-vítima" da história, a Coroa defendeu a inocência de Carlos IX, reivindicando que os huguenotes deviam ser atacados antes que atacassem o rei (cf. Kingdon, 1988, p. 136–82).

Fora da França, líderes protestantes e reis lamentaram, mas não tomaram maiores medidas contra a França. Na verdade, a rainha da Inglaterra, Elizabeth, aceitou o convite de ser madrinha do recém-nascido príncipe francês. Propagandistas protestantes não tentaram explorar os massacres com o objetivo de angariar apoio contra o catolicismo (Nischan, 1994, p. 190–1). Carlos IX enviou embaixadores para defender o seu lado da história. A dieta polonesa, que incluía protestantes, ficou aparentemente convencida, elegendo o irmão de Carlos, o duque Henrique de Anjou, seu rei. O Papa Gregório XIII prescreveu um *Te Deum* anual como culto especial de agradecimento, o qual foi celebrado durante muitos anos. Gregório também mandou fazer, em 1572, uma medalha especial comemorativa, a *Ugonatorum stranges* [massacre dos huguenotes], que retratava um anjo carregando uma espada e sustentado a cruz, enquanto protestantes, prostrados, são mortos. O Papa também encomendou quadros que retratavam o massacre para decorar as paredes da *Sala Regia*, adjacente à Capela Sistina. Diz-se que o rei espanhol, Felipe II, riu em público pela primeira vez em sua vida, ordenando aos bispos que celebrassem o acontecimento com *Te Deums* e outras cerimônias. Muitos protestantes proeminentes, incluindo pregadores e os jovens príncipes de Navarra e Condé, deparando-se com a escolha entre missa e morte, escolheram o catolicismo. Outros fugiram em busca de refúgio em comunidades protestantes estrangeiras. Posteriormente, os príncipes retornaram ao calvinismo (Kingdon, 1988, p. 45–8).

## "PARIS É DIGNA DE UMA MISSA"

Menos de dois anos depois, Carlos IX morreu e foi sucedido por seu irmão e então rei da Polônia, Henrique III, o qual reinou de 1574 a 1589. Henrique III foi o último da linhagem Valois, uma vez que seu irmão Francisco, duque de Alençon, morreu em 1584. O rei se recusou a favorecer católicos e protestantes, movendo-se em direção a um terceiro grupo, os *politiques*, assim chamados por colocar unidade nacional acima de uniformidade religiosa. Em resposta a esse grupo moderado, a Liga Católica (formada em 1576) procurou restringir a Coroa a garantir uma paz vantajosa aos huguenotes e impedir que o huguenote Henrique de Navarra sucedesse a Henrique III. Esses conflitos entre Bourbons e Guises ficaram conhecidos como a "guerra entre os três Henriques", uma vez que os três líderes compartilhavam do mesmo nome. Em 1588, Henrique de Guise desafiou diretamente a Coroa, estimulando um levante popular contra o rei enquanto entrava na cidade, expulsando-o. Em resposta, Henrique III prendeu os representantes principais da Liga Católica enviados à Assembleia dos Estados Gerais e mandou matar também a Henrique de Guise e seu irmão, o cardeal. O assassinato dos Guises, heróis católicos extremistas e líderes da Liga, gerou antipatia generalizada contra Henrique III. A Sorbonne declarou os súditos do rei absolvidos de seu juramento de fidelidade; opinião popular contra a Coroa foi mobilizada em todos os níveis, envolvendo até mesmo punição simbólica por efígie e manifestações em missas, combinados com rituais que encravavam pregos em sua imagem de cera (Ranum, 1980, p. 68). Deparando-se com uma revolta, Henrique III aliou-se a líder huguenote, Henrique de Navarra. Em 1589, um frade chamado Jacques Clément, crendo que inauguraria a segunda vinda de Cristo ao assassinar o rei, encravou uma faca no peito de Henrique. A consequência imediata, entretanto, foi de elevar o rei Bourbon de Navarra, Henrique (1553–1610), ao trono (Wolfe, 1993, p. 43).

A Liga, liderada pelo irmão de Henrique de Guise, Carlos, duque de Mayenne, trabalhou para propor um candidato rival, porém, sua primeira escolha, o cardeal de Bourbon, estava agora morto. Levou cinco anos para que Henrique IV subjugasse a Liga Católica e seus aliados espanhóis. Em 1593, o rei se converteu ao catolicismo, cedendo à pressão da Liga Católica, que ameaçava invalidar sua sucessão. Em 22 de março de 1594, Henrique entrou triunfantemente em Paris. A história popular é que, ao entrar na cidade, disse: "Paris é digna de uma missa." O que Henrique IV entendia era a visão *politique* que religião devia ser separada da política e que apenas uma monarquia forte podia garantir a paz e o Estado. Dessa maneira, Henrique IV tornou-se defensor ardente do absolutismo real. Enquanto os primeiros passos em direção ao constitucionalismo foram manchados de violência e traição, a Coroa se movia, agora, para preencher essa lacuna. Essa foi uma das consequências das guerras religiosas. A conversão de Henrique teve o efeito desejado de assegurar tanto a legitimidade sucessória da dinastia Bourbon quanto a unidade da nação. Uma vez que o Papa Clemente VIII não insistia que os decretos do Concílio de Trento fossem promulgados na França, Henrique respondeu à ansiedade de ex-correligionários estabelecendo, em 1598, uma política de tolerância limitada: o Edito de Nantes.

O Edito de Nantes fez da Igreja Católica a Igreja oficial do Estado, restituindo-lhe direitos, rendas e possessões. Os huguenotes, cerca de 15% da população, receberam o direto de adorar em propriedades protestantes e em muitas outras regiões, mas, a partir de 28 quilômetros de Paris. Direitos civis também foram concedidos aos huguenotes, tais como sua corte própria para proteção jurídica e a elegibilidade de exercer cargos públicos, bem como direitos políticos, incluindo 200 fortificações. O edito não foi implementado perfeitamente, mas resultou no fim das guerras religiosas. O calvinismo não triunfou na França, porém ao menos sobreviveu sob a sombra das asas do rei. No final, a tradição antiga gaulesa de "um rei, uma lei, uma fé" prevaleceu: ser um bom francês significava ser um bom católico. Depois do assassinato de Henrique IV em Paris (1610), "[sua] conversão entrou para os anais da historiografia real como uma prova infalível do cuidado eterno de Deus sobre a França e seus reis" (Wolfe, 1993, p. 158). O Edito de Nantes foi revogado por Luís XIV, em 1685.

## SUGESTÕES DE LEITURA

Bernard Chevalier, "France from Charles VII to Henry IV" [A França de Carlos VII a Henrique IV] em Thomas A. Brady, Jr, Heiko A. Oberman, and James D. Tracy, eds, *Handbook of European History 1400–1600: Late Middle Ages, Renaissance and Reformation* [Manual de história europeia, 1400–1600: fim da Idade Média, Renascimento e Reforma], vol. 1, 369–401. Leiden: E. J. Brill, 1994.

Barbara Diefendorf, *Beneath the Cross: Catholics and Huguenots in Sixteenth-Century Paris* [Debaixo da cruz: católicos e huguenotes em Paris do século XVI]. Nova Iorque: Oxford University Press, 1991.

Barbara Diefendorf, "The Religious Wars in France" [As guerras religiosas na França], em Hsia, 2004, p. 150–68.

Mark Greengrass, *The French Reformation* [A Reforma francesa]. Oxford: Blackwell, 1987.

Robert M. Kingdon, *Myths about the St Bartholomew's Day Massacres, 1572–1576* [Mitos sobre o massacre da noite de São Bartolomeu]. Cambridge, MA: Harvard University Press, 1988.

Donald Nugent, *Ecumenism in the Age of the Reformation: The Colloquy of Poissy* [Ecumenismo na era da Reforma: o colóquio de Poissy]. Cambridge, MA: Harvard University Press, 1974.

Penny Roberts, "France" [França], em Alec Ryrie, ed., *The European Reformations* [Reformas europeias]. Hampshire: Palgrave Macmillan, 2006, p. 102–23.

F. C. Spooner, "The Reformation in France, 1515-1559" [A Reforma na França: 1515–1559], em G. R. Elton, ed., *The Reformation 1520–1559* [A Reforma: 1520–1559], 2nd edn (New Cambridge Modern History, II), 223–61. Cambridge: Cambridge University Press, 1990.

N. M. Sutherland, *The Huguenot Struggle for Recognition* [A luta huguenote pelo reconhecimento]. New Haven: Yale University Press, 1980.

Michael Wolfe, *The Conversion of Henri IV: Politics, Power, and Religious Belief in Early Modern France* [A conversão de Henrique IV: política, poder e fé religiosa no início da modernidade francesa]. Cambridge, MA: Harvard University Press, 1993.

*Capítulo 12*
# O SANGUE DOS MÁRTIRES: A REFORMA NOS PAÍSES BAIXOS

> *Os fiéis e eleitos serão coroados com glória e honra, e o Filho de Deus confessará seus nomes diante de Deus e dos anjos eleitos; o Senhor lhes enxugará dos olhos toda lágrima. A causa dos fiéis, que agora é condenada por muitos juízes e magistrados como herege e ímpia será então conhecida como a causa do Filho de Deus.*
>
> Confissão belga (1561)

Se, conforme a Igreja antiga acreditava, o sangue dos mártires é a sementeira dos cristãos, a Reforma teve um início favorável nos Países Baixos. Diz-se que houve mais mártires em prol da Reforma nessa região do que em qualquer outro lugar (Cochrane, 1966, p. 185). Aos olhos de contemporâneos, a favor e contra, o martírio sementou, de fato, reformas. Em 1555, Carlos V recebeu a notícia de que:

> [...] pessoas simples, vendo a execução pública de hereges com constância firme e ouvindo sua resolução e oração a Deus antes de morrer, acabam vacilando e duvidando de sua própria fé. Um exemplo é o discurso feito à multidão pelo pastor reformado, Guilles Verdickt, no momento de sua execução: "Pensais, senhores, que podeis expulsar e extirpar do mundo estes pobres cristãos ao matá-los e queimá-los? [...] Iludi-vos, e muito! As cinzas de meu corpo multiplicarão os cristãos". (Crew, 1978, p. 76).

Os primeiros mártires da Reforma vieram do monastério agostiniano de Antuérpia. Muitos desses monges haviam estudado em Wittenberg e retornado como apoiadores entusiásticos de Lutero, cujos trabalhos começaram a aparecer nos Países Baixos por volta de 1518, com mais de 80 edições e traduções por volta de 1525 (Spruyt, 1991, p. 730, 747–51). Já em 1519, o prior dos agostinianos de Antuérpia, Jacob Propst, defendia os ensinamentos do Reformador. Os Países Baixos, contudo, eram a terra natal de Carlos V, e sua reação foi rápida: o monastério agostiniano em Antuérpia foi arrasado e todos os monges, aprisionados — com a opção de se retratarem ou arderem na fogueira. Três dentre eles se mantiveram firmes e foram condenados à morte: Heinrich Voes e Johann Esch morreram na estaca em julho de 1523, na praça central de Bruxelas; o terceiro monge, Lambert Thorn, foi executado somente em 1528.

Sua execução ocasionou o primeiro martirológio da Reforma e inspirou uma das canções de Lutero, cuja frase inicial é "Um novo canto entoarei" (agosto de 1523; LW, 53, p. 211–16; Oettinger, 2001, p. 61–9, 87, 260–63 [texto completo do hino]), a qual celebrava a fé vitoriosa e o testemunho dos mártires. O hino, o primeiro da Reforma, apareceu inicialmente em um cartaz, mas foi então incluído nos hinários e serviu de padrão para diversas outras canções anabatistas, compostas em celebração aos mártires. Infelizmente, porém, não demorou para que Lutero tivesse a ocasião para o segundo martirológio: "A morte do irmão Heinrich na fogueira" (1525; LW, 32, p. 263–86), canto que recontava o testemunho do agostiniano Heinrich von Zütphen, o qual fugira de Amsterdã e acabou sendo linchado em Dithmarschen (nordeste de Hamburgo) após um breve, mas bem-sucedido, ministério em Bremen. Como no caso da França, o significado da hinologia não pode ser subestimado. A inspiração de salmos métricos entre grupos protestantes neerlandeses decorreu de seu uso na França, na Igreja de refugiados em Londres, em Emden e Estrasburgo, bem como em músicas populares de caça e bebida: "Como no contexto francês [salmos métricos em holandês], emergiam, em anos de luta, como emblema de identidade. Evangélicos condenados enfrentavam a morte cantando Salmos". Comentando sobre o poder dos Salmos "como forma de ensino bíblico e ferramenta de identidade comunal", alguém da época observou: "Os Salmos alimentam uma euforia verdadeiramente piedosa, ainda mais porque todos entendem as palavras belas da Escritura Sagrada que estão cantando" (Pettegree, 2005, p. 62–3).

Pode ser que a determinação de Carlos V de desenraizar a heresia tenha sido frustrada na Alemanha, porém, não o seria nos Países Baixos, sua terra natal, onde os evangélicos não tinham patronos poderosos para interceder por eles. Carlos chegou a um ponto de conceder às cortes seculares, juntamente com as episcopais, o poder da Inquisição:

> Sob a nova legislação, ler, possuir, imprimir ou vender livros proibidos, participar de reuniões para discutir a Bíblia ou livros de autores protestantes, quebrar ou profanar imagens e desrespeitar o clero e os sacramentos eram definidos como heresia e *lese-majesté* e, como tal, enquadravam-se na jurisdição de cortes seculares (Spaans, 2004, p. 120).

Por volta de 1555, os Países Baixos, liderados pelos Habsburgos, tinham a distinção dúbia de condenar mais mártires que haviam aderido à Reforma do que qualquer outro país da Europa: 63 em Mons, Tournai, Lille e Valenciennes; 100 em Flandres; e 384 na Holanda. Habitantes das províncias de Brabant, Flandres,

Holanda e Zelândia e moradores das cidades da Valônia não viam a Reforma como uma opção de vida por causa da repressão religiosa exercida por Bruxelas, sede da administração espanhola nos Países Baixos (Duke, 1992, p. 146). O confronto desigual entre testemunhas evangélicas indefesas e o poder centralizado do imperador (e da então Espanha católica) alimentou a imagem do protestantismo neerlandês como um tipo moderno de Davi e Golias (Spitz, 1971, p. 510). Contudo, ainda que a evocação de tal contraste seja simples, não corresponde ao contexto e à complexidade das Reformas nos Países Baixos, formadas por ondas sucessivas de movimentos luteranos, anabatistas e calvinistas (Williams, 1992, p. 1177).

A área que viria a ser conhecida como Países Baixos incluía, na década de 1530, apenas os ducados de Luxemburgo e Brabante; os condados de Hainaut, Artois, Flandres, Zelândia e Holanda; e alguns outros condados e principados menores. Por volta de 1543, sob a organização política de Carlos V, os Países Baixos compunham dezessete províncias ao todo. Habitantes da Valônia e das províncias do sul (praticamente a Bélgica moderna) falavam principalmente o francês, enquanto o povo que habitava a região norte (praticamente a Holanda moderna) falava um dialeto do baixo alemão. Diferenças provincianas e locais tornam difícil uma generalização. Com essa ressalva em mente, o pequeno esboço a seguir servirá de contexto para o desenvolvimento de movimentos reformistas nos Países Baixos. A unidade política entre províncias era frágil e dependia, em grande medida, do próprio Carlos. Havia uma burocracia central, mas, por toda parte, governos provincianos do reino estavam dispostos a obstruir políticas governamentais por amor de costumes e privilégios locais. Além disso, esforços para financiar a política imperial — tais como as guerras com a França — por meio de impostos cada vez mais elevados contribuíram com um nível de descontentamento tal nos Países Baixos que a rainha, Margarida de Áustria, temeu por uma rebelião em 1522 e 1525.

No fim do reinado de Carlos V, neerlandeses estavam próximos de uma revolta. Os cidadãos reclamavam da taxa exorbitante imposta para o financiamento de campanhas na França e na Itália; da presença opressiva de tropas espanholas para a contenção do povo; do atropelo de direitos e liberdades vigorados pela Inquisição; da inflação e do declínio de centros outrora bem-sucedidos, como Gante e Leiden; e, por fim, da perda de influência local no governo e nas cortes. Na época em que Carlos anunciou sua abdicação em Bruxelas, o sistema político Habsburgo nos Países Baixos estava prestes a entrar em colapso. Em poucos anos, a relação entre questões religiosas, civis e políticas empurraria a região ao abismo de 80 anos de guerra civil, religiosa e nacional (Koenigsberger, 1990, p. 355–8). A independência de províncias do norte, que formaram a República das Províncias Unidas, seria reconhecida pelo tratado de Vestfália em 1648.

Os neerlandeses não obedeciam a Carlos V por ser imperador e rei da Espanha, mas porque o viam como seu duque territorial. Lealdade pessoal a Carlos e sua falha em estabelecer uma monarquia verdadeira nesse território pequeno e diversificado sob a suserania espanhola são razões importantes para as dificuldades encontradas, na geração seguinte, por seu filho espanhol, Felipe II, a quem neerlandeses consideravam estrangeiro (Felipe não falava nem francês, nem flamengo). Huguenotes franceses podiam ser retratados como uma ameaça à unidade nacional e fomentadores de guerra civil pelo fato de sua oposição contra a opressão religiosa estar geralmente associada à Coroa. Em contrapartida, calvinistas neerlandeses podiam ser vistos como patriotas por se oporem à opressão religiosa vinda de um poder ocupante estrangeiro, a Espanha, vista também como econômica e politicamente repressiva.

O desejo sincero de Carlos V de desarraigar a heresia nunca foi posto em dúvida, mas o cumprimento dessa meta, de modo completo e consistente, era difícil. Autoridades provincianas e locais, em sua maioria formada por católicos devotos, reclamavam de qualquer legislação anti-hereges que viesse a sobrepujar direitos e privilégios associados a costumes. Além disso, a urbanidade e o nível educacional da sociedade neerlandesa — terra de Erasmo e da *Devotio Moderna* — facilitavam a distinção entre divergência e heresia pelas autoridades locais:

> Era precisamente o caminho híbrido e fluido no qual a heresia se manifestava que tornavam sua punição, com a severidade que a Coroa desejava, desnecessária. Muitos magistrados parecem ter reconhecido ao menos alguns de seus próprios pontos de vista no erro daqueles aos quais o governo chamava de "hereges" (Pollmann, 2006, p. 81–2).

Além do mais, a partir de uma perspectiva econômica, cidades mercantes e marítimas mantinham relações comerciais com as regiões alemã e báltica, as quais já haviam abraçado a Reforma e, por isso, opunham-se a medidas contra mercadores protestantes dessas áreas. O acesso à liberdade dos mares também significava contato extenso com influências reformistas na Inglaterra e na França.

## "LA SECTE LUTHERIANE"

Já em 1522, agostinianos de Antuérpia eram denominados "a seita luterana". Variações dessa descrição passaram a ocorrer com frequência em documentos governamentais desde então, dando a ideia incorreta de que se tratava de um movimento unificado. A percepção do governo a respeito de um agrupamento luterano organizado pode não ter passado de uma impressão falsa, porém o levou a atividades repressoras, designadas a reforçar o Edito de Worms: leigos foram proibidos de ouvir pregações não autorizadas, ao passo que "assembleias secretas" eram estritamente proibidas. Como resultado, os primeiros evangélicos dos Países Baixos foram forçados à clandestinidade, encontrando-se em pequenos grupos nos campos afastados da cidade e "abrigos secretos". Essas reuniões clandestinas foram descritas como "escolas", talvez porque, para os de fora, representavam o ambiente em que a heresia era ensinada. Nas reuniões, atividades incluíam estudo bíblico, instrução doutrinária e, às vezes, pregação. Na zona rural flamenga, aldeões interessados (e, às vezes, membros do clero) se encontravam depois da missa em tavernas locais para discutir textos bíblicos. Não é de se estranhar que o convívio desenvolvido nesse contexto tenha promovido canções que zombavam do Papa, da missa e do purgatório. Anna Bijns, poetisa católica, reclamou que a "Escritura [era] lida na taverna: o evangelho em uma mão e a caneca na outra" (Duke, 1992, p. 152).

O dilema dos primeiros evangélicos era como manter seu entendimento acerca da proclamação pública do evangelho sem recorrer ao separatismo. Protestantes tinham total ciência da oposição de Lutero ao sectarismo, mas estava claro que era impossível estabelecer um clero evangélico nas igrejas; além disso, a própria Inquisição tornava a existência evangélica precária. Evangélicos neerlandeses estavam sendo impulsionados ao separatismo pela perseguição.

## MOVIMENTOS DISSIDENTES

Impedidos de implementar reformas na Igreja institucional, alguns evangélicos agora achavam atraente a proclamação de Melchior Hoffmann de que os verdadeiros cristãos deviam se separar do mundo e receber a Cristo por meio do batismo. No verão de 1530, Hoffman retornou à Frísia Oriental, onde não demorou para começar a batizar adultos em Emden. Seguidores de Hoffmann divulgaram seu ensino e a expectativa apocalíptica (Deppermann, 1987, p. 74–5) pelos Países Baixos no ano seguinte, conquistando dois futuros líderes como consequência: Obbe Philips, de Leeuwarden, e Jan Mathijs, de Haarlem.

O papel de Mathijs no desastre de Münster já foi discutido (cf. Capítulo, 8). É interessante notar que sua atividade em Amsterdã, no fim de 1533, parece ter sido estimulada por *Confession of the Two Sacraments* [Confissão dos dois sacramentos], de Rothmann. Parece que, em vez de os profetas neerlandeses estimularem o anabatismo em Münster, "é mais preciso dizer que o giro radical da reforma de Münster tenha engatado o anabatismo nos Países Baixos" (Stayer, 1990, p. 136). Tentativas de migração de massa dos Países Baixos a Münster foram estimuladas pela interpretação da miséria religiosa e social neerlandesa como sinal do fim do mundo e pela proclamação de Mathijs de que a cidade alemã era a Nova Jerusalém. Dentre os milhares que se dirigiram a Münster, boa parte foi dissolvida pelas autoridades, que confiscaram seus bens, mas não os massacraram. A militância de Münster era cada vez mais questionada pelos anabatistas neerlandeses, liderados, em particular, por Obbe Philips, cujos seguidores adotaram uma postura pacífica. O legado de Münster, no entanto, sobreviveu, ganhando nova forma nas atividades violentas dos "batemburgos" que, sob a liderança de Jan van Batenburg (1495–1538), o "novo Davi", saquearam e destruíram igrejas e monastérios na região nordeste dos Países Baixos. No início, seguidores de Batenburg criam na destruição dos ímpios como forma de preparação do Reino de Deus na terra, cuja manifestação era iminente. Após a execução de Jan, sua seita se degenerou em um bando de ladrões, mais criminosos do que religiosos.

A confusão do anabatismo neerlandês foi abordada por Menno Simons (1496–1561). Ministro de uma paróquia na Frísia Ocidental e influenciado por ideias evangélicas sobre a Escritura e os sacramentos, Menno foi motivado pela tragédia de Münster a abandonar sua congregação em 1536, devotando seu esforço à liderança anabatista. Seu *Foundation Book* [Livro fundamental] (1540) esboçou sua crença comunitária de uma Igreja submissa à cruz. Menno trabalhou na Holanda (1541-3) e, em seguida, na Frísia Oriental, nos arredores de Emden. O termo "menonitas" foi cunhado, em 1544, pelo Reformador polonês Jan Laski como designação aos seus seguidores. Laski era pastor de uma igreja luterana em Emden e acreditava que esses anabatistas "quietistas" deviam ser poupados de perseguição severa. Depois da morte de Menno, seus seguidores se dividiram de acordo com o nível de disciplina requerido ao discipulado; agora, o foco da comunidade não era mais a expectativa escatológica, mas a santidade, exemplificada pela moralidade estrita. Essa nova ênfase sobre a disciplina da Igreja provocou controvérsias facciosas, tais como se um cônjuge devia se separar de uma esposa ou marido excomungado. Assim, o novo enfoque — cujo propósito era preservar congregações anabatistas separatistas e exemplificá-las como o modelo da Igreja invisível dos eleitos — contribuiu com o cisma na medida em que presbíteros começaram a excomungar uns aos outros. Nos anos seguintes à independência das províncias do norte, os menonitas foram bem-sucedidos em se ajustar à cultura comercial: "Gestos antigos de hostilidade para com a sociedade em geral, como não portar uma arma ou jurar, tornaram-se distintivos sectários de inconformistas toleráveis" (Stayer, 1990, p. 142).

## A ASCENSÃO DO CALVINISMO E A REAÇÃO ESPANHOLA

Na década de 1540, houve um aumento na repressão religiosa, revigorada pelo progresso católico na Contrarreforma. Teólogos católicos em Lovaina emitiram uma declaração breve sobre a fé ortodoxa (1544) e, em seguida, uma lista detalhada de livros proibidos (1546). O governo central reforçou a Inquisição e aumentou a severidade dos editos. Um decreto de 1550 declarava: "Ninguém deve publicar, transcrever, reproduzir, guardar, esconder, vender, comprar ou dar qualquer livro ou escrito de Martinho Lutero, Johannes Oekolampad, Ulrico Zuínglio, Martin Bucer, João Calvino ou qualquer outro herege condenado pela Igreja" (Iserloh *et al.*, 1986, p. 398). O imperador proibiu qualquer seguidor dos hereges de ministrar em reuniões; no caso dos homens, fazê-lo incorreria em morte pela espada. A pena para as mulheres era a estaca, a menos que se retratassem; do contrário, deviam ser queimadas vivas. A maioria dos executados — pelo menos mil e quinhentos — nos anos de 1540 a 1570 era de anabatistas (Stayer, 1990, p. 141). O decreto imperial tinha a intenção de desarraigar o calvinismo, o qual começava a se espalhar pelos Países Baixos a despeito de perseguição severa.

A incursão do calvinismo nos Países Baixos se concentrou na área comercial de Amsterdã e na região flamenga, influenciada por congregações francesas. O centro sul do movimento reformista era Antuérpia; o centro-norte, a cidade portuária de Emden, na Frísia Oriental, que passou a ser conhecida como a "Genebra do norte" e a "Igreja materna" do calvinismo holandês (Schilling, 1991, p. 46). A influência de Calvino nos Países Baixos se estendeu ainda mais por conta de suas relações pessoais, mantidas por correspondência, e pela Academia de Genebra. A influência do Reformador também aumentou entre refugiados, que buscavam abrigo nas comunidades reformadas de Londres, Emden, Frankfurt e Heidelberg. Congregações de exilados davam apoio a igrejas clandestinas, que se reuniam em lares, pela publicação e contrabando de material escrito e também pelo treinamento e envio de pastores. Alguns dos primeiros calvinistas neerlandeses claramente não tinham discernimento e, por isso, pagaram um preço caro. No Natal de 1554, na Catedral de Tournai, Bertrand Le Blas tomou a hóstia das mãos de um ministro em protesto contra a "idolatria papal". Antes de ser queimado, arrancaram-lhe ambas as mãos. Em Gante, Georges Kathelyne foi executado, em 1555, por interromper um pregador dominicano, chamando-o de falso profeta. Apesar desses casos, a maioria das pessoas atraídas pelo calvinismo atuou de forma mais cautelosa, fato indicado pelos inúmeros tratados publicados em holandês contra os "nicodemitas", incluindo alguns escritos por Calvino (Marnef, 1994, p. 148). Também muitos dos que se simpatizavam com o calvinismo, mas evitavam tanto o nicodemismo quanto o martírio, fugiram para o exterior, encontrando asilo em Genebra, Estrasburgo, Frankfurt e Londres, assim como em Wesel e Emden.

A igreja dos refugiados em Londres apresentou, em 1551, uma declaração de fé (*Compendium doctrinae*) a Eduardo VI, traduzida ao holandês para uso nos Países Baixos. Não demorou para que o documento desse lugar à Confissão Belga de 1561. O autor principal da confissão foi Guido de Brès (1523–67), conhecido como "o Reformador neerlandês". Convertido a partir de sua leitura da Bíblia, Guido juntou-se aos exilados em Londres em 1548. Em 1552, retornou aos Países Baixos para liderar as igrejas calvinistas. Como os luteranos na Alemanha e os huguenotes na França, Guido e seus companheiros esperavam convencer as autoridades de que o calvinismo não levava nem à sedição, nem ao fanatismo. Com esse propósito em mente, o Reformador formulou uma confissão de fé (1559), seguindo de perto a confissão francesa, formulada no mesmo ano. Praticamente toda a primeira edição, feita em Rouen em 1561, foi destruída; outra publicação, em Lille, foi traduzida para o holandês e impressa em Emden, em 1562. A versão original francesa, acompanhada por um texto dirigido ao rei, foi apresentada a Felipe II, em 1562. Afirmando lealdade ao governo, o texto também declarava, com clareza, que, em vez de negar a Cristo, protestantes "ofereceriam as costas à agressão, a língua ao corte, a boca ao cabresto e todo o corpo às chamas, pois [sabiam] que todo seguidor de Cristo [devia] tomar sua cruz e negar a si mesmo" (Cochrane, 1966, p. 186). Felipe ficaria contente em atender o desejo. Conforme assegurou ao Papa em 1566: "Em vez de sofrer perda em minha religião e serviço a Deus, por mínima que seja, preferiria perder todas as propriedades e, se tivesse cem vidas, perdê-las: não desejo, nem tenho o propósito, de governar hereges" (Koenigsberger, 1994, p. 180–1). Em 1567, Valenciennes, onde Guido era pregador, foi capturada, resultando na morte do Reformador. A essa altura, contudo, a solidariedade religiosa dos calvinistas havia sido assegurada pela Confissão Belga, aceita por um sínodo em Antuérpia, em 1566.

A Confissão Belga facilitou o desenvolvimento de uma aliança entre os nobres e a Igreja Reformada nos Países Baixos contra o catolicismo espanhol. Os nobres desejavam independência da Espanha; os reformadores, a independência do Papa. Assim, o artigo 36 da confissão afirmou o dever dos cidadãos de obedecer aos magistrados "em todas as coisas que não são repugnantes à Palavra de Deus" e a obrigação dos magistrados de "proteger o sacro ministério e [...] impedir toda idolatria e adoração falsa" (interprete como 'catolicismo romano!'). O artigo termina com uma condenação dos erros anabatistas, "que rejeitam autoridades superiores e governamentais" (Cochrane, 1966, p. 217–18).

A confissão também fez um acréscimo ao entendimento calvinista de igreja (Kingdon, 1994, p. 21) que, posteriormente, mostrou-se controverso: a disciplina. Junto com a pregação do evangelho e a administração dos sacramentos, o artigo 29 acrescentou a disciplina eclesiástica como uma terceira marca de identificação da igreja verdadeira. Crew (1978, p. 58) defendeu que disciplina, incorporada pelo pastor e o povo, não servia apenas como meio de organizar as Igrejas Reformadas de forma coerente. Segundo o autor, ela representava, principalmente para os pastores, um testemunho contra a aura mágica do ministro católico e a atração bizarra de pregadores sectários carismáticos:

Pastores novos deviam agir como educadores, administradores e organizadores; acima de tudo, porém, precisavam servir de testemunho à pureza da adoração Reformada em face do paganismo católico e do protestantismo sectário.

A nova igreja devia ser autenticada por pregação e moralidade exemplares. A Confissão Belga foi adotada pelos sínodos de Wesel (1568) e Emden (1571); desde 1619, tem sido o padrão doutrinário de Igrejas Reformadas na Holanda, Bélgica e nos Estados Unidos.

A resistência política contra a regência espanhola girou em torno de Guilherme de Nassau e Orange (1533–84), governador da Holanda, Zelândia e Utrecht. Em 1565, uma liga de 300 nobres fez uma petição a Margarida de Parma, regente e irmã de Felipe, para que pusesse fim à Inquisição e abrandasse os editos religiosos. Diante de uma situação claramente delicada, a regente se esforçou pouco em favor do apaziguamento, mas aguçou a esperança da liga de que leis severas relacionadas à heresia seriam abrandadas. Ao final, porém, os nobres foram desdenhosamente rejeitados como "mendigos" — epíteto abraçado rapidamente pela resistência —, resultando em uma rebelião iconoclástica generalizada e na destruição de igrejas. Essa demonstração violenta de iconoclastia, que aconteceu naquele que ficou conhecido como "Ano Dourado" (1566), "cresceu descontroladamente, transformando-se em um fenômeno sem precedentes, em caráter e escala, na história da Reforma europeia" (Benedict, 2002a, p. 182). Como resposta, Felipe enviou o duque de Alva (1508–82) e vinte mil soldados. Alva, o "duque de ferro", entrou em Bruxelas em 22 de agosto de 1567, convencido de que apenas um reinado de terror subjugaria os Países Baixos. Em pouco tempo, o "Tribunal dos Tumultos", conhecido pelos neerlandeses como "Tribunal Sangrento", prendeu centenas e executou milhares — incluindo nobres — suspeitos de heresia, impondo também uma tributação excessiva.

A resistência ganhou a simpatia e alguns fundos da rainha inglesa Elizabeth, mas nenhuma ajuda efetiva; o apelo aos príncipes alemães também não obteve resultado, os quais, embora solidários, não tinham interesse em romper a Paz de Augsburgo, recém-acordada no império. Ademais, o apoio potencial huguenote, discutido entre príncipes protestantes franceses em La Rochelle (1571) com Luís de Nassau (Kingdon, 1988, p. 185), tornou-se impraticável por causa do massacre da noite de São Bartolomeu. Por essas razões, Guilherme de Orange e seu irmão, Luís, dependiam apenas de suas províncias setentrionais, onde o calvinismo lograva êxito. Dessa região, os famosos "mendigos do mar" atacaram o comércio espanhol, tomaram cidades costeiras e até mesmo derrotaram a frota espanhola no Zuiderzee. (Tamanha era a determinação das províncias setentrionais de resistir aos espanhóis que as tropas neerlandesas estavam dispostas a abrir os diques contra os soldados dessa nacionalidade.) Foi durante tal luta que o patriotismo holandês se fundiu com o calvinismo.

Prosseguiram-se os combates militares. Em 1580, Felipe proscreveu Guilherme, oferendo uma recompensa por sua captura, vivo ou morto. Isso teve o efeito de torná-lo ainda mais importante para o seu povo. Em dezembro de 1580, na Assembleia dos Estados Gerais, realizada em Delft, Guilherme reivindicou sua honra em face do ataque pessoal de Felipe, renunciando publicamente o senhorio ao rei espanhol. Foi a primeira aplicação prática do argumento baseado no trato huguenote, *Vindicae contra tyrannos* (1579), de que o povo tinha o direito e a obrigação moral de remover um soberano que ultrapassasse sua obrigação real (Grimm, 1973, p. 363; Garnett, 1994, p. lxx, 137–8). Como resultado, originou-se, então, a União de Utrecht, um acordo assinado entre sete províncias setentrionais: Holanda, Zelândia, Utrecht, Guéldria, Groninga, Frísia e Overissel.

Guilherme de Orange foi assassinado por um apoiador de Felipe em julho de 1584. O líder neerlandês não fora capaz de manter a unidade das províncias meridionais e setentrionais; seu filho, Maurício de Nassau, continuou a liderar a revolta das províncias do norte. A força econômica das províncias, baseada em habilidades de navegação, foi suplementada pelo capital pessoal e financeiro de diversos refugiados religiosos do sul. Estima-se que mais de 100 mil pessoas fugiram das províncias meridionais durante a Reconquista espanhola e a Reconversão. Trata-se de uma série de emigrações cuja motivação era tanto econômica quanto política. Contudo, independentemente da mescla de motivações, a experiência "só pode ter servido para reforçar a fé Reformada daqueles que a haviam recebido". Refugiados religiosos entendiam a si mesmos em termos de eleição e a partir do imaginário do êxodo da Bíblia hebraica, vendo o sucesso como evidência da providência de Deus por participarem da Nova Aliança. A experiência social de êxodo e a diáspora que mercadores e ministros reformados "suportaram em um nível ainda maior do que boa parte de seus correligionários foi de suma importância na provisão de um caráter internacional ao calvinismo" (Grell, 1994, p. 257–8, 273). Alguns afirmam que a doutrina calvinista foi mais favorável ao sacramentalismo endêmico dos Países Baixos antes da Reforma do que a luterana, com sua ênfase na presença real de Cristo na Ceia do Senhor (Williams, 1992, p. 96–9). Mais importante ainda foi provavelmente o maior dinamismo e versatilidade do calvinismo, enraizado em uma organização sadia e na solidariedade internacional, transcendendo barreiras nacionais e regionais (Marnef, 1994, p. 158).

Em 1601, os Estados-Gerais fundaram a Companhia Holandesa das Índias Ocidentais, a base para o desenvolvimento das Províncias Unidas como um grande poder colonial. Em 1609, a "Trégua dos Doze Anos" permitiu ao norte europeu estabelecer ainda mais sua independência política e econômica. Ao dar continuidade à guerra, a Espanha já tinha sofrido a derrota desastrosa de sua Armada (1588), pondo os holandeses em condição de se estabelecer. Com o Tratado de Vestfália em 1648, a independência da República das Províncias Unidas recebeu reconhecimento internacional.

## UMA SOCIEDADE PIEDOSA?

Comparada ao destino huguenote na França, a Reforma calvinista na República Holandesa foi certamente bem-sucedida. Os reformadores haviam conquistado uma vitória providencial em circunstâncias adversas. No tratado de 1576, que uniu as províncias da Holanda e Zelândia, Guilherme de Orange recebeu o mandato de "manter e preservar o exercício da religião reformada evangélica, fazendo cessar e desistir o exercício de outras religiões, contrárias ao evangelho" (Tracy, 1993, p. 487). A antiga "Igreja sujeita à cruz" era, agora, a Igreja pública, aspirando ser o novo *establishment*. Às vezes, no entanto, o sucesso é mais difícil de administrar do que a perseguição. Se a fé é autenticada pelo sofrimento (Calvino, *Institutas* III, 8, p. 7; 1, p. 707), qual o efeito da prosperidade?

Para os ministros, a resposta era formar uma sociedade piedosa por meio da disciplina eclesiástica, a terceira marca da Igreja, cujo aspecto essencial era a negação do acesso ao sacramento da ceia; sobre isso, porém, logo descobriram que não tinham "carta branca". Guilherme de Orange havia resistido à ideia de tornar a revolta contra a Espanha uma cruzada religiosa, lutando para criar um ambiente tolerante na República Neerlandesa. Como consequência, luteranos, menonitas e vários grupos dissidentes — até mesmo católicos — conseguiram, todos, administrar o próprio culto religioso. Disciplina eclesiástica é difícil de ser aplicada em uma sociedade pluralista.

Pior ainda, na visão dos pastores, era o fato de que boa parte da população não se tornou membro ativo da Igreja Reformada, mesmo que frequentasse cultos. Esses "libertinos", conforme Calvino os chama, obviamente não tinham entusiasmo pelas instituições religiosas recém-estabelecidas. Na verdade, os "libertinos" não hesitavam em usar *slogans* da Reforma ("somente pela Escritura", "somente pela fé" e "liberdade evangélica") contra as preocupações disciplinares dos calvinistas. Os "libertinos" associavam disciplina eclesiástica com o catolicismo, ressentindo-se do "jugo papal remanescente". Afinal, não tinham lutado para remover a Inquisição espanhola só para substituí-la por uma Inquisição genebrina (Kaplan, 1994; Pettegree, 1994).

A liberdade em relação à opressão também abriu portas para que diversas controvérsias teológicas florescessem no calvinismo — notoriamente entre gomaristas e arminianos acerca da predestinação — que perduraram por muitos anos, até a resolução do conflito no sínodo de Dort (1618–19). Todo esse "espinho na carne" da Igreja Reformada foi nutrido pela fixação persistente não apenas de autonomias provincianas, mas também locais e urbanas. Unidade nacional e religiosa dizia menos respeito à convicção do que à necessidade de sobrevivência (Rowan e Harline, 1994, p. 78–9; Tracy, 1993, p. 489, 508). A proposta de 1591 de uma ordem eclesiástica não foi aprovada pelas províncias; como consequência, um nível incomum de liberdade religiosa se desenvolveu na República da Holanda, não propositadamente, mas pela falha entre Igreja e Estado de "concordar com premissas novas à unidade, a despeito do esforço de ambas as partes" (Tracy, 1993, p. 490).

## SUGESTÕES DE LEITURA

Phyllis Mack Crew, *Calvinist Preaching and Iconoclasm in the Netherlands, 1544–1569* [Pregação calvinista e iconoclastia nos Países Baixos: 1544–1569]. Cambridge: Cambridge University Press, 1978.

Alastair Duke, *Reformation and Revolt in the Low Countries* [Reforma e revolta nos Países Baixos]. London: Hambledon, 1990. Alastair Duke, "The Netherlands," in Pettegree, 1992, p. 142–65.

Irwin Horst, ed., *The Dutch Dissenters: A Critical Companion to their History and Ideas* [Dissidentes holandeses: complemento crítico à sua história e ideias]. Leiden: E. J. Brill, 1986.

Geoffrey Parker, *The Dutch Revolt* [A revolta holandesa]. Harmondsworth: Penguin, 1990.

Andrew Pettegree, *Emden and the Dutch Revolt. Exile and the Development of Reformed Protestantism* [Emden e a revolta holandesa: exílio e o desenvolvimento do protestantismo Reformado]. Oxford University Press, 1992.

Judith Pollmann, "The Low Countries" [Os Países Baixos] em Ryrie, 2006a, p. 80–101.

Heinz Schilling, *Civic Calvinism in Northwestern Germany and the Netherlands* [Calvinismo cívico no noroeste da Alemanha e nos Países Baixos]. Kirksville: Sixteenth Century Journal Publishers, 1991.

Joke Spaans, "Reform in the Low Countries" [Reforma nos Países Baixos] em Hsia, 2004, p. 118–34.

*Capítulo 13*
# A REFORMA NA INGLATERRA E ESCÓCIA

*Tende bom ânimo, Ridley; seja homem! Hoje, acenderemos uma vela na Inglaterra, pela graça de Deus, que jamais será apagada.*

Latimer a Ridley, enquanto morriam queimados

Em anos recentes, a historiografia das reformas na Inglaterra, Escócia e Irlanda tornou-se uma indústria em ascensão, com um fluxo de avaliações revisionistas e pós-revisionistas (Collinson, 1997; Shagan, 2003, p. 1–25). Revisionistas enfatizam que as reformas foram forçadas em uma população que, em grande medida, relutava em renunciar à fé católica, profundamente enraizada; por isso, em comparação com pontos de vista mais antigos de eruditos como A. G. Dickens (1991), que descreveram a Reforma inglesa como uma aceitação rápida de ideias evangélicas, revisionistas concordam que a Reforma foi imposta pelo governo, devagar e com dificuldade, e só alcançou aceitação ampla bem depois de Elizabeth ser coroada. A ênfase revisionista na resistência popular à Reforma contrapõe o que alguns eruditos, tais como Duffy (1992), enxergam como uma tendência anticatólica de estudos mais antigos e situam o curso gradual — até mesmo acidental — de reformas impostas pela Coroa. De fato, o partidarismo recente em estudos sobre a Reforma inglesa tem sido visto tanto como confessional quanto historiográfico (Marshall e Ryrie, 2002, p. 3 n. 4, 4). Haigh (2004, p. 141–2, 144) alega que, "na Inglaterra, o movimento veio em doses pequenas, graduais, no decorrer de vinte anos ou mais [...] Não foi um acontecimento cataclísmico, mas 'em prestações', de modo que [para o povo] não era evidente que se tratava de uma Reforma, que algo mais estava por vir". Historiadores de orientação revisionista relacionam essas "prestações" aos monarcas, cujas mortes precipitaram mudanças "na Reforma acidental". Nas palavras de Norman Jones (Carlson, 1998, p. 280): "A antiga fé na Inglaterra não foi removida por uma operação radical, mas morreu uma morte de mil cortes". Alec Ryrie (2006b, p. 124–5) cita algumas razões para "a quantia desproporcional de atenção histórica" que faz com que "as reformas britânicas soassem mais importantes do que na verdade foram". O pressuposto de a Grã-Bretanha ter exercido muito poder nos séculos XIX e XX e que, por isso, deveria ter sido necessariamente importante também no século XVI — bem como para o domínio atual da língua inglesa — contribuiu para o surgimento de "um número abundante de historiadores anglófonos que achavam entediante o aprendizado de outras línguas, preferindo, assim, trabalhar com material britânico". Além disso, há ainda o caso relacionado à "tendência religiosa" de alguns historiadores proeminentes:

> A historiografia de reformadores britânicos e irlandeses não é uma mata densa, mas sim espinhosa. Além de historiadores demais lutarem para se encaixar em um espaço pequeno, os debates são, mesmo hoje em dia, mais do que meramente acadêmicos. Diversas vezes, foram quase sufocados por segundas intenções [...].

A erudição contemporânea continua a reconhecer o papel crucial da dinastia Tudor na revolução da autoridade eclesiástica "por meio de estatutos" (Brigdon, 1992, p. 216), porém corrige interpretações unilaterais anteriores com estudos sociais e religiosos. Além de registros estatais, fontes ilustram que tanto a Inglaterra quanto a Escócia não estavam isoladas das reformas na Europa e que convicções e ideias reformistas não se iniciaram com as ações da Coroa britânica, nem dependeram completamente dela:

> No que diz respeito às questões essenciais, os primeiros protestantes ingleses das décadas de 1520 e 1530 eram luteranos, liderados por Tyndale, Barnes e Cranmer, pelos jovens eruditos de Cambridge do início da década de 1520, por Coverdale e outros tradutores bíblicos menos conhecidos e por uma miríade de editores e panfletistas que tinham grande afinidade com o resto do continente [...] Mesmo Thomas Cromwell, primeiro grande executivo de uma reforma estatal, demonstrava afinidade moderada, porém inconfundível, com os luteranos" (Dickens, 1991, p. 13, 82; Clebsch, 1964).

Visões conflitantes quanto às respectivas prioridades de política e religião na Reforma inglesa continuam a fomentar controvérsias e discussões animadas entre os acadêmicos, fator que, sem dúvida, continuará colorindo estudos interpretativos ainda por um bom tempo (O'Day, 1986; Seaver, 1982; Dickens, 1987; Haigh, 1993, p. 335–42).

## ANTICLERICALISMO E INÍCIOS LUTERANOS

A condição da Igreja inglesa e a intensidade do anticlericalismo às vésperas da Reforma são questões controversas. Consonante com a tradição marítima inglesa, A. G. Dickens nos oferece uma descrição colorida da situação:

Em geral, durante o período de 1500-30, a Igreja inglesa estava mal equipada para lidar com as tempestades do novo tempo que estava por vir. A Igreja era como um navio grandioso, mas inavegável, cujo casco de madeira, apodrecido e fendido, estava esburacado por causa do fogo inimigo. Nesse navio, a tripulação, ressentida, estava dividida e, em muitos casos, rebelde; seus vigias, míopes e incapazes de prever o tempo; seus oficiais, carecidos de habilidade navegacional. Se, em condições assim, o rei decidisse assumir o controle, a maioria dos ingleses — mesmo dentre os que estavam envolvidos com a Igreja — estaria mais propensa a aplaudir do que a objetar. Poucos concluiriam que os próprios reis da Inglaterra eram, em grande medida, os responsáveis pelos problemas da Igreja! (Hurstfield, 1965, p. 48).

Enquanto a narrativa a seguir é influenciada pelo trabalho de Dickens, notamos, uma vez mais, a oposição vigorosa de Haigh (1987, 1993), Scarisbrick (1984) e Duffy (1992). Segundo eles, o catolicismo não era de modo algum "inavegável", mas estava "bem equipado" para as tempestades vindouras da Reforma. Seu argumento, embora variável sobre o tema, reivindica que a Reforma foi imposta pelo governo e que não tinha raízes populares fortes. Permanecem, contudo, as seguintes questões: se o catolicismo era tão popular, como a Coroa foi capaz de dar continuidade ao seu programa? Por que havia, na prática, pouco entusiasmo pela antiga fé (Loades, 1992, p. 3-5; Marshall, 2008, p. 253-54)? Como foi que, ao fim do reinado elisabetano, o conflito não era mais entre antiga e nova fé, mas entre comprometimentos novos, a saber, entre a Igreja Anglicana e os puritanos?

As "tempestades do novo tempo" de Dickens incluíam um anticlericalismo endêmico, enraizado na tradição nativa e herege do lollardismo, originado em John Wycliffe (c. 1330-84) e alimentando pelo ódio contra a corrupção e irregularidade sexual do clero. Para o lollardismo, a adoração católica, principalmente a missa, não passava de superstição e idolatria (Hudson, 1988; Aston, 1984; Aston, 1993, p. 27-72; Brigdon, 1992, p. 86-106). Os lollardos formavam uma comunidade obscura, a qual sobrevivia como um tipo de igreja clandestina, focalizada no estudo bíblico. A ênfase lollardista no conhecimento bíblico — em particular sua obsessão pela Bíblia inglesa — protagonizou, em 1409, sua proibição. A posse "de sequer um fragmento da Bíblia 'lollardista' inglesa" podia levar alguém à fogueira. Entretanto, o desejo popular por uma Bíblia em inglês era tão grande que, quando o chanceler Thomas More "sugeriu que seções breves — por exemplo, metade do livro de Josué — pudessem ser emprestadas a pessoas cuidadosamente selecionadas, mesmo assim não deveriam se reunir, sob pena de morte, para não correrem o risco de ver a Bíblia inglesa completa" (Daniell, 2000, p. 41).

O anticlericalismo não estava, obviamente, confinado ao lollardismo. Às vésperas da Reforma, o deão humanista da catedral de São Paulo, John Colet, usou seu sermão de convocação (6 de fevereiro de 1512) para atacar o clero da Igreja e os prelados. Segundo ele, o clero "não busca nada do povo além de lucro", enquanto os prelados são manchados por "mesquinhez e apetite por honra e dignidade" (Dickens, 1987, p. 385). O exemplo principal de ganância pelo poder foi Thomas Wolsey (c. 1474–1530), cujos cargos incluíam o bispado de Lincoln e o arcebispado de York, além de ser cardeal, legado papal e chanceler da Inglaterra, aparentemente capaz de monopolizar todo poder eclesiástico e civil do reino. O ódio do povo em relação ao orgulho, à tirania, à riqueza e à ambição de Wolsey se transformou em anticlericalismo generalizado. As acusações mais sensacionalistas foram ilustradas pelo famoso tabloide *Supplication for Beggars* [Súplica aos mendigos] (1529), escrito pelo advogado londrino Simon Fish, o qual alegava que o clero era composto por mendigos ricos que roubavam mendigos pobres. Denúncias de engrandecimento econômico eram ainda mais apimentadas por acusações de engrandecimento sexual. Segundo Fish, o clero "não se empenhava em nada além de [...] roubar a mulher, filha e serva de todo homem. Esse bando de enganadores e cafetões querem governar todo mundo [...] São eles os responsáveis pela existência de milhares de prostitutas ociosas neste reino" (Hillerbrand, 1964, p. 307–8). Fish conclui que tanto o rei quanto a nação prosperariam se a propriedade eclesiástica fosse confiscada e os ministros, forçados a trabalhar.

Talvez o ponto crucial do ataque evangélico à antiga fé tenha sido a acusação de que a Igreja fizera o povo de tolo com a doutrina do purgatório:

> Desde o início, os Reformadores sugeriram, com uma simplicidade devastadora, que o purgatório simplesmente não existia. O esforço imenso de intercessão [pelos mortos], um dos princípios organizadores da piedade do fim da Idade Média, foi rejeitado simplesmente como um truque de confiança. Exposto de maneira crua por Henry Brincklow, orações e missas pelas almas do purgatório "eram tão inúteis aos mortos quanto a urina de uma carriça ao oceano". Autores e pregadores evangélicos corajosos denunciavam o purgatório como uma farsa mantida pelo clero, que tinha a intenção de aumentar o próprio lucro e distrair bons cristãos de uma obra verdadeiramente caridosa: a contribuição aos pobres" (Ryrie, 2002b; 103; cf. Marshall, 2002, p. 53–64).

Em suma, havia uma grande dose de material anticlerical às vésperas da Reforma e que os primeiros protestantes não hesitaram em usar para sua própria vantagem. Inspirados por Lutero e outros reformadores, os primeiros protestantes chegaram à conclusão explícita de que "ministros ineficazes surgiram, inevitavelmente, de uma teologia defeituosa" (Dickens, 1987, p. 399). Dada a análise, a solução jazia não na melhoria moral, mas na Reforma teológica.

Ressentimentos ingleses endêmicos, juntamente com o entusiasmo pelo novo aprendizado, promovido, dentre outros, por Colet e Erasmo, eram um solo fértil para a pregação da doutrina luterana, a qual entrou na Inglaterra por volta de 1520 (Hall, 1979; Ryrie, 2002a; Trueman, 1994). Lutero e seus escritos foram considerados malditos em 12 de maio de 1521. No mesmo dia, o cardeal Wolsey, cercado de bispos e nobres reunidos na Catedral de São Paulo, em Londres, declarou a excomunhão de Lutero e queimou, ritualisticamente, os livros do Reformador em uma cerimônia ostentosa. O "refrão do amém" foi providenciado por John Fisher, bispo de Rochester, cujo sermão atacou Lutero com relação à primazia papal e ao uso dos lemas "somente pela Escritura" e "somente pela fé". Em seguida, Wolsey emitiu uma ordem para o confisco de todos os escritos de Lutero. A essa altura, o primeiro grupo de simpatizantes luteranos começou a se reunir na "Estalagem White Horse", em Cambridge, logo apelidada de "pequena Alemanha". A própria Universidade de Cambridge forneceria boa parte dos futuros líderes do protestantismo inglês, quase todos martirizados. O círculo incluiria eruditos clássicos proeminentes como Robert Barnes, John Lambert e John Frith; futuros arcebispos, como Cranmer, Heath, Parker e May; e futuros bispos, como Latimer, Ridley, Sampson, Shaxton, Bale, Foxe e Day (Rupp, 1966, p. 15–46).

Robert Barnes (c. 1495–1540), um prior agostiniano com doutorado em Lovaina e líder do círculo de Cambridge, desentendeu-se pela primeira vez com Wolsey em um sermão pregado na véspera de Natal, em 1525. Embora julgado ostensivamente por heresia, sua real ofensa foi ter ridicularizado Wolsey e seus defensores.

Wolsey não estava interessado em condenar Barnes como herege; tudo o que queria era submissão à sua autoridade. Quando Barnes — sob "prisão domiciliar" no mosteiro agostiniano de Londres por quase três anos — soube que seria executado, fingiu suicídio por afogamento. Autoridades vasculharam o rio por uma semana, mas, por esse tempo, Barnes já havia fugido para os Países Baixos. De lá, dirigiu-se a Wittenberg em 1530, onde ficou com Bugenhagen e trabalhou com Lutero e Melanchthon. Em Wittenberg, a primeira publicação latina de Barnes consistiu em citações dos Pais da Igreja que apoiavam a teologia evangélica, conforme expressa pela recente Confissão de Augsburgo, e incluía um prefácio de Bugenhagen. Sua publicação seguinte, *Supplication to Henry VIII* [Súplica a Henrique VIII] (1531), foi uma declaração eloquente de sua lealdade ao rei, um ataque ao exercício secular de autoridades papais e eclesiásticas e uma promoção da teologia luterana. Thomas More acreditava que o artigo mais perigoso do livro era o desafio à autoridade da Igreja papal. Como no caso de Prierias décadas antes, o ponto sensível ao *establishment* não era tanto o conceito de justificação somente pela graça quanto seu corolário: o enfraquecimento do absolutismo eclesiástico.

Barnes retornou brevemente à Inglaterra sob a proteção de um salvo conduto real — para o desagrado de Thomas More — onde transmitiu ao rei a opinião negativa de Lutero sobre a proposta de Henrique, que queria se divorciar de Catarina: "Sob o risco de perderdes a salvação e sob pena de condenação eterna, Vossa Majestade tem, portanto, a responsabilidade de continuar casado com a rainha"

(*LW*, 50, p. 39). Henrique já estava desgostoso com Lutero por causa de uma correspondência anterior; por isso, não seria surpreendente se o rei viesse a culpar o mensageiro por mais uma mensagem inconveniente. De qualquer modo, Barnes retornou à Alemanha em janeiro de 1532. De agosto de 1534 a janeiro de 1535, Barnes estava de volta a Londres outra vez para negociar, com Henrique VIII, em nome das cidades de Hamburgo e Lübeck. Era a ocasião para o rei realizar um esforço no sentido de estabelecer alianças com cidades luteranas e príncipes alemães, uma vez que seu relacionamento com a Espanha, Carlos V e França estavam rompidos por conta de seu divórcio e às tendências protestantes na Inglaterra. No fim de 1538, o Papa havia excomungado Henrique e pedido a Francisco I e Carlos V uma cruzada contra a Inglaterra. Foi esse o contexto para o interesse de Henrique em se unir à Liga de Schmalkalden e fazer aliança com o duque luterano de Cleves por intermédio de sua irmã, Anne. Iniciaram-se missões frenéticas à Alemanha. Embora Barnes tenha servido Henrique com lealdade nessa missão, a aliança proposta não aconteceu. Entretanto, o esforço de Henrique de forjar uma aliança com os luteranos alemães proveu um espaço sem precedentes para que os protestantes ingleses tomassem fôlego. Como no caso da aliança com os protestantes, a esperança de que Melanchthon visitasse a Inglaterra (*LW*, 50, p. 97–106) também não se concretizou. Luteranos alemães exigiam apoio financeiro e insistiam que a adesão à Liga de Schmalkalden dependia da subscrição à Confissão de Augsburgo. Esse era um preço alto demais para Henrique, que deu a entender que consideraria a Confissão se fosse primeiramente admitido à Liga. Discussões a respeito resultaram nos "Treze artigos" (Bray, 1994, p. 184–221), os quais seguiram de perto a Confissão de Augsburgo e, posteriormente, serviram de influência no desenvolvimento dos "Quarenta e dois artigos" na vigência de Eduardo VI e os "Trinta e nove artigos" durante o reinado de Elizabeth I. Após o rompimento das negociações com os alemães, porém, Henrique os descartou (Hall, 1979, p. 118). Com o prolongamento das negociações e a diminuição da ameaça internacional, Henrique decidiu que era tempo de criar unidade religiosa na Inglaterra. Sua determinação de erradicar o inconformismo conduziu ao Ato dos seis artigos (1539), o qual reafirmava o dogma católico romano e impunha seu cumprimento com penalidades mais severas do que as instituídas antes das cortes eclesiásticas (eis o porquê de o Ato ter ficado conhecido como chicote de seis cordas). A negação da transubstanciação podia incorrer em condenação automática à fogueira, perda total de propriedade e impossibilidade de retratação. Com o fim do flerte de Henrique com os luteranos e o rompimento das negociações, Barnes era, agora, dispensável. O ensejo da morte de Barnes foi, uma vez mais, a contestação de um sermão com outro prelado, desta vez o bispo Gardiner de Winchester. Barnes foi queimado na estaca juntamente com outros dois líderes luteranos ingleses, acusados de heresia. Ao mesmo tempo, três teólogos católicos que haviam defendido Catarina no processo de divórcio foram enforcados como traidores por sua suposta lealdade ao Papa. Em seu impulso por supremacia, Henrique VIII executaria qualquer um, sem distinção.

De Cambridge, o movimento protestante, que estava apenas no início, chegou a Oxford. Ideias luteranas também influenciaram mercadores londrinos em Antuérpia, onde havia uma colônia de negociantes ingleses; mercadores alemães que moravam em Londres também recebiam, de sua pátria, tratados de Lutero. Por um lado, mercadores internacionais facilitavam a tradução de livros e ideias protestantes para a língua inglesa; por outro lado, propagandistas católicos conseguiam tirar proveito da xenofobia inglesa, retratando o protestantismo como uma ideia estrangeira. De qualquer maneira, nos Países Baixos e em outras regiões fora da jurisdição de reis e bispos ingleses, tradutores e editores da Bíblia protestante trabalhavam com entusiasmo.

Dentre esses eruditos, um dos principais foi William Tyndale (c. 1494–1536). Sua proposta, por volta de 1522, de traduzir a Bíblia para o inglês foi rejeitada por Cuthbert Tunstall, bispo de Londres. Tunstall foi um dos primeiros a reconhecer o perigo que a publicação da Bíblia impunha à antiga fé. Atribuiu-se a ele a seguinte frase: "devemos desarraigar a publicação [da Bíblia], ou ela nos desarraigará" (Brigdon, 1992, p. 157). A perspicácia de Tunstall não era única: "Supostamente, o bispo Nix, de Norwich, afirmou em relação ao Novo Testamento de Tyndale: 'ele nos destruirá a todos'". Do outro lado: "John Foxe atribuiu o sucesso da Reforma [...] ao fato de que 'Deus havia aberto as portas da imprensa para a pregação'". Um ano depois da ascensão de Eduardo VI, impressões e publicações aumentaram de modo acentuado em Londres (Loades, 1992, p. 57–8; Pettegree, 2002b).

Tyndale fugiu para Hamburgo, Wittenberg e, por fim, Antuérpia; em 1535, foi traído e entregue às autoridades imperiais que, depois de sufocá-lo, queimaram-no na fogueira. Dizem que Tyndale foi um gênio linguístico, capaz de falar, com fluência, hebraico, grego, latim, italiano, espanhol, inglês e francês. Na época em que esteve na Alemanha e por sua tradução de escritos luteranos, é óbvio que também conhecia a língua alemã. Tyndale nunca retornou à Inglaterra antes de sua morte, mas seu trabalho de tradução e publicação recebeu apoio por meio de uma grande quantidade de subsídios vindos de mercadores ingleses — conexão que se evidenciou nos últimos anos de sua vida quando, durante o refúgio em Antuérpia, hospedou-se na casa de membros da "Companhia de mercantes aventureiros de Londres".

Traduções bíblicas de Tyndale têm influenciado versões da Bíblia inglesa até o presente. Suas traduções, usadas como apoio para a Versão Autorizada [*King James*] (1611) "deram à língua inglesa um estilo claro de prosa da maior importância, em uma época, nas primeiras décadas do século XVI, em que a língua era de pouca representação, sem futuro aparente [...] A influência de Tyndale foi maior do que a de qualquer outro escritor inglês [incluindo Shakespeare]" (Daniell, 2000, p. 39, 49). Seu Novo Testamento, publicado em 1525 e revisado nos anos que se sucederam, inundou a Inglaterra, para a ira e frustração de Tunstall e More. O *establishment* temia uma Bíblia vernacular porque receava que os leigos chegassem à conclusão de que:

> práticas lucrativas da Igreja não estavam na Bíblia, como a doutrina do purgatório, uma invenção do século XII, nem a necessidade de 'mortuários' (isto é, o direito de um ministro exigir, pouco antes da morte, o item mais valioso de um lar como dádiva). A Bíblia também não fala de nenhum Papa (Daniell, 2000, p. 41).

Assim como Lutero demonstrara na primeira das "Noventa e cinco teses" que o sacramento da penitência havia sido criado por causa de uma tradução errada do texto grego, Tyndale também, na mesma linha, traduziu a palavra grega *metanoeite* como "arrepender-se", não como "fazer penitência", conforme usado na Vulgata (*poenitentiam agite*). Da mesma forma, assim como Lutero usou coerentemente os termos "congregação" e "comunidade" em vez de "igreja", Tyndale também traduziu *ekklesia* como "congregação". O *establishment* católico foi ainda mais subestimado pela tradução de Tyndale do grego *presbyteros* como "presbítero" em vez de "sacerdote". Uma vez mais, somos lembrados da descrição da Reforma como um "acontecimento linguístico", já que o povo recebeu a Bíblia não apenas em sua própria língua, mas em um contexto que não mencionava nem sacerdote, nem Igreja! Como notado por Roland-Figueroa (2006, p. 1005) com respeito às traduções espanholas da Bíblia, os evangélicos produziram "um texto subversivo". O fato de a doutrina católica ter sido "inscrita exclusivamente em latim" acabou perdendo autoridade na tradução (Cummings, 2002, p. 189–93). Desse modo, Edward Fox, bispo de Hereford, dirigiu-se aos bispos companheiros de ministério da seguinte maneira: "Não vos torneis a zombaria do mundo; a luz nasceu, dispersando todas as nuvens. Leigos conhecem a Escritura melhor do que muitos de nós" (Dickens, 1991, p. 95).

Junto com a tradução bíblica, Tyndale também tornou Lutero acessível em língua inglesa (Cargill Thompson, 1979). Uma vez que os escritos luteranos haviam sido proibidos, as traduções de Tyndale não os apresentava como obras do Reformador. Longe de plagiarismo, a decisão, além de corajosa, foi também *marketing* inteligente: católicos podiam ler o celebrado prefácio aos Romanos, de Lutero, sem saber que fora escrito pelo arqui-herege. A tática foi "imitada em diversas terras europeias nas quais os escritos de Lutero eram proibidos" (Pettegree, 2002b, p. 166). Tyndale não apenas incluiu o prefácio em seu Novo Testamento, como também o publicou separadamente, assim como traduziu e incorporou muitos outros prefácios da Bíblia luterana. Thomas More, apesar de sua grande erudição, nunca o percebeu.

Outra ironia foi que os prefácios apareceram na chamada *Matthew Bible* [Bíblia de Mateus], "publicada com a permissão real e até mesmo lida publicamente nas igrejas pelo povo e para o povo, que teria ficado chocado em pensar que estava ouvindo palavras autênticas de Martinho Lutero" (Rupp, 1966, p. 50; Hall, 1979, p. 115).

Miles Coverdale (1488–1568), que começou como frade agostiniano em Cambridge, influenciou Barnes, trabalhou com Tyndale na tradução do Antigo Testamento, sendo responsável pela primeira tradução inglesa completa da Bíblia (1535). Influenciado em grande medida por Thomas Cromwell (c. 1485–1540), vigário-geral de Henrique na Igreja inglesa e o arcebispo Thomas Cranmer (1489–1556), o rei foi persuadido a colocar uma Bíblia em todas as igrejas, passo do qual não pôde voltar atrás.

Mesmo a reação católica de Henrique VIII nos últimos anos de sua vida não podia interromper o avanço protestante. A fraseologia religiosa em testamentos da classe média da época indica o declínio na adoração aos santos e o aumento de convicções protestantes (Dickens, 1991, p. 214–15; Brigdon, 1992, p. 380–92, 411–16, 483–6, 628–32; Duffy, 1992: o capítulo quinze demonstra que o autor não está convencido disso; Litzenberger, 1998 e Marsh, 1998, são casos curiosos). Em particular, o testamento de William Tracy, em 1530, serviu de inspiração para grupos evangélicos, nos quais circulou em cópias manuscritas. O testamento não demorou para ser impresso com comentário em Antuérpia. Em novembro de 1531, o testamento de Tracy foi declarado herege; uma vez que Tracy estava morto e não podia se arrepender, seu cadáver foi exumado e queimado como herege (Day, 1994). O testamento "luterano" de Tracy dizia:

> Entrego-me a Deus e sua misericórdia, crendo, sem dúvida e suspeita que, por sua graça e pelos méritos de Jesus Cristo, e em virtude de sua paixão e ressurreição, tenho e terei a remissão de todos os meus pecados e alcançarei a ressurreição de meu corpo e alma.

Haigh (1993, p. 70) defende o caráter exclusivo do testamento de Tracy, porém Litzenberger (1998, p. 252) repara que "edições publicadas [do testamento] com comentários de William Tyndale e John Frith [...] começaram a se espalhar rapidamente. Nos cem anos seguintes, testadores por toda Inglaterra tomaram o texto integral de Tracy ou parte dele, modificando-o levemente para torná-lo seu".

Convicções protestantes estavam presentes na corte e entre tutores do filho de Henrique, Eduardo VI. Com a morte do monarca em 1547, a reforma inglesa teve um período de seis anos de desenvolvimento sob Eduardo VI e seus conselheiros. Durante esse tempo, Cranmer apresentou ao povo inglês seus livros de oração (o primeiro em 1549 e o segundo, em 1552). Mais do que alemã, a edição de 1552 foi uma expressão distintamente protestante de adoração e teologia suíça.

O esboço apresentado das influências e desenvolvimentos protestantes na Inglaterra não podem, obviamente, divorciar-se do reino enérgico de Henrique VIII (1491–1547), que ascendeu ao trono em 1509. Seu pai, Henrique VII, havia, de modo cruel, dado fim à guerra civil inglesa, a Guerra das rosas, e estabelecido a dinastia Tudor. Como seu pai, Henrique VIII levava a sério o catolicismo e, em 1521, publicou um tratado contra Lutero, intitulado *Assertio Septem Sacramentorum* ("Defesa dos sete sacramentos", escrito provavelmente por um *ghost writer*), obra pelo qual o Papa Leão X concedeu a Henrique o título de "defensor da fé." A defesa de Henrique dos sete sacramentos não apenas indica seu zelo pela fé católica durante toda a vida (em particular a doutrina da transubstanciação), mas também nos relembra, uma vez mais, da centralidade do assunto nas controvérsias da Reforma. Henrique também via no ensino luterano do sacerdócio cristão universal uma ameaça às autoridades civil e religiosa. Obviamente, não levou muito tempo para que o ataque do monarca a Lutero soasse irônico, já que o próprio Henrique atacou o Papa e se divorciou de Catarina (o casamento foi um dos sacramentos que defendera). Em sua tentativa posterior de se alinhar aos luteranos alemães, *Assertion of the Seven Sacraments* [Defesa dos sete sacramentos] também se mostrou ser motivo de constrangimento.

## O ASSUNTO IMPORTANTE DO REI

O rompimento de Henrique com Roma não foi teológico, mas pessoal e político. Há indícios de que o rei tenha sido um "atleta sexual", mas talvez não mais do que outros monarcas. Seu pai, Henrique VII, preocupava-se em prover estabilidade, prestígio e poder à iniciante dinastia Tudor por meio de uma aliança com a Espanha, a qual foi cimentada, após uma longa luta diplomática, pelo casamento entre Artur, seu filho, e Catarina de Aragão. Cinco meses após o casamento, porém, o jovem Artur morreu. A fim de preservar sua nova conexão com uma das casas mais antigas e poderosas da Europa, Henrique propôs imediatamente que seu segundo filho, Henrique (posteriormente Henrique VIII) se casasse com a jovem viúva. Uma vez que Levítico 18:6-18 proibia o casamento entre parentes próximos, obteve-se uma dispensação papal especial para o casamento de Henrique e Catarina, emitida pelo Papa Júlio II.

Henrique e Catarina se casaram em 1509. Mesmo tendo engravidado diversas vezes, apenas um dos filhos de Catarina, Maria Tudor, nascida em 1516, sobreviveu. Por volta de 1525, a rainha estava com quarenta anos; ao que tudo indicava, não havia esperanças para outro filho. Nesse meio de tempo, Henrique se envolveu com Ana Bolena, dama da corte e irmã de uma de suas ex-amantes. Alguns defendem que seu desejo cada vez maior de se livrar de Catarina e casar-se outra vez não foi apenas motivado por atração intensa em relação a Ana, mas principalmente por sua preocupação pela estabilidade da dinastia Tudor e da própria Inglaterra. Henrique precisava de um filho para evitar o pesadelo de uma guerra civil motivada pela sucessão; além disso, previa problemas na sucessão envolvendo Maria, sua filha. A única tentativa anterior de passar a Coroa inglesa para uma mulher, Matilde, filha de Henrique I (m. 1135), resultou em uma guerra civil devastadora, que durou dezenove anos.

Henrique fez um apelo ao Papa Clemente VII para que anulasse seu casamento com Catarina, fundamentando-se no texto bíblico que proíbe o matrimônio com a viúva de um irmão falecido (Levítico 20:21: "Se um homem tomar por mulher a mulher do seu irmão, comete impureza; desonrou seu irmão. Ficarão sem filhos"). O apelo colocou o Papa em situação extremamente difícil. Do ponto de vista doutrinário, seria no mínimo estranho ao Papa conceder o pedido de Henrique, já que contradiria a decisão do pontífice anterior, que havia permitido o casamento; além disso, poria em questão a infalibilidade papal, desafiada por Lutero. Talvez uma explicação mais acurada sobre sua hesitação seja que, nessa época (1527, logo após o saque de Roma), o Papa vivia praticamente como um prisioneiro do imperador Carlos V, sobrinho de Catarina, em Roma.

A ira de Henrique contra Wolsey por falhar em persuadir o Papa para apoiar sua causa levou à queda do cardeal. O próprio Wolsey reconheceu a verdade por trás de um adágio da época: *quia indignatio principis mors est* ("a ira do rei é um mensageiro da morte" — Provérbios 16:14). Ao final, Wolsey refletiu, pesaroso: "Se eu tivesse servido a Deus do modo tão diligente quanto servi o rei, o Senhor não me teria descartado em minha velhice" (Cavendish, 1964, p. 141, 183). Em 1529, Thomas More (1478–1535) substituiu Wolsey como lorde chanceler.

Thomas Cromwell (c. 1485–1540), que obteve o favor do rei a despeito de ter servido previamente sob a liderança de Wolsey, seguiu a sugestão de Thomas Cranmer, atendendo ao desejo do rei. O chanceler apelou às universidades inglesas e outras partes da Europa para que decidissem com relação à questão do casamento do rei com Catarina. Cromwell também sugeriu que a Coroa substituísse o Papa como cabeça da Igreja na Inglaterra. Em 1533, a Corte inglesa concedeu a dispensação para a anulação do casamento de Henrique; em resposta, o papa "anulou a anulação" e excomungou o monarca inglês. No ano seguinte, Henrique replicou ao Papa com o Ato de Supremacia, o qual designava o rei como "o único Cabeça Supremo da Igreja Anglicana na terra [...] [incluindo] poder e autoridade plenos [...] para consultar, reprimir, redirecionar, reformar, ordenar, corrigir, restringir e emendar toda [...] e qualquer heresia" (Bray, 1994, p. 114). Além do divórcio de Henrique, o rompimento da Igreja inglesa com o Papa e sua sujeição à Coroa por meio do parlamento dependiam de um elemento a mais: o fortalecimento da opinião política antipapal e erastiana. O erastianismo, nomeado a partir do teólogo suíço Thomas Erastus (1524–83), defendia a autoridade do Estado sobre a Igreja, incluindo a sujeição da excomunhão à aprovação do governo. O precursor medieval da teoria erastiana foi Marsílio de Pádua (c. 1275–1342), cujo argumento para a subordinação da Igreja ao Estado (*Defensor pacis*, 1324) mostrou-se um tesouro escondido aos propagandistas que apoiavam Henrique VIII (Dickens, 1991, p. 106–8).

O rompimento decisivo da Igreja inglesa com Roma foi acompanhado por um juramento de lealdade ao rei. Em 1535, Thomas More foi decapitado por se recusar a assiná-lo. More, retratado popularmente como um humanista acolhedor e corajoso, bem como defensor de Erasmo e sonhador de sociedades perfeitas (*Utopia*), era um "defensor intransigente da ortodoxia católica", para quem "a morte de um herege na estaca significava muito pouco, uma vez que o tal já estava destinado ao fogo eterno". Durante seus dois anos e meio como chanceler, More lutou contra a disponibilidade da Escritura e trabalhou para erradicar a heresia — isto é, hereges (Brigdon, 1992, p. 179–81; Haigh, 1993, p. 67). O famoso silêncio de More diante do Ato de Supremacia é revelador quanto ao seu pensamento. Uma solução seria arriscar sua consciência; a outra, arriscar sua vida. Já que cortejar a morte quando ela podia ser evitada igualava-se ao pecado do suicídio, More manteve-se em silêncio. Sua atitude não demonstrava nem consentimento, nem dissenção traiçoeira. Mesmo assim, seu silêncio irritou o rei, que decidiu conceder a More um silêncio permanente. More foi ao encontro da morte com dignidade e humor. Aproximando-se de um palanque instável, pediu ao guarda que o conduzia: "Rogo-lhe, senhor tenente, que me faças subir com segurança; quanto à minha descida, deixa que eu mesmo me viro". Já ao carrasco, disse: "Tende coragem, homem! Não temais em cumprir com a tarefa. Meu pescoço é muito curto; portanto, cuidai para não errar o golpe e salvai vossa honestidade" (Roper, 1964, p. 254). Decapitação não era tão fácil quanto os filmes sugerem: normalmente, executores com pouca habilidade precisavam de dois golpes ou mais para cumprir a tarefa, como ocorreu, por exemplo, no caso de Maria da Escócia.

O Ato de Supremacia representou um desligamento constitucional da autoridade do Papa, e não a introdução do protestantismo. Assim, ao mesmo tempo que usou sentimentos anticlericais — principalmente contra o pontífice — para proveito próprio, Henrique reafirmou o dogma católico no Estatuto dos seis artigos, em 1539 (Bray, 1994, p. 222–32). A legislação preservava a transubstanciação, a ceia laica com apenas um dos elementos e missas privadas; também declarava herege a negação de qualquer um dos artigos. Conforme mencionado, o Estatuto era um ato penal, isto é, exigia a pena de morte a qualquer que rejeitasse a transubstanciação: "Tentar entender a política religiosa de Henrique é um assunto delicado. Ter que conviver com ela deve ter sido um pesadelo, visto que os homens procuravam acompanhar o ponto de vista mais recente do monarca" (Heal, 2003, p. 132–3).

Em 1536 e 1539, Henrique consolidou ainda mais sua posição como líder da Igreja inglesa ao suprimir os monastérios menores e, em seguida, os maiores. A dissolução dos monastérios — que levaram, tristemente, à destruição de diversas obras de arte e de arquitetura — eliminou, de fato, o último refúgio do papismo. De certa forma, sua extinção nivelou o caminho para o desenvolvimento protestante, uma vez que o monasticismo não voltou a florescer durante o reinado de Maria Tudor. Além disso, a dissolução enriqueceu a tesouraria do rei e, depois da venda de terras monásticas a leigos ricos, assegurou seu interesse próprio contra a possível reintrodução futura do monasticismo. A supressão de monastérios e chantres (*Chantries Act*, 1545) — membros eclesiásticos que entoavam hinos aos mortos em troca de doações — tanto serviu a interesses econômicos do rei, como também acarretou consequências teológicas profundas. Em termos institucionais, monastérios e chantrias formavam a espinha dorsal da doutrina do purgatório, sustentada pela tarefa mais importante de monges e ministros, a saber, intercessão e missa em favor dos mortos:

> A própria doutrina do purgatório, "pedra angular do grande edifício da religião católica", demonstrou-se vulnerável por motivos teológicos, econômicos e políticos [...] No fim de 1546, havia claramente um buraco na teia de conexões costumeiras que disciplinavam a relação entre vivos e mortos. Nos anos seguintes, Reformadores não hesitariam em explorar essa abertura e reconfigurar as ligações (Marshall, 2002, p. 92).

## PAIXÃO, POLÍTICA E PIEDADE

Embora as paixões de Henrique sirvam de matéria-prima cinematográfica, poucos historiadores confiariam nelas para explicar o conceito de Reforma inglesa. O divórcio de Henrique "não causou, por si só, a Reforma; nem mesmo, por assim dizer, desempenhou qualquer papel importante em ocasionar um movimento que repousava em sentimento nacional e no escândalo de uma Igreja corrupta. Contudo, sem o divórcio, não haveria Reforma, visto que a intercessão poderosa da Coroa não teria sido a favor, mas sim contra o movimento" (Elton, 1969, p. 114). Assim, as esposas de Henrique, como seus filhos, têm um lugar legítimo na história do desenvolvimento protestante inglês.

Em 25 de janeiro de 1533, Henrique se casou secretamente com Ana Bolena (c. 1501–36), agora grávida de Elizabeth, que estava para nascer em setembro. Obviamente, era crucial a Henrique que seu herdeiro fosse um filho legítimo. Em março, o estatuto que restringia o apelo a Roma foi aprovado, possibilitando o divórcio entre Henrique e Catarina. Ana foi coroada rainha em 1 de junho de 1533, para a ira de muitas inglesas e o desdém de Thomas More, que não participou da coroação (Brigdon, 1992, p. 211). More percebia o perigo que corria em não endossar a ação do rei; no entanto, como Lutero, levava a sério sua consciência. Em resposta ao pedido dos bispos para que comparecesse à cerimônia, o chanceler parafraseou o conto clássico do dilema do rei. Segundo a história, o rei não sabia o que fazer com uma virgem convicta de punição capital porque, pela lei, virgens não podiam ser executadas. Um conselheiro resolveu a perplexidade do monarca com a seguinte sugestão: "Deflore-a e, em seguida, devore-a" (Roper, 1964, p. 229–30). More conseguia aceitar sua morte, mas não o "deflorar" da consciência, algo que via ocorrer com muitos ao seu redor.

Questões de consciência também eram importantes para os protestantes. Do lado evangélico, houve testemunhos igualmente corajosos de fé — senão ainda maiores — porque, geralmente, eram acompanhados de tortura. Um dos mártires mais famosos sob Henrique foi Anne Askew (1521–46), cujo testemunho de fé perseverante foi celebrado por Foxe em seu *Livro dos Mártires*. Mulher culta dentre a aristocracia, Askew abraçou a fé evangélica pela leitura da Bíblia vernacular. Diferentemente de More, Askew correu um risco duplo: divorciou-se e deixou seu marido católico, desafiando, assim, o modelo patriarcal e rejeitando a doutrina católica. Por isso, polemistas católicos "advertiam dos perigos do protestantismo com respeito à ordem do lar, causados pela ousadia subversiva de mulheres convertidas à fé evangélica" (Hickerson, 2004, p. 1036). Da perspectiva católica, mártires protestantes dentre as mulheres, principalmente quando casadas, indicavam claramente que a Reforma estava virando o mundo de cabeça para baixo. Em contraste com a Antiguidade e a Idade Média, mártires evangélicas não estavam morrendo passivamente para defender sua virgindade, seguindo o modelo de Maria, a virgem exemplar. Pelo contrário: essas mulheres não apenas haviam se iniciado na vida sexual, mas eram também proponentes ativas e biblicamente informadas de sua fé:

> A decisão de morrer por heresia [...] tinha uma conotação criminalmente dupla no caso da mulher. No contexto da condenação, a mulher era caracterizada como esposa desleal e estudiosa daquilo que não deveria: religião. A violação herege feminina tinha mais do que uma conotação espiritual, abrangendo uma esfera social que não se estendia ao homem (Hickerson, 2005, p. 86).

Os bispos Stephen Gardiner e Edmund Bonner ordenaram que Askew fosse forçada, sob tortura, a revelar a identidade das mulheres da corte que a apoiavam. Em *Examinations* [Torturas], relato que escreveu durante seu tempo na prisão, Askew descreve a dor da tortura, sua crítica bíblica da doutrina católica e como se recusou a expor outras pessoas (King, 2004, p. 231–41; Beilin, 1996). Em julho de 1546, Askew e outros quatro evangélicos foram queimados por sua fé

— uma fé que sustentou seu "antinicodemismo" a despeito de sofrimento cruel (Gregory, 1999, p. 160–1).

Ana Bolena não foi meramente catalisadora do rompimento de Henrique com Roma, mas — conforme há muito se defende — defensora de pontos de vista evangélicos junto ao rei e à corte. Sua família abrigou e apoiou Thomas Cranmer, que se tornou arcebispo de Canterbury, e ela mesma ajudou bispos protestantes. Alguns de seus capelães tornaram-se líderes protestantes na Inglaterra, incluindo Matthew Parker, arcebispo de Canterbury no reinado de Elizabeth, filha de Ana. Diversas anedotas do tempo indicam sua proteção do clero evangélico, de refugiados e vendedores de livros, bem como seu entusiasmo pelas Bíblias francesa e inglesa (Brigdon, 1992, p. 221–3; Orth, 1993, p. 424–5). Infelizmente para Ana, a paixão de Henrique diminuiu rapidamente; o bebê do casal era uma menina. Além disso, outras gestações culminaram em aborto. Ana estava segura como rainha enquanto a ex-mulher de Henrique, Catarina, continuasse viva, visto que o repúdio do segundo casamento implicaria a validação do primeiro; no entanto, Catarina morreu em janeiro de 1536. Em 17 de maio, Cranmer declarou nulo o casamento de Ana que, em 19 de maio, foi decapitada sob a acusação de adultério. Sua culpa ou inocência das acusações continua sendo motivo de controvérsia.

Em 30 de maio, Henrique se casou com Jane Seymour, uma dama da corte. Em outubro, o monarca teve finalmente um filho, Eduardo, cujo nascimento custou a vida de sua mãe. Após a derrota de Jaime V em Solway Moss (1542), Henrique propôs que Maria Stuart se casasse com Eduardo — porém, os escoceses preferiram uma aliança com a França, inimiga da Inglaterra, e Maria foi prometida ao delfim, Francisco II. Essa decisão afetou o curso da Reforma na França e na Escócia. A esposa seguinte de Henrique foi Ana de Cleves. Seguindo o conselho de Cromwell, o rei se casou com Ana, em 6 de janeiro de 1540, a fim de estabelecer uma aliança política com o ducado de Cleves contra o imperador. A decisão do rei também foi baseada em um retrato exageradamente lisonjeiro de Ana, pintado por Holbein. Assim que Ane chegou na Inglaterra, Henrique ficou imediatamente desgostoso, tanto com ela quanto com Cromwell. Ao fim de junho, Henrique se divorciou de Ana e ordenou a execução de Cromwell por causa desse e de outros conselhos dos quais não gostara. Em agosto de 1540, Henrique se casou com Catarina Howard, que aparentemente não tinha discrição em relação à corte e cujo adultério ocasionou sua decapitação, em fevereiro de 1542, sob a acusação de traição. Catarina Parr, a última esposa do rei e com quem se casou em junho de 1543, teve o bom senso de permanecer no leito político e conjugal do rei e, assim, viver mais do que ele. Henrique morreu em 27 de janeiro de 1547, e a sucessão da dinastia Tudor, de acordo com a legislação vigente e o testamento do rei, passou aos filhos Eduardo, Maria e Elizabeth, nessa ordem.

## EDUARDO VI E O PROGRESSO PROTESTANTE

Eduardo subiu ao trono com a idade de nove anos, mas, com saúde sempre debilitada, morreu em 1553. Durante seu reinado — ou, mais acuradamente, o de seus conselheiros — a Reforma foi estabelecida na Inglaterra. Seu tio, Eduardo Seymour, conde de Hertford e nomeado lorde protetor e duque de Somerset, pôs imediatamente fim à perseguição contra os protestantes e levou o parlamento a repelir boa parte das leis de traição e heresia, incluindo os Seis artigos, estimulando não apenas o retorno dos protestantes que haviam fugido durante o reinado de Henrique VIII, mas também atraindo reformadores de outras partes da Europa, em sua maioria de persuasão zuingliana. Reformadores proeminentes, como Martin Bucer de Estrasburgo e Peter Martyr Vermigli da Itália, foram convidados às universidades de Cambridge e Oxford, respectivamente; alunos desses reformadores exerceram posteriormente um papel importante durante o reinado de Elizabeth. Influências estrangeiras, principalmente calvinistas, também chegavam a Londres à medida que a cidade "recepcionava" as igrejas estrangeiras (isto é, comunidades de refugiados da França, Espanha, Itália e Países Baixos). Reformadores importantes, como Bernardino Ochino (Itália), Jan Laski (Polônia) e Casiodoro de Reina (Espanha) serviram essas congregações.

Nessa época, influências luteranas na Inglaterra já estavam em declínio em decorrência de inúmeros fatores políticos, pessoais e teológicos, incluindo o fracasso da aliança anglo-germânica proposta e as repetidas visitas frustradas de Melanchthon à Inglaterra. Teologicamente, os reformadores ingleses estavam desenvolvendo um entendimento da eucaristia, influenciados talvez por críticas anteriores dos lollardos com relação ao catolicismo medieval, os quais simpatizavam mais com a convicção zuingliana do que com a luterana (MacCulloch, 1992, p. 171–4): "A Igreja Anglicana não seguia nenhum modelo particular na Europa, mas os dois homens que exerciam maior influência, ora por meio de Cranmer, ora diretamente a outros ingleses, eram Heinrich Bullinger e Martin Bucer" (Loades, 1992, p. 71).

Foi a oposição de Martin Bucer ao Interim de Augsburgo (1548) que o levou a ser banido de Estrasburgo e aceitar o convite de Cranmer a Cambridge, onde, em 1549, tornou-se *regius professor*. Uma vez no cargo, Bucer fez uso de sua perspicácia teológica irênica (lembre-se de seu primeiro esforço de interligar a lacuna entre luteranos e zuinglianos na Concórdia de Wittenberg) na revisão do Livro de Oração Comum, o fundamento da identidade anglicana até o dia de hoje. A visão de Bucer de que a fé cristã devia permear toda sociedade encontrou expressão final em seu *De Regno Christi* ("Sobre o reino de Cristo"), obra que trata de um programa de reformas da Igreja e da renovação da sociedade, incluindo assistência social às pessoas carentes. A morte de Bucer, em fevereiro de 1551, impediu sua contribuição potencial ao protestantismo anglo-continental. Eduardo VI morreu dois anos depois; o exílio resultante dos protestantes ao centro de influências calvinistas levou, após seu retorno, a um entendimento mais radical da Reforma do que aquele que Bucer tentara transmitir.

O arquiteto do protestantismo inglês foi o arcebispo de Canterbury, Thomas Cranmer, cuja orientação protestante durante o reinado de Henrique encontrou expressão importante durante o reino de Eduardo. Agora, o casamento clerical florescia. Desde 1532, o próprio Cranmer estivera casado secretamente com Margaret Osiander, sobrinha do teólogo luterano alemão Andreas Osiander. Isso ocorreu antes de Henrique convocá-lo de volta ao país para que assumisse o cargo de arcebispo de Canterbury. A partir desse período, Margarete se manteve tão discreta nos bastidores que surgiu uma lenda de que seu marido a levava por toda parte em uma caixa. Cranmer veio de Nuremberg com mais do que apenas uma "caixinha surpresa": sem dúvida, havia sido lá, naquela cidade luterana e a partir de conversas com Osiander, que Cranmer também abraçou convicções protestantes (Null, 2000, p. 98-115). O primeiro Livro de Oração de Cranmer, de 1549, foi revisado em 1552. O livro estabeleceu as diretrizes de um protestantismo inglês que evitava extremos doutrinários e litúrgicos, porém, excluiu as ambiguidades que haviam permitido aos católicos adorar conforme a edição de 1549. Agora, a eucaristia era apresentada em termos memoriais suíços (Bray, 1994, p. 271-6; Brooks, 1965; Nijenhuis, 1972, p. 1-22). Da mesma forma, Cranmer produziu, em 1553, uma declaração de fé para a Igreja inglesa que representava um meio-termo entre as teologias luterana e calvinista. A declaração, denominada "Quarenta e dois artigos", serviu de fundamento aos "Trinta e nove artigos" que definiram a Igreja Anglicana no reinado de Elizabeth I e continuam a lhe servir de parâmetro ainda hoje (Bray, 1994, p. 284-311).

Bispos católicos foram substituídos por protestantes. Alguns deles, como John Hooper (1495-1555) de Gloucester, eram protopuritanos; outros, puritanos mais radicais, como John Knox. Seguindo a revisão do Livro de Oração e os Quarenta e dois artigos, o terceiro maior projeto de Cranmer foi a revisão da legislação canônica. A *Reformatio legum ecclesiasticarum* (1552) foi projetada para substituir a base medieval católica da sociedade pela disciplina reformada, a terceira "marca" da Igreja atrás de doutrina verdadeira e uso correto dos sacramentos (Spalding, 1992). Contudo, a morte de Eduardo, em 1553, impediu sua implementação. A reforma da Igreja Anglicana caminhou rapidamente — talvez até demais —, já que dependia da saúde de Eduardo, sempre debilitada.

A ansiedade de que reformas protestantes seriam desfeitas após a morte de Eduardo pela ascensão de Maria Tudor ao trono, uma católica convicta, levou Eduardo Seymour e o sucessor de Somerset, John Dudley, duque de Northumberland, a conspirar contra a futura rainha. O complô, cujo objetivo era excluí-la da linha sucessória, baseava-se no argumento de que Maria não tinha legitimidade ao trono por ser filha de Catarina. Em seu lugar, propuseram a inocente e jovial Joana Grey (1537–54), sobrinha protestante de Henrique VIII e nora do duque de Northumberland. Infelizmente, o plano encalhou na lealdade dos ingleses à sucessão Tudor. Rainha por um dia — ou, mais precisamente, nove dias —, a conspiração custou, a Joana e à liderança protestante eduardiana (Hooper, Latimer, Cranmer e Ridley), a vida. Knox fugiu da Inglaterra e acabou em Genebra, onde se preparou para um retorno efusivo.

## MARIA TUDOR E O REGRESSO PROTESTANTE

A ascensão de Maria Tudor ao trono inglês ameaçou severamente a Reforma na Inglaterra. Ironicamente, contudo, sua grande preocupação com a fé católica serviu para fortalecer a causa protestante. Ao se casar com Felipe de Espanha, Maria associou o catolicismo a um poder estrangeiro impopular; por confiar em seu primo, o cardeal Reginald Pole e seus esforços de implantar a Contrarreforma, tornou-se ainda mais impopular. Também, ao tentar restaurar terras monásticas à Igreja, Maria alienou a classe feudal, que as havia comprado; ao perseguir líderes protestantes sem agir para erradicar o próprio protestantismo, Maria criou um exército de mártires, celebrados no influente *Livro dos Mártires,* de John Foxe. Por fim, ao exilar cerca de 800 protestantes proeminentes em Frankfurt, Genebra e Estrasburgo, criou um exército de reformistas zelosos, treinados no protestantismo continental e ansiosos por retornar e recapturar a Inglaterra em prol da fé evangélica.

Maria Tudor reinou por apenas cinco anos (1553–8), porém seu reinado breve deixou um antagonismo indelével na mente inglesa com respeito a tudo que se relacionava ao catolicismo e à Espanha. Filha de Catarina de Aragão, a monarca havia sido educada no catolicismo e, de uma perspectiva não teológica, precisava ser católica para ter legitimidade ao trono. Maria tornou-se rainha porque era filha de Henrique e porque os ingleses eram leais à Coroa Tudor, mas, por não entender isso, as consequências foram desastrosas. Ironicamente, os traços pessoais de Maria eram os mais atraentes de todos os Tudors. Em termos pessoais, ela era gentil, inclinada à misericórdia e à generosidade, características impressionantes à luz do tratamento que ela e sua mãe receberam de Henrique e de Eduardo, seu irmão. Sua falha consistiu primeiramente em sua obsessão pelo catolicismo e sua ascendência espanhola. Inicialmente bem recebida pelo povo, Maria morreu odiada por quase todos.

Da perspectiva de Maria, sua vocação era salvar seu povo do pecado mortal, restaurando-o à obediência papal; o modo como escolheu fazê-lo foi por meio de uma política externa que alinhava a Inglaterra e a Espanha. Carlos V, imperador Habsburgo, estava mais do que ansioso por ajudar e decidiu que seu filho, Felipe

II de Espanha, deveria fazer sua contribuição ao Império e ao catolicismo: Felipe devia se casar com Maria, atraindo a Inglaterra à órbita Habsburga. Os ingleses não ficaram nem um pouco contentes. Embora não estivessem em nada alinhados com o enfoque protestante de Eduardo, odiavam intervenção estrangeira e retinham um desprazer residual dos governos papal e clerical. Assim, à medida que os planos de Maria evoluíam, ela e seus conselheiros sentiam sempre cheiro de conspiração e rebelião no ar. De fato, nos primeiros meses de 1554, Sir Thomas Wyatt liderou uma rebelião de cerca de três mil homens em Londres, porém, foi derrotado e os líderes da insurreição, executados. Elizabeth Tudor, a quem Maria considerava "a pequena bastarda", quase sofreu o mesmo destino, mas foi, em vez disso, aprisionada na Torre.

Uma vez que o parlamento relutava quanto aos planos de Maria de restaurar o catolicismo, a rainha deu continuidade ao projeto usando, ironicamente, o rompimento de seu pai com Roma a fim de restabelecer a religião. Na Irlanda, onde Henrique assumira o título de rei da Irlanda (1541), sua decisão lhe causou dificuldades. A promoção de bispos e membros do clero feita por Maria sem a consulta do Papa se contrapôs ao desejo irlandês por uma confirmação papal. Embora zelosa em seu catolicismo, Maria se preocupava com o fato de que sua regência podia ser questionada pelos irlandeses "liderados por Roma" (Heal, 2003, p. 170–2). Por volta do reino de Elizabeth, a lealdade do clero irlandês pendia claramente mais ao Papa do que à Coroa (MacCulloch, 2003, p. 396). A Reforma irlandesa falhou em alcançar regiões além da Paliçada, enclave inglês ao redor de Dublin; a falta de material gaélico e de ministros protestantes nativos, assim como a sensibilidade ferida dos irlandeses, tratados como uma "colônia" (cf. Bottigheimer e Lotz-Heumann, 1998), dificultaram a propagação do movimento. Na Inglaterra, porém, Maria agia como cabeça suprema da Igreja com o objetivo de remover o clero protestante, geralmente com base no fato de terem quebrado o voto do celibato. A missa foi restaurada e, com o retorno do cardeal Pole, leis antigas de heresia foram restabelecidas, acompanhadas de novas e impetuosas leis de traição. Ao final, o parlamento concordou em revogar toda legislação antirromana e antipapal aprovada desde os dias de Henrique. Desse modo, proveu-se um meio legal para as perseguições a Maria Tudor.

Ironicamente, os espanhóis, incluindo Felipe II e Carlos V, eram contra a perseguição por razões políticas. No entanto, Maria e o cardeal Pole, talvez crendo sinceramente que estavam salvando a alma dos ingleses da condenação eterna, motivaram a instituição de tribunais de heresia, levando à queima de quase 300 dissidentes, que, obviamente, tornaram-se mártires da fé protestante. Quase todos esses protestantes enfrentaram a morte por negarem a missa (Brigdon, 1992, p. 608–12). Os bispos Ridley e Latimer foram queimados, juntos, na mesma hora e lugar; a agonia de Ridley foi ainda maior porque sua pilha de madeira, em virtude da umidade, queimou devagar. Enquanto isso, o arcebispo Cranmer foi forçado a assistir à queima de seus amigos e companheiros protestantes. O próprio Cranmer passou por uma série de retratações antes de enfrentar sua própria provação. Ao final, o arcebispo morreu — para o desprazer e choque de seus perseguidores — não como herege que havia se retratado, mas como um evangélico arrependido, retendo, no fogo, a mão que assinara retratações até desmaiar e, por fim, morrer. Seus inimigos encontraram nas cinzas algo que reivindicavam ser o coração de Cranmer, o qual, segundo eles, não pôde queimar por causa de sua iniquidade.

Em setembro de 1555, Felipe retornou à Espanha, deixando Maria sem filhos e desconsolada. Rompeu-se uma guerra entre Espanha e França, e Maria, ao dar assistência a Felipe, acabou perdendo Calais, último remanescente do império medieval inglês no continente. Nas palavras de William Monter: "Se alguém deseja fazer amor e guerra (algo raramente contemplado hoje em dia), falhar ao mesmo tempo em ambos é realmente desencorajador" (Monter, 2002, p. 8). Do ponto de vista prático, Calais não foi uma perda; além de sua manutenção ser cara, a cidade não servia ao propósito dos ingleses. Contudo, do ponto de vista simbólico, sua perda foi um tapa no orgulho inglês e culminou na erupção dos últimos vestígios de lealdade a Maria. Em novembro de 1558, Maria Tudor morreu; o cardeal Pole morreu doze horas depois. Com a morte de ambos, findou-se a reação católica. Maria havia conseguido destruir as duas coisas mais preciosas para ela: a religião antiga e a aliança espanhola. Elizabeth aprendeu com as falhas da irmã.

## ELIZABETH I E A *VIA MEDIA*

O reinado de Elizabeth Tudor (1558–1603), que durou 45 anos, pode ser descrito mais precisamente como um caso de amor entre a rainha e os ingleses, uma vez que representou uma correspondência rara de propósito e projeto entre a Coroa e o povo. No reinado de Elizabeth, a Inglaterra virou protestante, tornou-se a nação líder da Europa, conquistou um império mundial e vivenciou um renascimento cultural (Spitz, 1971, p. 523).

Elizabeth subiu ao trono com a idade de 25 anos, avançada em sabedoria por sua idade. Assim como Maria, tinha que ser católica para legitimar seu reinado, Elizabeth devia ser protestante, já que era filha de Ana Bolena. Sua qualidade diplomática, evidente em tudo o que fazia, era, às vezes, testada pela pressão de se casar por amor ao reino — pressão exercida não apenas por vários interessados, mas também pelo parlamento. Érico XIV da Suécia, à procura de um aliado além da área Báltica, propôs casamento a Elizabeth, mas sem sucesso; seu cunhado, Felipe II, ofereceu seus serviços, mas Elizabeth era esperta demais para repetir o erro de

Maria. O príncipe de Valois, Henrique de Anjou, bem como Francisco de Alençon, também tentaram uma aliança mediante o casamento. Robert Dudley, conde de Leicester e amante apaixonado de Elizabeth, não era apenas mimado e infiel, mas cercado de escândalos públicos, incluindo a morte de sua esposa em circunstâncias misteriosas. Elizabeth se sentia fortemente atraída por ele, porém, regia o coração com a cabeça, colocando seu reino acima de sentimentos pessoais.

Elizabeth falava francês, latim e italiano — além de ser igualmente hábil na "arte de enrolar". Assim, conseguia não apenas manter com esperança e ao seu serviço muitos homens ambiciosos, mas também controlar as facções na corte e nas regiões mais distantes do país. A monarca usava a mesma técnica na política internacional, esfera na qual precisava de aliados para impedir o isolamento econômico da Inglaterra e contrapor a influência cada vez maior da França sobre a Escócia. A dificuldade constante da diplomacia era que o interesse nacional e a convicção religiosa nem sempre coincidiam. Elizabeth enfatizava teologia e unidade confessional ao lidar com os príncipes protestantes alemães, mas, ainda que seus enviados afirmassem que a rainha aceitava a Confissão de Augsburgo, ela mesma não a assinou: "Em princípio, é difícil dizer se a diplomacia de Elizabeth era motivada pela 'fé verdadeira', isto é, a partir de uma defesa idealista do protestantismo, ou de motivos seculares, que possam ser caracterizados pelo 'interesse nacional'" (Kouri, 1987, p. 427). Para os protestantes, a "rainha virgem" era uma Judite heroica; para os católicos, era Jezabel, serva da infâmia e reduto de homens malignos.

Os conselheiros mais próximos de Elizabeth eram sempre protestantes — e quase sempre ainda mais convictos na fé do que ela. William Cecil, posteriormente lorde Burghley, foi um protestante moderado que serviu primeiramente como secretário de Estado e, em seguida, tesoureiro durante quase todo reinado de Elizabeth. Sir Francis Walsingham, secretário de Estado de 1573 a 1590, seguiu uma política de apoio ativo aos protestantes no continente, especialmente para com Reformadores dos Países Baixos e da França. Walsingham foi também enérgico em detectar conspirações católicas contra Elizabeth, desenvolvendo um sistema de contraespionagem direcionado, em particular, aos espanhóis e jesuítas.

Elizabeth procurava um "meio-termo" ao extremismo religioso, o qual não apenas desmantelava a Inglaterra, mas também provocava guerras religiosas no continente. Sua busca por moderação tinha a intenção de garantir à Inglaterra a paz necessária para o desenvolvimento da nação após os anos conturbados de Eduardo e Maria. Elizabeth conhecia, por experiência e observação, os perigos inerentes à mudança religiosa abrupta; a rainha afirmava que preferia escutar mil missas a ser culpada de milhões de crimes cometidos por alguns que as suprimiam. Para ela, o crucial era a conformidade exterior de seu povo, pois, como famosamente notara, não podemos fazer "janelas na alma humana". Elizabeth manteve tanto católicos quanto protestantes radicais sob controle, promovendo uma resolução anglicana em termos de doutrina e disciplina — algo que levou John Knox a observar que Elizabeth não era "nem uma boa protestante, nem uma católica resoluta" (Spitz, 1971, p. 525). Talvez Knox conhecesse alguns ministros, como o vigário de Bray, que haviam sido capazes de permanecer no ofício no decorrer de todas as mudanças, de Henrique VIII a Elizabeth I. Acusado de ser um "hipócrita inconstante", Aleyn de Bray respondeu: "Não sou, uma vez que sempre mantive o mesmo princípio: viver e morrer um vigário de Bray" (Pallier, 1977, p. 35).

A *via media* dirigia-se tanto à maioria católica conservadora quanto à minoria urbana protestante por meio de expressões que cada qual podia ler a seu próprio modo. Nesse sentido, era mais um "processo dialético de mistura e acomodação, não tanto o estabelecimento de uma v*ia media* em si — com sua ideia implícita de um único caminho entre dois extremos...". A proposta da rainha era "um processo sincrético designado a preservar a unidade e, ao mesmo tempo, abrir espaço para diferenças" (Carlson, 1998, p. 8, 11). A retenção de vestimenta e liturgia católicas permitiam que o indivíduo tradicional e inculto vivenciasse a forma de adoração anglicana da mesma forma que praticava o culto católico. Ao mesmo tempo, o uso do inglês em vez do latim permitia ao protestante erudito ouvir a mensagem da Reforma em sermões e orações estabelecidos nos moldes da teologia Reformada, definida pelos Trinta e nove artigos. A linguagem da eucaristia era uma "obra-prima da engenharia social", sugerindo uma presença real a conservadores e uma ceia memorial *à la* Zurique aos protestantes. O participante da ceia ouviria as palavras: "'Que o corpo do nosso Senhor Jesus Cristo, que foi dado por vós, preserve vosso corpo para a vida eterna' (1549). 'Tomai e comei em memória do Cristo que morreu por vós, e alimentai-vos dele, em vosso coração e fé, com gratidão' (1552)" (MacCulloch, 1990, p. 30). Conforme Monter (2002, p. 12–13) observa:

> A fórmula da consagração eucarística [...] era uma obra-prima da indefinição [...] Nela, empregava-se uma uniformidade teórica, permitindo a diversidade da opinião teológica — algo que praticamente todas as outras confissões de fé na Europa cristã tentaram evitar. Um governo praticamente protestante aprovou essa fórmula peculiar a fim de aplacar (ou confundir?) católicos ingleses tradicionais, os quais, até então, sobrepujavam a população cristã, pequena mas estrategicamente posicionada no reino.

Elizabeth nomeou Matthew Parker, um cristão moderado, como arcebispo de Canterbury, o qual foi consagrado por três bispos anteriores que haviam sido expulsos por Maria; assim, a Igreja Anglicana reteve a sucessão apostólica. Parker havia sido discípulo de Martin Bucer, era casado e conhecia bem muitos dos quais Maria Tudor havia exilado e que, agora, retornavam à Inglaterra. Era dentre esses exilados que Elizabeth devia escolher boa parte dos bispos, obviamente mais radicais em assuntos religiosos do que ela.

O parlamento garantiu o sucesso político de Elizabeth, aprovando, em abril de 1559, o Ato de Supremacia, reconhecendo a monarca como cabeça da Igreja Anglicana. Todos os oficiais reais, juízes e ministros tiveram de fazer um juramento de lealdade, admitindo a supremacia da Coroa sobre a Igreja; quem se negasse a fazê-lo perderia o cargo. Elizabeth, entretanto, sensível ao machismo da época — que impedia uma mulher de preencher uma função ministerial ou eclesiástica — assumiu o título de "governadora suprema" em vez de "cabeça suprema". Apoiar a autoridade de qualquer príncipe ou prelado estrangeiro se caracterizava como alta traição, punível com a morte. A legislação católica de Maria foi rescindida, e o segundo *Livro de Oração Comum*, de Eduardo VI, foi reintroduzido com algumas modificações. A retenção de imagens, crucifixos e vestimentas aprovados pelo Livro de Oração tornou-o mais aprazível aos católicos, porém ofendeu protestantes mais radicais. Membros do clero que se recusavam a aceitá-lo foram substituídos, de modo que, com o tempo, ministros mais favoráveis a Elizabeth preencheram as catedrais eclesiásticas.

O segundo parlamento de 1563 reafirmou o Ato de Uniformidade, aprovando medidas estritas ao seu cumprimento, e os *Quarenta e dois artigos* foram revisados, resultando nos *Trinta e nove artigos*. A própria Elizabeth se envolveu com a revisão. O propósito dos artigos era acomodar aspectos mais importantes da teologia evangélica, negando, por um lado, a transubstanciação e, por outro, o simbolismo zuingliano. Ao mesmo tempo, as declarações doutrinárias davam margem a diversas interpretações luteranas e calvinistas. A Escritura foi declarada fonte de fé e conduta, e os credos, aceitos por sua atestação bíblica. Concílios gerais ou ecumênicos foram declarados falíveis, e o artigo sobre a predestinação foi apresentado de uma forma magistralmente ambígua.

Esse "acordo elisabetano" ofendeu os protestantes mais radicais, que desejavam purificar a Igreja de todo vestígio católico romano. Protestantes que permaneceram na Igreja Anglicana e continuaram a defender a remoção de todas as cerimônias e formalismos católicos (vestimentas, sinal da cruz, dia de santos etc.) ficaram conhecidos como "puritanos". Uma controvérsia quanto ao uso de vestimentas começou já na consagração episcopal de John Hopper durante o reinado de Eduardo. A polêmica, impulsionada pela rejeição de Hooper ao traje como "trapo papal", concentrou-se no *status* teológico da *adiaphora*, isto é, "questões indiferentes". Hooper não negava a possibilidade de *adiaphora*, mas argumentava que havia a tendência de, com o tempo, tornar-se normativa. Se fatores como vestimenta "forem mantidos na Igreja como questões sem importância, acabarão se tornando, com o tempo, coisas necessárias" (Steinmetz, 1971, p. 148). Aparentemente trivial, o assunto em pauta na "controvérsia das vestes" da década de 1560 implicava a continuação da ordem ministerial, simbolizada, na Igreja Reformada, por vestimentas clericais diferentes. Amarga, a controvérsia perdurou até o século XVII (Collinson, 1967, p. 60–72).

O termo "puritano" adquiriu muitos significados para muitas pessoas, e mesmo do ponto de vista histórico é difícil dar uma definição precisa ao rótulo. Expressões díspares ao menos tinham em comum a preocupação com a purificação da Igreja com relação a práticas e formalismos sem fundamentação bíblica. Exilados da época de Maria Tudor desejavam substituir a *via media* elisabetana por uma Igreja normatizada, de modo mais rigoroso, pela Escritura, conforme haviam testemunhado em Zurique e Genebra: "Os puritanos não admitiam a ideia de que o que não é proibido é permitido, mas aderiam ao princípio ainda mais severo de que o que não é ordenado é proibido" (Steinmetz, 1971, p. 145). Teodoro de Beza, sucessor de Calvino e professor na Academia de Genebra, reivindicava uma justificativa apostólica ao princípio de que "absolutamente nada deve ser adicionado à simplicidade da Igreja apostólica". Em meio ao público de Beza estavam os ingleses Thomas Cartwright e Walter Travers, bem como o escocês Andrew Melville (Collinson, 1967, p. 110–11). Os puritanos formavam o epítome do protestantismo culto e, como consequência, eram influentes na corte e nas universidades, onde "formavam a linha de frente em oposição à Contrarreforma" (Loades, 1992, p. 59). Aliás, não devemos imaginar os puritanos em termos de moralidade "vitoriana", que surgiria posteriormente na Inglaterra, uma vez que eles não eram "puristas" no sentido popular de "moralista" e "pudico".

Protestantes que rejeitavam a política episcopal da Igreja e defendiam igualdade clerical eram chamados de presbiterianos, e todos quantos desejavam que a autoridade religiosa estivesse sob governo local ficaram conhecidos como congregacionalistas, separatistas ou independentes. Contudo, foram os presbiterianos que aderiram à visão calvinista na teologia, na disciplina e no modelo genebrino de Igreja verdadeiramente reformada. Seu maior impacto foi durante as décadas de 1570 e 1580, porém, a antipatia calvinista à supremacia real restringiu a influência presbiteriana. Alguns puritanos se radicalizaram ainda mais, a ponto de se separarem do *establishment*. Dentre esses líderes, o mais bem-conhecido foi Robert Browne, que simbolizou de tal maneira o movimento que os separatistas também receberam o nome de "brownistas". Depois de se refugiar nos Países Baixos em 1582, Browne publicou seu famoso tratado: *Reformation without Tarrying for Any* [Reforma sem esperar por ninguém]. O tema é reminiscente do entendimento reformista de Karlstadt. É interessante que, enquanto o próprio Browne retornou à uniformidade, alguns de seus seguidores deram continuidade a posições relacionadas com o livre arbítrio e o batismo cristão, sugerindo afinidades com o anabatismo neerlandês (MacCulloch, 1990, p. 157–61; Pater, 1984a: Capítulo, 9).

A primeira declaração sistemática do anglicanismo foi apresentada por John Jewel (1522-71), consagrado bispo de Salisbury em 1560, em sua *Apology for the Anglican Church* [Apologia à Igreja Anglicana], obra publicada em 1562. Jewel e sua obra exerceram influência em um dos meninos carentes do qual cuidou, Richard Hooker (c. 1554-1600), o qual se tornou o apologeta *par excellence* do acordo elisabetano de 1559. A obra magistral de Hooker, *Treatise on the Laws of Ecclesiastical Polity* [Tratado sobre leis de política eclesiástica], posiciona-o entre os teólogos mais importantes da Igreja Anglicana. Em resposta à convicção puritana de que o que não era ordenado expressamente na Escritura era proibido, Hooker elaborou uma teoria de direito civil e eclesiástico apoiado na razão e na lei natural, influente na vida de futuros escritores políticos, como John Locke (1632-1704).

Outro elisabetano importante foi John Foxe (1516-1587), o qual, durante o reinado de Maria Tudor, havia sido um refugiado religioso em Estrasburgo, Frankfurt e Basileia. Sua história sobre perseguição cristã foi primeiramente escrita em latim e publicada, no ano de 1554, em Estrasburgo. Uma tradução inglesa de 1563 foi intitulada *Acts and Monuments of Matters Happening in the Church* [Atos e monumentos de assuntos decorrentes na igreja] e ficou conhecida popularmente como *Livro dos Mártires*. Aprovada oficialmente pelos bispos elisabetanos, a obra passou por quatro edições durante a vida de Foxe.

O livro elogia o heroísmo e a perseverança dos mártires protestantes sob Maria Tudor e a tirania papal, alcançando um nível de popularidade próximo ao da Bíblia. É na obra de Foxe que lemos sobre os mártires protestantes Ridley e Latimer, condenados à fogueira. Segundo Foxe, Latimer, enquanto na estaca, disse: "Tende bom ânimo, Ridley; seja homem! Hoje, ascenderemos uma vela na Inglaterra, pela graça de Deus, que jamais será apagada". O relato carmesim de Foxe ajudou a criar uma conscientização especificamente protestante e anticatólica, misturando-se com o sentimento nacionalista do mundo protestante de fala inglesa.

Embora ao fim do reinado de Elizabeth os católicos formassem uma pequena minoria — composta, em grande parte de conservadores da alta nobreza inglesa — os anos de 1569 até a destruição da Armada espanhola, em 1588, foram dominados pela percepção de uma ameaça católica. Em 1569, uma insurreição católica, instigada no norte do país pelo duque de Norfolk com vistas à promoção da causa de Maria Stuart, foi rapidamente abafada. O receio de conspirações internas com o propósito de derrubar a Coroa foi estimulado pela bula papal *Regnans in excelsis,* que excomungou e depôs Elizabeth em 1570; pela conspiração de Ridolfi, descoberta em 1571; e pelo massacre da noite de São Bartolomeu, em 1572. Particularmente, o massacre deixou evangélicos em alerta quanto à possibilidade de uma conspiração internacional para destruir o protestantismo por toda Europa. Após 1575, aumentou-se a preocupação de que ministros católicos enviados de Douai (seminário inglês localizado nos Países Baixos, fundado em 1568 pelo exilado de Oxford, William Allen) e jesuítas enviados do Colégio Inglês de Roma não passavam de uma quinta-coluna internacional para a eliminação de Elizabeth. O Papa Pio V tornou claro que seu poder se estendia sobre todas as nações e que, uma vez que Elizabeth era escrava do pecado, uma usurpadora do ofício papal e uma "calvinista", estava excluída do corpo de Cristo, e os súditos da rainha, absolvidos de qualquer juramento de lealdade. A rejeição da supremacia real era, agora, um ato de traição. Foi a ameaça de uma invasão espanhola, em 1587, que finalmente levou Elizabeth a executar, com relutância, sua prima, Maria Stuart, que estivera sob prisão domiciliar por dezenove anos.

O caminho elisabetano entre os extremos católico e calvinista foi motivado politicamente, já que um negava a legitimidade da monarca enquanto o outro abolia o episcopado, o qual, segundo Elizabeth acreditava, apoiava a monarquia. Expresso de modo sucinto por seu sucessor, Jaime I: "Sem bispo, sem rei". Contudo, a própria Elizabeth tinha sensibilidade religiosa. Durante a juventude, traduziu *The Mirror of the Sinful Soul* [Espelho da alma pecadora], de Margarida de Angoulême, e apreciou liturgias. Elizabeth defendia que, desde que súditos observassem abertamente as leis da terra, a consciência deles não devia ser examinada. Ao banir os jesuítas em 1585, um dos motivos foi mitigar a indignação pública contra conspirações estrangeiras e, desse modo, minimizar ataques do povo contra católicos ingleses. Como seu pai, que a antecedeu, Elizabeth determinou o curso da Reforma inglesa à luz da preocupação dominante da dinastia Tudor com a supremacia real. Tal preocupação exigiu a negação do papado ultramontano e modelou o curso dos acontecimentos que levaram, em 1689, ao Ato de Tolerância.

## MARIA STUART E A REFORMA NA ESCÓCIA

Como na Inglaterra, os primeiros conceitos evangélicos na Escócia vieram de Lutero por meio de eruditos treinados na Alemanha, tais como Patrick Hamilton, queimado como herege em 1528, e daqueles que estudaram em Paris, onde as ideias do Reformador eram correntes por volta de 1519. Também como no contexto inglês, mercadores exerceram um papel importante na transmissão de informação: negociantes alemães e escoceses "traficavam" livros e ensinamentos luteranos, bem como mercadorias. St. Andrews exerceu um papel comparável, de certo modo, ao de Cambridge. O próprio Hamilton estudou em Paris e Lovaina antes de dar continuidade aos estudos teológicos na cidade escocesa; acusado de heresia em 1527, fugiu para Marburgo, onde absorveu ainda mais a teologia luterana. Seu *Loci*, um manifesto luterano traduzido ao inglês por John Frith, difundiu-se como "Patrick's Places" [Lugares de Patrick] (McGoldrick, 1989, p. 43; texto: 74–100). Depois de retornar à Escócia no mesmo ano, sua pregação evangélica o levou à prisão, julgamento e execução por ordem do arcebispo de St. Andrews, James Beaton. A execução pública de Hamilton, como era de se esperar, foi contraproducente. De acordo com Knox, Beaton foi aconselhado, a partir de então, a queimar hereges em celeiros, pois "o vento do senhor Patrick Hamilton infectou todos aqueles sobre os quais soprou" (McNeill, 1964, p. 165). Um desses infectados foi Alexander Alesius (1500–65) que, por volta de 1532, estava em Wittenberg e ganhou o respeito dos teólogos da cidade. Enquanto Henrique tentava obter o apoio dos luteranos alemães, Alesius foi o emissário de Wittenberg à Inglaterra. Lá, apresentou a edição de 1535 da obra de Melanchthon, *Loci communes*, ao rei — o qual, por sua vez, retribuiu-lhe a dádiva enviando uma carta cordial de reconhecimento e trezentas moedas de prata. Entretanto, o catolicismo residual do monarca inglês, bem como mudanças no cenário político, ambos contribuíram para que não aderisse à Confissão de Augsburgo. Lutero relembrou Melanchthon de que Henrique sempre estivera entre os "patifes que mais mudavam de ideia" (*LW*, 54, p. 362) e escreveu ao príncipe-eleitor, João Frederico, para que não enviasse o colega à Inglaterra (*LW*, 50, p. 204–6). Diferentemente de Barnes, Alesius, graças ao auxílio de Cranmer, foi capaz de retornar à Alemanha, onde permaneceu pelo resto da vida, ensinando teologia na Universidade de Leipzig.

Em meados da década de 1540, manifestações do evangelho fundamentadas na Reforma Suíça tomavam o lugar do luteranismo alemão. Seu exponente dinâmico era George Wishart (c. 1513–46), ministro que havia estudado em Lovaina e pregado na Inglaterra até que, em virtude de uma controvérsia, fugiu para a Alemanha e Suíça antes de retornar à Escócia, em 1543. A teologia de Wishart pode ser descrita, em termos gerais, como zuingliana (Wishart foi responsável, em 1536, pela tradução inglesa da Primeira Confissão Helvética). De volta à terra natal, sua pregação itinerante evangélica convenceu o cardeal David Beaton, sobrinho e sucessor do arcebispo James Beaton, de que devia morrer. É provável que o cardeal suspeitasse de alguma trama contra ele envolvendo o pregador escocês. De qualquer forma, Wishart foi preso, levado ao castelo de Beaton em St. Andrews e queimado. Se Beaton pensava que isso resolveria seus problemas com os evangélicos, enganou-se redondamente. Dois meses depois, seguidores de Wishart, incluindo um grupo de nobres, invadiram o castelo do cardeal e, depois de assassiná-lo, penduraram seu corpo na muralha. John Knox juntou-se aos assassinos como seu capelão; como recompensa por seu serviço, foi enviado como prisioneiro às galés, após o término de um longo cerco do castelo que contou com o auxílio de forças francesas.

É natural presumir que a fonte primária da teologia e eclesiologia calvinistas que influenciaram a Escócia vieram diretamente de Genebra; afinal, John Knox (c. 1513–72), um dos líderes da Reforma Escocesa, relata, de modo radiante, sua experiência da Reforma em Genebra como "a escola mais perfeita de Cristo". Entretanto, podemos argumentar que a influência indubitável de Calvino sobre Knox "sofreu refração pelo prisma da experiência protestante francesa" (Reid, 1994, p. 197). A conexão franco-escocesa datava do século XIII e foi reafirmada às vésperas da Reforma por meio do casamento entre Jaime V e Maria de Guise. A Coroa francesa empregava arqueiros mercenários escoceses, ordens monásticas francesas tinham filiais na Escócia e acadêmicos escoceses ensinavam em universidades da França. O próprio Knox era fluente em francês e pregava nas igrejas Reformadas do país. Além do mais, a organização da Igreja nacional francesa — em contraste com a organização municipal de Genebra — igualava-se mais ao contexto escocês. Por fim, havia o argumento circunstancial de que a confissão e a disciplina escocesas se assemelhavam à dos huguenotes. A conexão monárquica entre Escócia e França foi importante para a Reforma Escocesa, cada qual à sua maneira.

A luta Tudor pela supremacia monárquica é exemplificada pela história de Maria Stuart, filha de Jaime V (Stuart), rei da Escócia. A mãe de Jaime foi Margarida Tudor, filha de Henrique VII e irmã de Henrique VIII. A esposa de Jaime, mãe de Maria Stuart, foi Maria de Lorraine, ascendente da dinastia Guise, família francesa poderosa e ultraconservadora. Essas relações dinásticas sugerem o perigo que Maria Stuart representava ao reinado de Elizabeth. Quando os ingleses derrotaram os escoceses na batalha de Solway Moss em 1542, Henrique VIII tentou vincular a Escócia à Inglaterra por meio de um arranjo matrimonial entre Eduardo e a infante Maria Stuart. Como era de se esperar, a proposta foi rejeitada. Em 1548, Maria foi enviada à França, inimiga tradicional da Inglaterra, onde devia se casar com o delfim, futuro Francisco II. Depois da morte de Francisco em 1560, a rainha-mãe, Catarina de Médici, não desejava a rivalidade de Maria Stuart, cujo relacionamento com o duque de Guise e seu irmão, o poderoso cardeal de Lorraine, dava-lhe muito poder. Os próprios Guise eram a favor de que Maria retornasse à Escócia a fim de assumir o reinado, pois criam que ela também poderia reivindicar o trono da Inglaterra e, assim, restaurar o catolicismo no país. Nesse meio de tempo, levantaram-se diversos lordes escoceses que haviam retornado com John Knox à Escócia em 1559 e expulsaram os franceses. Uma reunião do "parlamento reformado," em 1560, rejeitou a autoridade papal e endossou uma confissão reformada de fé, composta por um comitê que incluía Knox. Teologicamente calvinista, a confissão escocesa "foi além de Calvino em ao menos um aspecto importante: como a confissão reformada francesa de 1559 e a belga de 1561, a confissão escocesa insistia que disciplina congregacional era essencial como terceira marca da Igreja, depois da pregação [da Palavra] e administração correta dos sacramentos protestantes, isto é, o batismo e a ceia" (Graham, 2000, p. 420; cf. Wright, 2004).

Sem ser bem-vinda na França e vista com suspeita na Escócia, Maria Stuart retornou à terra natal em 1561 para assumir o reinado. A mesma rainha que criava partidários em sua época continua a fazê-lo ainda hoje entre historiadores. Acerca dela, G. R. Elton (1969, p. 279) escreveu:

> É impossível falar de Maria, rainha dos escoceses, de modo a satisfazer a todos; ela tinha a habilidade Stuart suprema de atrair a lealdade dos homens para si a despeito dos feitos mais ultrajantes e tolos. De sua beleza famosa, retratos seus que ainda sobrevivem fornecem pouca evidência. Maria era passional, decidida, inteligente, dada a ânimos violentos de exaltação e depressão e totalmente falta de senso comum — ou melhor, falta de senso moral. Seria demais esperar que a jovem mulher, reminiscente do domínio francês subvertido e ardentemente católica, trouxesse paz à terra.

A preocupação imediata de Maria Stuart não era com religião, mas com política dinástica; o cardeal de Lorraine chegou a sugerir à rainha que se tornasse protestante a fim de alcançar sua reivindicação ao trono inglês. De fato, Maria foi conciliatória com relação aos protestantes por um tempo, situação indubitavelmente difícil à luz da pregação indelicada de Knox, o homem que havia chamado sua mãe, Maria de Guise — regente da Escócia enquanto Maria Stuart vivia na França — de "vaca ingovernável selada pelo erro". Knox expressava, do púlpito, o ultraje escocês de que Maria importasse a "missa idólatra", mesmo que limitada à sua própria corte, declarando que "uma missa era mais temível do que o surgimento de dez mil exércitos armados em qualquer parte do reino". Sem dúvida, o ódio de Knox com relação a tudo que era francês e católico havia aumentado após os dezenove meses nos quais passou como escravo em uma galé francesa, seguindo a derrota da insurreição escocesa em St. Andrews. Contudo, a oposição de Knox a Maria Stuart incluía também o fato de ela ser mulher. Escrito em Genebra (1558), seu *First Blast Against the Monstrous Regiment of Women* [Primeiro soar de trombeta contra o reinado monstruoso de mulheres] declara que "promover a mulher ao governo de qualquer reino é repugnante à natureza, blasfemo contra Deus e contrário à vontade revelada e ao mandamento aprovado, além de ser uma subversão da boa ordem, equidade e justiça" (Spitz, 1971, p. 465). O alvo de Knox era a trindade profana de "Marias": Maria Tudor na Inglaterra, Maria de Guise na Escócia e Maria Stuart na França — as quais representavam a Igreja falsa de Roma. Como outros teólogos reformados, Knox misturava o Antigo e o Novo Testamento para criar uma visão de Igreja e sociedade em conformidade com o novo Israel teocrático. Misoginias à parte, Knox via as três Marias como tiranas católicas, isto é, regentes idólatras, que, por seu pecado, deviam ser repelidas e depostas para que a ira de Deus não recaísse sobre toda a comunidade. Ecoando Thomas Müntzer e seus seguidores, Knox sugere que o dever religioso à revolta cabe a todo cristão verdadeiro. No entanto, como diz o ditado, *timing* é tudo. Infelizmente para Knox, sua opinião tempestuosa contra Maria apareceu no início do reinado de Elizabeth, tornando-o *persona non grata* na Inglaterra. Nas palavras de Felicity Heal (2003, p. 353): "John Knox ocupa um lugar de destaque na lista longa de grandes ignorantes históricos".

Em 1564, Maria tomou providências para mitigar o desgosto dos escoceses pelo governo feminino e fortalecer sua reivindicação ao trono inglês. Com essa finalidade, casou-se com Henrique Stuart (lorde Darnley), com quem compartilhava a mesma avó Tudor, Margarete. Darnley, diferentemente de Maria, tinha o direito de herdar o trono da Inglaterra, uma vez que havia nascido em solo inglês. Além disso, para melhorar a situação, Maria se apaixonou perdidamente por esse homem extremamente belo, cujo caráter desprezível ainda não lhe era evidente.

Em pouco tempo, tornou-se claro que Darnley era inadequado não apenas para o reinado, mas também para relacionamentos humanos normais. Alienada do marido, Maria começou a depositar a confiança em seu secretário, um italiano chamado David Riccio. Quer o relacionamento entre ambos tenha sido inocente ou não, Darnley ficou enraivecido de ciúmes e, com um grupo de homens, entrou nos aposentos da rainha e esfaqueou Riccio até a morte. Maria, então grávida de seu filho Jaime, resolveu se vingar. Em fevereiro de 1567, levou seu marido adoentado para a casa de Kirk o'Field, próxima a Edimburgo, a qual explodiu — isso depois de ela estar convenientemente afastada da propriedade. Darnley sobreviveu à explosão, porém, foi assassinado.

A conspiração para matar Darnley foi liderada pelo protestante James Bothwell, o qual levou Maria a Dunbar, onde moraram juntos até que ele se divorciou. Depois disso, ambos se casaram, no mês de maio, em um ritual protestante. A Europa católica ficou horrorizada, bem como os escoceses, totalmente fartos com uma rainha assassina, adúltera e manchada pelo catolicismo. Em junho, Maria foi aprisionada em Loch Leven e forçada a abdicar em favor de seu filho. Bothwell, notório por sua inconstância, desertou-a e fugiu para a Dinamarca. Embora conseguisse escapar de Loch Leven, Maria foi incapaz de reconquistar sua coroa. Por isso, fugiu para a Inglaterra e fez um apelo a Elizabeth para que a ajudasse contra os "rebeldes".

Maria Stuart colocou Elizabeth em uma posição delicada, e nem mesmo ela podia adiar uma resolução por tempo indeterminado. Obviamente, regicídio era algo detestável por todos os monarcas da época. Restaurar Maria ao trono significaria alienar aliados escoceses, mas deixar de fazê-lo aumentaria o desafeto católico na Inglaterra e afastaria outros monarcas que, a despeito de religião, não gostavam de ver o povo depor regentes. Elizabeth pôs Maria sob prisão domiciliar — ou melhor, em um castelo — até que, em 1586, o serviço secreto elisabetano finalmente produziu evidências que implicavam Maria em uma conspiração. Maria, rainha dos escoceses, foi decapitada em 1 de fevereiro de 1587, enfrentando a morte com grande coragem. Vestida de um traje vermelho, ergueu seu crucifixo, simbolizando o martírio, e orou pelos inimigos, pedindo misericórdia a Elizabeth e graça à Inglaterra. O martírio de Maria Stuart ampliou sua conexão francesa ao exemplificar os males da Reforma, e sua ambição dinástica foi concretizada por seu filho, Jaime VI da Escócia, que, após a morte de Elizabeth, tornou-se Jaime I da Inglaterra.

## SUGESTÕES DE LEITURA

Gerald Bray, ed., *Documents of the English Reformation* [Documentos da Reforma Inglesa]. Minneapolis: Fortress Press, 1994.

Susan Brigdon, *London and the Reformation* [Londres e a Reforma]. Oxford: Clarendon Press, 1992.

Patrick Collinson, *The Elizabethan Puritan Movement* [O movimento puritano de Elizabeth]. Berkeley: University of California Press, 1967.

Ian B. Cowan, *The Scottish Reformation: Church and Society in Sixteenth Century Scotland* [A Reforma Escocesa: Igreja e sociedade na Escócia do século XVI]. Nova Iorque: St Martin's, 1982.

A. G. Dickens, *The English Reformation* [A Reforma Inglesa], 2a. ed. University Park: Pennsylvania State University Press, 1991.

Eamon Duffy, *The Stripping of the Altars: Traditional Religion in England 1400–1580* [O despojar dos altares: religião tradicional na Inglaterra: 1400–1580]. New Haven: Yale University Press, 1992.

Michael F. Graham, "Scotland" [Escócia] em Pettegree, 2000, p. 410–30.

Christopher Haigh, *English Reformations: Religion, Politics, and Society under the Tudors* [Reformas inglesas: religião, política e sociedade no reinado Tudor]. Oxford: Clarendon Press, 1993.

Felicity Heal, *Reformation in Britain and Ireland* [Reforma na Grã-Bretanha e na Irlanda]. Oxford: Oxford University Press, 2003.

David Loades, *Revolution in Religion: The English Reformation 1530–1570* [Revolução na religião: a Reforma inglesa: 1530–1570]. Cardiff: University of Wales Press, 1992.

Peter Marshall, "England" [Inglaterra] em Whitford, 2008, p. 250–72.

Rosemary O'Day, *The Debate on the English Reformation* [Debate sobre a Reforma Inglesa]. Londres: Methuen, 1986.

J. J. Scarisbrick, *The Reformation and the English People* [Reforma e o povo inglês]. Oxford: Oxford University Press, 1984.

*Capítulo 14*

# RENOVAÇÃO CATÓLICA E CONTRARREFORMA

*Os homens devem ser mudados pela religião, não a religião pelos homens.*
Egídio de Viterbo ao V Concílio de Latrão, 3 de maio de 1512

A despeito do desprezo do Papa Leão X em relação à Reforma — a qual tinha como nada além de uma briga entre monges alemães bêbados — havia uma percepção crescente, mesmo por parte do papado, de que renovação e reforma da Igreja eram tópicos que não podiam ser ignorados. De fato, a rapidez com que movimentos reformistas se espalharam pela Europa fez com que surgissem visões apocalípticas na mente de diversos ministros. O Papa Clemente VII, que sofreu o trauma do saque de Roma em 1527, mandou fazer uma medalha que retratava Cristo preso a uma coluna com a inscrição: *Post multa, plurima restant* ("Depois de muitas coisas, ainda mais estão por vir"). Pouco antes de morrer, Clemente incumbiu Michelangelo de retratar o juízo final na entrada da Capela Sistina (Spitz, 1971, p. 469).

## MOVIMENTOS DE RENOVAÇÃO DO FIM DA IDADE MÉDIA

É importante relembrar, neste ponto, nosso comentário anterior com relação às expressões "reforma católica" e "Contrarreforma". O movimento de renovação católica não foi apenas uma reação à Reforma — uma Contrarreforma. Mesmo antes de Lutero, já havia críticas em relação à Igreja, ilustradas pelo provérbio italiano de que aquele que vai a Roma perde a fé e pelo acróstico: **R**[adix] **O**[mnium] **M**[alorum] **A**[varitia]: "O amor ao dinheiro é a raiz de todo mal". Conforme Egídio de Viterbo proclamou ao Papa Júlio II e outros cem prelados reunidos para a abertura do V Concílio de Latrão (1512–17): "A menos que, por este concílio ou qualquer outro meio, coloquemos um limite em nossa moral; a menos que restrinjamos nosso desejo por coisas humanas, fonte de todos os males, a fim de amar o que é divino, será o fim da cristandade" (Olin, 1990, p. 57).

O apelo de Egídio à renovação pessoal como chave para a reforma e renovação da Igreja era característico de esforços católicos, antes e depois de Lutero: "A espiritualidade católica era altamente individualista e ativista [...] Sua ênfase estava na experiência religiosa interior do indivíduo: oração particular, meditação, autodisciplina, santificação pessoal e crescimento espiritual" (Olin, 1990, p. 11). H. O. Evennett (1965, p. 61), recém-falecido historiador inglês do catolicismo romano, enfatizou o individualismo do movimento reformista católico:

> O aspecto que une as diversas formas de espiritualidade da Contrarreforma pode ser expresso, creio eu, na ênfase quanto à relação do indivíduo para com Deus [...] cujo propósito principal não era "reformar a Igreja" [...] mas ordenar sua vida de acordo com a vontade divina e beneficiar o próximo.

Ainda segundo Evennett (1970, p. 41):

> O processo era exigente, pois demandava um esforço heroico e contínuo de oração, autocontrole, autodesenvolvimento e boas obras [...] que interligava gestos, ações e melhoria pessoal. O movimento reformista católico atribuía grande importância às obras, pois se presumia que Deus as considerava na justificação do indivíduo.

Santos coletivos da Idade Média deram lugar a santos individualizados, que se tornaram a norma. Alguns deles, liderados por Inácio de Loyola, João da Cruz e Teresa de Ávila, vieram à tona mesmo no universo religioso de aldeias e povoados, mostrando um caminho novo a Deus e à perfeição humana baseados no discipulado individual e solitário (Schilling, 1994, p. 21–2): "Dessa forma, fontes do espírito medieval do ascetismo nas ordens religiosas continuaram a inspirar uma renovação pactual para além do século XVI" (Mullett, 1999, p. 69). É importante ressaltar que aquilo que o movimento de renovação católico inicialmente enxergava como uma virtude a ser inculcada e desenvolvida soava, para Lutero, como a própria coisa que precisava de reforma. Conforme discutido, para o Reformador de Wittenberg, a única resposta do evangelho a uma piedade ineficaz baseada em mérito não era sua intensificação, mas sua abolição. Como navios que se cruzam em direções opostas, Lutero batia na tecla da reforma teológica, enquanto reformadores católicos o faziam na reformação ética. Reformadores católicos, incluindo jesuítas, estavam convencidos "de que o meio principal da cura da divisão religiosa era instilar nos católicos o desejo por uma vida mais devota" (O'Malley, 1993, p. 278).

Um dos pregadores mais notáveis e carismáticos que tentaram inspirar o povo a levar uma vida de maior devoção foi o prior dominicano Jerônimo Savonarola (1452–98), cujo esforço de reformar Florença em particular e a Igreja em geral culminou em conflitos com o Papa Alexandre VI, à sua excomunhão e, em 1498, execução. "Na morte, Savonarola tornou-se uma imagem poderosa de diversas causas: patriotismo cívico, política antipapal, radicalismo apocalíptico e piedade interior. Desde então, o dominicano tem representado a católicos e protestantes uma *persona* muito mais elevada do que um simples homem queimado como herege". Savonarola foi adicionado ao panteão dos chamados "precursores" da Reforma por diversos escritores protestantes e estudiosos dos mártires por toda Europa, provando "àqueles que sustentavam a fé evangélica que os tais não eram nem inovadores, nem solitários" (Gordon, 1996, p. 93, 107). O prior florentino não foi um cantor *solo*, mas compôs um coro de críticos papais:

> O eremita Brandano da Pietroio, de Siena, saiu às ruas de Roma e insultou abertamente o Papa Clemente VII como "sodomita e bastardo", enquanto Francesco Guicciardini declarou ansiar por "um mundo livre da tirania desses ministros ímpios" [...] por causa de seu desejo de "ver esta multidão de canalhas devidamente reduzida, abandonando os vícios ou a própria autoridade" (Firpo, 2004, p. 170).

Tão austero quanto Savonarola, porém mais construtivo, foi Francisco Jiménez de Cisneros, cardeal franciscano espanhol e chanceler de Castela. Durante os sínodos de 1497 e 1498, o cardeal forneceu programas para uma renovação disciplinada do clero e, em 1499, planejou o desenvolvimento do que viria a ser a Universidade de Alcalá, onde, desde o início, alunos aprendiam grego e hebraico. Acadêmicos reunidos por Cisneros contribuíram para a grande Bíblia Poliglota. A Bíblia Poliglota Complutense (equivalente latino de Alcalá) teve início em 1502 e foi completada em 1517. Nela, o Antigo Testamento integrava, além do texto hebraico, os textos latino e grego (Vulgata Latina e Septuaginta, respectivamente), com latim interlinear em colunas paralelas. O Pentateuco incluía uma paráfrase aramaica (Targum) em caracteres hebreus. No caso do Novo Testamento, foi a primeira versão grega de todas a ser impressa (1514), embora sua publicação tenha ocorrido apenas em 1522, talvez em virtude da primazia dada ao Novo Testamento grego de Erasmo (1516).

Na Itália, espiritualidade laica traduzia-se nas confrarias ou sociedades conhecidas como oratórios, especialmente o Oratório do Amor Divino nas cidades de Gênova e Roma. Seu foco eram obras de caridade. O Oratório genovês, fundado em 1497, foi inspirado pelo trabalho hospitalar de Santa Catarina de Gênova. O Oratório romano, fundado antes de 1517, incluía diversos homens que se tornariam reformadores católicos proeminentes e influentes, como Guillaume Briçonnet, bispo de Meaux. Por sua vez, o Oratório do Amor Divino influenciou a formação de outros oratórios, tais como as Irmãs Ursulinas (Ordem de Santa Úrsula), iniciada em 1535 por Angela Merici (1474–1540). Com o tempo, a instituição se desenvolveu em uma ordem de freiras: "Mulheres leigas que cercavam Angela Merici, por sua vez, introduziram a noção de formas ativas de vida religiosa com o enfoque na educação cristã de meninas jovens, futuras guias da reforma moral da família" (Lewis, 2001, p. 284). Dentre outras ordens religiosas, incluíam-se os teatinos e os capuchinhos. Os teatinos foram fundados em 1524 por, dentre outros, Gian Pietro Caraffa, futuro Papa Paulo IV, como uma comunidade de ministros. A ordem capuchinha, assim chamada por sua adoção de um capuz pontudo (*cappuccio*), foi fundada em 1525 como uma expressão mais fidedigna da Regra Franciscana. Os capuchinhos cresceram rapidamente em tamanho e popularidade por sua pregação e cuidado de doentes e necessitados; sua ênfase na Escritura e na pregação levou a tensões não apenas com os franciscanos observantes, mas também com a Contrarreforma. Em 1542, seu vigário geral, Bernadino Ochino (1487–1564), um dos maiores pregadores da Itália, fugiu da Inquisição rumo a Genebra e abraçou o calvinismo. Seu amigo, Peter Martyr Vermigli (1499–1562), prior agostiniano de Luca, fez o mesmo.

Movimentos religiosos femininos também floresceram durante o período, especialmente associações laicas fundadas por mulheres que traduziam sua devoção religiosa em esforços caridosos e educacionais. Entretanto, o *establishment*, predominantemente masculino, temia o poder feminino e o exercício da iniciativa:

> Sujeita desde o início ao controle episcopal masculino, o experimento inicial da mulher religiosa no âmbito do não convencional, nas relações radicais de gênero, no apostolado ativo, na liberdade feminina e no abandono forçado levou-a a entrar em linha com as expectativas costumeiras da época. Esperava-se que a mulher se isolasse em conventos, conforme exigiam as regras do Concílio de Trento (Mullett, 1999, p. 74).

Teresa de Ávila, canonizada em 1622, percebeu que, se quisesse ganhar espaço ministerial, teria que jogar segundo as regras masculinas. Por isso: "Urgiu às irmãs carmelitas que fossem 'másculas' em sua busca por santidade" (Mullett, 1999, p. 182). Mesmo em sua canonização, a sociedade misógina em que estava inserida achou necessário atribuir-lhe um gênero novo. Do epíteto derrogatório "pequena mulher", Teresa foi reinventada como "mulher viril" e de "alma masculina":

> Quando Teresa foi proclamada padroeira da Espanha, um frade carmelita declarou, em um sermão de celebração, que ela havia sido bem-sucedida em transcender, por completo, sua inferioridade congênita: "Teresa deixou de ser mulher e restaurou a si mesma o estado viril, alcançando um tipo de glória maior que provavelmente não teria caso tivesse nascido homem. Ela corrigiu o erro da natureza com sua virtude, transformando-se, por sua dignidade, no osso [isto é, a costela de Adão] do qual se originou" (Weber, 1999, p. 144).

A resposta de Teresa à animosidade clerical contra a mulher, especialmente em casos de espiritualidade notória e perspicácia teológica, foi transformar sua "fraqueza" em força, argumentando que precisamente por causa da fraqueza da mulher, Deus a favorece com *insight* espiritual. Em 1969, Teresa foi a primeira mulher a quem foi concedida a honra, pelo Papa Paulo VI, de ser nomeada Doutora da Igreja (Weber, 1999, p. 158).

Pesquisas recentes estão descobrindo que mulheres que desafiavam limites eram mais eficientes do que afirmam os relatos anteriores e mais conservadores. Acontece que:

> paredes de convento eram permeáveis em diversos lugares [na Europa]. Atividades realizadas por mulheres religiosas do início do período moderno romperam com a narrativa padrão na história feminina. É difícil dizer, por exemplo, que "Florence Nightingale tenha sido a primeira enfermeira", ou mesmo que "Florence Nightingale tenha tornado a profissão respeitável à mulher" quando mulheres respeitáveis francesas de classe média praticavam enfermagem como parte da irmandade ursulina já há vários séculos (Wiesner-Hanks, 2008, p. 399).

Dentre os que se preocupavam com a renovação da Igreja, incluíam-se não apenas ordens religiosas e humanistas eruditos, como Erasmo, mas também cardeais, como Gian Matteo Giberti (1495–1543), bispo de Verona, que lutou para aprimorar a educação e a moralidade de seu clero, patrocinou a edição de escritos dos Pais da Igreja e desenvolveu uma plataforma para a restauração da disciplina eclesiástica, influente no Concílio de Trento.

Contudo, como é geralmente o caso, esforços iniciais de renovação foram pequenos demais — e por demais tardios — para impedir a Reforma. Por exemplo: o imperador Maximiliano solicitou um concílio Reformador em 1509, porém, foi vencido pelo Papa Júlio II, que convocou o V Concílio de Latrão (1512–17). O concílio reafirmou o poder pleno do Papa: sujeição ao papado era uma condição necessária para a salvação. O concílio também condenou o conciliarismo e denunciou a tendência independentista de Igrejas nacionais (cf. Minnich, 2001, p. 4, 15). Além do mais, Roma não compreendeu a situação grave da Igreja até a morte do Papa Leão X, em 1521. Depois dele, miZnistros elegeram um cardeal holandês de reputação íntegra, Adriano Floriszoon de Utrecht (1459–1523), conhecido como Papa Adriano VI.

Adriano VI estudou com a Irmandade da Vida Comum e ensinava teologia em Lovaina, onde recebera o doutorado em 1492. Adriano foi amigo de Erasmo e tutor do jovem Carlos V, além de ser bispo e inquisidor na Espanha. Reformador sincero e zeloso, agiu rapidamente após sua eleição para alcançar seu objetivo de controlar o protestantismo, reconciliar príncipes europeus e reformar a cúria. Sua vagarosidade em reformar a cúria tem sido atribuída à sua descoberta — que outros reformadores em seu lugar também fariam — de que a reforma da venda de cargos e benefícios ameaçava a falência do papado e o rompimento de ambições ligadas ao pontífice como principal patrono dos italianos (Jedin, 1957: I, 209; Hallman, 1985, p. 168). Adriano confessou, com franqueza, que a corrupção começara do topo e jurou dar início à renovação da Igreja a partir da reforma do papado. Seu desafio era *purga*

*Romam purgatur mundus*: "Limpar Roma a fim de limpar o mundo" (Iserloh *et al.*, 1986, p. 460). Dirigindo-se à dieta alemã de janeiro de 1523, Adriano escreveu:

> Quanto a nós, prometo que faremos de tudo [para purificar a Igreja], a começar desta Sé, da qual males se originaram e progrediram de forma poderosa. Esta Sé será reformada. Da mesma forma como a corrupção saiu do topo para todas as partes menores, daqui fluirá a cura e a reforma [...] Ninguém deve estranhar se não formos capazes de corrigir todos os erros e abusos de uma vez. A doença está estabelecida há muito tempo e não é simples, mas variada e complexa (Hillerbrand, 1964, p. 429; Olin, 1992, p. 118–27).

Os tempos, porém, eram contrários a Adriano. Italianos o rebaixavam por seu latim rude e falta de sofisticação renascentista. Eleito em janeiro de 1522, morreu em setembro de 1523. Em seu epitáfio, lemos: "Que pena! Como o poder de até mesmo um homem justo depende do tempo em que calha viver!" (Spitz, 1971, p. 470).

O sucessor de Adriano foi outro Médici, um primo de Leão X, que assumiu o título de Clemente VII. O novo Papa era de caráter pessoal irrepreensível, mas, em vez de se dedicar às obrigações ministeriais, tornou-se um despreocupado e refinado patrono das artes. Sua inabilidade de lidar com o impulso de Henrique VIII de se divorciar de Catarina foi característica de seu esforço ineficiente de conciliar todas os grupos. Clemente enviou o moderado cardeal Campeggio para a Dieta de Nuremberg, em 1524, com a oferta de "vinho e mulheres" aos luteranos, isto é, ceia com pão e vinho e casamento clerical, sem perceber como as divisões doutrinárias já haviam se aprofundado. Em 1532, Clemente consentiu em convocar o concílio ecumênico que protestantes haviam pedido pelos últimos doze anos, mas morreu em 1534 sem convocá-lo.

O Papa seguinte, Alexandre Farnésio — Papa Paulo III — foi um prelado renascentista típico, o qual tornou imediatamente dois de seus netos cardeais. Conforme explicou, a função de ambos era servi-lo em virtude de sua idade avançada. Paulo III encorajou o diálogo com os protestantes, tais como Melanchthon e Bucer, e consagrou diversos humanistas a cardeais. Em 1536, proclamou que o tão desejado concílio se reuniria em Mântua, em maio de 1537. Em preparação para esse concílio, nomeou uma comissão de nove cardeais, que deveriam preparar um relatório visando à reforma da Igreja. Após dois meses de trabalho sólido, sua comissão emitiu o relatório *Consilium de emendanda ecclesia* ("Conselho sobre a Reforma da Igreja," 1537), que assinalou abusos de nepotismo, simonia, pluralismo de benefícios, absentismo, imoralidade clerical e corrupção. Com ousadia e coragem, o relatório concentrou a culpa desses abusos no exagerado poder papal: "Bajuladores levaram alguns papas a imaginar que sua vontade é lei." O comitê distinto — que incluía cardeais (Contarini, Caraffa, Sadoleto e Pole), bispos (Fregoso, Aleander e Gilberti), um abade (Cortese) e o mestre do Sacro Palácio (Badia) — estava convencido de que a renovação da Igreja e a restauração primaz do ministério pastoral dependiam de uma reforma radical da cúria (Jedin, 1957: I, 424–6; Olin, 1992, p. 182–97; Gleason, 1981, p. 81–100).

A questão fundamental era a administração — ou melhor, a má administração — de propriedades eclesiásticas. A trilogia antiga de simonia, pluralismo de benefícios e nepotismo haviam corrompido a liderança da Igreja. A comissão percebia que líderes da Igreja a tratavam como uma corporação particular e fonte de lucro, não como uma instituição responsável pela alma dos fiéis. Sua solução não era uma reforma inovadora, mas uma maior disciplina e aderência às leis eclesiásticas (Hallman, 1985, p. 2; Gleason, 1981, p. 56).

Quando os protestantes obtiveram o relatório, ele apenas confirmou e substanciou sua crítica em relação à Igreja. Além do mais, a ênfase da comissão quanto à reforma eclesiástica *moral* indicava que ministros católicos estavam relutantes sobre o chamado explícito de Lutero a uma reforma teológica. O próprio Reformador publicou uma tradução alemã do relatório, usando um prefácio sarcástico e glosas irônicas nas margens (LW, 34, p. 233–67).

Por outro lado, alguns teólogos católicos não apenas entendiam, mas até mesmo compartilhavam algumas das preocupações teológicas de Lutero. Na Itália, formavam um movimento que se estendeu de 1512 até a década de 1560, conhecido normalmente como "evangelismo italiano". Esses grupos se preocupavam com a reforma da Igreja por meio da renovação religiosa do indivíduo, defendendo que o veículo de tal reforma é a Palavra bíblica de Deus, moldada teologicamente pela doutrina da justificação pela fé (já na década de 1520, "evangélicos católicos" eram chamados de *spirituali* em contraste com outros, *carnali* e *mondani* — Gleason, 1993, p. 330). Sua ideia era enraizada em perspectivas bíblicas pré-reformistas, porém fortalecidas pelos debates da Reforma. É impressionante o fato de que, ao menos por um tempo durante o pontificado de Paulo III, exponentes do evangelismo alcançaram a própria cúria.

Esses grupos pró-reforma se beneficiaram da cumplicidade e da proteção oferecidas pela aristocracia. Exemplos destacam as cortes da duquesa Renata da França, em Ferrara, onde Marot e Calvino foram bem recebidos; Margarida de Valois, duquesa de Savoia; e Leonor Gonzaga, duquesa de Urbino (Firpo, 2004, p. 171, 174). Pesquisadores não chegaram a uma definição única desse evangelismo, mas ele tem sido descrito como um esforço de adaptar *insights* de Lutero e Calvino à prática católica (Fenlon, 1972, p. 21; Gleason, 1978, p. 20-1; Marcocchi, 1988; Schutte, 1977). A dissidência evangélico-religiosa na Itália também foi influenciada por Juan de Valdés (1500? –41), teólogo espanhol e descendente de judeus conversos que fugira, em 1529, da Inquisição espanhola, cujos escritos entendiam justificação pela fé à luz de seu *alumbradismo* espanhol, orientado à iluminação do

Espírito Santo. O esforço de reter estruturas eclesiásticas e mesclar a doutrina católica com as ideias de Lutero, Calvino, Bucer e outros encontrou sua expressão literária mais importante na obra anônima *Benefício di Cristo* (1543). Dezenas de milhares de cópias foram publicadas na Itália, e sua influência se espalhou por meio de traduções em francês, inglês e croata. Gleason (1978, p. 10–12, 16) afirma que *Benefício* foi fortemente influenciado pela edição de 1539 das *Institutas* de Calvino e afirmou a doutrina da justificação pela fé. Assim, caso o movimento dos *spirituali* tivesse levado a melhor, a Igreja católica teria se tornado calvinista.

Está claro, agora, que a doutrina da justificação teve muitos adeptos na Itália, levando à formação de comunidades luteranas (Olson, 1993; Campi, 1996) e, no caso de Reformadores católicos proeminentes, como Ochino e Vermigli, a abraçar o calvinismo. Contudo, mesmo em sua expressão curial, a doutrina da justificação foi incapaz de influenciar o Papa (Firpo, 2004, p. 174–80). Por que convicções "evangélicas" tiveram tão pouco fruto na Itália? Uma possível resposta — expressa amargamente na época — é que a elite católico-evangélica da cúria teve medo e/ou se vendeu ao *establishment*. Diferentemente de dissidentes leigos e de classe baixa, que permaneceram fiéis e sofreram por isso, membros da elite católico-evangélica colocaram sua segurança econômica acima da consciência e foram cooptados por posições e benefícios que recompensavam o conformismo. No entanto, Gleason (1993, p. 305) vê a explicação como reducionista, embora plausível do ponto de vista histórico:

> Supor que um grupo altamente educado e moralmente sério como os *spirituali* tenha simplesmente desmoronado e aceito o *status quo* quando sua estabilidade econômica foi ameaçada é uma ideia simplista demais [...] Os *spirituali* foram faltosos não em termos de covardia, mas de convicção. O grupo ainda cria na possibilidade de unir seu cristianismo bíblico e atrelar sua revitalização pessoal a estruturas reformadas da Igreja Católica, tendo um Papa espiritual no topo.

Nesse sentido, os *spirituali* podem ser vistos como um movimento italiano "nicodemita" que incluiu não apenas homens conhecidos da Igreja, mas também artistas, como Michelangelo (Eire, 1979; Dillenberger, 1999, p. 10, 141–7).

A teologia dos *spirituali* desafia uma generalização fácil; ao que tudo indica, porém, o grupo não conseguiu chegar à conclusão lógica de que reforma teológica levava à reforma institucional, como seus irmãos protestantes entenderam. Nesse contexto, somos lembrados da primeira troca vívida de palavras entre Lutero e Prierias em assuntos como teologia da graça e autoridade eclesiástica. De alguma forma, os *spirituali* criam que era possível assegurar a ideia de salvação somente pela graça por intermédio do fortalecimento da autoridade de ministros. Seu desejo por ambas as coisas fez deles e de sua teologia suspeitos ao *establishment*, o qual, agora, preparava uma Contrarreforma.

Um exemplo impressionante dentre os chamados teólogos mediadores foi Gasparo Contarini (1483–1542), cuja experiência de conversão à salvação pela fé equiparou-se à de Lutero (Jedin, 1957: I, 167; Gleason, 1981, p. 21–33). Contarini estivera presente na Dieta de Worms como embaixador veneziano na corte imperial. Posteriormente (1528–30), tornou-se embaixador da corte papal em Roma, onde sua piedade e habilidade diplomática de negociar e mediar diferenças elevou-o de leigo ao cardinalado (1535). Contarini procurou conciliar diferenças católicas e protestantes e defendeu um concílio ecumênico com o objetivo de curar divisões na Igreja. Ele e seu homólogo luterano, Melanchthon, chegaram a um acordo em alguns assuntos teológicos importantes, como a justificação, no Colóquio de Regensburg (1541), embora a doutrina da transubstanciação permanecesse uma "barreira à unidade" (Mullett, 1999, p. 50). Entretanto, o esforço de ambos foi rejeitado por católicos e protestantes como um acordo formulado à custa da verdade. Com a morte de Contarini, o movimento liberal de reforma católica também sofreu um golpe mortal antes do Concílio de Trento.

Diversos acontecimentos causaram o adiamento do concílio. Em 1542, irrompeu-se mais uma vez a guerra entre Carlos V e Francisco I. O concílio — assunto que será tratado no próximo tópico — não se reuniu até 1545, ou seja, 25 anos depois dos primeiros pedidos de Lutero pela reunião eclesiástica. Paulo III morreu em 1549. Depois do governo breve de Júlio III e Marcelo II, o cardeal Caraffa (1476-1559), que agora criticava abertamente movimentos evangélicos dos quais antes fizera parte, tornou-se o Papa Paulo IV, em 1555.

## O *INDEX* E A INQUISIÇÃO

Às vezes, o Papa Paulo IV é denominado primeiro Papa da Contrarreforma por sua rigidez dogmática e determinação em eliminar o protestantismo. Sua eleição "soprou um vento novo e ríspido em Roma [...] Na liderança do ascético e autocrático Caraffa, a reforma teve continuidade, mas sob liderança papal estrita. A visão de Paulo IV acerca do papado remetia aos papas medievais Gregório IX e Bonifácio VIII. O novo Papa desconfiava de um concílio, especialmente um concílio realizado no império e distante de Roma" (Bireley, 1999, p. 51). Foi durante o pontificado de Paulo IV que o movimento de renovação católico centralizou-se em repressão e ganhou o rótulo de Contrarreforma. Duas de suas ferramentas foram o *Index librorum prohibitorum* (Índice de Livros Proibidos) e a Inquisição.

Listas de livros proibidos circulavam desde 1521, principalmente nas faculdades teológicas de Paris e Lovaina. Para Paulo IV, tornou-se claro que uma forma efetiva de controle rigoroso envolvia a queima não apenas de autores, mas também de seus escritos. O princípio por trás da medida era de que a heresia se comparava a uma doença infecciosa "transmitida, acima de tudo, pela imprensa, de uma a outra parte da cristandade" (Gleason, 1978, p. 14). Assim, foi Paulo IV que promoveu uma lista completa de trabalhos hereges que deveriam ser universalmente proibidos. A publicação do *Index librorum prohibitorum* ocorreu primeiramente em 1559 pela congregação da Inquisição, liderada por Paulo IV, e foi modificado, em 1564, pelo Concílio de Trento. A lista proscrevia não apenas obras hereges protestantes, mas também clássicos humanistas que, segundo criam, prejudicava a moral, como *Decameron*, de Boccaccio. Mesmo obras de Erasmo — a quem certa vez haviam oferecido o galero — foram proibidas e publicadas posteriormente em versões editadas. Em contraste acentuado com a recepção de Erasmo em outros países, a Itália o rejeitou como um herege "luterano". A grande maioria das edições da Bíblia e dos Pais da Igreja também foi proibida ou aceita apenas com permissão escrita de bispos e inquisidores. Da Alemanha, o jesuíta Pedro Canísio escreveu que o *Index* era "intolerável" e "escandaloso". O acadêmico jesuíta John O'Malley (1993, p. 314) rotula o *Index* como "um documento fanático, mesmo para os padrões de um pontificado fanático".

Em 1571, Pio V estabeleceu uma congregação especial do *Index* cuja função foi transferida ao Santo Ofício (o *Index* foi abolido em 1966). As atividades de censura do Santo Ofício tiveram, sem dúvida, um efeito atenuante na cultura e propagação de ideias em países católicos. Entretanto, alguns pesquisadores modificaram recentemente a visão antiga de que o *Index* exercera um efeito devastador, alegando que era menos uma "cortina de ferro" que uma rede de malha. É claro que o tempo da Contrarreforma não foi "uma era de troca livre de ideias culturais", mas nem por isso foi um período de "morte cultural" (Tedeschi, 1991, p. 273–319, 321, 335, 338, 345). Há, obviamente, aqueles que afirmam o contrário. Gleason (1981, p. 103) ressalta que o *Benefício* foi suprimido de maneira tão eficaz que uma cópia italiana só foi descoberta em meados do século XIX. Menchi (1993, p. 13) também declara que a repressão tridentina e pós-tridentina de hereges "afetou a dissidência religiosa na Itália como a lava destruiu Pompeia no ano 79. O movimento filo-protestante foi sufocado ainda em sua fase de fermentação".

A Inquisição, perseguição judicial de heresias por cortes eclesiásticos especiais, tem raízes que remontam a procedimentos do século XIII contra a heresia cátara, período em que a Igreja assegurou o auxílio de autoridades seculares. Em 1478, desenvolveu-se, na Espanha, uma Inquisição direcionada contra o judaísmo; nela, judeus deviam se tornar cristãos. Conhecidos como *conversos* após sua conversão forçada no fim do século XIV, suspeitava-se que os cristãos "novos" continuavam com cerimônias e crenças judaicas em secreto. Seus descendentes também eram suspeitos, razão pela qual ocorreu o desenvolvimento do racismo com base em "pureza de sangue" (*limpieza de sangre*). Embora o ideal das cruzadas se enfraquecesse na Europa do século XV, a *Reconquista* — expulsão de todos os mulçumanos — ainda era um alvo religioso e político da península Ibérica. A última fortaleza islâmica foi vencida quando, em 1492, Aragão e Castela tomaram Granada:

> Naquele mesmo ano, judeus foram expulsos da Espanha. A razão principal de sua expulsão foi a remoção de um grupo que servia de tentação aos *conversos* para que retornassem às práticas judaicas. Talvez metade dos oitenta mil judeus espanhóis se converteram em vez de abandonar sua terra natal, aumentando, assim, o número de *conversos*. Após o término da Reconquista, uma situação parecida ocorreu no sul da Espanha, dessa vez envolvendo mouriscos, mulçumanos forçados a adotar o cristianismo. Por volta do ano de 1530, a Inquisição procedeu em sua forma mais brutal, autuando heresia entre conversos e mouriscos. Segundo as estimativas mais confiáveis, foram executados, nesse tempo, cerca de dois mil conversos. Outros milhares ficaram arruinados como consequência de confiscos, administrados normalmente como punição à heresia, além de ter que usar o odioso *sambenito*, um traje penitencial (Bireley, 1999, p. 23–4).

O cenário popular da Inquisição continua a se centralizar na Espanha e a evocar imagens dramáticas, como as de um herege em chamas sob o céu enegrecido e a do inquisidor-geral, precursor da CIA ou da KGB, que inspecionava vítimas inocentes para satisfazer sua paranoia e cobiça pelo poder. Não há dúvidas de que a Inquisição espanhola inspirava terror, e inquisidores empregavam tanto tortura física quanto psicológica:

> As formas de tortura na Inquisição espanhola — e não há evidências de que tenham mudado — eram a *toca*, procedimento no qual uma grande quantidade de água era jogada no nariz e na boca do réu com o objetivo de simular o afogamento; o *potro*, ou prateleira, no qual o prisioneiro era amarrado com cordas apertadas; e a *garrucha*, na qual o prisioneiro era amarrado nos pulsos e pendurado com as mãos nas costas [...] Embora a tortura ainda seja um dos aspectos mais sensacionalistas da Inquisição espanhola, estudiosos acreditam, hoje em dia, que ela tenha sido raramente aplicada (Homza, 2006, p. xxv; cf. Kamen, 1998).

Por outro lado, Mullett (1999, p. 213) declara: "Sejam quais forem os revisionismos conduzidos sobre o nível de crueldade da Inquisição, ela foi, por toda parte em que estendeu sua abrangência de operações, um mecanismo impressionante de terror". A crueldade da aplicação missionária franciscana da Inquisição em Iucatã corrobora a opinião de Mullett (Clendinnen, 2003, p. 72–92). Na Espanha, o horror era ainda maior por sua publicidade: "A maioria dos sistemas legais europeus seculares punia prisioneiros de forma ainda mais severa que a Inquisição, mas nenhum deles pronunciava seu julgamento de modo mais teatral ou perpetuava a memória das condenações de forma mais prolongada" (Monter, 1990, p. xiii). A força impressionante da Inquisição jazia na exploração autoritária de um medo social inerente: a humilhação pública. Segundo Monter (1990, p. 57–8): "Em uma sociedade na qual a humilhação pública, *la vergüenza*, era, por si só, uma forma severa de punição, a Inquisição elevava o castigo a um nível de arte. O propósito principal do *auto* [*de fé*] público era, em geral, instilar um medo salutar", tanto pela proclamação da sentença quanto pela imposição de *sambenitos*. Após a sentença ou morte do herege, seu traje era pendurado na maior igreja da cidade a que pertencia para que a comunidade se lembrasse da heresia constantemente. Hoje, nós, que vivemos em uma cultura de tabloides nos quais personalidades públicas falam de si o tempo todo, temos dificuldade de entender plenamente o poder desse tipo de controle social. Por outro lado, consequências da geração política do medo — "medo da heresia por um lado e, por outro, das consequências da denúncia" (Rawlings, 2006, p. 15) — não é tão distante da cultura americana, que passou pela caça ao anticomunismo da década de 1950 e atualmente teme o terrorismo.

Uma vez que a Inquisição continua a ser notória na mente popular por seu sigilo e uso de tortura, cabe-nos falar um pouco a respeito de ambos. É verdade que o Santo Ofício foi bem-sucedido em manter um nível de confidencialidade impressionante com relação a denúncias e julgamentos. Os próprios inquisidores criam que o sigilo impenetrável de seu trabalho os protegia da corrupção e os ajudava a realizar investigações imparciais. Além disso, razões práticas ao secretismo incluíam a proteção de testemunhas no caso de acusadores e a reputação dos acusados. Já que o réu podia ser inocentado, não deveria ter o estigma de um aprisionamento público atrelado à sua imagem.

O uso da tortura pela Inquisição deve ser visto de modo contextualizado:

> Ao julgar a Inquisição espanhola, devemos nos lembrar de que a qualidade judiciária de cortes seculares tinha uma reputação extremamente pobre. O historiador moderno e mais respeitado na área de processo penal da Espanha Habsburga concluiu que a única resposta racional de alguém ameaçado com o aprisionamento por acusações criminais era correr para longe e o mais rápido possível (Monter, 1990, p. 74).

Comparada com as cortes seculares, a Inquisição era um modelo de moderação e de processo equitativo (Tedeschi, 1991, p. 8), comparação que provavelmente serviu de pouco conforto para as vítimas.

O Santo Ofício era cético quanto à validade da confissão obtida sob tortura e não a empregava como medida de curso. Idade, sexo e condições físicas do acusado também podiam impedir o uso de tortura. Confissões obtidas de forma coercitiva não eram consideradas válidas até serem ratificadas pelo acusado, 24 horas depois, e fora da câmara de tortura. A forma mais comum de tortura judicial era a suspensão da vítima por uma corda e uma roldana, tendo os braços amarrados nas costas. De acordo com um relato, a tortura devia ser aparentemente moderada a fim de que "a vítima [fosse] preservada. Se inocentada, continuaria a viver; se culpada, receberia uma punição justa" (Tedeschi, 1991, p. 145; Kamen, 1985, p. 161–77).

A Inquisição espanhola estava intimamente ligada ao Estado, cuja preocupação, dentre outras, era a aquisição de prisioneiros para remar nas galés. É interessante saber que as galés eram de tal modo consideradas um inferno na terra que prisioneiros seculares condenados à embarcação às vezes confessavam crimes religiosos apenas para serem julgados pela Inquisição e, talvez, receber uma punição diferente. Em 1478, o Papa concedeu aos monarcas espanhóis o direito de estabelecer e direcionar a Inquisição. Inquisidores tinham poder sobre todas as ordens religiosas, até mesmo bispos (depois de 1531). Sugeriu-se que a ortodoxia militante e o espírito fanático da igreja espanhola resultavam de séculos de combate ao islã. Contudo, uma forma mais precisa de observarmos a questão é o uso da Inquisição como ferramenta de controle social contra intrusões. Isso ajuda a explicar sua popularidade na Espanha, já que não era direcionada apenas a protestantes (isto é, hereges), mas também a elementos "estrangeiros" ao corpo social, como imigrantes franceses e homossexuais (Monter, 1990, p. 321–5). Fernando e Isabel estabeleceram controles institucionais poderosos contra qualquer forma de divergência. Por volta de 1508, o cardeal Cisneros havia não apenas fortalecido a hierarquia espanhola com um tipo de rearmamento moral rígido, como também havia servido de inquisidor-geral. Na década de 1530, a Inquisição foi direcionada contra os "erasmianos" e "luteranos" — nomes genéricos para qualquer um que era visto como uma ameaça "ao poder de uma religião misteriosa e hierárquica, controlada hermeticamente por ministros católicos" (Weber, 1999, p. 153).

Outro termo genérico usado para denotar hereges era *alumbrados*, expressão difícil de ser definida porque sugere "iluminação" pelo Espírito de Deus. Como outras formas de misticismo, tal orientação tem o potencial de ameaçar a religião institucionalizada: se alguém recebe inspiração diretamente de Deus e é capaz de ler e entender a Bíblia sozinho, autoridades doutrinárias e episcopais são relativizadas e minimizadas. Ameaças aparentes à Igreja institucional eram de que os *alumbrados* reuniam diversos *conversos* e que mulheres exercem um papel de liderança nesses círculos (Weber, 1999, p. 148). Dentre acusados famosos, incluem-se o ministro João de Ávila (c. 1499–1596), conhecido como "apóstolo de Andaluzia" por sua pregação itinerante inspiradora, que enfatizava fé simples e caridade. João influenciou Inácio de Loyola, que acabou sendo acusado, e Teresa de Ávila.

Mesmo antes de se tornar Papa, Caraffa (Paulo IV) ficou positivamente impressionado com a eficácia da Inquisição espanhola e determinou que fosse aplicada na Itália. Paulo III, temendo hostilidade popular, não ficou nem um pouco entusiasmado com a ideia, porém permitiu, relutantemente, que Caraffa a implantasse, já que esforços moderados de reforma falhavam em refrear o crescimento do protestantismo. De fato, o estabelecimento da Inquisição romana foi atribuído ao rompimento, em 1541, das negociações que ocorreram no Colóquio de Regensburg e ao "pânico na Itália central sobre a infiltração do protestantismo", associado com as apostasias dos famosos Ochino e Vermigli (O'Malley, 1993, p. 311). Caraffa estava tão ávido por começar que estabeleceu câmaras de interrogação em sua própria casa, exclamando: "Se o nosso próprio pai é um herege, devemos levar a lenha para queimá-lo!" Em outra ocasião, declarou: "Nenhum homem deve se rebaixar, tolerando qualquer herege — principalmente se o tal for calvinista!" (Spitz, 1971, p. 477).

Assim, organizou-se o tribunal romano. Os juízes eram, como de costume, dominicanos, subordinados a seis cardeais, apontados pelo Papa para servir como inquisidores-gerais — grupo ao qual o cardeal Caraffa pertencia. Em 21 de julho de 1542, com a bula *Licet ab initio*, Paulo III sancionou formalmente a Inquisição romana e estendeu sua autoridade por toda cristandade. A Inquisição se mostrou ser um instrumento eficiente, desde que o monarca cooperasse com ela. Em 1908, o Papa Pio X mudou o nome de Sacra Congregação da Inquisição Universal para Sacra Congregação do Santo Ofício. Em 1965, Paulo VI lhe deu o título atual: Congregação para a Doutrina da Fé.

A Inquisição romana não recebeu um tratamento abrangente por conta da inacessibilidade de fontes, embora Carlo Ginzburg (1982, 1985) tenha provido narrativas populares pelo uso de relatos locais. Pesquisas atuais que procuraram revisar os piores estereótipos associados com a Inquisição também apontam seus problemas. Tedeschi (1991, p. 10–11, 23) ressalta, de forma precisa, que esse tribunal estava "na prática [...] nas mãos de um único homem: o Papa. Durante o pontificado de Paulo IV (1555–9), perseguidor zeloso, procedimentos devidos foram postos sob um fardo quase insuportável, e a Igreja caiu nas garras de uma mentalidade de caça às bruxas [...] Embora muitos excessos associados à Inquisição tenham desaparecido com a morte de Paulo IV, não há dúvidas de que tenham contribuído para com a reputação desfavorável que o Santo Ofício suportou durante séculos." Uma turba de cidadãos romanos celebrou a morte de Paulo IV, saqueando e queimando os registros da Inquisição e libertando prisioneiros.

A Inquisição serviu de arma defensiva da Contrarreforma, porém, uma arma ainda mais ofensiva e eficaz seria a nova ordem dos jesuítas.

## LOYOLA E A COMPANHIA DE JESUS

Inácio de Loyola (1491–1556) personificou o catolicismo e a Contrarreforma. Dito isso, devemos notar que a atribuição comum a Loyola como alguém cuja motivação era antiprotestante ao fundar os jesuítas é enganosa. A motivação de Loyola e seus seguidores não era reformar a Igreja, mas "ajudar almas": "Sem a Reforma, a Companhia de Jesus teria tido uma história totalmente diferente, mas, mesmo assim, teria sido fundada. Não podemos definir os jesuítas primeiramente em relação ao movimento reformista". De fato, é possível que Loyola nunca tenha lido qualquer coisa escrita pelos reformadores mais importantes (O'Malley, 1993, p. 16–18, 321, 280).

Loyola, o mais jovem dentre doze filhos nascidos em uma família nobre basca, foi treinado, desde a juventude, nos ideais da nobreza. Embora fascinado por romances de cavalaria, sua vida de cortesão foi menos do que edificante. Talvez seja rígido demais caracterizar sua vida nas cortes e casernas como dissoluta, porém, não é extremo dizer que Loyola sofreu uma mudança abrupta depois de ter se voluntariado a defender a cidade de Pamplona contra o avanço do exército francês. Durante o cerco de Pamplona em 1521, na primeira guerra entre Habsburgos e Valois, uma bala de canhão quebrou a perna direita de Loyola e lhe feriu a esquerda. Sua perna foi tratada por um médico do exército vitorioso francês, e ele foi enviado de volta ao castelo da família para se recuperar. Lá, médicos descobriram um de seus ossos estava crescendo de forma defeituosa, levando Loyola a insistir para que sua perna fosse quebrada outra vez e reposicionada, e que um osso protuberante fosse cerrado! O desconforto decorrente de sua dor na perna e nove meses de convalescença deram a Loyola a oportunidade de refletir sobre a vida. Sua dor física aumentou pela angústia de perceber que seus ferimentos paralisantes também haviam paralisado sua ambição de se tornar cavaleiro. Influenciado pela leitura que lhe estava disponível no castelo — uma tradução de *Life of Christ* [Vida de Cristo] e *Flowers of the Saints* [Flores dos santos], de Ludolfo de Saxônia, Loyola concluiu que Deus o havia chamado a se tornar um cavaleiro espiritual. Desse modo, sua ambição cavalheiresca despedaçada encontrou um novo escape: a defesa da Igreja.

É comum que o imaginário militar tenha sido normalmente usado para descrever a autopercepção e missão de Loyola e seus seguidores, mas é enganoso tentar entendê-la com um olhar moderno. A fórmula ou "regra" jesuíta descreve um membro da sociedade "como um soldado de Deus sob o emblema da cruz", porém *militare Deo* era, no linguajar medieval, sinônimo usado para o membro de uma ordem religiosa. No entanto, a família de Loyola, o castelo onde morava e sua própria visão de mundo incutiam-lhe ideais cavalheirescos. Por isso, sua piedade beirava o "galante, até mesmo o quixotesco", evidentes em seu desejo de servir a uma dama: Maria. Assim, depois de se recuperar das feridas, Loyola "decidiu, de maneira cavalheiresca clássica, 'manter uma vigília de armas diante do altar de Nossa Senhora de Montserrat…'", considerando também, posteriormente, matar um mulçumano que duvidava da virgindade de Maria "a fim de 'vingar sua honra'"… Valores cavalheirescos fizeram Loyola obcecado por conquistas autodirigidas e inigualáveis em seu novo campo. Seu desejo competitivo inerente de 'obter fama' começou a ser traduzido em sua busca por obras audaciosas, envolvendo listas de devoção religiosa, coragem e autopunição. Era como se, fisicamente quebrado e incapaz de 'ficar famoso' pela proeza armada, Loyola buscasse, agora, fazê-lo por feitos de austeridade (Mullette, 1999, p. 78). Loyola veio a perceber, com o tempo, que sua orientação pós-conversão era mais um ato de autopromoção diante de Deus do que uma resposta à graça divina.

Em março de 1522, na festa de Anunciação da Virgem Maria em Montserrat, localidade próxima de Barcelona, Loyola ofereceu sua espada a serviço de Maria, trocou de roupa com um mendigo e, ao colocar o novo traje, vestiu-se "da armadura de Cristo". Sua intenção de partir para uma viagem de peregrinação a Jerusalém foi frustrada por um surto da praga. Loyola permaneceu pelo resto do ano em um retiro ascético na caverna de Manresa, próxima de onde estava. Foi durante esse período de oração intensa, mortificação extrema e introspecção rigorosa que Loyola desenvolveu a base para o seu famoso e influente *Exercícios espirituais*. Embora publicado apenas em 1548, o livro, guia sobre como se sujeitar à vontade de Deus, estava em uso desde 1527.

*Exercícios espirituais* consiste em uma série de meditações e regras divididas em quatro partes com o objetivo de fortalecer o adorador, disciplinando-o a se sujeitar e servir a vontade de Deus. A primeira parte da disciplina é uma consideração sistemática do pecado e suas consequências; a segunda apresenta o significado da vida de Cristo e seu reino; a terceira se concentra na história da paixão; a quarta culmina no exercício, pela meditação, no Cristo ressurreto e glorificado. A intenção original era de que os *Exercícios* se estendessem por quatro semanas. Por causa de seu *insight* excepcional sobre psicologia religiosa, Loyola criou uma disciplina pela qual ele e seus seguidores podiam se autodirecionar, por intermédio de resoluções progressivas, a detestar o pecado, juntar-se ao quadro dos discípulos de Deus, testar e confirmar seu compromisso e subjugar a vontade na busca pela perfeição. Essa linha sistemática de raciocínio e meditação envolvia o autoexame diário e salientava o cultivo de uma única virtude ou o ataque de uma única inclinação pecaminosa. A disciplina levaria o cristão a conquistar uma área problemática por vez, resultando em uma reforma de vida.

Diferentemente de Lutero, Loyola não via a aberração doutrinária como o problema da Igreja, mas sim a aberração pessoal, estimulada por ensino e tradição institucionalizados. Para ele, a chave para a reforma da Igreja era a reforma individual, a qual, por sua vez, aconteceria por meio do domínio da vontade pessoal. Por meio do autocontrole completo, o indivíduo podia evitar extremos em sua busca de servir a Deus, salvando a si e a outros. Sua orientação combinava concepção e estima renascentistas em relação à personalidade individual com a intencionalidade dos místicos medievais pela perfeição da alma — perfeição que, na mente de Loyola, significava submissão a Cristo e à Igreja na pessoa do Papa.

**Figura 14.1**: "Inácio de Loyola", por Claude Mellan (c. 1640). A imagem mostra Loyola recebendo sua visão em La Storta, localizada nos arredores de Roma. A voz celestial de Deus clama do céu: "Em Roma, vos serei propício". Mullett (1999, p. 201–2) discute a iconografia barroca de Loyola. *Fonte*: © Elke Walford, Hamburger Kunsthalle.

De Manresa, Loyola partiu, em 1523, para Jerusalém com o objetivo de converter mulçumanos, porém, descobriu, nesse meio-tempo, que sua intenção precisava de fundamento educacional sólido. Dessa forma, aos trinta anos de idade, retornou a Barcelona e se matriculou em uma escola para homens. Em seguida, dirigiu-se à Universidade de Alcalá, onde conquistou seu primeiro grupo de seguidores. Ironicamente, Loyola foi suspeito de heresia enquanto na universidade e aprisionado duas vezes pela Inquisição espanhola. Absolvido, deu continuidade, em 1528, aos estudos em Paris, após breve estadia em Salamanca.

Em Paris (1528–35), Loyola obteve o grau de mestre; lá, também estabeleceu fundamentos para a Companhia de Jesus, os jesuítas, com alguns de seus companheiros — incluindo Diego Lainez, que seria o próximo general da ordem, Alfonso Salmerón e Francisco Xavier, o grande missionário do Oriente. Com juramento reminiscente das cruzadas espanholas medievais, os jesuítas juraram dedicar sua vida à Terra Santa, onde trabalhariam para a conversão de mulçumanos. Em 1537, Loyola e seus companheiros se encontraram em Veneza, tornaram-se ministros consagrados e se prepararam para partir rumo a Jerusalém. Contudo, o plano dos missionários foi frustrado pela guerra entre Veneza e os turcos, levando-os a "buscar sua Jerusalém em Roma". A vida de serviço à Igreja que Loyola e seu pequeno grupo de companheiros consideravam foi sancionada pelo Papa Paulo III, em 1540.

Como a última ordem medieval monástica significativa, a Companhia de Jesus foi um desenvolvimento distinto, o qual incorporou a perspectiva singular de Loyola acerca do monasticismo. Ideias monásticas antigas de contemplação e afastamento do mundo foram substituídas pela ênfase da ação no mundo. Enquanto a "regra beneditina" clássica contribuía para a estabilidade da vida religiosa, limitando-a aos muros de um mosteiro, a ênfase jesuíta estava na mobilidade por amor ao ministério, ou seja, em não se restringir a lugares específicos, mas servir em qualquer parte do mundo. Assim, o assistente confiável de Loyola, Jerônimo Nadal (1507–80), reiterava continuamente: "Não somos monges [...] O mundo é nossa casa" (O'Malley, 1993, p. 68).

A ênfase na vida ativa requeria ministros preparados, algo que, por sua vez, levava ao treinamento rigoroso exigido de candidatos à Sociedade. O treino servia como forma de interiorização da disciplina monástica, uma vez que os jesuítas não deviam ficar isolados em um monastério, mas ativos no mundo, na missão e no evangelismo. Outro elemento distinto da Companhia de Jesus era o fato de o candidato não fazer apenas os votos comuns de pobreza, castidade e obediência, mas também um quarto voto: um voto especial de obediência ao Papa.

É precisamente o voto de obediência ao Papa que destaca, de forma incontestável, o distanciamento entre Loyola e Lutero no que diz respeito à Reforma. Para o jesuíta, a Igreja era hierárquica. O aspecto autoritário do entendimento de Loyola, ligado a um senso de responsabilidade pessoal para com a Igreja, foi expresso por ele em seu voto de ir a qualquer lugar onde houvesse necessidade, sem questionamento e sem demora, pela ordem do Papa. Nesse sentido, o quarto voto procurava demonstrar que o ministério apostólico direcionado ao mundo é facilitado pela instituição papal, e não o contrário. Em outras palavras, o foco do quarto voto não é o Papa, mas a missão e o ministério.

A seção mais famosa — ou, dependendo do caso, infame — dos Exercícios é o tópico intitulado "Regras para sentir com a Igreja". Conforme estabelecido na famosa décima-terceira regra de *Exercícios espirituais*:

> Se quisermos proceder com segurança em todas as coisas, devemos nos apegar ao seguinte princípio: o que me parece branco, crê-lo-ei ser preto se a hierarquia da Igreja assim o definir. Devo estar convencido de que, em Cristo, nosso Senhor e noivo, e em sua esposa, a Igreja, um único Espírito exerce domínio, governando e regendo a salvação das almas (McNally, 1967, p. 249).

Eis uma profissão chocante e extremamente desagradável a gerações embriagadas com o coquetel moderno de autonomia, misturado, em parte, com filosofia iluminista e autoabsorção comercialmente produzida. Cidadãos do século XVI, no entanto, ainda criam em uma realidade exterior. Talvez divergissem com veemência quanto à mediação do *extra nos*, isto é, por meio da Escritura ou da Igreja, mas não duvidavam dela. De fato, a competição entre uma e outra visão só é possível quando grupos opostos enxergam a si mesmos dentro do mesmo âmbito geral. Uma partida de futebol requer dos oponentes que aceitem as mesmas regras básicas e se encontrem no mesmo estádio. Assim, as "Regras para sentir com a Igreja" refletem a mentalidade católica do século XVI, contexto no qual estavam inseridas, e exprimem a própria ortodoxia de Loyola frente à de "luteranos", *alumbrados* e outros supostos hereges da época. O entendimento de Loyola com relação à Reforma foi visto como o epítome do papalismo, prestes a ser definido pelo Concílio de Trento. Contudo, tal entendimento deve ser também atenuado pela visão jesuíta de missão (o quarto voto), passível de resistência às diversas diretivas papais. Em resposta à Reforma, os jesuítas procuraram extirpar a heresia e trazer os protestantes de volta a Roma por meio de influência política e educação eficaz. À medida que membros da ordem obtinham acesso às cortes da Europa como confessores de pessoas influentes, o prestígio político jesuíta aumentava. Dessa forma, a ordem foi bem-sucedida em induzir governantes políticos a suprimir o protestantismo. Os jesuítas também colocavam uma grande ênfase em um tipo de educação que promovia tanto ensino avançado quanto devoção zelosa à autoridade da Igreja. O próprio Loyola fundou escolas de ensino secundário, além do Colégio Romano (conhecido também como *Gregorianum*) em Roma e, na mesma cidade, o *Collegio Teutonico*, o qual serviu de modelo a seminários papais na Alemanha nas décadas de 1570 e 1580. Empreendimentos educacionais jesuítas não só deram início a um novo tempo na educação formal do catolicismo romano, como também engajaram positivamente a comunidade jesuítica em seu contexto cultural, dando-lhes renome até o dia de hoje. Os jesuítas também estabeleceram missões na Índia, Malásia, Etiópia, Brasil, Japão e China — expressões impressionantes de flexibilidade teológica na propagação de ideais da cultura ocidental e na luta pela enculturação da fé cristã na Ásia. Um exemplo foi Francisco Xavier, que denunciou, gradualmente, o racismo e imperialismo de sua herança ibérica enquanto trabalhava na Ásia: "Xavier foi um dos primeiros a descobrir, no âmbito da exploração colonial, contradições morais no coração do evangelismo cristão ocidental" (Mullett, 1999, p. 98). A missão realizada na China da dinastia Ming pelo jesuíta italiano Matteo Ricci é outro dentre muitos exemplos notórios (Spence, 1984). Por volta da morte de Loyola em 1556, a ordem incluía mais de mil membros; por volta de 1626, contava com cerca de 15 mil jesuítas ao redor do mundo e cerca de 440 colégios fundados pela Companhia de Jesus.

## O CONCÍLIO DE TRENTO: 1545-1563

O entendimento reformista de Loyola animou o Concílio de Trento em seu espírito de renovação individual como chave para a renovação da Igreja e no fato de os membros da Companhia de Jesus exercerem, em meio à assembleia, papel-chave como teólogos papais. O concílio, assim como o próprio Loyola, ilustrou a preocupação dupla da Igreja católica: autorrenovação e oposição ao que considerava heresia protestante. Seu programa era reformar a fé, restaurar a moralidade cristã e unir, uma vez mais, todos os povos cristãos. O concílio foi convocado, em 1545, em meio a uma cristandade ainda unida, ao menos teoricamente, mas terminou, em 1563, com uma cristandade rasgada por divisões que ainda hoje afetam o mundo cristão.

Considerado às vezes como o mais importante desde o Concílio de Niceia (325), o Concílio de Trento pôs um fim definitivo às esperanças medievais de conciliarismo. De fato, Trento foi tão influente na mentalidade do catolicismo romano moderno que, até o Vaticano II (1962-5), a Igreja Católica era conhecida como Igreja "Tridentina" (palavra latina para Trento). Foi no Concílio de Trento que a contradição intrínseca relacionada aos termos "romano" e "católico" (universal) passou a ter significado denominacional como expressões distintas das diversas igrejas protestantes. Seguindo a suspensão do Concílio de Trento, uma nova convocação levaria trezentos anos para acontecer. O Vaticano I (1869-70) concluiria uma das áreas problemáticas que Trento falhara em resolver: a questão da autoridade e infalibilidade papal. Outro ponto de que o concílio anterior não tratou, a pessoa de

Maria, foi definido por decretos papais em 1854 (doutrina da Imaculada Conceição: Maria foi preservada do pecado original desde o nascimento) e 1950 (doutrina da Assunção: Maria subiu corporalmente ao céu após a morte).

O próprio Concílio de Trento foi convocado após diversos adiamentos — e, ainda assim, depois de muita relutância. A hesitação papal em concordar com um concílio ecumênico estava enraizada em preocupações políticas e teológicas. O movimento conciliar do século XV havia desafiado fortemente a autoridade do pontífice, tentando submetê-la aos concílios. Da mesma forma, o chamado de Lutero a um concílio livre e cristão significava livre de dominação papal e tendo a Escritura, não a tradição, como normativa, exigências que o Papa obviamente considerava ofensivas. Outro fator que contribuiu com a longa demora para a convocação do concílio relacionava-se ao desejo de cada grupo de realizá-lo em seu próprio território, a fim de controlá-lo. A cidade de Trento, ao norte da Itália, foi finalmente escolhida por ser tecnicamente território alemão, apaziguando o imperador. Acontecimentos políticos também influenciaram o fato de que o concílio não se encontrou durante o período de 1545 a 1563 de forma ininterrupta, mas sim em três assembleias distintas: 1545–7, 1551–2 e 1561–3.

A abertura do concílio ocorreu em 13 de dezembro de 1545. O aumento de preços nos estabelecimentos comerciais da cidade, inflacionados principalmente em hospedagem e alimentação (o preço do vinho aumentou em 30%!), expressaram o deleite dos negociantes de acolher pessoas tão ilustres. O comparecimento inicial no concílio foi baixo: apenas três legados, um cardeal, quatro arcebispos, vinte e um bispos e cinco superiores gerais. A maioria dos participantes era de italianos, porém havia um número suficiente de clérigos espanhóis, sensíveis aos desejos do imperador, para dar dor de cabeça à cúria. Sobre as questões iniciais importantíssimas de votação e tópicos a serem discutidos, decidiu-se que a votação ocorreria em nível individual e que questões ligadas à reforma dogmática e interdisciplinar seriam tratadas simultaneamente. A decisão de voto foi um afastamento específico da prática de concílios do século XV, que votavam por nações. A decisão dava ao papado uma vantagem distinta, pois os italianos presentes no concílio estavam em maior número do que participantes de outras nacionalidades.

Alguns padres presentes advogavam a favor de reformas abrangentes na Igreja e defendiam a reconciliação com protestantes. Entretanto, Salmerón e Lainez, teólogos papais jesuítas, contestaram esse desejo e foram hábeis em convencer os participantes do contrário, usando sua influência como conselheiros teológicos e o fato de serem pregadores no concílio. Embora o concílio não tenha condenado Lutero em um sentido formal e jurídico, sua decisão doutrinária claramente intencionava combater o entendimento do evangelho advogado pela Reforma. Contra o lema reformado "somente pela Escritura", a quarta seção (abril de 1546) decidiu que tradições apostólicas deviam ser aceitas com a mesma reverência que a Escritura: "Verdade e disciplina estão contidas em livros escritos *e* tradições não escritas" (Schaff, 1919, p. 11, 80; grifos nossos). O repúdio da *sola Scriptura* levantou uma questão teológica controversa: Escritura e tradição têm a mesma autoridade como fontes de revelação? O significado da decisão de Trento é que o *Magisterium*, a autoridade da Igreja de Roma em termos de ensino, serve de intérprete final da tradição e, portanto, da Escritura:

> Ninguém que confie em sua própria habilidade irá lutar com a Escritura Sagrada usando os próprios sentidos — principalmente em assuntos de cunho moral e de fé, relacionados à construção da estrutura doutrinária cristã — e presumir que sabe interpretá-la de modo diferente do da sacra Igreja mãe, cuja função é, e sempre será, precisamente esta: julgar o sentido e a intepretação verdadeira da Bíblia (Schaff, 1919, p. 11, 83).
>
> Em meio à acusação luterana de que a noção de tradição confere autoridade arbitrária ao papado, a decisão do Concílio de considerar como iguais a tradição e a Bíblia promoveu uma separação profunda entre Trento por um lado e, por outro, a Reforma — movimento baseado na autossuficiência e infalibilidade da Escritura (Mullett, 1999, p. 40).

Além disso, o concílio decretou a *Vulgata* de Jerônimo (latim antigo) como a Bíblia normativa em dispostas dogmáticas, incluindo ao cânon da Escritura os livros apócrifos excluídos pelos reformadores. Nesse ponto, Trento também agiu para salvaguardar ensinos dogmáticos, pois tanto Erasmo quanto teólogos protestantes haviam descoberto que os textos bíblicos em hebraico e grego promoviam leituras teológicas alternativas em relação à edição latina. Quanto aos livros apócrifos, eles proviam um suporte único para algumas doutrinas, como a do purgatório:

> Teologia é, acima de tudo, uma atividade textual, uma vez que surge a partir do comentário acerca de determinado texto. A teologia medieval mantinha uma aparência de unidade porque a Bíblia parecia ser um único texto, escrito em uma única língua. Contudo, a Bíblia do século XVI era nitidamente composta de dois textos em duas línguas — ou uma multiplicidade de textos e uma variedade de linguagens. Como um livro assim seria capaz de produzir uma única teologia? [...] O Concílio de Trento deu uma solução provisória ao restaurar a ficção da *Vulgata*, à qual línguas originais [e traduções vernaculares] estavam subordinadas (Cummings, 2002, p. 247).

Em resposta ao lema da Reforma "somente pela graça", o concílio afirmou o papel de cooperação entre graça e esforço humano na salvação. A sexta seção, que se reuniu em janeiro de 1547, estabeleceu o ensino católico da justificação em 16 capítulos doutrinários e 33 cânones que condenavam erros. É interessante saber que, ao afirmar a cooperação humana livre com a graça de Deus na salvação, o concílio usou o mesmo texto de Zacarias 1:3 ("Voltem para mim [...] e eu me voltarei para vocês") que Lutero havia identificado como apoio à salvação pela atividade humana em seu *Disputation Against Scholastic Theology* [Debate contra a teologia escolástica], publicado em 1516 (Schaff, 1919, p. 11, 92; *LW,* 31, p. 10-11). O cânone 24 condenou o entendimento dos reformadores sobre a boa nova como consequência em vez de precondição à justificação: "Se um homem diz [...] que boas obras são apenas frutos e sinais da justificação já alcançada e não resultado de crescimento nela, que ele seja anátema!" (Hamm, 1999, p. 82).

O catecismo do Concílio de Trento deu continuidade à visão medieval de que a prática de esmolas era um dos meios já mencionados de "crescimento na justificação", se não o próprio meio de "compra do paraíso". O catecismo, "instrumento pelo qual todos os fiéis católicos da Europa deviam ser instruídos, [declarava que] dar esmolas era um ato que 'redimia nossa ofensa contra o homem' e servia de 'remédio capaz de curar as feridas da alma'" (Eire, 1995, p. 233). Tal medicamento era indispensável, já que a passagem para o céu, inferno ou purgatório dependia de ações feitas na terra. Uma máxima espanhola muito usada na época era "*como vive muere* ("na morte como na vida") [...] Nos níveis social e político, a morte e o além eram apenas extensão das obrigações intrinsecamente ligadas à vida comunitária e de laços que interligavam cada indivíduo à sociedade que pertencia" (Eire, 1995, p. 524-5). Assim, orações e missas em favor dos mortos não passavam de uma responsabilidade pessoal de vivos para com eles:

> Cada geração intercedia por seus antepassados, segura de que, em troca, seria cuidada por sua descendência, dando continuidade à corrente de intercessão. Se a missa em favor de mortos for vista como uma indústria — um sistema de trabalho e produção no qual o cristão investe capital e paga trabalhadores para desempenhar funções específicas — devemos admitir, então, que a Igreja era uma das indústrias mais importantes e crescentes na Espanha do século XVI" (Eire, 1995, p. 521).

Durante a sexta seção do Concílio de Trento, houve um grande esforço para apresentar, sob a liderança do ministro geral agostiniano, Girolamo Seripando (1493-1563), a teoria ou doutrina da dupla justificação. Essa posição teológica que Contarini tentou incluir, mas sem sucesso, no Colóquio de Regensburg (1541), lutava para unificar as ideias luterana e católica acerca da justificação para que o tópico não fosse mais motivo de divisão na Igreja. O argumento de Seripando era de que a tradição recebida não provia o meio de resolver a tensão entre doutrina e piedade. Para ele, era crucial que a Igreja pudesse afirmar que a vida cristã é tanto uma transformação efetuada pelo dom de Cristo, quanto o fato de que, independentemente de quão "boas" sejam as obras de alguém cuja vida foi transformada, a salvação dependa não de obras, mas do perdão de Deus, concedido em Cristo. A conclusão teológica era de que "o cristão confia apenas na misericórdia de Deus" (McCue, 1984, p. 40, 55).

Seripando e aqueles que o apoiavam em Trento procuravam vencer a tensão entre piedade como prática cristã e teologia escolástica. O teólogo se opôs com veemência ao jesuíta Diego Lainez, que, em um discurso de três horas, refutou-o a ponto de forçá-lo a defender sua própria ortodoxia. Uma das muitas objeções da doutrina da dupla justificação era o fato de desmentir a possibilidade de mérito humano para a salvação. A visão mais agostiniana de justificação em termos pessoais e relacionais foi rejeitada pelos padres do concílio em troca da visão escolástico-aristotélica da justificação, que descrevia graça em termos de substância infundida. Nesse ponto de vista teológico, a justiça do cristão é intrínseca ou ontológica (Maxcey, 1979). Hamm (1999, p. 60) observa que "o Concílio de Trento restringiu a ortodoxia de modo considerável em comparação com a diversidade doutrinária e o amplo espectro da teologia católica durante a Idade Média".

Em resposta à ênfase Reformada sobre o batismo e a Ceia do Senhor como os dois sacramentos da fé cristã, a sétima seção do concílio reafirmou os sete sacramentos, a saber: batismo, confirmação, eucaristia, penitência, extrema-unção, ordem e matrimônio. Esses sacramentos são objetivamente eficazes, ou seja, efetivam graça em virtude de sua administração (*ex opere operato*): "Pelos sacramentos descritos na Nova Lei, se alguém disser que graça não é conferida pela ação desempenhada, mas apenas pela fé na promessa divina — que o tal seja anátema" (Schaff, 1919, p. 11, 121). Com respeito à ceia protestante e o uso de pão e vinho, Trento aprovou o costume da ceia sob uma única espécie (isto é, o pão), declarando-a legítima (Schaff, 1919, p. 11, 173). Na décima-terceira seção, o concílio reafirmou a doutrina da transubstanciação (1551).

A essa altura, o imperador Carlos V estava preocupado com o fato de o concílio ignorar suas demandas por uma reforma profunda e aprovar decretos que colocariam em risco sua preocupação com a reconciliação entre protestantes e católicos. A fim de evitar a pressão imperial sob o concílio, o Papa Paulo III se aproveitou de alguns casos de tifo na cidade de Trento e procurou induzir a maioria dos prelados a transferir o concílio para Bolonha em março de 1547. Carlos deixou clara sua posição, considerando tal medida ilegal. O imperador se propôs a agir sem o auxílio de Roma para resolver controvérsias religiosas por meio do Interim de Augsburgo, realizado na Alemanha em 1548. Paulo III morreu em 1549.

Em 1551, o Papa Júlio III convocou novamente o Concílio de Trento. A delegação protestante chegou em janeiro de 1552, tarde demais para ter qualquer influência nos decretos já formulados contra os aspectos doutrinários de maior importância aos reformadores. Uma manifestação militar contra Carlos levou os católicos a temerem uma invasão protestante em Trento, de modo que a segunda assembleia foi suspensa.

A terceira assembleia do Concílio de Trento (1561-3) se reuniu sob a diplomacia hábil do Papa Pio IV. A essa altura, toda esperança de reconciliação com os protestantes havia evaporado. A assembleia ignorou decretos dogmáticos anteriores, evitando, desse modo, uma batalha quanto à continuação legítima das duas primeiras assembleias. Debates amargos desse período giraram em torno de propostas reformistas, especialmente a residência obrigatória de bispos em suas respectivas dioceses. Tendências por parte dos espanhóis, franceses e imperialistas de descentralizar a Igreja e, assim, diminuir o poder do papado foram vencidas por uma diplomacia hábil, capaz de ganhar os monarcas à posição papal. A base para o ultramontanismo (centralização de autoridade e influência no papado), que culminou na declaração da infalibilidade papal em 1870, foi, assim, estabelecida. O próprio concílio tornou-se o meio para rejeição renovada do conciliarismo em virtude do triunfo do Papa. Embora nenhum decreto específico descrevesse os poderes e funções do pontificado, o concílio submeteu os decretos ao Papa para sua confirmação. Em 26 de janeiro de 1564, Pio IV emitiu a bula *Benedictus Deus*, confirmando cânones e decretos do Concílio de Trento. A bula confirmava que apenas o Papa tinha o direito de interpretá-los.

Enquanto o Concílio de Trento falhou em alcançar todos os objetivos relacionados à reforma da fé, restauração da moralidade e reunificação cristã, certamente restaurou o espírito e a energia da Igreja romana. As décadas que se seguiram ao concílio testemunharam erudição teológica e educação renovadas, reforma moral e crescimento espiritual à medida que o catolicismo respondia ao protestantismo. Decretos disciplinares do concílio estimularam a pregação bíblica e o estabelecimento de seminários com o objetivo de equipar o clero, educando-o à obra pastoral. Uma série de reformas morais também ocorreu com relação ao celibato e à castidade clerical, bem como à residência e fidelidade de bispos. Dentre os bispos tridentinos exemplares, encontra-se Carlos Borromeo (1538-84), arcebispo de Milão a partir de 1565, cuja espiritualidade e ministério foram reconhecidos por sua canonização, em 1610.

O movimento reformista católico foi essencialmente pessoal. A Igreja como um todo seria transformada a partir da conversão de membros individuais, os quais, por sua vez, seriam mudados, a começar de uma liderança de elite transformada. Bispos e ministros paroquiais lutaram para interiorizar e individualizar a fé por meio da implementação dos decretos formulados no Concílio de Trento, especialmente o mandato de frequência semanal à missa e à confissão. A centralidade da confissão e da penitência como meios de interiorização dessa fé podem ser vistos na invenção do confessionário, atribuída ao cardeal Borromeo. Na Igreja medieval, confissão era total ou parcialmente pública nos templos, embora pudesse ser realizada no lar em casos de doença grave (Bossy, 1999, p. 87, 97-8, 102-3). Renovação pessoal e espiritual foi a ênfase tanto de reformistas tridentinos quanto a de jesuítas. A biografia de santos alcançou proeminência em coleções como *Acta Sanctorum*, publicado a partir de 1643 por jesuítas flamengos. A canonização facilitou a autoridade papal e refletiu "os valores clericalistas e masculinos da Igreja" por meio de seu foco em "missionários, bispos e fundadores de ordens religiosas em oposição a homens e mulheres leigos" (Johnson, 2006, p. 196–7). Mesmo assim, a ênfase em santidade pessoal, renovação de oração, penitência e obras de misericórdia espirituais e corpóreas, por mais importantes que fossem, negligenciavam a reforma litúrgica. A estatura heroica de indivíduos como Loyola não podia substituir a centralidade da adoração pública e corporativa que Lutero e outros reformadores protestantes haviam recuperado. Enquanto reforma e hinologia eram aspectos cruciais aos reformadores protestantes, reformadores católicos permaneceram liturgicamente indiferentes. A adoração católica do fim do século XVI ainda preservava a alta complexidade clerical que herdara da Idade Média. É claro que a adoração católica não deixava de ter celebração, drama e arte. Contudo, a ênfase bíblica da adoração corporativa reavivada por Lutero, Zuínglio, Calvino e outros reformadores protestantes continuou obscura:

> Historiadores de liturgia e espiritualidade afirmaram que, em geral, parece ter acontecido em nosso período um abandono da vida corporativa oficial da Igreja como veículo comum de vida e fé cristã. A "espiritualidade" substituiu a adoração corporativa (Rasmussen, 1988, p. 281).

A espiritualidade da reforma católica se exemplificou pela piedade ascética, subjetiva e pessoal de "atletas" do misticismo como Teresa de Ávila (m. 1582) e João da Cruz (m. 1591), e expressões artísticas barrocas, ilustradas pela escultura impressionante de Bernini, "O Êxtase de Santa Teresa" (1646) e pelos quadros "Cristo carregando a cruz" e "Ressureição", de El Greco (m. 1614). Os jesuítas se tornaram patronos importantes das artes, usando-as como meio de proclamação espiritual. De fato, podemos dizer que a arte barroca expressa o triunfalismo da Contrarreforma tridentina, já que, em termos de forma, manifesta o conceito de controle sobre forças aparentemente turbulentas e, em termos de conteúdo, enfatiza temas como Maria, os santos, procissão de *Corpus Christi* e papas reinantes, segurando as chaves de São Pedro. Como nessas expressões de espiritualidade tridentina:

> [...] o culto da eucaristia logo se transformou em uma afirmação antiprotestante e, assim, característica do aspecto "contra" da reforma católica. Ao mesmo tempo, estava enraizado no desejo medieval pela visualização, "o olhar que salva". A exposição do sacramento e sua bênção se desenvolveram em um rito elaborado de adoração "perpétua", cimentada na *Quarant'ore*, "Devoção das Quarenta Horas" (Rasmussen, 1988, p. 282).

A seção final de Trento se opôs ainda mais à preocupação dos reformadores protestantes ao reafirmar a importância de jejuns para a "mortificação da carne" e "aumentar a piedade". Outros pontos doutrinários, como a "intercessão e invocação dos santos", indulgências e a doutrina do purgatório também foram restabelecidos (Mullett, 1999, p. 67–8).

De acordo com Evennett (1970, p. 31–2), erudito católico e estudioso da Contrarreforma:

> [Todas estas atividades] requeriam luta por autocontrole e aquisição de virtudes. Zelo por boas obras de misericórdia e caridade, bem como labor pela salvação de almas, tinham preeminência. O tipo de espiritualidade da época refletia a agitação enérgica do homem do século XVI, que sentia, finalmente, ter poder sobre si mesmo e sobre todas as coisas — determinação que devia aplicar na Contrarreforma a fim de glorificar ainda mais a Deus e reavivar a Igreja.

Posto de forma mais sucinta: "A doutrina da Contrarreforma acerca da luta cristã [...] anunciava que o homem, mesmo em face de seu Criador Todo-poderoso, carregava, até certo ponto, o destino da vida nas próprias mãos" (Evennett, 1970, p. 36) — precisamente a doutrina que Lutero havia lutado para vencer: "A reforma tridentina não foi uma mera restauração da Idade Média. Em quase todas as suas manifestações, demonstrou características em oposição à Reforma" (Iserloh *et al.*, 1986, p. 510).

Ao mesmo tempo, o catolicismo romano foi revitalizado pelo surgimento de diversas ordens novas, especialmente a Companhia de Jesus; pela ênfase em um clero educado em seminários; pela formação de leigos por meio do novo catecismo (formulado por Canísio); e pela liderança exemplar de uma nova geração de bispos que, agora, residiam em dioceses e pastoreavam o rebanho. Essas ações formavam um paralelo com o esforço protestante anterior de profissionalizar o clero por intermédio da educação, do treinamento e da visitação eclesiástica; de prover educação leiga pelo catecismo; e de promover a confissão e o "viver cristão" por meio da disciplina social, como no caso dos consistórios. Aspectos do que os historiadores nos últimos anos têm chamado de "confessionalização" são claramente visíveis no ministério de Borromeo, em Milão. Durante seu ministério na cidade, o cardeal enfatizou que "o sacramento da penitência a serviço da conquista espiritual da cidade" criaria uma "moralidade pública" consonante com a reforma católica (Boer, 2001, p. 323–30). Refletiremos mais sobre o paradigma da "confessionalização" no próximo capítulo.

## SUGESTÕES DE LEITURA

Robert Bireley, SJ, *The Refashioning of Catholicism, 1450–1700: A Reassessment of the Counter Reformation* [A remodelagem do catolicismo (1450–1700): uma reavaliação da Contrarreforma]. Washington, DC: The Catholic University of America Press, 1999.

Robert Bireley, SJ, "Early Modern Catholicism" [Catolicismo no início da modernidade] em Whitford, 2008, p. 57–79.

H. Outram Evennett, *The Spirit of the Counter-Reformation* [O espírito da Contrarreforma], ed. com um posfácio de John Bossy. Notre Dame: University of Notre Dame Press, 1970.

Elizabeth G. Gleason, ed. and tr., *Reform Thought in Sixteenth-Century Italy* [Pensamento reformista na Itália do século XVI]. Chico: Scholars, 1981.

Lu Ann Homza, *The Spanish Inquisition 1478–1614. An Anthology of Sources* [A Inquisição espanhola (1478–1614): uma antologia de fontes]. Indianapolis: Hackett, 2006.

Hubert Jedin, *A History of the Council of Trent* [História do concílio de Trento], 2 vols. St Louis: B. Herder, 1957.

Trevor Johnson, "The Catholic Reformation" [A reforma católica] em Ryrie, 2006a, p. 190–211.

William Monter, *Frontiers of Heresy: The Spanish Inquisition from the Basque Lands to Sicily* [Fronteiras da heresia: a Inquisição espanhola das Terras Bascas à Sicília], Cambridge: Cambridge University Press, 1990.

John C. Olin, *Catholic Reform: From Cardinal Ximenes to the Council of Trent 1495–1563* [Reforma católica: do cardeal Jiménez ao concílio de Trento: 1495–1563]. Nova Iorque: Fordham University Press, 1990.

John W. O'Malley, SJ, *The First Jesuits* [Os primeiros jesuítas], Cambridge, MA: Harvard University Press, 1993.

John W. O'Malley, SJ, *Trent and All That: Renaming Catholicism in the Early Modern Era* [Trento e tudo mais: renomeando o catolicismo no início da era moderna]. Cambridge, MA: Harvard University Press, 2000.

Michael A. Mullett, *The Catholic Reformation* [A reforma católica]. London: Routledge, 1999.

John Tedeschi, *The Prosecution of Heresy: Collected Studies on the Inquisition in Early Modern Italy* [A execução da heresia: estudos seletos sobre a Inquisição na Itália moderna]. Binghamton: Medieval and Renaissance Texts and Studies, 1991.

## RECURSOS ELETRÔNICOS

Portal jesuíta com links a outros sites que tratam da história da Companhia de Jesus: www.sjweb.info

Biblioteca e arquivos do Vaticano: www.vatican.va

## *Capítulo 15*
# LEGADOS DA REFORMA

*Separados por séculos distantes, abismos de morte e reinos decadentes, ouvimos; mas não é fácil entender tudo.*

Thomas Carlyle (1795–1881)

Uma das consequências da Reforma em geral, e do Concílio de Trento em particular, foi a fragmentação da cristandade ocidental. Alguns legados do desmembramento medieval do *corpus Christianum* foram quase imediatamente aparentes — como o surgimento da confessionalização — enquanto a ação cataclísmica de outros, como o pluralismo teológico, exerceu influência a longo prazo. De um modo ou de outro, porém, legados da Reforma afetaram todos os aspectos da vida e do pensamento moderno. Descrições e análises desse legado preenchem mais prateleiras de bibliotecas que a maioria de nós é capaz de imaginar. Portanto, esboçando uma conclusão, abordarei apenas alguns dos legados da Reforma em áreas como a confessionalização, política e direito à resistência, o papel da mulher, o "outro" e cultura.

## CONFESSIONALIZAÇÃO

Uma das consequências mais óbvias da Reforma foi a divisão do catolicismo medieval em diversas Igrejas; a historiografia recente rotulou o processo pelo qual essas diversas comunidades estabeleceram sua própria identidade de "confessionalização". Na erudição alemã, o termo tornou-se paradigma de história social. Confessionalização "designa a fragmentação da cristandade unitária (*Christianitas latina*) da Idade Média em ao menos três Igrejas confessionais: luterana, calvinista (ou "reformada") e católico-romana pós-tridentina. Cada qual formou um sistema altamente organizado, inclinado a monopolizar a visão de mundo com respeito ao indivíduo, o Estado e a sociedade, e a estabelecer normas estritamente formuladas na política e moralidade" (Schilling, 1986, p. 22; 1992: Capítulo, 5). A teoria da "confessionalização" diz respeito ao conceito de "disciplina social". Nessa visão, as Igrejas mencionadas se sujeitaram ao "Estado" e uniram forças com governos locais, no fim do século XVI, com o objetivo de educar e disciplinar as pessoas em suas respectivas confissões. A historiografia francesa análoga usa termos formulados por Jean Delameau, Robert Muchembled e Michel Foucault, como "cristianização", "aculturação" e "governamentalismo". Distinguindo-se da historiografia alemã, eruditos franceses falam da aculturação pela elite (isto é, "elitismo"). Considera-se, assim, que a população da Europa medieval, em sua maioria "pagã", tenha sido progressivamente "cristianizada", sujeitada à disciplina cristã pelas ações conjuntas de Igreja, Estado e camadas sociais privilegiadas. De 1550 a 1750, uma abordagem *de cima para baixo* criou na Europa um novo tipo de sociedade pela "inculcação" catequética das Igrejas, pela vigilância moral e regulamentação da vida diária (Schmidt, 2000, p. 24–7). Um exemplo do lado protestante é Estrasburgo, que lutou para regular a vida diária em termos de aplicação do evangelho. Fiéis desejavam purificar sua comunidade de vícios como prostituição, jogos de azar, blasfêmia e xingamento: todos os aspectos da vida tinham que se amoldar à lei de Deus como fruto da salvação pela graça. O movimento não tinha a intenção de separar, de forma acentuada, o mundo secular de uma Igreja concebida como um espaço puramente espiritual, porém, previa uma reforma que abrangia a totalidade da vida humana e a sacralização do mundo. A aplicação governamental da moralidade não confiava, assim, apenas na espada, mas também na pregação do evangelho (Schmidt, 2000, p. 39–40).

Em sua revisão dos aspectos positivos e negativos dessa historiografia, Lotz-Heumann (2008, p. 136–57, aqui 151) dá crédito ao conceito de confessionalização por sua abrangência:

> A confessionalização integra desenvolvimentos políticos, sociais e culturais, analisa sua interação e, como um conceito evolucionário, concentra-se em processos de construção cultural e (tentativa de) difusão social. Pesquisas recentes mostram que o processo de confessionalização se estendeu até boa parte do século XVIII. Eruditos podem, portanto, fazer perguntas como: "Qual a relação entre confessionalização e secularização?" Ou então, por um ângulo diferente, avaliar o conceito não a partir de uma tese macro-histórica, mas como um problema de pesquisa que se detém detalhadamente em processos e agentes que construíram significado religioso e secular no início do período moderno.

Benedict (2002b, p. 50) também questiona se teorias da confessionalização "não se preocupam demais em relacionar todo desenvolvimento inicial do período moderno com relação à metanarrativa do crescimento do Estado moderno".

Enquanto o paradigma da confessionalização nos serve de lembrete útil quanto ao papel da religião no desenvolvimento sociopolítico do fim do século XVI, é importante lembrar também que tais efeitos são evidentes desde o início. Desde cedo, comunidades protestantes começaram a desenvolver sua própria identidade sociocultural, informada por teologias específicas, pela hostilidade de uma para com a outra e antipatia com relação à antiga fé. O catolicismo, delimitado agora pelo adjetivo "romano", fez o mesmo. Tentativas intramurais do fim da Idade Média em reformar a Igreja tornaram-se exercícios extramurais de autodefinição. Nesse processo, a fluidez dos primórdios da Reforma ficou cada vez mais rígida à medida que cada comunidade construía uma identidade modelada a partir de sua própria confissão, diferente de outras.

Decisões do Concílio de Trento acerca de tópicos como justificação, Escritura e os sacramentos tornaram tão definitivas as divisões surgidas na Reforma que a esperança de uma Igreja reunificada só começaria a borbulhar outra vez durante o movimento ecumênico do século XX. Mesmo assim, questões relacionadas ao século XVI, como indulgências, autoridade papal e justificação continuam a suscitar controvérsias. O trabalho de uma década (1965-99) da Comissão Bilateral Católico-Luterana — que culminou na assinatura da "Declaração Conjunta Sobre a Doutrina da Justificação" — estabeleceu áreas de comum acordo e esclareceu posições que continuam em desacordo, inflamando, ao mesmo tempo, um protesto escrito contra o documento por cerca de 250 teólogos luteranos alemães. Além disso, os acordos geraram um turbilhão de publicações e websites a favor e contra. Enquanto isso, os dois papas mais recentes, João Paulo II e Bento XVI, continuam a emitir indulgências plenárias (150º aniversário de Lourdes, 2007; "Ano Jubilar dedicado a São Paulo", 2008; Dia Mundial da Juventude, 2008; *et al.*). Por isso, um estudo de 2008 realizado por Reinhard Brandt critica a doutrina católica da indulgência, ensinada ainda hoje, com o título sagaz: *Lasst ab vom Ablass: Ein evangelisches Plädoyer* ("Desistam das indulgências: um apelo evangélico"). Estudos intensivos e extensivos do movimento moderno ecumênico estão além do escopo do nosso texto; no entanto, podemos ao menos mencionar que um dos pontos principais de contenda, responsável por controvérsias e divisões durante a Reforma — a Ceia do Senhor — tem sido foco de diálogo e reconciliação crescentes. Em 1973, consenso teológico e comunhão eucarística foram estabelecidos, na Europa, entre boa parte das igrejas luteranas, reformadas e unidas com a Concórdia de Leuenberg. O acordo, por sua vez, proveu a base para uma declaração de comunhão plena, *Um chamado comum* (1997), entre a Igreja Evangélica Luterana dos Estados Unidos, a Igreja Presbiteriana (Estados Unidos), a Igreja Reformada dos Estados Unidos e a Igreja Unida de Cristo.

Quando da conclusão do Concílio de Trento, a recordação que a segunda geração de reformadores tinha de uma Igreja "santa, católica e apostólica" estava sendo eclipsada por confissões doutrinárias e por impressões vívidas de mártires e confessores de sua própria comunidade particular. Lealdade aos "pais" da Igreja significava, cada vez mais, lealdade às confissões de fé da geração anterior. O diálogo entre as igrejas consistia, em grande medida, em condenação e anátema mútuos. Felipe Melanchthon refletiu sobre a intensidade e rancor desses conflitos teológicos ao suspirar aliviado, em seu leito de morte, que finalmente estava a ponto de se livrar das *rabies theologorum* — a "loucura dos teólogos". Essa "loucura" contribuiu com as atrocidades cometidas na Guerra dos Trinta Anos (1618-48).

A competitividade entre as Igrejas levou a um tipo de mentalidade de cerco. Teólogos protestantes ficaram tão envolvidos na construção de sistemas teológicos como forma de proteção e bloqueio de ideias alternativas que o fim do século XVI e início do XVII vieram a ser conhecidos como o período da ortodoxia ou escolasticismo protestante. Luteranos e calvinistas formularam teorias de inspiração verbal e plenária a fim de salvaguardar, por um lado, a autoridade única da Escritura contra o uso católico-romano da tradição e, por outro, contra o uso da experiência e da "luz interior", defendida por dissidentes. O entendimento original dos reformadores quanto à fé como confiança na promessa de Deus mudou, no calor da batalha, para fé em termos de consentimento intelectual à doutrina correta. Como resultado, elaboraram-se esquemas altamente racionalizados da salvação, exemplificados pela tabela de eleição e reprovação desenvolvida pelo puritano elisabetano William Perkins (1558-1602) (Hinson, 1976, Capítulo 7; Muller, 1978) e pelo calvinismo estrito formulado no sínodo de Dort (1618-19), realizado nos Países Baixos. O sínodo também é conhecido como "sínodo TULIP" [tulipa] porque os decretos nele estabelecidos podem ser organizados de modo a formar o acrônimo que remete à famosa flor holandesa: *total depravation* [depravação total], *unconditional election* [eleição incondicional], *limited salvation* [salvação limitada] e *perseverance of the saints* [perseverança dos santos].

Protestantismo e catolicismo racionalistas e presos a um credo contribuíram politicamente para o desenvolvimento e a consolidação dos primórdios do Estado moderno e à sua concomitante imposição de disciplina social. Intelectualmente, contribuíram ao racionalismo, deísmo e devocionismo que alimentou o Iluminismo dos séculos XVIII e XIX. A aspiração medieval por uma sociedade cristã, o *corpus Christianum*, fragmentou-se nas aspirações de grupos confessionais diferentes. Sem um ideal sagrado para a integração da sociedade — e sem os recursos e a vontade de um determinado grupo de impor um ideal confessional particular para toda a Europa — a tolerância religiosa tornou-se o caminho para a paz social e eventual secularização da sociedade. A substituição de uma sociedade sagrada e unificada por comunidades confessionais também teve consequências éticas e psicológicas:

> Traduzido em termos psicológicos, significava a internalização da disciplina, baseada em decoro e piedade, e a supressão, ou, ao menos, redirecionamento da violência e do ódio [...] Descrita de modo variado como "o processo civilizador", ou "disciplina social", a transformação de normas sociais se expressou também na difusão de valores burgueses, epitomados pela ênfase no aprendizado e na autodescoberta e pelo louvor simultâneo da vida familiar e definição mais rígida de seu limite sexual (Hsia, 1989, p. 184).

LEGADOS DA REFORMA 411

**Figura 15.1** "Liberae Religionis Typus", c. 1590. A "procissão triunfal" antiluterana da "religião livre" inverte a caricatura protestante de católicos como destruidores da paz e saqueadores da terra. Nela, Lutero e Calvino, montados nos cavalos da frente, puxam, em um ritmo desigual, a carroça da "religião livre", acompanhada logo atrás por destruição, crueldade, rebelião, pobreza e degeneração da moralidade e autoridade. Essas consequências são retratadas no fundo direito da imagem e proclamam, com fanfarra, que qualquer um pode interpretar a Bíblia a seu modo e desprezar a autoridade da Igreja antiga. Os quatro demônios desnudos nos cantos da carroça clamam pela rejeição da religião e pelo caos social. As três virtudes de piedade, paz e justiça fogem da anarquia causada pela "religião livre." O desenho é um tipo de inversão do "desenho da carroça" (cf. figura 3.3) de Karlstadt. *Fonte:* Bibliothêque Nationale, Paris.

## POLÍTICA

As reformas trouxeram à cultura ocidental o problema do pluralismo — religioso, social e cultural. Uma vez que o mundo moderno ainda luta com esse legado em salas de aula e tribunais, ruas e campos de batalha, não é de surpreender que as pessoas do século XVI tenham achado extremamente difícil viver com deveres alternativos e rivais, exacerbados pelo medo universal de anarquia e desordem social (Ozment, 1985, p. 22–7). A primeira resposta de todos os grupos foi compelir a conformidade. Contudo, convicções religiosas não são facilmente demovidas por lei ou pelo uso da força. Em alguns casos, o triunfalismo protestante contribuiu para o desenvolvimento da síndrome da "nação eleita". A superação inglesa do medo imposto pela Armada espanhola (1588) e a falha dos recusantes (católicos ingleses que rejeitavam a Igreja Anglicana) em explodir o parlamento britânico e o rei (a Conspiração da Pólvora, 1605) foram interpretados como prova da eleição divina e bênção da nação. Esse sentido messiânico de pertencer à nação escolhida continuou no Novo Mundo e contribuiu para a identidade nascente dos Estados Unidos como a "cidade sobre o monte" e com um "destino manifesto", características que continuam a exercer influência política.

Outra resposta ao pluralismo político foi a asserção dos direitos de consciência individual. De diversas maneiras, a declaração de Lutero ao imperador na Dieta de Worms em 1521 tem tido eco político desde então: "Minha consciência é cativa à Palavra de Deus. Não posso me retratar de nada, nem mesmo o farei, uma vez que não é nem seguro, nem correto, agir contra a consciência. Não posso agir de outra forma: essa é a minha posição, que Deus me ajude. Amém" (*LW*, 32, p. 112–13). Posteriormente, Lutero foi igualmente taxativo em defender a liberdade da fé contra a direita (o Papa) e a esquerda (Karlstadt e Müntzer) teológica: "Não obrigarei homem nenhum pelo uso da força; a fé deve surgir livremente, sem compulsão" (*LW*, 51, p. 77; cf. *LW*, 45, p. 108). Resistência passiva não estava restrita a protestantes, mas era comum a todos aqueles que divergissem religiosamente com seus governantes, como no caso dos católicos na Inglaterra elisabetana.

Se uma autoridade regente estivesse errada, Lutero apoiava a objeção consciente: "E se um príncipe estiver errado? O povo deve acompanhá-lo no erro? Resposta: Não. Ninguém tem o dever de fazer o mal: devemos obedecer a Deus (que deseja o que é certo) mais do que a homens [Atos 5:29]" (*LW*, 45, p. 125). Não demorou para que juristas e teólogos luteranos desenvolvessem argumentos constitucionais e teológicos a favor de resistência, abrangendo desde magistrados menores até o imperador que desejasse coagir a fé de seus súditos. A resistência política luterana foi expressa na Confissão de Magdeburgo (1550–1), a qual, por sua vez, influenciou diretamente o pensamento francês político-calvinista (Whitford, 2001a; Whitford,

2002b). Argumentos huguenotes por um constitucionalismo que limitava o poder real e apoiavam a consciência individual foram defendidos por François Hotman em *Franco-Gallia* (1573) por Teodoro de Beza em *Right of Magistrates* [Direito dos magistrados] (1574) e por Philippe du Plessis-Mornay em sua obra mais radical, *Vindication Against Tyrants* [Justificativa contra tiranos] (1579), que autorizava a rebelião pessoal com o fundamento explicitamente religioso de que Deus podia "levantar novos libertadores" fora do quadro constitucional. Na Inglaterra, *Short Treatise of Political Power* [Pequeno tratado do poder político] (1556), de John Poynet — o primeiro rompimento com a concepção inglesa de obediência passiva — também foi influenciado por Lutero e pela Confissão de Magdeburgo (Schulze, 1985, p. 209; Hildebrandt, 1980; Hoss, 1963; Skinner, 1980; Witte, 2007b, p. 106–14).

A autoridade de reis tornou-se relativa diante de Deus, o Rei dos reis. Argumentos protestantes em favor da resistência contra a tirania continuou a fomentar mudanças políticas até a Revolução Americana do século XVIII (Whitford, 2001b). Esses argumentos "forneceram ingredientes importantes do constitucionalismo, resultado importante dessas ideologias. Traços de ideias do século XVI sobreviveram e podem ser percebidos, por exemplo, em meados do século XX, quando foram então usados na luta contra o totalitarismo moderno. Ideias contra tirania continuam conosco" (Kingdon, 1988, p. 219). Que a exposição teológica de Lutero sobre a obrigação da resistência política a governos injustos não é meramente de interesse histórico é algo que pode ser visto na resistência norueguesa e alemã contra o nazismo. Na frase lapidar de Lutero posteriormente retomada por Dietrich Bonhoeffer: "Se o condutor da carroça estiver bêbado, temos que frear as rodas" (cf. Duchrow, 1987; 34, capítulo 3; De Grouchy, 1988, p. 124–30; Berggrav, 1951, p. 300–19; Simon-Netto, 1995). Raízes reformistas do direito constitucional moderno e dos direitos humanos constituem um campo crescente de estudos, liderados especialmente pelo historiador jurídico John Witte Jr.: "Teorias calvinistas de lei natural, soberania popular, direitos e liberdades de indivíduos e associações", desenvolvidas no caldeirão da revolta holandesa, "teceram diversas linhas teológicas fortes na produção do constitucionalismo americano" (Witte, 2007b; 150, 31–2; cf. também Witte, 2002).

Com exceção da crise situacional intensa que levou Bonhoeffer a participar do complô para assassinar Hitler, reformadores entendiam que o púlpito era o primeiro meio religioso para desafiar problemas políticos. Mais uma vez, isso pode surpreender nossa era moderna, que papagueia o mantra de que a religião deve se manter fora da política (exceto, claro, quando a religião serve de apoio à política eleitoral). Reformadores foram o símbolo do que ficou conhecido em estudos bíblicos e clássicos como "linguajar franco", isto é, a não hesitação no uso de linguagem ofensiva para expor mentiras e eliminar a autoridade mística reivindicada por papas, teólogos e políticos (Furey, 2005, p. 478, 488). Para Lutero, uma das funções da pregação é "desmascarar a injustiça *oculta*, salvando, assim, a alma de cristãos enganados e abrindo os olhos de autoridades seculares ao seu mandato de estabelecer justiça *civil*" (Oberman, 1988, p. 444). Tal desmascaramento da injustiça deve ocorrer aberta e ousadamente por aqueles que foram chamados ao ofício da pregação:

> A repreensão de governantes não é uma atitude facciosa, desde que seja feita pelo ministro, o qual, da parte de Deus, recebeu a incumbência de fazê-lo [...] Seria muito mais sedicioso se um pregador não repreendesse o pecado dos governantes: o povo ficaria enraivecido e desconfiado — e o governante tirano, fortalecido. Além disso, o ministro passaria a ser coparticipante do pecado, assumindo parte da responsabilidade por ele (*LW*, 13, 4–50).

Em um sermão de 1529, Lutero declarou:

> Devemos expor a conduta do magistrado e denunciá-lo, quer ria, quer fique irado. Cristo instruiu que nós, pregadores, não retivéssemos a verdade dos que foram investidos com autoridade, mas sim exortássemos essas pessoas, repreendendo-as quando houver injustiça [...] Precisamos confessar a verdade e repreender o mal [...] O cristão deve dar testemunho da verdade e morrer por ela. No entanto, como alguém pode morrer pela verdade sem que antes a tenha confessado? (WA 28, p. 360–1).

Em 1968, Martin Luther King foi assassinado depois que seus sermões começaram a estabelecer a relação entre o racismo americano, o imperialismo e a Guerra do Vietnam.

O legado da Reforma na política não serviu apenas para o protesto profético contra a injustiça; muitas das posições doutrinárias do movimento contribuíram para o aumento de uma conscientização democrática. Esse ponto não deve ser tomado de modo anacrônico, já que o Renascimento havia reforçado séculos de pensamento político que viam a "democracia" como um governo de massas indisciplinadas e sem princípios, sujeito a demagogos egoístas (Kingdon, 1973, p. 187). No entanto, a tradução luterana da Bíblia e sua ênfase na educação universal para facilitar sua leitura — caminho que outros reformadores também seguiram — foi um passo a mais em relação a impedir que a elite tivesse controle exclusivo tanto sobre as palavras quanto sobre a Palavra. A doutrina do sacerdócio de todos os batizados anunciava que o pregador ou ministro ordenado distinguia-se de todos os outros cristãos apenas por seu ofício: "Não há leigo e clero na Igreja: apenas cristãos batizados que servem uns aos outros de acordo com o ofício concedido por Deus" (Wengert, 2008, p. 5). Para Lutero, a Igreja não era mais uma instituição hierárquica, mas uma comunidade de cristãos na qual "ninguém vive mais para si, mas se entrega a outros por amor". Assim, o Reformador traduzia *ecclesia* não como "igreja" (*Kirche*), mas como "comunidade" (*Gemeinde*), "congregação" (*Gemeine*) e "assembleia" (*Versammlung*). Seu livreto de 1523, *The Right and Power of a Christian Congregation or Community to Judge All Teaching and to Call, Appoint, and Dismiss Teachers, Established and Proved from Scripture* [O direito e poder de uma comunidade ou congregação cristã, estabelecido e provado pela Escritura, de julgar todo ensinamento e convocar, designar e dispensar mestres] tem sido visto como "um 'apoio gritante' de igualdade e autonomia comunais" (Ozment, 1985, p. 9). O conceito calvinista de Igreja como uma comunidade pactual contribuiu para a ideia de contrato social; processos anti-hierárquicos e niveladores corroeram estruturas políticas e eclesiásticas. Nas palavras de William Tyndale: "A oração do mendigo é tão boa quanto a do cardeal, e a de um açougueiro, tão boa quanto a de um bispo. A bênção de um padeiro que conhece a verdade vale tanto quanto a do Papa, nosso mais santo pai" (Richardson, 1994, p. 29). Igualitarismo religioso podia levar também a igualitarismo sociopolítico. Como John Knox declarou: "Tirar de nós a liberdade de nos reunirmos em assembleia é o mesmo que tirar de nós o evangelho" (Spitz, 1971, p. 552).

Por mais sugestivo que os temas teológicos sejam com relação ao desenvolvimento político moderno, importa-nos lembrar de que o período confessional coincidiu com o absolutismo e que confissões particulares não equivalem, de maneira simplória, a progressos políticos:

> Não existe uma correlação simples entre confissões particulares e reforma política. Pesquisas recentes demonstraram que precisamos repensar associações tradicionais de Contrarreforma com absolutismo, luteranismo com conformidade política e calvinismo com o republicanismo democrático (Hsia, 1989, p. 53; Schilling, 1986, p. 21).

Todavia, como elucida o estudo magistral de Witte, *Law and Protestantism* [Direito e protestantismo], instituições e direitos jurídicos — incluindo o entendimento moderno de direitos humanos — foram profundamente moldados a partir do ensino teológico de Lutero (Witte, 2002, passim, p. 298–303).

## CULTURA

A Reforma tocou em todos os aspectos da cultura: trabalho, economia, artes plásticas, literatura e música. A doutrina da justificação somente pela graça e por meio da fé liberou um tipo de energia a este mundo que, até então, devotava-se a alcançar o outro mundo. Os vivos não estavam mais presos a serviço dos mortos. Com seu novo entendimento de vocação ou chamado, os reformadores destruíram o dualismo medieval que dividia o trabalho em sagrado e secular. No mundo medieval, apenas religiosos (ministros, monges, freiras) tinham uma vocação sagrada ou chamado de Deus. Aqueles que trabalhavam no mundo secular eram vistos por todos como em um plano menor e menos agradável a Deus. Em contrapartida, os reformadores enfatizavam que qualquer trabalho feito no mundo em prol do próximo e da edificação da comunidade humana agradaria a Deus. Todos os trabalhos comuns — de trocar fraldas a mudar leis — imbuem-se de significado religioso, não porque obras humanas contribuam para a salvação, mas porque Deus deseja que cada um sirva ao seu próximo. Como Lutero explicou certa vez acerca de seu próprio ministério: "Uma vaca não vai para o céu por dar leite, mas é para dar leite que ela existe na terra" (Bainton, 1957, p. 299).

## REFORMAS E O PAPEL DA MULHER

Em nenhuma outra esfera da vida medieval a aplicação prática do entendimento sobre vocação surtiu um efeito mais explosivo do que nas áreas de casamento e sexo. De acordo com Ozment (1980):

> Nenhuma mudança institucional feita pela Reforma foi mais visível e sensível aos apelos do fim da Idade Média e conducente a uma nova atitude social do que o casamento do clero protestante. Nem houve outro ponto no programa protestante em que teologia e prática se corresponderam de maneira tão bem-sucedida.

De fato, conforme notamos anteriormente, o casamento clerical tornou-se "uma profissão pública da doutrina reformada e continuou sendo um dos pontos básicos de controvérsia, impedindo a reconciliação entre protestantes e católicos" (Wunder, 1998, p. 45).

Roper (2001, p. 294) repara que, enquanto diversos estudos focalizaram o impacto dessa reforma sobre a mulher, "a abolição do *status* sexual do clero masculino — em teoria o celibato — teve provavelmente um impacto mais profundo". Como vimos no caso de Lutero, havia pressão sobre os ministros que abraçavam a Reforma para que também acolhessem uma esposa. A primeira geração de ministros católicos que se tornaram pastores protestantes estava mal preparada para tal compromisso, o qual restringia a privacidade, aumentava a responsabilidade e encurtava o orçamento. O problema central da falta de dinheiro fica claro nas inúmeras cartas que os reformadores escreveram urgindo membros de congregações que pagassem ao menos um salário-base aos pastores. Do lado positivo, havia o novo regozijo do companheirismo e da vida familiar. Walpurga, mulher de Bugenhagen, acompanhava-o nas diversas funções ministeriais que exercia em Hamburgo, Lübeck e Copenhagen, ajudando-o de tal forma que Lutero a chamou certa vez de "pastora". Da mesma forma, Anna Rhegius, esposa do Reformador Urbanus Rhegius, conhecia hebraico e "estava em posição de debater seriamente com seu marido sobre tópicos como interpretação da Escritura e teologia reformada" (Mager, 2004, p. 30–1, 33). Esposas de reformadores proeminentes exerceram papéis importantes na Reforma. Vimos como Lutero apreciava Katie e como a obra de outros reformadores "não seria concebível sem a ajuda de suas esposas", como no caso, por exemplo, de Katharina Melanchthon, Anna Zuínglio, Idelette Calvino, Elizabeth Bucer, Margarete Brenz, entre outras. Uma mulher — Wibrandis Rosenblatt — destacou-se claramente e excedeu o "dever cumprido". Rosenblatt foi casada com três reformadores (Johannes Oecolampadius, Wolfgang Capito e Martin Bucer) e, assim, envolveu-se nos movimentos reformistas da Basileia, de Estrasburgo e, até certo ponto, da Inglaterra (Jung, 2002, p. 11; Bainton, 1974, p. 79–95).

Outra mudança radical para o clero desposado foram os filhos, que:

> não eram mais vistos como ilegítimos. Podemos apenas especular o custo, em termos psicológicos, da paternidade ilegítima ao clero pré-reformado. Erasmus Alberus nos dá uma ideia ao observar emotivamente: "Agora, o filho de um ministro evangélico devoto não é tido como fruto de prostituição, mas tratado como um filho honroso. Por essa boa obra, jamais teremos como agradecer a Deus o bastante!" (Roper, 2001, p. 295–6).

Os reformadores criticavam vigorosamente a imposição celibatária da Igreja Católica sobre ministros, monges e freiras — não apenas por causa da visão do celibato como uma obra que contribuía para a salvação, mas também pela remoção de homens e mulheres do serviço ao próximo, da ordem divina do casamento e da legitimidade da vida familiar, além da negação da sexualidade. Para Lutero e Calvino, o casamento não é apenas a legitimação da satisfação sexual, mas, acima de tudo, o contexto para a criação de uma nova percepção de comunidade humana, com suas dores e alegrias. Por isso, Lutero declarou: "O casamento não consiste apenas no ato de dormir com uma mulher — qualquer um pode fazer isso — mas na manutenção do lar e na educação de filhos" (LW, 54, p. 441). Aqueles que seguiam Lutero viam no casamento não somente uma apreciação nova e alegre da relação sexual, mas também um novo respeito pelo companheirismo feminino. Lutero não conseguia imaginar a vida humana sem a mulher: "Lares, cidades, vida econômica e governo iriam praticamente desaparecer. O homem não consegue viver sem a mulher. Mesmo que lhe fosse possível gerar filhos, o homem não conseguiria ficar sem ela" (*LW*, 54, p. 161). Para Lutero, isso incluía a inteligência, piedade e ética feminina. Inúmeros tratados da época ilustram o esforço de inculcar as novas ideias a respeito do casamento: "Por exemplo: Em seu *Book of Marital Discipline* [Livro da disciplina conjugal] (1578), Johann Fischart tentou convencer os homens de que o casamento não era lugar apenas para a sexualidade lícita, mas também amor" (Wunder, 1998, p. 49).

Por outro lado, nosso enfoque seria restrito demais se omitíssemos o patriarcalismo, o sexismo e mesmo a misoginia do período medieval, que continuaram a se manifestar nas reformas. Nesse e outros assuntos que captam a conscientização contemporânea, é importante que não nos tornemos anacrônicos: "Toda Europa (provavelmente incluindo as mulheres) tinha em pouca estima o sexo feminino; a Reforma articulou, mas não concluiu, uma mudança acentuada nessa atitude" (Karant-Nunn, 1989, p. 40). Assim, o humanista espanhol Juan Luis Vives era a favor de que as mulheres fossem educadas, desde que permanecessem em silêncio: "Considerando que a mulher é 'um animal doente por natureza', Vives concluiu que 'muito mais importante do que ter mulheres educadas e bem articuladas é ter mulheres boas e honestas'". Fray Luis de León, em seu retrato da esposa perfeita do fim do século XVI, *La perfecta casada*, postulou que "a mulher foi criada como uma ideia posterior de Deus, apenas como ajudante e consoladora do homem. A mulher está sobrecarregada com a necessidade constante de se redimir do pecado, já que 'por ela o pecado entrou no mundo e, por ela, todos morremos'". (Costa, 1989, p. 90).

Tais visões misóginas não se limitavam aos católicos. Entre os calvinistas, John Knox é notório por sua "explosão" contra mulheres que exercem posição de autoridade, embora sua sogra tenha sido fundamental para o seu desenvolvimento teológico (Healey, 1994; Frankfurter, 1987). O próprio Calvino cria que o governo de mulheres "desviava-se da ordem legítima da natureza [...] algo que podia ser comprovado pela razão que Deus nos deu" (Duke *et al.*, 1992, p. 40). Contudo, esse mesmo Calvino trocou farta correspondência com mulheres nobres que se preocupavam com reformas e estava aberto, teológica e, até certo ponto, praticamente, à ordenação da mulher como pastora na Igreja (Douglass, 1985; Thompson, 1992). O exemplo mais extremo de misoginia durante a Reforma foi o tratamento dispensado às mulheres em Münster, forçadas à poligamia. Sugeriu-se, no entanto, que, juntamente com o desejo masculino por controle, a prática era um tipo de ascetismo que via o sexo apenas em função do crescimento da "tribo" dos eleitos (Marr, 1987, p. 353). Em geral, os anabatistas compartilhavam da avaliação católica negativa da sexualidade humana e rejeitavam a apreciação positiva dos Reformadores com respeito à relação sexual, vista como um dom da criação de Deus. Além do mais, a ênfase anabatista na pureza da Igreja forçava maridos e esposas a rejeitar cônjuges apóstatas: "Em termos práticos, mulheres anabatistas eram tratadas com igualdade apenas no martírio" (Wiesner, 1988, p. 153).

Uma dúvida frequente é se a Reforma fez, ou não, qualquer diferença para as mulheres: a Reforma lhes serviu de ajuda ou de impedimento? Wiesner (2008, p. 397) repara que "hoje, poucos pesquisadores que trabalham no campo responderiam essa pergunta com qualquer outra frase além de: 'Depende...', seguida de um debate longo sobre diferenças na experiência feminina". Reformadores enfatizavam a relação conjugal como "coisa terrena", não como um sacramento. Há forte desavença entre historiadores sobre se essa mudança teológica beneficiou a mulher ou continuou — ou mesmo fortaleceu — o domínio social masculino (cf., p. ex.: Scharffenorth, 1983; Lindberg, 2000b; Karant-Nunn, 1997, p. 6–42; Wiesner-Hanks, 2008; Wunder, 1998, p. 44–62; "Marriage in Early Modern Europe" [Casamento no início da Europa moderna]). Entretanto, a mudança que a Reforma trouxe no entendimento a respeito do assunto (o casamento passou a ser visto como contrato em vez de um sacramento: Witte, 1997), proveu de fato a possibilidade de divórcio e novo casamento, uma inovação proibida pela legislação canônica. Bucer afirmava que um casamento sem amor e mutualidade é, em todos os sentidos, destrutivo e contra o ensinamento bíblico. Segundo ele, casamentos assim podiam ser dissolvidos, liberando os cônjuges a se casarem novamente (Witte, 2002, p. 229, 254–5; cf. também Kingdon, 1995; Witte e Kingdon, 2005).

Enquanto o claustro era visto como um jardim paradisíaco terreno na perspectiva religiosa medieval — o contexto ideal para que as "noivas de Cristo" obtivessem a salvação —, a Reforma o via como um "cativeiro babilônico" que colocava a alma de mulheres em risco (Steinke, 2006, p. 1–2). Certamente houve casos de mulheres que se regozijaram pela libertação desse "cativeiro babilônico". Ursula von Münsterberg, por exemplo, escreveu aos duques Jorge e Henrique da Saxônia, seus primos, explicando que deixara o mosteiro no qual "[estivera] presa sob o Cativeiro Babilônico" porque agora alcançara a salvação "somente pela fé" (Wiesner-Hanks e Skocir, 1996, p. 61, 45). Ursula e outras duas freiras que haviam abandonado a vida monástica permaneceram por muitas semanas, em 1528, com a família Lutero. Não é de se estranhar que o Reformador tenha escrito o prefácio à publicação da carta de Ursula: "Christian Reasons for Abandoning the Convent of Freiberg" [Razões cristãs para o abandono do convento de Freiberg], já que sua própria mulher, Katharine von Bora, havia se tornado uma das "freiras renegadas" mais famosas da época. Marie Dentière (1495–1561) foi outra que se destacou como teóloga. Convertendo-se a partir da leitura das obras de Lutero, abandonou seu convento agostiniano em Tournai. Juntamente com Simon Robert, seu primeiro marido e ex-ministro da cidade, exerceu um ministério pastoral na Igreja Reformada francesa. Após a morte de Robert em 1533, Dentière se casou com outro pastor reformado e mudou-se para Genebra, onde trabalhou energicamente para persuadir freiras a aceitar a Reforma e abandonar o convento. Dentière também escreveu em apoio ao papel teológico da mulher na Igreja, bem como em defesa de Calvino durante seu exílio. Sua carta a Margarida, rainha de Navarra, questionava diretamente se havia dois evangelhos, um para homens e outro para mulheres. Dentière prosseguiu dizendo que as mulheres não deviam esconder o que Deus lhes havia revelado: "Profundamente preocupada com questões de liberdade, justiça e o papel teológico da mulher, Marie defendia, com base em sua cristologia (Gálatas 3:26-8) e exemplos bíblicos femininos, o direito da mulher de usar sua voz pública, interpretar a Escritura como teóloga e pregar...". Dentière reparou que a traição de Jesus, bem como heresias e profecias falsas, foram ditas, na Bíblia, não por mulheres, mas por homens — observação da qual Calvino e outros não gostaram! (cf. Stjerna, 2009, p. 135–47, aqui 141).

Nos primeiros anos da Reforma, houve uma grande pressão por parte de pregadores, parentes e autoridades civis para que as mulheres abandonassem o convento. Afirma-se que o fechamento da opção monástica restringia a vida da mulher ao papel de esposa e mãe, enquanto, no convento, tinham a oportunidade de se engajar em negócios, administração e educação:

> É possível que algumas freiras, conscientes de sua relativa independência e autonomia no claustro, soubessem que estariam desistindo dessas coisas caso saíssem [...] Havia, entretanto, razões mais práticas na decisão pelo monastério, como evitar um casamento indesejado ou os riscos do parto. A expectativa de vida de freiras era maior do que a de mulheres que não participavam da vida monástica, já que muitas morriam no ato da concepção. Além disso, as freiras evitavam diversas doenças comuns (Leonard, 2005, p. 148).

Entretanto, a motivação principal para que uma mulher permanecesse no convento era religiosa. Como observa Leonard (2005, p. 148): "As mulheres entravam no convento para servir a Deus e levar uma vida espiritual". Katherine Rem, do convento dominicano de Sta. Catarina, em Augsburgo, rejeitou o ataque de seu irmão, que caracterizava a vida monástica como um trabalho inútil, autoimposto e contrário à Bíblia (Wiesner-Hanks e Skocir, 1996, p. 37, 29, 31):

> Você não deve pensar que somos tão tolas a ponto de colocar nossa esperança no convento e nas nossas obras. Pelo contrário: colocamos nossa esperança em Deus [...] a quem servimos mais voluntariamente no convento do que no mundo, com sua graça e ajuda.

Katherine acrescenta que não aceitaria mais os juízos e pedidos de seu irmão para deixar a vida monástica.

Duas das freiras mais bem conhecidas que defenderam seus conventos são Jeanne de Jussie (1503–61) e Caritas Pirckheimer (1467–1532). Jeanne de Jussie, mulher nobre da Ordem de Santa Clara, liderou uma oposição ferrenha à Reforma até ser forçada a deixar o convento em Genebra e estabelecer-se em Annecy, onde se tornou a abadessa. É interessante saber que Marie Dentière foi uma das primeiras a tentar dissuadir Jeanne a fechar o convento. Jeanne escreveu um relato notável e comovente acerca da destruição do convento e da expulsão das religiosas: *Calvinist Germs or the Beginning of Heresy in Geneva* [Germes calvinistas ou o início da heresia em Genebra] (cf. Kingdon, 1974, p. 87–95; Lindberg, 2000a, p. 168–9), descrevendo no livro o terror das freiras durante a destruição iconoclástica de seu claustro e sua expulsão da cidade de Genebra. Caritas Pirckheimer, abadessa do convento de Sta. Clara, em Nuremberg, foi bem-sucedida em defender seu claustro. Erudita em grego e latim, Caritas era respeitada como humanista antes da Reforma; algumas de suas correspondências com o poeta laureado imperial Conrad Celtis e o artista Dürer foram preservadas. O conselho municipal de Nuremberg fez tudo o que estava ao seu alcance para fechar o convento, trazendo, ao final, Philip Melanchthon para negociar um acordo. Caritas convenceu Melanchthon de que as freiras não confiavam em suas obras, mas sim na graça de Deus. Melanchthon acalmou os ânimos, reiterando que o evangelho não podia ser forçado. Assim, a resolução do conselho foi permitir que as freiras permanecessem até sua morte, mas que nenhuma noviça devia ser recebida.

Leonard (2005, p. 9, 106, 108) formula o argumento interessante de que a sobrevivência de convertidos em certas áreas da Reforma, como Estrasburgo e Nuremberg, "desafia algumas das historiografias dominantes da Reforma: a tese da confessionalização". A acomodação alcançada nessas regiões entre aderentes das duas confissões milita contra a tese do "desenvolvimento de culturas religiosamente orientadas em cooperação com o início do Estado moderno". À medida que as freiras assumiam papéis diversos em prol do bem comum, como a educação de jovens e a provisão de serviços sociais, o conselho municipal abrandou a visão que tinha com relação a elas: "O que formava uma sociedade verdadeiramente cristã não era (pelo menos aos magistrados de Estrasburgo, para o desagrado do clero luterano) ligado inextricavelmente à Confissão de Augsburgo, mas às necessidades da comunidade urbana". A introdução recente do estudo de gênero permite uma nova abordagem ao assunto. "Gênero" amplia o assunto além dos efeitos da Reforma em homens e mulheres *per se* e abrange determinações sociais com relação ao que significa ser homem e mulher: "Diferentemente de sexo biológico, gênero é um construto social e varia, com o tempo, de sociedade para sociedade" (Wiesner, 1992, p. 159). Hickerson explora o papel do gênero em seu estudo sobre os relatos de mulheres mártires na Inglaterra da dinastia Tudor. Em *Livro dos Mártires*, mulheres mártires são retratadas por Foxe como "modelo de desobediência, símbolos politicamente perigosos". Além disso, muitas delas são "de classe baixa, assertivas, articuladas, sagazes e bem informadas [...] símbolo não de feminilidade moral e virtuosa [...] mas da própria Igreja perseguida. A verdadeira Igreja é uma mulher, a esposa de Cristo que, ousada, mas temerosamente, arrisca tudo em favor de seu marido". "Desobediência (e, como tal, resistência) nunca é mais subversiva do que quando procede daqueles que têm menos direito a ela". Assim, a mulher, especialmente a de "classe baixa", é mais perigosa do que o homem quando vista como enfraquecedora da ordem social e política, "ameaçando um sistema construído com base em noções enraizadas de gênero e hierarquia de classe". "Essas mulheres, ícones protestantes, desafiam expectativas históricas no que diz respeito a ideias modernas sobre comportamento feminino virtuoso" (2005, p. 160–3). No entanto, em edições sucessivas e simplificadas do trabalho de Foxe, essa subversão de gênero é cada vez mais domesticada, "instilando passividade onde antes havia arrogância, fé singela onde havia erudição bíblica e silêncio onde antes havia autoexpressão. Se os críticos católicos de Foxe achavam problemáticas as mulheres mártires, o mesmo ocorria, aparentemente, com diversos admiradores de seu livro". "Desobediência justa" feminina transformou-se em "comportamento virtuoso feminino" (Hickerson, 2005, p. 178–9).

O próprio Lutero não era misógino, nem mantinha uma medida dupla para homens e mulheres. Em resposta ao provérbio vulgar de que todas as mulheres são iguais sob luzes apagadas, Lutero respondia que o mesmo se aplica aos homens, além de repreender os que insultavam mulheres (WA 54, p. 174–5). Lutero procurou redefinir o que a sociedade pensava ser apropriado ao homem e à mulher. Seguindo Agostinho e Aquino, por exemplo, sociedade e teologia medievais sancionavam a prostituição e os prostíbulos legalizados a partir da lógica de que drenavam o excesso da energia sexual masculina como o esgoto escoa resíduos. A Igreja tolerava a prostituição porque seus valores de gênero denegriam o sexo e pressupunham que a sexualidade masculina era uma força anárquica e incontrolável, a qual, sem uma forma de escape, poluiria mulheres respeitáveis. Cria-se que prostíbulos legalizados impediam males piores, como adultério e estupro.

A resposta de Lutero e seus colegas não foi moralista, mas um ataque à pressuposição cultural com relação ao homem; segundo seu argumento, a cura (o prostíbulo) era pior do que a doença (o desejo sexual masculino). Em seu *À nobreza cristã* de 1520, Lutero lamenta a tolerância de prostíbulos. O Reformador estava ciente da lógica cultural, mas "não deveria o governo, que é temporal e também cristão, perceber que tal maldade não pode ser prevenida por esse tipo de prática pagã?" (*LW*, 44, p. 214–15). O esforço consistente de Lutero em redefinir a questão do gênero é evidente em suas aulas sobre Gênesis, ministrada no fim de sua vida:

> O exemplo relativo às casas de má fama e toleradas em cidades grandes não merece discussão. Não há dúvidas de que conflitam com a lei de Deus [...] É tolice pressuporem alguns que o afloramento da devassidão e do adultério é reduzido pela existência de prostíbulos [...] Por causa desses estabelecimentos, a cobiça aumenta em vez de diminuir... (*LW*, 3, p. 259; Ozment, 1983, p. 56).

Acontecimentos em Zwickau indicam que essas perspectivas tiveram certo impacto. Já em 1497 havia sífilis na cidade, mas o prostíbulo só foi fechado em 1526:

"Foi a Reforma, não a presença de doenças venéreas, que fez o prostíbulo fechar" (Karant-Nunn, 1982, p. 24). Lutero e seus seguidores tentaram redefinir o entendimento de sua cultura sobre o gênero masculino, ensinando que, em vez de impulso sexual, o homem tem responsabilidade social (Lindberg, 2000b, p. 137). Essa redefinição incluiu esforços na redução de abuso conjugal (Wengert, 2007, p. 337–9). Contudo, conforme Stjerna (2009, p. 222) nos relembra:

> A questão da igualdade de gênero e do *status* da mulher não era a preocupação maior dos Reformadores: seu interesse jazia na salvação de almas e no resgate da Igreja cristã. Os Reformadores entendiam que, para a proteção de valores religiosos renovados, a preservação do *status quo* e de questões de ordem social eram tidos como essenciais. O lado feminino da história nos serve de lembrete sobre a correlação fracamente demarcada entre os planos ideal e real.

## TOLERÂNCIA E O "OUTRO"

Tolerância não foi uma marca forte das reformas:

> Dentre as convicções da época e de sua lei, a crença de que a morte por execução em suas formas mais horríveis era a recompensa certa para aqueles que negavam lealdade básica e definitiva permaneceu firmemente enraizada [...] É claro que o povo pode ter diversas visões sobre a verdade da Igreja de Cristo na terra — como de fato tinham. Contudo, precisamos reconhecer que representantes dessas visões variadas concordavam na necessidade de uma sanção definitiva (Elton, 1977, p. 206–7).

É óbvio que havia exceções à regra, como demonstram Castellion e outros defensores franceses da liberdade religiosa, bem como espiritualistas que baseavam o ecumenismo na experiência religiosa. Sebastian Franck o exemplifica ao dizer: "Tenho irmãos dentre os turcos, papistas, judeus e todos os povos. Não que eles sejam turcos, judeus, papistas e sectários, ou permaneceram com essa classificação. Ao anoitecer, serão todos chamados à vinha e receberão o mesmo salário que nós" (Edwards, 1988, p. v).

De modo similar, a lenda medieval dos três anéis, contada em *Decameron,* de Boccaccio (1313–75), advogava tolerância. A lenda fala de como um grande senhor declarou que seu herdeiro seria conhecido pela posse de seu anel precioso. Antes de sua morte, o rei mandou fazer três cópias exatas do anel, dando-os a cada um de seus três filhos, cada qual acreditando ser o herdeiro. Em 1599, Menocchio contou a história ao seu inquisidor com a moral de que Deus dera sua lei aos cristãos, turcos e judeus. Cada qual crê que é o único herdeiro, mas não podemos dizer qual deles é o correto. Menocchio, portanto, defendia que a tolerância fosse também estendida aos hereges. A recompensa por esse *insight* foi sua execução por ordem do Santo Ofício (Ginzburg, 1982, p. 49–51).

A despeito de exceções, como no caso de Franck, os turcos eram vistos amplamente não apenas como o "outro", mas como as forças do anticristo, cujo avanço na Europa meridional e central representava uma ameaça tanto espiritual quanto militar. A ironia, claro, é que a ameaça militar turca ao império ocupou tamanho tempo e recursos de Carlos V que ele foi incapaz de agir com vigor contra a Reforma; assim, de uma perspectiva puramente política, Lutero podia ter visto os turcos como aliados contra o papado. Mas a preocupação principal de Lutero era teológica e não política. Desse modo, ele via os turcos particularmente como a vara da ira de Deus contra um império pecador, e o islã em geral como inimigo de Deus, uma vez que Maomé nega que Cristo é o Filho de Deus e Salvador do mundo. É interessante notar que Lutero rejeitava o chamado de sua época a uma cruzada contra os turcos da mesma forma como repudiava sanções religiosas à violência, defendidas por Müntzer. Para o Reformador, o evangelho não pode ser propagado ou protegido à força. O conflito armado contra os turcos podia ser levado a cabo apenas pelas autoridades em defesa de seu país: "O lado que começar uma guerra está errado" (*LW*, 46, p. 118):

> A ideia de que nenhuma cruzada ou guerra santa era permissível representava um ponto de ruptura importante da teologia medieval corrente. Desde Gregório I [m. 604], teólogos argumentavam que a correção de hereges era uma causa legítima de guerra (Miller, 2002b, p. 48, 50; Miller, 2007, p. 52–3).

Uma das conquistas de Lutero foi seu reconhecimento de que o chamado à luta legítima contra a ameaça do exército otomano não devia se igualar ao conflito entre o islã e o cristianismo (Ehmann, 2007, p. 91). Para Lutero, a ameaça turca era primeiramente uma questão religiosa, relativa ao desafio do islã à fé cristã; assim, o Reformador usou sua influência para possibilitar a tradução do Alcorão feita, em 1542, por Theodore Bibliander, argumentando que apenas aqueles que o conhecessem seriam capazes de refutá-lo (Miller, 2004, p. 188–9; Rajashekar e Wengert, 2002). Diferentemente de Raimundo Lúlio e Nicolau de Cusa, intérpretes medievais do islamismo, Lutero não via a religião mulçumana como um tipo de "cristianismo anônimo" ou seita cristã. Para ele, não podia haver diálogo inter-religioso com um "outro" que não reconhecesse Jesus Cristo como o Redentor da humanidade (Kandler, 1993, p. 8): "Como no caso dos judeus, [Lutero] não estava preocupado em converter turcos, aos quais considerava obstinados, mas em informar os cristãos" (Brecht, 1993, p. 354; Kaufmann, 2006, p. 75–6). A visão da Reforma com relação ao conflito cristão-islâmico como uma confrontação escatológica entre Deus e Satanás ainda exerce uma influência nociva dentre alguns grupos de protestantes modernos:

A despeito da natureza variável dos "combatentes" (de árabes e turcos, cristãos e ocidentais), essa narrativa magistral postula, na realidade, apenas dois autores definitivos: cristianismo e islamismo. Ambos golpeiam um ao outro, como dois boxeadores. Não é difícil ver o poder previsível de tal narrativa na história das relações cristãs e islâmicas... (Miller, 2005, p. 156).

O assunto mais delicado da relação entre as Reformas e o "outro" é o tratamento dos judeus. Hostilidade cristã contra os hebreus não foi, claro, *sui generis* na Reforma, mas tem uma história longa e sórdida, estendendo-se desde os tempos do Novo Testamento e da Igreja primitiva. Às vésperas da Reforma, os judeus não eram apenas vistos como rejeitados por Deus por terem negado a Jesus e o crucificado, mas também culpados pela peste, acusados do assassinato ritual de jovens cristãos, profanadores da hóstia eucarística, suspeitos de conspiração para a destruição da cristandade e amplamente odiados por razões econômicas (Robinson, 1992, p. 9–22). Lendas de assassinato ritual — judeus que capturavam e matavam meninos cristãos na Sexta-feira Santa como forma de imitação da crucificação de Jesus e para o uso ritualístico do sangue do menino — começaram a circular no século XII:

> Histórias de supostos homicídios rituais eram publicadas na vida dos santos, em livros de mártires, catecismos e outros materiais cuja intenção era a instrução de leigos até o século XX, ignorando dúvidas que os próprios papas levantaram sobre esses supostos rituais. A Igreja Católica finalmente se distanciou dessa honra de mártires fantasiosos, proibindo cultos em sua memória no Concílio Vaticano II (1962–5) (Wenzel, 2006, p. 412).

Tão perniciosas como fonte de *pogroms* judaicos foram as peças que encenavam a paixão e as acusações de profanação da hóstia, as quais legitimaram, na mente popular, o assassinato dos judeus (Wenzel, 2006, p. 404–7). Esses mitos, lendas e ressentimentos encontraram expressão iconográfica que refletia e concretizava o preconceito. O IV Concílio de Latrão (1215) exigiu que os judeus usassem emblemas amarelos (revividos tragicamente durante a era nazista) para que fossem identificados com facilidade e, assim, separados socialmente. Por volta do século XI, personificações esculturais de sinagogas e igrejas, ainda presentes em catedrais góticas da Europa, contrastavam um judaísmo divinamente rejeitado como uma mulher vendada e abatida, deixando cair as tábuas da lei mosaica, com uma Igreja vitoriosa, uma mulher coroada e de olhos lúcidos, segurando nas mãos uma bandeira e um cálice (Edwards, 1988, p. 22; Mellinkoff, 1993: I, 48–9). A iconografia mais humilhante retratava a associação de judeus, há muito popular, com porcos e excrementos. "Judensau", uma imagem do século XIII que retratava os judeus amamentando de uma porca, continham, por volta do século XV, a representação adicional de judeus como que comendo e bebendo excrementos da traseira do animal (Mellinkoff, 1993: I, 108; II, pl. IV, 24; Schöner, 2006, p. 362, 382; Wenzel, 2006, p. 416).

(a)

(b)

**Figura 15.2** (a) Arenito do século XIV retratando um "Judensau", localizado em uma moldura no canto sudoeste da Igreja de Wittenberg. Lutero se referiu à imagem em diatribes contra os judeus. (b) Contrapondo-se ao "Judensau" e em memória aos acontecimentos horríveis do Holocausto, a homenagem foi posta, em 1988, em um muro dessa mesma igreja. O texto alemão diz: "O nome verdadeiro de Deus / insultado Jeová-Jireh / que judeus, antes de cristãos / tinham como inefavelmente santo / pereceu na vida de seis milhões de judeus / sob o sinal da cruz." *Fonte*: Carter Lindberg.

O poder de tais imagens visuais afetava o comportamento das pessoas. Aos milhares, judeus foram mortos em *pogroms* e expulsos, em grande escala, da Inglaterra (1290), França (1306), Espanha (1492) e Portugal (1497): "Em 1555, Paulo IV criou um gueto romano e começou a impor algumas das restrições mais rigorosas sobre a liberdade dos judeus em toda Itália, encorajando atrocidades judiciais contra os hebreus no Estado Papal" (O'Malley, 1993, p. 188). Mesmo Erasmo, o príncipe do humanismo, a despeito da aura de seu chamado por um cristianismo não dogmático, estava submerso em um "ódio absolutamente assustador contra judeus" (Friedman, 1992, p. 144; Pabel, 1996). Entretanto, o antecedente do antissemitismo radical moderno pode bem ser as leis de "pureza de sangue" instituídas pela Inquisição espanhola, que "afirmava que o sangue judeu era degenerado e impermeável ao batismo e à graça [...] O judaísmo, então, não era uma declaração de fé, ou mesmo uma série de práticas étnicas, mas uma consideração biológica" (Friedman, 1987, p. 16).

À luz dessa tradição, o surpreendente é a separação inicial de Lutero do legado medieval antijudaico. Em seu trato de 1523, *That Jesus Christ Was Born a Jew* [Jesus Cristo nasceu judeu], o Reformador enfatizou que Deus honrou os judeus acima de todos os povos e que, portanto, os cristãos deviam tratá-los de modo fraternal (*LW*, 45, p. 200–1). Além disso, em contraste com a proibição medieval canônica do casamento entre cristãos e judeus, Lutero escreveu:

> Assim como posso comer e beber, andar e falar com um pagão; assim como posso falar e negociar com judeus e turcos ou comprar de hereges, da mesma forma posso me casar e manter laços matrimoniais com essas pessoas. Não dê ouvidos ao preceito de tolos que o proíbem. Descobrirás diversos cristãos — de fato, boa parte deles — que são piores, em sua vida particular, que qualquer judeu, turco, pagão ou herege. Pagãos são homens e mulheres, ou seja, criação de Deus, tanto quanto São Paulo, São Pedro e Santa Lúcia, da mesma forma como o cristão negligente e espúrio (*LW*, 45, p. 25).

Assim, o seguidor de Lutero, Urbanus Rhegius (1489–1541), defendia uma tolerância consciente dos judeus como concidadãos (Hendrix, 1990), e Andreas Osiander (1496–1552), Reformador luterano de Nuremberg, escreveu um tratado expondo as acusações de assassinato ritual como mentiras. Entretanto, Osiander o publicou anonimamente para evitar a acusação de estar ao lado dos judeus. João Maier respondeu com um trato que "refutava" Osiander (Wenzel, 2006, p. 412; Kammerling, 2006, p. 234–47).

Trágica e vergonhosamente, Lutero, ao fim de sua vida, enraiveceu-se contra os judeus e aconselhou a destruição de lares, sinagogas e livros hebreus, bem como a proibição de direitos civis judaicos. À luz do uso nazista desses supostos escritos antissemitas, é importante enfatizar que Lutero, assim como outros escritores evangélicos e católicos, deve ser visto em seu contexto histórico (Oberman, 1984; Lindberg, 1994; Rowan, 1985; Nijenhuis, 1972, p. 38–72), e, o mais importante, que a animosidade de Lutero contra os judeus era de cunho teológico, não racista:

> Lutero identificava um judeu por sua crença religiosa, não por sua raça; de fato, a identificação do judeu a partir de raça é um conceito estranho para o século XVI. Se um judeu se convertesse ao cristianismo, tornava-se irmão ou irmã em Cristo. Já no caso do antissemitismo racial, crença religiosa é, em grande medida, irrelevante (Edwards, 1983, p. 139).

Como em seus escritos sobre os turcos, Lutero não escrevia aos judeus, mas aos cristãos com relação ao que via como erros judaicos de teologia (Hagen, 1999). Mesmo assim: "declarações hostis feitas por personalidades do Renascimento e da Reforma tendem a ser vistas de forma ainda pior hoje, em vista de Auschwitz, do que na época em que foram ditas originalmente" (Edwards, 1988, p. 51–2; cf. Kaufmann, 2006, p. 103–4).

As Reformas encontraram o "outro" não apenas na Europa, mas também em outras partes do mundo. Missionários jesuítas foram ativos na China e no Japão, iniciando os primeiros passos em direção ao que é conhecido hoje como "enculturação" (Moran, 1993; Witek, 1988); esses missionários trajavam vestes e seguiam costumes locais. Por suas viagens à Índia, China e Japão, Francisco Xavier (1506–52), membro original dos jesuítas, sensibilizou-se com as questões envolvendo a apresentação da fé cristã a culturas Orientais. Matteo Ricci (1552–1610; Spence, 1984) deu continuidade, na geração seguinte, ao trabalho de Xavier:

> No Brasil, os jesuítas se posicionaram de forma corajosa contra os abusos do trabalho escravo e despertaram grande admiração dos nativos. Espalhou-se a notícia entre as florestas que, dentre os portugueses, havia aqueles que os defendiam (O'Malley, 1993, p. 78).

O opositor mais renomado da exploração espanhola de americanos nativos é Bartolomé de Las Casas (1474–1566). Bartolomé, dominicano espanhol, combateu e expôs, em cortes americanas e espanholas, as atrocidades dos colonizadores espanhóis. O dominicano promoveu sua causa com os livros *Brevíssima relação da destruição das índias* (1552; Las Casas, 2003) e *In Defense of the Indians* [Em defesa dos índios] (c. 1550). Infelizmente, Las Casas estava praticamente sozinho em seu argumento a favor de uma visão não eurocêntrica do mundo e de igualdade para todos (Friede e Keen, 1971; Hanke, 1974).

Ao contrário da atividade católico-missionária do século XVI, missões protestantes datam geralmente da evangelização puritana de ameríndios no século XVI. Houve, no entanto, uma missão genebrina de curto prazo em meados do século XVI, aparentemente com o apoio de Calvino. As motivações eram diversas: da busca por um refúgio das guerras religiosas ao senso motivado pela doutrina do milênio de que todos os povos deviam ser evangelizados antes do apocalipse (Lestringant, 1995). Johan Campanius, pastor luterano sueco, ministrou aos índios de Delaware de 1643 a 1648. Sua tradução do Catecismo Menor de Lutero para a língua dos Lenapes "é a primeira tentativa, por parte de um europeu, de reduzir uma língua nativa norte-americana à escrita" (Skarsten, 1988, p. 59).

## EDUCAÇÃO, ECONOMIA E CIÊNCIA

Talvez o ponto no qual a proclamação dos reformadores sobre vocação recebeu mais atenção no mundo moderno tenha sido na intersecção entre religião e economia. Desde a publicação de *A ética protestante e o espírito do capitalismo*, de Max Weber, tem sido comum associar o capitalismo ao calvinismo. A chamada "tese de Weber" é de que a teologia calvinista enfatizava tanto a predestinação que cristãos ansiosos começaram a buscar sinais de sua eleição divina pelo sucesso mundano, como nos negócios. Em resposta a essa concepção popular da contribuição da concepção de Weber às teorias de modernização (cf. Schilling, 1992, p. 240, 305, 356–7; Green, 1959; Eisenstadt, 1968), devemos notar que a economia do lucro ou as primeiras formas do capitalismo claramente antecederam a Reforma e que Calvino não associava sucesso material à posição de um indivíduo perante Deus. O entendimento de Calvino sobre a predestinação e providência não era individualista, mas comunal e histórico-mundial. A doutrina da predestinação é uma afirmação de que, a despeito de maldade e sofrimento, o destino definitivo do mundo e da história jaz nas mãos bondosas e infalíveis de Deus.

Tendo em vista que a teologia de Calvino não era individualista, mas comunal, ele via a prosperidade como uma bênção vinda de Deus. Para o Reformador, riquezas não demonstravam a aprovação do indivíduo, mas a bênção de Deus sobre ele, a qual devia ser compartilhada com toda a comunidade. Em contrapartida, a pobreza era uma expressão da ira de Deus a toda comunidade como consequência do pecado; por isso, levar o fardo e ajudar o necessitado era uma obrigação de todos. A ideologia do "culpe a vítima, elogie o vencedor" dos tempos modernos é um tipo de teologia do pacto secularizada e individualizada, que associa sucesso e fracasso mundano à virtude moral. A resposta bíblica a esse tipo de "história deuteronômica", que atribui fracasso e pobreza à falha de caráter e sucesso à conquista moral, é o livro de Jó. Jó é a figura idealizada daquele que cumpre a aliança com Deus e que mesmo assim sofre terrivelmente. Os amigos do patriarca, convencidos de que a bondade traz recompensa e que a maldade incorre em punição, alegam que a única explicação para a situação de Jó era que ele havia pecado. Com amigos assim, quem precisa de inimigos? A resposta Reformada de Lutero e Calvino é lembrar a Igreja de que o próprio Deus sofreu e que, por isso, os cristãos não devem esperar que a fé resulte em um jardim de rosas. Já em 1518, no debate de Heidelberg, Lutero afirmara que fé e sucesso mundano não são equivalentes, atacando toda reivindicação ao contrário como "teologia da glória".

No campo da economia, Lutero e Calvino atacaram vigorosamente o capitalismo como ganância irrestrita, pedindo ao governo para que o controlasse. Por outro lado, Lutero, Zuínglio e Calvino contribuíram para o desenvolvimento do bem-estar social moderno. Programas nacionais e locais de assistência social foram instituídos em resposta às causas estruturais de desemprego e subemprego, à necessidade de formação profissional e responsabilidade civil para a prevenção e redução da pobreza.

As doutrinas reformadas da justificação e vocação também tiveram impacto no desenvolvimento da educação e das ciências. Baseando-se na contribuição dos humanistas, reformadores enfatizavam a educação como o recurso pelo qual as pessoas eram preparadas para servir toda a comunidade. Como mencionado anteriormente, os reformadores livraram a Palavra e, ao fazê-lo, libertaram também as palavras do cativeiro da elite. Se o sacerdócio pertence a todos os cristãos, então todos, incluindo mulheres, devem aprender a ler. É possível que a alfabetização tenha aumentado a autoestima feminina, mas sua consequência também era vista como perigosa ao *status quo* masculino. Assim, Henrique VIII tentou proibir que as mulheres lessem a Bíblia, mas não foi bem-sucedido. Não foi acidental o fato de a alfabetização universal ter sido primeiramente alcançada na Escócia e nas regiões protestantes da Alemanha. Como Melanchthon declarou: "Nosso grande objetivo não é a virtude particular apenas, mas o bem-estar público". Por volta de 1560, Knox e seus colegas haviam elaborado a visão de um sistema nacional de educação na Escócia.

Contudo, podemos dizer que a maior contribuição de Lutero não se restringe a tratados que escreveu sobre assuntos práticos: como cidades devem estabelecer escolas e bibliotecas públicas, como pais devem assegurar a frequência dos filhos na escola etc. A maior contribuição do Reformador foi o modo como introduziu uma nova forma de pensamento (nos dias de hoje, é moda chamá-lo de "mudança de paradigma"). A rejeição luterana de Aristóteles e outras "autoridades" clássicas não foi nada menos do que uma mudança paradigmática da epistemologia medieval, baseada na dedução de autoridades textuais, a uma epistemologia de indução e experiência. A física se libertou da metafísica. Em seu contexto teológico, Lutero declarou: "Não é por entendimento, leitura ou especulação que alguém se torna teólogo, mas por viver, morrer e ser condenado" (WA 5, p. 163). De modo menos dramático, reiterou: "Nenhuma das artes pode ser aprendida sem prática: que tipo de médico seria alguém que fica na escola o tempo todo? Quando, por fim, o médico colocar seu remédio para funcionar e lidar cada vez mais com a natureza, então perceberá que ainda não dominou sua arte" (*LW*, 54, p. 50–1). Essa mudança da dedução para a indução foi reconhecida por pessoas da época, que chamavam o médico pioneiro Paracelso (1493–1541) de "o Lutero dos médicos"; a ideia era que Paracelso compartilhava do ponto de vista de Lutero no que diz respeito à autoridade. De modo semelhante, o pensador inglês Francis Bacon (1561–1626) comparou Aristóteles ao anticristo, acusando filósofos gregos de extrair da mente o conhecimento científico em vez de buscá-lo na natureza. Suspeitas relacionadas à metafísica levaram à fundação, na obra de René Descartes (1596–1650), do racionalismo moderno, corrente filosófica que posiciona evidência e matemática como chaves para a interpretação do mundo em termos de regularidade mecânica.

Em termos institucionais, Lutero e Melanchthon foram essenciais no desenvolvimento da faculdade de medicina da Universidade de Wittenberg. Do ponto de vista pessoal, o filho de Lutero, Paulo, tornou-se um médico respeitado, enquanto o genro de Melanchthon, Caspar Peucer (1525–1602) foi tanto médico quanto teólogo. Por volta do século XVII, a faculdade de medicina da Universidade de Wittenberg tinha um corpo docente renomado. O desvio em relação às autoridades antigas ficou evidente nas contribuições importantes de Salomon Alberti (1540–1600) em estudos anatômicos e na colaboração de outros de seus colegas à botânica.

Ironicamente, controvérsias teológicas após a morte de Lutero também contribuíram para o desenvolvimento da ciência. Johannes Kepler (1571–1630), por exemplo, não foi aceito como ministro ordenado porque sua teologia da Ceia do Senhor não era considerada ortodoxa — fator que o levou a se tornar assistente de Tycho Brahe (1546–1601), astrônomo dinamarquês luterano. A despeito de seu desapontamento sobre a rejeição para o ministério, Kepler escreveu em sua primeira publicação: "Queria me tornar teólogo; por conta disso, fiquei inquieto durante muito tempo. Agora, porém, veja como, por meu esforço, Deus tem sido celebrado na astronomia". Kepler ainda influenciou Newton e contribuiu para o triunfo da teoria de Copérnico sobre a de Ptolomeu com relação ao movimento planetário.

De modo similar, a Real Sociedade de Londres concentrou-se em estudos científicos porque estava livre de dogmatismo e ceticismo. Contudo, Kepler falou em nome de muitos dos seus colegas cientistas ao descrevê-los como aqueles que "descobrem os pensamentos de Deus". De modo geral, esses cientistas eram homens religiosos, zelosos por descobrir e admirar a obra de Deus na natureza.

## LITERATURA E ARTES

A historiografia tem exercido um papel importante desde o início da Reforma. Lutero a usou para defender que o papado de seu dia era uma aberração dos primeiros séculos da Igreja, e biógrafos de mártires, como John Foxe, usaram a história de forma seletiva para defender sua causa pela verdade em testemunho do protestantismo. Dissidentes argumentaram que toda Igreja havia caído ao se transformar no *establishment* durante o reinado de Constantino no século IV. A primeira história abrangente da Igreja surgiu nesse contexto. Em treze volumes, as "Centúrias de Magdeburgo", sob a edição geral do teólogo luterano Matthias Flacius (1520–75), cobriu os treze primeiros séculos da Igreja a partir da perspectiva de que o Papa era o anticristo, cujo império, a Igreja romana, havia se oposto constantemente à obra de Deus. A resposta católica foi a *Annales Ecclesiastici*, de César Barônio (1538–1607), obra igualmente tendenciosa que apareceu em diversos volumes, de 1588 a 1607. Embora essas histórias tenham sido elaboradas para fazer com que a história geral servisse às suas respectivas teologias, mesmo assim estimularam o desenvolvimento da alta crítica.

Desde o início, as reformas foram acontecimentos literários que estimularam e tiveram como apoio as línguas vernaculares da época. Elas são "uma história de leitura e escrita [...] Enquanto uma personalidade religiosa antes da Reforma podia ser celebrada por milagres de cura, Lutero foi celebrado [...] como portador de textos [...] Sua atividade literária é vital ao entendimento de sua religião e, por extensão, da Reforma como um todo" (Cummings, 2002, p. 9). Ebeling (1964, p. 1–17) descreveu Lutero como "um acontecimento linguístico" ("Luther als Sprachereignis"). Eis uma descrição mais acurada do sentido que se perde na tradução: "Inovação linguística de Lutero" (Ebeling, 1970, p. 13–26). A contribuição da Reforma nos campos de literatura e gramática é impressionante.

Literaturas nacionais foram influenciadas por seus respectivos grandes reformadores e seu impulso constante de integrar fé às línguas vernaculares. Há tantas grandes contribuições que seria impossível listá-las. Todavia, menciono o dramaturgo elisabetano William Shakespeare (1564–1616), cujo brilhantismo literário e cuja perspicácia acerca da vida humana permanecem inigualáveis. Por trás de boa parte da enxurrada literária estimulada pela Reforma, estava a Bíblia vernacular, que

> funcionou como uma parteira que ajudou a dar à luz diversas obras de literatura. A Bíblia na linguagem popular permitiu a um funileiro de Bedford escrever *O peregrino*. Em uma era na qual Milton cria que Deus havia escolhido seus compatriotas ingleses para realizar sua obra especial, foi a Bíblia que fortaleceu os braços de Oliver Cromwell e o espírito dos pioneiros da Nova Inglaterra (Dickens, 1991, p. 157).

Bíblias vernaculares também foram importantes na normatização das línguas. A Bíblia de Lutero continua a ser publicada na Alemanha. A Bíblia do Rei Jaime [King James] (1611), comissionada por Jaime I na conferência de Hampton Court em 1604, tem influenciado expressões da língua inglesa até hoje.

A Reforma também estimulou intensa controvérsia sobre arte religiosa a partir da perspectiva de diversos teólogos Reformados. A teologia anti-iconoclástica de

Lutero é evidente em sua apreciação pela arte, que, segundo o Reformador, contribuía à fé e à política (Hofmann, 1983; Zapalac, 1990). Em 1524, Lutero escreveu no "prefácio" de seu Hinário de Wittenberg: "Nem sou da opinião de que o evangelho deva arruinar as artes, como alguns falsos religiosos reivindicam. Pelo contrário: gostaria de ver todas elas, especialmente a música, usadas a serviço Daquele que as criou e concedeu" (*LW*, 53, p. 316). Um ponto particular de discórdia entre os reformadores era o fato de imagens promoverem, ou ao menos tentarem, a idolatria quando colocadas nas igrejas; outro era de que o dinheiro usado para a arte seria mais bem gasto a serviço dos pobres. Havia ainda um terceiro ponto de desavença: aqueles que patrocinavam a arte sacra muitas vezes pensavam estar contribuindo para a sua salvação. A orientação iconoclástica não se estendia à proibição de obras impressas, já que eram vistas como material menos arriscado à tentação de idolatria:

> Além disso, tendo em vista que material impresso era barato e de fácil disseminação, era o meio ideal para propósitos didáticos [...] Albrecht Dürer, Hans Baldung Grien, Lucas Cranach, Hans Holbein e outros criaram verdadeiras obras de arte impressa (Baumann, 2008, p. 51–2).

A crítica dos reformadores com relação às imagens de santos também tirou a ênfase de "mediadores" mortos e a colocou no retrato dos vivos (Baumann, 2008, p. 51–2). Podemos especular que o foco da Reforma no sacerdócio de todos os batizados e o entendimento da vocação como celebração do prosaico no reino da criação pode ter contribuído não apenas com o interesse do retrato artístico, mas também do mundo natural. A mudança de arte eclesiástica para arte secular também reflete a diminuição do mecenato e, desse modo, a necessidade de artistas encontrarem patrocinadores seculares. Lutero sabia que o cidadão comum geralmente não tinha meio de dar suporte financeiro aos artistas; por isso, vale destacar que exortou ao governo para que desse apoio às artes (Leaver, 2007, p. 38–9).

Talvez os artistas mais associados com a Reforma sejam Lucas Cranach, o Velho (1472–1553), e seu filho, Lucas Cranach, o Jovem (1515–86), que tinham um ateliê em Wittenberg. Cranach foi amigo chegado de Lutero e criou expressões clássicas da teologia reformada, tais como o "Passional Christi et Antichristi" e a "Alegoria da Lei e do Evangelho". Estudos de Bonnie Noble (2003; 2006) acerca dos retábulos elaborados por Cranach apontam sua diferença acentuada em relação aos retábulos medievais católicos. Enquanto ornamentações católicas enfocavam os santos e a celebração de uma missa distante do povo, o "Retábulo de Wittenberg" (1547) retrata a Ceia do Senhor como um ato comunal com a congregação em vez de um sacrifício sacerdotal. Cidadãos reais da cidade foram usados na estrutura ornamental, incluindo Lutero, Melanchthon e Bugenhagen. O próprio Lutero, vestido como leigo, aceita o cálice do vinho, enfatizando que a ceia devia ser servida com ambos os elementos à congregação. Em um painel lateral, Melanchthon, um leigo, batiza uma criança e, do outro lado do painel, Bugenhagen, pastor da Igreja de Wittenberg, exerce poder, segurando nas mãos a chave do perdão. A parte inferior do painel, uma pintura da Ceia do Senhor, retrata a pregação de Lutero com uma Bíblia aberta, apontando para Cristo na cruz. O Cristo crucificado está no centro da pintura e a congregação local, do lado oposto a Lutero: "As personalidades retratadas no quadro e o observador confrontam um ao outro de igual para igual, isto é, representam literalmente a mesma coisa: a Igreja — em termos de povo congregado e estrutura física — da cidade de Wittenberg" (Noble, 2006, p. 108). O retábulo luterano "designava um espaço santo, porém o fazia para um ritual em que tanto o clero quanto o povo celebravam o sacramento. O ornamento guiava a experiência religiosa dos espectadores não por alojar uma relíquia, operar um milagre ou inspirar uma visão, mas pelo ensino da salvação evangélica. Ainda mais importante era o fato de a imagem em si não ser santa, servindo apenas de ferramenta pedagógica, não como objeto de veneração" (Noble, 2003, p. 1027).

Também na música as reformas estimularam composições que continuam a enriquecer a vida moderna. Todos os reformadores protestantes trabalharam para tornar a liturgia acessível ao povo, mas nem todos a complementaram com arte e música como dons gloriosos de Deus. Lutero colocou a música a serviço do evangelho por meio de sua composição extensa, que tinha como objetivo o envolvimento de toda congregação (Brown, 2005). Hinos "transformam a Palavra de Deus em música"; por isso, por volta de 1524, Wittenberg tinha um hinário para a congregação e um coral ostentando a organização polifônica de Johann Walter (Leaver, 2007, p. 19), músico e colega de Lutero. O próprio Reformador afirmava que, "ao lado da Palavra de Deus, a música é digna da maior honra" (*LW*, 53, p. 323). De fato, incitando a uma "disposição calma e alegre", a música repele o diabo: "O diabo, criador de preocupações entristecedoras e inquietantes, foge ao som da música quase da mesma forma como foge da palavra teológica" (LW, 49, p. 427–8; Leaver, 2007, p. 93; cf. também, p. 65–70). O próprio Lutero teve poucos rivais como compositor melódico: "Aquilo que conhecemos por coral luterano foi, em muitos aspectos, criação de Lutero, a ponto de muitos hinários do século XVI incluírem, na capa, palavras como 'contém hinos de Martinho Lutero e outros compositores'" (Leaver, 2007, p. 59). Por volta do fim do século XVI, cerca de 4 mil hinos protestantes haviam sido escritos: "O jesuíta alemão Adam Contzen lamentou, em 1620, que, do ponto de vista jesuíta, Martinho Lutero havia destruído mais almas com seus hinos do que com todos os livros e pregações" (Brown, 2005, p. 1). Muitos dos hinos de Lutero continuam a ser conhecidos e cantados hoje, especialmente "Castelo Forte" e as melodias que serviram de referência posterior aos trabalhos de Michael Praetorius (1571–1621), Heinrich Schütz (1585–1672), Dietrich Buxtehude (c. 1637–1707) e, claro, Johann Sebastian Bach — epítome da música barroca e do coral luterano. De fato, na época de Buxtehude e Bach, a tradição luterana de adoração musical "havia florescido em uma experiência em termos musicais, espirituais e litúrgicos, variando nas congregações em nível de coro, voz, e instrumentos musicais" (Leaver, 1990, p. 157; *TER* 18, p. 602–29). Que o próprio trabalho musical de Bach estava enraizado na teologia e liturgia de Lutero é evidente não apenas pelas anotações que fez nos dois volumes de sua coletânea das obras completas do Reformador, mas também em seu uso de temas luteranos. Justificação somente pela fé, lei e evangelho e teologia da cruz, temas familiares da Reforma, ecoam nas obras de Bach tanto em melodia quanto em palavras (Chafe, 1985; Lee, 1985; Leaver, 2007, p. 277–304): "Música era uma parte importante da identidade luterana [...] Lutero [...] deu à musica um lugar de destaque, posicionando-a ao lado da teologia em sua Igreja" (Oettinger, 2001, p. 209).

Isso não aconteceu nas reformas de Zuínglio e Calvino. Em Zurique, Zuínglio, pressupondo que a música distraía da adoração — e que o culto devia ser "puro", isto é, envolvendo apenas a Palavra — baniu todas as formas de cântico e, em 1524, lacrou todos os órgãos (Garside, 1966, p. 44). Berna seguiu o mesmo exemplo. Já vimos as contribuições de Clement Marot e do próprio Calvino ao desenvolvimento de salmodias e do saltério huguenote. Contudo, o órgão e a música instrumental foram também proibidos nas igrejas de Genebra:

> Já que a Bíblia não especifica nada acerca de música polifônica (o cântico complexo de diversas linhas, tonalidades e textos), do uso do órgão, ou da composição livre de novos hinos, igrejas de Genebra usariam apenas materiais bíblicos (geralmente salmos parafraseados) como sua música. Alguns resultados da prática, como as tonalidades e textos do *Saltério de Genebra* de Calvino, não tiveram contribuição musical memorável, apenas limitada (Noll, 2007, p. 16–17).

Em sua perspectiva musical, os suíços reformados eram coerentes com sua orientação iconoclástica no que diz respeito às artes em geral. Em comparação com a convicção sacramental luterana e católica de que o finito é capaz de conter o infinito, o esforço Reformado de eliminar toda forma de idolatria partia da teologia sacramental, que negava a "presença real" e, dessa maneira, limitava a arte estritamente à esfera secular (Irwin, 1993, p. 28). Da mesma forma como Karlstadt havia defendido a abolição de imagens, Calvino também declarava válida sua proibição, ordenada no Antigo Testamento. Segundo eles, o uso de imagens sempre levaria à idolatria: "Só pode ser esculpido e pintado aquilo que o olhar é capaz de ver. Desse modo, não deixem que a majestade de Deus, que está acima da percepção dos olhos, seja rebaixada por representações indecorosas" (McNeill e Battles, 1960: I, 112).

Figura 15. 3 "A Lei e o Evangelho" ou "Alegoria da Lei e da Graça", produzida pelo artista de Wittenberg, Lucas Cranach, o Velho (c. 1530), é uma das versões artísticas da teologia de Lutero. À esquerda, o diabo, a morte e a Lei de Moisés impulsionam Adão ao inferno. À direita, João Batista aponta Adão ao Cristo crucificado, o cordeiro que carrega os pecados do mundo. A figura conecta o destino da humanidade e a morte de Cristo e apresenta passagens bíblicas centrais, supridas nas margens. A representação se repetiu em diversos altares e Bíblias luteranas, dentre outros lugares. *Fonte*: Foto de Eberhard Renno, Weimar Schlossmuseum.

Igrejas Reformadas deviam ser completamente destituídas de imagens: "É difícil enfatizar o bastante a força e importância do impulso anti-idólatra em modelar atitudes reformistas com respeito às artes visuais" (Benedict, 1999, p. 30). Esse "impulso anti-idólatra" levou alguns reformadores a renumerar os Dez Mandamentos. Enquanto a numeração medieval, retida por luteranos e católicos, envolvia a proibição da idolatria no primeiro mandamento [Êxodo 20:3-4], a tradição Reformada passou a dividi-lo em dois, tornando a proibição de imagens uma ordenança independente. Desse modo, alguns catecismos combinaram ambos os sistemas de numeração (9 e 10) para manter o número dos mandamentos em dez (cf. "O Catecismo de Heidelberg;" Noll, 1991, p. 156–8). A revisão do Decálogo proveu uma autorização bíblica para o iconoclasmo, realçado pela referência de uma série de textos do Antigo Testamento (p.ex., Deuteronômio 7:5; 12:3; Números 33:52), textos que traziam ordens divinas para a destruição de imagens, de preferência queimando-as. Calvino harmonizou esses textos em relação ao segundo mandamento (Aston, 1993, p. 292–3). Todas as confissões reformadas — da *Confessio Tetrapolitana* de 1530 até o Livro de Disciplina escocês de 1560 — "martelavam" contra a idolatria e o uso de imagens. Entretanto, as artes visuais permaneceram meios possíveis de edificação (especialmente cenas do Antigo Testamento) e propaganda (xilogravuras satíricas, como a "Passional Christi et Antichristi", de Cranach). Duas das histórias bíblicas mais populares retratadas na arte religiosa holandesa são: a parábola do filho pródigo (p.ex., Rembrandt), demonstrando o favor imerecido de Deus, e o chamado de Mateus, o coletor de impostos, ilustrando, mais uma vez, a graça divina e o chamado à reforma.

O impacto econômico em artistas, escultores e ourives que abraçaram a fé Reformada foi significativo, já que o mecenato da Igreja por seu trabalho cessou imediatamente. Benedict (1999, p. 35–8), contudo, frisa que artistas reformados às vezes aceitavam comissões católicas:

> Se não podemos presumir nenhuma relação simples entre as implicações teológicas de uma determinada tela e as crenças religiosas do artista que a produziu, não restam dúvidas de que, onde a Reforma protestante triunfava, também mudavam, imediata e substancialmente, as condições de patrocínio e produções artísticas.

A iconoclastia reflete tanto a crítica anterior humanista da exteriorização da religião baseada no dualismo platônico entre espírito e matéria e uma rejeição do desejo medieval por visualização — "o olhar que salva" — que havia levado à adoração de relíquias e da hóstia em vez de participação na Ceia do Senhor:

> Por definição, a tradição Reformada mantinha as modalidades verbais de modo tão central que o aspecto visual foi rejeitado [...] Para a eucaristia, uma celebração simples da ceia era

**Figura 15.4** "A luz do Evangelho reacendida pelos reformadores" (c. 1630). Representações triunfalistas da Reforma geralmente apresentavam Lutero em papéis de destaque, como evangelista, santo, modelo de virtude e mesmo legislador, como Moisés. Este cartaz holandês apresenta de forma excepcional a união harmoniosa dos reformadores europeus mais importantes e seus precursores, Wycliffe e Huss, em uma cena que alude à Última Ceia de Cristo, cercado pelos discípulos. No lugar de Cristo está a "trindade": Lutero com a Bíblia aberta, Calvino e o calvinista italiano Girolamo Zanchi. Do lado oposto estão, no lugar de Judas, um cardeal, o diabo, o Papa e um monge, que representam a forma quádrupla da fé católica falsa. A vela acesa em frente à Bíblia representa a verdadeira luz divina que veio à tona por intermédio dos reformadores (Mateus 5:15). Os reformadores reunidos são vistos como preservadores, propagadores e mártires da verdadeira luz divina em contraste com seus oponentes católicos, servos das trevas, que tentam apagar a vela. *Fonte*: Kunstsammlungcn der Veste Coburg.

suficiente. Por isso, os ângulos de visão da adoração eram diferentes: todos enfocavam um único ponto, prestando atenção apenas na audição. Não havia lugar para outros sentidos — visão, paladar, olfato. A concentração devia estar apenas na Palavra por intermédio de palavras, não de visão (Dillenberger, 1999, p. 190).

Havia também o motivo ético de que era melhor ajudar o pobre do que decorar igrejas. Erasmo escreveu: "Quantos acendem velas à Virgem e mãe de Deus ao meio-dia, sem nenhum proveito? Igualmente, quão poucos se dedicam a uma vida de castidade, modéstia e amor às coisas espirituais?" (Hofmann, 1983, p. 8; Wandel, 1995). A ênfase calvinista de que a verdadeira decoração da Igreja consiste em moderação, piedade e virtudes que surgem de uma vida reformada em vez de materiais caros teve o efeito da "moralização da beleza" (*TRE* 20, p. 282). Reivindica-se que a Reforma "cooperou decisivamente para a secularização da arte ocidental: do ponto de vista teórico, por sua descentralização; do ponto de vista prático, pela redução de sua função eclesiástica" (*TRE* 20, p. 284).

O Concílio de Trento respondeu à iconoclastia protestante durante sua última seção (1563) com o decreto: "Sobre a invocação, veneração e relíquia de santos, e sobre Imagens sagradas". Trento expressou preocupação com o uso indevido da arte, enfatizando que a honra e veneração dada às imagens devem ser, na verdade, destinadas àqueles que elas representam. Imagens de Cristo, de Maria e dos santos relembram as pessoas da graça de Deus, provendo exemplos de vida e morte a partir da história de santos e mártires. Com relação à morte, havia a ênfase particular em retratos realísticos dos horrores e sofrimentos da crucificação de Cristo e da morte dos mártires. Retratos precisavam corresponder à vida para instruir e encorajar o discipulado e a imitação. Em resposta aos ataques protestantes ao sacramento católico da eucaristia, a arte da Contrarreforma mostrava o próprio Jesus consagrando-a, afirmando, deste modo, a doutrina da transubstanciação: "O mesmo ponto dogmático encontrava afirmação ousada em diversas composições alegóricas, celebrando dramaticamente o triunfo do sacramento, incluindo a exposição solene do cálice ou ostensório" (Christensen, 1996, p. 78). Outro tema recorrente era a defesa do sacramento da penitência pela representação de indivíduos arrependidos, especialmente Maria Madalena e Pedro. Trento também procurou reduzir a "lascívia" nas artes. O caso mais conhecido dessa preocupação por decoro foi a cobertura da nudez contida na grande obra "O juízo final", de Michelangelo. No entanto, o catolicismo romano reteve a convicção de que imagens podiam tocar o coração, fazendo as pessoas se lembrarem da Palavra de Deus, e exibiu exuberância confiante no desenvolvimento da arte barroca (cf. Mullett, 1999, p. 196–214).

## DE VOLTA PARA O FUTURO: AS REFORMAS E A MODERNIDADE

A relação entre Reforma e modernidade é considerada um assunto controverso e tem levantado diversas questões no que diz respeito à interpretação de ambos os períodos. Historiadores, críticos da hegemonia passada de intepretações intelectuais e teológicas, rejeitam reivindicações simplistas acerca do patrimônio da Reforma no período moderno. A Reforma deve ser entendida por si só, não (mal) usada com o objetivo de especulação contemporânea, histórica e religiosa. Essa é uma advertência importante contra interpretações liberais da Reforma, que a veem como a iniciação de um progresso inevitável em direção ao triunfo da verdade: "A Reforma continua, em primeira instância, a ser um movimento contextualizado na história; seu relacionamento com a modernidade é enganoso. Historiadores precisam de mais modéstia" (Nipperdey, 1987, p. 539).

Precisamos dizer, contudo, que, se o estudo da história envolve o propósito de nos livrar "da mão morta da história," então nossa reflexão sobre o passado implica mais do que uma coleção de antiguidades: "Quando deixamos de lamentar a ganância, a tolice e o fanatismo do século XVI, a Reforma continua se destacando, como uma montanha volumosa na paisagem do cristianismo ocidental. O movimento tratou de questões de importância tal que ainda hoje nos desconcertam e dividem" (Dickens, 1991, p. 394-5). Há, entre os historiadores, uma disposição cada vez maior de admitir que a Reforma foi um momento decisivo na história universal, muito além de implicações religiosas. A importância desse fato tem sido descrita em termos de dessacralização e desritualização, fenômenos que, na crítica de instituições e hierarquias, abriu espaço para a autodeterminação individual, a internalização da disciplina e "o processo civilizatório" (Hsia, 1989, p. 183; Rublack, 1993; Blaschke, 1993, p. 511). A crítica profética a todo esforço de atribuir "caráter último ao penúltimo" não foi uma força em prol do passado, mas a libertação de impulsos intelectuais, sociais e políticos direcionados à modernização (Schilling, 1992: Capítulo, 7), produzindo, assim, novas formas de pensamento e vida sociopolítica. Emprestando um conceito da medicina moderna, forças religiosas, políticas e sociais se interligaram como em uma síndrome, criando os efeitos específicos dessa inter-relação (Schilling, 1988, p. 86).

Lutero certamente não tinha a intenção de modernizar a sociedade, iniciar a Idade Moderna ou mesmo ativar uma revolução social. O período moderno já estava a caminho enquanto o Reformador se engajava em sua luta religiosa para encontrar um Deus misericordioso. Contudo, foi sua descoberta de que a justiça de Deus é recebida, não conquistada, que desobstruiu caminho, liberando-o de obstáculos que impediam o avanço do mundo moderno (Blaschke, 1993, p. 520).

Se o leitor me permite brincar um pouco com a semântica, isso afirma a relevância da irrelevância. Diferentemente de outros da época que se preocupavam com o ajuste das engrenagens da sociedade para que ela pudesse funcionar melhor, Lutero e os demais reformadores concluíram que a questão não era o funcionamento da sociedade, mas se estava mesmo na direção certa. Os reformadores chegaram a essa conclusão a partir de seu estudo das fontes da sociedade, não de seus propósitos e de suas conquistas. É claro que estamos muito distantes do século XVI, mas também notavelmente próximos de algumas das mesmas questões. Hoje, também vivemos em uma cultura não menos debilitante e enraizada na piedade do mérito — embora sua ênfase esteja não na esfera religiosa, mas na secular. A preocupação moderna com a salvação da economia não é menos desgastante que a preocupação medieval com a economia da salvação. Além disso, catedrais contemporâneas do capitalismo e outras ideologias exigem "boas obras" de sacrifício, como na Idade Média. Desse modo, o estudo do mundo distante das reformas nos dá um horizonte e nos oferece uma perspectiva para o presente: "O estudo da Reforma questiona a assertividade de nossa existência moderna. Mesmo tratando-se de um movimento remoto, nem por isso deixa de ser atual" (Nipperdey, 1987, p. 535).

É claro que o período da Reforma não foi uma era dourada: aqueles que anseiam pelos "bons e velhos tempos" não entendem bem como foi a vida naquela época. Contudo, o esquecimento do passado contribui para a incompreensão do presente. Dois exemplos breves são o bastante para demonstrá-lo. O primeiro está relacionado ao fato de como cidadãos do mundo ocidental moderno parecem ter dificuldade em entender como algo além dos planos econômico e político é capaz de motivar atos contemporâneos de terrorismo e influenciar a política interna e externa de outras culturas. Esquecemo-nos de como nossos próprios antepassados matavam e morriam voluntariamente com base em comprometimentos religiosos. Ignoramos, por nossa conta e risco, a dinâmica religiosa. O segundo é como, em nossa cultura, promovemos o direito individual à custa do bem comum. Vemos, por exemplo, a disciplina exercida no consistório de Genebra como forma de controle social punitivo. Ao mesmo tempo, estranhamos a alienação e o colapso das relações sociais nas grandes cidades — consequências da anomia. Esquecemo-nos de que havia um propósito construtivo de serviço e cuidado mútuo na prática social de comunidades nas quais um ficava de olho nos assuntos do outro (cf. Kingdon, 1993b; 679; 1994, p. 34).

Conhecer a contribuição das reformas para o desenvolvimento do nosso mundo nos ajuda a entender como chegamos até aqui e nos dá um horizonte crítico pelo qual conseguimos avaliar os resultados.

## SUGESTÕES DE LEITURA

Dean Phillip Bell e Stephen G. Burnett, eds., *Jews, Judaism, and the Reformation in Sixteenth-Century Germany* [Judeus, judaísmo e a Reforma na Alemanha do século XVI]. Leiden: Brill, 2006.

Christopher Boyd Brown, *Singing the Gospel: Lutheran Hymns and the Success of the Reformation* [Cantando o evangelho: hinos luteranos e o sucesso da Reforma]. Cambridge, MA: Harvard University Press, 2005.

Jane Dempsey Douglass, *Women, Freedom and Calvin* [Mulheres, liberdade e Calvino]. Filadélfia: Westminster, 1985.

John Edwards, *The Jews in Christian Europe 1400–1700* [Os judeus na Europa cristã: 1400–1700]. Londres: Routledge, 1988.

R. Po-Chia Hsia, *Social Discipline in the Reformation: Central Europe 1550–1750* [Disciplina social na Reforma: Europa central: 1550–1750]. Londres: Routledge, 1989.

Amy Leonard, *Nails in the Wall: Catholic Nuns in Reformation Germany* [Unhas na parede: freiras católicas na Alemanha Reformada]. Chicago: University of Chicago Press, 2005.

Heiko A. Oberman, *The Roots of Anti-Semitism in the Age of the Renaissance and Reformation* [Raízes do antissemitismo nas eras do Renascimento e da Reforma]. Filadélfia: Fortress Press, 1984.

Steven Ozment, *When Fathers Ruled: Family Life in Reformation Europe* [Quando os pais governavam: vida familiar na Europa reformada]. Cambridge, MA: Harvard University Press, 1983.

Heinz Schilling, *Religion, Political Culture and the Emergence of Early Modern Society: Essays in German and Dutch History* [Religião, cultura e o surgimento da sociedade moderna]. Leiden: E. J. Brill, 1992.

Kirsi Stjerna, *Women and the Reformation* [Mulheres e a Reforma]. Oxford: Blackwell, 2009.

Merry Wiesner-Hanks, "Society and the Sexes Revisited" [Uma revisão da sociedade e dos gêneros] em Whitford, 2008, 396–414.

## RECURSOS ELETRÔNICOS

"Other Women's Voices: Translations of women's writing before 1700" [A voz de outras mulheres: tradução de escritos femininos antes de 1700]:
http://chnm.gmu.edu/worldhistorysources/r/1/wwh.html
Imagens de igreja e sinagoga:
http://www.bluffton.edu/homepages/facstaff/sullivanm/index/index2.html
http://www.sju.edu/int/academics/centers/ijcr/archives/Synagoga-Ecclesia.html
Imagens de um "Judensau":
https://www.tripadvisor.com/LocationPhotoDirectLink-g187407-d545980-i106156960-
-Stadtkirche_a_World_Heritage_Treasure-Wittenberg_Saxony_Anhalt.html

# CRONOLOGIA

| | |
|---|---|
| 1294-1303 | Papa Bonifácio VIII: bula *Unam sanctum* (1302): "Submissão [...] ao bispo de Roma é essencial à salvação". |
| 1309-77 | Papado em Avignon ("Cativeiro babilônico da Igreja"). |
| c. 1320-84 | John Wycliffe (rejeita o senhorio do Papa, exige uma Igreja Anglicana independente e defende a autoridade exclusiva da Escritura). |
| 1324 | Publicação de *Defensor pacis* ("Defensor da Paz"), de Marsílio de Pádua. |
| 1337-1453 | Guerra dos Cem Anos entre França e Inglaterra; Inglaterra retém apenas Calais dentre seu antigo e vasto território francês. |
| 1348 | Fundação da Universidade de Praga. |
| 1348-52 | Propagação da "peste negra" pela Europa. |
| 1356 | Bula Dourada (rei promovido a imperador; nomeação de sete príncipes-eleitores; exclusão do papado na coroação do imperador). |
| 1365 | Fundação da Universidade de Viena. |
| 1370-1415 | John Huss (aplica as ideias de Wycliffe à reforma da Igreja tcheca e em prol de objetivos nacionais; executado em 1415 por determinação do Concílio de Constança). |
| 1378-1415 | Cisma do Ocidente entre os papas em Roma e Avignon. |
| 1379 | Fundação da Universidade de Erfurt. |
| 1381 | Revolta camponesa liderada por Wat Tyler e John Ball. |
| c. 1405-57 | Humanista italiano Lorenzo Valla (expõe a farsa da "Doação de Constantino"). |
| 1409 | Concílio de Pisa, resultando em três papas. |
| 1409 | Fundação da Universidade de Leipzig. |
| 1414-18 | Concílio de Constança: fim do cisma; decretada a reunião regular de concílios; determinada autoridade conciliar acima do Papa; Huss é queimado. |
| 1419-36 | Guerras hussitas; Papa e imperador rejeitam demandas hussitas: pregação livre, cálice da ceia a leigos, pobreza clerical e papel igual de cortes seculares e eclesiásticas. |

| | |
|---|---|
| 1431-49 | Concílio de Basileia: pacto de Praga autoriza o cálice a leigos; divisão do concílio e sua transferência para Ferrara; Concílio de Ferrara-Florença (1437-39): rejeitada proposta de união com a Igreja Oriental. |
| 1438 | Sanção pragmática de Burgos: liberdades "gaulesas" à Igreja francesa. |
| 1438-1806 | Imperadores da dinastia Habsburga. |
| 1439 | *Reformatio Sigismundi* (tratado de Reforma anônimo: forte crítica a abusos seculares e eclesiásticos). |
| c. 1450 | Invenção da prensa de tipo móvel (Gutenberg); controvérsias escolásticas entre *via antiqua* (tomismo e escotismo) e *via moderna* (occamismo). |
| 1452-1519 | Leonardo da Vinci. |
| 1453 | Queda de Constantinopla. |
| 1455-85 | Guerra das Rosas: Casa de Lancaster (rosa vermelha) contra a Casa de York (rosa branca); dizimação da alta nobreza; fundação da Casa de Tudor por Henrique VII. |
| 1455-1522 | Johann Reuchlin (humanista alemão). |
| 1456 | Início de protestos políticos contra abusos do clero: *Gravamina* da nação alemã. |
| 1458-64 | Papa Pio II. |
| 1466-1536 | Erasmo de Rotterdam: "Príncipe" dos humanistas europeus. |
| 1471-1528 | Albrecht Dürer. |
| 1473-1543 | Nicolau Copérnico. |
| 1474-1566 | Bartolomé de Las Casas. |
| 1475-1564 | Michelangelo. |
| c. 1480-1541 | Andreas Bodenstein von Karlstadt. |
| 1481- | Inquisição espanhola (contra valdenses, cátaros, judeus e mouros). |
| 1483-1546 | Martinho Lutero. |
| 1484-1531 | Ulrico Zuínglio. |
| 1486-1525 | Eleitor Frederico III da Saxônia. |
| c. 1489-1556 | Thomas Müntzer. |
| 1489-1556 | Thomas More. |
| c. 1491-1556 | Inácio de Loyola. |
| 1492 | Fim do governo árabe na Espanha; descobrimento da América por Colombo; expulsão dos judeus da Espanha. |
| 1492-1503 | Papa Alexandre VI (Rodrigo Bórgia). |
| 1493 | "Novo Mundo" dividido entre Espanha e Portugal. |
| 1493-1519 | Maximiliano I, Imperador do Sacro Império Romano. |
| 1496-1561 | Menno Simons. |

| | |
|---|---|
| 1497 | Expulsão dos judeus de Portugal. |
| 1498 | Morre queimado Savonarola, dominicano que pregava o arrependimento (n. 1452). |
| 1500-58 | Imperador Carlos V. |
| 1502 | Fundação da Universidade de Wittenberg. |
| 1503-13 | Papa Júlio II: Papa como príncipe territorial comparável, em prática e estilo de vida, a príncipes seculares; indulgência (1507) para a construção da Capela Sistina em Roma. |
| 1506 | Início de uma construção da Capela Sistina. |
| 1509-47 | Henrique VIII. [Esposas: Catarina de Aragão, mãe de Maria (1509-33); Ana Bolena, mãe de Elizabeth I (1533-6); Jane Seymour, mãe de Edward VI (1536-7); Ana de Cleves (janeiro de 1540-junho de 1540); Catarina Howard (1540-2); Catarina Parr, 1543- (faleceu depois de Henrique)]. |
| 1509-64 | João Calvino. |
| 1512-17 | V Concílio de Latrão: condenação do conciliarismo. |
| 1513-21 | Papa Leão X. |
| 1515 | Thomas Wolsey (c. 1475-1530): cardeal, chanceler inglês e legado papal. |
| 1516 | Concordata de Bologna entre Francisco I da França e o Papa Leão X: estabelecimento da Igreja Nacional Francesa. |
| 1517 | "Noventa e Cinco Teses" de Lutero. |
| 1519 | Debate de Leipzig com Maier; eleição de Carlos V como rei da Alemanha, coroado imperador em 1520; início da conquista espanhola do México. |
| 1520 | Manifestos da reforma de Lutero: *À nobreza cristã da nação alemã*, *O cativeiro babilônico da Igreja*, *Liberdade cristã* e *tratado sobre boas obras*; bula papal ameaçando excomunhão; *Exsurge Domine*; queima da bula papal e da legislação canônica em Wittenberg. |
| 1521 | *Loci communes*, de Philip Melanchthon, primeira teologia sistemática Reformada; excomunhão de Lutero por Leão X; dieta e edito de Worms; Lutero é levado sob custódia protetiva ao Castelo de Wartburg; *Defesa dos sete sacramentos*, de Henrique VIII contra Lutero; recepção do título "Defensor da Fé" outorgado pelo Papa Leão X. |
| 1521-2 | Distúrbios em Wittenberg. |
| 1521-6 | Primeira guerra Habsburgo-Valois. |
| 1522 | Reforma em Zurique; conquista turca de Rodes. |
| 1522-3 | Papa Adriano VI. |

| | |
|---|---|
| 1523 | Revolta dos Cavaleiros na Alemanha. |
| 1523-34 | Papa Clemente VII. |
| 1524-6 | Guerra dos Camponeses na Alemanha. |
| 1525 | Debate em Zurique acerca do batismo; primeiro batismo protestante em Zurique. |
| 1526 | Concílio de Zurique emite o primeiro mandato de pena capital contra os anabatistas; fundada a Universidade de Marburgo (primeira universidade protestante); batalha de Mohács; Luís II da Hungria, derrotado e morto pelos turcos, sucedido por Fernando da Áustria. |
| 1526-9 | Segunda guerra Habsburgo-Valois. |
| 1527 | Mantz executado por afogamento em Zurique; Artigos de Schleitheim; saque de Roma por tropas imperiais. |
| 1528-42 | Ordens eclesiásticas de Bugenhagen: reforma de igrejas e escolas. |
| 1529 | Catecismos Maior e Menor de Lutero; na Inglaterra, Sir Thomas More substitui Wolsey como chanceler; "predestinação" de Estados evangélicos na dieta de Speyer; cerco turco de Viena; Colóquio de Marburgo. |
| 1530 | Carlos V é coroado imperador de Bologna; dieta de Augsburgo: confissão e confutação de Augsburgo. |
| 1531 | Formação da Liga de Schmalkalden para a defesa protestante; morte de Zuínglio na segunda batalha de Kappel. |
| 1532 | Renúncia de Thomas More como chanceler; Reforma em Genebra. |
| 1534 | Ato de Supremacia na Inglaterra. |
| 1534-5 | Reino anabatista em Münster. |
| 1535 | Execução de More e Fisher. |
| 1536 | Supressão de pequenos monastérios ingleses; execução de Ana Bolena; publicação da Bíblia traduzida por Tyndale; Concórdia de Wittenberg; Reforma na Dinamarca e na Noruega; primeira edição das *Institutas da religião cristã* de Calvino. |
| 1536-8 | Terceira guerra Habsburgo-Valois; primeira estadia de Calvino em Genebra. |
| 1538-41 | Calvino em Estrasburgo. |
| 1539 | Supressão de grandes monastérios ingleses; Ato dos Seis Artigos. |
| 1540 | Execução de Cromwell; Papa Paulo III sanciona a Companhia de Jesus. |
| 1540-1 | Colóquios religiosos destinados a vencer divisões confessionais no Império: Colóquio de Worms (Granvelle, Maier, Melanchthon, Calvino), sem resultado, transferido a Regensburg. |
| 1541 | Morte de Karlstadt na Basileia; retorno de Calvino para Genebra. |
| 1542-4 | Quarta guerra Habsburgo-Valois; fim da guerra com a Paz de Crépy. |

| | |
|---|---|
| 1542 | Irlanda torna-se um reino; guerra com a Escócia e derrota de Jaime V em Solway Moss; Inquisição romana. |
| 1545-7 | Primeira seção do Concílio de Trento. |
| 1546 | Morte de Lutero. |
| 1546-7 | Guerra de Schmalkalden; derrota dos protestantes em Mühlberg. |
| 1547 | Morte de Francisco I, sucedido por Henrique II; "*Chambre ardente*" estabelecida contra heresia; morte de Henrique VIII. |
| 1547-53 | Reino de Eduardo VI na Inglaterra; revogação dos Seis Artigos (1547). |
| 1548-52 | Interim de Augsburgo: fórmula imperial tida como válida até decisão conciliar; rejeição por Estados protestantes. |
| 1549 | *Consensus Tigurinus* (consenso de Zurique) na Suíça; primeiro Livro de Oração na Inglaterra. |
| 1550 | Confissão de Magdeburgo. |
| 1551 | Quarenta e Dois Artigos (Cranmer) |
| 1551-2 | Segunda seção do Concílio de Trento. |
| 1553 | Queima de Miguel Servet em Genebra; segundo Livro de Oração na Inglaterra. |
| 1553-8 | Reinado de Maria Tudor; restauração de bispos católicos; execução de Joana Grey. |
| 1554 | Casamento de Maria Tudor com Felipe de Espanha. |
| 1555 | Vitória final de Calvino em Genebra; dieta de Augsburgo; Confissão de Augsburgo (1530) reconhecida com a fé católica como legítima no Império; Paz Religiosa de Augsburgo (*cuius regio, eius religio*). |
| 1556 | Imperador Carlos V renuncia ao cargo em favor de seu irmão Fernando. |
| 1557 | Inglaterra se une à Espanha na guerra contra a França; pregação calvinista na Polônia. |
| 1558 | Morte de Carlos V (21 de setembro). |
| 1558-1603 | Reinado de Elizabeth Tudor na Inglaterra: revogada a legislação católica de Maria Tudor; restabelecimento dos Atos de Supremacia e Uniformidade de Henrique VIII. |
| 1559 | Edição final das Institutas de Calvino; fundação da Academia de Genebra; morte de Henrique II da França; primeiro *Index* de Livros Proibidos. |
| 1560 | Morte de Melanchthon; conspiração de Amboise; morte de Francisco II, sucedido por Carlos IX e Catarina de Médici como regentes; primeiro edito de tolerância na França; renovação católica em Milão sob o cardeal Carlos Borromeo (1538-84). |
| 1561 | Colóquio de Poissy; Maria Stuart retorna à Escócia; confissão belga. |

| | |
|---|---|
| 1561-3 | Terceira seção do concílio de Trento. |
| 1562 | Primeira guerra religiosa na França; massacre dos huguenotes em Vassy pelo duque de Guise; estabelecimento francês na Flórida. |
| 1562-98 | Guerras religiosas na França. |
| 1563 | Paz de Amboise termina a Primeira Guerra de Religião; huguenotes recebem tolerância limitada. |
| 1564 | Morte de Calvino. |
| 1564-1616 | William Shakespeare. |
| 1564-1642 | Galileu. |
| 1666 | Catecismo romano. |
| 1567 | Maria Stuart abdica em favor de seu filho, Jaime VI; ocupação espanhola dos Países Baixos. |
| 1568 | Fim da segunda e início da terceira guerra religiosa na França. |
| 1568-1648 | Países Baixos lutam por libertação da Espanha. |
| 1570 | Paz de Saint-Germain põw fim à terceira guerra religiosa. |
| 1571-1630 | Johannes Kepler. |
| 1572 | Massacre da Noite de São Bartolomeu; início da quarta guerra religiosa. |
| 1573 | Fim da quarta guerra religiosa; Henrique, duque de Anjou, eleito rei da Polônia; *Francogallia*, de François Hotman. |
| 1574 | Morte de Carlos IX, sucedido pelo duque de Anjou, Henrique III; quinta guerra religiosa. |
| 1575 | União de protestantes e *politiques* na França. |
| 1576 | Henrique de Navarra declara-se em prol da causa protestante; tolerância garantida; formação da Sacra Liga Católica. |
| 1577 | Início e término da sexta guerra civil na França; aliança entre Inglaterra e Países Baixos. |
| 1580 | Sétima guerra civil na França. |
| 1582 | Reforma gregoriana do calendário; Ricci na China; morte de Teresa de Ávila. |
| 1584 | Morte do duque de Anjou torna Henrique de Navarra herdeiro do trono francês. |
| 1585 | Espanha se alia à Liga Católica francesa; Papa Sisto V excomunga Henrique de Navarra. |
| 1586 | Expedição de Sir Francis Drake às Índias Ocidentais. |
| 1587 | Henrique de Navarra derrota o exército real; Liga Católica conspira em Paris; Execução de Maria Stuart. |
| 1588 | "Dia das Barricadas" leva Henrique III a deixar Paris; Henrique assassina líderes da Liga Católica (duque e cardeal de Guise); destruição inglesa da Armada espanhola. |

| | |
|---|---|
| 1589 | Assassinato de Henrique III; Henrique de Navarra inicia a dinastia Bourbon. |
| 1590 | Henrique IV cerca Paris; duque de Mayenne estabelece governo rival. |
| 1592 | Exército inglês apoia Navarra na Normandia. |
| 1593 | Conversão de Henrique de Navarra ao Catolicismo. |
| 1594 | Henrique entra em Paris; concessão de tolerância aos huguenotes. |
| 1595 | Tentativa de assassinato de Henrique IV; França declara guerra contra a Espanha; Clemente VII recebe Henrique de volta à Igreja romana e o reconhece como rei da França. |
| 1596 | França se alia com Inglaterra e Países Baixos contra a Espanha. |
| 1569 | René Descartes. |
| 1598 | Paz entre França e Espanha; Edito de Nantes concede tolerância e liberdade aos huguenotes. |
| 1603 | Morte de Elizabeth I. |
| 1603-25 | Reino de Jaime VI da Escócia (Jaime I da Inglaterra); união entre Inglaterra e Escócia. |
| 1605 | Conspiração da Pólvora: tentativa de explosão do parlamento inglês; morte de Beza. |
| 1606-69 | Rembrandt. |
| 1608-74 | John Milton. |
| 1610 | Assassinato de Henrique IV, sucedido por Louis XIII e Maria de Médici como regentes. |
| 1611 | Completada tradução da Bíblia inglesa (versão *King James*). |
| 1618-19 | Sínodo de Dort nos Países Baixos. |
| 1618-48 | Guerra dos Trinta Anos. |
| 1620 | Viagem do navio *Mayflower*; peregrinos em Massachusetts. |
| 1633 | Galileu renuncia a teoria de Copérnico antes da Inquisição. |
| 1636 | Fundação da Universidade de Harvard. |
| 1642-9 | Guerras civis inglesas. |

# Genealogias

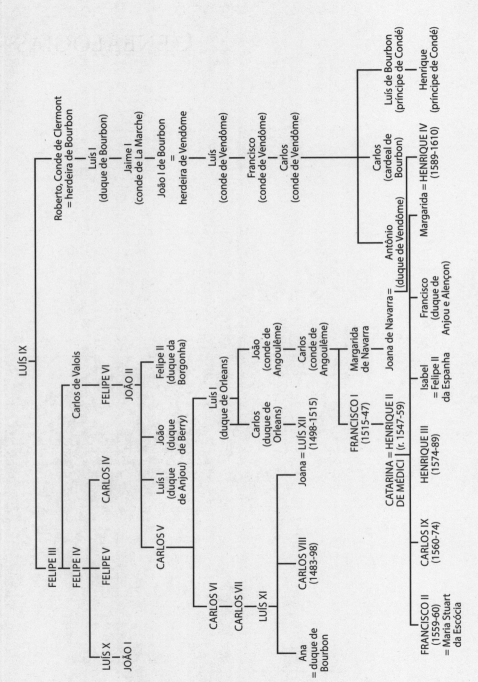

# Genealogias

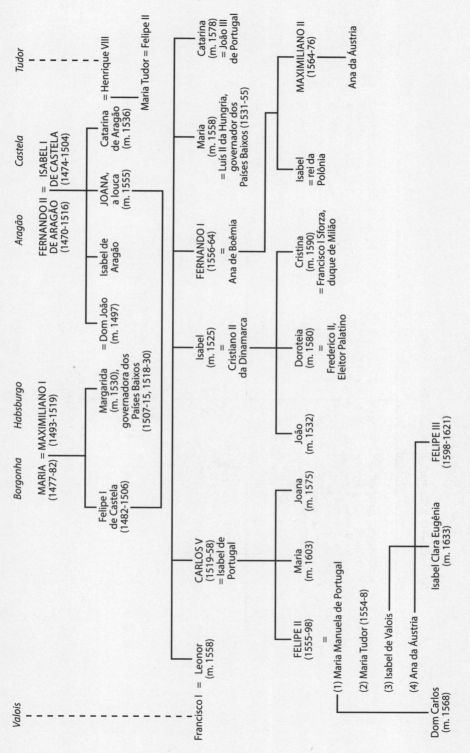

Família de Carlos V

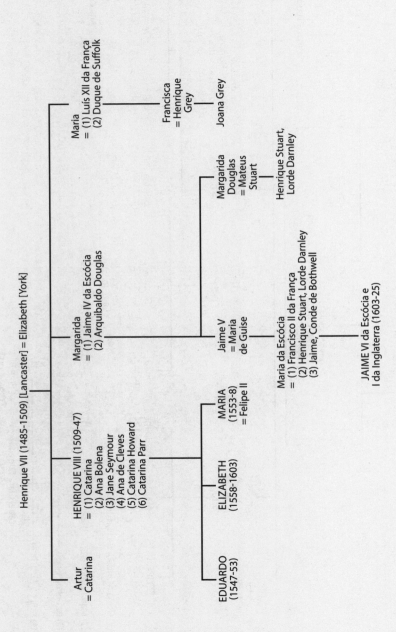

# Genealogias

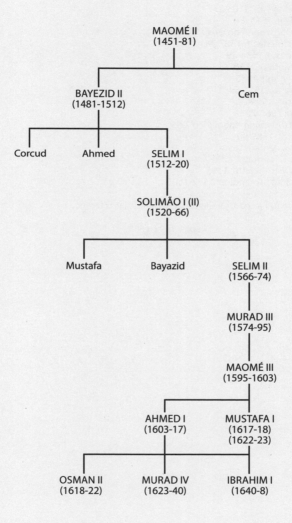

Sultões Otomanos: 1451-1648

Alexandre VI (Bórgia): 1492-1503
Pio III: 1503
Júlio II (della Rovere): 1503-13
Leão X (Médici): 1513-21
Adriano VI (Floriszoon Boeyens): 1522-3
Clemente VII (Médici)*: 1523-34
Paulo III (Farnese): 1534-49
Júlio III (del Monte): 1550-5
Marcelo II (Cervini): 1555
Paulo IV (Caraffa): 1555-64
Pio IV (Médici)*: 1559-64
Pio (Ghislieri): 1566-72
Gregório XIII (Buoncompagni): 1572-85
Sisto V (Peretti): 1585-90
Urbano VII (Castagna): 1590
Gregório XIV (Sfondrati): 1590-1
Inocêncio IX (Facchinetti): 1591
Clemente VIII (Aldobrandini): 1592-1605

* Não relacionado a Leão X e Clemente VII, Médici de Florença.

Papas: 1492-1605

# Mapas

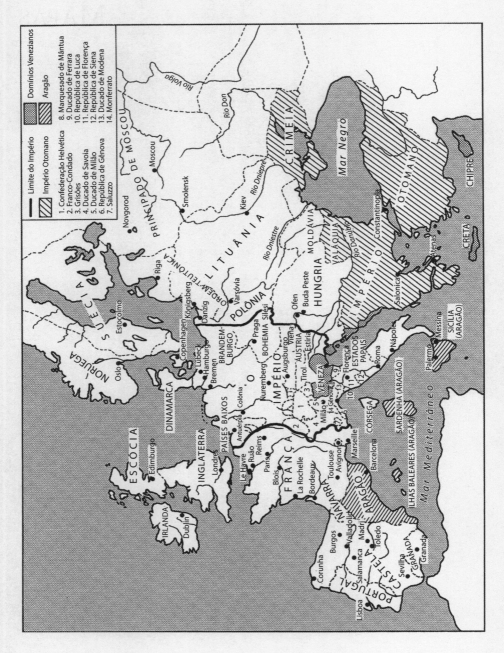
Europa por volta de 1500

# MAPAS

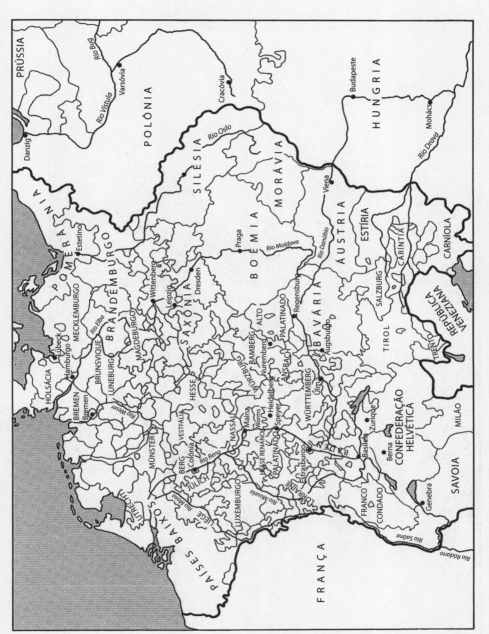

Alemanha no período das Reformas

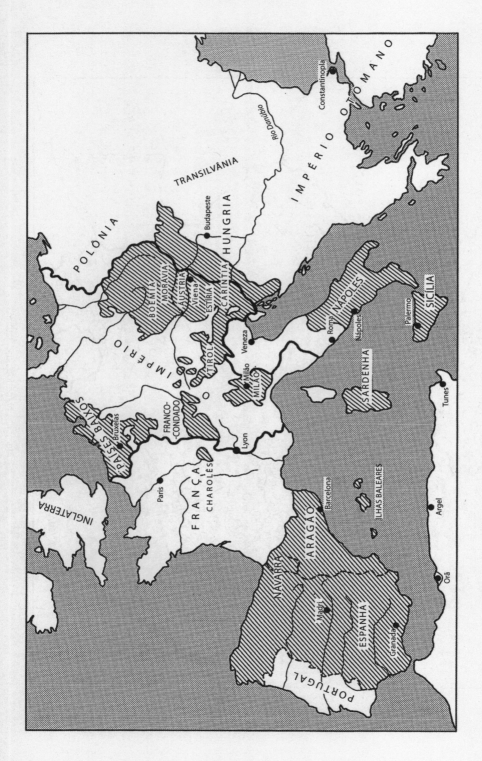

Império de Carlos V

MAPAS

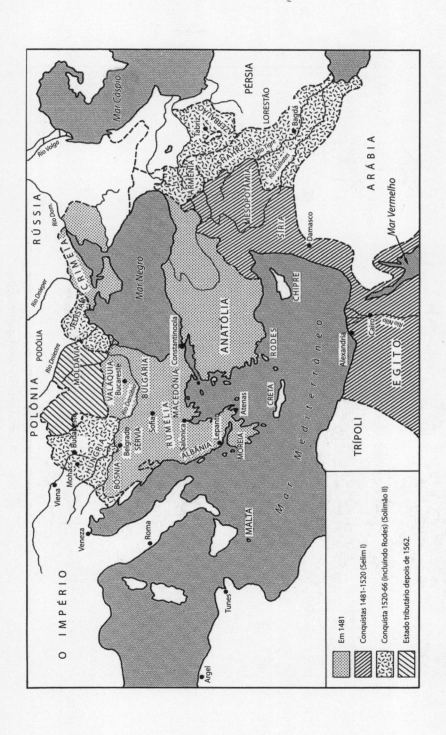

Império Otomano

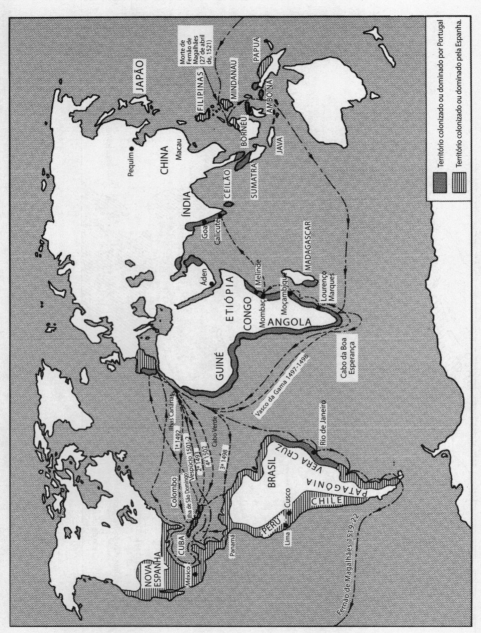

Império Ultramarino Português e Espanhol

# MAPAS

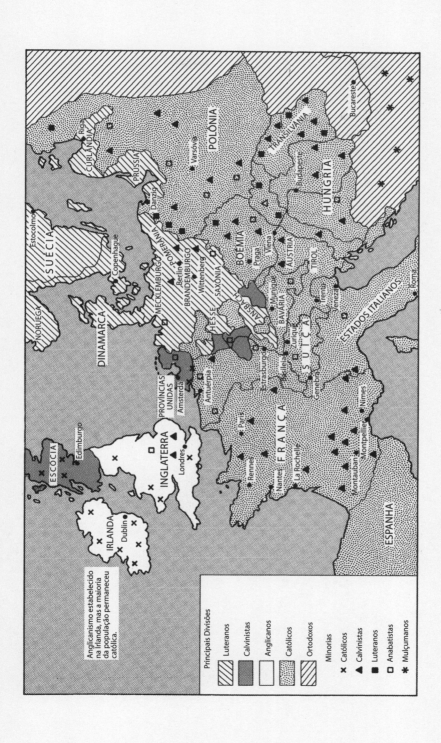

Divisões religiosas na Europa por volta de 1600

# GLOSSÁRIO

**Adiáfora**: "Questões indiferentes" de fé e prática por não serem nem proibidas nem ordenadas pela Escritura.
**Atrição**: Arrependimento do pecado motivado pelo medo da punição de Deus.
**Benefício**: Cargo eclesiástico obtido a partir de doação.
**Bula**: Do latim *bulla*, selo: Ordenança escrita pelo Papa e marcada com seu selo como prova de autenticidade.
**Celibato**: Estado civil exigido do clero ocidental e religioso desde o século XII; rejeitado pelos Reformadores.
***Communicatio idiomatum***: Troca de propriedades. Defendida, dentre outros, por Cirilo de Alexandria (m. 444) durante controvérsias cristológicas; estabelece que, embora as naturezas humana e divina de Cristo sejam separadas, os atributos de uma podem ser comunicados à outra por causa da união de ambas em Cristo. A fórmula veio à tona nas controvérsias da Reforma sobre a eucaristia.
**Conciliarismo**: Doutrina acerca da qual concílios gerais ou ecumênicos representam a autoridade suprema da Igreja; promovido nos concílios de Constança (1414-18) e Basileia (1431-49).
**Concílio**: Assembleia formal da Igreja, reunida a fim de regular questões relativas à fé e disciplina. Concílio provincial é uma reunião de bispos e arcebispos; sínodo diocesano é uma reunião entre o bispo e o clero de sua diocese; concílio ecumênico ou geral é uma reunião de todos os bispos da Igreja sob a liderança do Papa ou do imperador. Os decretos de um concílio ecumênico representam, se confirmados pelo Papa, a mais alta autoridade na Igreja (cf. conciliarismo).
**Concupiscência**: Usufruto de bens temporais que deveriam ser apenas usados; sensualidade incontrolada pela razão; pecado.
**Confissão:** (1) Reconhecimento público ou particular do pecado. (2) Profissão pública dos princípios da fé e declarados diante de autoridades públicas (p.ex., a Confissão de Augsburgo).
**Consistório**: Corte eclesiástica da Igrejas Reformadas (calvinistas) para a regulamentação religiosa e ética; estabelecido pela primeira vez em Genebra, em 1541.
**Contrição**: Arrependimento do pecado motivado pelo amor a Deus.
***Cuius regio, eius religio***: "A religião do regente é a religião do reino": fórmula usada para descrever a Paz de Augsburgo (1555) pela qual se permitiu aos governantes decidir se sua terra seria católica ou luterana.
**Donatismo**: No século IV, movimento de renovação cismático no norte da África. O movimento enfatizava que a santidade da Igreja e a validade da Bíblia e dos sacramentos dependiam da pureza moral do ministro - ou seja, a mensagem depende do mensageiro.
**Eucaristia**: "Ação de graças" na língua grega; nome do ato central de adoração; denominado também comunhão, ceia do Senhor e missa. A associação do termo "missa" com "sacrifício eucarístico" da Igreja Católica Romana causou sua descontinuidade por parte dos protestantes.
***Ex opere operantis***: Eficácia dos sacramentos relacionada à disposição subjetiva do adorador. A interpretação ortodoxa postula que a disposição correta concede graça além da recebida *ex*

*opere operato*. A interpretação herege postula que uma disposição correta é necessária para a validação do sacramento (cf. Donatismo).

***Ex opere operato***: Validade sacramental que ocorre em virtude do desempenho do ritual; postula a validade objetiva dos sacramentos de modo independente de atitudes subjetivas do ministro ou do recipiente.

***Facere quod in se est***: Dê o melhor de si; o adorador devia fazer o que estava ao seu alcance natural, sem a ajuda da graça de Deus; amar a Deus acima de todas as coisas e, assim, receber graça inicial ou infusão de graça.

**Iconoclastia**: Destruição de ídolos.

**Ídolo**: Imagem ou figura sagrada de Cristo ou de um santo.

**Indulgência**: Remissão temporal da penalidade do pecado por meio do perdão, segundo a Igreja Católica; comutação de penitência imposta.

**Legislação canônica**: Leis que governam fé, moral e organização da Igreja; formadas por pronunciamentos episcopais, papais e conciliares.

**Liturgia**: O termo original grego significa literalmente "trabalho do povo". Em geral, liturgia se refere ao culto de adoração prescrito pela Igreja; especificamente, refere-se à eucaristia como o ato de adoração mais importante.

**Milênio**: Crença de um reinado bendito que durará por mil anos (cf. APOCALIPSE 20:4-6).

**Nicodemismo**: Ato de esconder a fé por medo de perseguição. O termo vem da história de Nicodemos (JOÃO 3:1-3), que visitou Jesus à noite, sugerindo preocupação em ser descoberto.

**Penitência**: Um dos sete sacramentos da Igreja Católica. A penitência consiste em confissão, absolvição e penitência. Do latim *poena*, punição; penitência também remete à prática ascética com o objetivo de controlar ou erradicar desejos pecaminosos ou a atos de remissão pelo pecado.

**Religioso**: Termo geral usado para descrever qualquer pessoa ligada à vida monástica por meio de votos (pobreza, castidade, obediência): monge, cônego, frade, freira.

**Simonia**: Compra e venda de cargos eclesiásticos; termo derivado de Simão, o mágico (ATOS 8:18-24).

**Transubstanciação:** Doutrina defendida pelo IV Concílio de Latrão (1215) segundo a qual a substância do pão e do vinho na eucaristia transforma-se na substância do corpo e sangue de Cristo.

**Ultramontanismo:** Literalmente "além das montanhas": refere-se à centralização da autoridade e influência do papado em oposição à independência nacional ou diocesana.

***Via antiqua, via moderna***: Lealdade ao "velho caminho" da teologia da alta Idade Média (tomismo) ou ao "novo caminho" da teologia do fim da Idade Média (nominalismo, occamismo).

**Vulgata Latina**: Tradução latina da Bíblia, realizada em grade parte por Jerônimo (m. 420), declarada, em 1590, o único texto autêntico e definitivo da Escritura pelo Papa Sisto V.

# APÊNDICE:
# AUXÍLIO AO ESTUDO DAS REFORMAS

## ORIENTAÇÃO AO CAMPO

A. G. Dickens and John M. Tonkin, *The Reformation in Historical Thought* [A Reforma no pensamento histórico]. Cambridge, MA: Harvard University Press, 1985.

Chris Cook e Philip Broadhead, *The Routledge Companion to Early Modern Europe 1453-1763* [Complemento Routledge ao início da Europa moderna: 1453-1763]. Londres/Nova Iorque: Routledge, 2006.

James E. Bradley and Richard A. Muller, *Church History: An Introduction to Research, Reference Works, and Methods* [História da Igreja: introdução à pesquisa, obras de referência e métodos]. Grand Rapids: Eerdmans, 1995.

Mark Greengrass, *The Longman Companion to the European Reformation c. 1500-1618* [Complemento Longman à Reforma europeia: c.1500-1618]. Londres/Nova Iorque: Longman, 1998.

Norman F. Cantor, *Inventing the Middle Ages: The Lives, Works, and Ideas of the Great Medievalists of the Twentieth Century* [Inventando a Idade Média: vida, obras e ideias de grandes medievalistas do século XX]. Nova Iorque: William Morrow, 1991.

## DICIONÁRIOS E ENCICLOPÉDIAS

*Enzyklopädie Deutscher Geschichte* [Enciclopédia de história alemã] Munique: Oldenbourg. Para aqueles que têm habilidade de leitura em alemão, essa série excelente apresenta as principais perspectivas interpretativas e trabalhos de pesquisa, além de uma bibliografia abrangente. Os volumes a seguir são pertinentes aos estudos da Reforma: Blickle, *Unruhen in der ständischen 1300-1800 Gesellschaft* [Conflitos na sociedade de classes: 1300-1800] (1988); Hans-Jürgen Goertz, *Religiöse Bewegungen in der Frühen Neuzeit* [Movimentos religiosos na época moderna] (1993); Heinz Schilling, *Die Stadt in der Frühen Neuzeit* [A cidade no início do período moderno] (1993); Heinrich Richard Schmidt, *Konfessionalisierung im 16. Jahrhundert* [Confessionalização no século XVI] (1992).

F. L. Cross e E. A. Livingstone, eds., *The Oxford Dictionary of the Christian Church* [Dicionário Oxford da Igreja cristã]. Oxford: Oxford University Press, 1984.

G. Krause e G. Müller, gen. eds., *Theologische Realenzyklopädie* [Enciclopédia real]. Berlin: Walter de Gruyter, 1977-. NB: Embora em alemão, os artigos dessa excelente obra de referência incluem bibliografias em diversas línguas.

Hans J. Hillerbrand, ed., *Encyclopedia of the Reformation* [Enciclopédia da Reforma], 4 v. Nova Iorque: Oxford University Press, 1996.

Robert Benedetto, gen. ed., *The New Westminster Dictionary of Church History*, v. 1: *The Early, Medieval, and Reformation Eras* [O novo dicionário Westminster da história da igreja: primeiros anos, Idade Média e Reforma]. Louisville: Westminster John Knox, 2008.

## RECURSOS ONLINE

Biographische-Bibliographisches Kirchenlexikon: www.bautz.de/
Christian Classics Ethereal Library. Inclui obras pesquisáveis do período da Reforma: www.ccel.org
Milhares de sites estão disponíveis. Alguns que podem ser usados como ponto de partida são mantidos por departamentos de história. e.g: http://uwm.edu/history/
Museu de Lutero (Wittenberg): www.lutherstadt-wittenberg.de/en/kultur/unesco-weltkulturerbe/lutherhaus/
Pitts Theological Library [Biblioteca teológica Pitts]: Arquivo digital online contendo mais de sete mil imagens do período da Reforma: www.pitts.emory.edu
Portal Iter do Renascimento: http://www.itergateway.org/
Programa de pesquisas sobre a Reforma do Luther Seminary: www. luthersem.edu
Projeto Wittenberg: Coletânea online dos escritos de Lutero em inglês, alemão e latim: www.thewittenbergproject.org
Reforma anglicana: www.revistas.usp.br/revusp/article/download/13454/15272
Site oficial do Vaticano: www.vatican.va

## LEVANTAMENTO DO TEMA

Alec Rylie, ed., *Palgrave Advances in the European Reformations* [Estudos Palgrave das Reformas europeias]. Basingstoke: Palgrave Macmillan, 2006.
Alister McGrath, *Reformation Thought: An Introduction* [Pensamento reformado: uma introdução], 2. ed. Oxford: Blackwell, 1993.
Andrew Pettegree, ed., *The Reformation World* [O mundo da Reforma]. Londres/Nova Iorque: Routledge, 2000.
Andrew Pettegree, *Europe in the Sixteenth Century* [A Europa no século XVI]. Oxford: Blackwell, 2002.
Diarmaid MacCulloch, *Reformation. Europe's House Divided. 1490-1700* [Reforma: a casa europeia dividida: 1490-1700]. Londres: Penguin Books, 2003.
Erwin Iserloh, Joseph Glatzik, e Hubert Jedin, *Reformation and Counter Reformation* [Reforma e Contrarreforma] (*History of the Church* [História da Igreja], Hubert Jedin e John Dolan, eds., v. V). Nova Iorque: Crossroad, 1986.
Euan Cameron, *The European Reformation* [A Reforma europeia]. Oxford: Clarendon Press, 1991.
G. R. Elton, ed., *The Reformation 1520-1559* [A Reforma: 1520-1559], 2. ed. (New Cambridge Modern History, II). Cambridge: Cambridge University Press, 1990.
Hans J. Hillerbrand, *The Division of Christendom. Christianity in the Sixteenth Century* [A divisão do cristianismo no século XVI]. Louisville/Londres: Westminster John Knox, 2007.
Hans J. Hillerbrand, *The Reformation: A Narrative History Related by Contemporary Observers and Participants* [Reforma: uma narrativa histórica contada por observadores e participantes da época]. Nova Iorque: Harper & Row, 1964.
John Bossy, *Christianity in the West 1400-1700* [Cristianismo no Ocidente: 1400-1700]. Oxford: Oxford University Press, 1985.

Merry E. Wiesner-Hanks, *Early Modern Europe, 1450-1789* [Início da modernidade europeia], Cambridge: Cambridge University Press, 2006.

R. Po-chia Hsia, ed., *A Companion to the Reformation World* [Complemento ao mundo da Reforma]. Oxford: Blackwell, 2004.

R. W. Scribner, *The German Reformation* [A reforma alemã]. Atlantic Highlands: Humanities, 1986.

Scott Hendrix, *Recultivating the Vineyard. The Reformation Agendas of Christianization* [Recultivando a Vinha: programações Reformadas da cristianização]. Louisville/Londres: Westminster John Knox, 2004.

Steven Ozment, *The Age of Reform 1250-1550* [A era da Reforma: 1250-1550]. New Haven: Yale University Press, 1980.

Thomas Brady, Heiko A. Oberman e James Tracy, eds., *Handbook of European History 1400-1600* [Manual de história europeia], 2 v. Leiden: E. J. Brill, 1994-5.

## BIBLIOGRAFIAS E GUIAS DE PESQUISA

*Archive for Reformation History: Literature Review* [Arquivo da história da Reforma: revisão literária]. Suplemento anual contendo comentários em diversas línguas sobre pesquisas recentes.

David M. Whitford, ed., *Reformation and Early Modern Europe: A Guide to Research* [Reforma e o início da Europa moderna]. Kirksville: Truman State University Press, 2008.

Hans J. Hillerbrand, ed., *A Bibliography of Anabaptism, 1520-1630: A Sequel 1962-1974* [Bibliografia do anabatismo (1520-1630): uma continuação (1962-1974)]. St Louis: Center for Reformation Research, 1975.

John W. O'Malley, SJ, ed., *Catholicism in Early Modern Europe: A Guide to Research* [Catolicismo no início da Europa moderna: um guia à pesquisa]. St Louis: Center for Reformation Research, 1988.

Kenneth Hagen, ed., *Luther Digest: An Annual Abridgement of Luther Studies* [Assimilando Lutero: simplificação anual dos estudos de Lutero]. Fort Wayne: Luther Academy, 1993-.

*Lutherjahrbuch* [Anuário luterano]. Anuário com bibliografia extensa em diversas línguas.

Steven Ozment, ed., *Reformation Europe: A Guide to Research* [Europa Reformada: um guia à pesquisa]. St Louis: Center for Reformation Research, 1982.

William Maltby, ed., *Reformation Europe: A Guide to Research* [Europa Reformada: guia à pesquisa]. St Louis: Center for Reformation Research, 1992.

## TABELAS CRONOLÓGICAS, GRÁFICOS E MAPAS

C. Anderson, *Augsburg Historical Atlas of Christianity in the Middle Ages and Reformation* [Atlas histórico de Augsburgo: cristianismo na Idade Média e na Reforma]. Minneapolis: Augsburgo, 1967.

Kurt Aland, *Kirchengeschichte in Zeittafeln und Überblicken* [A história da Igreja em tabelas cronológicas e visões gerais]. Gütersloh: Gerd Mohn. 1984.

Robert Walton, *Chronological and Background Charts of Church History* [Gráficos cronológicos e contextualizados da história da Igreja]. Grand Rapids: Zondervan, 1986.

## PERIÓDICOS IMPORTANTES

*Archive for Reformation History*
*Catholic Historical Review*

*Church History*
*Journal of Ecclesiastical History*
*Lutheran Quarterly*
*Lutherjahrbuch*
*Mennonite Quarterly Review*
*Revue d'histoire ecclesiastique*
*Sixteenth Century Journal*
*Theologische Literaturzeitung*
*Zeitschrift für Kirchengeschichte*

## ESTUDOS REUNIDOS DAS REFORMAS

B. A. Gerrish, *Reformers in Profile: Advocates of Reform 1300-1600* [Perfil dos Reformadores: defensores de Reforma: 1300-1600]. Filadélfia: Fortress Press, 1967.

Carter Lindberg, ed., *The Reformation Theologians* [Teólogos da Reforma]. Oxford: Blackwell, 2002.

David Bagchi e David C. Steinmetz, eds., *The Cambridge Companion to Reformation Theology* [Complemento Cambridge à teologia Reformada]. Cambridge: Cambridge University Press, 2004.

David C. Steinmetz, *Reformers in the Wings* [Reformadores à espreita]. Filadélfia: Fortress Press, 1971.

Hans-Jürgen Goertz, ed., *Profiles of Radical Reformers: Biographical Sketches from Thomas Müntzer to Paracelsus* [Perfis de Reformadores radicais: esboços de Thomas Müntzer a Paracelso]. Kitchener: Herald, 1982.

Jill Raitt, ed., *Shapers of Religious Traditions in Germany, Switzerland, and Poland, 1560-1600* [Modeladores de tradições religiosas na Alemanha, Suíça e Polônia: 1560-1600]. New Haven: Yale University Press, 1981.

# BIBLIOGRAFIA

Abray 1985: Lorna Jane Abray, *The Peoples' Reformation: Magistrates, Clergy, And Commons in Strasbourg, 1500-1598* [A Reforma do povo: magistrados, clero e o homem comum em Estrasburgo: 1500-1598], Ithaca: Cornell University Press.

Akerboom 2005: Dick Akerboom, "Katherina von Bora und ihr Einfluss auf Martin Luther" [Katharina von Bora e sua influência sobre Martinho Lutero] Lutherische Kirche in der Welt, (Jahrbuch des Martin-Luther-Bunde, Folge, 52). Erlangen: Martin-Luther-Verlag, 2005, p. 83-119.

Aland 1965: Kurt Aland, Martin Luther's 95 Theses [As 95 teses de Lutero]. St Louis: Concordia.

Altmann 1992: Walter Altmann, *Luther and Liberation: A Latin American Perspective* [Lutero e liberação: uma perspectiva latino-americana]. Minneapolis: Fortress Press.

Anderson 1968: Charles S. Anderson, "Robert Barnes on Luther" [Robert Barnes acerca de Lutero], em Pelikan, 1968, p. 35-66.

Armstrong 1991: Brian G. Armstrong, "The Pastoral Office in Calvin and Pierre du Moulin" [O ofício pastoral em Calvino e Pierre du Moulin], em Spijker, 1991, 157-67.

Assion 1971/2: Peter Assion, "Matthias Hütlin und sein Gaunerbüchlein, der 'Liber vagatorum'" [Matthias Hütlin e seu livrinho sobre vagabundos: o "liber vagatorum"], em *Alemannisches Jahrbuch*: 74-92.

Aston 1984: Margaret Aston, *Lollards and Reformers: Images and Literacy in Late Medieval Religion* [Lollardos e Reformadores: imagens e alfabetização no fim da Idade Média], Londres: Hambledon.

Aston 1993: Margaret Aston, *Faith and Fire: Popular and Unpopular Religion 1350-1600* [Fé e fogo: religião popular e impopular: 1350-1600], Londres: The Hambledon Press.

Bagchi 1991: David V. N. Bagchi, *Luther's Earliest Opponents: Catholic Controversialists 1518-1525* [Os primeiros oponentes de Lutero: controversalistas católicos: 1518-1525]. Minneapolis: Fortress Press.

Bagchi e Steinmetz 2004: David Bagchi e David C. Steinmetz, eds., *The Cambridge Companion to Reformation Theology* [Série Complemento de Cambridge: Reforma teológica]. Cambridge: Cambridge University Press.

Bainton 1941: Roland Bainton, "The Left Wing of the Reformation" [O grupo de esquerda da Reforma] *Journal of Religion* 21, 124-34.

Bainton 1951: Roland Bainton, *The Travail of Religious Liberty: Nine Biographical Studies* [O trabalho de parto da Liberdade religiosa: nove estudos biográficos]. Filadélfia: Westminster.

Bainton 1957: Roland Bainton, *Here I Stand: A Life of Martin Luther* [Esta é a minha posição: a vida de Martinho Lutero]. Nova Iorque: Mentor.

Bainton 1960: Roland Bainton, *Hunted Heretic: The Life and Death of Michael Servetus 1511-1553* [Caça ao herege: a vida e morte de Miguel Servet 1511-1553]. Boston: Beacon.

Bainton 1965: Roland Bainton, ed. *Concerning Heretics, Whether they are to be persecuted...* [Sobre os hereges, se devem ser perseguidos ou não...] Nova Iorque: Octagon.

Bainton 1974: Roland Bainton, *Women of the Reformation in Germany and Italy* [Mulheres da Reforma na Alemanha e Itália]. Boston: Beacon Press.

Baker 1979: Derek Baker, ed., *Reform and Reformation: England and the Continent c. 1500-c.1750* [Reforma: Inglaterra e o continente c.1500-c.1750]. Oxford: Blackwell.

Baker 1980: J. Wayne Baker, *Heinrich Bullinger and the Covenant: The Other Reformed Tradition* [Heinrich Bullinger e a aliança: a outra tradição Reformada]. Atenas: Ohio University Press.

Baker 1988: J. Wayne Baker, "Calvin's Discipline and the Early Reformed Tradition: Bullinger and Calvin" [A disciplina de Calvino e o início da tradição Reformada: Bullinger e Calvino], em Schnucker, 1988, p. 107-19.

Bakhuizen 1965: J. N. Bakhuizen van den Brink, "Ratramn's Eucharistic Doctrine and its Influence in the Sixteenth Century," [A doutrina eucarística de Ratramm e sua influência no século XVI], em G. J. Cuming, ed., *Studies in Church History*, 11, 54-77. Londres: Nelson.

Balke 1981: Willem Balke, *Calvin and the Anabaptist Radicals* [Calvino e os radicais anabatistas]. Grand Rapids: Eerdmans.

Barge 1968: Hermann Barge, *Andreas Bodenstein von Karlstadt* [Andreas Bodenstein von Karlstadt], 2 v. Leipzig: Brandstetter, 1905; repr. Nieuwkoop: De Graaf, 1968.

Barker 1995: Paula S. Datsko Baraker, "Caritas Pirckheimer: A Female Humanist Confronts the Reformation" [Caritas Pirckheimer: humanista que confronta a Reforma] *SCJ* 26/2 (1995), 259-72.

Baumann 2008: Priscilla Baumann, "Art, Reformation" [Arte e reforma] *NWDCH*, 51-2.

Bayer 1990: Oswald Bayer, "Luther's Ethics as Pastoral Care" [A ética de Lutero como forma de cuidado pastoral] *LQ* 4, 125-42.

Bayer 2007: Oswald Bayer, *Theology the Lutheran Way* [Teologia do modo luterano], J. C. Silcock e M. C. Mattes, eds. e trd. Grand Rapids: Eerdmans.

Baylor 1991: Michael G. Baylor, ed. e tr., *The Radical Reformation* [A reforma radical]. Cambridge: Cambridge University Press.

Bedouelle 2002: Guy Bedouelle, OP, "Jacques Lefèvre d'Etaples (c. 1460-1536)," em Lindberg, 2002, p. 19-33.

Beilin 1996: Elaine V. Beilin, ed., *The Examinations of Anne Askew* [O exame de Anne Askew]. Nova Iorque: Oxford University Press.

*Bekenntnisschriften 1963*: *Bekenntnisschriften der evangelisch-lutherischen Kirche* [Escritos de confissão da Igreja Evangélica Luterana], 5. ed. Gottingen: Vandenhoeck & Ruprecht.

Bell e Burnett 2006: Dean Phillip Bell e Stephen G. Burnett, eds., *Jews, Judaism, and the Reformation in Sixteenth-Century Germany* [Os judeus, o judaísmo e a Reforma alemã do século XVI]. Leiden: Brill.

Benedict 1999: Philip Benedict, "Calvinism as a Culture?" [Calvinismo como cultura?], em Paul Corby Finney, ed., *Seeing Beyond the Word. Visual Arts and the Calvinist Tradition* [Enxergando além do mundo: artes visuais e a tradição calvinista]. Grand Rapids: Eerdmans, 19-45.

Benedict 2002a: Philip Benedict, *Christ's Churches Purely Reformed: A Social History Of Calvinism* [Igrejas de Cristo puramente Reformadas: uma história social do calvinismo]. New Haven: Yale University Press.

Benedict 2002b: Philip Benedict, "Confessionalization in France? Critical reflections and new evidence" [Confessionalização na França? Reflexões críticas e novas evidências], em Raymond Mentzer e Andrew Spicer, eds., *Society and Culture in the Huguenot World 1559-1685* [Sociedade e cultura no mundo huguenote: 1559-1685]. Cambridge: Cambridge University Press, 2002.

Benert 1988: Richard Benert, "Lutheran Resistance Theory and the Imperial Constitution" [Teoria da resistência luterana e a constituição imperial]. *LQ* 2, 185-207.
Berger 1969: Peter Berger, *The Sacred Canopy: Elements of a Sociological Theory of Religion* [O dossel sagrado: elementos de uma teoria sociológica da religião]. Garden City: Doubleday Anchor.
Berger e Luckmann 1967: Peter Berger and Thomas Luckmann, *The Social Construction of Reality: A Treatise in the Sociology of Knowledge* [A construção social da realidade: tratado sobre a sociologia do conhecimento]. Garden City: Doubleday Anchor.
Berggrav 1951: Eivand Berggrav, *Man and State* [O homem e o Estado]. Filadélfia: Muhlenberg.
Berthoud 1973: Gabrielle Berthoud, *Antoine Marcourt: Réformateur et Pamphlétaire du "Livres des Marchans" aux Placards 1534* [Antoine Marcourt: Reformador e panfletário do "livro dos mercadores": 1534]. Genebra: Droz.
Beza, Theodore, *The Life of John Calvin* [A vida de João Calvino]. Durham: Evangelical Press, 1997.
Bireley 1999: Robert Bireley, *The Refashioning of Catholicism, 1450-1700: A Reassessment Of the Counter Reformation* [A reformulação do catolicismo: 1450-1700]. Washington, DC: The Catholic University of America Press.
Blaisdell 1982: Charmarie Jenkins Blaisdell, "Calvin's Letters to Women: The Courting of Ladies in High Places" [Cartas de Calvino às mulheres: cortejando damas de alta posição]. *SCJ* 13, 67-84.
Blaschke 1993: Karlheinz Blaschke, "Reformation und Modernisierung" [Reforma e modernização], em Hans R. Guggisberg e Gottfried Krodel, eds., *Die Reformation in Deutschland und Europa: Interpretationen und Debatten* [A Reforma na Alemanha e Europa: interpretação e debates], 511-20. Gütersloh: Gütersloher Verlagshaus.
Blickle 1981: Peter Blickle, *The Revolution of 1525: The German Peasants' War from a New Perspective* [Revolução de 1525: a guerra camponesa alemã a partir de uma nova perspectiva]. Baltimore: Johns Hopkins University Press.
Blickle 1982: Peter Blickle, *Die Reformation im Reich* [A Reforma no reino]. Stuttgart: Ulmer.
Blickle 1992: Peter Blickle, *Communal Reformation: The Quest for Salvation in Sixteenth-Century Germany* [Reforma comunal: a busca pela salvação na Alemanha do século XVI]. Atlantic Highlands: Humanities.
Blickle 1997: Peter Blickle, *Obedient Germans? A Rebuttal. A New View of German History* [Alemães obedientes? Uma refutação. Uma nova visão da história alemã], trd. Thomas A. Brady, Charlottesville: University of Virginia Press.
Blickle *et al.* 1985: Peter Blickle et al., *Zwingli und Europa* [Zuínglio e a Europa]. Zurique: Vandenhoeck & Ruprecht.
Bluhm 1965: Heinz Bluhm, *Martin Luther, Creative Translator* [Martinho Lutero: tradutor criativo]. St Louis: Concordia.
Bluhm, 1983: Heinz Bluhm, "Luther's German Bible" [A bíblia luterana alemã], em Brooks 1983, 177-94.
Boekl 2000: Christine M. Boeckl, *Images of Plague and Pestilence. Iconography and Iconology* [Imagens de doença e pestilência: iconografia e iconologia], Kirksville: Truman State University Press.
Boer 2001: Wietse De Boer, *The Conquest of the Soul. Confession, Discipline, and Public Order in Counter-Reformation Milan* [A conquista da alma: confissão, disciplina e ordem pública na Contrarreforma de Milão]. Leiden: Brill.

Boettcher 2004: Susan R. Boettcher, "Review Essay: Luther Year 2003. Thoughts on an Off-Season Comeback" [Resenha crítica: 2003, ano de Lutero. Pensamentos sobre um retorno fora de temporada] *SCJ* 35/3 (2004), 795-809.

Boockmann 1987: Hartmut Boockmann, *Stauferzeit und spätes Mittelalter: Deutschland 1215-1517* [Idade *Staufer* e baixa Idade Média: Alemanha 1215-1517]. Berlin: Siedler.

Bornkamm 1970: Heinrich Bornkamm, *Luther im Spiegel der deutschen Geistesgeschichte* [Lutero na história espiritual alemã], Göttingen: Vandenhoeck & Ruprecht.

Bornkamm 1983: Heinrich Bornkamm, *Luther in Mid-Career, 1520-1530* [Lutero no meio da carreira: 1520-1530]. Filadélfia: Fortress Press.

Bossy 1983: John Bossy, "The Mass as a Social Institution 1200-1700" [A missa como instituição social] *PP* 100, 29-61.

Bossy 1985: John Bossy, *Christianity in the West 1400-1700* [Cristianismo no Ocidente: 1400-1700]. Oxford: Oxford University Press.

Bossy 1999: John Bossy, "The Counter-Reformation and the People of Catholic Europe" [A Contrarreforma e o povo da Europa católica], em Luebke, 1999, p. 86-104; reimpresso *PP* 97 (1970).

Bottigheimer e Lotz-Heumann 1998: Karl S. Bottigheimer and Ute Lotz-Heumann, "The Irish Reformation in European Perspective" [A Reforma irlandesa na perspectiva europeia] *ARG* 89 (1998), 269-309.

Bouwsma 1980: William J. Bouwsma, "Anxiety and the Formation of Early Modern Culture" [Ansiedade e formação da cultura moderna], em Barbara C. Malament, ed., *After the Reformation: Essays in Honor of J. H. Hexter* [Depois da Reforma: ensaios em homenagem a J. H. Hexter], 215-46. University Park: University of Pennsylvania Press.

Bouwsma 1988: William J. Bouwsma, *John Calvin: A Sixteenth-Century Portrait* [João Calvino: um retrato do século XVI]. Nova Iorque: Oxford University Press.

Bradshaw 1996: Christopher Bradshaw, "David or Josiah? Old Testament Kings as Exemplars in Edwardian Religious Polemic" [Davi ou Josias? Reis do Antigo Testamento como exemplos na polêmica religiosa eduardiana], em Gordon, 1996b, p. 77-90.

Brady 1978: Thomas A. Brady, Jr, *Ruling Class, Regime and Reformation at Strasbourg 1520-1555* [Classe dominante, regime e reforma em Estrasburgo: 1520-1555]. Leiden: E. J. Brill.

Brady 1979: Thomas A. Brady, Jr, "'The Social History of the Reformation' between 'Romantic Idealism' and 'Sociologism': A Reply" [A história social da reforma entre 'idealismo romântico' e 'sociologismo': uma resposta], em Wolfgang Mommsen, *et al.*, *The Urban Classes, The Nobility and the Reformation: Studies in the Social History of the Reformation in England and Germany* [Classes urbanas, nobreza e Reforma; estudos na história social da Reforma na Inglaterra e Alemanha], 40-3. Stuttgart: Klett-Cotta.

Brady 1982: Thomas A. Brady, Jr, "Social History" [História social] in Ozment, 1982, p. 161-81.

Brady 1985: Thomas A. Brady, Jr, review of Spitz 1985 [Revisão de Spitz], *SCJ* 16, 410-12.

Brady 1987: Thomas A. Brady, Jr, "From Sacral Community to the Common Man: Reflections on German Reformation Studies" [Da comunidade sacra ao homem comum: reflexões sobre estudos alemães Reformados] *Central European History* 20, 229-45.

Brady 1998: Thomas A. Brady, Jr., *The Protestant Reformation in Germany* [A Reforma protestante na Alemanha], comentada por Heinz Schilling. Washington, DC: German Historical Institute.

Brady, Oberman, e Tracy 1994-5: Thomas A. Brady, Heiko A. Oberman, and James D. Tracy, eds., *Handbook of European History 1400-1600: Late Middle Ages, Renaissance and Reformation*

[Manual de história europeia: 1400-1600: fim da Idade Média, Renascimento e Reforma], 2 v. Leiden: E. J. Brill.

Brandt 2008: Reinhard Brandt, *Lasst ab vom Ablass: Ein evangelisches Plädoyer* [Abandonem a indulgência: um apelo evangélico]. Göttingen: Vandenhoeck & Ruprecht.

Braudel 1972: Fernand Braudel, "History and the Social Sciences" [História e as ciências sociais], em Peter Burke, ed., *Economy and Society in Early Modern Europe*, 11-42. Nova Iorque: Harper & Row.

Bräuer e Junghans 1989: Siegfried Bräuer e Helmar Junghans, eds., *Der Theologe Thomas Müntzer: Untersuchungen zu seiner Entwicklung und Lehre* [O teólogo Thomas Müntzer: pesquisa sobre seu desenvolvimento e doutrina]. Berlin: Evangelische Verlagsanstalt.

Bray 1994: Gerald Bray, ed., *Documents of the English Reformation* [Documentos da Reforma inglesa]. Minneapolis: Fortress Press.

Brecht 1985: Martin Brecht, *Martin Luther, Vol 1: His Road to Reformation 1483-1521* [Martinho Lutero, Vol. I: Sua caminhada à Reforma: 1483-1521]. Minneapolis: Fortress Press.

Brecht 1990: Martin Brecht, *Martin Luther, Vol. 2: Shaping and Defining the Reformation 1521-1532* [Martinho Lutero, v. 2: contornando e definindo a Reforma 1521-1532]. Minneapolis: Fortress Press.

Brecht 1993: Martin Brecht, *Martin Luther, III: The Preservation of the Church 1532-1546* [Martinho Lutero, III: a preservação da Igreja: 1532-1546]. Minneapolis: Fortress Press.

Brecht 1995: Martin Brecht, "Luther's Reformation" [A Reforma de Martinho Lutero], em Brady, Oberman, e Tracy, II, 1995, p. 129-59.

Brigdon 1992: Susan Brigdon, *London and the Reformation* [Londres e a Reforma]. Oxford: Clarendon.

Bromily 1953: G. W. Bromily, tr., *Zwingli and Bullinger* [Zuínglio e Bullinger], (Library of Christian Classics, 24). Filadélfia: Westminster.

Brooks 1965: Peter Newman Brooks, *Thomas Cranmer's Doctrine of the Eucharist* [Thomas Cranmer e a doutrina da eucaristia]. Londres: Macmillan.

Brooks 1983: Peter Newman Brooks, ed., *Seven-Headed Luther: Essays in Commemoration of a Quincentenary 1483-1983* [Lutero de sete cabeças: ensaios em comemoração dos 500 anos: 1483-1983]. Oxford: Clarendon.

Brown 2005: Christopher Boyd Brown, *Singing the Gospel: Lutheran Hymns and the Success of the Reformation* [Cantando o evangelho: hinos luteranos e o sucesso da Reforma]. Cambridge, MA: Harvard University Press.

Brown 1959: Norman O. Brown, *Life Against Death: The Psychoanalytic Meaning of History* [Vida contra a morte: o significado psicoanalítico da história]. Nova Iorque: Vintage.

Brown 1975: Peter Brown, *Augustine of Hippo: A Biography* [Agostinho de Hipona: uma biografia]. Berkeley: University of California Press.

Bubenheimer 1977: Ulrich Bubenheimer, *Consonantia Theologiae et Iurisprudentiae: Andreas Bodenstein von Karlstadt als Theologe und Jurist zwischen Scholastik und Reformation* [*Consonantia Theologiae et Iurisprudentiae*: Andreas Bodenstein von Karlstadt como teólogo e jurista entre o escolasticismo e a Reforma]. Tubinga: J. C. B. Mohr (Paul Siebeck).

Bubenheimer 1981a: Ulrich Bubenheimer, "Andreas Bodenstein von Karlstadt," em Martin Greschat, ed., *Gestalten der Kirchengeschichte: Die Reformationszeit* [Personalidades da história da Igreja: o tempo da Reforma], 105-16. Stuttgart: Kohlhammer.

Bubenheimer 1981b: Ulrich Bubenheimer, "Gelassenheit und Ablösung: Eine psychohistorische Studie über Andreas Bodenstein von Karlstadt und seinen Konflikt mit Martin Luther"

[Resignação e desligamento: um estudo psico-histórico sobre Andreas Bodenstein von Karlstadt e seu conflito com Martinho Lutero] *ZKG* 92, 250-68.

Bubenheimer 1989: Ulrich Bubenheimer, *Thomas Müntzer: Herkunft und Bildung* [Thomas Müntzer: origem e formação]. Leiden: E. J. Brill.

Bubenheimer 1991: Ulrich Bubenheimer, "Andreas Bodenstein genannt Karlstadt (1486-1541)" [Andreas Bodenstein chamado Karlstadt], em Alfred Wendehorst, ed., *Fränkische Lebensbilder*, XIV, 47-64. Neustadt/Aisch: Degener.

Buck e Zophy 1972: L. P. Buck e J. W. Zophy, eds., *The Social History of the Reformation* [A história social da Reforma]. Columbus: Ohio State University Press.

Buckwalter 1998: Stephen E. Buckwalter, "Konkubinat und Pfarrerehe in Flugschriften der frühen Reformation" [Concubinato e casamento pastoral em livretos no início da Reforma], em Bernd Moeller com Stephen Buckwalter, eds., *Die frühe Reformation in Deutschland als Umbruch* [O início da Reforma na Alemanha em transição] 167-80. Gütersloh: Gütersloher Verlag.

Bujnoch 1988: Josef Bujnoch, ed. e tr., *Die Hussiten: Die Chronik des Laurentius von Brezová 1414-1421* [Os hussitas: crônica de Laurentius von Brezova 1414-1421]. Graz: Verlag Styria.

Burgess 1980: Joseph A. Burgess, ed., *The Role of the Augsburg Confession: Catholic and Lutheran Views* [O papel da confissão de Augsburgo: visões católicas e luteranas]. Filadélfia: Fortress Press.

Büsser 1968: Fritz Büsser, *Das katholische Zwinglibild: Von der Reformation bis zur Gegenwart* [A imagem católica de Zuínglio: do tempo da Reforma até o presente 8]. Zurique.

Büsser 1989: Fritz Büsser, "Zwingli the Exegete: A Contribution to the 450th Anniversary of the Death of Erasmus" [Zuínglio, o exegeta: uma contribuição ao 450º aniversário da morte de Erasmo], em McKee e Armstrong, 1989, p. 175-96.

Cameron 1991: Euan Cameron, *The European Reformation* [A Reforma europeia]. Oxford: Clarendon.

Campi 1996: Emidio Campi, "Bernardino Ochino's Christology and 'Mariology' in his Writings of the Italian Period (1538-42)" [A cristologia de Bernardino Ochino em escritos do período italiano (1538-42)], em Bruce Gordon, ed., *Protestant History and Identity in Sixteenth-Century Europe* [História e identidade protestante na Europa do século XVI], v. 1, 108-22. Aldershot: Scolar Press.

Cantor 1991: Norman F. Cantor, *Inventing the Middle Ages: The Lives, Works, and Ideas of the Great Medievalists of the Twentieth Century* [Inventando a Idade Média: vida, obras e ideias dos grandes medievalistas do século XX]. Nova Iorque: William Morrow.

Cargill Thompson 1979: W. D. J. Cargill Thompson, "The Two Regiments: The Continental Setting of William Tyndal's Political Thought" [Os dois regimentos: o contexto continental do pensamento político de William Tyndal], em Baker, 1979, p. 17-33.

Castellio 1975: Sebastian Castellio, *Advice to a Desolate France* [Conselho a uma França desolada]. Shepherdstown: Patmos.

Carlson 1998: Eric Josef Carlson, ed., *Religion and the English People 1500-1640: New Voices New Perspectives* [Religião e o povo inglês (1500-1640): novas vozes, novas perspectivas]. Kirksville: Thomas Jefferson University Press.

Cavendish 1964: George Cavendish, "The Life and Death of Cardinal Wolsey" [A vida e morte do cardeal Wolsey], em Sylvester e Harding, 1964, p. 3-193.

Chafe 1985: Eric T. Chafe, "Luther's Analogy of Faith in Bach's Church Music" [A analogia de Lutero na música eclesiástica de Bach] *Dialogue* 24, 96-101.

Chatellier 1989: Louis Chatellier, *The Europe of the Devout: The Catholic Reformation and the Formation of a New Society* [A Europa dos devotos: reforma católica e a formação de uma nova sociedade]. Cambridge: Cambridge University Press/Paris: Éditions de la Maison des Sciences de l'Homme.

Chiffoleau 1980: Jacques Chiffoleau, *La Comptabilité de l'Au-delà: Les Hommes, la Mort et la Religion dans la Région d'Avignon à la Fin du Moyen Age (vers 1320-1480)* [A compatibilidade do além: homens, morte e religião em Avignon no fim da Idade Média (1320-1480)]. Roma: École Française de Rome.

Chrisman 1982: Miriam U. Chrisman, *Lay Culture, Learned Culture: Books and Social Change in Strasbourg 1480-1599* [Cultura leiga, cultura erudita: livros e mudança social em Estrasburgo (1480-1599). New Haven: Yale University Press.

Christensen 1996: Carl C. Christensen, "Art" [Arte], em *OER* 1, p. 74-80.

Clebsch 1964: William A. Clebsch, *England's Earliest Protestants 1520-1535* [Os primeiros protestantes da Inglaterra: 1520-1535]. New Haven: Yale University Press.

Clendinnen 2003: Inga Clendinnen, *Ambivalent Conquests: Maya and Spaniard in Yucatan, 1517-1570* [Conquistas ambivalentes: Maya e Yucatan espanhóis: 1517-1570], 2. ed. Cambridge: Cambridge University Press.

Coats 1994: Catherine Randall Coats, "Reactivating Textual Traces: Martyrs, Memory, and he Self in Teodoro de Beza's Icones (1581)" [Reativando traços textuais: mártires, memória e o "eu" nos ícones de Teodoro de Beza (1581)" em Graham, 1994, p. 19-28.

Cochrane 1966: Arthur C. Cochrane, ed., *Reformed Confessions of the Sixteenth Century* [Confissões Reformadas do século XVI]. Filadélfia: Westminster.

Cohn 1961: Norman Cohn, *The Pursuit of the Millennium: Revolutionary Messianism in Medieval and Reformation Europe* [A busca do milênio: messianismo revolucionario na Europa medieval e Reformada]. Nova Iorque: Harper Torchbooks.

Collinson 1967: Patrick Collinson, The Elizabethan Puritan Movement [O movimento puritano elisabetano]. Berkeley: University of California Press.

Collinson 1997: Patrick Collinson, "The English Reformation, 1945-1995" [A reforma inglesa], em Michael Bentley, ed., *Companion to Historiography* [Complemento à Historiografia]. Londres: Routledge.

Collinson 2002: Patrick Collinson, "Night schools, conventicles and churches: continuities and discontinuities in early Protestant ecclesiology," [Escolas noturnas, reuniões e igrejas: continuidades e descontinuidades na eclesiologia protestante], em Marshall e Ryrie, 2002, p. 209-35.

Comerford e Pabel 2001: Kathleen M. Comerford e Hilmar M. Pabel, eds., *Early Modern Catholicism: Essays in Honour of John W. O'Malley* [Catolicismo moderno: ensaios em homenagem a John W. O'Malley], S.J. Toronto: University of Toronto Press.

Cosgrove 1993: Richard A. Cosgrove, "English Anticlericalism: A Programmatic Assessment" [Anticlericalismo inglês: avaliação programática], em Dykema e Oberman, 1993, p. 569-81.

Costa 1989: Milagros Ortega Costa, "Spanish Women in the Reformation" [Mulheres espanholas na Reforma], em Marshall 1989, 89-119.

Courvoisier 1963: Jacques Courvoisier, *Zwingli: A Reformed Theologian* [Zuínglio: teólogo Reformado]. Richmond: John Knox.

Creasman 2002: Allyson F. Creasman, "The Virgin Mary against the Jews: Anti-Jewish Polemic in the Pilgrimage to the Schöne Maria of Regensburg, 1519-25" [Virgem Maria contra os judeus: polêmica antijudaica na peregrinação à Bela Maria de Regensburg: 1519-25] *SCJ* 33/4, 963-80.

Crew 1978: Phyllis Mack Crew, *Calvinist Preaching and Iconoclasm in the Netherlands 1544-1569* [Pregação calvinista e iconoclastia nos Países Baixos: 1544-1569]. Cambridge: Cambridge University Press.

Cummings 2002: Brian Cummings, *The Literary Culture of the Reformation: Grammar and Grace* [A cultura literária da Reforma: gramática e estilo]. Oxford: Oxford University Press.

Cunningham e Grell 2000: Andrew Cunningham e Ole Peter Grell, *The Four Horsemen of the Apocalypse: Religion, War, Famine and Death in Reformation Europe* [Os quatro cavaleiros do apocalipse: religião, guerra, fome e morte na Europa Reformada]. Cambridge: Cambridge University Press.

Daniell 2000: David Daniell, "William Tyndale, The English Bible, and the English Language" [William Tyndale, a Bíblia inglesa e a língua inglesa], em O'Sullivan, 2000, p. 39-50.

Davis 1977: Kenneth R. Davis, "The Origins of Anabaptism: Ascetic and Charismatic Elements Exemplifying Continuity and Discontinuity" [As origens do anabatismo: elementos ascéticos e carismáticos exemplificando continuidade e descontinuidade], em Lienhard, 1977, p. 27-41.

Davis 1974: Natalie Zemon Davis, "Some Tasks and Themes in the Study of Popular Religion" [Algumas tarefas e temas no estudo de religião popular], em Charles Trinkaus e Heiko A. Oberman, eds., *The Pursuit of Holiness in Late Medieval and Renaissance Religion* [A busca pela santidade na religião medieval e renascentista], 307-36. Leiden: E. J. Brill.

Davis 1976: Natalie Zemon Davis, *Society and Culture in Early Modern France* [Sociedade e cultura na França moderna]. Stanford: Stanford University Press.

Day 1994: John T. Day, "William Tracy's Posthumous Legal Problems" [Problemas jurídicos póstumos de William Tracy], em John A. R. Dick e Anne Richardson, eds., *William Tyndale and the Law* [William Tyndale e a Lei]. Kirksville: Sixteenth Century Journal Publishers.

De Grouchy 1988: John De Grouchy, ed., *Dietrich Bonhoeffer: Witness to Jesus Christ* [Dietrich Bonhoeffer: testemunha de Jesus Cristo]. San Francisco: Collins.

Delumeau 1984: Jean Delumeau, *Le Péché et la Peur: La culpabilisation en Occident XIIIe-XVIIIe siècle* [O pecado e o medo: a "culpabilização" no Ocidente nos séculos XIII-XVIII]. Paris: Fayard.

Delumeau 1989: Jean Delumeau, *Rassurer et protéger: le sentiment de sécurité dans l'Occident d'autrefois* [Assegurar e proteger: o sentimento de segurança no Ocidente antigo]. Paris: Fayard.

DeMolen 1984: Richard L. DeMolen, ed., *Leaders of the Reformation* [Líderes da Reforma]. Selinsgrove: Susquehanna University Press.

Deppermann 1987: Klaus Deppermann, *Melchior Hofmann: Social Unrest and Apocalyptic Visions in the Age of the Reformation* [Melchior Hofmann: distúrbio social e visões apocalípticas na era da Reforma]. Edimburgo: T. & T. Clark.

Deppermann et al. 1975: Klaus Deppermann, Werner Packull, e James Stayer, "From Monogenesis to Polygenesis: The Historical Discussion of Anabaptist Origins" [De monogênese a poligênese: discussão histórica das origens anabatistas] *MQR* 49, 83-121.

Derschowitz 1991: Alan Derschowitz, *Chutzpah* [Audácia]. Boston: Little, Brown.

Dickens 1974: A. G. Dickens, *The German Nation and Martin Luther* [A nação alemã e Martinho Lutero]. Nova Iorque: Harper & Row.

Dickens 1982: A. G. Dickens, *Reformation Studies* [Estudos sobre a Reforma]. Londres: Hambledon.

Dickens 1987: A. G. Dickens, "The Shape of Anti-clericalism and the English Reformation" [A forma do anticlericalismo na reforma inglesa], em Kouri e Scott, 1987, p. 379-410.

Dickens 1991: A. G. Dickens, *The English Reformation* [A reforma inglesa], 2. ed. University Park: University of Pennsylvania Press.
Dickens e Tonkin 1985: A. G. Dickens e John M. Tonkin, *The Reformation in Historical Thought* [A Reforma no pensamento histórico]. Cambridge, MA: Harvard University Press.
Diefendorf 1991: Barbara Diefendorf, *Beneath the Cross: Catholics and Huguenots in Sixteenth--Century Paris* [Abaixo da cruz: católicos e huguenotes em Paris do século XVI]. Nova Iorque: Oxford University Press.
Diefendorf 2004: Barbara Diefendorf, "The Religious Wars in France" [As guerras religiosas na França], em Hsia, 2004, p. 150-68.
Dillenberger 1999: John Dillenberger, *Images and Relics: Theological Perceptions and Visual Images in Sixteenth-Century Europe* [Imangens e relíquias: percepções teológicas e imagens visuais na Europa do século XVI]. Nova Iorque: Oxford University Press.
Dixon 1999: C. Scott Dixon, ed., *The German Reformation: The Essential Readings* [Reforma alemã: leituras essenciais]. Oxford: Blackwell.
Dommen e Bratt 2007: Dommen, Edward e James D. Bratt, eds., *John Calvin Rediscovereed: The Impact of His Social and Economic Thought* [João Calvino redescoberto: o impacto de seu pensamento social e econômico]. Louisville: Westminster John Knox, 2007.
Douglass 1985: Jane Dempsey Douglas, *Women, Freedom, and Calvin* [Mulheres, Liberdade e Calvino]. Filadélfia: Westminster.
Douglass 1993: Jane Dempsey Douglas, "A Report on Anticlericalism in Three French Women Writers 1404-1549" [Parecer sobre o anticlericalismo em três em escritoras francesas: 1404-1549] Dykema e Oberman, 1993, p. 243-56.
Dowey 1994: Edward A. Dowey, Jr, *The Knowledge of God in Calvin's Theology* [O conhecimento de Deus na teologia de Calvino], ed. expandida. Grand Rapids: Eerdmans.
Duchrow 1987: Ulrich Duchrow, *Global Economy: A Confessional Issue for the Churches?* [Economia global: uma questão confessional para as igrejas?] Genebra: World Council of Churches.
Duffy 1992: Eamon Duffy, *The Stripping of the Altars: Traditional Religion in England 1400-1580* [O desnudar dos altares: religião tradicional na Inglaterra: 1400-1580]. New Haven: Yale University Press.
Duke, 1992: Alastair Duke, "The Netherlands" [Os Países Baixos], em Pettegree, 1992, p. 142-65.
Duke *et al.* 1992: Alastair Duke, G. Lewis, e A. Pettegree, eds e trd, *Calvinism in Europe 1540-1610: A Collection of Documents* [Calvinismo na Europa: 1540-1610: coletânia de documentos]. Manchester: Manchester University Press.
Dykema e Oberman 1993: Peter A. Dykema e Heiko A. Oberman, eds., *Anticlericalism in Late Medieval and Early Modern Europe* [Anticlericalismo no fim da Idade Média e início da Europa moderna]. Leiden: E. J. Brill.
Ebeling 1964: Gerhard Ebeling, *Luther: Einführung in sein Denken* [Lutero: introdução ao seu pensamento]. Tubinga: Mohr.
Ebeling 1970: Gerhard Ebeling, *Luther: An Introduction to his Thought* [Lutero: introdução ao seu pensamento], tr. R. A. Wilson. Filadélfia: Fortress Press.
Edwards 1988: John Edwards, *The Jews in Christian Europe 1400-1700* [Os judeus na Europa cristã]. Londres: Routledge.
Edwards 1975: Mark U. Edwards, Jr, *Luther and the False Brethren* [Lutero e os falsos irmãos]. Stanford: Stanford University Press.
Edwards 1983: Mark U. Edwards, Jr, *Luther's Last Battles: Politics and Polemics 1531-46* [As últimas batalhas de Lutero: política e polêmica: 1531-46]. Ithaca: Cornell University Press.

Edwards 1994: Mark U. Edwards, Jr, *Printing, Propaganda, and Martin Luther* [Publicação, propaganda e Martinho Lutero]. Berkeley: University of California Press.

Ehmann 2007: Johannes Ehmann, "Türken und Islam — Luthers theologische Unterscheidung. Überlegung zu ihrer Aktualität" [Os turcos e o islã: distinção teológica de Lutero. Reflexões sobre sua atualidade] *Luther* 78/2 (2007), 89-94.

Eire 1979: Carlos M. N. Eire, "Calvin and Nicodemism: A Reappraisal" [Calvino e o nicodemismo: uma reavaliação] *SCJ* 10/1, 45-69.

Eire 1986: Carlos M. N. Eire, *War Against the Idols: the Reformation of Worship from Erasmus to Calvin* [Guerra contra os ídolos: reforma da adoração de Erasmo a Calvino]. Cambridge: Cambridge University Press.

Eire 1995: Carlos M. N. Eire, *From Madrid to Purgatory: The art and craft of dying in sixteenth century Spain* [De Madri ao purgatório: a arte e o ofício de morrer na Espanha do século XVI]. Cambridge: Cambridge University Press.

Eisenstadt 1968: S. N. Eisenstadt, ed., *The Protestant Ethic and Modernization: A Comparative View* [Ética protestante e modernização: uma visão comparativa.] Nova Iorque: Basic.

Eisenstein 1979: Elizabeth L. Eisenstein, *The Printing Press as an Agent of Change: Communications and Cultural Transformations in Early Modern Europe* [A Imprensa como agente de mudança: comunicações e transformações culturais na Europa moderna]. Cambridge: Cambridge University Press.

Elton 1966: G. R. Elton, *Reformation Europe 1517-1559* [Europa Reformada: 1517-1559]. Nova Iorque: Harper & Row.

Elton 1967: G. R. Elton, *The Practice of History* [A prática da história]. Nova Iorque: Thomas Crowell.

Elton 1969: G. R. Elton, *England Under the Tudors* [A Inglaterra sob o reinado Tudor]. Londres: Methuen.

Elton 1977: Geoffrey R. Elton, "Thomas Cromwell Redivivus", [Thomas Cromwell Ressurreto] *ARG* 68, 192-208.

Elton 1990: G. R. Elton, ed., *The Reformation 1520-1559* [A Reforma: 1520-1559], 2. ed. (New Cambridge Modern History, 14). Cambridge: Cambridge University Press.

Elwood 1999: Christopher Elwood, *The Body Broken: The Calvinist Doctrine of the Eucharist and the Symbolization of Power in Sixteenth-Century France* [O corpo partido: doutrina calvinista da eucaristia e o símbolo do poder na França do século XVI], Nova Iorque: Oxford University Press.

Elwood 2002: Christopher Elwood, *Calvin for Armchair Theologians* [Calvino para teólogos de poltrona]. Louisville: Westminster John Knox.

Erasmus 1968: *The Julius Exclusus of Erasmus* [O Julius Exclusus de Erasmo], tr. Paul Pascal; introdução e observações de J. Kelley Sowards. Bloomington: Indiana University Press.

Erikson 1958: Erik H. Erikson, *Young Man Luther: A Study in Psychoanalysis and History* [O jovem Lutero: estudo em psicanálise e história]. Nova Iorque: Norton.

Evennett 1965: H. Outram Evennett, "The Counter-Reformation" [A Contrarreforma], em Hurstfield, 1965, p. 58-71.

Evennett 1970: H. Outram Evennett, *The Spirit of the Counter-Reformation* [O espírito da Contrarreforma], ed. com posfácio de John Bossy. Notre Dame: University of Notre Dame Press.

Fenlon 1971: Dermot Fenlon, *Heresy and Obedience in Tridentine Italy: Cardinal Pole and the Counter Reformation* [Heresia e obediência na Itália tridentina: cardeal Pole e a Contrarreforma]. Cambridge: Cambridge University Press.

Fichtner 1989: Paula Fichtner, *Protestantism and Primogeniture in Early Modern Germany* [Protestantismo e primogenitura na Alemanha moderna]. New Haven: Yale University Press.
Firpo 2004: Massimo Firpo, "The Italian Reformation" [A Reforma italiana], em Hsia, 2004, p. 169-84.
Fischer 1983: Robert H. Fischer, "Doctor Martin Luther, Churchman. A Theologian's Viewpoint" [Doutor Martinho Lutero como membro da Igreja: ponto de vista de um teólogo], em Brooks 1983, 77-103.
Fischer 1982: Wolfram Fischer, *Armut in der Geschichte* [Pobreza na história]. Gottingen: Vandenhoeck & Ruprecht.
Ferguson 1948: Wallace K. Ferguson, *The Renaissance in Historical Thought: Five Centuries of Interpretation* [O Renascimento no pesamento histórico: cinco séculos de interpretação]. Cambridge, MA: Houghton Mifflin.
Frankfurter 1987: A. Daniel Frankfurter, "Elizabeth Bowes and John Knox: A Woman and Reformation Theology" [Elizabeth Bowes e John Knox: uma mulher e a teologia Reformada] *CH* 56, 333-47.
Friede e Keen 1971: Juan Friede e Benjamin Keen, eds., *Bartolomé de Las Casas in History: Towards an Understanding of the Man and His Work* [Bartolomé de Las Casas na história: em busca do entendimento do homem e sua obra]. Dekalb: Northern Illinois University Press.
Friedman 1987: Jerome Friedman, "Jewish Conversion, the Spanish Pure Blood Laws and Reformation: A Revisionist View of Racial and Religious Antisemitism" [Conversão judaica, as leis de puro sangue espanhóis e a Reforma: uma visão revisionista do antissemitismo religioso e racial] *SCJ* 18, 3-30.
Friedman 1992: Jerome Friedman, "Jews and New Christians in Reformation Europe" [Judeus e cristãos-novos na Europa Reformada], em Maltby, 1992, p. 129-57.
Fuchs 2006: Martina Fuchs, "Martin Luther - Protagonist moderner deutscher Literatur?" [Martinho Lutero: protagonista da literatura moderna alemã?] *Lutherjahrbuch* 73 (2006), 171-94.
Furcha 1985: E. J. Furcha, ed., *Huldrych Zwingli, 1484-1531: A Legacy of Radical Reform* [Ulrico Zuínglio (1484-1531): legado de Reforma radical]. Montreal: McGill University Press.
Furcha 1995: E. J. Furcha, tr. e ed., *The Essential Carlstadt: Fifteen Tracts by Andreas Bodenstein (Carlstadt) from Karlstadt* [O essencial de Carlstadt: quinze tratados por Andreas Bodenstein (Carlstadt) de Karlstadt], Waterloo: Herald Press.
Furey 2005: Constance M. Furey, "Invective and Discernment in Martin Luther, D. Erasmus, and Thomas More" [Invectiva e discernimento em Martinho Lutero, Erasmo e Thomas More] *Harvard Theological Review* 98/4, 469-88.
Gäbler 1983: Ulrich Gäbler, *Huldrych Zwingli: Leben und Werk*. Munich: C. H. Beck. tr. inglesa: *Huldrych Zwingli: His Life and Work* [Ulrico Zuínglio: vida e obra]. Filadélfia: Fortress Press, 1986.
Gadamer 1975: Hans-Georg Gadamer, *Truth and Method* [Verdade e Método]. Nova Iorque: Continuum.
Galpern 1974: A. N. Galpern, "Late Medieval Piety in Sixteenth-Century Champagne" [Piedade medieval na Champanhe do século XVI], em Charles Trinkaus and Heiko A. Oberman, eds., *The Pursuit of Holiness in Late Medieval and Renaissance Religion* [A busca pela santidade na religião medieval e renascentista], 141-76. Leiden: E. J. Brill.
Garnett, 1994. George Garnett, ed. e tr., *Vindiciae, Contra Tyrannos*. Cambridge: Cambridge University Press.

Garside 1966: Charles Garside, *Zwingli and the Arts* [Zuínglio e as artes]. New Haven: Yale University Press.
Geisser *et al.* 1982: Hans Friedrich Geisser *et al.*, *Weder Ketzer noch Heiliger: Luthers Bedeutung für den Ökumenischen Dialog* [Nem herege nem santo: a importância de Lutero para o diálogo ecumênico]. Regensburg: Pustet.
George 1988: Timothy George, *Theology of the Reformers* [A teologia dos Reformadores]. Nashville: Broadman.
George 1990: Timothy George, ed., *John Calvin and the Church: A Prism of Reform*. Louisville [João Calvino e a Igreja: um prisma da Reforma]: Westminster/John Knox.
Gerrish 1967a: B. A. Gerrish, ed., *Reformers in Profile: Advocates of Reform 1300-1600* [Reformadores em perfil: defensores da Reforma (1300-1600)]. Filadélfia: Fortress Press.
Gerrish 1967b: B. A. Gerrish, "John Calvin" [João Calvino], em Gerrish, 1967a, p. 142-64.
Gerrish 1968: B. A. Gerrish, "John Calvin on Luther" [João Calvino sobre Lutero], em Pelikan, 1968, p. 67-96.
Gerrish 1992: Brian A. Gerrish, "The Lord's Supper in the Reformed Confessions" [A ceia do Senhor nas confissões Reformadas], em Donald K. McKim, ed., *Major Themes in the Reformed Tradition* [Temas importantes na tradição Reformada], 245-58. Grand Rapids: Eerdmans.
Gerrish 1993: B. A. Gerrish, *Grace and Gratitude: The Eucharistic Theology of John Calvin* [Graça e gratidão: teologia eucarística de João Calvino]. Minneapolis: Fortress Press.
Gilmont 1996: Jean-François Gilmont, "Books of Martyrs" [Livros dos mártires], em Hillerbrand 1996: I, 195-200.
Ginzburg 1982: Carlo Ginzburg, *The Cheese and the Worms: The Cosmos of a Sixteenth-Century Miller* [O queijo e os vermes: o universe de Miller no século XVI]. Nova Iorque: Penguin.
Ginzburg 1985: Carlo Ginzburg, *Night Battles: Witchcraft and Agrarian Cults in the Sixteenth and Seventeenth Centuries* [Bruxaria e seitas agrárias nos séculos XVI e XVII]. Nova Iorque: Penguin.
Gleason 1978: Elizabeth G. Gleason, "On the Nature of Sixteenth-Century Italian Evangelism: Scholarship, 1953-1978" [Sobre a natureza do evangelismo italiano do século XVI: estudos (1953-1978) *SCJ* 9, 3-25.
Gleason 1981: Elizabeth G. Gleason, ed. e tr., *Reform Thought in Sixteenth-Century Italy* [Pensamento Reformado na Itália do século XVI]. Chico: Scholars.
Gleason 1993: Elizabeth G. Gleason, "Sixteenth-Century Italian Spirituality and the Papacy" [Espiritualidade italiana do século XVI e o papado], em Dykema e Oberman, 1993, p. 299-307.
Goertz 1967: Hans-Jürgen Goertz, *Innere und Äussere Ordnung in der Theologie Thomas Müntzers* [Ordem interna e externa na teologia de Thomas Müntzer]. Leiden: E. J. Brill.
Goertz 1982: Hans-Jürgen Goertz, ed., *Profiles of Radical Reformers: Biographical Sketches from Thomas Müntzer to Paracelsus* [Perfis de Reformadores radicais: esboços de Thomas Müntzer a Paracelso]. Kitchener: Herald.
Goertz 1987: Hans-Jürgen Goertz, *Pfaffenhass und gross Geschrei: Die reformatorischen Bewegungen in Deutschland 1517-1529* [Ódio aos padres e altos gritos: os movimentos Reformadores na Alemanha: 1517-1529]. Munich: C. H. Beck.
Goertz 1988: Hans-Jürgen Goertz, *Die Täufer: Geschichte und Deutung* [Os batistas: história e interpretação]. Berlim: Evangelische Verlagsanstalt.
Goertz 1993a: Hans-Jürgen Goertz, *Religiöse Bewegungen in der frühen Neuzeit* [Movimentos religiosos na Idade Moderna]. Munique: Oldenbourg.

Goertz 1993b: Hans-Jürgen Goertz, *Thomas Müntzer: Apocalyptic Mystic and Revolutionary* [Thomas Müntzer: místico apocalíptico e revolucionário]. Edimburgo: T. & T. Clark.

Goertz 2004: Hans-Jürgen Goertz, "Radical Religiosity in the German Reformation" [Religiosidade radical na Reforma alemã], em Hsia, 2004, p. 70-85.

Gordon 1996a: Bruce Gordon, ed., *Protestant History and Identity in Sixteenth-Century Europe* [Identidade e história protestante na Europa do século XVI], v. 1. Aldershot: Scolar Press.

Gordon 1996b: Bruce Gordon, " 'This Worthy Witness of Christ': Protestant Uses of Savonarola in the Sixteenth Century" ["Uma testemunha digna de Cristo": menções protestantes de Savonarola no século XVI], em Gordon, 1996a, p. 93-107.

Gordon 1996c: Bruce Gordon, ed., *Protestant History and Identity in Sixteenth-Century Europe* [História protestante e identidade na Europa do século XVI], v. 2, Aldershot: Scolar Press.

Gordon 2002: Bruce Gordon, *The Swiss Reformation* [A Reforma suíça]. Manchester: Manchester University Press.

Gordon e Marshall 2000: Bruce Gordon e Peter Marshall, eds., *The Place of the Black Death and Remembrance in Later Medieval and Early Modern Europe* [O lugar da peste negra e da lembrança entre o fim da Idade Média e o início da Idade Moderna na Europa]. Cambridge: Cambridge University Press.

Gottfried 1983: Robert S. Gottfried, *The Black Death: Natural and Human Disaster in Medieval Europe* [A peste negra: desastre natural e humano na Europa medieval]. Nova Iorque: The Free Press.

Graham 1994: W. Fred Graham, ed., *Later Calvinism: International Perspectives* [Calvinismo posterior: perspectivas internacionais]. Kirksville: Sixteenth Century Publishers.

Graham 2000: Michael F. Graham, "Scotland" [Escócia], em Pettegree, 2000, p. 410-30.

Grane 1987: Leif Grane, *The Augsburg Confession: A Commentary* [A Confissão de Augburgo: um comentário]. Minneapolis: Augsburgo.

Grane 1994: Leif Grane, *Martinus Noster: Luther in the German Reform Movement 1518-1521* [Martinus Noster: Lutero no movimento reformista alemão: 1518-1521]. Mainz: Zabern.

Graus 1969: Frantisek Graus, "Das Spätmittelalter als Krisenzeit: Ein Literaturbericht als Zwischenbilanz" [Baixa Idade Média como tempo de crise: revisão de literatura comparada] *Mediaevalia Bohemica* (Supplement I), Praga.

Graus 1971: Frantisek Graus, "The Crisis of the Middle Ages and the Hussites" [A crise da Idade Média e dos hussitas], em Ozment, 1971, p. 76-103.

Graus 1993: Frantisek Graus, "The Church and its Critics in Time of Crisis" [A Igreja e seus críticos no tempo da crise], em Dykema and Oberman, 1993, p. 65-81.

Gray 1983: Janet Gray, "The Origin of the Word Huguenot" [A origem da palavra "huguenote"] *SCJ* 14, 349-59.

Green 1959: Robert W. Green, ed., *Protestantism and Capitalism: The Weber Thesis and its Critics* [Protestantismo e capitalismo: a tese de Weber e seus críticos]. Lexington: D. C. Heath.

Greengrass 1987: Mark Greengrass, *The French Reformation* [A reforma francesa]. Oxford: Blackwell.

Gregory 1999: Brad S. Gregory, *Salvation at Stake: Christian Martyrdom in Early Modern Europe* [Salvação em jogo: martírio cristão na Europa moderna]. Cambridge: Harvard University Press.

Grell 1994: Ole Peter Grell, "Merchants and Ministers: The Foundations of International Calvinism" [Mercadores e ministros: fundamentos do calvinismo internacional], em Pettegree *et al.* 1994, 254-73.

Grell e Cunningham 1997: Ole Peter Grell and Andrew Cunningham, eds., *Health Care and Poor Relief in Protestant Europe 1500-1700* [Assistência sanitária e social na Europa protestante: 1500-1700]. Londres: Routledge.

Greyerz 1985: Kaspar von Greyerz, "Stadt und Reformation: Stand und Aufgaben der Forschung", [A cidade e Reforma: posição de deveres e pesquisa] *ARG* 76, 6-63.

Grimm 1973: Harold J. Grimm, *The Reformation Era 1500-1650* [A era da Reforma: 1500-1650]. Nova Iorque: Macmillan.

Gritsch 1983: Eric W. Gritsch, *Martin — God's Court Jester: Luther in Retrospect* [Martinho, bobo da corte de Deus: Lutero em retrospective]. Filadélfia: Fortress Press.

Gritsch 1989: Eric W. Gritsch, *Thomas Müntzer: A Tragedy of Errors* [Thomas Müntzer: uma tragédia de erros]. Minneapolis: Fortress Press.

Gritsch 1990: Eric W. Gritsch, "Joseph Lortz's Luther: Appreciation and Critique" [Lutero de Joseph Lortz: elogio e crítica] *ARG* 81, 32-49.

Gritsch e Jenson 1976: Eric W. Gritsch e Robert W. Jenson, *Lutheranism: The Theological Movement and Its Confessional Writings* [O movimento teológico e seus escritos confessionais]. Filadélfia: Fortress Press.

Grossmann 1975: Maria Grossmann, *Humanism in Wittenberg 1485-1517* [Humanismo em Wittenberg: 1485-1517]. Nieuwkoop: B. De Graaf.

Guggisberg e Krodel 1993: Hans R. Guggisberg e Gottfried Krodel, eds., *The Reformation in Germany and Europe: Interpretations and Issues* (*ARG* special volume) [Reforma na Alemanha e na Europa: interpretações e questões (volume especial *ARG*)]. Giitersloh: Gutersloher Verlagshaus.

Hagen 1974: Kenneth Hagen, *A Theology of Testament in the Young Luther: The Lectures on Hebrews* [Teologia testamental no jovem Lutero: preleções em Hebreus]. Leiden: E. J. Brill.

Hagen 1999: Kenneth Hagen, "Luther's So-Called *Judenschriften*: A Genre Approach" [Os chamados *Judenschriften* [escritos judaicos] de Lutero: uma abordagem de gênero] *ARG* 90 (1999), 130-57.

Haigh 1987: Christopher Haigh, ed., *The English Reformation Revised* [Uma revisão da Reforma inglesa]. Cambridge: Cambridge University Press.

Haigh 1993: Christopher Haigh, *English Reformations: Religion, Politics, and Society under the Tudors* [Reformas inglesas: religião, política e sociedade no reinado Tudor]. Oxford: Clarendon.

Haigh 2004: Christopher Haigh, "The Reformation in England to 1603" [A Reforma na Inglaterra], em Hsia, 2004, p. 135-49.

Haile 1980: H. G. Haile, *Luther: An Experiment in Biography* [Lutero: um experimento em biografia]. Princeton: Princeton University Press.

Hall 1979: Basil Hall, "The Early Rise and Gradual Decline of Lutheranism in England (1520-1600)" [Início e declínio gradual do luteranismo na Inglaterra], em Baker, 1979, p. 103-31.

Hall 1994: Basil Hall, "Martin Bucer in England" [Martin Bucer na Inglaterra], em Wright, 1994, p. 144-60.

Hallman 1985: Barbara Hallmann, *Italian Cardinals, Reform, and the Church as Property* [Cardeais italianos, Reforma e a igreja como propriedade]. Berkeley: University of California Press.

Hamm 1988: Berndt Hamm, *Zwinglis Reformation der Freiheit* [A Reforma liberal de Zuínglio]. Neukirchen-Vluyn: Neukirchener Verlag.

Hamm 1999: Berndt Hamm, "What was the Reformation Doctrine of Justification?" [O que foi a doutrina Reformada da justificação?], em Dixon, 1999, p. 53-90.

Hamm, Moeller, e Wendebourg 1995: Berndt Hamm, Bernd Moeller e Dorothea Wendebourg, *Reformationstheorien. Ein kirchenhistoriker Disput über Einheit und Vielfalt der Reformation* [Teorias da Reforma: debate histórico da Igreja sobre a unidade e a diversidade da Reforma]. Göttingen: Vandenhoeck & Ruprecht.

Hanawalt e Lindberg 1994: Emily Albu Hanawalt e Carter Lindberg, eds., *Through the Eye of a Needle: Judeo-Christian Roots of Social Welfare* [Pelo buraco de uma agulha: raízes judaico-cristãs de bem-estar social]. Kirksville: Thomas Jefferson University Press.

Hanke 1974: Lewis Hanke, *All Mankind is One: A Study of the Disputation between Bartolomé de Las Casas and Juan Cine's de Sepulveda in 1550 on the Intellectual and Religious Capacity of the American Indians* [Toda humanidade é uma só: estudo sobre o debate entre Bartolomé de Las Casas e Juan Cine's de Sepulveda em 1550 sobre a capacidade religiosa e intelectual dos índios americanos]. Dekalb: Northern Illinois University Press.

Hauschild 1981: Wolf-Dieter Hauschild, *Lübecker Kirchenordnung von Johannes Bugenhagen 1531* [Johannes Bugenhagen e a ordem eclesiástica de Lübeck]. Lübeck: Schmidt-Romhild. (Os asteriscos no texto indicam texto primário; ausência de asteriscos indica o comentário de Hauschild.)

Headley 1987: John M. Headley, "The Reformation as Crisis in the Understanding of Tradition" [Reforma como uma crise no entendimento da tradição] *ARG* 78, 5-23.

Heal 2003: Felicity Heal, *Reformation in Britain and Ireland* [Reforma na Grã-Bretanha e na Irlanda], Oxford: Oxford University Press.

Healey 1994: Robert M. Healey, "Waiting for Deborah: John Knox and Four Ruling Queens" [Aguardando Débora: John Knox e as quatro rainhas] *SCJ* 25, 371-86.

Heck 1997: Christian Heck, *L'Échelle Céleste dans l'Art du Moyen Âge. Un Histoire de la Quête du Ciel* [A escola celeste na arte da Idade Média. Uma história sobre a busca do céu]. Paris: Flammarion.

Held e Hoyer 2004: Wieland Held e Siegfried Hoyer, eds., *Quellen zu Thomas Müntzer* [Fontes sobre Thomas Müntzer], v. 3, *Thomas-Müntzer-Ausgabe. Kritische Gesamtausgabe* [Thomas Münter: edição crítica completa], ed. Helmar Junghans, Leipzig: Verlag der Sächsischen Akademie der Wissenschaften zu Leipzig.

Hendrix 1981: Scott Hendrix, *Luther and the Papacy: Stages in a Reformation Conflict* [Lutero e o papado: estágios no conflito da Reforma]. Filadélfia: Fortress Press.

Hendrix 1990: Scott Hendrix, "Toleration of the Jews in the German Reformation: Urbanus Rhegius and Braunschweig (1535-1540)" [Tolerância dos judeus na Reforma alemã: Urbanus Rhegius e Braunschweig (1535-1540)] *ARG* 81, 189-215.

Hendrix 1993: Scott Hendrix, "Considering the Clergy's Side: A Multilateral View of Anticlericalism" [Considerando o lado do clero: uma visão multilateral do anticlericalismo], em Dykema e Oberman, 1993, p. 449-59.

Hendrix 1994: Scott Hendrix, "Loyalty, Piety, or Opportunism: German Princes and the Reformation" [Lealdade, piedade ou oportunismo: príncipes alemães e a Reforma] *Journal of Interdisciplinary History* 25, 211-24.

Hendrix 2000: Scott Hendrix, "Rerooting the Faith: The Reformation as Re-Christianization" [Re-enraizando a fé: a Reforma como uma recristianização] *CH* 69/3, 558-77.

Hendrix 2004a: Scott Hendrix, *Recultivating the Vineyard: The Reformation Agendas of Christianization* [Cultivando a vinha outra vez: programas de cristianização da Reforma]. Louisville: Westminster John Knox Press.

Hendrix 2004b: Scott Hendrix, "Review Essay: Reflections of a Frustrated Film Consultant" [Resenha crítica: reflexões de um consultor cinematográfico frustrado] *SCJ* 35/3, 811-14.

Héritier 1967: Jean Héritier, "The Massacre of St Bartholomew: Reason of State and Ideological Conflict" [O massacre da noite de São Bartolomeu: razão de conflitos governamentais e ideológicos], em Salmon, 1967, p. 48-53.

Hertzsch 1957: Erich Hertzsch, ed., *Karlstadts Schriften aus den Jahren 1523-25* [Escritos de Karlstadt de 1523 a 1525], 2 v. Halle [Saale]: Niemeyer.

Hickerson 2004: Megan L. Hickerson, "Gospelling Sisters 'goinge up and downe': John Foxe and Disorderly Women" [Irmãs Gospelling, "goinge up and downe": John Foxe e as mulheres desordeiras] *SCJ* 35/4, 1035-51.

Hickerson 2005: Megan L. Hickerson, *Making Women Martyrs in Tudor England* [Fazendo mulheres mártires na Inglaterra Tudor]. Basingstoke: Palgrave Macmillan.

Higman 1984: Francis Higman, "Les traductions françaises de Luther, 1524-1550" [As traduções francesas de Lutero], em J-F. Gilmont, ed., *Palaestra typographica*, 11-56. Aubel: Geson.

Higman 1992: Francis Higman, *La Diffusion de la Réforme en France 1520-1565* [A difusão da Reforma na França: 1520-1565]. Genebra: Labor et Fides.

Higman 1993: Francis Higman, "Bucer et les Nicodemites" [Bucer e os nicodemitas], em Krieger and Lienhard, 2, p. 644-58.

Hildebrandt 1980: Esther Hildebrandt, "The Magdeburg *Bekenntnis* on a Possible Link between German and English Resistance Theory in the Sixteenth Century," ["Bekenntnis" de Magdeburgo como uma ligação possível entre as resistência alemã e inglesa no século XVI] *ARG* 71, 227-53.

Hillerbrand 1964: Hans J. Hillerbrand, ed., *The Reformation: A Narrative History Related by Contemporary Observers and Participants* [Reforma: uma narrativa contada por observadores contemporâneos e participantes]. Nova Iorque: Harper & Row.

Hillerbrand 1986: Hans J. Hillerbrand, ed., *Radical Tendencies in the Reformation: Divergent Perspectives* [Tendências radicais na Reforma]. Kirksville: Sixteenth Century Journal Publishers.

Hillerbrand 1993: Hans J. Hillerbrand, "'The Radical Reformation': Reflections on the Occasion of an Anniversary" ["A Reforma radical": reflexões em uma ocasião comemorativa] *MQR* 67, 408-20.

Hillerbrand 1996: Hans J. Hillerbrand, ed., *The Oxford Encyclopedia of the Reformation* [Enciclopédia Oxford da Reforma], 4 v. Nova Iorque: Oxford University Press.

Hillerbrand 2003: "Was There a Reformation in the Sixteenth Century?" [Houve uma Reforma no século XVI?] *CH* 72/3, 525-52.

Hillerbrand 2007: *The Division of Christendom: Christianity in the Sixteenth Century* [A divisão da cristandade: o cristinismo no século XVI]. Louisville: Westminster John Knox.

Hinson 1976: Edward Hinson, ed., *Introduction to Puritan Theology: A Reader* [Introdução à teologia puritana: um leitor]. Grand Rapids: Baker Book House.

Hofmann 1983: Werner Hofmann, ed., *Luther und die Folgen für die Kunst* [Lutero e as consequências para a arte]. Munique: Prestel-Verlag.

Hofstadter 1968: Richard Hofstadter, *The Progressive Historians* [Historiadores progressistas]. Nova Iorque: Knopf.

Holbor 1961: Hajo Holborn, *A History of Modern Germany: The Reformation* [História da Alemanha moderna: a Reforma]. Nova Iorque: Knopf.

Homza 2006: Lu Ann Homza, ed. e tr., *The Spanish Inquisition 1478-1614: An Anthology of Sources* [A Inquisição espanhola (1478-1614): antologia das fontes]. Indianápolis: Hackett Publishing Company.

Hoss 1963: Irmgard Hoss, "Zur Genesis der Widerstandslehre Bezas" [A gênese da doutrina de resistência de Beza] *ARG* 54, 198-214.
Hsia 1987: R. Po-chia Hsia, "The Myth of the Commune: Recent Historiography on City and Reformation in Germany" [O mito da comuna: historiografia recente sobre cidade e Reforma na Alamanha] *Central European History* 20, 203-15.
Hsia 1988: R. Po-chia Hsia, ed., *The German People and the Reformation* [O povo alemão e a Reforma]. Ithaca: Cornell University Press.
Hsia 1989: R. Po-chia Hsia, *Social Discipline in the Reformation: Central Europe 1550-1750* [Disciplina social na Reforma: Europa central: 1550-1750]. Londres: Routledge.
Hsia 1998: R. Po-chia Hsia, *The World of Catholic Renewal 1540-1770* [O mundo da renovação católica: 1540-1770]. Cambridge: Cambridge University Press.
Hsia 2004: R. Po-chia Hsia, ed., *A Companion to the Reformation World* [Complemento ao mundo da Reforma]. Oxford: Blackwell.
Hudson 1988: Anne Hudson, *The Premature Reformation: Wycliffite Texts and Lollard History* [Reforma prematura: textos de Wycliffe e da história dos lolardos]. Oxford: Clarendon.
Hughes 1966: Philip E. Hughes, *The Register of the Company of Pastors in the Time of Calvin* [O registro da companhia de pastores no tempo de Calvino]. Grand Rapids: Eerdmans.
Hughes 1984: Philip E. Hughes, *Lefèvre: Pioneer of Ecclesiastical Renewal in France* [Lefèvre: pioneiro da renovação eclesiástica na França]. Grand Rapids: Eerdmans.
Huizinga 1956: Johan Huizinga, *The Waning of the Middle Ages: A Study of the Forms of Life, Thought and Art in France and the Netherlands in the Dawn of the Renaissance* [O minguar da Idade Média: estudo sobre as formas de vida, pensamento e arte na França e nos Países Baixos no alvorecer do Renascimento]. Garden City: Doubleday Anchor.
Hurstfield 1965: Joel Hurstfield, ed., *The Reformation Crisis* [A crise da Reforma]. Londres: Edward Arnold.
Irwin 1993: Joyce L. Irwin, *Neither Voice nor Heart Alone: German Lutheran Theology of Music in the Age of the Baroque* [Nem voz nem coração: teologia luterana da música na era barroca]. Nova Iorque: Peter Lang.
Iserloh 1968: Erwin Iserloh, *The Theses Were Not Posted: Luther Between Reform and Reformation* [As teses não foram fixadas: Lutero entre Reformas e a Reforma], tr. Jared Wicks, SJ. Boston: Beacon.
Iserloh et al. 1986: Erwin Iserloh, Joseph Glazik, e Hubert Jedin, eds., *Reformation and Counter Reformation* [Reforma e Contrarreforma] (*History of the Church* [História da Igreja], ed. Hubert Jedin e John Dolan, V). Nova Iorque: Crossroad.
Ishida 1984: Yoshiro Ishida, "Luther the Pastor" em Lindberg, 1984, p. 27-37.
Jackson 1972: Samuel Macauley Jackson, ed., *Ulrico Zuínglio (1484-1531): Selected Works* [Ulrico Zuínglio (1484-1531): obras selecionadas]. Filadélfia: University of Pennsylvania Press (reimpressão; primeira publ. 1901).
Jackson 1987: Samuel Macauley Jackson, ed., *Ulrico Zuínglio: Early Writings* [Ulrico Zuínglio: primeiros escritos]. Durham: Labyrinth (rep.; 1. pub. 1912).
Janz 1982: Denis Janz, *Three Reformation Catechisms: Catholic, Anabaptist, Lutheran* [Os catecismos da Reforma: católico, anabatista e luterano]. Nova Iorque/Toronto: Edwin Mellon.
Jedin 1957: Hubert Jedin, *A History of the Council of Trent* [Histórra do Concílio de Trento], 2 v. St Louis: B. Herder.

Jedin 1973: Hubert Jedin, "Katholische Reformation oder Gegenreformation?" [Reforma católica ou Contrarreforma?], em Ernst Walter Zeeden, ed., *Gegenreformation* [Contrarreforma] (Wege der Forschung, CCCXI), 46-81. Darmstadt: Wissenschaftliches Buchgesellschaft.

Joestel 1992: Volkmar Joestel, *Legenden um Martin Luther und andere Geschichten Aus Wittenberg* [Lendas sobre Martinho Lutero e outras histórias de Wittenberg]. Berlim: Schelzky & Jeep.

Joestel 1996: Volkmar Joestel, "Einleitung: Die Gans und der Schwan. Eine Allegorie auf Jan Hus und Martin Luther" [Introdução: o ganso e o cisne. Uma alegoria sobre João Huss e Martinho Lutero], em *Luther mit dem Schwan — Tod und Verklärung eines grossen Mannes* [Lutero como cisne: a morte e a transfiguração de um grande homem], Katalog zur Ausstellung in der Lutherhalle Wittenberg, 9-12. Berlim: Schelzky & Jeep.

Johnson 1977: Roger Johnson, ed., *Psychohistory and Religion: The Case of Young Man Luther* [Psico-história e religião: o caso do jovem Lutero]. Filadélfia: Fortress Press.

Johnson 2006: Trevor Johnson, "The Catholic Reformation" [A Reforma católica], em Ryrie, 2006a, p. 190-211.

Jones 2004: Ken Sundet Jones, "Luther at the Movies" [Lutero e os filmes] *LQ* 18/3, 342-47.

Jones 1998: Norman Jones, "Negotiating the Reformation" [Negociando a Reforma], em Carlson, 1998, p. 273-80.

Jung 2002: Martin H. Jung, *Nonnen, Prophetinnen, Kirchenmütter. Kirchen- und Frömmigkeitsgeschichtliche Studien zu Frauen der Reformationszeit* [Freiras, profetizas e mães da Igreja: estudos históricos da Igreja e da piedade das mulheres do tempo da Reforma], Leipzig: Evangelisches Verlagsanstalt.

Junghans 1983: Helmar Junghans, ed., *Leben und Werk Martin Luthers von 1526 bis 1546: Festgabe zu seinen 500* [Vida e obra de Martinho Lutero de 1526 a 1546: edição de aniversário dos 500 anos]. *Geburtstag*, 2 v. Berlim: Evangelische Verlagsanstalt.

Junghans 1984: Helmar Junghans, *Der junge Luther und die Humanisten* [O jovem Lutero e os humanistas]. Weimar: Hermann Bohlaus Nachfolger.

Junghans 2003: Helmar Junghans, "Luther's Wittenberg" [A Wittenberg de Lutero], em McKim, 2003, p. 20-35.

Jütte 1988: Robert Jütte, *Abbild und soziale Wirklichkeit des Bettler-und Gaunertums zu Beginn der Neuzeit* [Imagem e realidade social de mendicantes e pedintes no início da Idade Moderna]. Cologne: Bohlau.

Jütte 1994: Robert Jütte, *Poverty and Deviance in Early Modern Europe* [Pobreza e desvio na Europa moderna]. Cambridge: Cambridge University Press.

Kamen 1985: Henry Kamen, *Inquisition and Society in Spain in the Sixteenth and Seventeenth Centuries* [Inquisição e sociedade na Espanha nos séculos XVI e XVII]. Bloomington: Indiana University Press.

Kamen 1998: Henry Kamen, *The Spanish Inquisition: A Historical Revision* [A Inquisição espanhola: uma revisão histórica], New Haven: Yale University Press.

Kammerling 2006: Joy Kammerling, "Andreas Osiander, the Jews, and Judaism" [Andreas Osiander, os judeus e o judaísmo], em Bell e Burnett, 2006, p. 219-47.

Kandler 1993: Karl-Hermann Kandler, "Luther und der Koran" [Lutero e Al Corão] *Luther* 64, 3-9.

Kaplan, 1994. Benjamin Kaplan, "'Remnants of the Papal Yoke': Apathy and Opposition in the Dutch Reformation" ["'Remanescentes do jugo papal': apatia e oposição na Reforma holandesa"] *SCJ* 25 (1994), 653-69.

Karant-Nunn 1982: Susan Karant-Nunn, "Continuity and Change: Some Aspects of the Reformation on the Women of Zwickau" [Continuidade e mudança: alguns aspectos da Reforma das mulheres de Zwickau] *SCJ* 13, 17-42.

Karant-Nunn 1989: Susan Karant-Nunn, "The Women of the Saxon Silver Mines" [As mulheres das minas de prata saxãs], em Marshall, 1989, p. 29-46.

Karant-Nunn 1997: Susan Karant-Nunn, *Reformation of Ritual: An Interpretation of Early Modern Germany* [Reforma do ritual: uma interpretação da Alemanha moderna]. Londres: Routledge.

Karant-Nunn e Wiesner-Hanks 2003: Susan Karant-Nunn e Merry Wiesner-Hanks, eds., *Luther on Women. A Sourcebook* [Lutero com relação à mulher: livro de consultas]. Cambridge: Cambridge University Press.

Karant-Nunn, et al. 2006: Susan Karant-Nunn, et al., "Focal Point/Themeschwerpunkt: Post-Confessional Reformation History", [Ponto focal: história da Reforma pós-confessional] *ARG* 97, 276-306.

Karlstadt 1522: *Von Abtuhung der Bilder und das keyn Bedtler unthen den Christen seyn sollen* [A remoção de imagens e mendigos entre os cristãos], ed. Hans Lietzmann. Bonn: Kleine Texte, no. 74.

Karlstadt 1980: *Andreas Bodenstein von Karlstadt: 500-Jahr-Feier. Festschrift der Stadt Karlstadt zum Jubiliiumsjahr 1980* [Andreas Bodenstein von Karsltadt: celebração de 500 anos. Escrito em comemoração ao jubileu da cidade de Karlstadt]. Karlstadt.

Kaufmann 2002: Thomas Kaufmann, "Die Reformation als Epoche?" [Reforma como época?] *Verkündigung und Forschung* 47/2, 49-63.

Kaufmann 2006: Thomas Kaufmann, "Luther and the Jews" [Lutero e os judeus], em Bell e Burnett, 2006, p. 69-104.

Kidd 1941: B. J. Kidd, ed., *Documents Illustrative of the History of the Church* [Documentos ilustrativos da história da Igreja]. Nova Iorque: Macmillan.

King 2004: John N. King, ed., *Voices of the English Reformation: A Sourcebook* [Vozes da Reforma inglesa: livro de referência]. Filadélfia: University of Pennsylvania Press.

Kingdon 1956: Robert M. Kingdon, *Genebra and the Coming of the Wars of Religion in France, 1555-1563* [Genebra e as futuras guerras religiosas na França: 1555-1563]. Genebra: Droz.

Kingdon 1967: Robert M. Kingdon, *Genebra and the Consolidation of the French Protestant Movement, 1564-1572* [Genebra e a consolidação do movimento protestante francês]. Genebra: Droz.

Kingdon 1972: Robert M. Kingdon, "The Control of Morals in Calvin's Genebra" [O controle da moral na Genebra de Calvino], em Buck e Zophy, 1972, p. 3-16.

Kingdon 1973: Robert M. Kingdon, "Calvinism and Democracy" [Calvinismo e democracia], em John H. Bratt, ed., *The Heritage of John Calvin,* 172-92 [A herança de João Calvino]. Grand Rapids: Eerdmans.

Kingdon 1974: Robert M. Kingdon, ed., *Transition and Revolution: Problems and Issues of European Renaissance and Reformation History* [Transição e revolução: problemas e questões do Renascimento europeu e da história da Reforma]. Minneapolis: Burgess.

Kingdon 1988: Robert M. Kingdon, *Myths about the St Bartholomew's Day Massacres, 1572-1576* [Mitos sobre o massacre da noite de São Bartolomeu: 1572-1576]. Cambridge, MA: Harvard University Press.

Kingdon 1991: Robert M. Kingdon, "Popular Reactions to the Debate between Bolsec and Calvin" [Reações populares ao debate entre Bolsec e Calvino], em Spijker, 1991, p. 138-45.

Kingdon 1993a: Robert M. Kingdon, "Social Control and Political Control in Calvin's Genebra" [Controle social e político na Genebra de Calvino], em Guggisberg e Krodel 1993, 521-32.

Kingdon 1993b: Robert M. Kingdon, "Calvinist Discipline in the Old World and the New" [Disciplina calvinista no Velho e Novo Mundo], em Guggisberg e Krodel, 1993, p. 665-79.

Kingdon 1994: Robert M. Kingdon, "The Genebra Consistory in the Time of Calvin" [O consistório de Genebra no tempo de Calvino], em Pettegree *et al.* 1994, p. 21-34.

Kingdon 1995: Robert M. Kingdon, *Adultery and Divorce in Calvin's Genebra* [Adultério e divórcio na Genebra de Calvino]. Cambridge, MA: Harvard University Press.

Kingdon 2007: Robert M. Kingdon, "Calvin and Church Discipline" [Calvino e disciplina eclesiástica], em Dommen e Bratt, 2007, p. 25-31.

Kittelson 1976: James M. Kittelson, "Humanism and the Reformation in Germany" [Humanismo e Reforma na Alemanha] *Central European History* 9, 303-22.

Kittelson 1982: James Kittelson, "Successes and Failures in the German Reformation: The Report from Strasbourg" [Sucessos e fracassos na Reforma alemã: relatório de Estrasburgo] *ARG* 73, 153-74.

Kittelson 1985: James Kittelson, "Visitations and Popular Religious Culture: Further Reports from Strasbourg" [Visitações e cultura popular religiosa: mais relatórios de Estrasburgo], em Kyle C. Sessions e Phillip N. Bebb, eds., *Pietas et Societas: New Trends in Reformation Social History. Essays in Memory of Harold J. Grimm* [Novas tendências na história social da Reforma: ensaios em memória de Harold J. Grimm], 89-101. Kirksville: Sixteenth Century Journal Publishers.

Kittelson 1986: James M. Kittelson, *Luther the Reformer: The Story of the Man and His Career* [Lutero, o Reformador: a história do homem e sua carreira]. Minneapolis: Augsburgo.

Klaasen 1981: Walter Klaasen, ed., *Anabaptism in Outline: Selected Primary Sources* [Anabatismo em perspectiva: fontes primárias selecionadas]. Waterloo: Herald.

Klaasen 1993: Walter Klaasen, "From the Pillars of Hercules to the Gates of Alexander: George H. Williams and The Radical Reformation" [Dos pilares de Hércules aos portões de Alexandre: George H. Williams e a Reforma radical] *MQR* 67, 421-8.

Koenigsberger 1990: H. G. Koenigsberger, "The Empire of Charles V in Europe" [O Império de Carlos V na Europa], em Elton, 1990, p. 339-76.

Koenigsberger 1994: H. G. Koenigsberger, "The Politics of Philip II" [A política de Filipe II], em Thorp & Slavin, 1994, p. 171-89.

Kolb 1987: Robert Kolb, *For All the Saints: Changing Perceptions of Martyrdom and Sainthood in the Lutheran Reformation* [A todos os santos: mudanças na percepção do martírio e santidade na Reforma luterana]. Macon: Mercer University Press.

Kolb 1999: Robert Kolb, *Martin Luther as Prophet, Teacher, and Hero. Images of the Reformer, 1520-1620* [Martinho Lutero como profeta, professor e herói: imagens do Reformador (1520-1620)]. Grand Rapids: Baker.

Kolb 2008: Robert Kolb, *Martin Luther: Pastor, Professor, Confessor* [Martinho Lutero: pastor, professor, confessor], Oxford: Oxford University Press.

Kolb e Wengert 2000: Robert Kolb e Timothy J. Wengert, eds., *The Book of Concord. The Confessions of the Evangelical Lutheran Church* [O livro da concórdia: confissões da Igreja Evangélica Luterana]. Minneapolis: Fortress Press.

Kouri 1987: E. I. Kouri, "For True Faith or National Interest? Queen Elizabeth I and the Protestant Powers" [Por razões de fé verdadeira ou interesse nacional? Rainha Elizabeth I e os poderes protestantes], em Kouri e Scott, 1987, p. 411-36.

Kouri e Scott 1987: E. I. Kouri e Tom Scott, eds., *Politics and Society in Reformation Europe: Essays for Sir Geoffrey Elton on his Sixty-Fifth Birthday* [Política e sociedade na Europa Reformada: ensaios de Sir Geoffrey Elton em seu aniversário de 65 anos]. Nova Iorque: St Martin's.

Krieger e Lienhard 1993: Christian Krieger e Marc Lienhard, eds., *Martin Bucer and Sixteenth-Century Europe* [Martin Bucer e a Europa do século XVI], 2 v. Leiden: E. J. Brill.

Kühne 2001: Hartmut Kühne, " '... je Stück einhundert Tage Ablass,' Reliquien und Ablasspraxis in Mitteldeutschland," ['...cem por um': relíquias e indulgências na Alemanha central], em Peter Freybe, ed., *"Gott hat noch nicht genug Wittenbergisch Bier getrunken"* [Deus ainda não bebeu o bastante da cerveja de Wittenberg] *Alltagsleben zur Zeit Martin Luthers*. Wittenberg: Drei-Kastanien-Verl.

Las Casas 2003: Bartolomé de Las Casas, *An Account, Much Abbreviated, of the Destruction of the Indies, with Related Texts* [Breve relato da destruição dos índios, incluindo textos correlatos], Franklin W. Knight, ed., Andrew Hurley, tr. Indianopolis: Hackett.

Laube 1983: Adolf Laube, ed., *Flugschriften der frühen Reformationsbewegung* [Livretos do início do movimento reformista], 2 v. Vaduz: Topos.

Laube 1986: Adolf Laube, "Radicalism as a Research Problem in the History of the Early Reformation" [Radicalismo como problema de pesquisa na história do início da Reforma], em Hillerbrand, 1986, p. 9-23.

Le Goff 1981: Jacques Le Goff, *La naissance du Purgatoire* [A origem do purgatório]. Paris: Gallimard.

Le Goff 1988a: Jacques Le Goff, *Medieval Civilization 400-1500* [Civilização medieval: 400-1500]. Oxford: Blackwell.

Le Goff 1988b: Jacques Le Goff, *Your Money or Your Life. Economy and Religion in the Middle Ages* [Seu dinheiro, sua vida: economia e religião na Idade Média], Nova Iorque: Zone Books.

Leaver 1990: Robin A. Leaver, "Lutheran Vespers as a Context for Music" [Vésperas luteranas como contexto da música], em Paul Walker, ed., *Church, Stage, and Studio: Music and Its Contexts in Seventeenth-Century Germany* [Igreja, palco e estúdio: música e seu contexto na Alemanha do século XVII], 143-61. Ann Arbor: UMI Research Press.

Leaver 2007: Robin A. Leaver, *Luther's Liturgical Music: Principles and Implications* [A música litúrgica de Lutero: princípios e implicações]. Grand Rapids: Eerdmans.

Lee 1985: Robert E. A. Lee, "Bach's Living Music of Death" [Bach e sua música vívida da morte] *Dialogue* 24, 102-6.

Leff 1971: Gordon Leff, *History and Social Theory* [História e teoria social]. Nova Iorque: Doubleday Anchor.

Leith 1989: John H. Leith, *John Calvin's Doctrine of the Christian Life* [Doutrina de Calvino sobre a vida cristã]. Louisville: Westminster John Knox.

Leonard 2005: Amy Leonard, *Nails in the Wall: Catholic Nuns in Reformation Germany* [Unhas na parede: freiras católicas na Alemanha Reformada]. Chicago: University of Chicago Press.

Leppin 2007: Volker Leppin, "Geburtswehen und Geburt einer Legende. Zu Rörers Notiz vom Thesenanschlag" [Dores de parto e nascimento de uma lenda: sobre a observação de Rörer acerca da pregação das teses] *Luther* 78/3, 145-50.

Lesnick 1989: Daniel Lesnick, *Preaching in Medieval Florence: The Social World of Franciscan and Dominican Spirituality* [Pregando na Florença medieval: o mundo social da espiritualidade franciscana e dominicana]. Atenas: University of Georgia Press.

Lestringant 1995: Frank Lestringant, "Genebra and America in the Renaissance: The Dream of The Huguenot Refuge 1555-1600" [Genebra e o Renascimento americano: o sonho dos refugiados huguenotes: 1555-1600] *SCJ* 26/2 (1995), 285-95.

Lewis 2001: Mark A. Lewis, "Recovering the Apostolic Way of Life: The New Clerks Regular of the Sixteenth Century" [Redescobrindo o estilo de vida apostólico: a nova norma do clero do século XVI], em Comerford e Pabel, 2001, p. 280-96.

Lienhard 1977: Marc Lienhard, ed., *The Origins and Characteristics of Anabaptism/Les Débuts et les characteristiques de l'Anabaptisme* [Origens e características dos anabatistas]. Haia: Nijhoff.

Lietzmann 1912: Hans Lietzmann, ed., *Johannes Bugenhagens Braunschweiger Kirchenordnung 1528* [A ordem eclesiástica de Johannes Bugenhagen: 1528]. Bonn: Marcus & Weber.

Lindberg 1972: Carter Lindberg, "Prierias and his Significance for Luther's Development" [Prierias e sua importância para o desenvolvimento de Lutero] *SCJ* 3, 45-64.

Lindberg 1977: Carter Lindberg, "'There Should Be No Beggars Among Christians': Karlstadt, Luther, and the Origins of Protestant Poor Relief" ["'Não deve haver mendigos entre os cristãos': Karlstadt, Lutero e as origens da assistência social"] *CH* 46, 313-34.

Lindberg 1979: Carter Lindberg, "Karlstadt's Dialogue on the Lord's Supper" [Debate de Karlstadt sobre a ceia do Senhor] *MQR* 53, 35-77.

Lindberg 1983: Carter Lindberg, *The Third Reformation? Charismatic Movements and the Lutheran Tradition* [A Terceira Reforma? Movimentos carismáticos e a tradição luterana]. Macon: Mercer University Press.

Lindberg 1984: Carter Lindberg, ed., *Piety, Politics, and Ethics: Reformation Studies in Honor of George Wolfgang Forell* [Piedade, política e ética: estudos da Reforma em homenagem a George Wolfgang Forell]. Kirksville: Sixteenth Century Journal Publishers.

Lindberg 1993: Carter Lindberg, *Beyond Charity: Reformation Initiatives for the Poor*. Minneapolis [Além da caridade: iniciativas de Reforma para os pobres]: Fortress Press.

Lindberg 1994: Carter Lindberg, "Tainted Greatness: Luther's Attitudes toward Judaism and their Historical Reception" [Grandeza manchada: atitudes de Lutero sobre o judaísmo e sua recepção histórica], em Nancy Harrowitz, ed., *Tainted Greatness: Antisemitism and Cultural Heroes* [Grandeza manchada: antissemitismo e heróis culturais], 15-35. Filadélfia: Temple University Press.

Lindberg 1996: Carter Lindberg, "Luther's Concept of Offering" [Conceito luterano de oferta] *Dialog* 35/4 (1996), 251-57.

Lindberg 1997: Carter Lindberg, "Ein Wunderkind mit weichem Webfelhler? Milder Melanchthon, feuriger Flacius: Konflikt zweier Titanen" [Criança prodígio com pequenas falhas? Dócil Melâncton, ardente Flacius: conflito de dois titãs] *Confessio Augustana* 2 (1997), 17-24.

Lindberg 2000a: Carter Lindberg, ed., *The European Reformations Sourcebook* [Livro de referências sobre as Reformas europeias]. Oxford: Blackwell.

Lindberg 2000b: Carter Lindberg, "The Future of a Tradition: Luther and the Family" [O futuro de uma tradição: Lutero e a família], em Dean O. Wenthe, *et al.*, eds., *All Theology is Christology: Essays in Honor of David P. Scaer* [Teologia é cristologia: ensaios em homenagem a David P. Scaer], 133-51. Fort Wayne: Concordia Theological Seminary Press.

Lindberg 2002: Carter Lindberg, ed., *The Reformation Theologians* [Teólogos da Reforma]. Oxford: Blackwell.

Lindberg 2005: Carter Lindberg, ed., *The Pietist Theologians* [Teólogos pietistas]. Oxford: Blackwell.

Little 1978: Lester K. Little, *Religious Poverty and the Profit Economy in Medieval Europe* [Pobreza religiosa e a economia do lucro na Europa medieval]. Ithaca: Cornell University Press.
Little 1988: Lester K. Little, *Liberty, Charity, Fraternity: Lay Religious Confraternities at Bergamo in the Age of the Commune* [Liberdade, caridade, fraternidade: confraternizações religiosas leigas em Bergamo na era da comuna]. Northampton: Smith College.
Little 1994: Lester K. Little, "Religion, the Profit Economy, and Saint Francis" [Religião, economia do lucro e São Francisco], em Hanawalt e Lindberg, 1994, p. 147-63.
Litzenberger 1998: Caroline Litzenberger, "Local Responses to Religious Changes: Evidence from Gloucestershire Wills" [Respostas locais aos desafios religiosos: evidências de Gloucestershire Wills] Carlson, 1998, p. 245-70.
Loades 1992: David Loades, *Revolution in Religion: The English Reformation 1530-1570* [Revolução na Religião: a Reforma inglesa: 1530-1570]. Cardiff: University of Wales Press.
Locher 1979: Gottfried Locher, *Die Zwinglische Reformation im Rahmen der europäischen Kirchengeschichte* [A Reforma de Zuínglio no âmbito da história eclesiástica europeia]. Göttingen: Vandenhoeck & Ruprecht.
Loewenich 1963: Walther von Loewenich, *Luther und der* Neuprotestantismus [Lutero e o neoprotestantismo]. Witten: Luther Verlag.
Loewenich 1976: Walther von Loewenich, *Luther's Theology of the Cross* [Lutero e a teologia da cruz]. Minneapolis: Augsburgo.
Lohse 1986: Bernhard Lohse, *Martin Luther: An Introduction to his Life and Work* [Martinho Lutero: introdução à sua vida e obra]. Filadélfia: Fortress Press.
Lohse 1991: Bernhard Lohse, *Thomas Müntzer in neuer Sicht: Müntzer im Licht der neueren Forschung und die Frage nach dem Ansatz seiner Theologie* [Nova perspectiva sobre Thomas Müntzer: Müntzer à luz da nova ciência e o princípio de sua teologia]. Göttingen: Vandenhoeck & Ruprecht.
Lortz 1968: Joseph Lortz, *The Reformation in Germany* [A Reforma na Alemanha]. Londres/Nova Iorque: Herder & Herder.
Lortz 1970: Joseph Lortz, "The Basic Elements of Luther's Intellectual Style" [Elementos básicos do estilo intelectual de Lutero], em Jared Wicks, SJ, ed., *Catholic Scholars' Dialogue with Luther* [Debate de acadêmicos católicos com Lutero], 3-33. Chicago: Loyola University Press.
Lotz-Heumann 2008: Ute Lotz-Heumann, "Confessionalization" [Confessionalização], em Whitford, 2008, p. 136-57.
Lowenthal 1985: David Lowenthal, *The Past is a Foreign Country* [O passado é outro país]. Cambridge: Cambridge University Press.
Luebke 1999: David M. Luebke, ed., *The Counter-Reformation: The Essential Readings* [A Contrarreforma: leituras essenciais]. Oxford: Blackwell.
Lukens 1990: Michael B. Lukens, "Lortz's View of the Reformation and the Crisis of the True Church" [A visão de Lortz sobre a Reforma e a crise da verdadeira Igreja] *ARG* 81, 20-31.
Lutz 1986: Heinrich Lutz, "Europa in der Krise — Sozialgeschichtliche und religionssoziologische Analyse der Wende vom 15. zum 16. Jahrhundert" [Europa em crise: análise histórica social e sociorreligiosa entre os séculos XV e XVI], em Susanne Heine, ed., *Europa in der Krise der Neuzeit: Martin Luther: Wandel und Wirkung seines Bildes* [A Europa e a crise dos tempos modernos: Martinho Lutero: mudança e efeitos de sua imagem], 11-26. Viena: Böhlau.
Maag 1999: Karin Maag, ed., *Melanchthon in Europe: His Work and Influence Beyond. Wittenberg* [Melâncton na Europa: sua obra e influência além de Wittenberg]. Grand Rapids: Baker Books.

McCue 1984: James F. McCue, "Double Justification at the Council of Trent: Piety and Theology in Sixteenth Century Roman Catholicism" [Justificação dupla no Concílio de Trento: piedade e teologia no catolicismo do século XVI], em Lindberg, 1984, p. 39-56.

MacCulloch 1990: Diarmaid MacCulloch, *The Later Reformation in England 1547-1603* [A Reforma tardia na Inglaterra: 1547-1603]. Nova Iorque: St Martin's.

MacCulloch 1992: Diarmaid MacCulloch, "England" [Inglaterra], em Pettegree, 1992, p. 166-87.

MacCulloch 2003: Diarmaid MacCulloch, *Reformation. Europe's House Divided 1490-1700* [Reforma — a casa da Europa dividida: 1490-1700]. Londres: Penguin Books.

McGoldrick 1989: James Edward McGoldrick, *Luther's Scottish Connection* [A conexão escocesa de Lutero]. Cranbury: Associated University Presses.

McGrath 1985: Alister E. McGrath, *Luther's Theology of the Cross* [Lutero e a teologia da cruz]. Oxford: Blackwell.

McGrath 1993: Alister E. McGrath, *Reformation Thought: An Introduction* [Pensamento reformista: uma introdução], 2. ed. Oxford: Blackwell.

McKay et al. 1988: John McKay, Bennett Hill, e John Buckler, eds., *A History of World Societies* [História das sociedades mundiais], 2. ed., I. Boston: Houghton Mifflin.

McKee 1984: Elsie Anne McKee, *John Calvin on the Diaconate and Liturgical Almsgiving* [João Calvino, o diaconato e as esmolas litúrgicas]. Genebra: Droz.

McKee 1999: Elsie Anne McKee, *Katharina Schütz Zell*, Vol. I: *The Life and Thought of a Sixteenth-Century Reformer* [A vida e pensamento de um Reformador do século XVI]; Vol II: *The Writings, A Critical Edition* [Escritos: edição crítica], Leiden: Brill.

McKee 2002: Elsie Anne McKee, "Katharina Schütz Zell (1498-1562)", em Lindberg, 2002, p. 225-38.

McKee 2006: Elsie Anne McKee, ed. e tr. *Katharina Schütz Zell. Church Mother. The Writings of a Protestant Reformer in Sixteenth-Century Germany* [Katharina Shütz Zell, mãe da Igreja: escritos de uma Reformadora protestante da Alemanha do século XVI]. Chicago: University of Chicago Press.

McKee 2007: Elsie Anne McKee, "A Lay Voice in Sixteenth-Century 'Ecumenics': Katharina Schütz Zell in Dialogue with Johannes Brenz, Conrad Pellican, and Caspar Schwenkfeld" [Uma voz leiga no ecumenisno do século XVI: Katharina Schütz Zell em diálogo com Johannes Brenz, Conrad Pellican e Caspar Schwenkfeld], em Mack P. Holt, ed., *Adaptations of Calvinism in Reformation Europe: Essays in Honour of Brian G. Armstrong* [Adaptações do calvinismo na Europa reformada: ensaios em homenagem a Brian G. Armstrong], 81-110. Aldershot: Ashgate.

McKee e Armstrong 1989: Elsie Anne McKee e Brian G. Armstrong, eds., *Probing the Reformed Tradition: Historical Studies in Honor of Edward A. Dowey, Jr* [Sondando a tradição Reformada: estudos históricos em homenagem a Edward A. Dowey, Jr.]. Louisville: Westminster/John Knox.

Mackenzie 2006: Paul A. Mackenzie, tr., *Caritas Pirckheimer: A Journal of the Reformation Years, 1524-1528* [Caritas Pirckheimer: diário dos anos da Reforma: 1524-1528]. Rochester: Boydell & Brewer.

McKim 2003: Donald K. McKim, ed., *The Cambridge Companion to Martin Luther* [Coleção Complemento de Cambridge: Martinho Lutero]. Cambridge: Cambridge University Press.

McLaughlin 1986a: R. Emmet McLaughlin, "Schwenckfeld and the South German Eucharistic Controversy, 1526-1529" [Schwenckfeld e a controvérsia eucarística do sul da Alemanha],

em Peter C. Erb, ed., *Schwenckfeld and Early Schwenckfeldianism* [Schwenckfeld e o início do "schwenckfeldianismo"], 181-210. Pennsburg: Schwenckfelder Library.
McLaughlin 1986b: R. Emmet McLaughlin, *Casper Schwenckfeld: Reluctant Radical. His Life to 1540* [Caspar Schwenckfeld, radical relutante: sua vida até 1540]. New Haven: Yale University Press.
McNally 1967: Robert McNally, SJ, "Ignatius Loyola" [Inácio de Loyola], em Gerrish, 1967, p. 232-56.
McNeill 1967: John T. McNeill, *The History and Character of Calvinism* [A história e caráter do calvinismo]. Nova Iorque: Oxford University Press.
McNeill e Battles 1960: John T. McNeill, ed., e Ford Lewis Battles, tr., *Calvin: Institutes of the Christian Religion* [Calvino: institutas da religião cristã], Library of Christian Classics, XX--XXI. Filadélfia: Westminster.
McNeill 1964: John T. McNeill, "Alexander Alesius, Scottish Lutheran (1500-1565)" [Alexander Alesius: luterano escocês] *ARG* 55 (1964), 161-91.
McNeill 1976: William H. McNeill, *Plagues and Peoples* [Pragas e povos]. Garden City: Anchor.
Mager 2004: Inge Mager, "Three Women Watch their Husbands' Backs: Walpurga Bugenhagen, Anna Rhegius, and [Anna] Margarethe Corvin" [Três mulheres observam seus maridos: Walpurga Bugenhagen, Anna Rhegius e [Anna] Margarethe Corvin] *LQ* 18/1 (2004), 28-42.
Maltby 1992: William S. Maltby, ed., *Reformation Europe: A Guide to Research* [A Reforma na Europa: um guia à pesquisa], II. St Louis: Center for Reformation Research.
Manns e Meyer 1984: Peter Manns e Harding Meyer, eds., *Luther's Ecumenical Significance* [O significado ecumênico de Lutero]. Filadélfia/Nova Iorque: Fortress/Paulist.
Manschreck 1965: Clyde Manschreck, ed., *A History of Christianity* [Uma história do cristianismo], II. Englewood Cliffs: Prentice Hall.
Mansfield 1979: Bruce Mansfield, *Phoenix of his Age: Interpretations of Erasmus, c. 1550-1750* [Fênix de seu tempo: interpretações de Erasmo (c.1550-1750)]. Toronto: University of Toronto Press.
Mansfield 1992: Bruce Mansfield, *Man on his Own: Interpretations of Erasmus, c. 1750-1920* [O homem sozinho: interpretações de Erasmo (c.1750-1920)]. Buffalo: University of Toronto Press.
Marcocchi 1988: Massimo Marcocchi, "Spirituality in the Sixteenth and Seventeenth Centuries" [Espiritualidade nos séculos XVI e XVII], em O'Malley, 1988, p. 163-92.
Marcus 1973: Jacob R. Marcus, *The Jew in the Medieval World. A Source Book: 315-1791* [Os judeus no mundo medieval: um livro de referência: 315-1791]. Nova Iorque: Atheneum.
Margaret nd: Margarida de Navarra, *The Heptameron* [O heptamerão], tr. Walter K. Kelly, Londres: Publicado para o setor, nd.
Marnef, 1994. Guido Marnef, "The Changing Face of Calvinism in Antwerp, 1555-1585" [A face mutável do calvinismo em Antuérpia], em Pettegree *et al.* 1994, p. 143-59.
Marr 1987: M. Lucille Marr, "Anabaptist Women of the North: Peers in Faith, Subordinates in Marriage" [Mulheres aabatistas no Norte: companheiras na fé, subordinadas no casamento] *MQR* 61, 347-62.
"Marriage in Early Modern Europe" [Casamento na Europa moderna]: Special Issue of *SCJ* 34/2 (2003).
Marsh 1998: " 'Departing Well and Christianly': Will-Making and Popular Religion in Early Modern England" ['Falecendo bem e o cristianismo': força de vontade e religião popular na Inglaterra moderna], em Carlson, 1998, p. 201-44.

Marshall 1996: Peter Marshall, "The Debate over 'Unwritten Verities' in Early Reformation England" ["O debate sobre 'verdades não escritas' no início da Reforma inglesa], em Bruce Gordon, ed., *Protestant History and Identity in Sixteenth-Century Europe* [História protestante e identidade na Europa do século XVI], v. 1, 60-77. Aldershot: Scolar Press.

Marshall 2002: Peter Marshall, *Beliefs and the Dead in Reformation England* [A crença e os mortos na Inglaterra Reformada]. Oxford: Oxford University Press.

Marshall 2007: Peter Marshall, "Leaving the World" [Deixando o mundo], em Matheson, 2007, p. 168-88.

Marshall 2008: Peter Marshall, "England" [Inglaterra], em Whitford, 2008, p. 250-72.

Marshall 1989: Sherrin Marshall, ed., *Women in Reformation and Counter-Reformation Europe: Public and Private Worlds* [Mulheres na Reforma e Contrarreforma: mundos público e privado]. Bloomington: Indiana University Press.

Marshall e Ryrie 2002: Peter Marshall e Alec Ryrie, eds., *The Beginnings of English Protestantism* [Os primórdios do protestantismo inglês]. Cambridge: Cambridge University Press.

Matheson 1988: Peter Matheson, ed. e tr., *The Collected Works of Thomas Müntzer* [Obras seletas de Thomas Müntzer]. Edimburgo: T. & T. Clark.

Matheson 1995: Peter Matheson, *Argula von Grumbach: A Woman's voice in the Reformation* [Argula von Grumbach: uma voz feminina na Reforma]. Edimburgo: T. & T. Clark.

Matheson 2001: Peter Matheson, *The Imaginative World of the Reformation* [O mundo imaginativo da Reforma]. Minneaplis: Fortress Press.

Matheson 2002: Peter Matheson, "Argula von Grumbach (c. 1490-c. 1564)", em Lindberg, 2002, p. 94-108.

Matheson 2007: Peter Matheson, ed., *Reformation Christianity* [Cristianismo Reformado], Minneapolis: Fortress Press.

Matheson 2008: Peter Matheson, "Martin Luther and Argula von Grumbach (1492-1556/7) [Martinho Lutero e Argula von Grumbach (1492-1556)]" *LQ* 22/1, 1-15.

Maxcey 1979: Carl E. Maxcey, "Double Justice, Diego Laynez and the Council of Trent" [Justiça dupla: Diego Laynez e o concílio de Trento] *CH* 48, 269-78.

Meissner 1992: W. W. Meissner, SJ, *Ignatius of Loyola: The Psychology of a Saint* [Inácio de Loyola: a psicologia de um santo]. New Haven: Yale University Press.

Mellinkoff 1993: Ruth Mellinkoff, *Signs of Otherness in Northern European Art* [Sinais do "outro" na arte do norte da Europa], 2 v. Berkeley: University of California Press.

Menchi 1993: Silvana Seidel Menchi, *Erasmus als Ketzer: Reformation und Inquisition im Italien des 16. Jahrhunderts* [Erasmo como herege: Reforma e Inquisição na Itália no século XVI]. Leiden: E. J. Brill.

Menchi 1994: Silvana Seidel Menchi, "Italy," in Bob Scribner, Roy Porter e Mikulas Teich, eds., *The Reformation in National Context* [Reforma no contexto nacional], Cambridge: Cambridge University Press, 181-201.

Mentzer 2003: Raymond A. Mentzer, "Sociability and Culpability: Conventions of Mediation and Reconciliation within the Sixteenth-Century Huguenot Community" [Sociabilidade e culpabilidade: convenções de mediação e reconciliação na comunidade huguenote do século XVI], em Bertrand Van Ruymbeke e Randy J. Sparks, eds., *Memory and Identity: The Huguenots in France and the Atlantic Diaspora* [Memória e identidade: os huguenotes na França e a diáspora atlântica]. Columbia: University of South Carolina Press.

Meyer 1965: Hans Meyer, SJ, *Luther und die Messe* [Lutero e a missa]. Paderborn: Bonifacius Verlag.

Miller 2002a: Gregory J. Miller, "Huldrych Zwingli (1484-1531)" [Ulrico Zuínglio (1484-1531)], em Lindberg, 2002, p. 157-69.

Miller 2002b: Gregory J. Miller, "Fighting Like a Christian: The Ottoman Advance and the Development of Luther's Doctrine of Just War" [O avanço otomano e o desenvolvimento da doutrina luterana de guerra justa], em Whitford, 2002a, p. 41-57.

Miller 2004: Gregory J. Miller, "Luther on the Turks and Islam" [Lutero acerca dos turcos e do islã], em Wengert, 2004, p. 185-203.

Miller 2005: Gregory J. Miller, "The Past in the Present Tense: Medieval and Early Modern Christian-Islamic Relations in Current Scholarship" [O passado e o presente: relações medievais e modernas islâmico-cristãs na erudição atual] *Religious Studies Review* 31/3-4, 155-61.

Miller 2007: Gregory J. Miller, "Wars of Religion and Religion in War: Luther and the 16th Century Islamic Advance into Europe" [Guerras de religião e religião na guerra: Lutero e o avanço islâmico do século XVI na Europa] *Seminary Ridge Review* 9/2, 38-59.

Minnich 2001: Nelson H. Minnich, "The Last Two Councils of the Catholic Reformation: The Influence of Lateran V on Trent" [Os últimos dois concílios da Reforma católica: a influência do V concílio de Latrão sobre Trento], em Comerford and Pabel, 2001, p. 3-25.

Moeller 1971: Bernd Moeller, "Piety in Germany around 1500" [Piedade na Alamanha por volta de 1500], em Ozment, 1971, p. 50-75.

Moeller 1977: Bernd Moeller, *Deutschland im Zeitalter der Reformation* [A Alemanha na era da Reforma]. Göttingen: Vandenhoeck & Ruprecht.

Moeller 1979: Bernd Moeller, "Stadt und Buch: Bemerkungen zur Struktur der reformatorischen Bewegung in Deutschland" [A cidade e livro: comentário sobre a estrutura do movimento reformista na Alemanha], em Wolfgang J. Mommsen, ed., *Stadtbürgertum und Adel in der Reformation: Studien zur Sozialgeschichte der Reformation in England und Deutschland* [Estudo sobre a história social da Reforma na Inglaterra e na Alemanha], 25-39. Stuttgart: Klett-Cotta.

Moeller 1982: Bernd Moeller, *Imperial Cities and the Reformation: Three Essays* [Cidades imperiais e a Reforma: três ensaios], ed. e tr. H. C. Erik Midelfort and Mark U. Edwards, Jr. Durham: Labyrinth. (First publ. 1972.).

Moeller 1987: Bernd Moeller, "Luther in Europe: His Works in Translation 1517-1546" [Lutero na Europa: suas obras na tradução], em Kouri e Scott, 1987, p. 235-51.

Moeller 1999: Bernd Moeller, "What was Preached in the German Towns in the Early Reformation?" [O que foi pregado nas cidades alemãs no início da Reforma?], em Dixon, 1999, p. 33-52.

Mollat 1986: Michel Mollat, *The Poor in the Middle Ages: An Essay in Social History* [O pobre na Idade Média: ensaio sobre história social], tr. Arthur Goldhammer. New Haven: Yale University Press.

Monter 1967: William Monter, *Calvin's Genebra* [A Genebra de Calvino]. Nova Iorque: Wiley.

Monter 1990: William Monter, *Frontiers of Heresy: The Spanish Inquisition from the Basque Lands to Sicily* [Fronteiras da heresia: a Inquisição espanhola das terras Bascas à Sicília]. Cambridge: Cambridge University Press.

Monter 2002: William Monter, "The Fate of the English and French Reformations, 1554-1563" [O destino das Reformas inglesa e francesa: 1554-1563] *Bibliothèque d'Humanisme et Renaissance* 64/1, 7-19.

Moran 1993: J. F. Moran, *The Japanese and the Jesuits: Alesandvo Valignano in Sixteenth- Century Japan* [Os japoneses e os jesuítas: Alessandro Valignano no Japão do século XVI]. Londres: Routledge.

Muller 1978: Richard A. Muller, "Perkins' *A Golden Chain*: Predestinarian System or Schematized *Ordo Salutis*?" [Uma corrente de ouro: sistema de predestinação ou *ordo salutis* esquematizado?] *SCJ* 9, 69-81.

Muller 1999: Richard A. Muller, "*Ordo docendi*: Melâncton and the Organization of Calvin's *Institutes*, 1536-1543," [*Ordo docendi*: Melanchthon e a organização das Institutas de Calvino], em Maag, 1999, p. 123-40.

Muller 2000: Richard A. Muller, *The Unaccommodated Calvin: Studies in the Foundation of a Theological Tradition* [Calvino inconformado: estudos na fundação de uma tradição teológica]. Nova Iorque: Oxford University Press.

Muller 2001: Richard A. Muller, "The Starting Point of Calvin's Theology: A Review Essay" [O ponto de partida da teologia de Calvino: uma resenha crítica] *CTJ* 36 (2001), 314-41.

Muller 2004: Richard A. Muller, "John Calvin and later Calvinism: the identity of the Reformed tradition" [João Calvino e o calvinismo: a identidade da tradição Reformada], em Bagchi e Steinmetz, 2004, p. 130-49.

Mullett 1999: Michael A. Mullett, *The Catholic Reformation* [A Reforma católica]. Londres: Routledge.

Murray 1974: Alexander Murray, "Religion Among the Poor in Thirteenth-Century France" [Religião entre os pobres no século XIII] *Traditio* 30, 285-324.

Naphy 1994: William G. Naphy, *Calvin and the Consolidation of the Genebran Reformation* [Calvino e a consolidação da Reforma de Genegra]. Manchester: Manchester University Press.

Neuser 1994: Wilhelm Neuser, ed., *Calvinus Sacrae Scripturae Professor: Calvin as Confessor of Holy Scripture* [Calvinus Sacrae Scripturae Professor: Calvino como confessor da Escritura Sagrada]. Grand Rapids: Eerdmans.

Nicholls 1988: David Nicholls, "The Theatre of Martyrdom in the French Reformation" [O teatro do martírio na Reforma francesa] *PP* 121, 49-73.

Nicholls 1992: David Nicholls, "France" [França], em Pettegree 1992, 120-41.

Niesel 1956: Wilhelm Niesel, *The Theology of Calvin* [A teologia de Calvino]. Filadélfia: Westminster.

Nijenhuis 1972: W. Nijenhuis, *Ecclesia Reformata: Studies on the Reformation* [Ecclesia Reformata: estudos sobre a Reforma]. Leiden: E. J. Brill.

Nipperdey 1987: Thomas Nipperdey, "The Reformation and the Modern World" [A Reforma e o mundo moderno], em Kouri e Scott, 1987, p. 535-52.

Nischan 1994: Bodo Nischan, "Confessionalism and Absolutism: The Case of Brandenburg" [Confessionalização e absolutismo: o caso de Brandemburgo], em Pettegree *et al.* 1994, p. 181-204.

Nischan 1999: Bodo Nischan, *Lutherans and Calvinists in the Age of Confessionalism* [Luteranos e calvinistas na era do confessionalismo]. Aldershot: Ashgate.

Noble 2003: Bonnie J. Noble, " 'A work in which the angels are wont to rejoice': Lucas Cranach's *Schneeberg Altarpiece*" ["Uma obra acerca da qual os anjos estão propensos a se regozijar": *Schneeberg Altarpiece* de Lucas Cranach] *SCJ* 34/4 (2003), 1011-37.

Noble 2006: Bonnie J. Noble, "The *Wittenberg Altarpiece* and the Image of Identity" [O retábulo de Wittenberg e a imagem da identidade] *Reformation* 11 (2006), 79-129.

Noll 1991: Mark Noll, ed., *Confessions and Catechisms of the Reformation* [Confissões e catecismos da Reforma]. Grand Rapids: Baker.

Noll 2007: Mark Noll, "Singing the Word of God" [Cantando a Palavra de Deus] *Christian History & Biography* 95, 15-19.

Nugent 1974: Donald Nugent, *Ecumenism in the Age of the Reformation: The Colloquy of Poissy* [Ecumenismo na era da Reforma: o colóquio de Poissy]. Cambridge, MA: Harvard University Press.
Null 2000: Ashley Null, *Thomas Cranmer's Doctrine of Repentance: Renewing the Power to Love* [A doutrina do arrependimento de Thomas Cranmer: renovando o poder do amor]. Oxford: Oxford University Press.
Nygren 1948: Anders Nygren, "The Role of the Self-Evident in History" [O papel do autoevidente na história] *Journal of Religion* 29, 235-41.
Oberman 1963: Heiko A. Oberman, *The Harvest of Medieval Theology: Gabriel Biel and Late Medieval Nominalism* [A colheita da teologia medieval: Gabriel Biel e o nominalismo do fim da Idade Média]. Cambridge, MA: Harvard University Press.
Oberman 1966: Heiko A. Oberman, *Forerunners of the Reformation: The Shape of Late Medieval Thought Illustrated by Key Documents* [Precursores da Reforma: o formato do pensamento medieval ilustrado por documentos-chave]. Nova Iorque: Holt, Rinehart & Winston.
Oberman 1973: Heiko A. Oberman, "The Shape of Late Medieval Thought: The Birthpangs of the Modern Era" [A forma do pensamento medieval: as dores de parto da era moderna] *ARG* 64, 13-33.
Oberman 1984: Heiko A. Oberman, *The Roots of Anti-Semitism in the Age of the Renaissance and Reformation* [Raízes do antissemitismo no Renascimento e na Reforma]. Filadélfia: Fortress Press.
Oberman 1986: Heiko A. Oberman, *The Dawn of the Reformation: Essays in Late Medieval and Early Reformation Thought* [O alvorecer da Reforma: ensaios sobre o pensamento entre os períodos medieval e moderno]. Edimburgo: T. & T. Clark.
Oberman 1988: Heiko A. Oberman, "Teufelsdreck: Eschatology and Scatology in the 'Old' Luther," [Escatologia e "scatologia" no "velho" Lutero] *SCJ* 19, 435-50.
Oberman 1989a: Heiko A. Oberman, "Die Gelehrten die Verkehrten: Popular Response to Learned Culture in the Renaissance and Reformation," [Die Gelehrten die Verkehrten: resposta popular à cultura erudita durante o Renascimento e a Reforma], em Ozment 1989, 43-62.
Oberman 1989b: Heiko A. Oberman, *Luther: Man between God and the Devil* [Lutero: homem entre Deus e o Diabo]. New Haven: Yale University Press.
Oberman 1992: Heiko A. Oberman, "*Europa afflicta*: The Reformation of the Refugees" [Europa aflita: a Reforma e os refugiados] *ARG* 83, 91-111.
Oberman 1994: Heiko A. Oberman, "*Initia Calvini*: The Matrix of Calvin's Reformation" [*Initia Calvini*: a matriz da Reforma de Calvino], em Neuser, 1994, p. 113-54.
Oberman 1994: Heiko A. Oberman, *The Reformation: Roots & Ramifications* [Reforma: raízes e ramificações]. Grand Rapids: Eerdmans.
O'Connell 1974: Marvin R. O'Connell, *The Counter-Reformation 1560-1610* [A Contrarreforma: 1560-1610]. Nova Iorque: Harper Torchbooks.
O'Day 1986: Rosemary O'Day, *The Debate on the English Reformation* [Debate sobre a Reforma inglesa]. Londres: Methuen.
Oehmig 2001: Stefan Oehmig, "Vorstellungen von einer christlichen Stadt, [A visão de uma cidade cristã]" em Ulrich Bubenheimer/Stefan Oehmig, eds., *Querdenker der Reformation — Andreas Bodenstein von Karlstadt und seine frühe Wirkung* [Pensadores laterais da Reforma-Andreas Bodenstein von Karlstadt e sua atitude inicial], 151-85. Würzburg: Religion & Kultur Verlag.

Oettinger 2001: Rebecca Wagner Oettinger, *Music as Propaganda in the German Reformation* [Música como propaganda na Reforma alemã]. Aldershot: Ashgate.

Olin 1966: John C. Olin, ed., *John Calvin and Jacopo Sadoleto: A Reformation Debate* [João Calvino e Jacopo Sadoleto: debate sobre a Reforma]. Nova Iorque: Harper Torchbooks.

Olin 1990: John C. Olin, *Catholic Reform: From Cardinal Ximenes to the Council of Trent 1495-1563* [Reforma católica: do cardeal Jiménez ao concílio de Trento: 1495-1563]. Nova Iorque: Fordham University Press.

Olin 1992: John C. Olin, *The Catholic Reformation: Savonarola to Ignatius Loyola* [A Reforma católica: de Savonarola a Inácio de Loyola]. Nova Iorque: Fordham University Press.

Olson 1989: Jeannine Olson, *Calvin and Social Welfare: Deacons and the "Bourse française."* [Calvino e o bem-estar social: Diáconos e a "Bourse française"] Selinsgrove: Susquehanna University Press.

Olson 1972: Oliver K. Olson, "Theology of Revolution: Magdeburg, 1550-1551" [Teologia da revolução: Magdeburgo] *SCJ* 3, 56-79.

Olson 1981: Oliver K. Olson, "Matthius Flacius Illyricus 1520-1575", em Raitt, 1981, p. 1-17.

Olson 1993: Oliver K. Olson, "Baldo Lupetino, Venetian Martyr", [Baldo Lupertino: mártir veneziano] *LQ* 7, 6-18.

O'Malley 1988: John W. O'Malley, SJ, ed., *Catholicism in Early Modern History: A Guide to Research* [Catolicismo no início da história moderna: um guia à pesquisa]. St Louis: Center for Reformation Research.

O'Malley 1991: John W. O'Malley, SJ, "Was Ignatius Loyola a Church Reformer? How to Look at Early Modern Catholicism" [Inácio de Loyola foi um Reformador da Igreja? Como olhar para o catolicismo moderno] *CHR* 77, 177-93.

O'Malley 1993: John W. O'Malley, SJ, *The First Jesuits* [Os primeiros jesuítas]. Cambridge, MA: Harvard University Press.

O'Malley 2000: John W. O'Malley, SJ, *Trent and All That: Renaming Catholicism in the Early Modern Era* [Trento e tudo mais: renomeando o catolicismo no início da era moderna]. Cambridge: Harvard University Press.

Orth 1993: Myra D. Orth, "Radical Beauty: Marguerite de Navarre's Illuminated Protestant Catechism and Confession" [Beleza radical: catecismo protestante iluminado e confissão de Margarida de Navarra] *SCJ* 24, 383-425.

Osborne 1963: John Osborne, *Luther* [Lutero]. Nova Iorque: Signet.

O'Sullivan 2000: Orlaith O'Sullivan, ed., *The Bible as Book: The Reformation* [A Bíblia como livro: a Reforma]. New Castle: Oak Knoll Press.

Oyer 1977: John Oyer, "The Influence of Jacob Strauss on the Anabaptists: A Problem in Historical Methodology" [A influência de Jacob Strauss sobre os anabatistas: um problema na metodologia histórica], em Lienhard, 1977, p. 62-82.

Ozment 1971: Steven Ozment, ed., *The Reformation in Medieval Perspective* [A Reforma na perspectiva medieval]. Chicago: Quadrangle.

Ozment 1973: Steven Ozment, *Mysticism and Dissent: Religious Ideology and Social Protest in the Sixteenth Century* [Misticismo e dissidência: ideologia religiosa e protesto social no século XVI]. New Haven: Yale University Press.

Ozment 1975: Steven Ozment, *The Reformation in the Cities: The Appeal of Protestantism to Sixteenth-Century Germany and Switzerland* [Reforma nas cidades: o apelo do protestantismo à Alemanha e Suíça do século XVI]. New Haven: Yale University Press.

Ozment 1979: Steven Ozment, "Pamphlets as a Source: Comments on Bernd Moeller's 'Stadt und Buch'", em Wolfgang J. Mommsen, ed., *Stadtbürgertum und Adel in der Reformation: Studien zur Struktur der Reformation in England und Deutschland* [Burguesia e nobreza na Reforma: estudos sobre a estrutura da Reforma na Inglaterra e na Alemanha], 24-8. Stuttgart: Klett-Cotta.

Ozment 1980: Steven Ozment, *The Age of Reform 1250-1550* [A era da Reforma: 1250-1550]. New Haven: Yale University Press.

Ozment 1982: Steven Ozment, ed., *Reformation Europe: A Guide to Research* [A Europa da Reforma: um guia da pesquisa]. St Louis: Center for Reformation Research.

Ozment 1983: Steven Ozment, *When Fathers Ruled: Family Life in Reformation Europe* [Quando os pais governavam: vida familiar na Europa Reformada]. Cambridge, MA: Harvard University Press.

Ozment 1985: Steven Ozment, "Luther's Political Legacy" [O legado politico de Lutero], em James F. Harris, ed., *German-American Interrelations: Heritage and Challenge* [Inter-relações germânico-americanas: herança e desafio], 7-40. Tubinga: Tubinga University Press.

Ozment 1989: Steven Ozment, ed., *Religion and Culture in the Renaissance and Reformation* [Religião e cultura no Renascimento e na Reforma]. Kirksville: Sixteenth Century Journal Publishers.

Ozment 1992: Steven Ozment, *Protestants: The Birth of a Revolution* [Protestantes: o nascimento de uma revolução]. Nova Iorque: Doubleday.

Pabel 1996: Hilmar Pabel, "Erasmus of Roterdam and Judaism: A Reexamination of the Evidence" [Erasmo de Roterdá e o judaísmo: um reexame da evidência] *ARG* 87 (1996), 9-37.

Packull 1977: Werner Packull, *Mysticism and the Early South German-Austrian Anabaptist Movement 1525-1531* [Misticismo e o movimento meridional germânico-austríaco]. Scottdale: Herald.

Pallier 1977: D. M. Pallier, "Popular Reactions to the Reformation during the Years of Uncertainty 1530-1570" [Reações populares à Reforma durante os anos de incerteza], em Felicity Heal e Rosemary O'Day, eds., *Church and Society in England: Henry VIII to James I* [Igreja e sociedade na Inglaterra: Henrique VIII a Jaime I], 35-56. Londres: Macmillan.

Panofsky 1955: E. Panofsky, *The Life and Art of Albrecht Dürer* [Vida e arte de Albrecht Dürer]. Princeton: Princeton University Press.

Parker 1993: Charles H. Parker, "French Calvinists as the Children of Israel: An Old Testament Self-Consciousness in Jean Crespin's *Histoire des Martyrs* before the Wars of Religion" [Calvinistas franceses como os filhos de Israel: uma autopercepção veterotestamentária em *Histoire des Martyres*, de Jean Crespin, antes das guerras religiosas] *SCJ* 24, 227-48.

Parker 1963: T. M. Parker, *The English Reformation to 1558* [A Reforma inglesa até 1558]. Londres: Oxford University Press.

Pater 1984a: Calvin A. Pater, *Karlstadt as the Father of the Baptist Movements: The Emergence of Lay Protestantism* [Karlstadt como o pai dos movimentos batistas: a emergência do protestantismo leigo]. Toronto: University of Toronto Press.

Pater 1984b: Calvin A. Pater, "Lay Religion in the Program of Andreas Rudolff-Bodenstein von Karlstadt" [Religião laica no programa de Andreas Rudolff-Bodenstein von Karlstadt], em DeMolen, 1984, p. 99-133.

Pauck 1959: Wilhelm Pauck, ed., *Melanchthon and Bucer* [Melâncton e Bucer] (Library of Christian Classics, 19). Filadélfia: Westminster.

Payne 1970: John B. Payne, *Erasmus: His Theology of the Sacraments* [Erasmo: sua teologia e seu sacramento]. Richmond: John Knox.

Pelikan 1964: Jaroslav Pelikan, *Obedient Rebels: Catholic Substance and Protestant Principle in Luther's Reformation* [Rebeldes obedientes: substância católica e o princípio protestante na Reforma de Lutero]. Nova Iorque: Harper & Row.

Pelikan 1968: Jaroslav Pelikan, ed., *Interpreters of Luther: Essays in Honor of Wilhelm Pauck* [Intérpretes de Lutero: ensaios em honra a Wilhelm Pauck]. Filadélfia: Fortress Press.

Pelikan 1971: Jaroslav Pelikan, *Historical Theology: Continuity and Change in Christian Doctrine* [Teologia histórica: continuidade e mudança na doutrina cristã]. Londres: Hutchinson.

Pelikan 1984: Jaroslav Pelikan, *The Christian Tradition*, IV: *Reformation of Church and Dogma 1300-1700* [A tradição cristã, IV: Reforma da Igreja e do dogma: 1300-1700]. Chicago: University of Chicago Press.

Peters 1991-1995: Albrecht Peters, *Kommentar zu Luthers Katechismen* [Comentário sobre o catecismo de Lutero], 5 v., ed. Gottfried Seebass. Göttingen: Vandenhoeck & Ruprecht.

Pettegree 1992: Andrew Pettegree, ed., *The Early Reformation in Europe* [O início da Reforma na Europa]. Cambridge: Cambridge University Press.

Pettegree 1994: Andrew Pettegree, "Coming to Terms with Victory: The Upbuilding of a Calvinist Church in Holland, 1572-1590" [Aceitando o fato da vitória: a edificação de uma igreja calvinista na Holanda: 1572-1590], em Pettegree *et al.* 1994, p. 160-80.

Pettegree 2000: Andrew Pettegree, ed., *The Reformation World* [O mundo da Reforma]. Londres: Routledge.

Pettegree 2002a: Andrew Pettegree, *Europe in the Sixteenth* Century [A Europa no século XVI]. Oxford: Blackwell.

Pettegree 2002b: Andrew Pettegree, "Printing and the Reformation: the English exception" [Reforma e a mídia: a exceção inglesa], em Marshall e Ryrie, 2002, p. 157-79.

Pettegree 2005: Andrew Pettegree, *Reformation and the Culture of Persuasion* [Reforma e a cultura da persuasão]. Cambridge: Cambridge University Press.

Pettegree et al. 1994: Andrew Pettegree, Alastair Duke e Gillian Lewis, eds., *Calvinism in Europe 1540-1620* [Calvinismo na Europa: 1540-1620]. Cambridge: Cambridge University Press.

Pollmann 2006: Judith Pollmann, "The Low Countries" [Os Países Baixos], em Ryrie, 2006, p. 80-101.

Postel 1980: Rainer Postel, "Sozialgeschichtliche Folgewirkungen der Reformation in Hamburg" [História social: consequências da Reforma em Hamburgo], em Wenzel Lohff, ed., *450 Jahre Reformation in Hamburg. Eine Festschrift* [450 anos da Reforma em Hamburgo: uma comemoração], 63-84. Hamburg: Agentur des Rauhen Hauses.

Potter 1976: G. R. Potter, *Zwingli*. Cambridge: Cambridge University Press.

Powicke 1965: Maurice Powicke, *The Reformation in England* [A Reforma na inglaterra]. Londres: Oxford University Press, reimpresso; primeira publ. 1941.

Prien 1992: Hans-Jürgen Prien, *Luthers Wirtschaftsethik* [A ética econômica de Lutero], Göttingen: Vandenhoeck & Ruprecht.

Prestwich 1985: Menna Prestwich, *International Calvinism 1541-1715* [Calvinismo Internacional: 1541-1715]. Oxford: Clarendon.

Preus 1974: James S. Preus, *Carlstadt's "Ordinaciones" and Luther's Liberty: A Study of the Wittenberg Movement 1521-22* [As "ordenanças" de Karlstadt e a Liberdade de Lutero: um estudo sobre o movimento de Wittenberg (1521-22)]. Cambridge, MA: Harvard University Press.

Raitt 1981: Jill Raitt, ed., *Shapers of Religious Traditions in Germany, Switzerland, and Poland, 1560-1600* [Modeladores das tradições religiosas na Alemanha, Suíça e Polônia: 1560-1600]. New Haven: Yale University Press.

Rajashekar e Wengert 2002: J. Paul Rajashekar e Timothy J. Wengert, "Martin Luther, Philip Melanchthon, and the Publication of the Qur'an" [Martinho Lutero, Felipe Melâncton e a publicação do Al Corão] *LQ* 16/2 (2002), 221-8.

Ranum 1980: Orest Ranum, "The French Ritual of Tyrannicide in the Late Sixteenth Century" [O ritual francês de tiranicide no fim do século XVI] *SCJ* 11, 63-81.

Rasmussen 1988: Niels Krogh Rasmussen, OP, "Liturgy and Liturgical Arts" [Liturgia e artes litúrgicas], em O'Malley, 1988, p. 273-97.

Rawlings 2006: Helen Rawlings, *The Spanish Inquisition* [A Inquisição espanhola]. Oxford: Blackwell.

Reid 1971: W. Stanford Reid, "The Battle Hymns of the Lord: Calvinist Psalmody of the Sixteenth Century" [Hinos das batalhas do Senhor: salmos calvinistas do século XVI] *SCJ* 2, 36-54.

Reid 1982: W. Stanford Reid, ed., *John Calvin: His Influence in the Western* World [João Calvino: sua influência no mundo ocidental]. Grand Rapids: Zondervan.

Reid 1994: W. Stanford Reid, "Reformation in France and Scotland: A Case Study in Sixteenth--Century Communication" [Reforma na França e na Escócia: estudo de caso sobre a comunicação do século XVI], em Graham, 1994, p. 195-214.

Rempel 1993: John D. Rempel, *The Lord's Supper in Anabaptism: A Study in the Christology of Balthasar Hubmaier, Pilgram Marpeck, and Dirk Philips* [A ceia do Senhor no anabatismo: estudo da cristologia de Balthasar Hubmaier, Pilgram Marpeck e Dirk Philips]. Waterloo: Herald.

Repgen 1987: Konrad Repgen, "What is a 'Religious War'?" [O que é uma 'guerra religiosa?'], em Kouri e Scott, 1987, p. 311-28.

Richardson 1994: Anne Richardson, "William Tyndale and the Bill of Rights" [William Tyndale e a declaração de direitos], em John A. R. Dick e Anne Richardson, eds., *William Tyndale and the Law* [William Tyndale e a Lei], 11-29. Kirksville: Sixteenth Century Journal Publishers.

Ridley 1966: Jasper Ridley, *Thomas Cranmer*. Oxford: Clarendon.

Rilliet 1964: Jean Rilliet, *Zwingli: Third Man of the Reformation* [Zuínglio: o terceiro homem da Reforma], Filadélfia: Westminster.

Roberts 2006: Penny Roberts, "France" [França], em Ryrie, 2006a, p. 102-23.

Robinson 1992: John Hughes Robinson, *John Calvin and the Jews* [João Calvino e os judeus]. Nova Iorque: Peter Lang.

Roelker 1968: Nancy Lyman Roelker, *Queen of Navavve: Jeanne d'Albret 1528-1572* [Rainha de Navarra: Joana III: 1528-1572]. Cambridge, MA: Harvard University Press.

Roelker 1972a: Nancy Lyman Roelker, "The Appeal of Calvinism to French Noble Women in the Sixteenth Century" [O apelo do calvinismo à mulher nobre do século XVI] *Journal of Interdisciplinary History* 2, 391-418.

Roelker 1972b: Nancy Lyman Roelker, "The Role of Noblewomen in the French Reformation" [O papel da mulher nobre na Reforma francesa] *ARG* 63, 168-95.

Roldan-Figueroa 2006: Rady Roldan-Figueroa, "*Filius Perditionis*: The Propagandistic Use of a Biblical Motif in Sixteenth-Century Spanish Evangelical Bible Translations" [*Filius Perditionis*: uso propagandístico de um tema bíblico nas traduções espanholas da Bíblia no século XVI] *SCJ* 37/4, 1027-55.

Roper 1989: Lyndal Roper, *The Holy Household: Women and Morals in Reformation Augsburg* [A família santa: mulheres e morais na Augsburgo Reformada]. Oxford: Clarendon.

Roper 2001: Lyndal Roper, "Gender and the Reformation" [Gênero e Reforma] *ARG* 92 (2001), 290-302.

Roper 1964: William Roper, "The Life of Sir Thomas More" [A vida de Sir Thomas More], em Sylvester e Harding, 1964, p. 195-254.

Rorem 1988: Paul Rorem, "Calvin and Bullinger on the Lord's Supper" [Calvino e Bullinger sobre a ceia do Senhor] *LQ* 2-3, 155-84, 357-89.

Rorem 1994: Paul Rorem, "The Consensus Tigurinus (1549): Did Calvin Compromise?" [O *consensus tigurinus* (1549): Calvino fez uma concessão?], em Neuser, 1994, p. 72-90.

Rörig 1967: Fritz Rörig, *The Medieval Town* [A cidade medieval]. Berkeley: University of California Press.

Rosenthal 1972: Joel Rosenthal, *The Purchase of Paradise: Gift-Giving and Aristocracy 1307-1485* [A compra do paraíso: entrega de dádivas e aristocracia (1307-1485)]. Londres: Routledge & Kegan Paul.

Rowen e Harline 1994: Herbert H. Rowen and Craig E. Harline, "The Birth of the Dutch Nation" [O nascimento da nação holandesa], em Thorp e Slavin, 1994, p. 67-81.

Rowan 1985: Steven Rowan, "Luther, Bucer and Eck on the Jews" [Lutero, Bucer e Maier acerca dos judeus] *SCJ* 16, 75-90.

Rubin 1991: Miri Rubin, *Corpus Christi: The Eucharist in Late Medieval Culture* [Corpus Christi: a eucaristia na cultura medieval]. Cambridge: Cambridge University Press.

Rublack 1988: Hans-Christoph Rublack, "The Song of Contz Anahans: Communication and Revolt in Nordlingen, 1525" [A canção de Contz Anahans: comunicação e revolta em Nordlingen (1525)], em Hsia, 1988, p. 102-20.

Rublack 1993: Hans-Christoph Rublack, "Reformation und Moderne: Soziologische, theologische und historische Ansichten" [Reforma e modernidade: visões sociológicas, teológicas e históricas], em Guggisberg e Krodel, 1993, p. 17-38.

Rummel 2006: Erika Rummel, "Humanists, Jews, and Judaism" [Humanistas, judeus e o judaísmo], em Bell e Burnett, 2006, p. 3-31.

Rupp 1953: Gordon Rupp, *The Righteousness of God: Luther Studies* [A justiça de Deus: estudos luteranos]. Nova Iorque: Philosophical Library.

Rupp 1966: Gordon Rupp, *Studies in the Making of the English Protestant Tradition* [Estudos na formação da tradição inglesa protestante]. Cambridge: Cambridge University Press.

Rupp 1969: Gordon Rupp, *Patterns of Reformation* [Padrões de Reforma]. Filadélfia: Fortress Press.

Ryrie 2002a: Alec Ryrie, "The Strange Death of Lutheran England" [A estranha morte da Inglaterra luterana] *Journal of Ecclesiastical History*, 53/1, 64-92.

Ryrie 2002b: Alec Ryrie, "Counting sheep, counting shepherds: the problem of allegiance in the English Reformation" [Contando ovelhas, contando pastores: o problema da aliança na Reforma inglesa], em Marshall and Ryrie, 2002, p. 84-110.

Ryrie 2006a: Alec Ryrie, ed., *Palgrave Advances in the European Reformations* [Estudos Palgrave sobre as Reformas na Europa], Nova Iorque: Palgrave Macmillan.

Ryrie 2006b: Alec Ryrie, "Britain and Ireland" [Grã-Bretanha e Irlanda], em Ryrie, 2006a, p. 124-46.

Salmon 1967: J. H. M. Salmon, ed., *The French Wars of Religion: How Important Were the Religious Factors?* [As Guerras de Religião na França: quão importantes foram os fatores religiosos?] Lexington: D. C. Heath.

Scarisbrick 1984: J. J. Scarisbrick, *The Reformation and the English People* [Reforma e o povo inglês]. Oxford: Oxford University Press.
Schaff 1919: Philip Schaff, ed., *The Creeds of Christendom* [Os credos da cristandade], 3 v. Nova Iorque: Harper & Brothers.
Scharfenberg 1986: Joachim Scharfenberg, "Martin Luther in psychohistorischer Sicht" [Martinho Lutero de uma perspectiva psico-histórica], em Susanne Heine, ed., *Europa in der Krise der Neuzeit* [A Europa em crise na Idade Moderna], 113-28. Vienna: Bohlau.
Scharffenorth 1982: Gerta Scharffenorth, *Den Glauben ins Leben ziehen ... : Studien zu Luthers Theologie* [Trazer a fé para a vida...: Estudos sobre a teologia de Lutero]. Munique: Chr. Kaiser.
Scharffenorth 1983: Gerta Scharffenorth, *Becoming Friends in Christ: The Relationship between Man and Woman as Seen by Luther* [Tornando-se amigos em Cristo: o relacionamento entre homem e mulher conforme visto por Lutero]. Genebra: Lutheran World Federation.
Schilling 1986: Heinz Schilling, "The Reformation and the Rise of the Early Modern State" [A Reforma e o surgimento do Estado moderno], em Tracy, 1986, p. 21-30.
Schilling 1988: Heinz Schilling, *Aufbruch und Krise: Deutschland 1517-1648* [Despertar e crise: Alemanha de 1517 a 1648]. Berlim: Siedler.
Schilling 1991: Heinz Schilling, *Civic Calvinism in Northwestern Germany and the Netherlands* [Calvinismo cívico no noroeste da Alemanha e nos Países Baixos]. Kirksville: Sixteenth Century Journal Publishers.
Schilling 1992: Heinz Schilling, *Religion, Political Culture and the Emergence of Early Modern Society: Essays in German and Dutch History* [Religião, cultura política e a emergência da sociedade moderna: ensaios na história alemã e holandesa]. Leiden: E. J. Brill.
Schilling 1994: Heinz Schilling, "Luther, Loyola, Calvin und die Europaische Neuzeit" [Lutero, Loyola, Calvino e a Idade Moderna] *ARG* 85, 5-31.
Schmidt 1992: Heinrich Richard Schmidt, *Konfessionalisierung im 16.Jahrhundert* [A confessionalização no século XVI]. Munique: Oldenbourg.
Schmidt 2000: Heinrich Richard Schmidt, "Emden est Partout: Vers un modèle interactif de la confessionalisation" [Emden está em todos os lugares: em busca de um modelo interativo de confessionalização], em Francia. *Forschungen zur Westeuropäischen Geschichte* [Pesquisa sobre a história da Europa ocidental] 26/2, ed. Deutschen Historischen Institut Paris. Stuttgard: Thorbecke Verlag.
Schnucker 1988: Robert V. Schnucker, ed., *Calviniana: Ideas and Influence of Jean Calvin* [Ideias e influência de João Calvino]. Kirksville: Sixteenth Century Journal Publishers.
Schoenberger 1977: Cynthia Grant Schoenberger, "The Development of the Lutheran Theory of Resistance: 1523-1530" [O desenvolvimento da teoria luterana de resistência: 1523-1530] *SCJ* 8, 61-76.
Schöner 2006: Petra Schöner, "Visual Representations of Jews and Judaism in Sixteenth-Century Germany" [Representação visual dos judeus e do judaísmo na Alemanha do século XVI], em Bell e Burnett, 2006, p. 357-91.
Schultze 1985: Winfried Schultze, "Zwingli, Lutherisches Widerstandsdenken, monomachischer Widerstand" [Zuínglio: oposição a Lutero, oposição de um homem só], em Peter Blickle, Andreas Lindt e Alfred Schindler, eds., *Zwingli und Europa* [Zuínglio e a Europa], 199-216. Zurique: Vandenhoeck & Ruprecht.
Schutte 1977: Anne Jacobson Schutte, *Pier Paolo Vergerio: The Making of an Italian Reformer* [Pier Paolo Vergerio: a formação de um Reformador italiano]. Genebra: Droz.

Schwiebert 1950: E. G. Schwiebert, *Luther and his Times: The Reformation from a New Perspective* [Lutero e seu tempo: a Reforma à luz de uma nova perspectiva]. St Louis: Concordia.

Scott 1989: Tom Scott, *Thomas Müntzer: Theology and Revolution in the German Reformation* [Sir Thomas Müntzer: teologia e revolução na Reforma alemã]. Nova Iorque: St Martin's.

Scott e Scribner 1991: Tom Scott e Bob Scribner, eds., *The German Peasants' War: A History in Docnments* [A Guerra dos Camponeses alemã: história em documentos]. Atlantic Highlands: Humanities Press.

Scribner 1981: R. W. Scribner, *For the Sake of Simple Folk: Popular Propaganda for the German Reformation* [Por amor do homem comum: propaganda popular para a Reforma alemã]. Cambridge: Cambridge University Press.

Scribner 1986: R. W. Scribner, *The German Reformation* [A Reforma alemã]. Atlantic Highlands: Humanities Press.

Scribner 1987: R. W. Scribner, *Popular Culture and Popular Movements in Reformation Germany* [Cultura e movimento popular na Alemanha Reformada]. Londres: Hambledon.

Scribner 1990: R. W. Scribner, "Politics and the Institutionalization of Reform in Germany" [Política e a institucionalização da Reforma na Alemanha], em Elton, 1990, p. 172-97.

Scribner 1993: Bob Scribner, "Anticlericalism and the Cities" [Anticlericalismo e as cidades], em Dykema e Oberman, 1993, p. 147-66.

Scribner e Benecke 1979: Bob Scribner e Gerhard Benecke, eds., *The German Peasant War of 1525 — New Viewpoints* [A Guerra dos Camponeses de 1525: novas perspectivas]. Londres: Allen & Unwin.

Seaver 1982: Paul Seaver, "The English Reformation" [A Reforma inglesa], em Ozment, 1982, p. 271-96.

Séguenny 1987: André Séguenny, *The Christology of Caspar Schwenckfeld: Spirit and Flesh in the Process of Life Transformation* [A cristologia de Caspar Schwenckfeld: espírito e carne no processo da transformação da vida]. Lewiston: Edwin Mellen.

Selinger 1984: Suzanne Selinger, *Calvin Against Himself: An lnquiry in Intellectual History* [Calvino contra si mesmo: pesquisas sobre a história intelectual]. Hamden: Archon.

Shaffern 1992: Robert W. Shaffern, "Learned Discussions of Indulgences for the Dead in the Middle Ages" [Discussões eruditas das indulgências em favor dos mortos na Idade Média] *CH* 61/4 (1992), 367-81.

Shagan 2003: Ethan Shagan, *Popular Politics and the English Reformation* [Política popular e a Reforma inglesa], Cambridge: Cambridge University Press.

Shirer 1960: William Shirer, *The Rise and Fall of the Third Reich* [Ascensão e queda do Terceiro Reich]. Nova Iorque: Simon & Schuster.

Sider 1974: Ronald J. Sider, *Andreas Bodenstein von Karlstadt: The Development of His Thought 1517-1525* [Andreas Bodenstein von Karlstadt: o desenvolvimento de seu pensamento: 1517-1525]. Leiden: E. J. Brill.

Sider 1978: Ronald J. Sider, ed., *Karlstadt's Battle with Luther: Documents in a Liberal — Radical Debate* [A batalha entre Karlstadt e Lutero: documentos de um debate liberal-radical]. Filadélfia: Fortress Press.

Siemon-Netto 1995: Uwe Siemon-Netto, *The Fabricated Luther: The Rise and Fall of the Shirer Myth* [Lutero fabricado: ascensão e queda do mito Shirer]. St Louis: Concordia.

Skarsten 1988: Trygve Skarsten, "Johan Campanius, Pastor in New Sweden" [Joahn Campanius: pastor da Nova Suécia] *LQ* 2, 47-87.

Skinner 1980: Quentin Skinner, "The Origins of the Calvinist Theory of Revolution" [As origens da teoria revolucionária calvinista], em Barbara C. Malament, ed., *After the Reformation: Essays in Honor of J. H. Hexter* [Depois da Reforma: ensaios em homenagem a J. H. Hexter], 309-30. University Park: University of Pennsylvania Press.

Smith 1999: Jeannette C. Smith, "Katharina von Bora through Five Centuries: A Historiography" [Katharina von Bora no decorrer de cinco séculos: uma historiografia] *SCJ* 30/3, 745-74.

Snoek 1995: G. J. C. Snoek, *Medieval Piety from Relics to the Eucharist. A process of Mutual Interaction* [Piedade medieval de relíquias à eucaristia: um processo de interação mútua]. Leiden: J. J. Brill.

Southern 1970: R. W. Southern, *Western Society and the Church in the Middle Ages* [Sociedade ocidental e a Igreja da Idade Média]. Baltimore: Penguin.

Southern 1974: R. W. Southern, *The Making of the Middle Ages* [A formação da Idade Média]. New Haven: Yale University Press.

Spaans 2004: Joke Spaans, "Reform in the Low Countries" [Reforma nos Países Baixos], em Hsia, 2004, p. 118-34.

Spalding 1992: James C. Spalding, ed. e tr., *The Reformation of the Ecclesiastical Laws of England, 1552* [A Reforma das leis eclesiásticas da Inglaterra: 1552]. Kirksville: Sixteenth Century Journal Publishers.

Spence 1984: Jonathon D. Spence, *The Memory Palace of Matteo Ricci* [O "palácio da memória" de Matteo Ricci]. Nova Iorque: Viking Penguin.

Spijker 1991: Willem van't Spijker, ed., *Calvin: Erbe und Auftrag. Festschrift fur Wilhelm Neuser zu seinem 65. Geburtstag* [Herança e missão: Escrito em comemoração ao aniversário de 65 anos de Wilhelm Neuser]. Kampen: Kok Pharos.

Spijker 1993: Willem van't Spijker, "Bucer and Calvin" [Bucer e Calvin], em Krieger e Lienhard 1993, I: 461-70.

Spijker 1994: Willem van't Spijker, "Bucer's Influence on Calvin: Church and Community" [A influência de Bucer sobre Calvino: Igreja e comunidade], em Wright, 1994, p. 32-44.

Spijker 2001: Willem van't Spijker, *Calvin* [Calvino] em Bernd Moeller, ed., *Die Kirche in ihrer Geschichte Ein Handbuch* [A Igreja em sua história: um manual], 3. Göttingen: Vandenhoeck & Ruprecht.

Spitz 1962: Lewis W. Spitz, ed., *The Reformation: Material or Spiritual?* [Reforma: material ou espiritual] Boston: D. C. Heath.

Spitz 1971: Lewis W. Spitz, *The Renaissance and Reformation Movements* [Os movimentos renascentista e protestante]. Chicago: Rand McNally.

Spitz 1985: Lewis W. Spitz, *The Protestant Reformation 1517-1559* [A Reforma protestante: 1517-1559]. Nova Iorque: Harper & Row.

Spruyt, 1991. Bart J. Spruyt, "Listrius *lutherizans*: His *Epistola theologica adversus Dominicanos Suollenses* (1520)" [Os *lutherizans* de Listrius: sua *Epistola theologica adversus Dominicanos Suollenses*], em *SCJ* 22, 727-51.

Stam 2006: Frans Pieter van Stam, "The Group of Meaux as First Target of Farel and Calvin's Anti-Nicodemism" [O grupo de Meaux como o primeiro alvo do anti-nicodemismo de Farel e Calvino] *Bibliothèque d'Humanisme et Renaissance* 68/2 (2006), 253-75.

Stauffer 1967: Richard Stauffer, *Luther as Seen by Catholics* [Lutero conforme visto pelos católicos]. Richmond: John Knox.

Stayer 1972: James M. Stayer, *Anabaptists and the Sword* [Os anabatistas e a espada]. Lawrence: Coronado.

Stayer 1980-1: James Stayer, "Polygamy as 'Inner-Worldly Asceticism': Conceptions of Marriage in the Radical Reformation" [Poligamia como "ascetismo intramundano": concepções de casamento na Reforma radical] *Documenta Anabaptistica Neerlandica* 12-13 (1980-1).

Stayer, 1990: James M. Stayer, "The Anabaptists and the Sects" [Os anabatistas e as seitas], em Elton 1990, 118-43.

Stayer 1991: James M. Stayer, *The German Peasants' War and Anabaptist Community of Goods* [A Guerra dos Camponeses na Alemanha e a comunidade anabatista de bens]. Montreal: McGill-Queen's University Press.

Stayer e Packull 1980: James M. Stayer e Werner O. Packull, eds., *The Anabaptists and Thomas Müntzer* [Os anabatistas e Thomas Müntzer]. Dubuque/Toronto: Kendall/Hunt.

Steinke 2006: Barbara Steinke, *Paradiesgarten oder Gefängnis? Das Nürnberger Katharinenkloster zwischen Klosterreform und Reformation* [Paraíso ou prisão? O monastério de Katharina entre a Reforma monástica e a Reforma]. Tubinga: Mohr Siebeck.

Steinmetz 1971: David C. Steinmetz, *Reformers in the Wings* [Reformadores nos bastidores]. Filadélfia: Fortress Press.

Steinmetz 1976: David C. Steinmetz, "The Necessity of the Past" [A necessidade do passado] *Theology Today* 33, 168-76.

Steinmetz 1986: David C. Steinmetz, *Luther in Context* [Lutero contextualizado]. Bloomington: Indiana University Press.

Steinmetz 1990: David C. Steinmetz, "Calvin and his Lutheran Critics" [Calvino e seus críticos luteranos] *LQ* 4, 179-94.

Steinmetz 1995: David C. Steinmetz, *Calvin in Context* [Calvino contextualizado]. Nova Iorque: Oxford University Press.

Stephens 1986: W. P. Stephens, *The Theology of Huldrych Zwingli* [A teologia de Ulrico Zuínglio]. Oxford: Clarendon.

Stephens 1992: W. P. Stephens, *Zwingli: An Introduction to his Thought* [Zuínglio: introdução ao seu pensamento]. Oxford: Clarendon.

Stjerna 2002: Kirsi Stjerna, "Katie Luther: A Mirror to the Promises and Failures of the Reformation" [Katie Lutero: um espelho das promessas e falhas da Reforma], em Whitford, 2002a : 27-39.

Stjerna 2009: Kirsi Stjerna, *Women and the Reformation* [A mulher e a Reforma], Oxford: Blackwell.

Stock 1982: Ursala Stock, *Die Bedeutung der Sakramente in Luthers Sermonen von 1519* [O significado dos sacramentos nos sermões de Lutero de 1519]. Leiden: E. J. Brill.

Stolt 1994: Birgit Stolt, "Martin Luther on God as Father" [Martinho Lutero sobre Deus como Pai] *LQ* 8/4 (1994), 385-95.

Strauss 1963: Gerald Strauss, *Historian in an Age of Crisis: The Life and Work of Johannes Aventinus 1477-1534* [O historiador em uma era de crise: a vida e obra de Johannes Aventinus (1477-1534)]. Cambridge, MA: Harvard University Press.

Strauss 1971: Gerald Strauss, ed. e tr., *Manifestations of Discontent in Germany on the Eve of the Reformation* [Manifestações de descontentamento na Alemanha às vésperas da Reforma]. Bloomington: Indiana University Press.

Strauss 1978: Gerald Strauss, *Luther's House of Learning: Indoctrination of the Young in the German Reformation* [A casa do aprendizado de Lutero: doutrinamento do jovem na Alemanha Reformada]. Baltimore e Londres: Johns Hopkins University Press.

Strauss 1995: Gerald Strauss, "Ideas of *Reformatio* and *Renovatio* from the Middle Ages to the Reformation" [Ideias de *reformatio* e *renovatio*: da Idade Média à Reforma], em Brady, Oberman e Tracy, 1995, p. 1-28.

Strehle e Kunz 1998: Jutta Strehle e Armin Kunz, eds., *Druckgraphiken Lucas Cranachs* [Impressões gráficas de Lucas Cranach]. Wittenberg: Stiftung Luthergedenkstätten.

Strohm 1989: Theodor Strohm, " 'Theologie der Diakonie' [Teologia do diaconato], em der Perspektive der Reformation" [A perspectiva da Reforma], em Paul Philippi e Theodor Strohm, eds., *Theologie der Diakonie* [Teologia do diaconato], 175-208. Heidelberg: Heidelberger Verlagsanstalt.

Sunshine 1994: Glenn S. Sunshine, "Reformed Theology and the Origins of Synodal Polity: Calvin, Beza and the Gallican Confession" [Teologia Reformada e as origens da política sinodal: Calvino, Beza e a confissão gaulesa], em Graham, 1994, p. 141-58.

Sutherland 1967: N. M. Sutherland, "Calvin's Idealism and Indecision" [O idealismo e a indecisão de Calvino], em Salmon, 1967, p. 14-24.

Sutherland 1978: N. M. Sutherland, "Catherine de Medici: The Legend of the Wicked Italian Queen" [Catarina de Médici: a lenda da rainha italiana ímpia] *SCJ* 9, 45-56.

Sutherland 1980: N. M. Sutherland, *The Huguenot Stvuggle for Recognition* [A luta huguenote pelo reconhecimento]. New Haven: Yale University Press.

Sylvester e Harding 1964: Richard S. Sylvester e Davis P. Harding, eds., *Two Early Tudor Lives* [Duas vidas Tudor precoces]. New Haven: Yale University Press.

Swanson 1995: R. N. Swanson, *Religion and Devotion in Europe, c.1215-c.1515* [Religião e devoção na Europa: c.1215-c.1515]. Cambridge: Cambridge University Press.

Tedeschi 1991: John Tedeschi, *The Prosecution of Heresy: Collected Studies on the Inquisition in Early Modern Italy* [Acusação de heresia: estudos seletos sobre a Inquisição na Itália moderna]. Binghamton: Medieval and Renaissance Texts and Studies.

Tentler 1977: Thomas N. Tentler, *Sin and Confession on the Eve of the Reformation* [Pecado e confissão às vésperas da Reforma]. Princeton: Princeton University Press.

Thompson 1992: John Lee Thompson, *John Calvin and the Daughters of Sarah: Women in Regular and Exceptional Roles in the Exegesis of Calvin, His Predecessors, and His Contemporaries* [João Calvino e as filhas de Sara: mulheres em papéis comuns e excepcionais na exegese de Calvino, seus antecessores e contemporâneos]. Genebra: Droz.

Thorp e Slavin 1994: Malcolm Thorp e Arthur J. Slavin, eds., *Politics, Religion and Diplomacy in Early Modern Europe: Essays in Honor of De Lamar Jensen* [Política, religião e diplomacia na Europa moderna: ensaios em homenagem a De Lamar Jensen]. Kirksville: Sixteenth Century Journal Publishers.

Tillich 1960: Paul Tillich, *The Protestant Era* [A era protestante]. Chicago: Phoenix.

Tjernagel 1965: Neelak Tjernagel, *Henvy VIII and the Lutherans: A Study in Anglo-Lutheran Relations from 1521 to 1547* [Henrique VIII e os luteranos: estudos na relação anglo-luterana (de 1521 a 1547)]. St Louis: Concordia.

Torrance 1994: James B. Torrance, "The Concept of Federal Theology: Was Calvin a Federal Theologian?" [O conceito de teologia federal: Calvino foi um federal?], em Neuser, 1994, p. 15-40.

Tracy 1986: James D. Tracy, ed., *Luther and the Modern State in Germany* [Lutero e o Estado moderno alemão]. Kirksville: Sixteenth Century Journal Publishers.

Tracy, 1993. James D. Tracy, "Public Church, *Gemeente Christi*, or *Volkskerk:* Holland's Reformed Church in Civil and Ecclesiastical Perspective, 1572-1592" [Igreja pública, *Gemeente*

*Christi* ou *Volkskerk:* A Igreja Reformada holandesa de uma perspectiva civil e eclesiástica], em Guggisberg e Krodel, 1993, p. 487-510.
Treu 2007: Martin Treu, "Der Thesenanschlag fand wirklich statt. Ein neuer Beleg aus der Universitätsbibliothek Jena" [As teses foram mesmo afixadas: um comprovante da biblioteca universitária de Jena] *Luther* 78/3, 140-44.
Trueman 1994: Carl R. Trueman, *Luther's Legacy: Salvation and English Reformers, 1525-1556* [O legado de Lutero: salvação e os Reformadores ingleses]. Oxford: Clarendon Press.
Vandiver et al. 2002: Elizabeth Vandiver, Ralph Keen, and Thomas D. Frazel, *Luther's Lives: Two Contemporary Accounts of Martin Luther* [As vidas de Lutero: dois relatos contemporâneos de Martinho Lutero]. Manchester: Manchester University Press.
Vogt 1867: Karl A. T. Vogt, *Johannes Bugenhagen Pomeranus: Leben und ausgewählte Schriften* [Johannes Bugenhagen Pomeranus: vida e obras seletas]. Elberfeld: R. L. Friedrichs.
Walker 1969: Williston Walker, *John Calvin: The Organiser of Reformed Protestantism (1509-1564)* [O organizador do protestantismo Reformado]. Nova Iorque: Schocken.
Walton 1967: Robert C. Walton, *Zwingli's Theocracy* [A teocracia de Zuínglio]. Toronto: University of Toronto Press.
Walton 1984: Robert C. Walton, "Zwingli: Founding Father of the Reformed Churches" [Zuínglio: pai-fundador das Igrejas Reformadas], em DeMolen, 1984, p. 69-98.
Wandel 1990: Lee Palmer Wandel, *Always Among Us: Images of the Poor in Zwingli's Zurique* [Sempre entre nós: imagens do pobre na Zurique de Zuínglio]. Cambridge: Cambridge University Press.
Wandel 1995: Lee Palmer Wandel, *Voracious Idols and Violent Hands: Iconoclasm in Reformation Zurique, Strasbourg, and Basel* [Ídolos vorazes e mãos violentas: iconoclastia nas cidades Reformadas de Zurique, Estrasburgo e Basileia]. Cambridge: Cambridge University Press.
Watanabe 1994: Nobuo Watanabe, "Calvin's Second Catechism: Its Predecessors and its Environment" [O segundo catecismo de Calvino: seus predecessores e seu ambiente], em Neuser, 1994, p. 224-32.
Weber 1999: Alison Weber, "Little Women: Counter-Reformation Misogyny" [Pequenas mulheres: misoginia na Contrarreforma], em David M. Luebke, ed., *The Counter-Reformation: The Essential Readings* [A Contrarreforma: leituras essenciais], 143-62. Oxford: Blackwell.
Reimpresso de Alison Weber, *Teresa of Avila and the Rhetoric of Feminity* [Teresa de Ávila e a retórica da feminilidade], Princeton: Princeton University Press, 1990.
Wendel 1963: François Wendel, *Calvin: Origins and Development of His Religious Thought* [Calvino: origem e desenvolvimento do seu pensamento religioso]. Nova Iorque: Harper & Row.
Wengert 1997: Timothy J. Wengert, *Law and Gospel: Philip Melanchthon's Debate with John Agricola of Eisleben over Poenitentia* [Lei e evangelho: o debate de Filipe Melâncton com João Agricola de Eisleben sobre penitência]. Grand Rapids: Baker Books.
Wengert 1999: Timothy J. Wengert, "'We Will Feast Together in Heaven Forever': The Epistolary Friendship of John Calvin and Philip Melanchthon" [Festejaremos juntos no céu para sempre: a amizade epistolary de Calvino e Philip Melanchthon], em Maag, 1999, p. 13-44.
Wengert 2004: Timothy J. Wengert, ed., *Harvesting Martin Luther's Reflections on Theology, Ethics, and the Church* [Colhendo as reflexões de Lutero sobre teologia, ética e a Igreja]. Grand Rapids: Eerdmans.
Wengert 2007: Timothy J. Wengert, "Martin Luther on Spousal Abuse" [Martinho Lutero sobre abuso conjugal] *LQ* 21/3 (2007), 337-9.

Wengert 2008: Timothy J. Wengert, *In Public Service: Priesthood, Ministry and Bishops in Early Lutheranism* [A serviço público: sacerdócio, ministério e bispado nos primórdios do luteranismo]. Minneapolis: Fortress Press.

Wenzel 2006: Edith Wenzel, "The Representation of Jews and Judaism in Sixteenth-Century German Literature" [A representação de judeus e do judaísmo na literatura alemã do século XVI], em Bell e Burnett, 2006, p. 393-417.

Whitford 2001a: David M. Whitford, *Tyranny and Resistance: The Magdeburg Confession and the Lutheran Tradition* [Tirania e resistência: a confissão de Magdeburgo e a tradição luterana]. St. Louis: Concordia.

Whitford 2001b: David M. Whitford, "John Adams, John Ponet, and a Lutheran Influence on the American Revolution" [John Adams, John Ponet e influência luterana na Revolução dos Estados Unidos] *LQ* 15/2 (2001), 143-57.

Whitford 2002a: David M. Whitford, ed., *Caritas et Reformatio. Essays on Church and Society in Honor of Carter Lindberg* [*Caritas et Reformatio*: ensaios sobre a Igreja e a sociedade em homenagem a Carter Lindberg]. St. Louis: Concordia.

Whitford 2002b: David M. Whitford, "The Duty to Resist Tyranny: The Magdeburg *Confession* and the Reframing of Romans 13" [A obrigação de resistência à tirania: a confissão de Magdeburgo e a reformulação de Romanos 13], em Whitford, 2002a, p. 89-101.

Whitford 2008: David M. Whitford, ed., *Reformation and Early Modern Europe: A Guide to Research* [Reforma e Europa moderna: um guia de pesquisas]. Kirksville: Truman State University Press.

Wicks 1970: Jared Wicks, SJ, ed., *Catholic Scholars' Dialogue with Luther* [Diálogo de eruditos católicos com Lutero], Chicago: Loyola University Press.

Wicks 1978: Jared Wicks, SJ, *Cajetan Responds: A Reader in Reformation Controversy* [Caetano responde: um leitor das controvérsias da Reforma]. Washington, DC: Catholic University of America Press.

Wiedermann 1983: Gotthelf Wiedermann, "Cochlaeus as a Polemicist" [Cochlaeus como polemista], em Brooks, 1983, p. 195-205.

Wiesner 1988: Merry Wiesner, "Women's Response to the Reformation" [Resposta feminina à Reforma], em Hsia, 1988, p. 148-171.

Wiesner 1992: Merry Wiesner, "Studies of Women, The Family, and Gender" [Estudos sobre mulher, família e gênero], em Maltby, 1992, p. 159-87.

Wiesner-Hanks 2006: Merry Wiesner-Hanks, *Early Modern Europe, 1450-1789* [Início da Europa moderna: 1450-1789]. Cambridge: Cambridge University Press.

Wiesner-Hanks 2008: Merry Wiesner-Hanks, "Society and the Sexes Revisited" [Revisão da sociedade e dos gêneros], em Whitford, 2008, p. 396-414.

Wiesner-Hanks e Skocir 1996: Merry Wiesner-Hanks e Joan Skocir, eds e trs, *Convents Confront the Reformation: Catholic and Protestant Nuns in Germany* [Confronte a Reforma: freiras católicas e protestantes na Alemanha]. Milwaukee: Marquette University Press.

Wiley 1990: David N. Wiley, "The Church as the Elect in the Theology of Calvin" [A Igreja como a eleita na teologia de Calvino], em George, 1990, p. 96-117.

Wilken 1972: Robert Wilken, *The Myth of Christian Beginnings: History's Impact on Belief* [O mito dos primórdios cristãos: impacto da história na fé]. Nova Iorque: Doubleday Anchor.

Wilkinson 2001: John Wilkinson, *The Medical History of the Reformers Luther, Calvin and Knox* [A história médica dos Reformadores Lutero, Calvino e Knox], Edimburgo: The Handsel Press.

Wilks 1963: Michael Wilks, *The Problem of Sovereignty in the Later Middle Ages* [O problema da Soberania no fim da Idade Média]. Londres: Cambridge University Press.

Williams 1992: George H. Williams, *The Radical Reformation* [A Reforma radical], 3. ed. Kirksville: Sixteenth Century Journal Publishers. Williams e Mergal 1957: George Williams e Angel Mergal, eds., *Spiritual and Anabaptist Writers* [Escritores espirituais e anabatistas] (Library of Christian Classics, 25). Filadélfia: Westminster.

Willis-Watkins 1989: David Willis-Watkins, "Calvin's Prophetic Reinterpretation of Kingship" [A reinterpretação profética de Calvino do reinado], em McKee e Armstrong, 1989, p. 116-34.

Witek 1988: John W. Witek, SJ, "From India to Japan: European Missionary Expansion, 1500-1650" [Da Índia ao Japão: expansão missionária europeia (1500-1650)], em O'Malley, 1988, p. 193-210.

Witte 1997: John Witte, Jr, *From Sacrament to Contract: Marriage, Religion, and Law in the Western Tradition* [Do sacramento ao contrato: casamento, religião e a lei na tradição ocidental]. Louisville: Westminster John Knox Press.

Witte 2002: John Witte, Jr, *Law and Protestantism: The Legal Teachings of the Lutheran Reformation* [Lei e protestantismo: ensinos jurídicos da Reforma luterana]. Cambridge: Cambridge University Press.

Witte 2007a: John Witte, Jr, "Marriage Contracts, Liturgies, and Properties in Reformation Genebra" [Contratos de casamento, liturgias e propriedades na Genebra Reformada], em Philip L. Reynolds e John Witte, Jr, eds., *To Have and to Hold: Marriage and its Documentation in Western Christendom, 400-1600* [Ter e reter: casamento e sua documentação na cristandade ocidental (400-1600)]. Cambridge: Cambridge University Press, 453-88.

Witte 2007b: John Witte, Jr, *The Reformation of Rights: Law, Religion, and Human Rights in Early Modern Calvinism* [A Reforma dos direitos: lei, religião e direitos humanos nos primórdios do calvinismo moderno]. Cambridge: Cambridge University Press.

Witte e Kingdon 2005: John Witte, Jr e Robert M. Kingdon, *Sex, Marriage, and Family in John Calvin's Genebra*, v. 1: *Courtship, Engagement, and Marriage* [Sexo, casamento e família na Genebra de Calvino, v. 1: namoro, noivado e casamento]. Grand Rapids: Eerdmans.

Wohlfeil e Goertz 1980: Rainer Wohlfeil e Hans-Jürgen Goertz, *Gewissensfreiheit als Bedingungen der Neuzeit. Fragen an der Speyerer Protestation von 1529* [Liberdade de consciência como condição para a Idade Moderna: perguntas relacionadas ao protesto de 1529]. Göttingen: Vandenhoeck & Ruprecht.

Wolfe 1993: Michael Wolfe, *The Conversion of Henvi IV: Politics, Power, and Religious Belief in Early Modern France* [A conversão de Henrique IV: política, poder e fé religiosa nos primórdios da França moderna]. Cambridge, MA: Harvard University Press.

Wolgast 1985: Eike Wolgast, "Reform, Reformation" [Reforma], em Otto Brunner *et al.*, eds., *Geschichtliche Grundbegriffe. Historisches Lexikon zur politisch-sozialen Sprache in Deutschland* [Conceitos históricos básicos: dicionário histórico da linguagem sociopolítica alemã], V, 313-60. Stuttgart: Klett-Cotta.

Wright 1993: D. F. Wright, "Martin Bucer and England and Scotland" [Martin Bucer, Inglaterra e Escócia], em Krieger e Lienhard 1993, II: 523-32.

Wright 1994: D. F. Wright, ed., *Martin Bucer: Reforming Church and Community* [Martin Bucer: Reforma eclesiástica e comunitária]. Cambridge: Cambridge University Press.

Wright 2004: D. F. Wright, "The Scottish Reformation: theology and theologians" [A Reforma escocesa: teologia e teólogos], em Bagchi e Steinmetz, 2004, p. 174-93.

Wunder 1998: Heide Wunder, *He is the Sun, She is the Moon: Women in Early Modern Germany* [Ele é o sol, ela é a lua: a mulher na Alemanha moderna], tr. Thomas Dunlap. Cambridge, MA: Harvard University Press.

Wunder 2001: Heide Wunder, "Frauen in der Reformation: Rezeptions- und Historiegeschichtliche Überlegungen" [Mulheres na Reforma: reflexões e perspectivas e histórico-científicas] *ARG* 92 (2001), 303-20.

Wuthnow 1989: Robert Wuthnow, *Communities of Discourse. Ideology and Social Structure in the Reformation, the Enlightenment, and European Socialism* [Comunidades do discurso: ideologia e estrutura social na Reforma, no Iluminismo e no socialismo europeu]. Cambridge, MA: Harvard University Press.

Zachman 2000: Randall C. Zachman, "What Kind of Book is Calvin's *Institutes*?" [Que tipo de livro é as *Institutas* de Calvino?] *CTJ* 35 (2000), 238-61.

Zapalac 1990: Kristin E. S. Zapalac, *"In His Image and Likeness": Political Iconography and Religious Change in Regensburg, 1500-1600* [À sua imagem e semelhança: iconografia política e mudança religiosa em Regensburg (1500-1600)]. Ithaca: Cornell University Press.

Zeeden 1973: Ernst Walter Zeeden, ed., *Gegenreformation* [Contrarreforma]. Darmstadt: Wissenschaftliches Buchgesellschaft.

Ziegler 1969: Philip Ziegler, *The Black Death* [A peste negra]. Londres: Penguin.

Zuck 1975: Lowell H. Zuck, ed., *Christianity and Revolution: Radical Christian Testimonies 1520-1650* [Cristianismo e revolução: testemunho cristão radical (1520-1650)]. Filadélfia: Temple University Press.

Zur Mühlen 1999/I-II: Karl-Heinz zur Mühlen, *Reformation und Gegenreformation* [Reforma e Contrarreforma], 2 v., Göttingen: Vandenhoeck & Ruprecht.

Zwierlein 2005: Cornel Zwierlein, "L'Importance de la *Confessio* de Magdebourg (1550) pour Le Calvinisme: Un Mythe Historiographique?" [A importância da Confissão de Magdeburgo (1559) para o calvinismo: um mito historiográfico?] *Bibliothèque d'Humanisme et Renaissance* 67/1 (2005), 27-46.

# ÍNDICE

**A**

absolutismo 283, 332, 351, 415
acordo elisabetano 369, 371
adiáfora 275, 369
adoração 54, 91, 95, 144, 145, 148, 151, 154, 156, 158-160, 183, 214, 226, 228, 243, 248, 250, 265, 291, 301, 314, 320, 342, 343, 349, 355, 368, 404, 435, 437, 438
adultério 126, 136, 178, 254, 297, 305, 361, 422
Aesticampanius, Johannes R. 171, 178, 219, 224
Agostinho de Hipona (Santo Agostinho) 93, 101
agostinianos 91, 104, 122, 127, 206, 237, 335, 338
Alberti, Salomon 431
Alberto de Brandemburgo 88, 103, 107, 109, 125, 126, 129
Alberto, duque da Prússia 265
Alberus, Erasmus 417
Alcorão 424
Aleandro, Girolamo 114-116
Alesius, Alexander 373
Alighieri, Dante 68
Allen, William 372
alumbrados 391, 397
Alva, duque de 343
Amboise, conspiração de 322, 328
Ambrósio 215-216
Ameaux, Pierre 298-299
Amerbach, Bonifácio 173
Amsdorf, Nicholas 275
Anabatistas 171, 173, 174, 182, 212, 219, 231-259, 267, 268, 270, 278, 305, 317, 336-337, 340-342, 418
Ana de Cleves 361
anglicana, resolução 368
Annales Ecclesiastici 29, 432
Ano Dourado 343
Anticlericalismo 78, 348
Anticristo 106, 184-185, 239, 248-249, 251, 275, 303, 424, 431-432
antinomianismo 249
antissemitismo 37, 427-428
Antônio de Bourbon 323-324, 326
Antuérpia, sínodo em 342
apartheid 276
apocalíptico 233, 380
Aquino, Tomás. *ver* Tomás de Aquino

Argula von Grumbach 132
arianismo 213
Aristóteles 68, 84, 93, 95-96, 114, 430-431
Armada espanhola 371, 412
arminianos 345
Arnold, Gottfried 29
arte 28, 55, 79, 223, 359, 390, 404, 430, 432-435, 437, 439
arte da morte 89
Askew, Anne 131, 360
assistência social 133, 144-145, 149-152, 156-157, 362, 430
astrologia 89
Ato de Supremacia 357-358, 369
Ato de Tolerância 372
Ato de Uniformidade 369
Augsburgo, Confissão de 121, 228, 261, 268, 270-273, 278, 293-294, 351-352, 367, 373, 421.
    *ver também* Variata da Confissão de Augsburgo
Augsburgo, Ínterim de 275-276
Augsburgo, Paz Religiosa de 32, 229, 261, 277-278, 343
Auschwitz 428

**B**

Bach, Johann Sebastian 226, 435
Bacon, Francis 431
Bale, John 281, 351
Ball, John 58
Barnes, Robert 348, 351-352, 355, 373
Barônio, César 29, 432
Batemburgos 340
batismo 100, 127, 135, 161, 171, 214-215, 220, 222, 232-234, 236-242, 245-250, 253, 286, 339, 374, 402, 427
    cristão 247, 249, 256, 370
    do Espírito 171
    infantil 135, 168-169, 171, 232-234, 237-242, 245-247, 253, 303
Beaton, David 373
Belga, Confissão 341-343
bem-estar social. *ver* assistência social
beneditina, regra 396
Benefício di Cristo 386
Berengário de Tours 216

Bernhardi, Bartholomew 126
Bernini, Gianlorenzo 404
Berquin, Louis de 313
Beza, Teodoro de 282, 322, 324, 330, 370, 413
Bíblia 38, 41, 61–62, 70, 86, 93, 97–98, 119–120, 123, 129, 132, 135, 155, 160, 179–180, 188, 194, 201–204, 207, 210–211, 224, 234–235, 237, 239, 245, 249–250, 252, 256, 292, 295, 313, 315–316, 336, 341, 344, 349, 353–355, 360, 371, 381, 388, 391, 400, 411, 414, 420, 430, 432, 434–435, 438. *ver também* Escritura
Bibliander, Theodore 424
Bijns, Anna 339
Blaurock, George 246, 248–249
boas obras 87, 90, 96–98, 145–146, 149–150, 156–158, 199, 211, 380, 401, 405, 441
Boccaccio, Giovanni 52, 315, 388, 423
Böheim, Hans 190
Böheim, Hans, "flautista de Niklashausen" 190
Bolena, Ana 356, 359, 361, 366
Bolsec, Jerome 282, 300
Bonhoeffer, Dietrich 276, 413
Bonner, Edmund 360
Bórgias, os 79
Borromeo, Carlos 403, 405
Bosch, Hieronymus 67, 89, 147
Bothwell, James 376
Bourbon, casa de 321–322, 332
Brahe, Tycho 431
Bramante, Donato 79
Braunschweig, Ordem de 155
Bray, vigário de 368
Brenz, Johannes 155, 224
Brès, Guido de 341
Briçonnet, Guillaume 312, 381
Brincklow, Henry 350
Brötli, Johannes 246
Browne, Robert 370
Brück, Gregor 272
Bruegel, Pieter, o Velho 67
bruxas 88–89, 392
Bucer, Martin 83, 109, 132, 154–155, 173, 224, 228, 271, 274, 285, 290–295, 303, 341, 362–363, 368, 384, 386, 417, 419
Budé, William 242
Bugenhagen, Johann 128, 152, 154–159, 224, 351, 416, 433–434
Bullinger, Heinrich 222, 307, 323, 362
Bundschuh 190
Bure, Idelette de 294
Büring, Anna 158
Buxtehude, Dietrich 435

C

Caetano, Tomás 105–106, 110–111
Calvino, Antoine 287

Calvino, João 17, 34, 40, 83–84, 110, 132, 154, 162, 206–207, 212, 219, 222, 226, 232–233, 278, 281–308, 311, 313–314, 316, 318–324, 325–326, 341, 345, 370, 374, 385–386, 404, 411, 417–420, 428–430, 435, 437–438
Calvino, Marie 287
Campanius, Johan 429
Campeggio, Lorenzo 384
camponesas, rebeliões 58, 185, 189, 197
camponeses 152, 168, 172, 174, 187–193, 195–198, 247, 252, 321
Camponeses, Guerra dos 45, 58, 63, 139, 172, 175, 187, 189, 192–194, 197, 247, 249–250, 252, 263–264, 272, 291
Canísio, Pedro 388
canônica, legislação. *ver* legislação
capitalismo 17, 44, 59, 87, 143, 178, 282, 320, 429–430, 441. *ver também* Weber, tese de
Capito, Wolfgang 171, 291, 417
Caraffa, Gian Pietro 382, 384, 387, 391–392, 456. *ver também* papas: Paulo IV
caridade 56, 143–147, 156, 296, 381, 391, 405. *ver também* caridade, prática da; *ver também* assistência social
caridade, prática da 143–148
Carlos III, duque de Savoia 288
Carlos IV, imperador do Sacro Império Romano 51, 452
Carlos IX, rei da França 317, 321, 323, 327, 331, 452
Carlos Magno 24, 67
Carlos V, imperador do Sacro Império Romano 33, 39, 63, 106, 108, 115, 150, 163, 191, 212, 229, 262, 264, 277, 279, 287, 303, 322, 335–338, 352, 357, 364–365, 383, 387, 402, 424, 452–453
Carlyle, Thomas 18, 407
Cartwright, Thomas 370
casamento 37, 38, 71, 78, 83, 89, 124–131, 133, 178, 204–205, 215, 221, 243, 275, 291, 294, 297, 299, 328, 356–357, 361, 363, 366–367, 374, 384, 416–417, 419–420, 427
caso das tabuletas 314, 320
Castellion, Sebastian 304–305, 317, 423
Catarina de Aragão 351, 353, 356–357, 359, 361, 364, 384
Catarina de Médici 322–329, 374
Catarina de Siena 70
cátaros 247
Cateau-Cambrésis, Paz de 262, 322
catecismos 90, 160–161, 163, 240, 286, 425, 429, 437
Católica, Liga 332
Cecil, William 367
Ceia do Senhor 71, 88, 161, 168–172, 174, 201, 213, 217, 220–228, 232, 237–238, 241, 244–245, 250, 253, 256, 258, 271, 273, 286, 290, 293–294, 300, 307, 314, 344–345, 402, 409, 431, 433–434, 437
celibato 89, 125–127, 129–130, 163, 178, 210–211, 365, 403, 416–417
Cellarius, Christoph 29

Celtis, Conrad 202, 421
Cem Anos, Guerra dos 49, 57–58, 64
Centúrias de Magdeburgo 28–29, 275, 432
céu 39–40, 56, 65, 79, 85, 87, 95, 97, 102, 112, 130, 145, 165, 213, 215–216, 222, 224–226, 233, 250–251, 291, 305, 389, 395, 399, 401, 416
chambre ardente 319
Cirilo de Alexandria 213, 222, 225
Cisma do Ocidente 67, 69, 71, 73, 77
Clément, Jacques 332
clerical, casamento 124–129, 131, 133, 178, 204, 275, 291, 363, 384, 416
Closener, Fritsche 53
Cochlaeus, Johann 38, 131, 282
Colet, John 349–350
Coligny, Gaspar de 321, 327–330
communicatio idiomatum 213, 222, 225. *ver também* Ceia do Senhor
conciliarismo 71. *ver também* concílios
concílios 27, 34, 68, 74, 112, 114, 399
   Basileia 74, 76
   Bolonha 402
   Calcedônia 225
   Constança 70–74, 78, 218, 274
   Ferrara 76
   Florença 215
   IV Latrão 217, 425
   Niceia 27, 106, 112, 398
   Pisa 72
   Trento 33–34, 78, 215, 269, 275, 293, 324, 326, 332, 382–383, 387–388, 397–403, 407, 409, 439
   Vaticano I 76, 78, 398
   Vaticano II 72, 398, 425
   V Latrão 379, 383
concomitância, doutrina da 218
concubinato 204–205
Condé, Luís de Bourbon 323–324, 331, 452
Confederação Helvética 202–203, 205, 210, 212, 229, 235, 248, 288, 458–459
confessionalização 19, 405, 407–408, 421
confissões. *ver* Augsburgo, Confissão de; *ver* Belga, Confissão; *ver* Gaulesa, Confissão; *ver* Escocesa, Confissão; *ver* Tetrapolitana, Confissão; *ver* Helvética, Confissão; *ver* Schleitheim, Confissão de; *ver* Variata da Confissão de Augsburgo
Confutatio 270
Conrad de Gelnhausen 72
consciência 65, 91, 94, 96, 116–117, 126, 139, 146, 148, 244, 247, 266–267, 358, 360, 372, 386, 412–413
Consensus Tigurinus 307
Consilium de emendanda ecclesia 384
Consistório 297–299, 305, 441
Conspiração da Pólvora 412
Constantino, imperador de Roma 29, 67, 106, 263, 432
Contarini, Gasparo 387

Contrarreforma 33, 234, 340, 364, 370, 379–380, 382, 386–388, 392, 404–405, 415, 439
controvérsia das vestes 370
Contzen, Adam 434
conversos 385, 388–389, 391
Cop, Nicolas 242, 285–286, 313
Corpus Christi 218, 269, 326, 404
corpus Christianum 38, 46, 50–51, 59, 66, 74, 76, 108, 115, 189, 233, 239, 261, 278, 304, 407, 410
Coverdale, Miles 120, 348, 355
Cranach, Lucas 49, 112, 433
Cranach, Lucas, o Jovem 433
Cranach, Lucas, o Velho 75, 111, 433, 436
Cranmer, Thomas 132, 219, 348, 351, 355, 357, 361–364, 366, 373
Crespin, Jean 317
crise, tempos de 88, 146
Cristiano III, rei da Dinamarca 116
Cristo 71, 73, 85–86, 89, 94, 98, 101, 110, 123–124, 126, 135, 140, 148, 151, 156–159, 161, 167–170, 172, 182, 184–185, 187, 197, 203, 206, 208, 213, 215–225, 227–228, 233, 238–242, 245, 250, 253, 255, 258, 259, 265, 268, 281, 284, 285, 291, 292, 293, 301, 302, 312, 313, 316, 325, 332, 339, 342, 344, 355, 362, 368, 372, 374, 379, 386, 393, 394, 397, 401, 404, 409, 414, 419, 421, 423, 424, 427, 428, 434, 436, 438, 439
cristologia 228, 241, 420
Cromwell, Oliver 432
Cromwell, Thomas 348, 355, 357
cuius regio, eius religio 229, 278–279, 279
cura religionis 263
Cusa, Nicolau de 424

# D

d'Albret, Joana 321
Damião, Pedro 101, 215
dança da morte 11, 55, 56, 89
Da Vinci, Leonardo 64
Declaração Conjunta Sobre a Doutrina da Justificação 409
Denck, Hans 171, 174
Dentière, Marie 419, 420
Descartes, René 431
Diana de Poitiers 320
dieta imperial
   Augsburgo 1518 110–112
   Augsburgo 1530 121, 267–272
   Augsburgo 1548 275
   Augsburgo 1555 277–278
   Nuremberg 1522 136, 169, 211
   Nuremberg 1524 132, 384
   Speyer 1526 212, 264, 265–266
   Speyer 1529 212, 247, 264, 266–267
   Worms 1521 37, 40, 109–117, 122, 124, 264, 387, 412

Dietrich de Niem 72
direitos humanos 18, 278, 413, 415
dispensações papais 107, 356, 357
Doação de Constantino 67
Doação de Pepino 67
dominicanos 103, 104, 105, 109, 206, 392
donatismo 214, 222
Dort, sínodo de 345, 410
Dourada, Bula 92
Drechsel, Thomas 135
Dudley, John 363
Dudley, Robert 367
du Plessis-Mornay, Philippe 331, 413
Dürer, Albrecht 49, 198, 421, 433

## E

eclesiástica, disciplina (terceira marca da Igreja 124, 342, 345, 383
ecumenismo 247, 423. *ver também* religiosos, colóquios
Edito de Nantes 332, 333
Edito de Worms 85, 116, 125, 247, 261, 265, 266, 272, 338
Eduardo VI, rei da Inglaterra 136, 341, 352, 353, 355, 362, 363, 369
educação 28, 60, 63, 83, 84, 85, 92, 119, 143, 151, 153, 158, 159, 160, 164, 178, 202, 206, 216, 242, 282, 286, 291, 294, 298, 381, 383, 397, 398, 403, 405, 414, 417, 420, 421, 430
Egídio de Viterbo 379
Egranus, Johannes 180
El Greco 404
Elizabeth I, rainha da Inglaterra 352, 363, 366, 368
Engels, Friedrich 44, 175
Erasmo de Roterdã 79, 80, 89, 93, 109, 131, 165, 178, 181, 202, 204, 208, 223, 238, 282, 286, 338, 350, 358, 381, 383, 388, 400, 427, 438
erastianismo 357
Erastus, Thomas 358
Érico XIV, rei da Suécia 366
escada de virtudes 95
Escandinávia 19, 70, 120, 155, 315
Esch, Johann 335
Escocesa, Confissão 374
escolasticismo 410
Escritura 27, 28, 35, 85, 92, 97, 98, 99, 100, 105, 109, 112, 114, 122, 123, 125, 126, 132, 134, 136, 144, 151, 170, 173, 175, 176, 179, 180, 190, 206, 210, 211, 227, 228, 234, 235, 239, 243, 244, 245, 257, 258, 269, 283, 287, 289, 294, 295, 296, 297, 300, 306, 313, 315, 336, 339, 340, 345, 351, 354, 358, 369, 370, 371, 382, 397, 399, 400, 409, 410, 415, 417, 420. *ver também* Bíblia; *ver também* Palavra de Deus
  e a tradição 100, 209, 210, 235, 399, 400, 401, 410
Esopo 84

espiritualismo 170, 174, 183, 218
espiritualistas 170, 173, 174, 175, 231, 233, 257, 423
Esposas de reformadores 417
Estados papais 79
Estados Unidos 30, 36, 58, 115, 305, 343, 409, 412
Estienne, Robert 311
estrangeiras, igrejas 362
Estrasburgo 53, 59, 154, 164, 171, 173, 212, 224, 228, 233, 250, 253, 259, 267, 271, 273, 285, 287, 288, 290, 291, 292, 293, 294, 302, 304, 307, 315, 317, 336, 341, 362, 364, 371, 408, 417, 421, 459, 463
eucaristia. *ver* Ceia do Senhor
Eusébio de Cesareia 26
Eustache Deschamps 49
evangelismo italiano 385
Exercícios espirituais 394, 397

## F

Faber, Johann 211
Farel, William 206, 212, 287, 289, 290, 294, 295, 303, 313, 315, 316, 318
Favre, François 299
Felipe de Hesse 212, 262, 265, 266, 273, 274, 275, 277
Felipe II, rei da Espanha 279, 331, 338, 342, 364, 365, 366, 452, 453, 454
Felipe VI, rei da França 57, 452
Ferdinando da Áustria, imperador do Sacro Império Romano 258
Fernando da Espanha 391
Ferrer, Vicente 70
Ficino, Marsílio 178
Fischart, Johann 417
Fisher, John 351
Fish, Simon 350
Flacius Illyricus, Matthias 28, 275, 432
flagelantes, flagelação 53
Floriszoon, Adriano 383. *ver também* papas: Adriano VI
Fox, Edward 354
Foxe, John 25, 317, 351, 353, 360, 364, 371, 421, 422, 431
franciscanos 143, 180, 206, 312, 315, 382
Francisco II, rei da França 322, 323, 361, 374, 452, 454
Francisco I, rei da França 191, 229, 242, 262, 265, 283, 285, 286, 311, 312, 313, 319, 352, 387, 452, 453
Franck, Sebastian 174, 258, 259, 304, 423, 424
franco-italianas, guerras 64
Frederico, o Sábio 60, 63
Frith, John 351
Fritz, Joss 190
Froben, Johann 312
Froschauer, Christoph 201, 207

Fugger, banco 63, 107, 108, 150
Fugger, Jakob 108
fundo assistencial comunitário 150
Fürer, Christoph 177

## G

galicanismo 76, 311, 324
Gallus, Nicholas 275
Gardiner, Stephen 352, 360
Gattinara, Mercurino 108
Gaulesa, Confissão 319
Gelassenheit 123, 124
gênero, estudo de 421
Gerson, Jean 72
Giberti, Gian Matteo 383
gomaristas 345
Gonzaga, Leonor 385
Goulart, Simon 317
Grebel, Conrad 242
Grebel, Jakob 248
Greifenberger, Hans 171
Grey, Joana 364
Grien, Hans Baldung 433
Gruet, Jacques 299
Guerra das rosas 356
Guerras Religiosas (França) 304, 318, 323, 326, 329, 330, 332, 333, 367, 429
Guicciardini, Francesco 381
Guilherme de Nassau 269, 343
Guilherme de Ockham 68
Guilherme de Orange 320, 343, 344, 345
Guise, família 321, 322, 326, 328

## H

Habsburgos 106, 107, 108, 247, 262, 273, 277, 279, 312, 336, 393
Habsburgos-Valois, guerras 262, 277, 279, 322, 393
Haetzer, Ludwig 243
Hamburgo, Ordem de 155
Hamilton, Patrick 372
Hampton Court, Conferência de 432
Hampton Court, Tratado de 327
Hase, Hans Christoph von 276
Hausmann, Nicholas 182
Hedio, Caspar 291
Heidelberg, debate de 109, 224, 292, 430
Helvética, Confissão 373
Henrique de Braunschweig 274
Henrique III, rei da França 331, 332, 452
Henrique II, rei da França 277, 319, 320, 321, 322, 452
Henrique IV, rei da França 332, 333, 452
Henrique VIII, rei da França 108, 312, 326, 351, 352, 353, 355, 356, 358, 362, 364, 368, 374, 384, 430, 453, 454

Henrique VII, rei da França 356, 374, 454
Henry de Langenstein 72
heresia, hereges 27, 29, 70, 72, 73, 103, 104, 105, 108, 109, 112, 175, 182, 207, 210, 212, 217, 225, 240, 259, 268, 278, 289, 293, 298, 303, 304, 313, 314, 316, 317, 319, 322, 324, 326, 327, 329, 330, 335, 336, 338, 339, 341, 342, 343, 351, 352, 357, 358, 360, 362, 365, 372, 373, 387, 388, 389, 390, 391, 396, 397, 398, 421, 423, 424, 427
hinos 62, 183, 312, 320, 359, 434, 435
historiografia 15, 18, 23, 33, 37, 44, 175, 176, 333, 347, 348, 407, 408, 431
Hitler, Adolf 37, 276, 413
Hobbes, Thomas 49
Hoffmann, Melchior 172, 233, 253, 339
Hohenlandberg, Hugo von 205, 210
Hohenzollerns 107, 109
Holbein, Hans 361, 433
Hollen, Gottschalk 219
Höltzel, Hieronymus 171
homossexuais 391
Hooker, Richard 371
Hooper, John 363, 364
Hotman, François 330, 413
Hottinger, Jacob 243
Hottinger, Klaus 242
Howard, Catarina 361
Hubmaier, Balthasar 54, 186, 190, 233, 246, 248, 250, 259
Hugo de São Vitor 215
huguenotes 288, 311, 317, 318, 321, 322, 323, 324, 326, 327, 328, 329, 330, 331, 332, 333, 342, 374, 413
humanismo 28, 85, 121, 177, 202, 208, 227, 242, 282, 283, 311, 427
hussitas 64, 71, 113, 134
Huss, Jan 38, 70, 71, 76, 106, 113, 116, 164, 182, 438
huteritas 256, 257, 317
Hut, Hans 233
Hutten, Ulrich 114
Hutter, Jacob 256

## I

iconoclastia 138, 214, 223, 236, 243, 246, 289, 313, 343, 437, 439
Igreja 15, 18, 21, 24, 25, 26, 27, 28, 29, 30, 31, 32, 33, 34, 36, 38, 39, 42, 43, 50, 56, 58, 65, 67, 68, 69, 70, 71, 72, 73, 74, 76, 77, 79, 80, 85, 87, 88, 89, 90, 92, 100, 101, 102, 103, 104, 105, 106, 110, 112, 113, 114, 117, 120, 121, 123, 124, 125, 126, 129, 131, 133, 134, 136, 137, 139, 143, 144, 146, 148, 153, 154, 155, 156, 158, 159, 163, 165, 167, 168, 169, 170, 173, 174, 175, 176, 178, 179, 180, 181, 182, 185, 189, 190, 192, 194, 195, 201, 202, 204, 205, 207, 210, 211, 213, 214, 215, 218,

219, 220, 222, 223, 224, 225, 226, 231, 232, 233,
234, 236, 237, 238, 239, 241, 242, 243, 245, 246,
247, 249, 250, 251, 252, 253, 254, 255, 256, 257,
258, 259, 261, 262, 263, 264, 266, 267, 269, 270,
271, 272, 274, 275, 276, 277, 278, 279, 282, 284,
285, 287, 289, 291, 293, 294, 295, 296, 297, 298,
301, 302, 305, 306, 307, 311, 312, 313, 314, 317,
318, 319, 321, 322, 324, 326, 327, 332, 335, 336,
339, 340, 341, 342, 345, 346, 348, 349, 350, 351,
354, 355, 357, 358, 359, 362, 363, 364, 365, 368,
369, 370, 371, 374, 375, 379, 380, 383, 384, 385,
386, 387, 388, 391, 392, 393, 394, 396, 397, 398,
399, 400, 401, 403, 404, 405, 408, 409, 411, 412,
414, 415, 417, 418, 419, 421, 422, 423, 425, 426,
429, 431, 432, 434, 435, 437, 438
Iluminismo 40, 257, 410
imagens 11, 19, 40, 54, 55, 56, 62, 86, 133, 135,
    136, 138, 139, 154, 168, 169, 170, 171, 174, 184,
    207, 227, 243, 244, 251, 302, 317, 336, 369, 389,
    427, 433, 435, 437, 439
Imprensa 61, 62, 276, 315, 353, 387
Index de Livros Proibidos 387, 388
individualismo 17, 19, 51, 66, 76, 256, 380
indulgências 57, 63, 65, 69, 88, 93, 101, 102, 103,
    104, 105, 106, 107, 109, 110, 125, 145, 148, 157,
    158, 177, 178, 192, 201, 204, 207, 219, 247, 405,
    409
infalibilidade papal 76, 78, 357, 398, 403
inferno 65, 66, 87, 102, 111, 112, 175, 291, 391,
    401, 436
Inquisição 247, 302, 303, 315, 321, 336, 337, 339,
    340, 343, 345, 382, 385, 387, 388, 389, 390, 391,
    392, 396, 427
Irmandade da Vida Comum 84, 383
irmandades 148, 149, 158, 180
Isidoro de Sevilha 215
Islã 391, 424
ius reformandi 265

## J

Jaime VI, rei da Escócia 377, 454
Jaime V, rei da Escócia 361, 374, 454
Jerônimo de Praga 71
jesuítas 317, 367, 372, 380, 392, 393, 396, 397, 398,
    399, 404, 428
Jewel, John 371
Jiménez de Cisneros, Francisco 381, 391
Joana D'Arc 57
João da Cruz 380, 404
João de Ávila 391
João de Paris 68
João Frederico, Eleitor da Saxônia 269, 270, 275,
    277, 373
Jorge, de Brandemburgo-Ansbach 266, 269
Jorge, duque de Saxônia Ducal 113, 114, 128, 264, 419
Judensau 11, 425, 426

judeus 54, 55, 88, 217, 276, 320, 385, 388, 389, 423,
    424, 425, 426, 427, 428
Jud, Leo 173, 202, 243
Juízo final 51, 160, 327, 379, 439
Juliana de Liège 218
Jussie, Jeanne de 420
justificação, teologia da 28, 29, 46, 60, 96, 97, 98, 99,
    100, 106, 110, 120, 123, 124, 146, 150, 161, 164,
    165, 170, 184, 192, 219, 228, 258, 270, 274, 275,
    295, 315, 316, 351, 380, 385, 386, 387, 400, 401,
    402, 409, 415, 430
Justiniano, Código 247

## K

Kappel, batalha de 203, 212, 229, 273
Karlstadt, Adam Bodenstein von 304
Karlstadt, Andreas 40, 112, 113, 114, 119, 120, 121,
    122, 123, 124, 126, 127, 128, 133, 134, 135, 136,
    137, 139, 140, 150, 154, 167, 168, 169, 170, 171,
    172, 173, 174, 175, 178, 179, 183, 184, 194, 196,
    199, 216, 219, 223, 224, 226, 231, 232, 234, 241,
    243, 245, 253, 257, 272, 304, 370, 411, 412, 435
Keller, Endres 239
Kepler, Johannes 431
Kierkegaard, Søren 239
King, Martin Luther 414
Knox, John 21, 281, 297, 363, 368, 373, 374, 376,
    415, 418
Kolde, Dietrich 90, 93
Kulturkampf 75

## L

Lainez, Diego 326, 396, 399, 402
Lambert, John 351
La Rochelle, sínodo de 319, 320, 323, 343, 458, 463
Las Casas, Bartolomé de 428
Laski, Jan 340, 362
Latimer, Hugh 347, 351, 364, 365, 371
Lefèvre d'Etaples, Jacques 242, 312
legislação 69, 119, 122, 124, 125, 126, 129, 144,
    154, 155, 236, 247, 336, 338, 358, 361, 363, 365,
    369, 419
    canônica 119, 122, 125, 129, 236, 363, 419
    romana 247
Leiden, João de 254, 255
Leipzig, debate de 27, 112, 114, 178, 182, 312
Leipzig, Ínterim de 275
Leisnig, Estatuto de 151, 153, 157
León, Luis de 418
Leuenberg, Concórdia de 409
L'Hôpital, Michel de 324
libertinos 299, 303, 345
Liga de Cognac 265
Livro de Oração Comum 355, 362, 369
Locke, John 371

lollardismo 349
Lombardo, Pedro 215
Longwy, Jacqueline de 321
Lorde Acton 25
Lotzer, Sebastian 195
Loyola, Inácio de 11, 40, 282, 380, 391, 392, 393, 394, 395, 396, 397, 398, 404
Lübeck, Ordem de 155, 157
Luís de Nassau 320, 343
Luís IX, rei da França 322, 452
Luís XIV, rei da França 333
Lúlio, Raimundo 424
Lutero, Hans 83, 91
Lutero, Katharine 84, 129, 130, 131, 294, 417, 419
Lutero, Martinho 11, 13, 18, 19, 21, 24, 27, 29, 31, 32, 33, 34, 35, 36, 37, 38, 39, 40, 41, 42, 44, 46, 52, 54, 58, 59, 60, 61, 62, 63, 66, 71, 74, 79, 83, 84, 85, 87, 88, 89, 90, 91, 92, 93, 94, 96, 97, 98, 99, 100, 102, 103, 104, 105, 106, 108, 109, 110, 111, 112, 113, 114, 115, 116, 117, 119, 120, 121, 122, 123, 124, 125, 126, 127, 129, 130, 131, 132, 133, 134, 135, 136, 137, 138, 139, 140, 141, 143, 144, 146, 148, 149, 150, 151, 153, 154, 155, 156, 157, 158, 159, 160, 161, 162, 163, 164, 165, 167, 168, 169, 170, 171, 172, 173, 174, 175, 176, 177, 178, 179, 181, 182, 183, 184, 185, 186, 188, 192, 194, 196, 197, 198, 199, 201, 206, 207, 208, 209, 211, 212, 213, 214, 215, 219, 220, 221, 222, 223, 224, 225, 226, 227, 228, 231, 232, 233, 234, 235, 239, 240, 241, 242, 243, 244, 245, 246, 247, 251, 257, 258, 259, 262, 263, 264, 265, 266, 268, 270, 271, 272, 273, 274, 275, 276, 278, 281, 282, 283, 284, 286, 290, 291, 292, 293, 294, 295, 306, 308, 312, 313, 315, 316, 318, 325, 335, 336, 339, 341, 350, 351, 352, 353, 354, 355, 356, 357, 360, 372, 373, 379, 380, 385, 386, 387, 394, 396, 399, 401, 404, 405, 411, 412, 413, 414, 415, 416, 417, 419, 422, 423, 424, 426, 427, 428, 429, 430, 431, 432, 433, 434, 435, 436, 438, 440

# M

Magdeburgo 28, 29, 59, 84, 107, 128, 264, 275, 276, 412, 413, 432, 459
Magdeburgo, Confissão de 275, 276, 412, 413. *ver também* resistência, direito à
Magisterium 34, 257, 400
Maier, Dr. João 105, 106, 112, 113, 114, 115, 123, 132, 207, 235, 259, 268, 270, 427
Mantz, Felix 171, 243, 246, 248, 249
Maomé 424, 455
Maquiavel, Nicolau 66, 78
Marburgo, Colóquio de 222, 223, 228, 262, 307
Marcel, Claude 328
Marcourt, Antoine 295, 314
Margarida de Angoulême 313, 315, 321, 372
Margarida de Áustria 337

Margarida de Navarra 313, 419
Margarida de Parma 343
Margarida de Valois 328, 385
Margarida Tudor 374
Maria de Guise-Lorraine, rainha-mãe da Escócia 364, 365
Maria, mãe de Jesus 53–54, 88, 132, 297, 316, 360, 393, 394, 399, 404, 439
Maria Stuart, rainha da Escócia 361, 371, 372, 374, 375, 376, 377, 452
Maria Tudor, rainha da Inglaterra 277, 281, 300, 356, 359, 363, 364, 365, 366, 368, 370, 371, 375, 453
Marot, Clement 320, 385, 435
Marsílio de Pádua 68, 358
mártires 285, 301, 311, 317, 321, 335, 336, 360, 364, 365, 371, 381, 409, 421, 422, 425, 431, 438, 439
martirológio 336
Marx, Karl, marxismo 27, 36
massacre da noite de São Bartolomeu 320, 327, 329, 330, 343, 371
Mathijs, Jan 254, 339
Maurício de Nassau 344
Maximiliano, imperador do Sacro Império Romano 106, 107, 108, 112, 277, 383, 453
Meaux 312, 313, 318, 321, 381
Melâncton, Felipe 17, 24, 28, 38, 83, 110, 112, 115, 120, 121, 124, 126, 132, 133, 134, 135, 136, 154, 155, 167, 168, 173, 178, 183, 196, 263, 265, 268, 269, 270, 272, 274, 275, 278, 284, 286, 293, 303, 307, 314, 351, 352, 362, 373, 384, 387, 409, 417, 421, 430, 431, 433, 434
melquioritas 253
Melville, Andrew 370
mendicância 146, 147, 150, 153
Mendigos do mar 343
mendigos, mendicância 11, 51, 147, 151, 154, 306, 343, 350
menonitas 231, 256, 257, 340, 345
mercadores 104, 176, 177, 180, 205, 307, 338, 344, 353, 372
Merici, Angela 381
Meschinot, Jean 49
Michelangelo 79, 379, 386, 439
Miltitz, Karl von 111
Milton, John 432
mineração 62, 63, 83, 176
misoginia 418
missa 42, 56, 57, 71, 100, 102, 113, 126, 133, 134, 135, 144, 145, 148, 149, 171, 206, 207, 211, 218, 219, 220, 221, 223, 224, 236, 243, 244, 245, 247, 289, 314, 316, 325, 326, 331, 332, 339, 349, 359, 365, 375, 401, 403, 433. *ver também* Ceia do Senhor
missões 352, 398, 428
misticismo 174, 391, 404
modernização 429, 440
Mohács, batalha de 265
monasticismo 127, 256, 359, 396
Montaigne, Michel 292

Montmorency, família 321, 322
Montmorency, Louise de 321
Morand, Jean 295
More, Thomas 57, 349, 351, 354, 357, 358, 359, 360
Moritz da Saxônia 274, 275, 277
morte 11, 23, 29, 32, 38, 39, 49, 52, 53, 55, 56, 57, 61, 66, 71, 72, 77, 79, 83, 88, 89, 90, 91, 97, 98, 100, 104, 106, 108, 132, 146, 149, 161, 168, 187, 197, 208, 216, 219, 220, 235, 237, 246, 247, 248, 249, 252, 253, 254, 265, 267, 274, 282, 287, 294, 296, 303, 304, 305, 306, 316, 317, 321, 322, 323, 328, 330, 331, 335, 336, 340, 341, 342, 347, 349, 352, 353, 354, 355, 357, 358, 360, 362, 363, 365, 366, 367, 369, 374, 376, 377, 380, 383, 387, 388, 390, 392, 398, 399, 401, 407, 410, 419, 421, 423, 431, 436, 439
mouriscos 389
movimentos dissidentes 29, 250
Mühlberg, batalha de 275
mulçumanos 388, 389, 396
mulheres 19, 28, 34, 38, 41, 55, 130, 131, 132, 156, 197, 202, 255, 291, 292, 315, 321, 322, 329, 341, 360, 375, 382, 383, 384, 391, 404, 417, 418, 419, 420, 421, 422, 427, 430
Müller, Hans 190
Münster 175, 232, 252, 253, 254, 255, 256, 339, 340, 418, 459
Müntzer, Thomas 11, 21, 45, 71, 134, 165, 167, 169, 170, 171, 172, 173, 174, 175, 176, 177, 178, 179, 180, 181, 182, 183, 184, 185, 186, 187, 188, 189, 191, 194, 196, 199, 232, 233, 234, 239, 245, 246, 247, 250, 254, 256, 257, 272, 327, 375, 412, 424
música 62, 84, 226, 297, 320, 415, 433, 434, 435

# N

nacionalismo 73, 203, 212
Nadal, Jerônimo 396
nazismo 413
nestorianismo 213
Newton, Isaac 431
nicodemismo 341
Nightingale, Florence 383
nominalismo. *ver* via moderna

# O

objeção consciente 412
Ochino, Bernadino 362, 382, 386, 392
Oecolampadius, Johannes 417
Olivétan, Pierre 313
oratórios 381
ordens eclesiásticas 149, 153, 155, 160. *ver também* Braunschweig, Ordem de; *ver também* Hamburgo, Ordem de; *ver também* Leisnig, Estatuto de; *ver também* Lübeck, Ordem de; *ver também* Wittenberg, Ordem de; *ver também* Wittenberg, Estatuto de

Osiander, Andreas 155, 363, 427
Osiander, Margaret 363

# P

pacifismo 236, 249
pacto, teologia do 94, 96, 238, 429
Pais da Igreja 85, 178, 202, 287, 351, 383, 388
Palavra de Deus 39, 98, 99, 116, 119, 137, 158, 159, 162, 164, 183, 187, 188, 190, 194, 210, 235, 240, 244, 245, 266, 267, 270, 276, 295, 296, 342, 412, 434, 439. *ver também* Escritura
papado 28, 29, 67, 68, 69, 70, 71, 72, 73, 74, 76, 78, 80, 83, 89, 94, 102, 104, 105, 107, 114, 206, 240, 251, 262, 265, 277, 284, 311, 312, 372, 379, 383, 387, 399, 400, 403, 424, 431. *ver também* papas
papais, bulas
    Benedictus Deus 403
    Decet Romanum Pontifiicem 115
    Execrabilis 74
    Exsurge Domini 125
    Licet ab initio 392
    Regnans in excelsis 371
    Unam sanctum 70, 77
papas
    Adriano VI 383, 456
    Alexandre V 72
    Alexandre VI 78, 380, 456
    Bento XVI 409
    Bonifácio IX 72
    Bonifácio VIII 68, 70, 77, 387
    Calisto III 78
    Clemente VII 70, 265, 271, 322, 357, 379, 381, 384, 456
    Clemente VIII 332, 456
    Eugênio IV 74
    Gregório I 112, 424
    Gregório IX 387
    Gregório XI 69, 70
    Gregório XIII 331, 456
    João Paulo II 409
    João XXII 68
    João XXIII 72
    Júlio II 78, 79, 80, 106, 356, 379, 383, 456
    Júlio III 277, 387, 402, 456
    Leão X 80, 83, 103, 104, 106, 110, 356, 379, 383, 384, 456
    Marcelo II 277, 387, 456
    Martinho V 73, 74
    Paulo III 384, 385, 387, 391, 392, 396, 402, 456
    Paulo IV 277, 382, 387, 388, 391, 392, 427, 456
    Paulo VI 383, 392
    Pio II 74, 76
    Pio IV 403, 456
    Pio IX 75
    Pio V 372, 388
    Pio X 392

Urbano IV 218
Urbano VI 69, 70
Paracelso 431
Parent, Nicholas 318
Parker, Matthew 317, 351, 361, 368
Parr, Catarina 361
Pavia, Batalha de 191, 265, 313
Paz de Augsburgo. *ver* Augsburgo, Paz Religiosa de
pecado, doutrina do 237, 238
Pedro de Blois 23
Pellican, Conrad 202
penitência 95, 100, 101, 102, 146, 201, 215, 219, 240, 247, 299, 354, 402, 403, 404, 405, 439
Perkins, William 410
Perrin, Ami 299
peste 49, 50, 51, 52, 53, 55, 57, 58, 76, 173, 208, 248, 425
Petrarca, Francisco 69
Peucer, Caspar 431
Pfefferkorn, Johann 103
Pfeiffer, Heinrich 186
Philips, Obbe 339
Pierre d'Ailly 72
pietismo 39, 40, 123, 174
Pietroio, Brandano da 381
Pirckheimer, Caritas 130, 420, 421
Pisa, Giordano da 145
Platão, platonismo 178, 179
pluralismo 257, 278, 305, 384, 385, 407, 412
pobreza 64, 68, 76, 127, 143, 144, 145, 146, 396, 411, 429, 430
Poissy, Colóquio de 324, 326
Pole, Reginald 364, 365, 366, 384
poligamia 255, 418
politiques 331
Pollich, Martin 121
Polo, Marco 61
Poynet, John 413
Praetorius, Michael 435
predestinação 282, 300, 301, 302, 345, 369, 429
Prierias, Sylvester Mazzolini 103, 105, 106, 109, 112, 114, 211, 351, 386
profecias 249, 420
Propst, Jacob 335
prostíbulos 422
prostituição 408, 417, 422
protestante, liberalismo 181
protestante, ortodoxia 39, 410
protestante, protestantismo 13, 29, 31, 32, 33, 34, 41, 44, 46, 66, 128, 129, 133, 135, 173, 175, 181, 212, 213, 224, 245, 247, 249, 266, 267, 271, 273, 274, 275, 279, 283, 285, 286, 287, 288, 289, 291, 296, 305, 306, 307, 312, 313, 315, 317, 318, 319, 320, 321, 322, 324, 326, 337, 343, 351, 353, 355, 358, 359, 360, 362, 363, 364, 365, 366, 367, 368, 370, 371, 374, 375, 376, 383, 387, 388, 392, 397, 398, 402, 403, 405, 408, 410, 411, 412, 415, 416, 429, 431, 437, 439
purgatório 57, 65, 66, 87, 88, 101, 102, 105, 145, 157, 158, 211, 221, 339, 350, 354, 359, 400, 401, 405
puritanismo 121, 123, 139
puritanos 349, 363, 369, 370

## Q-R

Quarenta e dois artigos 352, 363, 369
Rabelais, François 282
racismo 388, 398, 414
Radberto, Pascásio 216
Raemond, Florimond de 292
Rafael 79
Ratramo de Corbie 216
Reconquista 344, 388, 389
recusantes 412
refugiados 253, 256, 281, 285, 288, 290, 300, 303, 305, 306, 336, 341, 344, 361, 362
refugiados, igrejas de 336, 341, 362
regeneração, teologia da 39, 123, 124, 139, 164, 170, 175, 234
Regensburg, colóquio de 11, 274, 293, 325, 387, 392, 401, 459
Reina, Casiodoro de 362
Reinhart, Anna 205
religiosa, experiência 211, 241, 380, 423, 434
religiosos, colóquios 223, 274, 293, 307, 325, 387, 392, 401
relíquias 39, 87, 88, 102, 103, 109, 125, 136, 217, 434, 437, 439
Rembrandt van Rijn 437
Rem, Katherine 420
Renascimento 28, 29, 366. *ver também* humanismo
Renata da França 385
reserva eclesiástica 278
resistência, direito à 267, 407
Reublin, Wilhelm 246
Reuchlin, Johann 103, 120
Revolta dos Cavaleiros 63, 115
revolução 35, 45, 61, 63, 117, 174, 188, 189, 191, 194, 195, 196, 199, 231, 296, 323, 348, 440
Reynard, a raposa 66, 107
Rhegius, Urbanus 416, 427
Ricci, Matteo 398, 428
Riccio, David 376
Ridley, Nicholas 347, 351, 364, 365, 366, 371
Ridolfi, conspiração de 371
ritual, Lendas de assassinato 425
romana, legislação. *ver* legislação
Rothmann, Bernard 253, 255, 339

## S

sacerdócio de todos os cristãos 131, 151, 162, 192, 194, 292, 356, 414, 430, 433
Sachs, Hans 117
sacramentários 216, 221, 232

sacramentos 213-223. *ver também* batismo; *ver também* Ceia do Senhor; *ver também* penitência
Sadoleto, Jacopo 283, 284, 285, 294, 295, 298, 384
Salmerón, Alfonso 396, 399
salvação 18, 43, 56, 70, 77, 79, 83, 85, 87, 88, 89, 90, 91, 92, 93, 94, 95, 96, 97, 98, 102, 104, 110, 122, 123, 126, 127, 143, 144, 145, 146, 149, 153, 156, 157, 162, 163, 192, 195, 199, 211, 213, 214, 215, 217, 218, 219, 220, 221, 223, 224, 225, 240, 256, 258, 261, 266, 279, 284, 291, 301, 314, 316, 330, 351, 383, 386, 387, 397, 400, 401, 402, 405, 408, 410, 416, 417, 419, 423, 433, 434, 440
Salzburgo, protestantes de 278
Samson, Bernard 204
Sansão pragmática de Bourges 76
Santa Ana 91
Santa Catarina de Gênova 381
santificação 77, 123, 174, 199, 380
santos 25, 32, 40, 53, 70, 80, 86, 87, 88, 95, 101, 131, 148, 149, 160, 207, 210, 211, 247, 253, 255, 316, 317, 355, 369, 380, 393, 404, 405, 410, 425, 433, 439
São Ciríaco 176
São Francisco 143
São Jerônimo 178
São Pedro, basílica de 79
São Roque 53
São Sebastião 53, 149
saque de Roma 265, 267, 357, 379
Sattler, Michael 250, 252
Savoia, Casa de 288, 289
Savonarola, Jerônimo 79, 89, 380, 381
Schappeler, Christoph 195
Schaumburg, Sylvester von 114
Schleitheim, Confissão de 232, 235, 250, 252
Schmalkalden, Liga de 272, 273, 274, 293, 352
Schmid, Conrad 244
Schütz, Heinrich 435
Schwenkfeld, Caspar 221, 224, 258, 259
Seckendorff, Veit Ludwig von 32
secularização 17, 267, 408, 410, 439
Seehofer, Arsacius 132
Seis artigos 352, 358, 362
Seripando, Girolamo 401
Servet, Michael 302-308
sexo, sexualidade 55, 89, 178, 237, 390, 416, 417, 418, 421, 422
Seymour, Eduardo 362
Seymour, Jane 361
Shakespeare, William 354, 432
Sickengen, Franz von 114
sífilis 52, 422
Sigismundo, imperador do Sacro Império Romano 31, 71, 72, 73
simonia 78, 101, 384, 385
Simons, Menno 231, 232, 256, 317, 340
Sociedade de Jesus. *ver* jesuítas
Solway Moss, batalha de 361, 374

Spalatin, George 112, 128
spirituali 385, 386
status confessionis 276
Staupitz, Johann von 92
Storch, Nicholas 134, 181
Stuart, Henrique, Lord Darnley 361
Stumpf, Simon 244, 246
Sturm, Jean 294
supressão de monastérios 359

## T

Tauler, Johann 179
Teodósio, Código de 247
Teresa de Ávila, Santa 380, 382, 391, 404
Tertuliano 178, 214
tesouraria da graça 101, 127
Testamentos 158, 316, 355. *ver também* Büring, Anna; *ver também* Tracy, William
testamento, teologia de 97, 220-221, 242
Tetrapolitana, Confissão 228, 271, 293, 437
Tetzel, Johann 101, 102, 103, 204
Thomae, Marcus 135
Thorn, Lambert 336
Tillich, Paul 267
tolerância 97, 169, 170, 182, 245, 257, 273, 278, 283, 290, 304, 313, 327, 332, 410, 422, 423, 427
Tomás de Aquino 90, 96
tomismo 42, 121
tortura 94, 188, 235, 318, 360, 389, 390
torturas 65, 126, 257
Tournon, François de 324
Tracy, William 355
transubstanciação 215, 217, 220, 221, 222, 223, 224, 227, 228, 314, 352, 356, 358, 369, 387, 402, 439. *ver também* Ceia do Senhor
Tratado de Vestfália 337, 345
Travers, Walter 370
Trento. *ver* concílios
Treze artigos 352
Tribunal dos Tumultos 343
Trindade, doutrina da 282, 300, 302, 303, 325
Trinta Anos, Guerra dos 269, 273, 410
Trinta e nove artigos 352, 363, 368, 369
Tunstall, Cuthbert 353, 354
turcos 110, 183, 233, 252, 265, 267, 272, 273, 277, 396, 423, 424, 425, 427, 428
Tyndale, William 120, 132, 348, 353, 354, 355, 415

## U

Ulrich, duque de Württemberg 273
unidade cristã, sacramento da 223
universidades 31, 60, 63, 68, 71, 72, 73, 84, 85, 91, 92, 93, 104, 109, 112, 113, 121, 122, 132, 155, 176, 202, 211, 259, 305, 312, 325, 351, 357, 362, 370, 373, 374, 381, 396, 431

Ursula von Münsterberg 419
usura 65, 148, 150, 177

## V

Vadian, Joachim 242-245
valdenses 134, 172
Valdés, Juan de 385
Valois, casa de 262, 267, 277, 279, 321, 322, 328, 331, 367, 385, 393, 452, 453
Variata da Confissão de Augsburgo 293
Vassy, massacre de 327
Verdickt, Guilles 335
Vermigli, Peter Martyr 362, 382, 386, 392
vestes 88, 168, 370, 428
via media 366, 368, 370
via moderna 42
vigário de Bray 368
Vindicae contra tyrannos 344
Viret, Pierre 316
visitações 164, 263, 266, 405
Vives, Juan Luis 418
vocação 127, 128, 146, 160, 161, 162, 163, 320, 364, 415, 416, 429, 430, 433
Voes, Heinrich 335
Voltaire 189

## W

Walsingham, Sir Francis 367
Walter, Johann 434
Wartburg, castelo de 117, 119, 120, 124, 125, 133, 136, 139, 140, 167
Weber, tese de 320, 429
Weigel, Valentin 174

Westerburg, Gerhard 170
Wishart, George 373
Wittenberg, Concórdia de 173, 273, 293, 362
Wittenberg, distúrbios em 133-139, 196, 232
Wittenberg, Estatuto de 150
Wittenberg, Ordem de 153
Wolsey, Thomas 350-352, 357
Wyatt, Thomas 365
Wycliffe, John 61, 70, 71, 76, 164, 190, 349, 438

## X

Xavier, Francisco 396, 398, 428

## Z

Zell, Katharina Schütz 291, 292
Zell, Matthäus 290, 291
Zuínglio, Ulrico 22, 34, 52, 83, 110, 122, 154, 155, 172, 173, 174, 190, 201, 202, 203, 204, 205, 206, 207, 208, 209, 210, 211, 212, 213, 215, 216, 219, 221, 222, 223, 224, 225, 226, 227, 228, 229, 232, 233, 234, 235, 236, 238, 239, 241, 242, 243, 244, 245, 246, 248, 249, 257, 259, 271, 272, 273, 291, 307, 308, 318, 323, 341, 404, 417, 430, 435
Zurique 22, 34, 122, 140, 171, 173, 190, 201, 202, 203, 204, 205, 206, 207, 208, 209, 210, 211, 212, 223, 224, 227, 228, 229, 231, 232, 233, 234, 235, 236, 242, 243, 244, 245, 246, 247, 248, 249, 250, 256, 262, 273, 287, 303, 305, 307, 368, 370, 435, 459, 463
Zurique, discórdias de 243-245
Zwickau, profetas de 134, 135, 181, 183, 232
Zwilling, Gabriel 133-135

Este livro foi impresso em 2024,
pela Santa Marta, para a Thomas Nelson Brasil.
O papel do miolo é pólen natural 70/m²,
e o da capa é couchê 150g/m².